# Tratado de la prueba en materia criminal

**o exposición comparada de los principios en materia criminal y de sus diversas aplicaciones en Alemania, Francia, Inglaterra, etc.**

C. J. A. MITTERMAIER

Adicionado y puesto al día por

PEDRO ARAGONESES ALONSO
Abogado y Profesor de Derecho Procesal
de la Universidad Complutense

UNDECIMA EDICIÓN

REUS, S.A.
MADRID
2004

©Editorial Reus
Preciados, 23 - 28013 - Madrid, 2004
Teléfonos: (34) 91 521 36 19 - (34) 91 521 30 54
Fax: (34) 91 531 24 08
Email: reus@editorialreus.es
http://www.editorialreus.es
ISBN 84-290-1397-0
Depósito Legal: M-4182-2004
Impreso en España
Printed in Spain

Producción Gráfica: Acd. Pinto, S.L.
C/ San Bartolomé, 4. 28004-Madrid

## PROLOGO A LA PRESENTE EDICION

*La obra de Mittermaier, que apareció en Alemania en 1834 bajo el título «Die Lehre vom Beweise», sin duda uno de los clásicos del Derecho de la prueba en materia criminal, alcanza su décima edición en la versión española.*

*El Instituto Editorial Reus me ha encargado de su puesta al día. En ediciones anteriores, hasta la octava, tal labor fue realizada por el Magistrado del Tribunal Supremo Sr. González del Alba. La novena edición estuvo al cuidado del también Magistrado del Tribunal Supremo y Catedrático Sr. Quintano Ripollés. Continuar, en alguna medida, la tarea de tan insignes juristas, aunque sea con una aportación modesta, constituye para mí una profunda satisfacción y un honor.*

*Siguiendo el criterio expuesto por Quintano en el prólogo a la novena edición, las adiciones anteriores desaparecen y las que se realizan sobre la traducción originaria, que se conserva íntegramente, con las notas del autor, se insertan a continuación de cada capítulo, destacando, cuando ello es posible, la doctrina del Tribunal Supremo español aplicable a las cuestiones planteadas por el autor. Creo que de esta forma el análisis comparativo entre la construcción doctrinal de Mittermaier y el Derecho, según es vivido en la praxis judicial, puede ser del mayor interés.*

*Se mantiene como es tradiccional en las ediciones castellanas de esta obra, el apéndice conteniendo las disposiciones de la Ley de Enjuiciamiento criminal relativas a la materia de pruebas.*

*P. A. A.*

## MITTERMAIER (*)

El profesor Goldschmidt ha publicado en el *Recueil des Archiv für civitische Praxis,* un artículo necrológico en memoria del eminente decano de la Facultad de Derecho en la Universidad de Heidelberg, que falleció el 31 de agosto de 1867, a los ochenta años de edad. La importancia de Mittermaier en Alemania y aun en Europa ha sido tan grande que no dudamos será de gusto de los lectores de esta obra que les trasmitamos algunos pormenores del concienzudo escrito del honorable Mr. Goldschmidt, los cuales no se publicaron en las ediciones anteriores.

Mittermaier nació el 5 de agosto de 1787 en Munich, y todavía niño quedó sin padre. Sus primeros estudios se encaminaron por algún tiempo a la medicina; después quiso ser ingeniero de minas; pero su débil complexión le hizo abandonar uno tras otro ambos proyectos: sin embargo, a la edad de dieciséis años pudo empezar sus estudios del Derecho. Su falta de bienes de fortuna le obligó a dar lecciones particulares, pero a pesar de esta tarea, supo encontrar los ocios necesarios para escribir, cuando todavía se sentaba en los bancos de las aulas, una obra sobre el derecho natural: libro que no sabemos se haya publicado. Sus ocupaciones de maestro le pusieron en relaciones con un antiguo profesor de la Universidad de Heidelberg, Zentner, entonces Ministro, de quien recibió excelentes consejos y le animó, demostrándole mucho interés por sus progresos a perseverar en el camino emprendido. Algún tiempo después, hallábase agregado al tribunal de Au (un barrio o arrabal de Munich), cuando Feuerbach, antiguo profesor de Landshut, recientemente llamado al Ministerio por el Rey de Baviera, y encargado de redactar aquel Código penal tan laboriosamente preparado y que tanta dificultad halló en su aplicación, escogió para su secretario particular al joven pasante *(prakliker)* de Au, siendo lo que le valió esta honrosa distinción a Mittermaier su aventajado conocimiento de las lenguas vivas, especialmente del francés y del italiano.

---

(*) Esta nota se publicó en la tercera edición de la traducción al castellano. Creemos que puede ser de interés para los lectores y por eso se reproduce en la edición actual.

Mittermaier no se adormeció entre las dulzuras de su nuevo cargo, antes deseando completar sus estudios, y sobre todo concluirlos en distinta Universidad de la en que los había empezado, marchó por consejo de Zentner, de quien ya hemos hecho mención, a Heidelberg, contando para ello como recurso con una pensión de seiscientos florines que le tenía señalada el gobierno de Baviera; pero padecía una tisis declarada por los médicos incurable, y de cuyo carácter tenía conciencia él mismo. Fuerte, sin embargo, con esa confianza en el porvenir, que siempre se tiene a los veintiún años, abordó los estudios preparatorios para el doctorado, bajo los auspicios de profesores tales como Martín, Heise, Thibaut, de Zacarías y Kluber.

De allí a poco, el gobierno bávaro envió a su pensionado un nombramiento de profesor de la Universidad de Innspruck, que el rey Maximiliano ofrecía a título de gracia conmemorativa de su fausto advenimiento a sus nuevos súbditos del Tyrol, arrebatado por Napoleón a Austria. Mittermaier apresuró sus trabajos para las *conclusiones* que defendió con lucimiento el 29 de marzo de 1809, siendo su tesis: *De nullitatibus in causis criminalibus:* pero en el tiempo que medió desde que recibió su nombramiento hasta que obtuvo la investidura del grado de doctor, vio escapársele de las manos el cargo para que había sido nombrado, a consecuencia de un acontecimiento de fuerza mayor, el levantamiento del Tyrol contra bávaros y franceses, al grito del célebre Andrés Hofer, y Mittermaier se volvió a Landshut, donde en 1811 se le dotó con una cátedra en la Universidad de esta ciudad en indemnización de la que no había podido ocupar en Innspruck.

En ella enseñó diez años, teniendo el honor de haber sido elegido, a pesar de su juventud, Rector tres años consecutivos. Sus tareas, según nos dice su honorable biógrafo, versaron al principio sobre el derecho romano, bajo la influencia de Savigny, que entonces enseñaba también en la Universidad de Landshut, pero muy pronto concentró sus esfuerzos en el procedimiento criminal, el derecho privado y la historia del derecho alemán. Desde 1816 entró a formar parte con Konopak y Kleinschrode de la redacción de los *Archiv für Criminal vecht,* publicación bien conocida y no interrumpida desde 1798 a 1857; y en esta misma época (1818) no contentándose con su colaboración en esta Revista, fundada con Gensler y Schweitzer los *Archiv für civilitische Praxis,* publicación de la que tomamos las noticias que vamos apuntando.

En 1818 el gobierno prusiano que había anteriormente brindado a Mittermaier con una cátedra en la Universidad de Halle, que este no aceptó, fue más afortunado ofreciéndole el ingreso en la Universidad nuevamente creada en Bonn para la Prusia Rhiniana. Allí fue, desde el principio, el nuevo profesor decano de la Facultad de derecho, y al mismo tiempo desempeñaba el profesorado, explicando el derecho común, el penal y los procedimientos civil y criminal, ejercía con notable actividad la abogacía. Las provincias rhinianas, en virtud de los tratados de 1815, habían conservado con todo esmero las instituciones judiciales francesas: la práctica hizo muy pronto apreciar a Mittemaier la superioridad del debate oral sobre el procedimiento escrito; haciéndose desde entonces el ardiente defensor e infatigable patrocinador de la adopción del primero de esos sistemas, que por sus esfuerzos y su gran influencia se ha introducido o adoptado en muchos puntos de Alemania. Por otra parte publicaba dos importantes libros: un *Manual del derecho privado alemán* (1821), y uno *Del procedimiento en Alemania comparado con el de Francia y con los nuevos progresos de la civilización* (1820-1821); pero a los dos años determinó marcharse de Bonn, donde como decano formaba parte del tribunal encargado de ejercer la jurisdicción especial de la Universidad sobre sus estudiantes. En aquella época el gobierno prusiano perseguía con gran severidad las demostraciones liberales, frecuentes en un país que había experimentado atropelladamente grandes cambios políticos, y que se veía amenazado de perder las instituciones que le habían asegurado los tratados. Mittermaier tomó del gobierno de Baden en 1821 una cátedra en la Universidad de Heidelberg.

Allí fue donde enseñó cuarenta y seis años. Hasta 1850 su curso comprendía el derecho privado alemán, el derecho penal y los procedimientos civil y criminal: en 1850 quitó de su programa el derecho civil, y en 1854 el procedimiento civil; pero explicó hasta su muerte el derecho penal en el semestre de verano, y el procedimiento criminal en el semestre del invierno.

Mas, sobre todo, como escritor es como le vemos desplegar una prodigiosa actividad: así es que desde 1823 a 1847 publica seis nuevas ediciones de su *Manual de Derecho privado* con tres series de adiciones; de 1822 a 1840 cuatro ediciones refundidas de su *Procedimiento civil alemán;* de 1827 a 1846 cuatro ediciones de su *Procedimiento criminal alemán y sus progresos en las prácticas judiciales y en los códigos particulares alemanes, comparado con los procedimientos criminales en Inglaterra y Francia:* en 1834 la *Teoría de la prueba en el Procedimiento criminal alemán desde los progresos realizados en las prácticas judiciales y en los códigos alemanes, comparada con la del Procedimieneto criminal en Inglaterra y Francia,* obra traducida a muchas lenguas, y principalmente al francés por M. Alexandre en 1848; el *Tratado de la prueba en materia criminal,* traducido a varios idiomas, y cuatro ediciones de la *Guía de la defensa en materia criminal.*

El profesor J. Goldschmidt enumera una serie de verdaderos libros publicados por artículos, ya en las dos Revistas mencionadas, ya en la *Kritische Zeitschrift gür Rechtsvissenschaft des Auslandes* (desde 1828 a 1856) fundada por Mittermaier con Zacarías, y continuada más tarde con Mohl, Warnbkonig y multitud de colaboradores franceses, ya en otra multitud de revistas alemanas y aun extranjeras. Basta decir sobre el mérito de estos trabajos que muchos de ellos han obtenido los honores de la traducción.

Por último, hay otra fase de la vida de Mittermaier de la que hablaremos muy sucintamente, y es la del papel político que ha representado en Alemania. Lo que sí puede decirse de él es, que siempre, y ante todo, supo permanecer jurisconsulto. Representante en 1831 de la ciudad de Brüchal y Presidente en 1833 de la Cámara de los Diputados, hizo su dimisión en 1840, a causa de la muerte de su hijo el doctor Martin Mittermaier, que había ya demostrado que era digno de su padre. En 1845 consintió en volver a aquel cargo y a aquella presidencia, que conservó hasta 1849, siendo el promovedor de las reformas jurídicas realizadas desde aquella fecha en el Gran Ducado de Baden, y adoptadas desde entonces en la mayor parte de los Estados alemanes. Tratábase nada menos que de la adopción de un código y de un nuevo procedimiento criminal, introduciendo la publicidad de los juicios, el debate oral, el ministerio fiscal y el jurado; de una ley de separación de los poderes públicos y de una ley municipal.

También el 31 de marzo de 1848 el respetable Presidente de la segunda Cámara de Baden fue llamado por sus colegas a ocupar el sillón presidencial en el Parlamento constituyente de Francfort, encargado de reorganizar la Alemania: opúsose al principio sistemáticamente a los que querían hacer del rey de Prusia un Emperador hereditario; pero se decidió después a votar en favor de esta combinación, cuando Federico Guillermo hubo prometido respetar y generalizar las reformas hechas en el Gran Ducado de Baden.

Los acontecimientos que subsiguieron son conocidos: Mittermaier renunció a la vida política para siempre, y limitándose a conservar sus funciones municipales, se concentró en la enseñanza y en la publicación de algunas obras, fruto de su florida vejez y que han obtenido no menor éxito que sus hermanas primogénitas. Conocido es el *Tratado sobre la pena de muerte,* publicado en 1862 y tan fiel y elegantemente traducido al francés por nuestro compañero Leven, y nadie ignora qué de reflexiones ha sugerido esta obra, más todavía de estadística que de doctrina, y qué de demostraciones ha sustituido a la argucia, la elocuencia de los números. Mittermaier podía con razón estar orgulloso de una obra que tan dignamente coronaba su bella y laboriosa carrera.

Estuvo enseñando, puede decirse, hasta que murió. En mayo de 1867 fue cuando sintió el primer ataque de una pleuresía que no cesó ya de manifestarse con los síntomas más alarmantes. Tres veces intentó continuar sus lecciones, y otras tantas hubo de reconocer que el mal podía más que su voluntad: anunció, sin embargo, que a la apertura del curso se hallaría en su puesto, lo cual no debía suceder: un mal del corazón vino a complicar la enfermedad que le postraba, poniendo fin el 28 de agosto a una existencia tan bien aprovechada. Al profesor Blüntschli tocó pronunciar, en nombre de la Universidad, el elogio del respetable miembro que acababa de perder, y algunos días después, el doctor Lamey, Presidente de la Cámara de los Diputados de Baden dirigía a su eminente predecesor un último adiós, en el que decía que el haber contado a Mittermaier en el número de sus miembros sería para la Cámara un honor imperecedero, pudiéndose en lo sucesivo enorgullecer todos los presidentes al sentarse en un puesto que en otro tiempo había ocupado Mittermaier.

Concluiremos asociándonos a las juiciosas consideraciones del doctor Goldschmidt respecto al carácter de su ilustre colega, haciendo con él la observación de que a pesar de su inmensa erudición, y de la pasmosa facilidad que hubiese podido hallar en su prodigiosa memoria, jamás Mittermaier perdió de vista los principios; jamás desdeñó emplear un trabajo de estudio sobre las cuestiones que se proponía esclarecer. En una época en que tan en favor ha estado la escuela histórica, que ha hecho considerar el mejoramiento de la legislación como debiendo sólo resultar de la observación del pasado, Mittermaier siempre se preocupó con preferencia por el estudio de los hechos de actualidad. Su sistema era que la legislación debe siempre ser la consagración por el legislador de los usos adoptados por los más; y por esto jamás desdeñó estudiar los hechos, por más canonizada que estuviese la teoría que al parecer pudieran contradecir. Mr. Goldschmidt cita un notable ejemplo de una de esas conversiones que operaban en Mittermaier la observación y la reflexión; pues se pasó mucho tiempo antes que el ilustre criminalista se hiciese partidario del jurado: el Derecho penal y los conocimientos médicos que adquiriera en su juventud y que cultivó siempre con afición tuvieron una grande y feliz influencia en su modo de ver. Por último, Mittermaier ha sido uno de los hombres que con más calor se han dedicado al estudio de la legislación comparada, y creyó firmemente, sin desconocer las dificultades que presentaría la realización de tan grandioso proyecto, que ha de llegar un día en que los adelantos obtenidos por una nación, se propagarían a las convecinas; en que las diferencias entre las legislaciones de los diversos países desaparecerían en una común e incesante marcha hacia el progreso; y en que la asociación de las naciones civilizadas, esto es, lo que se llamaba en otro tiempo la cristiandad, se vería toda ella dirigida por una misma legislación. Esta indisputable originalidad juntamente con su vasta erudición son las que tanto han contribuido a dar a conocer a ese hombre, de quien ha podido Goldschmidt decir con razón, que entre todos los jurisconsultos alemanes, incluso Savigny, Mittermaier era el más popular.

## PREFACIO DEL AUTOR

Hace mucho tiempo se pregunta, si la ley alemana ha obrado con sabiduría al organizar en sistema la prueba en lo criminal; cuestión que no puede resolverse en términos absolutos, sino que al contrario, exige un profundo examen de los monumentos legislativos y de doctrina de cada país. Viéndole funcionar es como se puede juzgar el sistema, y decir si su tendencia principal es la salvaguardia de la inocencia; si su objeto exclusivo es la manifestación de la verdad material; si permanece fiel a las reglas soberanas que presiden a su investigación, combinadas con las no menos sabias de la libertad de conciencia del Juez. El estudio de este problema lleva naturalmente al de los principios fundamentales del procedimiento criminal, al de las formas de la acusación e inquisición, y al de la influencia de la publicidad del debate sobre la prueba: por último, conduce a averiguar si las prescripciones legales en materia de prueba son compatibles con la institución del Jurado. En esta obra sólo me he propuesto desenvolver las reglas de doctrina sentadas por los Jurisconsultos ingleses *Chitty, Philipps, Starkie, Rusell* y muy recientemente *Grenleaf,* que han tratado de la prueba. Las opiniones de todos estos sabios dan bastante a conocer qué ideas reinan sobre la materia en un país en que tan hondas raíces tiene el Jurado.

He procurado también subir hasta las fuentes filosóficas de la teoría de las pruebas legales, seguir los principios en todas sus aplicaciones, y reunir las soluciones o deducciones que la experiencia suministra; examinar los ensayos de conciliación intentados entre los diversos sistemas, y hacer resaltar las diferencias del que se practica en Alemania, y de los de las leyes inglesa y francesa. Espero que mis esfuerzos no habrán sido del todo infructuosos.

## PARTE PRIMERA

# DE LA PRUEBA EN MATERIA CRIMINAL EN GENERAL Y DE SU DIVERSA ORGANIZACION

### SEGUN QUE LA SENTENCIA PERTENECE A JUECES PROPIAMENTE DICHOS (JUECES DE DERECHO) O JURADOS

## CAPITULO PRIMERO

# IMPORTANCIA DE LA PRUEBA EN EL PROCEDIMIENTO CRIMINAL

Las leyes que decretan penas contra sus infractores, aun las más sabias, vendrían a ser infructuosas, si los culpables, que en menosprecio de sus prescripciones han atentado a la paz pública, no fuesen irremisiblemente entregados a los castigos que aquéllas señalan. La sola consideración que puede detener el brazo del hombre resuelto al crimen, la única y verdadera garantía, que, por consiguiente, la ley puede dar a la sociedad, es la certeza para el delincuente de que no podrá escapar a sus decretos vengadores y a las penas que el crimen reclama sobre él. Un delito impune da origen a diez delitos nuevos; una lucha abierta se empeña entre el criminal y la ley demasiado débil. Por otra parte, en todos los países donde la ley penal se muestra demasiado rigurosa, la conciencia pública la reprueba, y la experiencia hace ver que los delitos van creciendo, sólo porque los culpables esperan que el Juez preferirá declarar la no culpabilidad, para no tener en seguida que echarse en cara a sí mismo el haber cooperado a la aplicación de una pena excesiva.

En toda sentencia, dada sobre la culpabilidad de un acusado, hay una parte esencial que decide si se ha cometido el delito, si lo ha sido por el acusado, y qué circunstancias de hecho vienen a determinar la penalidad. Si estos diversos puntos se resuelven por la afirmativa, la segunda parte de la sentencia viene a ser corolario inmediato de la primera; el Juez ya no tiene que hacer sino aplicar la sanción penal al hecho averiguado. Por eso, desde que un pueblo llega a conocer el precio de las libertades civiles e individuales, sabe y comprende muy bien que del proceso criminal puede hacerse un peligroso instrumento de opresión de aquéllas; sabe que importa mucho ver ordenadas sabiamente las prescripciones de la ley en lo que concierne a la sentencia, que ha de darse sobre el punto de hecho, y, finalmente, que también tienen derecho de vida y muerte sobre sus conciudadanos que por su misión deciden si aquéllos son o no culpables. Se ha visto subir al cadalso, en los tiempos borrascosos de las revoluciones, multitud de víctimas heridas por el Poder, solo por haber rechazado las ideas políticas dominantes, y condenarlas, por tanto, según pretendidas formas jurídicas. Se ha echado mano de éstas, luego que los Jueces, encargados de decidir sobre el fundamento bueno o malo de la acusación, habían pronunciado el terrible veredicto de culpabilidad. Nada quedaba que hacer a los Jueces de derecho sino pronunciar, acaso con todo el dolor de su alma, una condenación capital.

La sentencia que ha de versar sobre la *verdad de los hechos de la acusación,* tiene por base la *prueba.* Suministrar la prueba de los hechos del cargo, tal es la misión de la acusación; en cuanto al acusado, se esfuerza en hacer venir a tierra el aparato de las pruebas contrarias, y presenta las que le disculpan. Un tercer personaje, el Juez instructor, establece por su parte la prueba de diversos hechos decisivos en el proceso; y por fin, los Magistrados fundan su decisión sobre aquellos hechos que miran como demostrados. Se ve, pues, que sobre la prueba gira la parte más importante de las prescripciones legales en materia de procedimiento criminal.

Estas prescripciones, en toda legislación, se refieren:

1.º A las personas a quienes la ley confía la decisión del punto de hecho. Estas son: o *jurados,* es decir, ciudadanos elegidos para cada causa en el seno de la comunidad, a cuyo veredicto, como emanado de Jueces verdaderos, se somete de antemano el acusado usando del más amplio derecho de recusación, o también Jueces, *jurisperiti,* instituidos por el Gobierno para conocer y decidir en toda causa criminal. Mientras los jurados no deben seguir sino su convicción interior, sin estar obligados a exponer los motivos de ella, los Jueces regulares (ordinarios), al contrario, están por lo general atenidos a ciertas reglas de prueba que de antemano les han sido señaladas.

Las garantías que se dan al acusado, relativamente a la justicia de la sentencia que ha de tener lugar, difieren según que comparece ante un Jurado o ante meros Jueces. Si hay un Jurado, estas garantías son de naturaleza principalmente política; el acusado debe esperar que hombres escogidos de entre el pueblo, y que, después de dar su fallo, vuelven a entrar en su seno, se persuadirán ante todo de los riesgos en que una injusta acusación pondría a la libertad, y que en su independencia frente a frente del Poder, aun cuando a la vista de los que de éste son órganos podría ser considerado como convicto de crimen, tendrán valor para no obedecer sino a sus convicciones, y absolverle si ha lugar a ello. En materia de delitos políticos, sobre todo, es donde el acusado puede tener esta seguridad, porque precisamente es juzgado por ciudadanos familiarizados con todos los pormenores de la vida social, altamente interesados en mantener el orden, y que por lo mismo están en posición mucho más ventajosa de examinar si el hecho imputado constituye un verdadero atentado a los derechos del Estado, o si más bien no consiste sino en el ejercicio muy legítimo de las libertades civiles (1). Si el acusado es citado ante Jueces regulares, se le dan garantías de otro orden, que en este caso vienen de la *ley misma,* pues ésta dice entonces al Juez: *Condenarás en virtud de tal o cual prueba;* con lo cual cierra la puerta a la arbitrariedad, y precisa al Magistrado a no apreciar la verdad de los hechos sino en virtud de los medios que le han suministrado; y al mismo tiempo, le ordena que dé cuenta exacta de la sentencia, expresando en el fallo los motivos de su decisión.

2.° Los preceptos de la ley en materia de prueba se refieren también a los *medios* que se ponen a disposición del Magistrado instructor para el descubrimiento de la verdad. Dos sistemas se presentan aquí, cuya aplicación lleva consigo graves diferencias: o el legislador ha autorizado el tormento; o bien, proscribiendo toda vía de fuerza, circunscribe la acción del inquisidor *(inquirente, Magistrado instructor)* a un círculo de medios de prueba, derivados inmediatamente de los principios que suministran la razón y la experiencia de los tiempos, como favorables en alto grado a la investigación y manifestación de la verdad. Y aquí también se presentan dos sistemas del todo diferentes: en el uno, la ley autoriza en materia criminal los medios usados en el procedimiento civil, el *juramento,* por ejemplo; en el otro, los rechaza como que no pueden tener valor, en el proceso criminal, el cual no podría permitir en el acusado, por ejemplo, el principio de abandono de sus derechos.

3.° En fin, y principalmente, el sistema de la prueba legal varía, según que la ley no prescribe reglas al Juez de hecho, o, por el contrario, se las ha trazado; y en el último caso, según que ha determinado de un modo preciso el número de pruebas necesarias para que pueda recaer sentencia afirmativa, y todas las demás condiciones de probabilidad que se requieren, de manera que si en la causa aparecen cumplidas todas ellas, el Juez esté obligado a mirar como hecha la prueba; o según que la ley no ha hecho más que establecer ciertos límites, fuera de los cuales tal prueba de tal o cual naturaleza, por ejemplo, la existencia de un solo y único testigo, no podría motivar una sentencia condenatoria. Cuanto más severas son las reglas de la prueba, más se restringe el número de las pruebas admisibles; mas va aminorándose el número de las condenas; mas se ve surgir la disidencia entre los fallos de la opinión pública y las sentencias del Juez, esclavo de los preceptos de la ley. A medida que esta disidencia se aumenta, los ciudadanos deploran cada día más la ineficacia de la justicia penal y la perniciosa impunidad en que se deja a individuos a quienes la opinión pública ha declarado culpables.

Los motivos generales que guían al legislador a trazar las reglas de

---

(1) Este es el motivo por que ciertos escritores, aun los que quisieran que se considerase el Jurado como del todo insuficiente en materia de delitos comunes desearían verlo aplicado a las causas políticas. (Carmignani, *Teoría de las leyes de la seguridad social.*)

la prueba son los mismos que han presidido a la organización entera del proceso criminal. Estos son: 1.°, el interés de la sociedad y la necesidad de castigar a todo culpable; 2.°, la protección debida a las libertades individuales y civiles, que podrían encontrarse gravemente comprometidas por efecto del proceso criminal; en fin, y 3.°, como consecuencia de todo, la necesidad de no imponer jamás pena a un inocente.

El primer motivo debe excitar al legislador o dejar toda libertad a la apreciación del Juez de hecho, pues que las reglas demasiado restrictivas podrían impedir la condena del culpable; pero mientras se aplican a ensanchar el círculo de las pruebas sobre las cuales puede fundarse una condena; mientras se proponga no aglomerar prescripciones demasiado numerosas y severas en cuanto a las condiciones de probabilidad exigibles en cada una de aquellas pruebas; cuando, en una palabra, la ley teme que, escudado por la regla, y a falta muchas veces de una ligera condición que llenar, el culpable escape a la pena merecida, entonces, otros motivos, los de que hemos hablado en segundo orden, vienen también a jugar con todo su peso en la balanza. ¿No debe, en efecto, evitarse que un Juez menos hábil, menos familiarizado con las engañosas apariencias de ciertos medios de prueba, se deje arrastrar a prestarles una creencia exagerada, y que sin duda les retiraría en parte la experiencia adquirida? Movido por estas consideraciones, el legislador preferirá: exigir algunas más condiciones, antes de declarar admisible tal o cual prueba; exigirá en reglas generales ciertos motivos de escrúpulo que de ordinario vienen a obrar sobre el Juez cuando examina el valor de un documento suministrado (1). Este temor de herir al inocente es el que excitará al legislador a dar las mayores restricciones posibles sobre el modo de prueba admisible y decisivo en justicia; y la ley se muestra tanto más suave o rigurosa en este punto, cuanto su autor se haya dejado llevar más de unas u otras de estas consideraciones contrarias. Cuando, ante todo, se ha colocado en el segundo punto de vista, no se atreve a autorizar la condena motivada en el concurso, por ejemplo, de *solos indicios;* trae a su memoria cuántas veces la prueba artificial ha resultado engañosa, y se esfuerza en evitar el riesgo de una injusta condena, exigiendo para la sentencia afirmativa una multitud de condiciones. Si, por el contrario, le opreocupa la preferencia de las necesidades de la seguridad pública y la utilidad del castigo de los culpables, deja al Magistrado que decida en su prudencia si los indicios, en tal caso, dado, hacen o no prueba completa; se contenta con establecer algunas reglas de teoría general autorizadas por la experiencia, las cua-

(1) Pueden servir de ejemplo las reglas sentadas por el legislador para el examen de la prueba que resulta de los *indicios.* No hay duda que obrará sabiamente advirtiendo al Juez, que por necesidad deben concurrir en la causa *indicios naturales y concomitantes;* pero, lo repetimos: someter la prueba a condiciones demasiado absolutas, sería subyugar la convicción inteligente del Juez y obligarle a que absolviera con frecuencia a verdaderos culpables.

les avisan y tienen suficientemente atento el espíritu del Juez; pero evita todo el precepto, toda prohibición absoluta.

No es sólo al fin del proceso cuando la sentencia definitiva va a decidir si la acusación es verdadera, si la culpabilidad existe, o cuándo se presenta para resolver el problema del valor de las pruebas aducidas; lo es también en todo el curso y en cada una de las fases del procedimiento. En efecto, el Juez instructor ha debido examinar si verosímilmente se ha cometido tal o cual crimen, si tal o cual persona es culpable de él, y, por consiguiente, si hay fundamento para proceder a tales medidas de derecho. Esta pregunta se la hace necesariamente él mismo todas las veces que examina: 1.º Si hay lugar a entablar información contra determinada persona; 2.º Si las presunciones son bastante graves para autorizar la prisión; 3.º Si se han llenado las condiciones que obligan a pasar al estado de acusación, o si, en lo que concierne al procedimiento *alemán,* puede, además, pasarse a la *inquisición especial.*

## ADICIONES

En este capítulo se plantea el autor diversas cuestiones del mayor interés para la teoría de la prueba. Parte de la distinción de las cuestiones que corresponden al juicio histórico y las que pertenecen al juicio valorativo en la sentencia penal; destaca la trascendencia de los hechos en la justicia penal, especialmente si el juicio sobre la culpabilidad se encomienda al Jurado, y la calificación del delito y la imposición de la pena corresponde a los Jueces de derecho.

1) Es tradicional la indicación de que debe distinguirse en la aplicación del Derecho, de un lado, la determinación de los problemas de hecho, y, de otro, los problemas de derecho. Incluso se ha afirmado que esta problemática se encuentra en las fuentes romanas al establecer la distinción entre los dos términos de *ius* y *factum.*

El problema de la distinción de la *cuestión de hecho* y de la *cuestión de derecho* se ha planteado, por ejemplo, respecto a la actuación en el proceso, especialmente penal, de los Jurados, al entender que los hechos formaban parte de la vida y podían ser enjuiciados por los distintos sectores de la comunidad sin los prejuicios que los Jueces profesionales pueden tener, por su deformación jurídica, entendiendo que a los Jurados les correspondía establecer el juicio sobre la cuestión de hecho y a los Tribunales profesionales calificarlos jurídicamente. Sin embargo, como puso de relieve Gorphe (*Las resoluciones judiciales,* trad. de Luis Alcalá Zamora y Castillo, Ejea, Buenos Aires, 1953), la separación entre la cuestión de hecho y de derecho es completamente artificial y vana; los Jurados se preocupan ante todo de la pena y es un absurdo preguntarles lo contrario; las preguntas revisten una forma jurídica que no siempre comprenden los Jurados, y así se citan algunos casos en que han negado una premeditación homicida (asesinato), sin embargo, cierta, porque varios de ellos se figuraban que, para que hubiera premeditación, era preciso que el homicida hubiera informado previamente a terceros de su proyecto; y otros casos en los cuales se ha negado el homicidio de un niño por su padre, porque creían que tal crimen se llamaba infanticidio, y que la pregunta sólo hablaba de homicidio (confusión con el crimen de infanticidio cometido por la madre). Por ello, Gorphe considera que "juzgar una causa penal o civil es siempre resolver esa doble especie de cuestiones inseparables: las cuestiones de hecho y las cuestiones de derecho". En el mismo sentido ya nos había advertido Ferri que el Jurado se ocupa del delito, es decir, de un hecho jurídico y no de un simple hecho material, de suerte que derecho y hecho son inseparables como el anverso y el reverso de una misma tela, como la forma y la sustancia, aun cuando se tenga cuidado de evitar en lo posible términos técnicos cuando se formulan las cuestiones que el Jurado debe resolver. De aquí que la doctrina hable de la relatividad de la distinción de la *quaestio facti* y de la *quaestio iuris.*

Limitándonos al primero de los problemas, que es al que se refiere en este capítulo Mittermaier, la técnica jurídica ha venido distinguiendo tres cuestiones en el análisis de los hechos en el proceso. Tales cuestiones son: su existencia, su significado y su concreción.

a) *Existencia.* Como dice Núñez Lagos *(Hechos y derechos en el documento público,* publicaciones del Instituto Nacional de Estudios Jurídicos, Madrid, 1950, págs. 16 y sigs.), desde que las normas se publican en los Diarios oficiales, el problema de la existencia de las normas dejó de tener importancia, a salvo los escasos supuestos de normas de conocimiento dudoso, tales como la costumbre y el Derecho extranjero. El problema de la existencia se refiere hoy casi exclusivamente a los hechos. Entre éstos cobran especial relieve los hechos materiales, ostensibles, los llamados por este autor hechos patentes, como el nacimiento, la muerte, el incendio, hechos que apenas plantearían cuestiones si no fuera porque al Derecho le preocupan dos categorías lógicas fundamentales: el tiempo y el espacio, así como sus relaciones con hechos concomitantes o con determinadas personas. Especial importancia tiene en el proceso penal la determinación de la autoría de los hechos, y por ello la existencia del hecho en el proceso penal no se refiere sólo a la exteriorización del resultado, sino muy principalmente a la conducta que ha determinado su producción.

b) *Determinación de los hechos jurídicamente relevantes.* Los hechos han de ser captados abstractamente, pero sólo habrán de ser determinados en las circunstancias que los acotan en su significación jurídica. De aquí que la doctrina se refiera continuamente *a los hechos jurídicamente relevantes.* Esto es, aquellos hechos con trascendencia jurídica que reunidos forman la relación orgánica de derecho que se encuentra latente dentro de las circunstancias materiales. Es, al efecto, sumamente aleccionadora la comparación tantas veces realizada del jurista con el médico. James Goldschmidt (*Derecho Procesal Civil,* Labor, 1936) señala las siguientes etapas comparativas de la actividad de los Jueces con la del médico: la reunión de los hechos necesarios para articular la sentencia, esto es, la audiencia de las partes y asunción de los medios de prueba (auscultación y percusión); la resolución en tres distintos grados: 1) la declaración de los hechos precisos para provocarla sobre la base de los debates y del resultado de la prueba, esto es, la decisión de la cuestión de hecho y en especial del extremo a probar (determinación de los síntomas); 2) la subsunción de los hechos declarados a las disposiciones legales pertinentes, esto es, la determinación de la cuestión jurídica o conceptual (diagnóstico); 3) la acomodación de las consecuencias jurídicas que la Ley atribuye a los hechos declarados probados al hecho de que se trata (prescripción del medio curativo, terapéutica).

c) *Fijación de los hechos.* Determinados los hechos jurídicamente relevantes, ha de procederse, según antes hemos visto, a su calificación y análisis integral; determinar el diagnóstico jurídico, comparando los supuestos abstractos de la especie con las circunstancias que concurren en el caso concreto. Pero, como se comprende, ésta no es una operación aislada, sino una operación que se va realizando circularmente; pasamos continuamente del hecho al concepto, del concepto a la norma, de la norma al hecho, y así una y otra vez se inicia la cadena. Continuamente cada conducta con trascendencia jurídica determina una serie ilimitada de juicios. Juicios que, por otra parte, en lo que se refiere al Derecho procesal, están sometidos a continuas impugnaciones, a revisiones por parte del propio Juez y aun a revisiones de un juzgador superior respecto de un juzgador inferior.

La crítica de los juicios sería imposible formal y temporalmente si no se fijasen los diversos elementos que constituyen el objeto de cada juicio en particular o del juicio en general. La fijación de tales elementos se produce mediante las alegaciones y la prueba.

Por las alegaciones fijamos los datos lógicos sobre los cuales ha de recaer el juicio, pero en ellas el sentido de la fijación ha de entenderse referido a la simple acotación de los datos, en cuanto sólo pueden tenerse en cuenta los que se introducen cumpliendo las formalidades que en cada supuesto se señalan, mientras que por la prueba se trata de convertir aquellos datos lógicos en hechos ciertos mediante el convencimiento psicológico del juzgador. Con estos mecanismos se pretende hacer del pasado presente; que el que juzga vea a través de estas estructuras formales los datos reales que determinan la conformidad o disconformidad de la Justicia con lo que ha sido objeto de la acusación. De aquí la extraordinaria importancia de la prueba en el proceso criminal. Importancia que ha permanecido invariable desde que Mittermaier redactó su monografía.

2) Vamos a hacer, con referencia al Derecho español, unas breves adiciones sobre dos de los puntos más importantes de los tratados en este capítulo: los medios de prueba y la valoración de la prueba.

a) *Los medios de prueba.* Los medios de prueba pueden ser establecidos en forma tasada por el legislador o bien dejar su determinación a la libertad de los sujetos del proceso (estos criterios de limitación o libertad no deben ser confundidos con la distinción entre prueba libre y prueba legal, que se refieren a la apreciación de la prueba y que serán examinados posteriormente).

El proceso penal español está dominado, en general, por el principio de libertad de medios de prueba. Nuestra Ley de Enjuiciamiento criminal no contiene un precepto correlativo con el artículo 578 de la Ley de Enjuiciamiento civil o con el 1.215 del Código Civil.

Sin embargo, dentro de la libertad de medios de prueba existen algunas limitaciones: así, de un lado, se indican con carácter obligatorio que han de utilizarse determinados medios de prueba, o se prohíbe la utilización de determinados medios de prueba o determinados modos de obtención de ciertas pruebas.

Nuestra Ley de Enjuiciamiento Criminal sigue el sistema de obligatoriedad de utilización de determinados medios de prueba para algunos delitos:

1.º) En los delitos por causa de muerte violenta o sospechosa de criminalidad se procederá a la identificación del cadáver y a la autopsia (artículos 340, 341, 342 y 343 L. E. cr.).

2.º) En los casos de envenenamiento, heridas u otras lesiones se encargará el médico forense de la inspección y vigilancia de los pacientes (artículo 350 L. E. cr.).

3.º) En los delitos de robo, hurto y estafa deberá acreditarse la preexistencia de las cosas robadas, hurtadas o estafadas (art. 364 L. E. cr.). (Tal acreditamiento está exceptuado en los denominados procesos de urgencia.)

4.º) En los casos en los que para la calificación del delito o de sus circunstancias fuere necesario estimar el valor de la cosa que hubiese sido su objeto, o el importe del perjuicio causado o que hubiera podido causarse, se acordará la tasación pericial (art. 365 L. E. cr.).

En cuanto a la prohibición de los medios de prueba, aunque es frecuente señalar que existen algunos medios prohibidos por la Ley (véase, p. ej., artículos 672 y 813), lo realmente importante son las limitaciones para la obtención de ciertos medios de prueba. Lo que debe prohibirse y se prohíbe, en razón al respeto a la personalidad, son los modos coactivos de obtener la prueba.

b) *Valoración de la prueba.* Los ordenamientos legislativos han solido seguir dos sistemas respecto a la apreciación de la prueba por el Tribunal: el sistema de prueba legal, cuando el valor está fijado por la Ley, o el de libre convencimiento, cuando la valoración se deja al arbitrio del Juzgador.

En nuestro derecho positivo existe un claro predominio del principio de la prueba libre. El Juzgador forma su convicción sobre la verdad de los hechos objeto de la prueba con arreglo a su conciencia, es decir, valorando en su conjunto y libremente, sin sujeción a normas de ninguna especie que coarten su función psicológica, el resultado de los medios de prueba que se han llevado a cabo en el proceso.

Nuestra Ley de Enjuiciamiento criminal declara en el artículo 741 que "El Tribunal, apreciando, según su conciencia, las pruebas practicadas en el juicio, las razones expuestas por la acusación y la defensa y lo manifestado por los mismos procesados, dictará sentencia".

Este criterio de libertad en la apreciación de la prueba ha sido también proclamado por la Jurisprudencia del Tribunal Supremo, diciendo que contra la apreciación del Tribunal sentenciador, con la libertad de criterio que la Ley otorga, no se da el recurso de casación, pues no cabe señalar ninguna infracción legal cuando el legislador ha dejado en absoluto a la conciencia del juzgador la apreciación de la prueba, según el contexto literal y terminante del artículo 741. Ahora bien, tal tendencia ha sido objeto de una importante modificación a partir de la Ley de 28 de junio de 1933, que estableció como motivo de casación por infracción de Ley: "2.º Cuando en la apreciación de las pruebas haya habido error de hecho, si éste resulta de documentos o actos auténticos que demuestren la equivocación evidente del juzgador y no estuvieren desvirtuados por otras pruebas", motivo que se conserva en la redacción dada por la Ley de 16 de julio de 1949.

*Nota bene:* Durante la impresión de esta obra se ha ratificado por Referéndum de la Nación el proyecto de Constitución publicado el 3 de noviembre por Real Decreto 2.560/1978 (B. O. del E. de 6 de noviembre). El artículo 125 establece: "Los ciudadanos podrán ejercer la acción popular y participar en la Administración de Justicia mediante la *institución del Jurado, en la forma y con respecto a aquellos procesos penales que la ley determine,* así como en los Tribunales consuetudinarios y tradicionales." El texto sancionado por S. M. el Rey ante las Cortes con fecha 27 de diciembre de 1978, se publicó en el B. O. del Estado con fecha 29 de diciembre de 1978.

## CAPITULO II

## HISTORIA DEL PROGRESO DE LAS IDEAS EN MATERIA DE PRUEBA

En todos los pueblos, aun los menos adelantados en la carrera de la civilización, existen ciertas nociones acerca de la economía de la prueba, y, por consiguiente, sobre los medios dados al acusador, o al acusado, para convencer al Juez de la verdad de sus dichos, y sobre los motivos de prueba en que éste habrá de fundar su sentencia. En toda prueba, cualquiera que sea, se ve la idea de una verdad *formal* o de una verdad *material,* que constituye su objeto, es decir, que en el primer sistema, sin consideración a la íntima convicción del Juez, o a los motivos de decidir, suministrados por la razón y la experiencia, la ley le precisa a tener por verdadera tal demostración, que, por lo demás, sólo se apoyaría en ciertos motivos de pura forma; en el segundo, al contrario, tiene derecho de basar su convicción sobre los medios más seguros para llegar a la verdad; aquí las reglas establecidas por el legislador no traen su origen sino del principio, que él mismo se ha fijado, de sancionar solamente los medios de certeza más conformes a su objeto, que es la verdad absoluta. Si, por ejemplo, la economía de la prueba formase una gran parte de las *presunciones legales,* por sólo esto daría la preferencia al sistema de la verdad formal, en contraposición de las legislaciones modernas, a quienes sus tendencias, en general, conducen al descubrimiento de la verdad material. Estas mismas tendencias dominan también, hasta cierto punto, la economía de la prueba en un pueblo poco civilizado; allí, los individuos y los Jueces, poco a poco, y casi sin designio premeditado, se formulan a sí mismos ciertas teorías, a fin de llegar a decidir lo mejor posible de la verdad de los hechos. En el fondo de estas ideas hay como una lógica de instinto, que guía sus averiguaciones.

Opiniones enteramente nacionales (1), ciertas preocupaciones morales o religiosas (2), o instituciones políticas, influyen también directamente en el sistema de la prueba.

---

(1) Por ejemplo, las que se refieren al duelo judicial.
(2) Las que hacen relación al Juicio de Dios.

Así, la fe dada a los *conjuradores,* la confianza en las *ordalías* (Juicios de Dios), dan claro testimonio de tendencias aun más vivas hacia el principio de la verdad formal, y preciso es ver allí una consecuencia de esta creencia arraigada en el pueblo: «que la voz de Dios concluye por descubrir la verdad y ayudar a la buena causa». Por lo que hace a los conjuradores, debieron también su nacimiento a aquellas antiguas tradiciones de mutua solidaridad, notables en las comunidades germánicas.

En cuanto a los Juicios de Dios, constituyen medios de prueba formal, a no dudarlo, precisando al Juez, aun cuando su convicción fuese directamente contraria a su resultado, a tomar éste por base y motivo decisivo de su sentencia. Más tarde, una circunstancia capital influirá poderosamente en los desenvolvimientos del principio de la prueba entre los pueblos, y hará renacer la institución de Jueces ordinarios o regulares, a los cuales se dará conocimiento, no sólo del derecho, sino del hecho. Merced, más adelante, a las opiniones liberales y a la influencia de las teorías políticas, todo ciudadano quiere ver las franquicias comunes al abrigo de los atentados posibles del poder; estas opiniones le muestran en el Juez de hecho un hombre en posesión de un instrumento temible, que todo lo puede sobre la fortuna, el honor y la vida de sus conciudadanos; le enseñan, en fin, que para afianzar mejor la seguridad y la libertad individual, no es a un Magistrado, sino más bien a un simple particular, elegido especialmente para la causa, a quien deberá ser confiada esta grave decisión. En un pueblo semejante, la convicción íntima del Juez formará su ley, y el legislador, en materia de prueba, se contentará con algunas reglas generales. Desde que, por el contrario, el Magistrado es también Juez de hecho, el legislador llega prontamente a erigir en reglas de apreciación de la prueba ciertos principios consagrados por la experiencia usual; a circunscribir, dentro de ciertos límites, la libertad del fallo del Magistrado; a no permitir, por ejemplo, la condena, si no hay más que *un* testigo de cargo, o también a declarar perentorias ciertas pruebas puramente formales, por ejemplo, el *juramento* o *las presunciones legales.*

A cualquiera que estudie las disposiciones de la ley romana sobre la prueba en materia criminal, fácil le es persuadirse de que en el sistema de procedimiento seguido en tiempo de la República (1) no han podido tener cabida ningunas reglas especiales. En esta época el pueblo era quien fallaba reunido en comicios por centurias o por tribus, y desde entonces no era posible una apreciación jurídica de las pruebas (2).

---

(1) Es cierto que el acusador se esforzaba en presentar todas las pruebas posibles, cualquiera que fuese su naturaleza. Basta para convencerse de ello estudiar las *Verrinas.*

(2) Los *Laudatores,* testigos del buen nombre del acusado, representaron, entre otros, un papel importante, y se procuraba valerse del mayor número de ellos.

Bien se concibe que, reuniendo el pueblo la autoridad legislativa, el derecho de gracia y el poder judicial, se compadeciese y dejase llevar del recuerdo de antiguos servicios; mil consideraciones diversas obraban en su ánimo, y muchas veces perdonaba al culpable, porque en aquella época tampoco estaban de modo terminante separados los puntos de hecho y de derecho, comprendiéndose unos y otros en las acostumbradas fórmulas, *absolvo, condemno.*

Los *Judices* de las *Quaestiones perpetuae* tampoco eran otros que los Jueces populares que seguían su sola convicción, y no teniendo cuentas que dar, podían, en definitiva, prestar oído a la voz de la compasión o a influencias de naturaleza política. Bien pronto, por tanto, pudieron ciertas fórmulas hacerse prácticas en lo que concierne al interrogatorio de los testigos y a la fuerza probatoria de los documentos, y ya se deja ver en el tormento más de un germen de prueba formal, puesto que los *Judices* estaban obligados a aceptar como probantes los resultados. Se observa, en fin, que las *Leyes* establecieron algunas prescripciones sobre la materia cuando determinaban qué personas estaban excluidas y qué otras se admitían a dar testimonio acerca de tal o cual delito (1).

Bajo el Imperio caen en desuso los antiguos tribunales populares; sin embargo, no se ve aún funcionar un sistema de pruebas legales tal como hoy se entendería, precisando al Juez a mirar como demostrado, por ejemplo, todo hecho probado, al menos por dos testigos.

Los Jueces obedecen sólo a su convicción; pero, ello no obstante, vemos a los Emperadores trazar en sus Constituciones algunas reglas de prueba; muchas veces rechazan el testimonio de ciertas personas, y otras declaran que tal o cual género de prueba, por ejemplo, los dichos de *un solo* testigo, no podría ser suficiente para producir la convicción (2).

Trayendo el argumento de la *L. últ., Cód. de Probationibus* (3), puede demostrarse que en los últimos tiempos del Imperio se habían formulado por la práctica judicial ciertas ideas tocante a los medios de prueba que debían suministrarse en el proceso antes de que ésta pudiese tenerse por perfecta (4): si bien jamás convendría ir a buscar en la legislación romana todo un sistema de reglas absolutas y detalladas. Los jurisconsultos de Roma se cuidaron muy poco de fundar una teoría especial de la prueba, contentándose con algunas indicaciones (5) o advertencias, respecto, por ejemplo, del examen que había de hacerse del fundamento de una confesión (6).

---

(1) Leyes 3.ª, 5.ª, 13 y 18, tít. 5.°, libro 22 del Digesto.

(2) Ley 9.ª, pár. 1.°, libro 4.° del Código: *etiamsi proeclaroe curioe honore proefulgeat,* añade la Ley.

(3) Véase el texto de dicha Ley.

(4) Leyes 10 y 11 de los citados título y libro del Código.

(5) Por ejemplo, sobre la apreciación de la confianza debida a los testigos, Ley 3.ª, tít. 5.°, libro 22 del Digesto.

(6) Ley 8.ª, tít. 2.°, libro 42 de íd. Ley 23, pár. 11, *ad legem Aquil.*

En resumen, todos sus escritos manifiestan una tendencia positiva hacia la investigación de la verdad material.

El procedimiento criminal en el antiguo derecho germánico ¿tuvo acaso por base un sistema legal de la prueba? Esta cuestión ha sido largamente debatida. Es muy cierto que allí no había ni podía haber un sistema de prueba en el sentido que hoy la entendemos; por otra parte, se concibe que la verdad material, sobre todo en los tiempos más antiguos, no fuese el objeto principal, y poco importaba que, como ahora, por ejemplo, los testigos fuesen escrupulosa y concienzudamente interrogados; entonces el acusado tenía el derecho de purificarse por medio del juramento, y los conjuradores, que representaban a la familia, a la asociación o a la antigua comunidad, venían a prestarle en justicia su apoyo, decidiendo los Juicios de Dios y el duelo de lo bien o mal fundado de la inculpación. Pero no por eso conviene menos mirar estas diversas prácticas como verdaderas reglas de prueba, puesto que el Juez estaba obligado a tenerlas en cuenta al pronunciar la sentencia. Hemos hecho observar que estas pruebas eran puramente *formales;* no siendo, pues, su objeto la verdad material, preferíase el remitirse a la intervención directa de la Divinidad o a creencias de la misma naturaleza. Por lo demás, muy luego y con ayuda de la costumbre (1) se estableció un sistema de pruebas, y cuando se trataba de ciertos crímenes, del de violación, por ejemplo, convenía tener como indudables tales testigos, tales circunstancias *(indicia indubitada);* el delito in fraganti, a su vez, y el no flagrante, y la conducta anterior del acusado, motivaban la aplicación de tal o cual género de prueba.

Este predominio decidido en favor de la prueba formal se perpetúa hasta la Edad Media; a esta época puede referirse el sistema de pruebas deducidas de los fenómenos exteriores, por ejemplo, de la sangre que corría de las heridas cuando se obligaba al acusado a tocar el cadáver, y también la famosa prueba de la criba.

---

Para comprender bien el sistema de la administración de la prueba que siguieron los romanos en materia criminal, conviene distinguir según las épocas:

1.° Bajo la República no había ninguna teoría legal de la prueba; los Jueces eran libres en su apreciación; y solamente se ve que el acusado, en caso de confesar, era condenado al momento, sin que se tomasen el cuidado de examinar más a fondo el valor real de la confesión. Sin embargo, aparecen ya ciertas reglas; por ejemplo, los individuos calificados de *improbi* no podían ser llamados como testigos.

2.° A fines de la era republicana los jurisconsultos formularon muchos preceptos para apreciar el valor de los medios de prueba, los cuales se refieren principalmente a la de testigos.

3.° En tiempo de los Emperadores los jurisconsultos amplían estas reglas y los mismos Jueces se acostumbran a observarlas fielmente; los rescriptos y constituciones imperiales contienen frecuentes indicaciones para los Magistrados en lo tocante al examen de las pruebas o a la expresa prohibición de admitir tales o cuales testigos.

(1) Los Capitulares de los reyes francos contienen varias disposiciones muy sabias en materia de prueba.

Había, empero, ciudades en las que una precoz civilización consiguió muy pronto abandonar las ordalías y los duelos, y en donde muy pronto se infiltraron las ideas del derecho romano; pusiéronse en práctica en aquéllas los medios de prueba conformes al principio de la verdad material, sin que, por tanto, se cuestionase en erigirlas en teoría especial y completa. Durante el largo tiempo que los *scabinos* juzgaron sus sentencias, no tuvieron otras bases que su propia convicción, mediando, no obstante, el cumplimiento de las reglas legales.

Cuando más tarde, estudiadas mejor las opiniones, iban generalizándose en todos los países, vino el derecho canónico, que se mostró favorable a su desenvolvimiento. Llegó a ser un principio, en el procedimiento inquisitivo, que el Juez estaba obligado a buscar la verdad por todos los medios posibles, lo cual era crear al mismo tiempo el sistema de la verdad material, y desde entonces los medios de forma del derecho germánico, el llamado Juicio de Dios y otros, son del todo inadmisibles (1).

Los Jueces eclesiásticos no se parecen a los antiguos *scabinos:* son verdaderos Magistrados, que juzgan conforme a la ley; así no es ya su sola convicción la que muy luego deberán seguir; su sentencia va a dictarse en virtud de la apreciación jurídica de la prueba; y en tanto que los Papas procuran darles instrucciones detalladas (2), los doctores en derecho canónico, ciegamente guiados por el método escolástico, entonces dominante, erigen una multitud de reglas y forman todo un sistema, combinándolas con las expresiones mismas de los libros bíblicos, por ejemplo, sobre el número de testigos que se requieren (3) y de ciertos pasajes de los jurisconsultos romanos.

Aparece en esta época Schwartzenberg, autor de la Ordenanza de justicia penal de Carlos V (1532), cuyos esfuerzos tienden evidentemente a dirigir los procedimientos en el sentido de la verdad material, predominando este carácter en toda su obra, en la cual quiso fijar como principios de ley las teorías reinantes de que estaba imbuido.

Desde entonces se le ve ensayar el medio de poner trabas a injustas condenas (4), basadas en probabilidades destituidas de fundamento; establecer reglas más precisas, emitir ciertas advertencias sobre el uso que ha de hacerse de los medios o fuentes de prueba; enunciar los principios que deberán guiar al Juez en la apreciación de los casos difíciles, por ejemplo, en el de la prueba artificial; formular también, por otra parte, ciertas prescripciones a propósito de algunas pruebas de natura-

---

(1) Caps. 1.° y 3.°, tít. 34, libro 5.° de las Decretales: canon 22, causa 24, quest. 5.

(2) Caps. 2.°, 13 y 14, tít. 23, libro 2.° de las Decretales: cap. 10, tít. 19, libro 2.° de íd.

(3) Caps. 5.°, 10 y 23, tít. 20, libro 2.° de íd.

(4) C. C. C. Se acostumbra a designar así a la Carolina, cuyo verdadero título es *Constitutio Criminalis Carolina.*

leza engañosa, como la emanada de los cómplices; determinar imperativamente en virtud de qué pruebas puede pronunciarse una condena, y, en términos no menos precisos, excluir de ella ciertas otras cuyos resultados engañosos le habían parecido, ante todo, temibles.

Partiendo desde esta época, los criminalistas prácticos van a buscar en los textos del derecho canónico, y en cuanto pertenecen a la Alemania, en el de la Carolina, los materiales de una teoría completa de la prueba. Ya de antemano los escritores de los siglos XIV y XV, los *Gandinos,* los *Bonifacios,* habían sentado principios sobre esta materia: el primero ocupándose de los *indicios;* el segundo, ya más completo, tratando de la prueba en general, y reconociendo cinco categorías de ella, profundizó la fuerza demostrativa de la de testigos, exigió la deposición de dos de éstos al menos (1) para que pudiese haber condena y estableció por primera vez la división en *probato plena et semiplena,* que ha llegado hasta nosotros.

La obra de Julio Claro es un testimonio de progreso aún más notable; este autor quiere en todos los casos la prueba completa, y dice con qué condiciones deben hacer fe el testimonio y la confesión. Al mismo tiempo, prescribe el escrupuloso examen de todas las circunstancias accesorias, y discute las cuestiones controvertidas sobre la materia. Farinacio, Milleo, Imbert, Matheu, todos han hablado en el mismo sentido.

Se hace notar en la de B. Capzow un conocimiento más recto y seguro que el de sus antecesores: la precisión de las divisiones, y sobre todo, una predilección marcada en favor de la verdad material. Como muchos otros, no acierta, por lo mismo, a despreocuparse de la creencia de que, aun faltando la prueba completa, puede pronunciarse una pena menor en lugar de la ordinaria. Apreciaríamos menos los escritos de Menochio y de Mascardo que, consagrando largos detalles a la teoría de la prueba, han aglomerado, sin motivos sólidos, una multitud de reglas, tomadas en cien pasajes de las leyes romanas, y se han apresurado a erigirlas en prescripciones absolutas, siendo así que el legislador de Roma sólo quiso inculcar ciertos principios en la conciencia del Juez. Se les ve, por ejemplo, al tratar de las incapacidades para presentarse en juicio a dar testimonio, aplicar sin restricción a la ley nueva disposiciones tales que sólo el derecho romano podía admitir; formar una lista de innumerables presunciones, y contribuir, sobre todo, a difundir la idea errónea, de que se expondría a equivocarse el Juez que condenase por la sola deposición de dos testigos. Según ellos, la economía de la prueba, no viene a ser otra cosa que un cálculo aritmético; allí hay la semiprueba y la prueba superior o inferior a la semiprueba, distinciones todas que no pueden hacer más que embarazar al Juez.

De todas las legislaciones del siglo XVIII, la de Baviera reproduce

(1) Por las explicaciones que da Gandino, *De maleficiis,* se ve que varios jurisconsultos exigían tres por lo menos.

con la mayor fidelidad las ideas dominantes en la materia entre los prácticos de aquel tiempo.

Pero aun admite el tormento, y en caso de prueba incompleta, permite pronunciar una pena excepcional; no puede, pues, decirse que su sistema satisfaga plenamente los principios.

La Ordenanza de justicia penal de José II introdujo esenciales mejoras, aboliendo el tormento y el juramento purgatorio, y autorizando la condena en el caso de concurso de indicios. Se ha verificado en ella un notable ensayo: tal es el de determinar completamente con qué condiciones puede imponerse pena sobre simples indicios, y, por tanto, de modo que no haya peligro para la sociedad ni para la inocencia. Debemos citar también, como particularmente notable, la ley promulgada en 1786 por Leopoldo, Gran Duque de Toscana, que igualmente abolió el tormento en ella: al lado de tendencias marcadas en favor de la verdad material, se ve al legislador esforzarse sin cesar en poner al acusado al abrigo de todo trato que pudiera ser injusto. Sin embargo, no ha podido librarse de un resto de tímidas preocupaciones; rehusa a los indicios toda fuerza probatoria, y sea cualquiera el número en que vengan a concurrir en la causa, no permite sino la aplicación de penas menores, como el destierro, la prisión, etc.

Hacia fines del siglo XVII se manifiesta una notable revolución en las ideas, y el espíritu de mejora, que regenera la ciencia criminal, no permite olvidar la teoría de la prueba. En este, como en otros puntos, Beccaria abre el paso a nuevas investigaciones; establece como principio que la certeza, requerida esencialmente en lo criminal, no puede sujetarse a las reglas científicas o legales, que descansa en el sentido íntimo e innato que guía a todo hombre en los actos importantes de la vida, y que, desde luego, los jurados son los mejores jueces del delito.

Después de él, todos los criminalistas de su escuela se preguntan y examinan cuál debe ser la economía de la prueba judicial: si vale más la que procede de la íntima convicción de los jurados, o de una teoría legal en cuya virtud dicen su sentencia los jueces regulares. Filangieri, que, entre otros, examinó profundamente la cuestión, llegó a sentar concluyentemente que la certeza moral reside en la conciencia del Juez, y sólo en ella; pero que sería más prudente someterla a una especie de *criterium* legal, por medio de algunas reglas inscritas en los Códigos y que ligasen su opinión; pasando en seguida de la teoría a la aplicación, intentó trazar él mismo aquellas reglas; pero escritores posteriores descubrieron fácilmente el vicio de las prescripciones demasiado generales, y prefirieron una interpretación arbitraria, que muchas veces no es sino semiverdadera y con facilidad se convierte en un manantial de errores.

Desde entonces se hicieron esfuerzos, ya para reducir a un orden matemático la teoría de la certeza en lo criminal, ya para aplicar el cálculo de las probabilidades a la jurisprudencia, ya, por último, para profundizar el carácter y las fuentes de la certeza; mientras otros, dividiendo y subdividiendo hasta el infinito, se empeñaban en fijar las reglas y condiciones de cada especie de prueba. Globig, en su obra, por cierto más notable por su mucha filosofía, aunque sin tener en cuenta las leyes positivas, analiza la naturaleza de la prueba en general; al contrario, Ranft, Kleinschrod y Stubel procuraban formular para el Juez una teoría basada en los principios del derecho común y en las opiniones recibidas de los jurisconsultos prácticos. Entonces fue cuando se preguntó en Alemania si debía introducirse allí el Jurado, y esta cuestión, de tan alto interés, vino a dar una dirección del todo nueva a los estudios sobre la prueba. Eran generales las quejas sobre los inconvenientes del sistema que regía; la convicción del Juez estaba fuertemente ligada; obligado por una parte a obedecer las prescripciones de la Carolina, de aquella legislación que había fundado su sistema de prueba bajo el engañoso influjo de la creencia en la admisibilidad del tormento, no tenía, por otra, la facultad de pronunciar una condena, aun cuando un poderoso concurso de indicios viniese a colocar casi en el grado de certeza más completa la verosimilitud de culpabilidad en el acusado. Esperábase encontrar en el Jurado el remedio de aquellos inconvenientes; por eso se empezó a examinar a fondo el valor de esta institución desde el punto de vista del derecho criminal; se investigó la naturaleza de la verdad absoluta; preguntóse, en fin, si es posible una teoría legal de la prueba. Los estudios ingeniosos y a la vez profundos de Feuerbach volvieron a poner la cuestión a la orden del día; y Meyer, en su libro, la *Comisión* inmediatamente instituida en Prusia, y Grevaell, en el examen que ha hecho de los trabajos de ésta, ha consignado observaciones importantes.

Acabamos de decir que las prescripciones del derecho común alemán conducían muchas veces al error, en cuanto sofocaban las libres convicciones del Juez bajo una multitud de reglas, y le precisaban otras veces a perdonar a un acusado realmente culpable: tan ceñido estaba al reducido sistema de la Carolina. Pero en aquella época, la que se acató en su principio fue la teoría misma de la prueba, y en lugar de atenerse a las escasas e inteligibles aplicaciones que de ella se habían hecho en Alemania, se quiso volver a ridiculizarla por completo. Algunos escritores franceses que también han criticado el sistema de la ley humana, no se han hecho cargo casi nunca claramente de su verdadero espíritu y de sus resultados posibles si se hubiese hecho de él una aplicación racional.

Entretanto los Gobiernos alemanes, que quisieron también organizar por completo el procedimiento criminal, sintieron la necesidad de extender esta organización a todos los principios de la prueba. Sus esfuerzos atestiguan una tendencia evidente hacia la verdad material, y el deseo de consignar como ley todos los preceptos nacidos de una práctica mejor o suministrados por la doctrina: preceptos útiles para dirigir la atención del Juez, fijar la norma de su conducta y encerrar en los límites más estrechos una arbitrariedad que a las veces sería funesta a la inocencia.

El Código austriaco se contenta también con señalar algunas reglas generales: insiste, no obstante, en los medios de prueba que deben servir de base al juicio; indica igualmente con qué condiciones un medio tiene fuerza probatoria; ordena al Juez que examine siempre las probabilidades que más se notan en la causa y la unanimidad de las deposiciones de los testigos, por todos los demás medios de prueba que estén a su disposición; al mismo tiempo que deja a la apreciación del Juez bastante latitud, y evita con cuidado toda prescripción absoluta y de tal naturaleza que le precise a tener por verdadero bajo pretexto, por ejemplo, de que concurran ciertas pruebas, lo que su conciencia enérgicamente le desmentiría. Por último, el Código austriaco se muestra, por otra parte, en la economía de la prueba, más amplio que el derecho común de Alemania; así es que admite que puedan hacer plena y entera demostración los dichos de dos cómplices y el concurso de circunstancias en la causa.

La Ordenanza criminal de Prusia ha tenido también presente la verdad material; pero sus prescripciones son ya más absolutas y ligan al Juez más fuertemente; su doctrina es muy poco justa cuando coloca en la misma categoría los indicios y todas las pruebas naturales imperfectas, como la deposición de un solo testigo, o la confesión extrajudicial. Pero sobre todo da gran importancia a la crítica, en cuanto no atribuye fuerza alguna a los indicios, aun cuando en su conjunto sean demostrativos hasta la evidencia, y autoriza la condenación a una pena extraordinaria, en términos concebidos de manera que tienden a favorecer en el Juez la opinión de que tal pena es admisible en caso de prueba incompleta, abriendo así la puerta a condenas por simple sospecha.

En la Ordenanza criminal de Baviera es donde se encuentra la teoría más completa, clara y notable, en fin, por la rigurosa observación de los principios científicos en la materia. Preciso es, por tanto, reconocer que deseando ante todo el legislador formular un sistema donde nada faltase, y quizá demasiado cuidadoso de circunscribir al Juez dentro de estrechos límites, determinando con qué condiciones necesarias puede tener entera fuerza la prueba y señalándole reglas absolutas de mandato o prohibición, no ha sabido evitar ciertos defectos. Así es que en muchos casos el Juez no es dueño de seguir su convicción, y se ve a su pesar obligado a pronunciar la absolución de la instancia. Adoptando la calificación de la *semiprueba,* ha dado a su obra el carácter demasiado matemático de una tarifa; y por otra parte deja bastante poca latitud al Magistrado, y enumera una larga serie de individuos incapaces de presentarse como testigos, aun cuando las circunstancias más pequeñas de la causa le hagan ver el grado de confianza que puede conceder al testigo.

En resumen, en la Ordenanza de Baviera se ha dado cabida a una multitud de prescripciones demasiado rigurosas acerca de la prueba, que pueden producir la impunidad del verdadero culpable. Queriendo el legislador dejar lo menos posible a la arbitrariedad del Juez, sobre todo en el caso en que los medios de prueba son falibles por su naturaleza, ha exigido un conjunto de condiciones que sólo muy rara vez se verán cumplidas, y por tanto, en faltando una de ellas, el Juez debe absolver. Proscribir en seguida, como lo hace, la pena de muerte, aun cuando hubiese prueba completa por medio de indicios, pero por solos indicios, ¿no es incurrir al mismo tiempo en una grave inconsecuencia y caer en la misma dificultad? ¿No es esto imprimir la desconfianza en toda condena basada sobre indicios, y abandonarla de antemano, por decirlo así, a la censura de la opinión popular? Esta es también la consecuencia de aquella preocupación fatal a la seguridad pública, a la cual, en el derecho común, está el Juez igualmente obligado a obedecer, como lo dispone el artículo 22 de la Carolina; por eso vemos en muchos Estados alemanes al legislador ensayar el remediarla, al menos provisionalmente, y autorizar al Juez para que pronuncie la condena por simples indicios. A este efecto se publicaron ordenanzas en los Estados de Weimar, Anhalt-Dessau, Hannover y Lipa, que se limitaron a copiar la ley bávara sobre los demás puntos esenciales.

Las teorías de nuevas codificaciones hicieron estudiar por segunda vez la cuestión de la prueba. La ciencia emitió diversas tesis sobre la naturaleza de la *verdad;* sobre todo se preguntó a sí misma si ésta es *objetiva* o *subjetiva;* se examinó de nuevo si era posible una teoría legal de la prueba, y más especialmente si los indicios pueden hacer prueba completa; si tuvo o no razón la ley prusiana para decretar en semejante caso la pena extraordinaria, por último, si valdría más abandonar todo ensayo de una teoría legal y autorizar simplemente al Juez para no obedecer sino su convicción interior. Por lo demás, las quejas que de todas partes se levantaban contra los Códigos alemanes y contra sus prescripciones tan rigurosas, hicieron que las doctrinas consagradas por las ordenanzas criminales modernas se asentasen sobre bases más amplias que las en que se fundaban los procedimientos de derecho común y las legislaciones locales, como el Código bávaro.

Así es que el proyecto de la ley para Wurtemberg reduce a dos el número de individuos absolutamente incapacitados para ser testigos, y clasifica como simplemente sospechosos a todos los que el Código bávaro excluye. Todas estas condiciones perentorias, todas estas exigencias formuladas en el mismo Código, a propósito de cada medio de prueba, las convierte el proyecto de que hablamos en simples advertencias generales, que el Juez debe tener a la vista, sin dejarse llevar de ellas. Lo mismo en cuanto a los indicios: los escrúpulos menos rigurosos del legislador se transforman en simples avisos dados al Magistrado. No obstante, este proyecto ha conservado la regla de la ley bávara, que proscribe la pena capital cuando aquellos solos constituyen la prueba.

Debemos hablar igualmente del proyecto de la ley de Hannover, que no se separaba tanto del Código bávaro; en él estaba reglamentada la economía de la prueba, y el Juez siempre sujeto a ella. Por una singular inconsecuencia, el legislador había distinguido, según que la inculpación supusiese una pena grave o una pena leve; en el primer caso, se mostraba más severo en la prueba, como si no fuese *una* la certeza, y no debiera ser siempre la misma, cualquiera que sea la naturaleza de la pena. Exigía, además, un número bastante crecido de condiciones, y entre ellas se formulaban, de un modo demasiado absoluto, las que se aplican a la confesión: error grave, porque si, por una parte, no siempre hace entera fe la confesión, no por eso es menos cierto que muchas veces no podría quedar duda en el ánimo de los Jueces, aun cuando hubiese sido provocada por una pregunta capciosa. El número de los incapacitados para testigos era también demasiado considerable, lo cual es un mal, porque el Juez no puede algunas veces fundar la prueba sino en los dichos de un solo testigo, a quien las circunstancias de la causa vienen a presentar como digno de confianza. Para evitar estos inconvenientes posibles, el legislador hubiera querido rechazar siempre la prueba de tal suerte producida, impidiendo así al Magistrado sacar partido de las declaraciones tan útiles de un solo y único testigo; por otra parte, este mismo proyecto incurría en el extremo contrario, cuando, imponiendo al Tribunal una verdadera traba, declaraba *más que semiprobados* los hechos sobre los cuales había depuesto un *oficial público,* siempre que el resultado de la causa no fuese sino la imposición de una pena leve. Empero la experiencia desmiente cada día semejante presunción. La regla de que *dos* testigos hacen prueba completa, se establecía también en él en términos demasiado absolutos; los solos indicios tampoco podían, como en el Código bávaro, autorizar una condena capital. Preciso es, sin embargo, reconocer que en todos los demás, este proyecto de ley se manifiesta más amplio que su modelo, y que se dan en él advertencias útiles y concebidas en términos más generales acerca de la administración y apreciación de la prueba.

Finalmente, en Baviera se ha publicado un proyecto de nuevo Código de procedimiento criminal, que se separa totalmente del antiguo sistema. Admite una especie de Jurado, al menos en el sentido de que cinco Jueces deben decidir del hecho y cuatro del derecho; y que los primeros, después de un público debate, y sin atenerse a reglas algunas, tienen que fallar, según su conciencia, si es o no culpable el acusado. Sin embargo, en medio de tantas reformas, este proyecto admite aún una especie de teoría *negativa* de la prueba: los Jueces no podrán declarar la culpabilidad, si la confesión *no ha sido hecha solemnemente en la presencia judicial, y si no se ha corroborado con otras pruebas; o si los cargos que tampoco se han corroborado con otras pruebas no se fundan sino en la declaración de un solo y único testigo.* Más adelante examinaremos a fondo este sistema.

Entre las obras especiales que en nuestros días han tenido influencia más universal en las ideas, debe citarse el Tratado de Bentham, del cual, Dumont ha publicado un extracto. Deseando combatir las preocupaciones dondequiera que las encuentra, Bentham ha querido hacer ver que en materia de prueba judicial no ha habido razón hasta su tiempo en querer dar reglas generales de apreciación, y figurarse que la ley podía fijar los diversos grados de verdad. Entregóse, pues, a nuevas investigaciones acerca de la verdad y su esencia, y creyendo haber descubierto las leyes de la naturaleza humana, sentó ciertos principios cuya aplicación aconseja, tomando por guía a la experiencia cuando se trata de examinar las declaraciones de los hombres. Parte sistemáticamente del principio de la desconfianza, y pretende señalar con ayuda de qué sanciones legales podría renacer y aparecer más claramente la confianza. Su libro está lleno de excelentes observaciones, que demuestran un profundo conocimiento del corazón humano, pero que al mismo tiempo son muchas veces más especiosas que exactas; esto se comprenderá mejor luego que examinemos más profundamente su sistema. Enemigo declarado de las instituciones existentes, no se muestra justo en todos sus ataques; y sin saber perfectamente en qué consiste la teoría legal de la prueba, puesto que no ha estudiado la legislación y jurisprudencia alemanas, la ataca a todo trance.

Nuevas investigaciones vinieron a enriquecer la ciencia, luego que se hubieron infiltrado en Europa los principios del sistema de prueba, admitidos en las leyes y en la práctica judicial de Inglaterra. Estudiáronse cuidadosamente las obras de los Philips, Stankie y Russel; posteriormente, el Código de las pruebas, redactado por Livingston en la América del Norte, vino bien pronto a demostrar que no hay incompatibilidad absoluta entre un cuerpo de reglas sobre la prueba y el sistema mismo del Jurado. Entonces se preguntó si en lugar de una teoría formal valdría más redactar para los jurados una simple instrucción sobre la prueba, y los ensayos legislativos más modernos, que aun cuando conservaban la institución de los Jueces regulares, prescindían de la antigua teoría y dejaban a éstos plena y entera libertad en la decisión del punto de hecho, sirvieron de base a estudios que, según se ve, van cada día en aumento.

Entre los autores modernos, el que ha desenvuelto con más profundidad los principios de la teoría legal de la prueba es Carmignani, el cual se ha dedicado a comparar los dos caminos opuestos que conducen a la verdad, a saber: el puramente instintivo que sigue el hombre partiendo del sentido íntimo e innato, y el trazado por la ciencia y basado en la observación y la experiencia; y después de establecer esta comparación, concluye asegurando que en la economía de la prueba, bien reglamentada por la ley, es donde se encuentran las mejores garantías de la equidad de los fallos (1).

## ADICIONES

Se encara Mittermaier en este capítulo con el tema central de ¿qué es la prueba? Ha sido tradicional señalar que prueba es la demostración de una verdad. Como dijo Giannini, "durante siglos se ha vivido como fascinados por lo que podría considerarse el mito de la verdad, llegando a creerse que el uso apropiado de determinados instrumentos materiales y jurídicos podría proporcionar representaciones exactas de la verdad, ya fuese verdad histórica o verdad científica" (*Enciclopedia del Diritto*, voz Certezza pùbblica, t. IV). Sin embargo, el conocimiento de la verdad se nos ha mostrado como algo inasequible. Por ello, la doctrina considera que la prueba sólo debe encaminarse a conseguir una cierta certeza sobre la existencia de unos hechos, señalando que la certeza es la cúspide de la perfección entre los diversos estados de la mente: ignorancia, duda, sospecha y opinión o creencia.

Su Santidad Pío XII en su discurso "Il Vederi" a la Rota romana dijo: "Hay una certeza absoluta, en la cual toda posible duda sobre la verdad del hecho y la inexistencia del hecho contrario está totalmente excluida. Esta certeza absoluta no es necesaria, sin embargo, para dictar sentencia. En muchos casos los hombres no pueden alcanzarla... en oposición a este supremo grado de certeza el lenguaje ordinario llama a veces cierto a un conocimiento que, estrictamente hablando, no merece tal calificativo, sino... que deja en pie un fundado temor de error. Esta probabilidad o cuasi-certeza no ofrece una base suficiente para una sentencia judicial; entre la verdad absoluta y la certeza o probabilidad está, como entre dos extremos, aquella certeza moral, que está caracterizada por la exclusión de toda duda fundada y razonable, si bien deja abierta la posibilidad absoluta de lo contrario. Esta certeza es necesaria y suficiente para pronunciar sentencia, aunque en el caso particular fuera posible obtener por vía directa o indirecta una certeza absoluta..."

Ahora bien: este concepto de certeza moral se denomina otras veces con el nombre de probabilidad, aunque se afirme que la certeza se logra por los sentidos y la probabilidad se capta por nuestro juicio. Esta probabilidad de la existencia de un hecho se logra por la prueba.

Las posiciones que la doctrina procesal mantiene en orden a la determinación del concepto de prueba pueden sintetizarse en las tres siguientes:

1.ª) La que define la prueba como actividad que se propone *demos-*

---

(1) La Alemania ha recibido con estimación la obra de M. Bonnier, *Tratado de las pruebas*. Al leerla se ve al jurisconsulto consumado. M. Bonnier establece con claridad los principios generales de las pruebas; su clasificación está bien concebida, y, sobre todo, desenvuelve sabiamente la teoría de la prueba testimonial y de la preconstituida o por documentos. Debemos, igualmente, hacer mención especial del *Tratado sobre la prueba*, del americano Greenleaf, profesor en Boston.

*trar* la existencia o inexistencia de un hecho, la verdad o falsedad de una afirmación.

2.ª) La orientación formal, según la cual la prueba debe configurarse como un simple mecanismo de *fijación formal* de los hechos alegados en el proceso.

3.ª) La que considera la prueba como actividad encaminada a conseguir el *convencimiento psicológico* del Juez o Tribunal con respecto a la veracidad o falsedad de los hechos.

Estas ideas de demostración, certeza y convencimiento del Juez son las que dominan, en general, en las definiciones. Las distintas etapas que se han seguido en los ordenamientos jurídicos para valorar los distintos elementos que pueden producir la convicción del Juzgador son el objeto de este capítulo de la obra de Mittermaier.

De los diversos sistemas para la valoración de la prueba, la Ley de Enjuiciamiento criminal, como señalamos en las notas al capítulo anterior, sigue el sistema de la libre apreciación. Citamos algunas resoluciones del Tribunal Supremo como ejemplo: la sentencia de 23 de enero de 1967: "La prueba en el proceso penal no está tasada ni limitada más que por la conciencia de los juzgadores"; la del 17 de octubre de 1968: "El informe pericial, por su propia naturaleza, está entregado a la apreciación crítica del juzgador, que conserva íntegra su facultad de apreciar los hechos en conciencia según sus facultades legales, pues en otro caso sería el perito el que juzgase y no el Tribunal, cosa opuesta radicalmente a los principios de nuestro enjuiciamiento penal"; el auto de 25 de noviembre de 1971: "Las declaraciones testificales bien constatadas en el Sumario o en el acto del juicio oral no contienen verdades absolutas que no admitan controversia y que vinculen obligatoriamente a los Tribunales de Instancia, siendo por el contrario libremente apreciadas por ellos"; la sentencia de 13 de diciembre de 1951: "La facultad de apreciar la prueba en su conjunto reside en la Sala de instancia, que forma libremente su estado de conciencia y lleva el producto de su libre y consciente apreciación al relato que hace del suceso."

CAPITULO III

## INFLUENCIA EN LA PRUEBA DE LAS DOS FORMAS FUNDAMENTALES DE PROCEDIMIENTO, O SEA DEL PROCEDIMIENTO POR VIA DE ACUSACION Y DE INSTRUCCION

El procedimiento criminal puede presentar dos formas fundamentalmente distintas: la de acusación y la de inquisición, Diferéncianse una y otra, no sólo por sus circunstancias exteriores, por ejemplo, en que en la una aparece desde luego un acusador, y abriéndose el proceso entre éste y el acusado, sigue una marcha análoga a la del proceso civil, mientras que en la otra un Magistrado instructor obra y procede de oficio, sino que la diferencia esencial que las separa consiste más bien en la dirección general, en el carácter de los diversos actos que las constituyen, según que han tomado por punto de partida la acusación o la inquisición; y como el proceso criminal se desenvuelve siguiendo un sistema lógico y coordinado en todas sus partes, dedúcese de aquí que los principios que presiden a la administración y apreciación de las pruebas varían entre sí en razón de la forma de los procedimientos.

Para el que estudie la historia de estas dos formas es cosa desde luego demostrada que la organización de la sociedad política tiene que ejercer un poderoso influjo en sus desenvolvimientos, y que dondequiera que reina la democracia domina el procedimiento de acusación. Allí, el pueblo ve, en toda acusación dirigida contra cualquier ciudadano, un peligroso ataque a la libertad civil e individual, y se muestra desconfiado del poder al cual va a prestar armas la acusación, por lo cual se esfuerza en aumentar más y más las garantías existentes contra todo abuso posible, no viendo en el proceso criminal sino la cuestión política, y descuidando muchas veces la puramente judicial. Al contrario, la forma inquisitiva pertenece principalmente al sistema monárquico; adquiere todo su desenvolvimiento en los Estados donde un poder activo central, que da impulso hasta el infinito a los agentes subordinados de diversas categorías, tiene siempre a raya el movimiento de las ideas políticas. Este poder supremo ordena la persecución de los crímenes, en interés de la seguridad y del orden público; por medio de instrucciones elevadas a leyes guía a este efecto los pasos de la justicia, y sometiendo los hechos a un examen, quizá lento, pero profundo, precisa al Magistrado a seguir siempre las vías legales; de modo que el proceso criminal no es otra cosa a su vista sino un simple negocio de administración. Así vemos en la antigüedad, y sobre todo en los tiempos de las Repúblicas, predominar la forma de la acusación, e igualmente la encontramos en vigor en el antiguo derecho germánico, tanto, que el poder popular viene a dar la vida a la institución de los *scabinos;* así es también cómo en el Bajo Imperio romano se dejan ver por primera vez algunas instituciones marcadas con un carácter inquisitorial (de instrucción); del mismo modo en la Edad Media la Inquisición estuvo en vigor dondequiera que el Poder central había tomado gran acrecentamiento, o la pena se consideraba como una consecuencia del crimen, reclamada sobre todo por los intereses sociales (1). Fácil es ahora explicar por qué en las Monarquías constitucionales, en que domina la necesidad de dar garantías a las libertades individuales y civiles, y donde el proceso criminal es mirado como un medio posible y formidable de opresión, se manifiesta una tendencia marcada en favor del régimen de acusación, o por lo menos de algunas de sus formas particulares; por esto, las legislaciones más modernas han ensayado un sistema mixto. No obstante, cuando se comparan las ventajas e inconvenientes de la acusación y de la inquisición, se forma una opinión errónea, creyendo que ésta es esencialmente peligrosa para la libertad y la inocencia; porque las recriminaciones que con razón han podido hacerse a los abusos, a las consecuencias ilegítimas del principio, no podrían dirigirse contra el principio mismo en el caso en que éste se aplicase con sinceridad e inteligencia.

Considerado más de cerca, en su naturaleza, el proceso por vía de acusación, constituye un verdadero combate entre dos partes, cada una de las cuales procura demostrar la verdad de sus asertos y asegurar el triunfo, al fin, de la causa. El acusador emplea todos los medios que están en su mano para fundar sus quejas y convencer al Juez; el acusado usa de toda clase de armas para su defensa, y quiere también atraer al Juez a su partido. En una época ya remota, en los tiempos de los Juicios de Dios y de los duelos judiciales, el acusado y acusador se ponían uno enfrente del otro; hoy, que los progresos de la civilización se han dejado sentir en el procedimiento, es también un combate el que se traba, combate donde juegan todas las potencias del espíritu, donde las armas permitidas son la palabra y la persuasión, y que, según la bella expresión de Carmignani, tiene por terreno la conciencia del Juez, que los dos adversarios se esfuerzan en convencer y ganar. ¿No es, por último, este mismo Juez una tercera fuerza pasiva, a quien otras dos comunican impulso?

---

(1) En las ciudades es donde se dejan ver las primeras señales del proceso por vía de instrucción.

De todo lo dicho se infiere que, en el proceso por acusación, la investigación de la verdad se hace por vía de síntesis; allí, uno y otro antagonista, vienen a establecer un conjunto de afirmaciones precisas y a aducir sus pruebas justificativas.

Así es que, desde el principio del proceso, el acusador se presenta y articula sus agravios; pero esta ventaja no carece de inconveniente: como los procedimientos tienen una publicidad ilimitada, su efecto es más sensible para el acusado; por consiguiente, el legislador se ve obligado a dar a éste seguridades contra toda acriminación calumniosa, sea exigiendo del acusador una caución, sea amenazándole con la pena de prisión, etc.

Formalizada ya la acusación, no hay necesidad de pasar a una instrucción preliminar (1); ábrese *in continenti* el proceso, y el acusador y el acusado entran en la liza a la vista del Juez, a quien procuran persuadir.

Los interrogatorios que se hacen al acusado se diferencian también completamente de los que tienen lugar en el proceso inquisitivo. En efecto, después de la acriminación que públicamente hace el acusador, basta explicar los agravios al acusado y oír sus justificaciones, sin que el Juez se tome el trabajo de provocar una confesión; esto es una consecuencia de la máxima que rige en todo el proceso de acusación, y de que la prueba incumbe al acusador, y que no hay necesidad alguna de hacer de la confesión del acusado el objeto de las investigaciones del Juez. Tampoco se podría usar de apremio para obligar a responder al acusado: el tormento es un medio enteramente extraño en el proceso de la acusación; y si el procedimiento romano lo admitió (2), fue partiendo de otra idea, y como una medida inútil (3) para dar mayor fuerza a la veracidad de los testigos. Verdad es que más tarde pudo igualmente someterse a él el acusado; mas, en esta época, ya se deja ver en la legislación romana la influencia del principio inquisitivo.

En el proceso de acusación es de esencia que todo él se siga ante el Juez que ha de fallar, porque sobre éste especialmente es sobre quien el acusador y el acusado quieren obrar por todos los medios de convicción de que son dueños. Por lo que a él toca, no puede derivar su institución del soberano; de lo contrario, y a causa de las ideas enteramente políticas que envuelve en sí el sistema de acusación, incurriría en la desconfianza pública. Sólo puede ser Juez el pueblo o delegados escogidos de su seno, celosos y vigilantes defensores de las libertades: sólo a ellos querrá la sociedad confiar el temible poder de decidir de

---

(1) Esta instrucción tiene, cuando menos, por objeto, una especie de examen previo; por ejemplo, si el acusador es persona de categoría, después del cual empiezan las medidas preparatorias para la instrucción principal y pública.

(2) Tít. 18, libro 48 del Digesto, tít. 41, libro 9.° del Código.

(3) En este sentido se aplicaba el tormento a ciertos individuos que no parecían enteramente dignos de fe. Ley 15, tít. 18, libro 48 del Digesto.

los derechos más sagrados de los ciudadanos. Ante tales jueces, los procedimientos estarán siempre en acción, por decirlo así, y se rodearán de numerosas solemnidades acomodadas a la importancia del drama que se representa. Este será, lo repetimos, un acto de cortas escenas, en el que aparecerán ambas partes aduciendo cada una sus respectivos medios de prueba y dirigiéndose a la conciencia del Juez; y éste, después de acabada la lucha, sin más dilación, al fallar, en virtud de sus impresiones todavía frescas, dirá de qué parte está la justicia (1).

Como ante el Juez han de suministrarse todas las pruebas, y la sociedad tiene una parte inmediata en el éxito de este grave negocio, el procedimiento deberá ser público y el debate oral; una instrucción escrita se apartaría del objeto, y sería, por otra parte, superflua donde el Juez asiste a todo el combate y falla sin apelación.

El principio que regula la apreciación de la prueba descansa en la máxima de que esta misma apreciación no es sino una operación al alcance de todo ciudadano dotado de sana razón, madurada por la educación y la experiencia; y, en efecto, no se trata aquí de otra cosa que de hacer un uso conveniente de ese sentido íntimo que guía a todos los hombres hacia la verdad; sólo se trata de decidir, según las impresiones nacidas de los debates, si es o no culpable el acusado.

El proceso inquisitivo tiene un carácter del todo diferente: su objeto primario y fundamental es sacar partido de todos los indicios que conduzcan a la averiguación del crimen y emplear todos los medios de investigación que la ley autoriza, por la mediación de un Magistrado instituido por el Estado, circunscrito en sus atribuciones por los términos expresos de las instituciones legales que del mismo emanan. Su objeto final es el descubrimiento de la verdad material en su más completa expresión a fin de que pueda definirse si se ha cometido tal crimen, si es su autor el acusado. Sigue, pues, este procedimiento una marcha enteramente analítica, y el Magistrado aplica, por decirlo así, la duda y la observación filosófica a todos los pormenores que pueden dar materia para el descubrimiento. Ya no hay aquí, desde este instante, dos antagonistas entre los cuales se coloca el Juez que tiene la balanza; tampoco hay aquella acusación indeterminada, aquella afirmación positiva de los hechos del delito; a cada paso, y a proporción que los puntos capitales de la acusación adquieren mayor publicidad y se dirigen más directamente al inculpado, a medida también que los trámites de la causa podrían perjudicar más los derechos de éste, cada uno de los actos judiciales debe justificarse por presunciones que se aumenten y sean el resultado de anteriores procedimientos. Por eso las primeras diligencias del proceso de inquisición son enteramente secretas, y esto es de interés del acusado, porque, ya lo hemos dicho, este sistema no

---

(1) Nunca, pues, sucederá en el proceso de acusación que el Juez antes de fallar ordene una información más amplia.

permite proceder a una acusación pública, sino que camina en silencio a la investigación de la verdad. Por esta razón también, los interrogatorios no pueden tener las mismas formas que el proceso de acusación. Descubrir públicamente los motivos de sospecha que envuelve el cargo del acusado, constituiría un verdadero acto de acusación y pondría obstáculo a la confesión de los hechos. Deseando, pues, ante todo averiguar la verdad material, el proceso inquisitivo tiende a provocar esta confesión, que, obtenida concienzudamente y prudentemente comprobada con ayuda de los demás cargos, parece que debe garantir por excelencia la verdad de la acusación. Cierto es que, dejándose llevar de esta corriente, se llega con facilidad a emplear el tormento; la instrucción criminal, con sus fases y diversos grados, con la dirección que constantemente sigue, da origen por necesidad a cierta lentitud. Mas sea de ello lo que quiera, como debe practicarse a vista de los Jueces que han de fallar, es necesario reducirla a escrito; de esta suerte adquiere una gran importancia, en razón de que el proceso inquisitivo autoriza el recurso de apelación.

Desde otro punto de vista, la persecución y el castigo de los delitos aparece en este sistema como negocio del Estado, que interesa a la sociedad entera; a los Jueces instituidos por el poder central será, por tanto, a quienes corresponda conocer de las causas criminales; mas no puede permitírseles, como a los Jueces populares, que fallen según su libre convicción y sin enunciar los motivos. Los Jueces, lo mismo que los demás Magistrados, deben seguir las instrucciones fijadas por el legislador; y puesto que el proceso no es ya una especie de combate judicial, puesto que ya no se trata solamente de decidir quién de los dos tiene razón, si el acusador o el acusado, ha sido muy conveniente que la ley, dándose a sí misma la exclusiva misión de averiguar la verdad material, estableciese ciertas bases de prueba que la experiencia de mucho tiempo ha acreditado como orígenes los más seguros de certeza; que permitiese fundar el fallo sobre ellas y sólo en ellas; que dejando la menos latitud posible a la arbitrariedad del Juez, estableciese todo un sistema de prueba; obra concebida desde luego en sentido científico, al mismo tiempo que los intereses de la verdad y de la inocencia encontrarían en él las garantías apetecibles.

Todos estos principios del proceso de inquisición han sido fielmente aplicados por el procedimiento criminal de Alemania.

Hemos dicho que el predominio de una u otra forma en un Estado depende principalmente de su constitución política, no habrá, pues, que admirarse de encontrar en las diversas legislaciones europeas y en los ensayos legislativos más modernos ciertas tendencias hacia las formas de la acusación. El procedimiento inglés parece haberlas adoptado en su pureza, y sería, sin embargo, un error grave creerle análogo al sistema de la ley romana. Es verdad que en Inglaterra, como en Roma, el Juez no tiene absolutamente derecho de proceder a la información de oficio, y que ésta sólo se provoca por medio de acusación privada; tampoco hay entre los ingleses un Magistrado encargado, como acusador público, de descubrir los indicios del crimen y de perseguirle (1), noticiándolo por medio de requisitoria al Juez de instrucción. De la falta de este Magistrado, y de la existencia misma del proceso de acusación, dimana en dicha nación un funesto aumento de los delitos; pero examinando más de cerca esta jurisprudencia, se advierten diferencias importantes entre ella y la de los romanos. Participa más bien del sistema monárquico y del principio racional, que en el proceso criminal hace ver un negocio de importancia, que interesa en muy alto grado a la sociedad entera. Las antiguas tradiciones hacen del Rey el guarda supremo de la paz, cuya conservación procura por medio de sus oficiales, y desde luego tiene también él mismo un interés particular en la persecución de los delitos. Tal es el fundamento de la acción del Juez de paz, que en una instrucción preliminar reúne los materiales de la decisión que ha de versar sobre los *hechos de infracción de la paz pública;* y sabido es que intenta, por consiguiente, con frecuencia la confesión del acusado. El sistema de las antiguas *comunidades civiles* dio origen al *gran jurado,* el cual constituye una garantía bienhechora para el acusado, e impide que se deduzcan ante los Tribunales públicos acusaciones temerarias e infundadas, Por otra parte, el Estado, no cesa de mostrar el vivo interés que tiene en los procedimientos, y la formación de las listas del Jurado viene a ser de la incumbencia de los Magistrados. A consecuencia de la lucha empeñada entre el poder real y el pueblo, fue necesario trazar a ambos una línea de demarcación, de donde nació la institución del Jurado y sus relaciones con los Tribunales compuestos de Jueces nombrados por el Jefe del Estado, y también la división entre los puntos de hecho y de derecho. Los progresos de la civilización, la influencia de las ideas difundidas en los pueblos vecinos sobre la información de oficio y la importancia de la verdad material, y la influencia asimismo de los Tribunales espirituales (2), que en Inglaterra, como en otras partes, estuvieron en vigor durante la Edad Media y aun mucho tiempo después, todas estas causas reunidas dieron al procedimiento inglés un carácter marcado de organización sistemática; desapareció de él el movimiento dramático de la forma de acusación, para dar lugar a solemnidades graves y dignas de un sumario menos ruidoso. La prueba debió, desde luego, reglamentarse por medio de leyes y prescripciones numerosas (3); sometióse su apreciación a una especie de teoría generalmente admitida, favorable, sobre todo, a la investigación de la ver-

(1) De aquí una impunidad frecuente y escandalosa que hasta en Inglaterra ha sido objeto de críticas muy severas.

(2) De ellos se derivan los procedimientos *por información.*

(3) Poco importa que la mayor parte de estas reglas no se hallen consignadas en las Leyes escritas: existen, sin embargo, en la *common law (Ley común),* y ésta en Inglaterra se mira como sagrada, lo mismo que los *estatutos.*

dad material; y el Jurado, al decidir, se deja hoy guiar, hasta cierto punto, por el Juez titular, siempre que se presentan cuestiones de derecho. En la actualidad, y por consecuencia de los principios arriba enunciados, la Inglaterra adelanta cada vez más en esta vía de organización sistemática, que tiene por principal objeto el descubrimiento de la verdad material.

También se ha sostenido muchas veces que el procedimiento criminal en Francia descansa en el principio de la acusación; pero esta opinión es todavía más errónea que cuando se trata de Inglaterra, pues aunque algunos detalles secundarios participan de la forma de acusación, no pueden constituir esta misma. Por otra parte, lo que prueba el predominio del principio inquisitivo en Francia es la institución de un Ministerio público que obra en nombre de la sociedad, tiene dependiente de sí al Juez instructor, por medio de sus requerimientos, y le transmite todas las pruebas descubiertas en la causa, y también la imparcial atención que debe guiar al Juez cuando reúne y ordena estas mismas pruebas, y que traza igualmente el camino al Juez instructor alemán. En cada una de sus fases importantes, la instrucción preliminar se sujeta al examen de un Tribunal no menos imparcial, y por esta razón viene a ser imposible todo abuso de poder de parte del Juez instructor. Por lo demás hay casos en que puede establecerse la instrucción sin excitación del Ministerio público, y en que el Magistrado lo hace *ex officio,* tales son los de *flagrantes delito.* El Tribunal de apelación puede también, si le pareciese que el Procurador del Rey permanece en una inacción premeditada, a causa, por ejemplo, de motivos políticos, puede, decimos, remediar la inmovilidad perjudicial del acusador público, comenzando él mismo una instrucción. La Cámara encargada de las acusaciones no se limita rigurosamente en su examen a los diversos puntos capitales de la instrucción y a los materiales que ésta suministra, sino que también puede, en interés de la verdad, ordenar una información más extensa, y el procedimiento principal, los debates públicos y orales que siguen al acuerdo dado por esta Cámara, tienen frecuentemente por objeto la investigación de la verdad; por consecuencia, el Presidente tiene derecho de llamar de oficio a cualquier testigo o perito, durante el curso del debate, aun cuando los individuos citados no se encuentren en la lista de los testigos de cargo o de descargo. Finalmente, el dar a todos audiencia el Presidente viene también a atestiguar, por medio de una tendencia marcada hacia la verdad material, cuán grande es la influencia que el principio inquisitivo ejerce sobre el procedimiento francés.

Se suelen contraponer como tipos procesales penales que han predominado, con mayor o menor intensidad en el desenvolvimiento histórico de la justicia penal, los llamados sistemas inquisitivo y acusatorio.

El fin del proceso penal consiste en la averiguación de los hechos delictivos, para, en su caso, proceder a la aplicación de una pena. Ahora bien, dos caminos distintos pueden seguirse para alcanzar aquel fin.

El Estado, a través de sus órganos de justicia, cuando tiene noticia de la existencia de un hecho que puede ser punible, procede de oficio a la averiguación de tal hecho y a la recogida de los elementos necesarios a fin de comprobar la existencia del delito. La instrucción, que determina la subsiguiente acusación, se pone en manos del sujeto que, en definitiva, ha de imponer la pena; y como el inculpado es la mejor fuente de conocimiento de los hechos, se le señala la obligación de declarar, o se hace uso de medios coactivos para conseguir aquel resultado. Se piensa que este sistema es el más idóneo para descubrir la verdad y, por tanto, para llevar a cabo la función represiva de los delitos encomendada al Estado. En realidad, desde un plano dogmático, el tipo inquisitivo no es una estructura procesal para la realización de la justicia penal, sino una forma autotutelar por la que el Estado administrativamente lleva a cabo el "ius puniendi".

El otro camino consiste en que el juzgador, manteniendo al máximo su imparcialidad, examine las peticiones contrapuestas de la acusación y de la defensa. Ante el juzgador se desarrolla un litigio, al menos en el sentido formal de controversia, en el que la figura del acusado tiene un mero significado subjetivo: el significado formal de parte y material de inculpado. Esta configuración del proceso nace de la consideración de que el mejor método para averiguar la verdad consiste en dejar la formulación de la acusación y la correlativa defensa a aquellos que sostienen opiniones divergentes, por perseguir intereses opuestos. De esta forma se garantiza la imparcialidad del juzgador y se respeta la dignidad del inculpado como ciudadano. El punto débil de este sistema es el que determina la posibilidad de componendas privadas, incompatibles con el interés público, tanto de la acusación como de la defensa.

Ambos sistemas han tenido un desarrollo histórico en muchas ocasiones involucrado, lo que ha originado que en la realidad sean tres los tipos seguidos por los diversos Estados para la realización del "ius puniendi": el sistema acusatorio, el sistema inquisitivo y el sistema mixto.

La consideración de los sistemas del proceso penal en su desarrollo histórico nos ofrece una clara manifestación pendular entre ellos. Al responder a principios diametralmente opuestos, han llegado a manifestarse en sus formas puras, o por consecuencia de ese desplazamiento del uno al otro, se han provocado situaciones de influencia recíproca e incluso de connivencia de principios. Podrían señalarse cuatro sistemas para la realización de la justicia penal desde que ésta se configura como una función estatal:

1.º) *El sistema acusatorio material,* en el que no existe diferenciación con el proceso civil: el sujeto supraordinado no acusa, no instruye, no juzga en sentido propio, se limita a decidir las posiciones contrapuestas. El proceso penal se configura así como un instrumento para la resolución de un litigio.

2.º) *El sistema acusatorio formal,* en el que existe un sujeto supraordinado que no acusa, que no instruye, pero que juzga. El proceso penal tiene entonces el significado propio de un juicio.

3.º) *El sistema inquisitivo formal,* en el que el órgano supraordinado no acusa, pero instruye y juzga. El objeto del proceso penal es la investigación de la existencia de un delito y su subsiguiente castigo.

4.º) *El sistema inquisitivo material,* en el que el órgano supraordinado acusa, instruye y juzga. Su objeto es fundamentalmente la imposición de un castigo.

El primer sistema, que lleva a cabo una simple trasposición del fin y de la estructura propios del proceso civil, no es adecuado para la justicia penal, porque desconoce las circunstancias de que el derecho de penar corresponde al Estado como juzgador y por ello no cabe la disponibilidad de su objeto por las partes.

Los sistemas inquisitivos, en sus diversas manifestaciones, desconocen la necesidad de que existan partes contrapuestas, no como portadoras de intereses diversos, sino como mantenedoras de posiciones formales o dialécticas distintas, que permitan al juzgador resolver con absoluta imparcialidad, acerca de las tesis y antítesis correspondientes. Los sistemas inquisitivos son, en forma más o menos disfrazada, supuestos de autotutela estatal, en los que el Estado, titular del derecho al castigo, lleva a cabo tal derecho-deber en forma administrativa.

Por ello, el sistema que se ofrece como el más perfecto es el sistema acusatorio formal en el que no se desconoce el especial significado del derecho al castigo, que corresponde al Estado y no a las partes, pero al mismo tiempo se garantiza la imparcialidad del juzgador por la necesidad de que decida sobre cuestiones que le sean sometidas en forma contradictoria.

El proceso penal español ofrece distintos sistemas para enjuiciar las infracciones penales según se trate de faltas, de delitos menos graves o de delitos graves.

En materia de faltas rige el principio inquisitivo. Según el artículo 962 de la Ley de Enjuiciamiento criminal: "Luego que el Juez Municipal (hoy Juzgados de Distrito o de Paz) tenga noticias de haberse cometido alguna de las faltas previstas en el libro III del Código penal, que puede perseguirse de oficio, mandará convocar a juicio verbal al Fiscal Municipal (hoy de Distrito o de Paz), al querellante si le hubiere, al presunto culpable y a los testigos que puedan dar razón de los hechos, señalando día y hora para la celebración del juicio." Asimismo, el Juez no queda vinculado por la acusación, disponiendo de libertad para decidir sobre las posibles contravenciones. Las sentencias de 19 de noviembre de 1927 y 9 de noviembre de 1953, entre otras, resaltan tal desvinculación.

En el procedimiento para delitos cuyo fallo compete a los Juzgados de Instrucción, creado por Ley de 8 de abril de 1967, tanto la práctica de las diligencias preparatorias del juicio como la apertura de éste están encomendadas a la actividad de las partes, por lo que el nuevo tipo de proceso instaurado corresponde a las características del sistema acusatorio.

El proceso común por delitos se halla estructurado sobre la base de un sistema mixto, acusatorio e inquisitivo, e incluso podríamos decir que la actuación propiamente procesal se rige exclusivamente por el principio acusatorio, ya que la denominada fase sumarial, en la que se encuentran los principales vestigios del sistema inquisitivo, no tiene carácter propiamente procesal, aunque está encomendada a un órgano jurisdiccional —los llamados Juzgados de Instrucción—, sino de investigación preparatoria de la acusación.

## CAPITULO IV

## FORMAS MIXTAS DE PROCEDIMIENTO

Varias leyes nuevas, la napolitana, por ejemplo, la de los Países Bajos, la de Wurtemberg, el proyecto bávaro y la mayor parte de los Códigos promulgados en los Cantones suizos, han dado evidentemente una forma mixta al procedimiento criminal, es decir, que el legislador ha escogido entre las diversas legislaciones existentes, que se fundan en el principio de acusación o en el de inquisición, las formas e instituciones más propias para facilitar el descubrimiento de la verdad absoluta, el castigo de los culpables, y la salvaguardia de la inocencia. Estas formas mixtas han encontrado muy recientemente en Carmignani un adversario incansable y poderoso. Según él, hay en las dos formas de acusación e inquisición dos elementos completamente heterogéneos e inconciliables, cuya combinación sólo puede conducir a un funesto resultado. El proceso de acusación, que corresponde al sistema democrático, se entabla, dice, por medio de una afirmación propuesta con toda claridad, y en el instante, sin preceder instrucción, sin que su curso se detenga por ningún obstáculo, sin que el Tribunal tenga que pronunciar la admisibilidad de la acusación, debe intervenir en el fondo una decisión basada sobre las pruebas suministradas por el acusador y las justificaciones emanadas de boca del acusado.

En resumen, continúa, el proceso, por vía de acusación, rechaza todo procedimiento escrito, si existe la confesión, hace prueba absoluta; Jueces sacados del seno del pueblo deciden entre el acusador y el acusado, sin atenerse a reglas de prueba ni a otra ley que su convicción. Al contrario, en el proceso inquisitivo Carmignani no quiere ver sino una serie no interrumpida de actos legales; el procedimiento escrito es el único necesario, los medios de prueba admisibles son la confesión y las deposiciones de los testigos, y nunca pueden los indicios servir de base a una justa condenación. Finalmente hay lugar por necesidad a la *absolución provisional de la instancia,* cuando el Juez quiere expresar sus dudas acerca de la inocencia del acusado. En su concepto, la institución de un acusador público sería una grave inconsecuencia; la publicidad del debate principal repugnaría al carácter mismo del procedimiento, y autorizar al Juez regular a condenar por solos indicios, sería amalgamar equivocadamente el principio de la teoría legal de la prueba con el de la libertad absoluta de las convicciones.

Sin duda hay algo de verdad en las ideas de Carmignani. No podría culparse demasiado a los legisladores modernos, sobre todo de dejarse llevar de la novedad, de aspirar a conceptos originales, y queriendo agradar a todos los partidos, ir a tomar los artículos de ley en todas las legislaciones posibles; de olvidar, en fin, que allí donde los toman, tienen que atenerse a un conjunto de prescripciones lógicamente ordenadas, y que arrancarlos de él para llevarlos a otra parte, es querer levantar un edificio sin proporciones. Por eso cuando el procedimiento es escrito y secreto, se hace innecesaria la institución de un acusador público; y se falta al objeto cuando se piensa constituir la publicidad en el proceso escrito, tal como se practica en Alemania, u obtener al menos todas sus ventajas, sólo porque se autoriza la defensa pública en una especie de procedimiento secreto, cuando se da a Jueces regulares o de derecho la facultad de seguir su sola convicción, o también cuando se insiste en autorizar la *absolución de la instancia (absolutio ab instantia)*, aun siendo oral y pública la instrucción principal, y gozando los Jueces reguladores de una plena y entera libertad de apreciación. Semejantes ensayos no pueden dejar de ser severamente cnsurados. Mas ¿acaso se sigue de esto que pueda con razón impugnarse cualquiera forma mixta de procedimiento criminal? No obstante, en el sistema de Carmignani se advierten los siguientes errores:

1.º Atribuye demasiado exclusivamente al principio de acusación, tal como quiere comprenderlo, algunos caracteres esenciales a todo procedimiento criminal y que resultan de sus datos fundamentales; por medio de una distinción absolutamente separada opone a este principio el de la inquisición, como que nunca puede, según él, reunir o contener estos mismos caracteres, distintivo especial de la acusación. ¿No es, en efecto, erigir una teoría arbitraria sostener que sólo en el proceso de acusación puede pronunciarse una condena basada sobre la prueba de indicios? Consecuencia de la opinión mucho tiempo admitida de que los indicios no pueden dar la prueba completa que satisfaga plenamente la inteligencia. ¿No es igualmente arbitrario ver en la *absolutio ab instantia* una medida necesaria del proceso inquisitivo?

2.º Engáñase también Carmignani cuando considera ciertas formas como derivaciones necesarias de uno u otro sistema, sólo porque, sin otra razón que la de la casualidad, se encuentra más ordinariamente en uno u otro proceso; cuando por ejemplo, por sólo el motivo de que el debate oral existe en las legislaciones basadas sobre el principio de la acusación, le declara, desde luego, con carácter esencial del proceso de acusación. Tampoco va mejor fundado al atribuirle exclusivamente la institución de acusación privada, libre en su acción, ni al decir que sólo en este procedimiento el acusador pueda en todo caso e *in continenti* hacer abrir el debate entre él y el acusado.

3.º Del mismo modo se equivoca cuando atribuye necesaria y absolutamente el predominio de cada una de las dos formas a la naturaleza de las instituciones políticas del país en que están vigentes; ni cuando a sólo las democracias asigna el proceso de acusación, y a las monarquías el de inquisición. No ignoramos la influencia real poderosa del sistema político en las formas del procedimiento criminal, y sabemos que la acusación nació en las antiguas repúblicas; pero es también muy cierto que las nociones fundamentales acerca de la pena hacen inclinar la balanza, y son completamente independientes de las instituciones políticas. Desde que un pueblo, por efecto de su cultura intelectual, ha llegado a comprender claramente que el medio más seguro de dar fuerza a la ley y completa garantía al orden público reside en la buena organización del procedimiento criminal, da preferencia a la forma inquisitiva, porque la contraria no le parece que asegura bastante la persecución y descubrimiento de los crímenes (1). No es, pues, exacto decir que el Jurado y la facultad de decidir en virtud de la libre e íntima convicción dimanan exclusivamente del principio democrático.

Admitimos la máxima de que el Monarca, supremo poseedor del poder en el Estado, ejerza la justicia, desmembración de aquel poder; pero se sacaría una falsa consecuencia pretendiendo que, en efecto, él es quien juzga, pues sólo se limita a ordenar que los fallos sean lo más conformes a justicia, y a sancionar, en el interés de la sociedad bien entendido, la forma del procedimiento que mejor conduce a su objeto.

4.º Por último, Carmignani olvida que por diversos caminos puede llegarse al mismo objeto, y que una misma idea se expresa bajo formas diferentes. Poco importa que la inculpación emane de una persona privada o de un acusador público, pues de ningún modo se altera su esencia. El procedimiento secreto y escrito de Alemania puede con ciertas condiciones descubrir la verdad de una acusación, lo mismo que puede hacerlo bajo otras, el procedimiento público con el debate oral (2). La legislación más sabia sería sin contradicción aquella que, subsistiendo fiel a la naturaleza de las instituciones y principios fundamentales, obedeciese a todas las exigencias, no descuidase medio alguno de conseguir el objeto, y escogiese sobre todo las formas que más facilitasen llegar a él, al mismo tiempo que, prestando oídos al testimonio de la experiencia, saliese de antemano al encuentro de los abusos que ésta ha podido hacer ver en unas u otras, y siempre, para decirlo de una vez, antes de

---

(1) Esta opinión reinaba ya en la Edad Media.

(2) El mal está en que los partidarios de una de las dos formas, los de la publicidad, por ejemplo, incurren en exageraciones de toda especie, y haciéndose cargo de algunos abusos que han podido encontrar en el sistema contrario, y deduciendo de hechos extraordinarios consecuencias violentas, condenan desde luego toda forma que no favorezca su teoría.

adoptar tales y cuales medidas, tal o cual sistema, se preguntase desde luego si corresponde lo mejor posible a la economía especial del Estado, al grado de civilización que posee y a su constitución política.

Al señalar las distinciones que separan las dos formas, parece que se ha olvidado con frecuencia que en todo procedimiento criminal hay, en cierto sentido, un proceso de acusación; que el orden natural de sus diversas partes se desenvuelve con tanta más ventaja cuanto la acusación y la defensa se ha considerado, ante todo, como sus dos elementos principales, y cuanto que el sumario, que por el interés de la verdad absoluta viene a suministrar hechos y argumentos en pro y contra a ambos platillos de la balanza, ha sido más justamente apreciado según su verdadera utilidad. ¿Y no es, en efecto, el sumario el que reúne los materiales necesarios para el fallo? ¿No es quien los suministra al Juez encargado de decidir si la acusación está bien fundada? El que, por otra parte, quiera estudiar la historia del proceso inquisitivo, hallará luego demostrado que siempre se ha pensado en que una acusación sirva de base a todo proceso criminal, y que sólo en ciertos casos se admite un acusador de *mala fama* y el acta de acusación en los artículos del sumario.

Así, pues: 1.º Todo proceso criminal estriba en una acusación: la parte ofendida se presenta, desde luego, articulando sus quejas y pidiendo reparación del daño causado, y esta queja es la que da entrada a las diligencias del sumario. O el delito se considera como atentatorio a los derechos de una persona o familia privada, y la pena, a su vez, como una composición o satisfacción de la misma naturaleza, en cuyo caso el proceso tiene por base una acusación privada, o, por el contrario, la pena aparece más bien establecida en interés de la sociedad, y es, ante todo, la sanción de la ley; y en este segundo caso, la sociedad misma toma por su cuenta la persecución del delito, por medio de un acusador público o de magistrados especiales encargados de mantener la paz, de proteger los intereses sociales, y, por consiguiente, de investigar las señales de los delitos (1); 2.º En todo proceso criminal se establece abiertamente un procedimiento contradictorio entre el acusador y el acusado, en cuanto el primero hace conocer al segundo los cargos de la acusación y sus pruebas, e invita a éste para que presente sus descargos. Es, pues, compatible en este procedimiento el sistema de la acusación privada con la exposición pública de los diversos agravios a que es llamado a responder el acusado, como lo es el método prudente, y de antemano prescrito, según el cual, por medio de interrogatorios, se comunican poco a poco las quejas o agravios al individuo de quien se sospecha; 3.º Toda legislación reconoce, como su principal fundamento, la necesidad de evitar las acusaciones temerarias o infundadas, que

(1) El Juez inquisidor alemán reúne hasta cierto punto el doble carácter de acusador público y de Magistrado instructor.

podrían perjudicar la libertad individual y los derechos del acusado. Puede, pues, conseguirse este objeto, obligando al acusador privado a la *inscriptio in crimen,* y acordando contra él la prisión o cualquier otro castigo (1), como también mandando, cuando se trate de la acusación y de la instrucción de oficio, que intervenga una sentencia de la Cámara de acusación para que se pase a este estado; 4.º En un principio sentado que la prueba de los hechos de la inculpación incumbe al acusador, y, por consecuencia, que faltando esta prueba completa, debe ser absuelto el acusado (2). Pues bien: ¿no puede imponerse esta obligación al Magistrado que dirige el sumario, descubre los indicios y hace constar la existencia de dos hechos decisivos en la causa, lo mismo que al acusador, en el sistema de la acusación privada? Luego si la prueba del cargo no es suficiente, debe necesariamente declararse no culpable al acusado, sin que éste tenga que hacer ver su inocencia.

Aparte de lo dicho, siguiendo este sistema general de la acusación, puede preguntarse qué aparato funcionaría con más eficacia en un cuerpo de ley; y en el momento asaltan a la imaginación consideraciones de diversa índole:

1.ª Desde luego deberá preferirse aquella forma que consiga con más seguridad el objeto del proceso criminal, el descubrimiento infalible del crimen y el castigo de su autor. Por consiguiente, el legislador, que sabe que autorizar la persecución criminal por sólo una acción privada (3) es hacer más frecuente la impunidad, preferirá instituir un acusador público, análogo al que existe en Francia y Escocia, o autorizará con cierta restricción a un Magistrado para que de oficio indague los crímenes, con encargo de descubrir todos sus indicios en una información preliminar.

2.ª Deberá también elegirse aquella forma que sea más a propósito para patentizar la verdad absoluta. En el momento, pues, que la ley hace de ésta el objeto de sus tendencias, consagra igualmente el principio de la inquisición; decreta la instrucción preliminar, cuyo objeto es reunir todos los materiales que convenga para juzgar del fundamento de la acusación y hacer de ellos el empleo más provechoso para la manifestación de la verdad de los hechos; operación enteramente imparcial, en que las investigaciones del Magistrado se dirigen a la vez a las pruebas del descargo, sin tener que ver si el acusado se ha cuidado de ello por sí mismo, y a las que establecen la culpabilidad. En cuanto a la forma del sumario, bueno sería atenerse a lo que mejor conduce a la manifestación de la verdad; y aquí debemos aprobar la que se sigue

---

(1) Así lo prescribía la Ley romana, y posteriormente la Carolina.

(2) Esto prueba la falsedad de la *absolutio ab instantia.*

(3) La Inglaterra suministra un ejemplo notable de esta impunidad. El informe presentado sobre los constables en 1839 dice que hay allí más de 500 Asociaciones formadas con el objeto de evitar esta impunidad tan peligrosa, que se encargan directamente de la averiguación y persecución de los crímenes.

en Alemania, por sus interrogatorios perfectamente ordenados, y sus informaciones tomadas de los dichos de los testigos.

3.ª Siempre recomendaremos en el proceso criminal el sistema que previene el agravio irreparable de pasar a una acusación pública infundada. Según este sistema, terminada que sea la acusación, se pasa el proceso a un Tribunal designado (importa poco que éste sea un gran Jurado como en Inglaterra, una Cámara de acusación como en Francia, o un Tribunal que ordene se pase además a la instrucción especial); en seguida se examinan los cargos que resultan de la primera información, se averigua si hay gran probabilidad de que el crimen se cometió, y si contra el acusado existen cargos suficientes para que pueda decretarse la acusación. Este examen previo excusa a aquél muchas penas y perjuicios y gastos considerables al Estado.

4.ª Pero ¿a qué Tribunal y con qué condiciones debe atribuirse el derecho de dictar sentencia definitiva? Otro principio es aquí el decisivo; el legislador deberá seguir el camino más propio para inspirar al pueblo plena y entera confianza en la justicia de sus fallos. De ningún modo se trata entonces de establecer si los Jueces regulares que poseen la ciencia de las leyes *merecen* esta confianza con título más justo que los jurados: trátase de ver únicamente si la *poseen*. Desde el punto de vista de la ley, concedemos que los primeros que deciden según la regla de una teoría legal, sabia y prudentemente fundada en el interés de la inocencia, y tiene que dar cuenta de los motivos de su decisión, pueden muy bien dar pruebas de una inteligencia más vasta, de una apreciación más científica de los hechos y más conforme rigurosamente a la ley; pero a su vez los jurados, por la naturaleza misma de su institución, por su completa independencia y también por esa viva simpatía que es preciso suponer siempre en ellos a favor del acusado, los jurados, repetimos, suministran garantías políticas imposibles de encontrar entre los Jueces regulares. Cuál de estos dos sistemas sirve mejor para la seguridad social, no puede decirse absolutamente: todo depende, en cada país, del grado de civilización y de sus costumbres políticas.

5.ª Que la sentencia definitiva pertenezca por otra parte al Jurado o a Jueces ordinarios, el procedimiento deberá en todos los casos, para que se declare perfecta su organización, ponerles sobre todo en estado de decidir en virtud de un conjunto de pruebas sinceras y completas, y nunca de simples testimonios arbitrariamente sacados de los autos: será también preciso que puedan oír al acusado sus defensas, y sus dichos a los testigos; por medio de preguntas dirigidas a este objeto pueden esclarecer todas sus dudas y formarse, en una palabra, una plena convicción. Por eso preferiríamos el debate oral ante los Jueces, luego que comienza el procedimiento principal contra el inculpado, a cuya acusación se pasa desde entonces. Ante ellos, en efecto, son interrogados los testigos, peritos y acusados, y las solas pruebas que nacen del debate pueden servir de base al fallo que ha de dictarse.

Se ve, pues, que una legislación criminal sabiamente ordenada admite perfectamente la unión de las formas de la acusación e inquisición; y con tal que sus partes guarden entre sí armonía, parece indudable que no puede dejar de conseguir su objeto (1).

## ADICIONES

Una de las cuestiones que producen mayor confusión en un estudio general de la prueba tiene su base en el hecho de que en el proceso penal existen dos fases claramente delimitadas: la etapa de la instrucción preliminar —o sumario— y la etapa del juicio propiamente dicho. Como ha señalado Santiago Sentís Melendo (en su trabajo *Qué es la prueba, naturaleza de la prueba,* publicado en la Revista de Derecho Procesal Iberoamericana, año 1973, páginas 257 y sigs.), durante el sumario se averigua y durante el juicio se verifica o se comprueba.

En España, el juicio común por delitos está ordenado en base a las siguientes características:

1.ª) Escisión del procedimiento en dos fases elementales: sumario y juicio.
2.ª) Carácter secreto e inquisitivo del sumario.
3.ª) Carácter oral y público del juicio, en base al principio acusatorio.
4.ª) Instancia única.

Como se hace constar en la exposición de motivos de la Ley de Enjuiciamiento criminal, la ordenación separada de la instrucción sumarial del juicio propiamente dicho obedece a la idea de un sistema intermedio entre el procedimiento inquisitivo y secreto y el sistema acusatorio puro, basado en el principio de contradicción. Sin embargo, la primera fase no tiene otro significado que la de ser preparatoria del juicio. En dicha exposición de motivos se dice: "Aceptada la idea fundamental de que en el juicio oral y público es donde ha de desarrollarse con amplitud la prueba, donde las partes deben hacer valer en igualdad de condiciones los elementos de cargo y descargo y donde los Magistrados han de formar su convicción para pronunciar su veredicto con abstracción de la parte del sumario susceptible de ser reproducida en el juicio..." Por ello la prueba propiamente dicha ha de practicarse de

(1) Hace algunos años que se ha obrado en Alemania una revolución completa en las ideas en lo tocante al procedimiento criminal. Por eso se reconoce al presente en todas partes cuán vicioso y perjudicial es el sistema de la instrucción escrita y secreta que ha estado en vigor hasta nuestros días. Todos están de acuerdo en que este sistema no obtiene la confianza del pueblo, y que está lejos de asegurar la manifestación de la verdad. Así es que por doquiera se han hecho mociones en las Cámaras, dirigidas a introducir un procedimiento modelado sobre el de Francia o Inglaterra; pero los Gobiernos no han sacudido aún su desconfianza y antiguas inquietudes y temen que se establezca esta legislación como un golpe dado a la estabilidad del orden de cosas existentes. No obstante, a pesar de sus esfuerzos, el principio del debate oral progresa en todos los países europeos.

forma oral y pública dentro del juicio oral (arts. 688 y sigs. L. E. cr.). Sin embargo, existen casos de práctica anticipada de la prueba, a que se refiere el artículo 657 al decir que en el mismo escrito de calificación provisional se podrá pedir por las partes que se practiquen, desde luego, aquellas diligencias de prueba que por cualquier causa fuere de temer que no se puedan practicar en el juicio oral, o que pudieren motivar su suspensión.

Además de esta regla general sobre práctica anticipada que antes hemos señalado, la Ley de Enjuiciamiento criminal recoge algunos casos concretos de prueba. Así, según el artículo 333 de dicha Ley: cuando se practican algunas de las diligencias de inspección ocular y sus complementarias y hubiera alguna persona declarada procesada como presunta autora del hecho punible, podrá presenciarlas, ya sola, ya asistida del defensor que eligiere o fuere nombrado de oficio si así lo solicitasen; el uno y el otro podrán hacer en el acto las obesrvaciones que estimen pertinentes, las cuales se consignarán por diligencia si no fueren aceptadas. Se trata, en realidad, de actuaciones que no son susceptibles de reproducirse en el acto del juicio oral. Por ello se someten tales actuaciones a determinadas garantías, con lo cual adquieren, en realidad, naturaleza y efectos propios de los actos de prueba.

Otro caso es el del artículo 467 que en relación con el reconocimiento e informes periciales llevados a cabo durante el sumario distingue si tales actividades pueden o no reproducirse en el juicio oral. Si son susceptibles de reproducción, los peritos nombrados no podrán ser objeto de recusación por las partes, pero si no pudieren reproducirse en el juicio oral, se declara el derecho de las partes a la recusación. Igualmente, en el artículo 476 se establece que si el acto pericial no puede reproducirse en el juicio oral, puede intervenir en el mismo el querellante si le hubiere, con su representación, y el procesado con la suya, aun cuando estuviere preso. Se trata de practicar dichas diligencias con la garantía del contradictorio, puesto que en la realidad tales actividades, aunque sean de averiguación, por la fase en que se practican, tienen por sus efectos carácter de medio de prueba. Lo mismo puede decirse en los casos de autopsia (art. 343), declaraciones de testigos (artículo 448), etc.

Confirma lo que hemos dicho de que en el procedimiento criminal la prueba es la del juicio oral, entre otras, la sentencia del Tribunal Supremo de fecha 31 de enero de 1962.

## CAPITULO V

# RELACIONES Y ANALOGIAS ENTRE LA PRUEBA EN MATERIA CRIMINAL Y LA PRUEBA EN MATERIA CIVIL

Entre el proceso civil y el criminal existen ciertas analogías generales; además, la ciencia se ha ocupado mucho antes del primero que del segundo; y como, por último, la ley romana en varios pasajes parece confundir ambos en sus disposiciones ha resultado de aquí que muchas veces se han hecho extensivos al uno las nociones y principios relativos al otro (1), con gran detrimento, fuerza es decirlo, de éste. Así, por ejemplo, se han querido trasladar del procedimiento civil al criminal las reglas usadas en materia de apelación o instancia desierta y de cosa juzgada. Síguese de aquí que no se han fijado bien las diversas teorías, y que mientras unos autores, en materia de prueba, como en todo lo demás, separan absolutamente lo civil de lo criminal, escritor distinguido podemos citar (Globig) que se esfuerza en crear un sistema que sea común a ambas clases de procedimiento.

Sería, sin duda, un error rehusarles ciertos puntos de contacto: 1.º, en lo civil como en lo criminal un proceso es siempre un proceso, y en el uno como en el otro deben dejarse ver algunos caracteres genéricos comunes; 2.º, en ambos el objeto que se trata de conseguir es igualmente la manifestación de la verdad. De la primera proposición nacen diversas consecuencias; desde luego hay ciertos principios comunes que emanan de la naturaleza misma del proceso en general, a saber: que siempre son menester dos partes contrarias acerca de un hecho, sentando conclusiones respectivamente opuestas, y que de la verdad de sus afirmaciones depende la admisibilidad de sus mismas conclusiones. Entre estas consecuencias comunes preciso es colocar también muy especialmente la regla fundamental que determina que la prueba de los hechos del cargo incumbe al que los alega, ya sea éste el demandante de un pleito civil, ya el Magistrado que toma a su cargo la acusación criminal

(1) Por ejemplo, en lo que concierne a la doctrina de la incapacidad y tachas de los testigos.

en nombre de la sociedad, y hace se declare indemne al demandado o reo cuando no ha podido presentarse esta prueba.

De que la manifestación de la verdad es siempre el objeto del proceso, cualquiera que sea su naturaleza, se sigue que el Juez civil y el de instrucción criminal deben igualmente guiarse por ciertas reglas suministradas por la razón y la experiencia como las más útiles para esta manifestación, y tener en cuenta ciertas prescripciones ordenadas por la prudencia, a fin de evitar toda ilusión o engaño perjudicial; tales son, entre otros, los preceptos que determina la fuerza probatoria de ciertos dichos de los testigos, o la apreciación misma de la confianza que se debe a sus personas.

Un examen, sin embargo, más atento, hace reconocer bien pronto graves diferencias entre los procedimientos civil y criminal.

*Primera diferencia fundamental: La acción del Juez se hace sentir en el proceso en una dirección enteramente opuesta*

El proceso civil se entabla por medio de una articulación formal de agravios, por la afirmación de ciertos derechos de parte de una persona determinada en contraposición de otra igualmente determinada; pero en el criminal, y sobre todo en el inquisitivo, por un método que le es enteramente especial, rara vez acontece que los agravios articulados vengan desde el principio a dirigirse contra un reo designado. Muchas veces también la naturaleza del delito no está tan especificada, y la información hecha *in continenti* de la queja es la que en efecto da a conocer sus caracteres: cuando, por ejemplo, se han causado heridas, no podría siempre decirse desde luego si hay simplemente delito de heridas voluntarias causadas, o tentativa de muerte.

La razón exige que las atribuciones del Magistrado encargado del sumario sean diferentes de las del que tiene a su cargo la información en lo civil. En el proceso de esta clase, el debate se divide en dos fases bien distintas: en la primera vienen a presentarse frente a frente las recíprocas pretensiones de las partes; la segunda se completa por las pruebas aducidas; pero en el criminal no puede ser así: tan luego como se presenta la querella, de su mayor o menor fundamento depende la aplicación al acusado de algunas medidas que muchas veces comprometen su libertad y el Juez no puede decretar si no las justifican las mayores probabilidades. Sucede también que, por lo regular, el hecho mismo no llega a conocimiento del Juez instructor sino en el momento en que reúne la prueba por las declaraciones, verbigracia, de un testigo, y cuando, pudiendo esta prueba desvanecerse por momentos, su deber le recomienda que saque de ella el partido que se necesite. Al contrario de lo que sucede en el proceso civil, en que las partss suministran la prueba que sirve, así hecha, de único punto de partida al Juez, la intervención del instructor criminal en la administración de la prueba se muestra hasta el fin activa, incesante: se le ve primero buscarla de oficio; después sacar de ella todos los elementos de convicción que encierra y consignarlos en los autos, y examinar también con atención la importancia de los resultados obtenidos, antes de creerse autorizado para pasar adelante en la instrucción.

En el proceso civil las partes son personas ciertas y conocidas, y el Juez que está presente al practicarse la prueba se limita a examinar, ayudado de los medios propuestos por cada una, si constan los hechos que sirven de base a la demandada y a las justificaciones de la defensa; pero en materia criminal es mucho más dilatada la esfera de acción del Juez instructor: esfuérzase a la vez en hacer constar el delito, descubrir su autor y demostrar clara y perfectamente todos los pormenores de que pueden depender la justa aplicación de la pena. Todos estos hechos, todos estos accesorios de la causa, que quizá no tendrán sobre la sentencia sino una influencia tardía y mediata, procura esclarecerlos con resplandeciente luz cada vez que inspecciona los lugares u objetos, o examina a un testigo.

Por último, las diversas fases del proceso revelan nuevas diferencias en el objeto inmediato de los esfuerzos del Juez. En ninguna parte se manifiesta el procedimiento inquisitivo con tendencias más múltiples y variadas que en la instrucción preliminar; y la razón es porque, ante todo, importa llegar al terreno más firme, para que en él tome asiento la acusación. Verdad es que muchas veces apremia desde luego una sola necesidad, cual es la de aprovechar las presunciones cuya existencia justificada motiva diversas medidas y actos del procedimiento, y permite, por ejemplo, que se resuelva la cuestión de si conviene proceder al arresto preventivo; presunciones, en fin, que, viniendo a confirmar la probabilidad de la existencia del crimen y de la culpabilidad del procesado, puedan ayudar a decidir si hay o no lugar a la información especial. Pero, a pesar de esto, como la instrucción preliminar tiene desde luego la misión enteramente igual de reunir también los materiales para la sentencia definitiva, y como por otra parte, existe muchas veces tal prueba, que más tarde podría desaparecer, el sumario debe reunirlas todas y establecer, si es posible, la certeza que ante la ley se requiere. Finalmente, cuando la instrucción tiene lugar en lo principal, y la persona del acusado está determinada, la prueba que ha de suministrarse parece concentrarse más a estos dos puntos especiales: el acusado, ¿es autor del hecho? ¿En qué grado es culpable?

*Segunda diferencia fundamental*

Desde el punto de vista del principio mismo de la prueba, y remontándonos más alto, atendido el problema que ha de resolverse en todo proceso civil o criminal, echamos de ver diferencias aún más radicales.

En lo civil, el debate versa sobre la existencia y extensión de los derechos de propiedad y personales, que a aquélla se refieren, susceptibles, por tanto, de ser objeto de libre abandono; pero en lo criminal, el interés público es quien motiva la persecución y el desistimiento de las personas privadas no podría detenerla (1). Las necesidades sociales quieren que se imponga una pena al transgresor de las leyes, porque la impunidad relaja los vínculos del orden civil y atenta al respeto que a las mismas es debido. Además, los castigos que se trata de imponer son relativos a derechos que ninguna persona privada puede renunciar. Así, mientras en lo civil la prueba se mira como completa desde que las partes no están en contrariedad acerca del hecho, o una de ellas, en virtud de los procedimientos a que podría dar lugar el desistimiento del adversario, ha hecho pasar la convicción al ánimo del Juez; en lo criminal, la prueba tiene otro objeto mucho más elevado: esta es la verdad más patente que es dado al hombre conocer, y sólo ella puede servir de base para un castigo que va a herir los derechos civiles más sagrados, cuyo lugar nada reemplaza; castigo cuyo rigor sólo se justifica cuando la convicción está basada sobre todas las pruebas posibles en la causa, y cuando el ánimo rehusa suponer ni un solo momento la existencia de hechos contrarios a los de la acusación: en este caso serán admisibles, como únicos que satisfacen las condiciones de su objeto, los medios de manifestación de la verdad indicados por la razón y aprobados por una larga experiencia.

Dedúcese de esto cuatro consecuencias principales:

1.ª El círculo de las pruebas está más restringido en lo criminal, y así no podría admitirse en él el juramento que descansa en el principio del desistimiento.

El mismo motivo explica los escrúpulos de tantos legisladores enemigos declarados de la condena basada en solos indicios, por la creencia en que estaban de que no podrían por sí solos ser el fundamento de la certeza.

2.ª Los medios mismos de prueba admitidos en el proceso civil y en el criminal, la confesión, por ejemplo, llevan en sí en ambos un principio del todo diferente. Allí, la confesión judicial de la parte hace fe, porque en definitiva tenía el poder de renunciar a su derecho; aquí no sucede lo mismo, y la confesión del acusado, su comparecencia volunta-

(1) Ley 38, tít. 14, libro 2.º del Digesto, *Jus publicum privatoram pactis mutari non potest.*

ria, el hecho, en fin, de denunciarse él mismo no podría satisfacer plenamente. Es preciso en todos los casos que del examen de los motivos que le han impelido a este modo de obrar, de su conducta anterior, de la relación existente entre los hechos circunstanciados comprendidos en la confesión y en las demás pruebas descubiertas en los autos, de la verosimilitud de la confesión y de la probabilidad, en fin, del crimen cometido por el acusado, resulte una certeza completa para el Juez; entonces, y sólo entonces, es cuando la confesión puede motivar la condena.

3.ª El desistimiento del acusado tampoco tiene influencia, en materia criminal, sobre los procedimientos y la administración de la prueba. En lo civil, una parte puede eximir a un testigo de prestar juramento; un testigo sospechoso puede no ser tachable por el solo hecho de que la parte contra quien declaró nada haya objetado a su veracidad; pero en materia criminal, en que predominan los más altos intereses de la justicia, la voluntad del acusado no puede tener influencia, mucho menos cuando, sin presentarse excepción contra un acto de procedimiento contrario a la ley, haya declarado, por ejemplo, que tiene por válidos los dichos de un testigo no juramentado, o por ilegal una visita local del Juez.

4.ª Por último, en lo civil hay ciertas prescripciones de ley que derivan del principio del desistimiento, las cuales no podrían tener aplicación en el procedimiento criminal. En éste no hay términos perentorios fijados para tales y cuales actos; porque la manifestación de la verdad, objeto final del proceso, no puede ligarse a determinado espacio de tiempo, al señalarse al acusador o a su defensor el término dentro del cual debe articular la prueba del descargo. Por la misma razón, también la *cosa juzgada* no puede entenderse en lo criminal en el sentido que se le da en lo civil. En fin, mientras en éste el defecto de prueba lleva en sí la condenación, no sucede así en materia criminal. El condenado en rebeldía, o el que rehusa responder, no puede ser obligado a contestar dentro de un término dado, so pena de ser tenido como confeso, puesto que es cosa reconocida que la misma confesión explícita no puede hacer plena prueba por sí sola, y que no es bastante a los ojos del Juez sino cuando está revestida de ciertas cualidades que se requieren y cuando se halla en perfecta armonía con las circunstancias que constan, por otra parte, justificadas.

## ADICIONES

El tema objeto de este capítulo ha sido tratado en una célebre polémica entre Florián y Carnelutti (Florián defendió la diferencia en *Delle prove penali*, Milán, 1924, dos tomos, y en *Le due prove*, en Riv. Dir. Proc. civile, 1926, tomo I, págs. 221 y sigs.; y Carnelutti basó la unidad en *Prove civile e prove penale,* Riv. Dir. Proc. civile, 1925, t. I, págs. 3 y sigs.). Para Florián existe una íntima y sustancial diferencia entre la prueba civil y penal. Entiende que poco o nada de utilizable existe para la prueba penal de cuanto se ha escrito en torno a la prueba civil. Carnelutti combatió los puntos de vista de Florián. Para aquel autor el Derecho procesal es fundamentalmente uno. El proceso civil y el proceso penal se distinguen no porque tengan diversas raíces, sino porque son dos grandes ramas que se separan de un tronco común. Partiendo de esta afirmación, Carnelutti defiende la unidad sustancial de ambas clases de prueba y dice que, si bien en la particularidad de la materia que se resuelve en el proceso penal con relación al proceso civil, existen diferencias en cuanto a la manera de operar en la prueba, tales diferencias no afectan a la esencia de la prueba misma. Esos matices diferenciales se encuentran en la forma en que el Juez se sirve de la prueba, en cómo se busca, cómo se inspecciona, cómo se valora la prueba; pero todas estas diferencias serán consecuencia de los diferentes principios respecto de la verdad formal o verdad material y existirán también en cuanto a la carga de la prueba o la mayor admisibilidad del "non liquet" en materia penal.

Florián trata de rebatir los argumentos de Carnelutti y de aclarar y puntualizar su posición en materia de prueba. Reduce a cuatro los puntos de vista más importantes para explicar la diferencia existente entre la prueba del proceso civil y la prueba del proceso penal:

1.º) *En los poderes del Juez y correlativamente la facultad dispositiva de las partes.* La relación entre las dos pruebas se mueve en una proporción inversa. La potestad autónoma del Juez es mayor en la prueba penal, mientras que está ausente la facultad de disposición de las partes. En el ámbito civil predomina, por el contrario, la voluntad de las partes.

2.º) *La investigación de la verdad.* Aunque el fin genérico de las varias pruebas en los dos procesos sea siempre el descubrir la verdad, ésta trata de conseguirse de modo diverso en la prueba penal y en la prueba civil.

3.º) *El contenido de los institutos probatorios en particular.* Dice Florián que el contenido, por ejemplo, del documento, de la confesión del imputado y de la prueba pericial presenta diferencias fundamentales en materia procesal penal y procesal civil.

4.º) *Estructura externa.* La estructura externa del proceso ha de ser distinta no sólo por la existencia de plazos y de procedimientos probatorios, sino por los principios que se han de seguir, como son los de oralidad, inmediación, etc.

Una peculiaridad del proceso penal es el carácter escalonado de este tipo de proceso, según ha puesto de relieve Gómez Orbaneja (*Comentarios a la Ley de Enjuiciamiento criminal,* t. I, Bosch, Barcelona, 1947, págs. 35 y sigs.): "A diferencia del proceso civil, que se constituye de una vez y definitivamente, con unos límites objetivos y subjetivos inalterables, mediante la presentación de la demanda, el proceso penal se desenvuelve escalonadamente. El fundamento de la prosecución, o inversamente de su exclusión, puede depender tanto de razones sustantivas como procesales." En efecto, así como en el proceso civil la prueba, aunque se vaya practicando a todo lo largo del procedimiento, se concreta en el acto de la sentencia, en el proceso penal la convicción del Juez se va produciendo a todo lo largo del "iter" procedimental. El Juez puede escalonadamente pasar de una mera sospecha a una valoración de probabilidad y de posterior certeza. Y así como basta la simple verosimilitud para la admisión de la querella y la probabilidad, a lo que equivale la existencia de indicios racionales, para el procesamiento, necesitará la certeza para la condena. Pero aun dentro de estas etapas tales juicios tienen un cierto carácter provisional, con excepción de la valoración que se realiza en el trámite de sentencia. El Juez puede dejar sin efecto la prosecución de un sumario aun habiendo admitido la querella por no darse elementos delictivos, o puede dejar sin efecto el auto de procesamiento por haberse desvirtuado los indicios racionales de criminalidad, que le llevaron en su día a adoptar tal medida.

Esta peculiaridad es muy importante para comprender la posición que la prueba ocupa en el proceso penal. Igualmente, el Profesor Fenech (*Derecho Procesal Penal*, Ed. Labor, S. A., Barcelona, 1952, pág. 700) nos dice: "Los hechos en el proceso instructorio no aparecen delimitados por disposición alguna de las partes y que constituyen objeto de dicho proceso todos aquellos hechos que el Juez instructor considera oportuno introducir en el proceso, por considerar que son susceptibles de influir en la valoración que en su día ha de llevarse a cabo. Todos estos hechos, por tanto, han de ser objeto a su vez de la prueba, ya que sólo a través de estos actos de prueba puede convencerse el Juez de su exactitud y sólo a través de ellos puede llegar a conocer la pertinencia de investigar nuevos hechos relacionados con los que ya han sido objeto de prueba. En el proceso decisorio, por el contrario, y sin perjuicio del poder inquisitivo de que está investido siempre el Tribunal penal, para llegar a la verdad material de los hechos, y no a una verdad formal que valga tan sólo para un proceso concreto, los hechos objeto de la prueba vienen delimitados, porque el objeto del proceso ha sido delimitado previamente por las pretensiones formuladas por las partes. Interesa ya tan sólo en el proceso decisorio hacer incidir los actos de prueba sobre los hechos que constituyen el fundamento básico de las pretensiones o contraprestaciones formuladas por las partes."

Se contienen en estas ideas del Profesor Fenech dos consideraciones que nos parecen del mayor interés: que en la fase del juicio la prueba se acota en función de las pretensiones o contrapretensiones formuladas por la acusación o la defensa, pero que, aun así acotadas, el Juzgador tiene que investigar la verdad, no pudiendo conformarse con la pura actividad contrapuesta de las partes.

## CAPITULO VI

## DE LA PRUEBA EN GENERAL, Y ESPECIALMENTE DE LA PRUEBA EN EL PROCESO CRIMINAL

Cuando un individuo aparece como autor de un hecho a que la ley señala consecuencias aflictivas, y siempre que se trata de hacerle aplicación de ellas, la condena que ha de recaer descansa en la certeza de los hechos, en la convicción producida en la conciencia del Juez, dándose el nombre de prueba a la suma de los motivos que producen la certeza. En el momento que examina estos motivos se efectúa en el ánimo del Juez una operación semejante a la que tiene lugar en todo hombre que en los asuntos privados procura convencerse de la verdad de ciertos hechos. En la certeza adquirida, o, por lo menos, en probabilidades del más alto grado, descansa nuestro juicio antes de entrar en relaciones con ciertas personas: allí está la base de nuestras especulaciones de toda especie, y cuanta mayor importancia tiene el negocio, de tanta más prudencia usamos antes de obrar, y mayores garantías de probabilidad exigimos. En esta investigación de la verdad, el espíritu humano puede compararse a una balanza puesta en movimiento por circunstancias externas y por las impresiones que del mundo exterior recibe el hombre, en quien residen siempre las fuerzas necesarias para pesar los hechos.

El impulso producido en nosotros en vista de la prueba, y que comunica el movimiento a lo que llamaríamos la aguja de la balanza de la conciencia; este impulso, repetimos, puede ser más o menos poderoso. Cuando tiene menos vigor sólo produce una sospecha, sólo envuelve en sí una presunción pura y simple; cuando es rápido e irresistible, hace descender y mantiene inclinado el platillo: la certeza es la que viene a obrar con todo su peso.

El origen de la prueba estriba en un hecho que ha pasado fuera de la conciencia del Juez, y su efecto en las relaciones que se establecen por medio del pensamiento entre este hecho y el que se ha de demostrar. Así es cómo nos sorprende la conducta de un acusado que, procurando justificarse, emplea medios que no son los de la inocencia; entonces queremos explicar esta conducta por la confusión de una conciencia culpable, y llegamos a creer que ha cometido un delito cuyas consecuencias se esfuerza en desviar. Del mismo modo, cuando un testigo afirma haber visto a una persona cometer tal crimen, nuestro ánimo se encuentra sobrecogido y llega a persuadirse de que la verdad reside en el dicho de un hombre honrado y digno de fe.

Cada prueba, cada hecho del que se deduce la prueba, produce, pues, como hemos dicho, un movimiento en la conciencia humana: movimiento que varía de intensidad, según los individuos. Compárese un Juez de imaginación viva con otro habituado a pesar fría y maduramente todas las cosas, y el resultado sería muy distinto. El primero se deja llevar de las apariencias; su espíritu, combinando de pronto un conjunto de ideas, une en el momento los hechos conocidos a toda una serie de hechos imaginarios; el segundo, siempre dudando, considera aisladamente las circunstancias desnudas, y su espíritu permanece impasible e inmóvil. La experiencia adquirida en conjeturas análogas, la costumbre y la habilidad práctica influyen también en la convicción suministrada por los hechos; tal Juez, que muchas veces ha descubierto el carácter falaz del testimonio emanado de un cómplice, y que, sin perdonar medio, se ha ejercitado en penetrar todas las circunstancias ocultas que podrían muchas veces esclarecer los hechos y presentarlos quizá en su verdadero punto de vista, queda impasible en presencia de pruebas que deberían obrar de un modo decisivo en un espíritu no experimentado. Las opiniones preconcebidas pueden hacer dar a ciertas circunstancias una importancia que jamás vería en ellas un Juez que no las tuviese. ¡Cuántas veces no se ha visto, por ejemplo, en los debates, mirar como un hecho muy grave las mentiras y numerosas contradicciones del acusado! ¡Cuántas la idea, de antemano concebida, de que es realmente autor del crimen, nos lleva a dar a circunstancias insignificantes una explicación que nada justifica, cuando, sin embargo, creemos haber hallado la clave de su conciencia! Finalmente, las disposiciones del momento pueden dejar más o menos acceso a las impresiones producidas por los hechos en que se funda la prueba. Esta observación es, sobre todo, aplicable en materias políticas: si el Juez es tímido, si a cada instante piensa o sueña en una revolución inminente, cree que el orden público peligra tan sólo porque advierte como síntomas de un movimiento extraordinario en los espíritus ciertas demostraciones, y hasta el modo de andar de muchas personas le parecen amenazadoras y características de dañadas intenciones contra el Estado; al contrario, un Juez entendido, que quiere la libertad y el movimiento en el dominio de la inteligencia y que honra la independencia del pensamiento, no piensa en el peligro sino cuando es actual. Todas estas impresiones, todos estos impulsos, en diversos sentidos, que los hechos producen en el Juez, establecen una especie de lucha entre los motivos en pro y en contra, y los que triunfan forman la convicción. La aguja de la balanza de la conciencia, por servirnos también de esta metáfora conocida, va y viene antes de fijarse, y sus movimientos establecen la proporción entre las razones de creer y negar los hechos en cuestión. Así, cuando las razones afirmativas la inclinan por su número y su peso, de tal suerte que ya no hay lugar ni aun a suponer como posible la negativa, adquirimos la convicción positiva, al paso que, si hay equilibrio, quedamos en la duda.

La prueba, esta base de la argumentación que cada una de las partes hace valer para atraer a sí la convicción del Juez; la prueba, repetimos, puede, según los casos, presentarse desde diferentes puntos de vista.

Preciso es considerar 1.º, de una parte, quién la propone, o lo que es igual, el que suministra los motivos determinantes de la convicción; 2.º, de otra, aquel ante quien se propone. En el primer caso, la palabra *prueba* está tomada *subjetivamente,* designa los esfuerzos que la parte hace para fundar la convicción en el ánimo del Juez, y ponerle en estado de decidir con toda certeza acerca de los hechos de la causa. En este sentido, *prueba* y *administración de la prueba* son sinónimos. Por eso, mientras en lo civil las partes se esfuerzan en demostrar sus pretensiones, en lo criminal se ve desde el momento, procurando demostrar los hechos, a un acusador reemplazado en el proceso inquisitivo por un Juez instructor, que, en interés de la verdad, busca todos los vestigios materiales e inmateriales, los pone de manifiesto, si puede, tan luego como tienen relación con el cuerpo del delito, con el agente y su culpabilidad, o pueden contribuir a ilustrar la conciencia del Magistrado llamado a dar la sentencia.

Entendida la prueba con relación a aquel ante quien se produce, viene esta palabra a ser sinónima de *certeza;* tómase entonces *objetivamente* y comprende el conjunto de motivos poderosos que sirven para concluir con toda seguridad que son reales y efectivos los hechos de la inculpación.

Cuando en otro tiempo se hablaba de la prueba semiplena o de la *semiprueba,* no se miraba ésta sino bajo el aspecto subjetivo; y, por el contrario, se tenía a la vista la prueba en el sentido objetivo cuando se decía: «Un acusado, a falta de prueba, debe siempre ser absuelto.»

Aplicada más especialmente la prueba a lo criminal, ofrece particularidades muy notables:

1.º Trátase de demostrar la evidencia de hechos que pertenecen a lo pasado; que, por consiguiente, no pueden ya someterse al examen material del Juez en toda su pureza primitiva, y cuya realidad, en fin, no puede establecerse sino por vía de inducción, tomando por punto de partida los efectos, las señales características, toda especie de vestigios.

Aun en caso de delito *facti permanentis,* en el de muerte, por ejemplo, en tanto tiene importancia el examen en cuanto permite hacer constar la existencia de un cadáver; pero el acto constitutivo del crimen no podría representarse delante del Juez. El examen no suministra a éste sino datos de que poder inducir que hay relación de causa entre ciertos hechos primordiales y la muerte de la víctima. En resumen, las fuentes de convicción que sirven al historiador para examinar la verdad de los hechos pasados, son precisamente las mismas en que el Juez funda la suya cuando se trata de averiguar la existencia de un crimen y sus circunstancias.

2.º Encuéntranse, por otra parte, en lo criminal dificultades mucho mayores que en lo civil. En éste las partes se esfuerzan en demostrar los hechos constitutivos del vínculo de derecho que entre ellas existía; hacen comparecer los testigos, expresamente llamados para que presenciaran las declaraciones de la contraria cuando se formó por medio del contrato la tal obligación, y presentan los documentos por donde constan sus recíprocos empeños; pero en lo criminal, el autor del delito ha tomado todas las precauciones imaginables para hacer imposible la prueba y borrar todos sus indicios. A propósito busca la oscuridad y aleja los testigos cuyas declaraciones pudieran servirle de cargo.

3.º En materia civil, se trata, por lo regular, de demostrar hechos que están bajo la acción de los sentidos y que el testimonio oral puede fácilmente establecer; pero en lo criminal, el Juez tiene que esclarecer circunstancias que los sentidos no advierten y que sólo salen del fuero interno.

La imputabilidad moral del acusado, la situación de su espíritu en el momento de delinquir, la lucidez de sus facultades intelectuales, la intención perversa y su intensidad; he aquí los objetos sobre los cuales es preciso dirigir los instrumentos de prueba; pero ni ésta podría considerarse comenzada por los medios aplicables en lo común a hechos exteriores, ni adquirirse su certeza sino por vía de inducción.

4.º Finalmente, queda todavía una particularidad que señalar: la misión especial del Magistrado instructor es hacer que el acusado venga a confesar de lleno la verdad; así es que suponiendo que se aleje toda duda sobre la verdad de su confesión, resulta para el Juez que ha de fallar una garantía más en favor de su convicción, garantía que de otro modo es difícil adquirir, porque, en efecto, cuanto más franco se muestra el delincuente en declarar sobre los hechos de conciencia, más le perjudican sus palabras y menos se las dicta el interés; y por otra parte, manifestando el secreto de todos sus pasos criminales, abriendo enteramente su corazón, proporciona al Juez la facilidad de contrapesar, por medio de sus confesiones, las declaraciones recibidas en el proceso, la de los testigos, peritos u otras cualesquiera.

## ADICIONES

Se plantea Mittermaier en este capítulo la dificultad que entraña la prueba en general y especialmente la prueba en el proceso criminal. El objeto del proceso penal, como afirma Beling (*Derecho Procesal Penal*, trad. de M. Fenech,

Barcelona, 1943, pág. 79), es un asunto de la vida, un acaecimiento que se ha producido en el pasado y que hay que hacerlo presente. Como dice Muñoz-Sabaté (*Técnica probatoria,* Praxis, Barcelona, 1967, pág. 32), con la prueba se trata de "tender un puente que conduzca a la verdad objetiva para, de ese modo, poder trasladar los hechos a la presencia del Juez. Magno esfuerzo de historificación que no siempre puede llevarse a efecto sin graves riesgos de proporcionar una imagen totalmente equívoca de la verdad, ya que nadie posee facultades demiúrgicas para verificar el pasado, y los medios normales con que se cuenta están muy lejos de ser perfectos".

Y más adelante, recordando a Simpson, añade: "El factor decisivo del proceso judicial radica en la prueba. Lograr que lo ocurrido, lo perdido en el tiempo pasado, vuelva a presentarse con todos sus significativos detalles ante el Tribunal, es realmente ilusorio."

Esta dificultad general de la prueba se acentúa, como hemos dicho, en el proceso penal. En efecto: en el proceso civil, por regla general, los datos necesarios para formar juicio son proporcionados al juzgador por los interesados para que éste resuelva, en aplicación del principio de "aportación de parte", según el cual la Ley asigna a las partes la función de reunir y traer al proceso el material de hecho, limitando la función del Juez a recibirlo para valorarlo después.

Se piensa que, por regla general, existe entre las partes del proceso civil una relación material o al menos una situación preexistente que permite a aquéllas el pleno conocimiento de los hechos y, además, que existen y las partes utilizan, instrumentos jurídicos de facilitación de la publicidad. Por ello se quiere evitar que el órgano judicial lleve a cabo actividades de averiguación que pueden ir en menoscabo de su imparcialidad, y se piensa además que el proceso no es un mecanismo idóneo para la investigación, sino para la verificación de los datos a través de la controversia.

Sin embargo, en el propio proceso civil pueden encontrarse algunos supuestos en los que se realiza una cierta actividad averiguatoria, o al menos aclaratoria, anterior al nacimiento del proceso, lo que ocurre, por ejemplo, con las denominadas diligencias preliminares. Con ellas se pretende dar certeza al ejercicio de la acción para evitar procesos innecesarios, en los supuestos en que los datos son de conocimiento dudoso para el actor, o cuando por la naturaleza de tales datos no son susceptibles de ordenarse jurídicamente a través de un instrumento de publicidad formal.

Lo expuesto anteriormente, que es, como hemos dicho, una excepción en el proceso civil, viene a convertirse en regla general en el proceso penal. En primer lugar, en muchos supuestos existe dificultad sobre el conocimiento de los hechos en los que ha de ampararse la acusación por la propia índole secreta de la actividad delictiva; en segundo lugar, al ser el Estado titular de la acusación, es lógico que utilice sus poderosos medios para conocer aquellos datos en los que ha de apoyar la acusación y que, posteriormente, ha de aportar al Juzgador, para que éste pueda dictar la correspondiente sentencia.

En el proceso penal cuando se escinde, como es el caso de nuestro sistema, en dos fases: sumario y juicio, se llevan a cabo dos actividades que tienden a una finalidad común —el conocimiento del pasado—, pero cuya naturaleza es distinta. Como ha expuesto reiteradamente Sentís Melendo (véase por todos su trabajo *Qué es la prueba, naturaleza de la prueba,* Revista de Derecho Procesal Iberoamericano, 1973, págs. 257 y sigs., y más en concreto 283 y sig.), "en definitiva, averiguar, verificar, esclarecer, son palabras que responden a conceptos bien distintos. Según el que aceptemos, el Juez tendrá unas u otras facultades y la prueba se realizará de una u otra manera. Hablar de averiguación, de indagación, de inquisición, de detectación, en orden a la prueba es desconocer la naturaleza de ésta. Averiguar es indispensable trámite previo a la prueba; pero no es prueba; la prueba no consiste en averiguar, en saber, sino en acreditar que aquello que se sabe y, por tanto, se afirma, corresponde exactamente a la realidad. Pero eso no quita nada de su importancia a la función averiguadora, que es la base o el origen de la prueba, el sustento de ésta, pero que no es la prueba. No se puede probar lo que se ignora, lo que se desconoce; hay que averiguar para afirmar; por eso el concepto de heurística no debe confundirse con el de prueba; y tampoco debe dejar de percibirse el desdoblamiento de ese concepto: una cosa es averiguar lo que ha ocurrido, para obtener la propia convicción, y otra cosa es buscar elementos para determinar la convicción ajena. Sólo cuando hemos averiguado podemos afirmar; y sólo lo que afirmamos debe constituir materia de prueba. Pero unas veces buscamos en la actividad heurística el hecho desconocido, para, una vez conocido, poder afirmarlo. Otras veces, el hecho lo conocemos, pero necesitamos elementos probatorios. Al Juez no se le puede pedir que averigüe, porque no es ésa su misión; hay que darle o presentarle, esto es, afirmarle, los hechos averiguados. Y hay que ofrecerle elementos que prueban que esa averiguación ha sido correcta. Realizar tal labor ante-procesal o pre-procesal es función del particular o de la policía; normalmente, del primero en cuanto al proceso civil y de la segunda en cuanto al proceso penal. Mientras se está trabajando policialmente en detectar los hechos, no se está realizando labor judicial; gran parte de este esfuerzo ni siquiera se le presenta al Juez, porque no llega a alcanzar valor judicial ni procesal".

Nos hemos extendido en la cita del Profesor Sentís Melendo porque creemos que en la diferenciación entre "averiguación" y "prueba" se encuentra la clave de muchos problemas del proceso penal. Así, el montaje de una correcta instrucción preliminar depende de este punto. El comprender que en la actividad del sumario hay cosas que no corresponden al Juez, como es la averiguación, y otras que son netamente judiciales, como es la práctica de prueba anticipada o la de fijación de hechos averiguados que no puede reservarse para el juicio, es la clave para resolver la polémica: instrucción judicial-instrucción no judicial, que correctamente delimitada debe ser entendida como averiguación judicial o averiguación extrajudicial.

## CAPITULO VII

## DE LA VERDAD, DE LA CERTEZA Y DE LA CONVICCION

Hemos sentado que hacer la prueba no es en el fondo otra cosa que querer la demostración de la verdad y el convencimiento del Juez, quien para sentenciar necesita adquirir plena certeza. Vamos ahora a profundizar la naturaleza misma de la prueba, y, por consiguiente, a entrar en algunas consideraciones acerca de lo que se llama *verdad, convicción, certeza.*

La verdad es la concordancia entre un hecho real y la idea que de él se forma el entendimiento. Supongamos un individuo que quiere convencerse de la realidad de una cosa, y procede a su averiguación: en este caso, la verdad se manifiesta desde el momento en que la convicción adquirida se halla en perfecta correlación con su objeto. No pretendemos, ni lo consentiría el espíritu de esta obra, examinar si la verdad propiamente dicha, o más bien, la *realidad absoluta de las cosas,* puede someterse a las investigaciones del entendimiento humano, o si éste no está obligado a contentarse con la simple apariencia (1); e inútil sería también analizar detenidamente las divisiones de escuela. No nos detendremos a explicar la *verdad lógica,* aquella que por su oposición a la verdad *material* obtenemos por medio del razonamiento, y que resulta cuando las nociones concebidas de las cosas no se ponen en contradicción con las leyes conocidas, y colocaremos de paso en esta división lo *suponible,* lo *posible* lógicamente. No discutiremos sobre la naturaleza de la verdad *trascendental,* reivindicada por el filósofo con el conocimiento del mundo metafísico; ni nos proponemos hablar sino de una verdad *empírica,* aplicada a las cosas del mundo *sensible,* y que nos basta para dirigir por ella nuestras acciones. Dejamos a un lado la verdad *matemática,* sin desconocer, no obstante, que la operación del entendimiento que la patentiza no es en manera alguna la que conduce

(1) Los glosadores razonan como nuestros filósofos, cuando en la glosa a la Nov. 73, cap. 1.°, se preguntan: *Quid est veritas? Ipse Deus. Veritas vero humanitaiis potest divi notitia certoe rei maxime per visum.*

a la manifestación de la verdad *histórica,* y que aquélla es el total de varias sumas y se aplica, sobre todo, a la noción de las cantidades.

La verdad *histórica,* objeto de nuestros estudios, es aquella que procuramos obtener siempre que queremos asegurarnos de la realidad de ciertos acontecimientos, de ciertos hechos realizados en el tiempo y en el espacio.

Recorriendo el tiempo y el espacio, recogemos al paso una multitud de circunstancias aisladas y las encadenamos entre sí: éstas guían a su vez, y cuando nos han conducido al término de nuestras investigaciones, juzgamos con toda confianza si los acontecimientos ocurridos de que se trata son efectivamente reales, y cuál es su naturaleza; nos creemos en posesión de la verdad en el instante mismo en que nuestras ideas, sobre el objeto de nuestras investigaciones, nos parecen en perfecta concordancia con él. En otros términos, hay en esta operación de nuestro entendimiento correlación entre el sujeto que juzga y el objeto juzgado; de donde trae origen la cuestión tantas veces controvertida: la verdad ¿es *subjetiva* u *objetiva*? De todas las discusiones acerca del sentido de estas palabras resulta al menos una conclusión importante, y la cuestión debe reducirse para nosotros a los siguientes términos: la verdad, ¿puede llamarse *objetiva* hasta el punto de ser completamente independiente del sujeto que la juzga? ¿Descansa en bases de tal modo fijas, que deba imprimir los mismos impulsos, las mismas imágenes en todos los entendimientos, a pesar de ellos mismos, o conviene más bien llamarla *subjetiva*, en el sentido de que su noción depende de las aptitudes especiales del sujeto que busca el convencimiento, y del entendimiento que trata de profundizarla, de modo que para cada hombre no hay verdadero sino aquello que tiene por tal? La cuestión así presentada debía preocupar vivamente al legislador, y al resolverla, era forzoso decidir si puede sancionarse una *teoría legal de la prueba,* y, por consiguiente, si debe darse la preferencia al Jurado o al sistema que hace emanar la sentencia de Jueces reguladores y Jurisconsultos. Si la verdad es llamada *objetiva,* el legislador está obligado desde el momento a establecer una *teoría de la prueba* y asentarla sobre las mismas bases en que descansa la pretendida verdad objetiva. Una vez admitida esta teoría, la decisión del punto de hecho no puede confiarse sino a los Jueces regulares. Si dirigimos nuestras miradas hacia la vida ordinaria, ¿no vemos que lo verdadero ejerce a poco su influjo en todos los entendimientos? ¿Y no decimos muchas veces que, a menos de impedir todo acceso a la convicción o tener embotada la inteligencia, es imposible desconocer la realidad de ciertos hechos, verbigracia, en el caso de que los hubiéramos visto por nuestros propios ojos? Observemos del mismo modo lo que pasa en Alemania en un Tribunal colegiado compuesto de seis Jueces del crimen, y veremos muy a menudo una prueba determinada producir una impresión semejante en *todos ellos;* los veremos como por *unanimidad* decretar la culpabilidad del acusado.

Cuando dos hombres fidedignos nos atestiguan un hecho que han presenciado, ¿podremos negarnos a admitir la verdad de tal hecho? Es, pues, muy cierto que hay en esto una prueba impulsiva, cuyo defecto se advierte en todos los hombres, y que entre los medios que cooperan a su manifestación, los hay cuya influencia se propaga igualmente en todos los entendimientos y les impone una irresistible convicción. Notemos también que en semejante caso, cualquiera que sea el individuo convencido, puede motivar su convicción y que estos motivos serán constantemente los mismos entre todos los diferentes individuos. De todo esto, ¿no parece que resultan ciertas leyes de correlación necesaria entre el sujeto que juzga y el objeto juzgado? ¿No resaltan ciertas garantías de la concordancia perfecta entre las ideas del primero y el objeto mismo? Por último, la convicción, ¿no surge de las entrañas mismas de la verdad, y completamente independiente del entendimiento que juzga, no le impone la ley, aun a su pesar? Seguramente que en este sentido puede decirse que la verdad es *objetiva.*

Por otra parte, sería desconocer la existencia de fenómenos no menos evidentes y querer vivir en una completa ilusión el olvidar que en toda causa donde se trata de decidir principalmente cuál es la verdad, la convicción procede de la individualidad del Juez. Su misión le pone en el deber de examinar los puntos aislados en que se funda la prueba, compararlos entre sí, deducir de ellos las consecuencias, y después de haberlos minuciosamente cotejado, teniendo en cuenta los motivos en pro y en contra, establecer una conclusión definitiva sobre los diversos resultados de todas estas operaciones mentales; pero todos nuestros actos llevan el sello de nuestro carácter personal, de nuestra individualidad, y nuestra fisonomía se refleja hasta en los trabajos de nuestro entendimiento. ¿Y podría sostenerse que no sucede lo mismo con respecto al Juez que investiga la verdad en los hechos sometidos a su decisión?

Sin duda, hay ciertos procedimientos de una eficacia muy manifiesta que permiten al hombre llegar a su objeto: concedemos que algunas veces (pero el que haya frecuentado por mucho tiempo los Tribunales de Justicia podrá decir si esto se ve muy a menudo) las pruebas son tan fuertes y completas, que todos los Jueces están, por lo mismo, penetrados de una entera convicción. Aun en este caso, la individualidad de cada uno se mainfiesta en el momento mismo en que se pronuncia la sentencia. Supongamos, si se quiere, el caso bastante raro en que la convicción se realiza en todos los entendimientos de una manera uniforme, cuando, por ejemplo, hubiera concordancia perfecta entre las declaraciones de dos testigos; no es por eso menos cierto que cada uno de los Jueces tendrá diferente motivo para considerar como demostrada la culpabilidad. Este, que sabe que el primer testigo es un hombre enteramente honrado, no puede admitir, por un momento siquiera, la idea del perjurio; aquél ha notado los detalles íntimos y circunstancias en que ha entrado el segundo testigo; otro ha observado que ambas declaraciones se refieren exactamente a los pormenores consignados en los autos; otro, en fin, las ha visto en perfecta concordancia entre sí, hasta en las más mínimas circunstancias. Si fuera, pues, posible asistir en el entendimiento de todos al origen y progresos de las convicciones que allí se desarrollan en el momento en que el Tribunal es llamado a juzgar acerca de las pruebas artificiales que le han sido presentadas, al punto nos persuadiríamos de la diversidad de los motivos que determinan su convicción. Cuando un Magistrado ha hecho un profundo estudio de la perversidad humana, de la ligereza ordinaria de los juramentos, de esa mezcla de ideal y de realidad que al cabo de cierto tiempo viene a enseñorearse de la memoria, su juicio, habituado a un examen severo de las cosas, vacila en presencia de tales o cuales pruebas, y su decisión no se deja arrastrar tan pronto como la de un colega menos experimentado, menos profundamente iniciado en los arcanos de la conciencia y de la vida. El número de testigos intachables, *clásicos,* si así puede decirse, es infinitamente limitado: casi siempre hay en la causa alguna dificultad en lo que concierne a ellos, y el Juez debe ante todo examinar si merecen y hasta qué punto debe dárseles crédito. ¡Qué cuestiones delicadas no tienen muchas veces que resolver! Se ha visto a una joven deponer en favor de su amante *contra* su hermano; ¿qué voz del corazón es aquí más poderosa: la que habla por el hermano o la que habla por el amante? Y el Juez, para decidir semejante cuestión, ¿no escuchará a su propio corazón, no consultará los sentimientos de su vida privada? Su juicio, en una palabra, ¿no será *subjetivo*?

De la discusión precedente debemos concluir que la averiguación de la verdad está subordinada a ciertas reglas decisivas; que debe seguir ciertas vías trazadas, que la razón y la experiencia demuestran como las más a propósito para llegar al fin propuesto; que la verdad así establecida descansa sobre tales y cuales bases que por su naturaleza obran infaliblemente sobre el entendimiento de todos los Jueces; pero es preciso concluir también que antes de pronunciar sobre la verdad de los hechos de la causa, experimenta cada uno en sí mismo la influencia de su carácter individual, de suerte que la sentencia dada es evidentemente *subjetiva.*

Se ha dicho en otro lugar (cap. 6.º) que la verdad o los motivos de donde dimana imprimen un movimiento a la balanza de la conciencia, y que a este movimiento corresponde un estado determinado de nuestro espíritu. Sucede a veces que sentimos en nosotros mismos la poderosa seguridad que podría producirnos el rigor exacto de la deducción matemática y nos creemos en posesión de la más alta evidencia de la verdad absoluta; otras veces los platillos de la balanza apenas se mueven y sólo podemos formar una conjetura, entramos en desconfianza, concebimos una sospecha, etc.; pero entre estos dos estados extremos hay una infinidad de otros posibles. En el uno de ellos especialmente, sin darnos cuenta exacta de los motivos, aun sin ser éstos bastantes para la convicción, el entendimiento, sin embargo, llega *hasta mirar como verdaderos los hechos de la causa.* Tampoco es raro ver al Juez declarar que, por su parte, y subjetivamente hablando, está plenamente convencido de la culpabilidad del acusado, o de *que tiene por verdaderos* los agravios de la inculpación, aun cuando le sería difícil manifestar suficientemente los motivos. Del mismo modo, el público que asiste a las audiencias, donde éstas son públicas, se muestra muchas veces convencido de la culpabilidad, y, sin embargo, si se le precisara a analizar minuciosamente los motivos que a ello le impelen, gran número de los oyentes que se dicen convencidos se verían imposibilitados de patentizarlos y reconocerían que han obedecido a un sentimiento oscuro y mal definido; otros confesarían que lo que principalmente les hizo impresión fue la actitud del acusado; otros se referirían a su vida, a sus circunstancias agravantes, para declararle culpable. Cuando la convicción no traspasa estos límites, es fácilmente engañosa: las influencias del momento, las palabras persuasivas de un tercero han podido producirla; pero como no se apoya en una base sólida, no debe, aun en las cosas ordinarias de la vida, satisfacer al hombre prudente y concienzudo, ni suministrarle una regla de conducta. Menos aún debe bastar al Juez, cuya decisión recae completamente sobre derechos disputados por terceros o sobre la culpabilidad de un acusado, y cuyo error puede perjudicar los más caros intereses y los derechos más sagrados de los ciudadanos. Pero si la opinión del Juez descansa sobre motivos suficientes de que tiene conocimiento, entonces, y sólo entonces, puede decidir afirmativamente, y su sentencia ser atacada como justa en el concepto público. Pues bien: este estado del entendimiento que *tiene los hechos por verdaderos,* apoyándose en motivos bastante sólidos, es la *convicción* propiamente dicha.

Hasta el momento en que la convicción se fija e interviene la decisión, hemos dicho más de una vez que se traba en nuestro espíritu una especie de lucha entre los motivos en pro y en contra: luego éstos pueden tener un valor diferente, comparados los unos con los otros:

1.º Así, los motivos afirmativos, cuando, por ejemplo, se trata de decir, si el acusado es el autor del hecho, tomados en sí mismos y aislados de todas las razones contrarias, pueden no parecer bastante concluyentes si, por otra parte, hay dudas acerca de la existencia del hecho mismo; esto es lo que sucede cuando un solo testigo los afirma, el acusado insiste en su declaración o no cede sino a la coacción ilegalmente empleada en el sumario.

2.º Así también, refiriéndonos a otra combinación, los motivos concluyentes de la culpabilidad pueden ser muy poderosos por sí mismos. Conformes hasta en sus más íntimos detalles, completos y adaptándose a todos los hechos de la causa, parecen autorizar plenamente la convicción. Pero al lado de estos motivos pueden surgir otros en oposición con aquéllos y que despierten la duda: 1.º, al lado de las razones que producen la convicción, otras vienen a establecer positivamente lo contrario: tal sería, por ejemplo, el caso en que ante dos testigos clásicos que declaran viniera un tercero afirmando que el autor del delito es otro que el individuo a quien se acusa; 2.º, el procedimiento mismo puede suministrar los motivos en contra, patentizando la imposibilidad de los hechos de la inculpación, cuando, por ejemplo, dos testigos afirman que el día del crimen el acusado se hallaba en un sitio bastante lejano de aquel en que se había cometido; 3.º, otras veces, la resultancia de los autos hace inverosímil la inculpación: supongamos el caso en que el acusado tuviera el mayor interés en que la víctima del asesinato conservara la vida, porque en ella encontraba su único bienhechor, y también el caso en que su muerte nada pudiera aprovecharle.

3.º Los motivos de descargo pueden también descansar en una simple posibilidad, pero posibilidad que en sus circunstancias especiales no sea extraordinaria por su naturaleza y se deje concebir fácilmente. Pongamos una hipótesis: afirman los testigos haber reconocido en la oscuridad al inculpado; éste niega obstinadamente; luego los testigos han podido fácilmente engañarse. En fin, aun siendo admisibles a los ojos de la razón pueden no ser más que motivos ordinarios: si dos testigos declaran contra el acusado, en rigor es posible que el odio les anime, que juntos hayan concertado el crimen de aquel a quien falsamente acusaran y que hayan acordado entre sí los detalles análogos de sus deposiciones.

La convicción toma el nombre de *certeza* desde el momento en que rechaza victoriosamente todos los motivos contrarios, o desde que éstos no pueden destruir el conjunto imponente de los motivos afirmativos. Sólo la certeza nos parece bastante poderosa para servir de regla a nuestros actos, y la razón aprueba este aserto, pues que el hombre, en sus esfuerzos para llegar a la verdad histórica, no puede esperar ir más lejos que ella.

Para que haya certeza, se exige el cumpliimento de ciertas condiciones esenciales:

1.ª Requiérese un conjunto de motivos acreditados por la razón y la experiencia, para poder servir de base a la convicción.

2.ª Es preciso que la preceda un esfuerzo grave e imparcial, profundizando y apartando los medios que tiendan a hacer admitir la solución contraria. El que desea adquirir la certeza, no cierra jamás la puerta a la duda, antes bien, se detiene en todos los indicios que pudieran conducirle a ella, y sólo cuando la ha hecho desaparecer completamente es cuando su decisión se hace irrevocable y se asienta sobre la base indestructible de los motivos de la convicción afirmativa. Estos principios, digámoslo de paso, dan al proceso inquisitivo, cuando su organización está sabiamente combinada, una extensión poderosa, un carácter imponente; porque el Juez instructor se entrega con igual ardor a la investigación de los materiales que más tarde podrían ayudar a la defensa; recogería con esmero el más ligero indicio, aun contra un testigo de cargo, si de él pudiera resultar que este testigo lleva una vida poco honrosa, que debe sospecharse de su veracidad, o, en fin, que es enemigo personal del acusado.

3.ª No puede existir la certeza hasta haber sido alejados todos los motivos resultantes de los autos, que tiendan a presentar la inculpación como descansando acaso sobre una imposibilidad, o lleguen a dar un resultado positivamente contrario al que los demás motivos suministran. ¿Se atrevería el Juez jamás a condenar, aun cuando dos testigos afirmaran que el inculpado es el autor real del crimen, si dijera un tercero que en aquella época el mismo acusado residía muy lejos del sitio en que aquél fue cometido?

4.ª Antes que la certeza predomine, el entendimiento quiere ver alejados hasta los motivos mismos que no se apoyarían sino en una posibilidad en sentido contrario. Así se explican las minuciosas averiguaciones del Juez instructor; así, cuando examina el lugar, el cuerpo del delito, debe, considerando el sitio en que se hallaban los testigos y tomando en cuenta el tiempo y la hora, preguntarse si, en efecto, aquéllos han podido reconocer claramente al culpable. Mientras quede una sombra de duda, no puede haber certeza posible para el Juez concienzudo.

5.ª Por lo que respecta a las circunstancias simplemente imaginables, aunque poco frecuentes, el entendimiento no podría olvidarlas desde el punto en que existieran indicios en la causa, por ligeros que fuesen, que estableciesen una probabilidad siquiera lejana. Convendría, pues, redoblar la atención si se supiera, por ejemplo, que uno de los testigos de cargo era enemigo del acusado.

Por lo demás, un amigo severo de la verdad deberá reconocer que la certeza, con la que debe forzosamente contentarse, no se exime del vicio de la humana imperfección, y que siempre puede ser suponible lo contrario de lo que admitimos como verdadero. Siempre, en fin, la imaginación fecunda del escéptico, lanzándose en lo posible, inventará cien motivos de duda. En efecto: en cualquier caso puede imaginarse tal combinación extraordinaria de circunstancias, que venga a destruir la certeza adquirida. Pero a pesar de esta combinación posible, no dejará de quedar satisfecho el entendimiento cuando motivos suficientes estableciesen la certeza, cuando todas las hipótesis razonables hubiesen desaparecido o sido rechazadas después de un maduro examen: el Juez entonces creerá ciertamente estar en posesión de la verdad, único objeto de sus investigaciones. Además, el legislador ha querido que en esta certeza razonable estuviese la base de la sentencia. Pretender más, sería querer lo imposible, porque no puede obtenerse la verdad absoluta en aquellos hechos que salen del dominio de la verdad histórica. Si la legislación rehusara sistemáticamente admitir la certeza siempre que pudiera imaginarse una hipótesis *contraria,* se verían quedar impunes los mayores culpables, y, por consiguiente, la anarquía se introduciría fatalmente en la sociedad.

Conviene distinguir muy bien la *probabilidad* de la *certeza* (1). Hay probabilidad, cuando la razón, apoyándose en motivos graves, tiene por verdadero un hecho, pero sólo en el caso que los motivos poderosos en contrario no hayan completamente desaparecido. Resulta la probabilidad, o de que las pruebas que debieran por sí mismas establecer la verdad no se presentan a primera vista con las condiciones necesarias (2), o de que, en oposición a los motivos suministrados por ella, existen otros también, muy fundados, en sentido contrario (3), o de que la convicción no descansa sino en ciertos datos (4), que a pesar de su reunión, no son todavía bastante poderosos para producir la certeza. En ninguno de estos casos puede tomarse la probabilidad por base de una condena, porque siempre queda lugar a la duda, y la conciencia no puede quedar satisfecha de tal modo que parezca haberse desvanecido la posibilidad de lo contrario.

En cambio, la probabilidad recobra toda su importancia en el curso del proceso, dirige la instrucción y autoriza plenamente, las graves medidas que es necesario tomar. Sabido es, en efecto, que el procedimiento de inquisición sigue una marcha mesurada y concienzuda, y que, para agravar la suerte del acusado con nuevos rigores, es, ante todo, preciso que éstos se justifiquen por el resultado de la información que precede. Por eso nunca se decreta la prisión sin que existan graves presunciones; por eso, para pasar a la información especial o principal, es preciso que el punto de hecho aparezca fundado, por lo menos, en grandes probabilidades, y que se alcen terribles cargos contra el acusado. Sólo, pues, la probabilidad existente puede poner al Juez en movimiento dentro de los límites de sus atribuciones, y ella sola aparece a menudo en el curso del proceso. Gradúase también según su valor; así, cuanto más numerosos y dirimentes son los motivos de la afirmativa, menor es la influencia de los motivos en contrario. Citemos, para concluir, un ejemplo: un solo testigo que venga a corroborar muchos indicios del cargo, da mucha más fuerza a la probabilidad que si prestara solamente una declaración desnuda, aislada, o si los objetos robados que se encontrasen en poder del acusado depusieran por sí solos contra él

---

(1) Los antiguos doctores definen la probabilidad: *Probabile quod quidem sui habet rationem, sed nondum ex omni parte sufficientem.*

(2) Por ejemplo: un testigo no ha prestado juramento en forma.

(3) Por ejemplo: un testigo de descargo contradice formalmente las declaraciones de dos testigos de cargo.

(4) Por ejemplo: no hay en la causa sino *simples indicios.*

## ADICIONES

Véanse adiciones al capítulo I. Sobre las dificultades de la prueba en el proceso, remitimos especialmente a la obra de Muñoz Sabaté *Técnica probatoria,* Ed. Praxis, Barcelona, 1967.

Son igualmente útiles a los fines de este capítulo las siguientes obras: Alcalá Zamora y Castillo, Niceto, *Estudios de Derecho probatorio,* Concepción (Chile), 1965; Bentham, Jeremías, *Tratado de las pruebas judiciales,* trad. de Manuel Osorio, Ed. Ejea, Buenos Aires, 1959. Los trabajos de Carnelutti: *Prove civili e prove penali* y *Verità, dubbio, certezza,* ambos publicados en la Rivista di Diritto Processuale Civile, 1925 y 1965 respectivamente; Cordero, *Tre studi sulle prove penali,* Ed. Giuffré, Milán, 1963; Devis Echandia, Hernando, *Compendio de pruebas judiciales,* Ed. Temis, Bogotá, 1969, y *Teoría general de la prueba judicial,* Ed. Víctor. P. de Zavalia, Buenos Aires, 1970; Florián, E., *Le due prove (civili e penali),* en Rivista di Diritto Processuale Civile, 1926; Furno, Carlo, *Teoría de la prueba legal,* Ed. Revista de Derecho Privado, Madrid, 1954; Gianturco, Vito, *La prova indiziaria,* Ed. Giuffré, Milán, 1958; Gorphe, Françoise, *De la apreciación de las pruebas,* trad. de Luis Alcalá Zamora y Castillo, Ed. Ejea, Buenos Aires, 1950; Lévi-Bruhl, Henri, *La preuve judiciaire* (Etude de Sociologia Juridique), Ed. Librairie Marcel Rivière, París, 1963; Pugliatti, Salvatore, Voz "Conoscenza", en *Enciclopedia del Diritto,* vol. IX, Ed. Giuffré, Milán, 1961; Sentís Melendo, Santiago, *Indubio pro reo,* Ed. Ejea, Buenos Aires, 1971; *Introducción al Derecho probatorio,* en "Estudios procesales en Memoria de Carlos Viada", Instituto Español de Derecho Procesal, Madrid, 1965; *Qué es la prueba, naturaleza de la prueba,* Revista Iberoamericana de Derecho Procesal, año 1973; Silva Melero, Valentín, *La prueba procesal,* Ed. Revista de Derecho Privado, dos tomos, Madrid, 1963-1964.

## CAPITULO VIII

## DEL SISTEMA SEGUIDO POR EL LEGISLADOR EN LA ORGANIZACION DE LA INVESTIGACION DE LA PRUEBA

En toda legislación, la sentencia criminal no es más que el corolario del juicio sobre el punto de hecho, suponiendo de antemano el legislador que este juicio emana de la convicción íntima del Juez y de la certeza que ha adquirido sobre la verdad de los hechos cuya existencia sirve de base a la acusación. Por eso se esfuerza en rodearla del mayor número de garantías posibles; es preciso que abrace los hechos en el punto de vista más extenso, y que sólo la certeza dicte sus disposiciones. Cuando todos los ciudadanos creen que la condena ha recaído en el verdadero culpable, la pena adquiere su más completa eficacia.

Al trazar las reglas de la certeza legal, el legislador, colocándose en dos diferentes puntos de vista, puede optar entre dos sistemas:

Primero. Si ha pensado que todo hombre, en la averiguación de la verdad y apreciación de la prueba halla en sí mismo una fuerza igual de instinto que le guíe; si cree, por consiguiente, que la sentencia que ha de recaer sobre hechos reconocidos como ciertos debe ser el resultado, no tanto de motivos fijos y determinados, como de la impresión general que experimenta todo entendimiento ilustrado en presencia de las pruebas producidas; que el Juez, en fin, no puede ser compelido a dar cuenta severa de su convicción, entonces se inclina por el primer sistema. De aquí el gran número de votos que se requiere para que pueda haber condenación, la cualidad de las personas que deben sentenciar, y están llamadas por su posición a conciliar los intereses supremos de orden público con la simpatía debida siempre a un conciudadano acusado, y en fin, la libertad amplia dada a éste para recusar a sus Jueces; tales son las garantías por las cuales se esfuerza la ley en asegurar la rigurosa justicia de las sentencias.

En el segundo sistema, la investigación de la certeza legal aparece sólo como una operación puramente científica, basada en reglas fijas y cuya marcha puede ser dirigida por el legislador. En él se requieren los conocimientos jurídicos, y sólo puede confiarse prudentemente esta misión a aquel a quien una larga práctica, su educación científica y sus conocimientos en la jurisprudencia le pongan a la altura de su deber; y a éste también puede pedirse estrecha cuenta de los motivos de su convicción.

Partiendo del primer punto de vista, se llega al Jurado; del segundo, a la *teoría legal de la prueba* y a las reglas que ésta impone a Jueces familiarizados con la ciencia del derecho. Este segundo sistema es el que prefirieron los jurisconsultos alemanes en materia de procedimiento criminal, desde el día en que se intentó dar a éste una organización científica; el que eligieron los legisladores en sus numerosos ensayos de reforma para la Alemania; y, en fin, el que en estos últimos tiempos ha sido atacado por innumerables adversarios. Creemos deber enumerar sumariamente las principales objeciones que se le han hecho:

1.º Es una locura, se ha dicho, querer detener con reglas fijas el vuelo de la facultad innata en todos los hombres de investigar y descubrir lo cierto de las cosas, de esa facultad que guía a todo individuo en los sucesos cotidianos de la vida privada. Encadenar de este modo su libre desarrollo, ¿no es encerrar al Juez prudente y experimentado en un círculo de hierro, del que no puede salir? ¿No es crear al Juez, todavía inexperto e inhábil, una tutela ineficaz y que jamás podrá prestarle la sabiduría que le falta? Indudablemente, *la ciencia* puede formular ciertas reglas útiles para la investigación de la verdad; pero éstas son por su naturaleza consejos y no preceptos, y otras tantas advertencias generales, para cuya aplicación basta en el caso particular el miramiento que aconseja la prudencia: *la ley* debe guardarse de establecer semejantes reglas, que vendrían a convertirse en absolutas e imperativas, y porque tan poco razonable sería prescribir a cada uno un modo de pensar como un modo de convicción.

2.º Toda tentativa en este sentido, continúan, debe fracasar necesariamente: es imposible abrazar en dos o tres descarnados artículos de la ley la multiplicidad de casos en que debe juzgarse, con todos sus matices y combinaciones infinitas, y nunca se le ocurrirá a un legislador sensato establecer para cada especie posible una regla distinta, a menos que no consienta en escribir un Código completo de la prueba con sus mil artículos, cosa por demás absurda. Puede afirmarse con seguridad que en infinidad de casos no encontraría el Juez en este Código una sola disposición aplicable: no queriendo la ley establecer la certeza sino sobre ciertas pruebas determinadas, ¿podría obligarse a este Juez a pronunciar una sentencia absolutoria? Supongamos el caso siguiente: un acusado confiesa el crimen, y su confesión es corroborada por las declaraciones de cuatro cómplices, que nada van a ganar hablando en este sentido.

3.º En toda *teoría legal de la prueba* es indispensable una enumeración de las diversas pruebas. Pues bien: esta enumeración necesariamente restrictiva hace muchas veces que el Juez no pueda dar toda su importancia a tales o cuales circunstancias, olvidadas por el legislador, a causa de su aparente insignificancia; pero no por eso dejan de hacer frecuentemente la misma poderosa impresión en todos los hombres; y para el que tiene un exacto y profundo conocimiento del corazón humano, llevan en sí la convicción de la culpabilidad. Sin embargo, el Juez deberá permanecer impasible ante ellas; y le será vedado obedecer a esas grandes leyes de la naturaleza que le muestran tan claramente la marcha que debe seguir. Que un niño de nueve años haya presenciado un asesinato y designe a Ticio como autor de él; que el mismo Ticio, ante un testigo, y en el momento de ser depositado en el féretro el cadáver de su víctima, se arroje sobre él, y vencido por los remordimientos, exclame que es él el culpable; que el perro de la víctima, al reconocer repentinamente al asesino, a quien vio en el acto de consumar el crimen, se lance a él furioso y no quiera soltar la presa; todas estas circunstancias son seguramente pruebas muy fuertes, y con todo será preciso que el Juez las pase por alto.

4.º El legislador se engaña si mira la convicción del Juez como resultado directo de las pruebas organizadas con arreglo a su sistema; bien lejos de eso, emana de la ley natural, resulta del concurso de una infinidad de motivos, y se apoya en una serie interminable de leves circunstancias, pero de que el Juez no podría hacerse cargo. Los pretendidos motivos enunciados en la sentencia no son, pues, los verdaderos; la condenación tiene lugar, no porque dos testigos hayan declarado en el mismo sentido, sino porque sus declaraciones concuerdan perfectamente con el carácter del acusado, con los motivos especiales que tenía para obrar, porque vienen a confirmar indicios importantes, y porque, observándolo más de cerca, se descubre fácilmente que en el ánimo de cada Juez una circunstancia diferente es, como ya hemos dicho, la que le convence y decide la certeza.

5.º Al querer prescribir una forma de prueba obligatoria para el Juez, el legislador subyuga la conciencia de aquél y se aventura a ocasionar muchas injusticias. Imaginémonos el caso en que la ley ha declarado que un hecho sentado por dos testigos debe ser aceptado por verdadero: ¿podrán hacer realmente prueba plena las declaraciones desnudas de estos dos testigos, cuando principalmente hayan debido a una sola circunstancia, a su cualidad de extranjeros, por ejemplo, en un país en que son desconocidos, no ser colocados en la categoría de testigos sospechosos? ¿No nos dice la razón que lo que convence no son tanto los dichos de ambos, cuanto la verosimilitud íntima de su palabra, su contienente durante el interrogatorio, el cuidado y la exactitud que han precedido a su audiencia, y la concordancia de sus dichos con los hechos de cargo? Sería, pues, un error grave hacer decir a la ley que del concurso de dos testimonios debe necesariamente resultar la prueba.

6.º De que siempre la convicción del Juez se forme por efecto de circunstancias casi inapreciables, y de que es imposible expresarlas en motivos jurídicos y rigurosamente deducidos, fuerza es también concluir la imposibilidad de la *teoría legal de la prueba.* Por eso, el Juez, a pesar de todas las reglas que le han sido trazadas, no se deja en manera alguna guiar por ellas y decide las cuestiones más graves atendiendo sólo a las inspiraciones de su propia conciencia, ninguna ley del mundo puede decir si un testigo, por ejemplo, es enemigo del acusado (1) o si el éxito del debate puede reportar indirectamente alguna ventaja, y, sin embargo, todo el proceso consiste en esto: este testigo ¿es clásico, intachable, o debe ser considerado como sospechoso? De esta cuestión depende la sentencia, y el Juez no puede hallar la solución sino en su conciencia y por las mismas vías y medios que lo haría un Jurado. Aún más: si la ley le manda dar fe a la confesión producida con las condiciones requeridas, en los casos en que esta confesión encerrara restricciones que parecieran verosímiles, ¿encontrará en las reglas de la prueba el modo de decidir la cuestión de verosimilitud? No, seguramente, y para ello deberá tan sólo remitirse a su buen sentido como hombre. Demos aún por supuesto que la ley haya hecho bien en declarar que dos testigos acordes en los puntos más esenciales hacen plena prueba; aun así, es preciso que el Juez, como si fuera Jurado, decida si hay efectivamente concordancia y cuáles son los puntos más esenciales. En fin, es cosa unánimemente reconocida que las reglas, por numerosas que sean, son de todo punto inútiles para los Jueces, cuando éstos tienen que examinar el concurso de las circunstancias y su efecto en la causa, de la misma manera que el Jurado examinaría la cuestión de culpabilidad.

7.° El legislador que quiera reglamentar la prueba por medio de una ley, se encuentra colocado en la siguiente alternativa: si se manifiesta preocupado por una justa solicitud, si quiere, ante todo, librar de cualquier riesgo a la inocencia y trazar preceptos absolutamente completos, tendrá que poner en tortura el libre albedrío del Juez, le mostrará una larga lista de testigos inadmisibles o sospechosos, proscribirá toda condena pronunciada por los dichos solos de testigos colocados por él en la categoría de sospechosos; enumerará las mil y una condiciones de las cuales únicamente podrá resultar la convicción legal, por ejemplo, en caso de prueba artificial. Se elige el camino opuesto, se contenta con trazar algunas reglas puramente generales, y su *teoría de la prueba* asienta una doctrina de las más latas, de lo cual puede verse un ejemplo en la legislación holandesa. Veamos ahora las consecuencias. En el primer caso, el Juez se ve obligado muy a menudo a absolver a acusados realmente culpables, pero que no pueden llamarse tales, según la ley, porque ha faltado en la causa una sola tal vez de las condiciones requeridas. Como se ve, semejante sistema lleva consigo todos los inconvenientes de la impunidad y de la *absolutio ab instantia.* Porque la ley

---

(1) La enemistad es el resultado de una serie de relaciones hostiles, pero de las que nada puede decirse mientras no se conozca el encadenamiento de los hechos, la condición de las personas, sus motivos, sus manifestaciones exteriores, etc.

haya dicho que la confesión no hace prueba sino cuando no ha sido arrancada a fuerza de sugestiones; porque haya exigido, para que la certeza pueda apoyarse en *indicios*, que éstos sean corroborados por el concurso de circunstancias anteriores, concomitantes o posteriores, ¿se seguirá que en caso de sugestión jamás la confesión podrá producir convencimiento, que los indicios jamás podrán hacer prueba faltando una circunstancia posterior? En el segundo caso, no enunciar sino algunas reglas completamente generales, como lo hace el legislador, es lo mismo que decir que los Jueces pueden condenar desde el momento en que se han *convencido*, no siendo las reglas de que se trata otra cosa que el desenvolvimiento de este axioma. Por lo demás, la mayor parte de estas reglas sobre la prueba vienen a parar en fastidiosas tautologías, y feliz el legislador si, sin pensar en ello, no ha dejado en su comprensión general deslizarse algún vicio aún más grave, o algún principio falso que pueda inducir al Juez derechamente al error.

## ADICIONES

Como ya hemos dicho en las adiciones a los capítulos I y II, la apreciación de la prueba en el sistema español es libre. Por ello la crítica dirigida por Mittermaier al sistema de la prueba tasada no tiene significado para nuestro Derecho. Igual ocurre con la absolución en la instancia.

En la exposición de motivos de la Ley de Enjuiciamiento criminal se contiene contra tal institución estas claras expresiones: "Es igualmente inútil decir que la absolución de la instancia, esta corruptela que hacía del ciudadano a quien el Estado no había podido convencer de culpable una especie de liberto de por vida, verdadero siervo de la curia marcado por el estigma del deshonor, está proscrita y expresamente prohibida por el nuevo Código, como había sido antes condenada por la ciencia, por la Ley de 1872 y por la Compilación vigente. De esperar es que las disposiciones de la nueva Ley sean bastante eficaces para impedir que semejante práctica vuelva de nuevo a ingerirse en forma más o menos disimulada en nuestras costumbres judiciales."

## CAPITULO IX

## DE LOS ENSAYOS HECHOS EN DIVERSOS PAISES PARA FORMULAR UNA TEORIA O SISTEMA LEGAL DE LA PRUEBA

Cuando se estudian las diferentes legislaciones en que la prueba ha sido organizada en sistema, y seguimos la idea capital, el punto de partida del legislador al trazar las reglas, vemos desde luego estas leyes especiales dividirse en varias categorías:

1.º Muchas veces la ley se limita a establecer como principio la inadmisibilidad de ciertas pruebas; dice que tales y cuales parientes, los niños, etc., no pueden ser llamados a testificar, o prescribe también ciertas formalidades relativas a la administración de los medios de prueba, como el juramento de los testigos. En esta categoría se pueden colocar las disposiciones de las leyes inglesas y francesas, y podría decirse en este sentido que hasta cierto punto han reglamentado la prueba.

2.º Aparte de estas reglas, el legislador ha trazado algunas veces una especie de instrucción sobre la prueba, que sin obligar absolutamente al Juez, debe tenerla siempre presente en el curso del debate, para servirse de ella como de medida normal en cualquiera ocasión. A este sistema debe referirse la *common Law (ley común)* de los ingleses y el *Code of Evidence (Código de la prueba)* de la América del Norte.

3.º En algunos países la ley contiene reglas fijas que indican a los Jueces las pruebas sobre que debe fundarse la sentencia penal; las condiciones de que debe estar revestida cada una de las pruebas cuando pueden por su naturaleza conducir a la decisión; reglas que obligan constantemente al Magistrado negándole el derecho de pronunciar la condena, cuando, según él, la certeza adquirida no entra completamente en la esfera de las fórmulas legales. Tal es el sistema de las leyes penales de Baviera, Prusia y Austria, que se encuentra igualmente en el fondo de las leyes modernas y de los nuevos proyectos para los Estados alemanes.

4.º En otras, la ley dicta algunos ligeros preceptos que, a decir verdad, no son más que principios generales; pero, aparte de ellos, no obliga al Juez a condenar sobre la prueba aducida, si no está además plena e íntimamente convencido. No basta, pues, aquí, como siempre, la certeza de algún modo legal: es también necesaria la convicción personal del Magistrado la que a su vez sería insuficiente si los hechos no estuvieran también demostrados por medio de una prueba que la ley considera completa. Esta teoría es la de la nueva Ordenanza criminal de Holanda, que en sus disposiciones especiales acerca de la prueba testimonial, por ejemplo, sobre la confesión, etc., se aparta en gran manera de la marcha ordinariamente seguida en Alemania.

5.° La ley puede, en fin, quitar todas las trabas a los Jueces de hecho y deferir absolutamente a su conciencia y a su convicción; mas para ocurrir a los inconvenientes de condenas no motivadas, viene a parar en una especie de sistema *negativo,* prohibiéndoles basar su declaración, bajo pena de nulidad, en ciertas y determinadas pruebas.

Tal es el punto de vista adoptado por los redactores del último proyecto de Ordenanza de procedimiento criminal de Baviera (sometido a las Cámaras en 1831); y quiere además que todo Tribunal se componga de nueve Jueces, de los cuales cinco deben decidir del hecho, y cuatro del derecho (1).

## ADICIONES

Como ya hemos dicho reiteradamente, el sistema español está inspirado en el principio de la prueba libre. La Ley de Enjuiciamiento criminal, no obstante, establece algunos criterios en la práctica de la prueba: así la no exigencia del juramento a los procesados (art. 387); la de no emplear ningún género de coacción o amenaza con los mismos (art. 389); la de dispensar de la obligación de declarar como testigos a determinadas personas que se menciona en los artículos 416 y 417 y el tener que practicar durante el sumario, en algunos supuestos, ciertas diligencias con carácter necesario, cuestión a que nos hemos referido en las adiciones al capítulo I.

---

(1) Entre los trabajos legislativos que deben llamar la atención del jurisconsulto, conviene citar muy particularmente el Código napolitano de 1819. Este Código confiere a los Jueces regulares el derecho de pronunciar sentencia definitiva, sin prescribirles teoría alguna de la prueba. Dejándoles en libertad para no seguir en su decisión sino su criterio moral, les precisa a fundar completamente las condenas que pronuncien, y, por consiguiente, a dar cuenta de los motivos de su convicción. Su fallo es inapelable, y sólo se admite el recurso al Tribunal de casación.

## CAPITULO X

## DEL VERDADERO CARACTER Y VALOR REAL DE LA TEORIA DE LA PRUEBA USADA EN ALEMANIA

El sistema de una teoría legal de la prueba da lugar a numerosas objeciones, que hemos enumerado más arriba (capítulo 8.º), y que tienen ciertamente un carácter más especioso; pero el que las profundiza de buena fe, ve muy pronto que la mayor parte sólo se fundan en mala inteligencia, en la ignorancia de las cosas y de la jurisdicción alemana, o también que traen su origen de la necesidad mal disimulada de ridiculizar el sistema, imputándole exageraciones censurables y los abusos que hayan podido cometer Jueces ineptos. En apoyo de este aserto no hay necesidad de citar sino esta acusación, tantas veces reproducida y tan exagerada: *El Juez en Alemania está obligado a prestar entera fe a las declaraciones de los testigos cuando concuerdan entre sí.* En verdad, cualquier Magistrado alemán, por poco que haya ocupado los asientos en los Tribunales de Justicia, podrá decir si este hecho es exacto, y si no, sería más verdadero decir que el Juez no da fe a la deposición de dos testigos sino cuando las circunstancias de la causa vienen, después de un maduro examen, a convencerle de su veracidad. Bajo este respecto sería, pues, infundado quejarse de las pretendidas trabas con que el legislador hubiera encadenado su conciencia.

Las demás objeciones no atañen de modo alguno al sistema en sí mismo, en su concepción fundamental; sólo se dirigen a las formas mezquinas o desgraciadas de que se reviste. Indudablemente no disculparíamos jamás al legislador que estableciera una lista muy numerosa de testigos sospechosos o inadmisibles, y por este medio quitara al Juez toda posibilidad de apreciar circunstancias de la causa que puedan por sí solas demostrar si el testigo merece crédito, y formarse una convicción seguramente fundada, en el momento en que este testigo le pareciese enteramente digno de fe. Asimismo, sería poco razonable estrechar la libertaod de la conciencia del Juez y exigir multiplicadas condiciones para la realidad de las pruebas, como la de no admitir *jamás* la confesión arrancada por sugestiones o preguntas capciosas. Pero una sabia teoría de la prueba no lleva consigo necesariamente todas estas restricciones censurables. Si la ley, en simples preceptos generales, se contenta con mostrar a los Jueces las condiciones con las cuales la confesión, por ejemplo, puede tener fuerza probatoria, no hace más que conceder al acusado las garantías que le son debidas.

En fin, por una petición de principio, los adversarios de la teoría legal la dirigen ataques de otro género. Suponen que sólo un sentimiento íntimo, instintivo, infalible, puede guiar al hombre por la senda de la verdad, y haciéndosela descubrir, procurarle al punto de convicción. Discurriendo así, desconocen a la vez el verdadero sentido de la teoría legal y sus verdaderas relaciones con el trabajo necesario del entendimiento cuando trata de averiguar la verdad. Vamos a exponer a continuación las diversas ventajas de la teoría, cuando ha sido sabiamente organizada por la ley; pero antes es preciso establecer una distinción fundamental: o el legislador prefiere confiar al Jurado la decisión definitiva, o bien continúa sometiéndola a las atribuciones del Juez ordinario. En el primer caso, la teoría legal de la prueba, tal como se practica en Alemania, es inútil, ofreciendo el Jurado garantías que la sustituyen; pero en el segundo se hace indispensable, como vamos a probarlo:

1.° Los Jueces ordinarios no pueden dar esas garantías políticas que conquistan al Jurado la confianza general: el derecho de recusarlos es mucho menos lato para el acusado; por otra parte, la multiplicidad tan imponente de votos tampoco puede tener lugar en un Tribunal necesariamente compuesto de un corto número de miembros. ¿Cómo compensar, pues, a los Jueces regulares la pérdida de tantas ventajas? Sólo un medio existe: es preciso que el público tenga el convencimiento de que toda sentencia dada por ellos es una obra perfectamente concienzuda; que es de todo punto conforme a las sabias instrucciones de la ley acerca de la prueba dirigirlas a garantizar la salvación de la inocencia; es preciso que esta sentencia pueda estar al abrigo de toda sospecha de arbitrariedad, y que por lo mismo aparezca que la ley es la que falta; es preciso, en fin, si se quiere que la confianza se aumente, que el Juez esté obligado a dar severa cuenta de su decisión.

2.° Al trazar estas instrucciones, el legislador está muy distante de seguir un camino puramente arbitrario, puesto que aquéllas no son otra cosa que la sanción de verdades generales confesadas por la razón, de métodos los más seguros para hallar la certeza y de reglas abstractas acreditadas por la experiencia: todas ellas se combinan perfectamente con preceptos legales, que, cuando las pruebas son frágiles o ilusorias por su naturaleza, vienen a poner límites imposibles de traspasar y a servir de salvaguardia a la inocencia. Es indudable que en el momento en que el hombre ilustrado y de recta conciencia, que aspira sobre todo a la verdad, se esfuerza en adquirir la certeza, tiene lugar en su entendimiento una operación de las más graves. Examina a fondo el valor de las diversas pruebas que le han hecho impresión, aplica a éstas las reglas que cree más eficaces y fundadas en la experiencia adquirida; y sólo después de haber pesado todo esto maduramente, es cuando llega a formar su juicio. Precisamente este mismo método, estos mismos medios consagrados por la razón y una larga experiencia, son de los que el legislador echa mano para que le sirvan de base esencial a las instrucciones que ha de dar el Juez. Su guía son los hechos de mucho tiempo observados y las multiplicadas experiencias; y como el Juez los toma diariamente por términos de comparación al examinar y apreciar las pruebas, se sigue que cuanto mayor sea su número, con más seguridad se puede dar la sentencia. Pero si no tuviera por punto de apoyo un conjunto de reglas sobre la prueba, obligado a acomodarse a su corta experiencia, sin más horizontes que las silenciosas paredes de su gabinete de estudio o el círculo estrecho de su familia, ¿cómo podría desempeñar su tarea? ¿Cómo sabría discernir, por ejemplo, los infinitos motivos que arrastran muy a menudo al inocente a hacer, en forma de confesión, declaraciones que le acusan, o la perversidad profunda con que el acusado convierte con facilidad en cómplice suyo al inocente? Veríamosle entonces, y en todos los casos, prestar ciega y entera fe a la confesión y a la pretendida complicidad. ¿No vale más que la ley venga en su auxilio, y que, partiendo de las experiencias de los siglos, le muestre el camino que debe seguir, le haga indicaciones y dé consejos, le ponga límites, si es necesario, y coloque últimamente en sus manos, para valorar la prueba, un instrumento modelado por la razón y la experiencia?

3.º Pero, se objeta, reside en nosotros una fuerza innata que nos arrastra hacia la verdad; enhorabuena: mas debe confesarse que esta fuerza, como todo lo que tiene relación con el hombre, es de naturaleza perfectible y se desarrolla con el uso; que una vez perfeccionada, es más segura su aplicación, y que una larga observación puede muy bien establecer reglas que la gobiernen, y que pueden ser erigidas en sistema por la ciencia y elevadas a principios indudables. Lo que es cierto con relación a las fuerzas físicas y a las inmateriales del pensamiento, lo es igualmente respecto de esta fuerza especial que se aplica al examen de la prueba de los hechos, y ciertamente la confianza pública no podrá menos de acrecentarse cuando el Juez que declara el resultado de sus convicciones la haya cultivado y desenvuelto en sí mismo.

En una palabra, la teoría legal de la prueba no es otra cosa que la expresión de las reglas dictadas por la experiencia, y que desarrollan y fecundizan en nosotros el germen de la fuerza instintiva que nos conduce a la averiguación de la verdad.

4.º Supongamos por un momento que la ley admite por completo este instinto de que se quiere hacer un argumento: ¿qué sucederá? El juicio acerca de la calidad de las pruebas llevadas a la causa, es, como sabemos, el resultado de ciertos movimientos que aquéllas comunican al ánimo de los Jueces; estos movimientos, a su vez, obrando sobre las impresiones mismas, les dan en algún modo un cuerpo, una forma determinada. Siendo esto así, ¿no debe temer el legislador que ciertas pruebas impresionen demasiado la imaginación más viva del primer Juez, y que el segundo, en una especie de sobreexcitación momentánea de espíritu, las acoja con extremado exclusivismo? ¿No debe temer que tal o cual prueba, especiosa a primera vista, pero ilusoria muchas veces en el fondo, seduzca demasiado vivamente la inexperiencia de un Magistrado y alcance una sentencia afirmativa, mientras que un Juez más cuidadoso de profundizar sus investigaciones, más entendido y provisto de experiencia, rehusaría declarar la culpabilidad. Es, pues, absolutamente preciso que la ley prevenga los efectos posibles de esta sobreeexcitación peligrosa y corrija esta inexperiencia funesta; a este fin se dirige cuando señala reglas para el descubrimiento de la verdad.

5.° A esta obra preside un interés de primer orden, porque se trata de hacer de modo que los fallos no lleven jamás en sí la nota de arbitrariedad, y, por consiguiente, de discordia, y, por lo mismo, las sentencias deben llevar el sello de la ley y de la uniformidad. Y, como entregados los Jueces a sus propias inspiraciones, no podría menos de suceder que, en casos enteramente idénticos, por ejemplo, cuando las pruebas fueran las mismas, recayera diferente sentencia, porque el Tribunal se compondría, en una parte, de Jueces más sesudos y experimentados, y en otra, de Jueces más ligeros o menos versados en los negocios, se comprende fácilmente que en el momento en que las pruebas sean reglamentadas por la ley, los fallos de los diversos Tribunales se revisten de un carácter uniforme y se aumenta prodigiosamente la confianza en sus decisiones.

6.° En esta materia, la misión del legislador es, pues, enteramente especial. Consiste ordinariamente en consagrar derechos en beneficio de los ciudadanos, y fundar entre ellos relaciones jurídicas; pero, en el caso presente, tiene por objeto mantener inviolables las leyes eternas de la verdad y escoger entre ellas las reglas que ha de erigir en leyes positivas. Por este medio, el Magistrado, aun novicio y poco acostumbrado a analizar claramente los movimientos de su conciencia, sin hacer otra cosa que seguir las prescripciones del legislador, se halla en posición de hacer, en cualquier caso, una segura aplicación de las leyes eternas, de donde éstas se derivan.

Conviene ahora examinar más de cerca las circunstancias de la teoría de la prueba, sabiamente organizada, y enumerar sus principales caracteres. Veremos, por consiguiente, que ni los intereses del acusado ni los de la verdad corren el más pequeño riesgo:

1.° El legislador debe, ante todo, formar la lista de los medios de prueba sobre que el Juez puede basar la sentencia; pero es esencial impedir que tal prueba, bastante en lo civil, verbigracia, el juramento, pueda ser decisiva en la causa a los ojos de un Magistrado que no pudiera distinguir bastante lo civil de lo criminal. Se ve con mucha frecuencia en la práctica alemana, en las instrucciones sumarias sobre delitos leves, por ejemplo, al acusador autorizado para diferir el juramento al acusado o para completar la *semiprueba* con un *juramento supletorio;* pero esto no prueba más sino que el Juez, a falta de una lista de los medios legales de prueba o de prohibiciones especiales respecto de ciertas pruebas, no teniendo nada que le detenga, da fe a medios que una ley sabia hubiera debido siempre descartar.

2.º La mayor parte de las reglas de la prueba no son otra cosa que los preceptos suministrados por la experiencia, y ellas nos indican, en determinados casos, el mejor método que debemos seguir. La experiencia es, en efecto, la que demuestra cuáles deben ser las formas del interrogatorio de los testigos, cómo deben saberse evitar las sugestiones peligrosas, cómo compeler a aquéllos a dar las razones plausibles del conocimiento que pretenden tener de los hechos: de estas formas únicamente emana el mérito, la confianza debida a los testigos. La experiencia sola es también la que puede dar a conocer las medidas prudentes de que debe estar revestida la confesión para ser digna de fe. El legislador se esfuerza sabiamente en poner en concordancia sus preceptos con el objeto de cada uno de los actos del procedimiento, y no llega a adquirir entera seguridad hasta tanto que reconoce que la administración de las diversas pruebas ha sido perfectamente reglamentada. Jamás se remitirá en este punto al libre arbitrio del Juez o a la suerte de un feliz acaso que hiciera que el Magistrado instructor estuviera en un todo familiarizado con sus funciones.

3.º Hay otras reglas que deben ser consideradas más bien como consejos, como indicaciones destinadas a los Jueces noveles, y sin las que podrían éstos pasar por alto ciertas formalidades, cuya importancia no les ha sido demostrada por la experiencia: tomemos por ejemplo el caso de la prueba suministrada por los cómplices. La pruedancia aconseja que las declaraciones de éstos sólo pueden merecer crédito con determinadas condiciones, y el legislador que quiere obtener una prueba eficaz, exige necesariamente que estas condiciones hayan sido ante todo escrupulosamente observadas.

4.º Hay también otras reglas igualmente dictadas para el Juez joven, pero cuyo objeto es sólo llamar la atención, como, por ejemplo, en las pruebas periciales. El que sepa en cuántas informaciones el cuerpo del delito (en caso de infanticidio, envenenamiento, etc.) se hace constar por medio de perito, no ignorará cuán raro es que el examen y los dictámenes de éstos satisfagan completamente a un Magistrado escrupuloso. Además, aun en este caso es siempre necesaria una gran habilidad práctica, es preciso saber dar al sumario su verdadera dirección y asegurar de este modo el valor de las respuestas de los peritos. Ciertamente, sobre todos estos puntos no puede menos de ser eficaz una buena teoría legal de la prueba.

5.° En gran número de las reglas de la prueba no se encuentran, propiamente hablando, sino consideraciones que parecen más bien del dominio de la ciencia; la ley se remite a la prudencia del Juez para profundizarlas, fijar su verdadero sentido y hacer su oportuna aplicación; pero, apresurémonos a decirlo, no sin graves motivos están tales reglas comprendidas en los Códigos: porque obligando al Magistrado, al ir a pronunciar la sentencia, a no olvidar los preceptos que comprenden, las tiene siempre presentes cuando se entrega a la apreciación de las pruebas, y al deliberar cuando analiza los motivos de la decisión que va a recaer, las somete sucesivamente a la prueba de esta especie de balanza legal. Tal sería el artículo de ley a cuyo tenor debieran las declaraciones de los testigos, para hacer fuerza, concordar con todas las circunstancias resultantes de los autos, y entre sí en los detalles más esenciales.

6.° Por lo demás, casi siempre las leyes sobre la prueba fijan al Juez ciertos límites que le está vedado traspasar. El legislador sabe muy bien que en circunstancias favorables pueden algunas pruebas producir la convicción; pero familiarizado como está con los incidentes cotidianos de la vida y con un exacto conocimiento de la naturaleza de los diversos medios de prueba, no puede tomar en consideración las particularidades que ofrecen a su vista estos mismos medios y los que demuestran su falibilidad. Sin duda, una casualidad podrá a veces hacer que gracias a tal o cual prueba resulte la convicción; pero por otro lado esta prueba es fácilmente engañosa, y es cosa de suma importancia proteger a la inocencia contra sus funestos efectos. Por lo mismo no vacila, y prefiriendo a la impunidad, muy rara, aunque posible, de un culpable, la protección debida a los inocentes prohíbe al Juez apoyar la condena en una prueba de tal naturaleza, o por lo menos se contenta con atenuar su fuerza. Por eso vemos en la Carolina (art. 22) proscrita la prueba *de indicios.* Tal es el sistema que siguen las legislaciones que proscriben la convicción basada en la declaración de un solo testigo, y las que establecen una lista de individuos incapacitados de comparecer como testigos en juicio. Se han visto niños de once años, de entendimiento bastante desarrollado, reconocidos ya por bastante fidedignos, para que un Jurado, sea el que quiera, fundado en su declaración, pueda sin vacilar pronunciar un veredicto afirmativo; pero éste es un caso extraordinario, y como la ley se ocupa con especialidad de lo que sucede más comúnmente, obra en verdad con mucho tino colocando a los niños en el número de los incapacitados. Más de una vez, en el curso de esta obra, hemos demostrado los inconvenientes de la demasiada extensión dada a estas categorías de testigos incapaces o sospechosos: hay en tal caso exceso de circunspección de parte del legislador, que se despoja gratuitamente de medios ciertos de crear la convicción, suponiendo que los Jueces obedecieran fielmente sus prescripciones. Ampliaremos estas ideas cuando tratemos de la prueba testimonial.

Si el legislador se encierra en estos límites tal como los hemos trazado; si no se deja extraviar por la errónea opinión de que sería posible establecer para todos los casos reglas precisas en el examen a que deben entregarse los Jueces, y encadenar completamente la libertad de sus apreciaciones, nadie podrá negar que hace una cosa útil y aun necesaria, formulando un sistema legal de la prueba, siempre que un Tribunal de Jueces regulares quede en posesión de dar la sentencia. Pero como consecuencia de los principios que hemos sentado, no se puede dejar a estos Jueces el derecho formidable de decidir de una manera absoluta las acusaciones entabladas contra los ciudadanos, sin ser compelidos a motivar su sentencia; y se hace igualmente imposible que un solo Tribunal *colegiado* pueda conocer de la causa en último término: es, pues, muy natural, que los motivos que en materia civil militan en favor del sistema de apelación, adquieran mayor importancia en asuntos criminales. A todo condenado debe permitirse recurrir a un Tribunal superior, y someter la decisión definitiva del proceso al examen de nuevos Jueces, ante quienes habrá de volver a correr sus trámites toda la causa. Los Considerandos de la sentencia y el derecho de apelación son los caracteres inseparables de la jurisdicción regular, y aquí también vemos demostrada la necesidad de una teoría legal de la prueba. Al expresar los motivos, los Jueces asientan que en el fallo han tomado por guía tan sólo a la justicia y a sus deberes, y que han adquirido certeza respecto al punto de hecho; luego la ley, al reglamentar la prueba, no hace otra cosa que trazar los preceptos admitidos por el buen sentido y la experiencia, preceptos que pueden llamarse la piedra de toque de esta certeza, cuya existencia precisamente se trata de patentizar. Con tales reglas, las deliberaciones de los Magistrados adquieren un sólido fundamento, porque desde el instante que el Juez sabe que ha de dar cuenta, no hay ya que temer las preocupaciones ni la ligereza de entendimiento. La sociedad encuentra también en ella sus ventajas, porque puede comparar la sentencia con sus motivos y examinar si la justifican: de este modo se satisface a la opinión pública. Pero al que reporta mayores beneficios es al acusado o su defensor: los motivos del fallo le dan a conocer desde luego qué pruebas han llamado más vivamente la atención del Juez, o en qué parte han sido consideradas sus justificaciones como insuficientes; siéndole entonces muy fácil, en caso de apelación, darlas mejor y más poderosa dirección y corroborarlas con nuevas pruebas. Muchas veces se ve al culpado callar acerca de la declaración de un testigo de cargo, porque se figura que los autos mismos demostrarán el poco crédito que merece, pero al saber que el Tribunal no ha dejado de dar la fe, puede en apelación patentizar su falsedad con pruebas decisivas. Del mismo modo puede traer en descargo nuevas pruebas, que había descuidado en primera instancia creyendo haber hecho bastante con producir otras que juzgaba concluyentes; pero la sentencia dada le demuestra que se había engañado.

Los motivos del fallo pueden, pues, influir también en la manifestación de la verdad material. En resumen, la teoría legal da por resultado inmediato que es de grave importancia la exposición de los Considerandos de la sentencia; de donde se sigue que, dando a la prueba reglas sabiamente concebidas, la ley no hace otra cosa que seguir la marcha más acertada, y en relación con el fin y objeto del proceso criminal (1).

## ADICIONES

El sistema expuesto en este capítulo fue modificado por la Ordenanza procesal penal alemana de 1 de febrero de 1977, que acogió el sistema mixto y el principio de libre investigación.

---

(1) Lo expuesto persuade cada vez más que, insistiendo en rechazar el Jurado y en atribuir la sentencia a los Jueces regulares, es preciso, para ser consecuente, establecer una teoría legal de la prueba. Imposible es autorizar a un Tribunal, compuesto por lo regular de un corto número de Jueces, para no seguir sino su íntima convicción, sin obligarle también a exponer los motivos. Sin embargo, así sucede en Cerdeña y Toscana desde 1838; pero letrados y no letrados, el pueblo y los jurisconsultos, todos claman contra semejante sistema. No es posible conceder, sin condiciones, entera confianza a Jueces que no reúnen las garantías que hacen tan popular al Jurado, puesto que se ignoran y quisieran saberse los motivos que han determinado sus convicciones. No debe confundirse la teoría de las pruebas, según la comprendemos y la han entendido los autores de las Leyes nuevas ya citadas de Wurtemberg y del Ducado de Baden, con la *antigua teoría de las pruebas legales;* ésta obligada al Juez a mirar como verdaderos y demostrados los hechos desde el momento en que la prueba reuniese ciertas condiciones legales; se reducía a dar innumerables preceptos y se esforzaba también, pero en vano, en comprender en sus fórmulas, de antemano dictadas, la variedad infinita y las muchas combinaciones de los incidentes de la vida. La teoría de la prueba tiene simplemente por objeto poner a la arbitrariedad del Juez límites que sean la salvaguardia de la inocencia; sólo le prohíbe condenar cuando faltan tales y cuales condiciones: nunca le obliga a aceptar contra su voluntad los hechos ciertos, porque por muy cumplidas que le parezcan las formalidades de la Ley, puede siempre absolver si no tiene entera convicción. A pesar de esto, si se estudian las reglas sentadas en la legislación moderna de Alemania se hallará que están concebidas en términos tan generales y tan amplios, que realmente no tienen ya extensión ni fuerza; porque prescindiendo de ella, el Juez queda siempre dueño de su convicción; y por otra parte, el legislador no ha podido nunca prever todos los casos. De aquí es que en Alemania el sistema moderno de la prueba legal va de día en día perdiendo partidarios, y puesto que parece imposible organizarla de una manera completamente eficaz, los sabios, en mayor número que nunca, claman por la institución del Jurado.

## CAPITULO XI

## EXAMEN DE LA TEORIA DE LA PRUEBA, SEGUN EL PROYECTO BAVARO DE 1831

Hemos hablado en otra parte (Cap. IX) de un sistema mixto, de una especie de término medio adoptado por el nuevo proyecto de Código bávaro de 1831. Este proyecto establece un Tribunal, compuesto de nueve Jueces regulares, de los cuales cinco deben juzgar del hecho y cuatro del derecho. Las convicciones de los primeros no están sujetas a ninguna regla de prueba ni limitadas sino solamente en dos casos. En dicho sistema aparecen tres ideas fundamentales:

1.ª A fin de ocurrir a los inconvenientes de una teoría legal, se autoriza a Jueces regulares a no seguir más que sus convicciones.

2.ª Se quiere introducir una apariencia de Jurado, separando la decisión sobre el hecho de la del derecho.

3.ª El proyecto, sin embargo, establece una especie de teoría *negativa* de la prueba, cuando, por ejemplo, para evitar el peligro de dejar demasiada arbitrariedad al Juez, proscribe toda condena basada en los dichos de *un solo testigo.*

Nada hay justificable en todo esto; se ha cedido a un deseo desgraciado de dar la razón a todos los sistemas, amalgamando los unos con los otros; pero semejante tentativa ha sufrido la suerte ordinaria de las medidas incompletas: no ha satisfecho a nadie. Por otra parte, esta combinación de elementos heterogéneos no puede menos de dar lugar a numerosas dificultades. Más adelante demostraremos los inconvenientes de toda sentencia emanada de Jueces regulares, a quienes se confiera el derecho de decidir con arreglo a sus exclusivas opiniones; pero desde luego decimos que es un error muy grave considerar como una mejora el haber confiado la decisión del hecho a cinco Jueces. Estos jamás podrán ofrecer las garantías políticas que se encuentran en el Jurado; son otros tantos *pseudojurados,* a quienes el acusado no tiene derecho de recusar. Siendo su número tan restringido, bastan tres votos para constituir mayoría, y su sentencia queda firme, porque se prohíbe la apelación. Pues bien: reuniendo estos Jueces las mismas capacidades que los cuatro de derecho, ¿por qué no confiarles a la vez la decisión sobre el hecho y sobre el derecho, cuando no existen respecto de ellos los motivos que permiten a los jurados la sola decisión del hecho? Nadie podrá decirlo. Deje, pues, el legislador de creer que su sistema llegue a hacerse popular, ni de que imaginen los bávaros tener un Jurado perfeccionado.

En cuanto a la teoría negativa, de que acabamos de hablar, es también insostenible. El proyecto, en su artículo 168, proscribe toda condena fundada en una confesión *que no haya sido solemnemente hecha en audiencia, o corroborada por otros medios de prueba.* ¿Y cuál es la significación de la palabra *solemnemente*? Toda la disposición de la ley está concebida en términos tan poco explícitos, que no se sabe cómo fijar exactamente su verdadero sentido. ¿Estará suficientemente corroborada la confesión, cuando las circunstancias a que se refieren no son contradichas por las demás pruebas, o es preciso, por el contrario, que estas pruebas concurran positivamente con ella? ¿Qué pruebas serán bastantes? ¿Podrán considerarse como tales los puros indicios? Se ve, pues, que sólo la apreciación del Juez puede decidir la cuestión de saber si la confesión está corroborada por otras pruebas.

La ley no permite creer a *un solo testigo,* cuya declaración no se confirme por ninguna otra prueba. Aquí se ofrecen nuevas dificultades. ¿Quién debe ser testigo? ¿Cómo debe entenderse la cooperación exigida de las otras pruebas? ¿Bastará que la deposición concuerde únicamente con *algunos indicios* o con *una confesión extrajudicial*?

En resumen, el legislador no es consecuente cuando, habiendo resuelto encadenar el libre arbitrio del Juez, no lo hace sino en los dos casos mencionados, dejándole libre campo en todo lo demás, de modo que podría suceder que simples indicios o las declaraciones de testigos legalmente sospechosos sirviesen de base a una condena.

En vano se ha querido dar garantías a la defensa, permitiendo la acción de nulidad por infracción del citado artículo 168. Es cierto que casi siempre habrá lugar a este recurso; siempre será fácil probar que la confesión o las declaraciones de los testigos no han sido debidamente corroboradas; que aquélla ha sido revocada, o que adolece de un vicio cualquiera. De suerte que, en realidad, los pretendidos Jueces de derecho serán llamados en el mayor número de casos a juzgar de los hechos; y como de antemano no estaban destinados a apreciarlos, podrá suceder muy bien que no hayan prestado una continua atención a las particularidades que se les hayan expuesto en el curso del proceso y sobre las que, sin embarfo, debe recaer igualmente su sentencia por esta vía tortuosa. Hecha abstracción de los considerables dispendios que origina este sistema, bastará hacerle funcionar por un instante para que se manifiesten en toda su desnudez su naturaleza híbrida, sus dilaciones y sus defectos.

## ADICIONES

La Ordenanza procesal alemana de 1977 unificó el procedimiento para todo el Imperio.

## CAPITULO XII

# EXAMEN DEL SISTEMA EN LOS PAISES BAJOS, A CONSECUENCIA DE HABERSE PUESTO EN VIGOR LA ORDENACION CRIMINAL DE 1830

Dejamos hecha mención (Cap. IX) de la Ordenanza criminal neerlandesa y de los caracteres especiales que la distinguen; en ella también se ha esforzado el legislador en reunir las ventajas inherentes al Jurado con las que resultan de la teoría legal, y al mismo tiempo que ha trazado las reglas de prueba a que deben someterse los Jueces regulares, no les obliga a declarar la culpabilidad hasta tener una convicción completa de ella.

Pero al tratar de fijar el sentido de las prescripciones de esta Ordenanza, vemos surgir dificultades inevitables.

¿Ha querido únicamente el legislador que el Juez no esté siempre e *irrevocablemente* ligado por la existencia de ciertas pruebas reconocidas por la ley; que no sea rigurosamente compelido, por ejemplo, a pronunciar la condena, aun cuando haya dos testigos en la causa? ¿Ha querido enseñarle, por el contrario, que necesita antes de todo examinar si es completa su convicción, es decir, si el concurso de todas las circunstancias hace verosímiles y concordantes los resultados suministrados por la prueba? Si es esto lo que ha querido, debe desde luego deducirse que no existe diferencia alguna entre su sistema y el de la teoría legal usada en Alemania, porque en este país el Juez no está servilmente ligado a las reglas establecidas por la ley en materia de pruebas, ni debe pronunciar la condena fundado únicamente en la simple palabra de testigos, sino que es necesario también que la completa conformidad de sus dichos y la verosimilitud de sus declaraciones vengan en apoyo de las demás circunstancias, y demuestren de una manera clara para la convicción del Juez que merecen entero crédito, y entonces, y sólo entonces, pronuncia el Juez la culpabilidad. Considerada en este sentido la Ordenanza criminal holandesa no encierra ningún sistema nuevo.

¿Ha querido el legislador ir más allá y decretar que aun en el caso en que los hechos, según el criterio legal, aparezcan como ciertos, sin embargo, el Juez tiene derecho a considerarlos como inciertos, cuando sus convicciones como hombre no concuerden perfectamente con los resultados materiales de las pruebas, y a pronunciar la absolución, como si fuera Jurado? Si tal es el verdadero sentido de la ley, la segunda parte de la disposición anula el efecto de la primera, porque en el momento en que se dice que el Juez debe, ante todo, estar íntimamente convencido, deja de ser Juez, y se convierte en Jurado; la decisión es producto tan sólo de su conciencia, y si queda un solo resto de duda en su espíritu, por plenas y concluyentes que sean las pruebas no podría declarar culpable al acusado. No siendo costumbre expresar los motivos de la convicción interior, bastará su simple declaración en la sala de las deliberaciones; le bastará decir: *no estoy convencido*, y la condena es imposible. Pues bien: para todo Magistrado que haya frecuentado los Tribunales de Justicia, es cosa sentada que muchas veces puede quedar una ligera duda, aun en el momento en que cualquier sabio Magistrado considera la certeza como adquirida al tenor de la más severas reglas de prueba. Así es cómo, en un caso dado, no se puede comprender bien que el acusado, de cuerpo pequeño y endeble, haya podido cometer un acto que exigía una gran fuerza física, o no se acierta a explicar perfectamente cómo el acusado, culpable según su propia confesión, ha podido consumar el crimen de incendio. Semejante duda no es bastante, en el sistema que nos ocupa, para autorizar al Juez a rehusar su voto de condenación; y cuando se considere que las reglas de prueba son, en toda legislación sabia, el producto de la experiencia y del buen sentido aplicado a la averiguación de la verdad, parece extraño que por una simple duda tenga derecho el Juez a desechar los resultados suministrados por estas mismas reglas, y que se haya también querido reunir dos elementos inconciliables; la obediencia a la teoría legal de la prueba y la libertad de apreciación del Jurado.

Conforme a esta misma Ordenanza, al lado de los motivos de la sentencia condenatoria y demás fundamentales, que no son otra cosa que la aplicación de las reglas de prueba, debe expresarse que *los Jueces tienen íntima convicción de la culpabilidad del acusado;* y en caso de que alguno haya disentido, se deberá hacer mención de ello. Pero ¡cuán desgraciada no será la impresión producida en el público! Y ¡cuánto no habrá de aumentarse la desconfianza cuando la misma sentencia haga conocer que no ha sido dictada sino por simple mayoría!

En conclusión: la Ordenanza criminal de Holanda no establece garantías nuevas en cuanto a la verdad de los fallos, ni mejoras reales en cuanto a la jurisdicción.

## ADICIONES

La Ordenanza procesal criminal holandesa, aludida en el texto, fue sustituida por la *Wetboek van strafvordering* (Código de instrucción criminal), 1926. Para el conocimiento de la legislación holandesa pueden verse: Fruin, J. A., *De Nederlandese Wetboeken* (Los Códigos neerlandeses); Den Haag, M. Nijhoffe, *Códigos y principales leyes;* Schurman y Jordens, *Nederlandese Staatswetten* (Leyes orgánicas neerlandesas); Zwolle, W. E. J., *Tjeenk Willink;* Völlmar y Vermaas, A., *Nederlandse wetboeken en aanverwante wetten* (Códigos y principales Leyes neerlandesas); Deventer, N. V., *Uitg. Mij. AEE,* Kluwer (hojas cambiables).

## CAPITULO XIII

## DEL JURADO EN SUS RELACIONES CON EL SISTEMA DE LAS PRUEBAS LEGALES

Las objeciones (véase el capítulo VIII) sin cesar dirigidas contra la teoría legal de la prueba han preocupado mucho los ánimos en los tiempos modernos y engrosado la falange de los partidarios exclusivos del Jurado. Ante éste, en efecto, prescindiendo aun de sus ventajas políticas y no considerándole sino desde su punto de vista en lo criminal, han creído ver a la verdad salir triunfante. Allí la certeza no reconoce otras reglas que las ordinarias, y no se halla aprisionada en esa red de preceptos legales que viene tan a menudo a imponer a los Jueces regulares, tan sólo por faltar a la causa una de las formalidades o de las condiciones de la ley, una sentencia de absolución, contra la que se revela su conciencia, y que, dejando impunes a verdaderos culpables, ocasiona a la Sociedad un grave perjuicio.

Aunque, siguiendo el plan de este libro, no tengamos sino una pregunta que hacernos con respecto al Jurado, a saber: si no estando circunscrito a la prueba legal, merece la preferencia sobre la institución de los Jueces regulares, y si es mejor y más seguramente apto para el descubrimiento de la verdad, debemos, no obstante, examinar cuidadosamente su constitución interior para que sea posible la solución.

Sabido es que los caracteres especiales del Jurado resultan: 1.°, de que para cada causa son llamados a entender y decidir ciudadanos sacados del pueblo; 2.°, de que estos ciudadanos no son sino los Jueces del hecho; 3.°, de que relevados de toda regla de prueba legal y no obedeciendo más que a su convicción personal, no tienen que dar cuenta de su sentencia; 4.°, de que gozando el acusado del más amplio derecho de recusación, pueden aparecer como Jueces aquellos cuya decisión acepte libremente.

Sin embargo, es preciso, por cierto, que los adversarios del Jurado hayan encontrado pocos medios para atacarle con seriedad. Enumeremos sus objeciones:

1.ª Siendo el acaso tan sólo el que designa los Jurados que deben entender de cada negocio, es muy posible que la suerte recaiga sobre doce individuos sin cultura intelectual, inhábiles para sus nuevas funciones, y hasta puede haber algunos débiles de espíritu. ¿Y se puede pensar en una eventualidad semejante, sin estremecerse al considerar los peligros que corría la sociedad entera, lo mismo que la inocencia de un acusado?

2.ª No estando los Jurados sujetos a regla alguna, no teniendo ninguna cuenta que dar, ¿no puede suceder que por una confusión funesta se dejen llevar de su disposición momentánea de espíritu, como si existiera prueba completa en la causa, y que, deslumbrados por la actitud hipócrita del acusado, o irritados por su continente vivo y altanero, obedezcan a sus impresiones exteriores, absolviendo al culpable o condenando al inocente?

3.ª ¿No se ha visto muchas veces a algunos oradores arrebatar con su elocuencia a toda una asamblea? ¿No podrá suceder lo mismo en la Sala de Jurados, y su voto, expresión de una llamada mayoría, no será a menudo el resultado de la influencia que hayan podido ejercer sobre ellos las frases de algunos oradores?

4.ª Dispensar a los jurados de consignar al pie de su veredicto los motivos de su decisión, es poner en sus manos un arma formidable: una obstinación de ideas extravagantes en el uno; en otro, la ligereza de espíritu o el odio; la pasión de un tercero: he aquí muchas veces el móvil de sus opiniones; y como ninguno está obligado a exponer las razones, no puede existir verdadera deliberación, ni apreciación exacta y detenida. Por tanto, el Jurado no garantiza la conciencia del examen ni la justicia del veredicto.

5.ª La sentencia del Jurado no tiene apelación, lo cual es un nuevo motivo de peligro para la sociedad y para el inocente; al condenado se le rehusan los medios ordinarios de derecho, cuyo efecto sería someter la causa al examen de otros Jueces.

6.ª Si se acude a la experiencia, particularmente en Francia, en nada favorece al Jurado. Los jurados, se dice, en vez de decidir en conciencia y con arreglo a las pruebas manifestadas en la causa, se lanzan en extensos razonamientos sobre el rigor de las penas marcadas por la ley; y se les ve, a pretexto de su *omnipotencia,* bajo el manto inmoral de un piadoso perjurio, absolver al acusado culpable, aun cuando haya confesado su crimen, por la sola razón de que les parece demasiado dura la pena.

7.ª Esta pretendida separación de los puntos de hecho y de derecho, esta división de jurados y Jueces, esta base tan ensalzada de sus mutuas relaciones, en opinión de los adversarios del Jurado, es muchas veces ilusoria; porque la mayor parte de las llamadas cuestiones de hecho, sometidas al Jurado, no contienen otra cosa que puntos de derecho. Así, el veredicto que declara al acusado culpable de falsedad, de robo o de tentativa de robo con escalamiento, encierra al mismo tiempo una sentencia sobre el derecho; porque sólo la ley puede determinar los caracteres materiales de la falsedad jurídica, del robo con escalamiento y de la tentativa punible, y cuando el Juez ordinario y versado en el derecho necesita apelar a toda su inteligencia, a todas sus luces especiales, a todos sus conocimientos prácticos, para resolver tales cuestiones del modo más acertado, ¿podrá hacerlo un simple jurado, ignorante de la ciencia de las leyes, no teniendo otra ayuda que su inexperiencia, y habiendo de pronunciar un fallo en caso semejante? En materias de imprenta es absolutamente imposible separar el hecho del derecho, porque la decisión del Jurado recae a la vez sobre la existencia del delito y sobre los caracteres jurídicos del hecho. Al citar la fórmula general usada en Francia y en Inglaterra *(non coupable, not guilty),* se deja ver perfectamente que su veredicto comprende la criminalidad del hecho y su materialidad.

8.ª En las épocas de conmociones políticas, cuando los partidos se hallan frente a frente, el Jurado es un Tribunal de terror; y ¡desgraciado el que tiene por Juez a un Tribunal compuesto de sus adversarios políticos! ¿De qué le serviría recusar algunos? Por ventura, ¿no se levanta contra él el partido en masa? Los jurados se dejan siempre arrastrar allí donde los llaman el espíritu de las pasiones populares, los clamores de los periódicos; y desde este momento no puede esperarse de ellos una decisión imparcial. Si, por el contrario, el Gobierno es a la vez poderoso y enérgico, el Jurado sentirá su influencia mucho más fácilmente que los Jueces regulares.

9.ª En fin, en la práctica misma existe un peligro que no pueden evitar los esfuerzos del legislador, por muchos y poderosos que sean. ¿Y qué mayoría debe reunir el veredicto? Ciertamente, sobre este punto son grandes las dificultades. ¿Bastará con la simple mayoría? Esto parece poco razonable. ¿Se exigirá la unanimidad? No se querrá, sin duda, repetir la triste experiencia que ha hecho la Inglaterra, donde basta un espíritu obstinado, un sujeto más fuerte, más capaz que sus colegas de resistir al hambre y la sed, para obligar a todos a votar contra sus convicciones, y vencidos por su obstinación funesta, pronunciar la absolución de un culpable, a fin de librarse de la apurada situación a que les condena su desacuerdo.

He aquí las objeciones en toda su fuerza. No creemos que sean capaces de arrastrar la opinión del observador atento y sagaz, porque conducen en definitiva al error; y lo que tienen de especioso debe sólo excitarnos a examinar con más detención si los vicios de que se acusa al Jurado son inherentes a su naturaleza o resultado de su organización defectuosa en ciertos países; si esta institución lleva en sí misma garantías importantes que no podrían encontrarse en las jurisdicciones regulares, y si no es más propia que cualquiera otra para conciliarse la pública confianza con la equidad de las sentencias. No; no puede negarse por un solo momento la ventaja de semejantes garantías.

1.º Mientras que los Jueces ordinarios, bastante indiferentes a veces hacia la opinión de sus conciudadanos, y a menudo más interesados en sus ascensos, se esfuerza en conquistar el favor de aquellos de quienes depende su propia fortuna y la de sus parientes y allegados, descuidan sus funciones por estar al abrigo de toda censura pública, y nada tienen que temer de las consecuencias de una sentencia defectuosa, los jurados, por el contrario, contraen una inmensa responsabilidad moral ante la opinión pública del país, juez soberano e incorruptible. Basta haber vivido en un país donde esté en vigor el Jurado, para saber la impresión que sus veredictos causan en todas partes; y cuando, terminada su misión, vuelve a entrar el jurado en el seno de la ciudad, se halla al punto en presencia de la crítica general; allí ninguno deja de censurarle cuando se presenta la ocasión, y la reprobación pública puede herirle de muy distinto modo que al Juez los apercibimientos de sus superiores; y sabedor de esto, presta a los debates una atención incesante y más concienzuda.

2.º El Juez regular puede interesarse muy bien por el bien del país; su subsistencia está asegurada, y no tiene un interés inmediato en la eficacia de las sentencias penales; pero los jurados, cuando la institución funciona por un mecanismo bien combinado, sienten un interés directo y personal en la equidad de los fallos. Como parte integrante que son de la sociedad, y sintiéndose unidos también a ella por el vínculo de la propiedad, deben querer el sostenimiento del orden social y del respeto debido a la ley penal, comprenden las consecuencias de la impunidad de los crímenes y velan por su propiedad cuando su voto imperativo hace caer sobre el culpable todos los rigores del castigo. Pero al mismo tiempo se preocupan en el más alto grado de los miramientos debidos a la libertad individual, y sabiendo que atentar a ella sería atentar a sí mismos, su interés capital exige que la pena no hiera jamás al inocente.

3.º Los mismos adversarios del Jurado convienen en que el Juez ordinario, a quien sus tareas y su vocación ponen en comunicación diaria mucho más con los libros que con los hombres, acaba muy a menudo por revestirse de ciertas singularidades de carácter que se acercan a sistemas exclusivos; llega algunas veces a comprender mal las interioridades de la vida, y su muy corta experiencia no le enseña a juzgar con seguridad, como debiera hacerlo del valor de las pruebas alegadas. Al contrario, los jurados, que viven continuamente en mutuas relaciones con sus conciudadanos, y a cada instante registran las lecciones de la experiencia, pueden mucho mejor decidir sobre hechos y circunstancias que la vida cotidiana les enseña a apreciar debidamente. Tomemos por ejemplo el caso en que se tratara de precisar hasta qué punto podría darse crédito a un testigo anteriormente condenado por crimen, o de decidir si un niño posee el discernimiento suficiente.

4.º Tampoco pueden menos de reconocer que en materias políticas debe confiarse con gran ventaja al Jurado la decisión de los hechos, y que mejor que los Jueces ordinarios podrá decir si, por ejemplo, tal acto acriminado constituye una agresión hostil contra el poder, o si no es otra cosa que el ejercicio legítimo del derecho constitucional. ¿No son casi invisibles en tales actos los límites donde comienza la criminalidad?

Una crítica de los abusos del poder, atrevida y vigorosa por la verdad y vivacidad de los colores, el hecho de reunir las firmas de los ciudadanos al pie de una petición la resistencia legal opuesta a la ilegalidad; todo esto a los ojos del Juez, que se agita inquieto en el fondo de su gabinete de estudio, extraño muchas veces a los movimientos de la vida exterior y que mide sus actos por la letra inflexible de la ley; todo esto puede parecerle un ataque real contra el poder, mientras que los jurados, viviendo bajo la égida de una Constitución, en medio de las libres manifestaciones de la opinión pública, apreciarán los hechos con más exactitud y no verán en ellos sino el ejercicio de las franquicias civiles (1). Fuerza es decirlo, sobre tales materias no se podrán hallar ni en el *corpus juris*, ni en los Códigos penales, las bases y elementos de un fallo equitativo dado con conocimiento de causa. La preferencia que en este punto obtienen los jurados deberá también extenderse a todos los delitos de imprenta y de injurias en general, porque nadie mejor que ellos podrá reconocer el agravio inferido al honor del querellante y la intención del delito. En semejantes causas, para que la sentencia pueda conquistar el asentimiento general y la estimación popular, debe ser en cierto modo la expresión de la opinión, sin lo que nada ha conseguido el querellante por haber alcanzado una condena, el verdadero fallo en los negocios en que va empeñado el honor, es pronunciado por los ciudadanos, y el Jurado, cuando sentencia, no es más que su órgano; y sería, por el contrario, muy difícil que el pueblo pudiera reconocer su voto en el de algunos jurisconsultos.

5.° El Tribunal criminal ordinario está compuesto de muy pocos miembros: los jurados son más numerosos, y su número es una garantía más, que atrae hacia su veredicto la confianza universal. Admitiendo, lo que es muy raro, que sean necesarios siete Jueces para completar un Tribunal criminal, cuatro votos constituirán la mayoría y producirán la condena. Pero cuando se ve que el Jurado no puede estar formado de menos de doce miembros; que estos doce miembros deben ser unánimes en Inglaterra; que en Francia se necesitan siete votos *ad mínimum* para la condena (2), se comprende fácilmente que un veredicto de culpabilidad dado por doce o siete votos, debe satisfacer mucho mejor las susceptibilidades públicas, que si hubiera sido votado por cuatro Jueces solamente. En fin, se ha demostrado ya que en muchos pormenores en materia de prueba, tales como la fe debida a los testigos, la concordancia de sus declaraciones, etc., los Jueces deciden de la misma manera que los jura-

---

(1) De aquí es que en Francia y en los Países Bajos, el Jurado es competente para todos los asuntos políticos, aun los más insignificantes, a pesar de que la pena que haya de imponerse no sea *criminal* y correspondiese conocer de ella a los Tribunales correccionales.

(2) El Código de instrucción criminal de 1808, en su artículo 346, exigía la simple mayoría. Este artículo, revisado en 1832, prescribió que hubiese más de siete votos; pero en 9 de septiembre de 1835 se dio una nueva Ley, que restableció el antiguo principio de la simple mayoría.

dos; pero cuanto mayor es el número de votos, más se aumenta la confianza pública, y es muy natural conceder mayor autoridad a la unanimidad que al mayor número de votantes.

6.° Esta autoridad se acrecienta todavía cuando se considera que el acusado ejerce ante los jurados un derecho de recusación mucho más lato que ante un Tribunal ordinario. Cierto es que un Juez puede ser igualmente recusado; mas esto sólo tiene lugar en los casos previstos por la ley y por motivos articulados de antemano. Pero tal derecho de recusación no puede ser bastante: muchas veces el acusado tiene motivos vagos para creer que tal o cual Juez abriga malas intenciones con respecto a él; sabe, por ejemplo, que existen relaciones amistosas entre su adversario y el Juez A., que éste aspira a la mano de la hija del primero; sabe que el Juez B. no le perdonará jamás cierta antigua querella, y todo esto nada vale, sin embargo, si no puede articular y probar los motivos de recusación previstos por la ley. Y no se diga que un Juez honrado no se deja llevar de semejantes influencias; porque no puede eximirse de la flaqueza humana, y en los numerosos casos en que la duda se detiene entre dos opiniones, si, sin advertirlo, se deja llevar de ciertas pasiones livianas, se inclina hacia el lado menos favorable al acusado, creyendo con la mejor buena fe del mundo en la lealtad de sus propias convicciones. En las causas políticas, sobre todo, sus opiniones y sus preferencias de partido ejercen sobre su espíritu una inmensa influencia. El acusado no ignora que no tiene que esperar absolución de un hombre inquieto y adicto al poder, y, sin embargo, no puede recusarle sino en el caso muy raro en que la ley admita los motivos que articula. ¡Cuán diversa es, por el contrario, y lisonjera su posición relativamente a este derecho de recusación, cuando el asunto pertenece a los jurados! Así, y tal es el resultado de toda ley sabia en esta materia, aquellos que no han sido objeto de sus recusaciones aparecen verdaderamente como Jueces, cuya decisión futura acepta libre y confiadamente. En cuanto al pueblo, su fe en la equidad de los fallos se manifiesta plena y entera desde el punto en que el Tribunal le parece imparcial. Pues bien: desde el momento que el mismo acusado elige en cierto modo sus Jueces, aparecen éstos en el más alto punto dotados de esa imparcialidad tan anhelada, y no puede rehusarles la confianza.

He aquí ventajas grandes y numerosas; pero, fuerza es decirlo, su efecto sería nulo si la parte ilustrada de la nación (no hablamos, a propósito, como cosa de poca importancia, de las impresiones del vulgo, de esa multitud fácil de conmover y extraviar) llegara a concebir dudas y a temer que los jurados, exentos de toda regla de prueba, no escucharan más que la voz de la arbitrariedad, sin darse cuenta de sus propios motivos y seducidos por las solas apariencias. Finalmente, de todas las explicaciones que anteceden resulta que, en efecto, en lo concerniente a la averiguación de la verdad, los jurados tienen una voluntad completamente buena; pero de querer a poder hay gran distancia, y no será fuera de propósito investigar hasta qué punto las reglas legales de la prueba podrían ser conciliables con la organización del Jurado.

Si recurrimos al sistema seguido en Francia, desde luego nos parecen estas reglas incompatibles con él; la ley y la doctrina guardan acerca de ello completo silencio. En cuanto a las simples instrucciones que contiene el Código (1), tienden expresamente a desechar todas las reglas establecidas de ordinario por la ciencia, y parecen autorizar a los jurados a no tomar por guía más que sus íntimas impresiones, aun mal definidas y no razonadas. Tal sistema es para nosotros injustificable, y nos apresuramos a decir que al trasplantar a Francia, con increíble precipitación, la institución inglesa del Jurado, y no dándole, sobre todo una organización clara ni precisa, el legislador mismo ha sido la causa primordial de las opiniones erróneas recibidas en aquel país. La mayor parte ha creído que la operación del entendimiento por cuyo medio se dedica al Jurado a discernir la verdad en los hechos de la acusación, era muy diferente de la que sirve de guía al Juez ordinario; y, sin embargo, vemos que habla la ley, en la instrucción de que se trata, de la *impresión que han hecho las pruebas sobre razón de los jurados.* Darles, pues, de este modo la misión de examinar y pesar las pruebas, ¿no es considerar, desde luego, esta apreciación como un trabajo de la inteligencia? Además, el citado Código ha puesto ciertas restricciones formales, prohibido las declaraciones de los ascendientes, de los hermanos, hermanas y parientes en los mismos grados del marido y da también algunos preceptos, muy incompletos, sobre el uso y la mujer, de los diversos medios de prueba.

En Inglaterra, en la patria del Jurado, el sistema vigente es preferible y conforme a la esencia de las cosas. A decir verdad, no se hallarán en la ley esas reglas tan frecuentes en la legislación alemana; pero, aparte de los textos legales, existe la *common law (ley común* no escrita), que encierra un cuerpo de preceptos jurídicos bastantes claros y fielmente observados por los Tribunales. La *common law,* parte la más preciosa acaso de la legislación inglesa, que el pueblo conoce a fondo, cuya religiosa observancia exige ante todo, y que va perfeccionándose diariamente, merced a las investigaciones de la ciencia y a la práctica judicial, encierra una verdadera teoría de la prueba, análoga, en el fondo de las ideas, a la usada en Alemania, conteniendo un cuerpo de reglas especiales *(rules)* sobre los puntos más importantes:

1. Así es que determinan los medios de prueba de que se puede hacer uso: los testigos que no pueden ser oídos, y, por el contrario, aquellos cuya declaración es admisible, dejando siempre a los jurados la apreciación del grado de crédito que merecen (2).

2. Organizan el empleo de los diversos medios de prueba, y dicen, por ejemplo, cómo deben ser interrogados los testigos.

---

(1) Código de instrucción criminal.

(2) Por ejemplo, en el caso de que un pariente es llamado como testigo.

3. Fijan las condiciones requeridas para que la prueba pueda hacer fe, y establecen, por ejemplo, que una confesión pierde su fuerza si es violentada por promesas o amenazas.

4. Determinan las condiciones necesarias para que pueda hacer prueba un documento.

5. Se extienden, en fin, a consideraciones de un orden general, que deben siempre guiar al Juez a la apreciación de las diversas clases de prueba, por ejemplo, de la artificial.

Recorriendo los escritos de Starkie, de Philips, de Bentham, se ve que todos estos autores adoptan reglas de prueba esencialmente parecidas a las de las leyes alemanas; la única diferencia que las distingue es: que éstas tienen un carácter absoluto; que la confesión, por ejemplo, no puede hacer prueba completa sino cuando reúne tales y cuales condiciones, mientras que en Inglaterra estas mismas reglas no son casi siempre otra cosa que una especie de miras que señalan la senda que debe seguir el Jurado. Bajo otro aspecto, la ley inglesa ofrece una particularidad muy notable, a saber: que las cuestiones que se suscitan sobre la admisibilidad de un género de prueba, sobre la mayor o menor confianza que debe concederse a tal prueba, tachada de irregularidad, son consideradas como simples puntos de derecho, íntimamente ligados con la ley sobre la prueba, y cuya solución está reservada tan sólo a los Jueces regulares. Así se ve con mucha frecuencia en el curso de una instrucción decidir primero el Juez si tal o cual medio es aplicable al caso especial, y después conformarse religiosamente los jurados con esta decisión y seguir sus consecuencias. Otras veces, después de haber pronunciado su veredicto el Jurado, puede presentarse una grave cuestión de derecho, y ser al punto deferida a los doce Jueces mayores, cuya sentencia definitiva puede revocar el mismo veredicto. Multitud de escritos, que han llegado a ser populares, inculcan y explican a los jurados ingleses todas estas reglas de las pruebas legadas de siglo en siglo, y todos saben perfectamente que sólo ellas y la ley de la prueba en general deben dirigir sus decisiones.

El *Código de la prueba (Code of Evidence)*, redactado por M. Levingston, está concebido en igual sentido, y mucho se engañaría el que creyese que esta obra legislativa tan notable, abandonando los jurados a sí mismos, los autoriza a no obedecer sino sus propias inspiraciones. Aún más: el *Código de procedimientos*, debido al mismo autor, concede al Tribunal el derecho de volver a reunir al Jurado, si resulta que se ha infringido la ley sobre la prueba.

Estos ejemplos indican el verdadero sistema que se debe seguir y los preceptos que deben imponerse a los jurados. Quisiéramos, pues, que la ley criminal arreglara en tiempo y lugar la admisibilidad de los diversos medios de prueba, así como la manera de administrarlos; que determinara los casos de admisibilidad de testigos, y que comprendiera instrucciones precisas que pudieran guiar la apreciación que deben hacer los jurados del mayor o menor crédito debido a los medios aducidos en la causa; instrucciones, en fin, en un todo análogas a la doctrina de los criminalistas ingleses. Bajo este supuesto, las reglas contenidas en los Códigos de Alemania, se hallarían de nuevo inscritas en la ley, aunque modificadas en lo que tienen de demasiado absolutas; y en vez de encadenar a los jurados, se limitarían únicamente a estimular su atención. Por la fórmula de su mismo juramento deberían éstos sujetarse a examinar las pruebas de conformidad con las instrucciones legales y a fundar su veredicto exclusivamente en los resultados de este examen. A cada uno de ellos debería ponérsele en la mano el texto de la ley. De este modo habría en los debates una especie de *medida de la prueba,* a la que se remitirían siempre, tanto la acusación como la defensa, llamando hacia ella toda la atención de los jurados; el Presidente, por su parte, los excitaría asimismo a tomarla por guía de su examen de las pruebas aducidas, y, en fin, ellos mismos, al entrar en la Sala de las deliberaciones, sabrían encontrar por su medio un sólido punto de apoyo. Esto sería dar el golpe de muerte a la preocupación funesta, que quiere que los jurados no sigan más que sus propias inspiraciones; y, en efecto, dado en la forma que acabamos de indicar, su veredicto tendría toda la autoridad de una sentencia fundada en la racional apreciación de los elementos de convicción.

De lo dicho debemos inferir que para obtener toda la eficacia posible, el Jurado debe reunir ciertas condiciones cuya existencia, preciso es decirlo, la ley no ha garantizado en Francia de ningún modo.

Sería necesario: 1.º Que su ley orgánica no admitiera a formar parte de él sino solamente a aquellos ciudadanos reconocidos con conocimientos suficientes e interesados en el más alto grado por el bienestar del país. La posesión de considerables medios de fortuna hace presumir, por lo común, sentimientos de orden y un vivo interés por la cosa pública; pero no es ésta la única base de donde se debe partir, porque existen ciertas clases de ciudadanos que, prescindiendo de toda consideración de fortuna, y sólo por la superioridad de su educación, dan todas las garantías apetecibles de capacidad, y pueden, en justicia, ser inscritos en las listas. Si todos los individuos designados para compelerle merecen la confianza pública; si esta legislación se ha hecho desde el solo punto de vista del bien común, y si, en fin, se concede al acusado, con generosa latitud, el derecho de recusación, puede, con fundamento, creerse que los jurados designados para cada causa serán suficientemente capaces de reconocer y descubrir la verdad, que querrán de buena fe hacerlo así y manifestar al punto su sincera convicción.

2.º Ya hemos demostrado la necesidad de dar instrucciones a los jurados en materia de prueba, y tocado sus puntos más esenciales. Estas instrucciones formarían la segunda condición requerida para la nueva organización del Jurado; porque sólo ellas pueden desarraigar la funesta preocupación de que los jurados son dueños de no ceder sino a sus impresiones, a sus inclinaciones y caprichos; porque sólo ellas pueden garantizar el examen y la apreciación racional de las pruebas. Repetimos que es un error mirarlas como imposibles en el sistema de los Jurados francés e inglés: en Francia la institución es ciertamente, bajo este aspecto, una degeneración del tipo originario, al que se podría con facilidad volver a acomodar; en Inglaterra el Jurado tiene siempre a la vista las reglas de prueba suministradas por la *common law,* y sabemos que esta ley es sagrada, lo mismo que la ley escrita. Si, pues, el Jurado, como cualquiera otra institución, es susceptible de progreso y de perfeccionamiento, ¿por qué habrá de atenerse siempre a las formas primitivas, creadas en una época en que no reinaba en la legislación ningún espíritu de sistema, cuando la sentencia se pronunciaba por los *scabinos* en masa, y exentos de todas las reglas de prueba? Un legislador sabio debe aprovecharse de la experiencia de los tiempos y revestir las instituciones antiguas de formas nuevas que las ennoblezcan.

3.° Para que el Jurado ejerza una influencia benéfica es necesario que la ley penal, sabiendo hablar la justa gravedad de los delitos y la exacta proporción de éstos y de las penas, no decrete jamás esos castigos que indignan, que vienen a desmentir los progresos de la civilización; es preciso que evite el inconveniente de dejar estrecho campo a la libre apreciación del Juez (1), sin lo cual los jurados, a pesar de las prohibiciones de la ley, se preocuparán únicamente de la pena en el momento de la votación, y para acallar su conciencia y librar al acusado de una condena que juzgan excesiva, preferirán, de cualquier modo que sea, declarar la *no culpabilidad.* Todas esas absoluciones escandalosas, pronunciadas por el Jurado en Inglaterra y en Francia, reconocen por única causa los rigores de la ley penal. Por eso deberían los legisladores imitar, en lo sucesivo, la nueva ley francesa (2), que prescribe someter a los jurados la cuestión de las circunstancias atenuantes; y que, en caso de resolución afirmativa, obliga a la *Cour d'Assises* a rebajar uno o algunos grados la pena. En este caso, los jurados no tienen necesidad, para satisfacer el grito de su conciencia, de pronunciar la no culpabilidad, cuando la culpabilidad existe: declaran únicamente la existencia de las circunstancias atenuantes, y pueden estar seguros de que será inmediatamente mitigada la pena.

4.° Creemos absolutamente necesarias algunas pequeñas mejoras en lo que concierne al modo actual de presentar las cuestiones: ésta tan general: *el acusado ¿es culpable?,* tiene una extensión demasiado lata, aun prescindiendo de los demás inconvenientes; induce fácilmente al error a los jurados, quienes deciden que el acusado no es culpable, bien porque no hayan creído que constituyen un crimen. Sería fácil obtener de ellos respuestas más positivas y categóricas, si se les hicieran preguntas sepa-

---

(1) En Francia se reconoce generalmente que las penas, por su rigor, algunas veces excesivo, han sido causa de que se absolviese a una multitud de culpables; y sabidas son las perniciosas consecuencias de semejantes absoluciones.

(2) Ley de 28 de abril de 1832, artículos 5.°, 7.° y 94.

radas y especiales, como éstas: 1.ª Los actos criminales ¿han sido cometidos? 2.ª ¿Lo han sido en tales o cuales circunstancias. 3.ª ¿Ha sido su autor el acusado o ha tomado en ellos parte? 4.ª ¿Es culpable de haberlos cometido con premeditación o por imprudencia? (y aquí debería hacerse también algunas veces la pregunta de discernimiento). 5.ª ¿Existen circunstancias atenuantes?

5.º Ultimamente, las instituciones políticas y el grado de cultura de la nación son, ante todo, las que dan al Jurado su verdadero valor. Para que esta institución pueda arraigarse, necesita el suelo de un país políticamente independiente y abierto desde mucho tiempo a las ideas políticas; conocedor de sus derechos, decidido a sostenerlos y fortificarlos; capaz de hacer frente al poder con osadía; pronto siempre a desconfiar de toda institución que pueda facilitar los ataques contra la libertad de los ciudadanos; necesita de un pueblo que se interese vivamente por los negocios públicos, que sepa comprender el valor de la independencia en los Jueces, y cuya educación esté bastante adelantada, para que en cualquier estado de la causa pueda encontrarse en su seno suficiente de jurados imparciales. Ahora se comprenderá el error en que incurren aquellos que le miran como la única o mejor forma posible de juicio en lo que toca a la averiguación de la verdad y a la organización material judicial; error tan frecuente como funesto. ¡Como si estas formas y esta organización judicial, perfectamente adaptadas a la constitución de un pueblo, pudieran ser tan felizmente trasladadas a otro! ¡Como si una institución, que es preciso confesar que es sabia con tales y cuales condiciones, debiera ser siempre y en todos tiempos la única y mejor posible! Las instituciones judiciales necesitan también, para progresar, del clima, del terreno y de la cultura convenientes. En lo que concierne al procedimiento criminal, la mejor forma de juicio es la que mejor garantiza a la sociedad el castigo de todos los culpables, la seguridad de los inocentes, y que, mereciendo la confianza general, hace que el pueblo se persuada de que las sentencias dadas son la rigurosa expresión de la justicia. Faltando esta confianza, la Administración judicial queda impotente y se anula su eficacia para el sostenimiento de la ley, que ella sola es llamada a defender.

Es, pues, necesario estudiar todas las particularidades de la vida política de un pueblo para poder decidir si tiene una ilimitada confianza en las sentencias dadas por los Jueces regulares o nombrados por el poder; si mira los fallos en materia criminal bajo el mismo aspecto que los de materia civil; si reconoce en los Magistrados el valor y la independencia necesarios para no seguir sino sus convicciones, allí donde el poder irritado no dejaría acaso de perseguir al Juez, rígido observador de la ley del deber. Es necesario también este estudio para saber, por el contrario, si apreciando toda la importancia política del proceso criminal, no experimenta cierta inquietud ante una sentencia dada por Jueces regulares; si piensa con mucha frecuencia que los ciudadanos pueden ser el blanco de graves acusaciones políticas, y ve claramente lo crítico de la posición en que puede hallarse el Juez que, colocado entre la voluntad de aquellos de quienes depende su fortuna, y el riesgo de una decisión en sentido contrario, debe temer arriesgar su porvenir, o por lo menos, aun cuando no fuera destituido, verse relegado a otro punto en circunstancias tan fatales para él, que casi no le sería tan perjudicial una destitución.

Pero el legislador, si ve y piensa con justicia, si está exento de toda falsa creencia en la existencia de una forma típica y absoluta, debe guardarse muy bien de decidir ligeramente si estos temores, estas objeciones, son o no fundadas en un pueblo; y si éste no manifiesta deseos de ver el Jurado trasladado a su país, si tiene confianza en sus jueces, en ningún estado de la causa dará la preferencia a esta primera forma. Solamente el día en que la voz popular, las ideas, las instituciones políticas hablen en su favor, habrá llegado al Jurado su turno; y bien pronto se conocerá cuán poco fundados son los ataques de que es objeto. Estos ataques, ya lo hemos dicho, no pueden tener valor alguno sino donde su inauguración no se ha hecho en circunstancias oportunas, donde su organización es gravemente defectuosa y mala la legislación penal, y donde ésta tiende a fomentar la preocupación de que los jurados están únicamente abandonados a sus impresiones, a sus sentimientos íntimos; creyéndose no existen para ellos las reglas de la prueba, que prescindiendo de todas las leyes positivas que hayan podido consagrarlas, están altamente recomendadas por la sabiduría y la experiencia como la guía más segura para llegar a la verdad.

De aquí se infiere que las formas especiales del procedimiento propiamente dichas están constantemente en necesaria relación con el Jurado; que si, por ejemplo, se ha introducido en un pueblo la publicidad de los debates, el legislador se verá bien pronto, por una fatalidad, arrastrado a introducir la nueva institución; porque de otro modo, ¿qué vendrían a ser los Jueces regulares, dependientes del poder, ante esa multitud atenta a toda la marcha del proceso y presente a la sentencia? (1).

---

(1) El Jurado acaba de ser introducido en Ginebra por una Ley de 1844 y en el cantón de Vaud por la Constitución de 19 de julio de 1845. El número de partidarios del Jurado va sin cesar aumentando en Alemania, al paso que se desvanecen más y más las preocupaciones acerca de este asunto. Por lo que hace al autor, cree que el procedimiento por el Jurado puede conducir tan seguramente a la verdad como el procedimiento por ante Jueces regulares. Está firmemente convencido de que llegará día en que esta institución se introducirá también en Alemania, a menos que los Gobiernos no lleguen, por todos los medios que estén a su mano, a asegurar la confianza pública a las sentencias de los Jueces por ellos instituidos. Entretanto las opiniones políticas se desarrollan, el poder y sus agentes no hallan por todas partes sino la desconfianza en aumento, y si en un asunto político el Juez regular pronuncia una condena algún tanto severa, se pone al punto en contradicción flagrante con la opinión; y cuanto más se prolongue este estado de cosas, más defensores contará el Jurado. Además, el procedimiento oral y público, a medida que se vaya generalizando, tendrá un efecto marcado sobre el pueblo: le enseñará a comparar los fallos con los debates que haya visto desenvolverse ante él,

## ADICIONES

Se plantea Mittermaier en este capítulo un problema que es básico a nuestro entender: el del Juzgador. De modo reiterado se ha dicho que es preferible un Código penal imperfecto, viejo, retrasado y hasta duro, con Jueces

---

a apreciar él mismo el valor de las sentencias; le habituará, en fin, a la inteligencia de los negocios criminales. Por otra parte, el autor cree que el Jurado no da las garantías que constituyen su fuerza sino con la condición de poder hallar en el pueblo un número bastante crecido de ciudadanos entendidos, firmes e independientes. Es necesario tener la certeza moral de que la mayoría de los nombres inscritos en la lista son personas completamente interesadas en el orden y seguridad pública, prontas a defender la libertad de sus conciudadanos. La organización del Jurado, es, pues, una cosa de la mayor importancia: ¿será la suerte o la elección la que debe decidir de ella, o bien, será más conveniente adoptar la marcha seguida en Francia? Los publicistas alemanes, en su mayor parte, dan sobre esto la preferencia al sistema inglés. Confesemos también que hasta aquí están muy lejos de haber sido aclaradas todas las cuestiones. ¿Qué opinión exacta debe formarse del Jurado? ¿Qué resultados positivos deben esperarse de él? Problemas son éstos que ciertamente el porvenir resolverá. Se puede, no obstante, considerarle de dos maneras: o constituye un Tribunal de Jueces que reconocen también ciertas Leyes en materia de pruebas, y no son dueños, cuando condenan, de abandonarse a las arbitrarias impresiones de lo que se llama convicción íntima, o no está sujeto a regla alguna, y la íntima convicción es en su sola Ley. De estas dos opiniones contrarias, la primera sirve de fundamento principal al Jurado inglés, escocés y americano; en Francia se practica la segunda. En Inglaterra y en América, los Jurados deciden guiados por las reglas hace tiempo sancionadas por la razón, la experiencia y la práctica judicial; siempre llegan a la convicción por vía lógica; durante los procedimientos es debatida la prueba por los mismos medios, discutida en todos sus pormenores, sometida sin cesar a las mismas reglas por el acusador y el acusado; los Jueces mismos explican éstas, durante la sesión, a los Jurados; les enseñan, por ejemplo, a no fiarse con demasiada facilidad de las declaraciones dadas por un cómplice, etc., y, en fin, puede ser deferido el veredicto condenatorio a los quince Jueces reunidos, quienes examinan si ha habido prueba suficiente. Sin duda, en este sistema la sentencia aparece con un carácter eminentemente grave, y son también menos frecuentes las absoluciones arbitrarias. No sucede lo mismo en Francia: No se mira a los Jurados como Jueces sometidos a ciertas reglas de prueba; se tiene como axioma que *el Jurado es la conciencia del país;* pero debemos decir que, concedida tal omnipotencia a lo que se llama la convicción íntima, da a los veredictos algo de vago y arbitrario. El sistema inglés parecería, pues, preferible sobre este punto. Pero no está aquí toda la cuestión; y el valor y la eficacia de la institución dependen de otros muchos pormenores de organización, cuyo principio no ha sido aún bastante estudiado. ¿Se deberá, por tanto, como en Inglaterra o como en Francia, durante un momento, instituir un Jurado especial en ciertos casos? ¿Cómo deberán hacerse las preguntas? Todos convienen en que la fórmula general: *el acusado ¿es culpable?*, peca por falta de precisión, y en que además puede extraviar al Jurado. ¿Convendrá conceder a los Jurados, como se practica en Inglaterra, el derecho de pronunciar un *veredicto especial* o de puro hecho? ¿Qué influencia deberá dejárseles en la medida de la pena? ¿Podrán, como en Francia, declarar en la existencia de *las circunstancias atenuantes,* o, como en Ginebra, de las *muy atenuantes,* que minoren un grado la pena? ¿Pronunciarán, como en Francia, por simple mayoría? ¿Será preciso, por el contrario, que sean unánimes, como entre los ingleses? Cuestiones todas graves, que será necesario ver completamente resueltas antes de decidir en último término sobre la superioridad del Jurado. *(Nota manuscrita del autor.)*

perspicaces, informados, con acabada preparación y vocación para su oficio y con funcionarios de prisiones humanos, pacientes, conocedores de la problemática criminológica, que un Código perfecto, novísimo, audaz y benigno, con Magistrados torpes, sin conocimientos ni vocación profesional y con funcionarios de prisiones inhumanos, irritables y desprovistos de estudios especializados.

Hacer un Código es relativamente fácil. Ferri dijo irónicamente que bastaban varias ediciones de Códigos extranjeros, unas tijeras y un frasco de goma. La Ley está inerte y, por ello, hay que introducir el contenido de la vida en la norma legal, para lo cual hay que juzgar a los hombres y para juzgarlos se necesita que existan Jueces. Que haya buenos Jueces es más difícil que haya buenos Códigos y, además, es mucho más importante.

Uno de los problemas que plantea la organización de la justicia es el de si los Jueces penales han de ser técnicos o puede y debe admitirse, decisivo papel, a los Jueces populares o jurados.

Se considera justicia popular aquella en que la jurisdicción, aunque se ejerza bajo la dirección de un Magistrado, compete a la Asamblea Nacional —como en los comicios romanos o en el "ding" germánico— o a representantes del pueblo, ya sean permanentes, como en el escabinato germánico, o no, como en las "quaestiones perpetuae" o en el Jurado. El Jurado tuvo en Roma un notable desarrollo durante la etapa de la República, desprestigiado posteriormente por la corrupción de las costumbres. Fue introducido en Francia, a raíz de la revolución francesa, a imitación del sistema inglés y tuvo en toda Europa una gran influencia en los sistemas legislativos durante el siglo XIX.

En la actualidad el tema es polémico y se esgrimen entre otros los siguientes argumentos:

1) Preferentemente son razones de tipo político las que abogan por una intervención del pueblo en la administración de su propia justicia. A ello puede objetarse que tal invocación de motivos políticos puede igualmente referirse a otros poderes estatales e incluso a la justicia civil.

El centro de la cuestión desde esta perspectiva podría ser el de que la intervención del pueblo en la justicia, igual que ocurre en las tareas de Gobierno, se realice por un fenómeno representativo, pero no directamente.

2) También se esgrime el argumento de la independencia judicial que cree hallarse de un modo absoluto y efectivo en el Jurado, con relación a las posibles vinculaciones con el poder ejecutivo. Sin embargo, hay que estimar que un régimen de auténticas garantías de independencia judicial coloca al Juez profesional en mejores condiciones de independencia que al personal lego.

3) Del mismo modo se señala el criterio de la idoneidad, entendida ésta como condición esencial para ejercer función pública y por los defensores del jurado se ha esgrimido la posibilidad de separar absolutamente las cuestiones de hecho y de derecho del proceso penal dejando la solución de las primeras al Tribunal popular y el conocimiento de las segundas a un Juez técnico. Sin embargo, hecho y derecho son inseparables, como hemos dicho en las adiciones al capítulo I de esta obra.

En España el Jurado que reguló por la Ley de 20 de abril de 1888, modificada por el Decreto de 22 de septiembre de 1931, sustituida por la Ley de 27 de julio de 1933 que fue suspendida, aunque no derogada, por el Decreto de 8 de septiembre de 1936. Desde dicha época, sin embargo, el sistema de Jurados no ha vuelto a funcionar en España, aunque sí otras formas de justicia popular de cuyos resultados nefastos nos da cuenta el Profesor Alcalá Zamora y Castillo en su trabajo *Justicia penal de guerra civil* (Ensayos de Derecho Procesal), Buenos Aires, Edición Revista de Jurisprudencia Argentina, 1944, págs. 253 y sigs.

Como hemos dicho, en nota al capítulo I, la nueva Constitución española restablece la institución del Jurado "en la forma y con respecto a aquellos procesos penales que la Ley determine".

## CAPITULO XIV

## EXAMEN DEL SISTEMA MIXTO, QUE CONFIERE A JUECES REGULARES EL DERECHO DE SENTENCIAR, PERO SIN PRESCRIBIRLES REGLAS DE PRUEBA

Muchas veces ha intentado el legislador, a fin de satisfacer las opiniones más encontradas, combinar las formas que emanan de cada una de ellas; por eso se le ha visto, esperanzado de obtener de tal amalgama una doble ventaja, conferir a Jueces regulares el derecho de pronunciar sentencia, sin que una teoría legal de la prueba regule sus apreciaciones, y sin ser compelido a motivar sus convicciones enteramente libres. Este sistema ha estado en boga en los tiempos modernos, en todos aquellos países en que se había introducido el procedimiento criminal francés, pero donde, estando proscripto el Jurado, se quería al mismo tiempo transferir a los Jueces las atribuciones de éste, como en Holanda y en Italia. Tales son también las disposiciones de la Ordenanza criminal de Nápoles, y si hemos de dar crédito a los documentos públicos, se trató de introducir también en Prusia dicho sistema; en fin, en la reciente ley que reglamenta la instrucción criminal para el país de Vaud, la libertad de las convicciones del Juez constituye una de sus disposiciones fundamentales.

Mas debemos decir que semejante combinación no puede satisfacer las necesidades de la justicia, porque no trae consigo las ventajas de la jurisdicción regular, apoyada en la teoría legal, y está muy lejos de imponer silencio a los que claman por el Jurado. La naturaleza mixta del sistema engendra a primera vista consecuencias funestas:

1.° Se engaña grandemente el que espere ver con dicho sistema renacer las ventajas políticas que constituyen la esencia del Jurado. El acusado sabe lo que tiene derecho a esperar de éste, y el pueblo, como él, no ignora que un Tribunal semejante reconocería muy pronto el riesgo que una injusta acusación haría correr a las franquicias de los ciudadanos, que se apresurarían, en su independencia e imparcialidad, a tomar al acusado bajo su poderosa protección. Mas en el otro, por el contrario, no se ven sino Jueces asalariados por el Poder para dar la sentencia, y aun cuando esta circunstancia sería bastante por sí sola para producir la desconfianza general, se les deja además en libertad de no seguir otra regla que la de sus solas convicciones y sin exigirles cuenta alguna de ellas. Ciertamente, lejos de disminuir las sospechas, no pueden menos de aumentarse.

2.° En vano también se querría esperar otro de los felices efectos del Jurado, a saber: que su veredicto aparezca como la expresión del sentimiento público. Causas poderosas obligan a los mismos adversarios del Jurado a confesar que deben sometérsele los delitos políticos y de imprenta. Convienen en que, elegidos sus miembros del seno del pueblo, y viviendo en perpetuo contacto con sus conciudadanos, son, mejor que ningunos otros, capaces de conocer la opinión común, cuando se trata, por ejemplo, de un ataque contra la paz pública, de una agresión criminal contra la sociedad, o de cualquier otro crimen de naturaleza política. Es preciso confesar también que su veredicto merece tanta mayor confianza, cuanto que saben perfectamente, en su prudente circunspección, y familiarizados como están con los incidentes diarios de la vida, distinguir lo que no es otra cosa que el ejercicio lícito de un derecho constitucional, de los atentados culpables dirigidos contra el orden social. Pero los Jueces regulares, que tienen tan poca práctica de la vida, que por lo general no ven el mundo sino a través de las paredes de su gabinete de estudio, que se atienen servilmente a la letra de la ley, ¿no deben inspirar temores de que sus decisiones lleven el sello de la parcialidad de sus ideas y de que desoigan el eco de la opinión común?

3.° Nada hay más vacilante, más incierto, que el conocimiento de la convicción íntima: muchas veces no es más que una palabra que sirve de velo a las ilusiones de un entendimiento frívolo, al extravío de las pasiones o de opiniones mal fundadas; de modo que otorgar al Juez el derecho de decidir libremente, y sin dar cuenta de sus motivos, de la culpabilidad de sus conciudadanos, es concederle un derecho formidable de vida y muerte que nunca ha poseído un soberano con tal extensión. Pero examinemos las cosas más de cerca. El Juez, aun en el caso de no haber confesión ni testigos en la causa, podrá condenar por simples indicios; ¿y no resonará su palabra como la voz de la arbitrariedad, cuando se le oiga decir, sin más explicaciones: *el acusado ¿es culpable?* ¿Y mirará el pueblo con confianza una condena semejante, dada por puros indicios, por simples sospechas muchas veces, y pronunciada por unos cuantos Magistrados nombrados por el Poder? No, nadie podrá creerlo. Y, sin embargo, ¡desgraciada justicia cuyos decretos no alcancen el sentimiento general! Se dirá que también los Jurados condenan algunas veces por simples indicios; ¿y por qué rehusar entonces la confianza a Jueces honorables, fieles a su misión, hábiles e instruidos? Al hacer esta objeción se desconoce que un Tribunal de Jueces regulares no puede ofrecer jamás las dos garantías tan esenciales que conquistan la confianza al Jurado, a saber: el número de individuos llamados a sentenciar, y el derecho de recusación tan lato que compete al acusado y hace que los Jurados aparezcan como Jueces o, mejor aún, como árbitros, cuyas decisiones acepta libremente. Todo Jurado se compone de doce miembros; y cuando se considera que, para que pueda haber sentencia, es necesaria en Inglaterra la unanimidad, y una mayoría de siete votos, por lo menos, en Francia; cuando se comparan estas cifras con la de los miembros de un Tribunal criminal de Alemania (seis Jueces), en que es suficiente una mayoría compuesta de cuatro votantes, se comprende bien pronto que el veredicto del Jurado inspira más confianza, por la sola razón de que es el resultado de mayor número de votos. El derecho de recusación tiene todavía más importancia. No es conceder bastante al acusado autorizarle a recusar de entre los Jueces solamente a aquel contra quien pueda articular y producir un motivo de queja; cuanta mayor libertad se le conceda sobre esto, sin obligarle a motivar sus peticiones, más se pone de manifiesto para todos la entera confianza que tiene en aquellos a quienes no ha rechazado, y más se confirma el público en su convencimiento de que la sentencia será necesariamente imparcial. Así se comprendió en el cantón de Vaud, cuando la confección de la ley de 1832 (derogada en el día) acerca de las bases del procedimiento penal. Con arreglo a ella, el Tribunal criminal se componía de doce Jueces, de los cuales tres nombraba el Consejo de Estado, otros tres se tomaban de entre Presidentes de Tribunales de distrito, y los seis restantes eran Jueces de estos mismos Tribunales. Además, la ley había designado para todos los casos un número suficiente de Jueces suplentes. Contra todos los titulares podía el acusado usar del derecho de recusación motivada; pero también podía ejercer la recusación absoluta contra uno de los de la primera categoría, otro de la segunda y dos de la tercera. Para la condena era necesaria una mayoría de tres cuartas partes (nueve votos), y la pena se fijaba por simple mayoría. Ciertamente esta combinación constituye un verdadero progreso, porque la recusación absoluta puede recaer hasta sobre cuatro Jueces, y no es probable que entre doce personas haya más de cuatro contra quienes el acusado abrigue sospechas que no se atreva a articular, pero bastante graves, sin embargo, en su concepto, para que no quiera someterse a su jurisdicción. Por último, independientemente de esta facultad, le es permitida con respecto a los demás la recusación motivada. Sin contradicción, esta ley daba bastantes garantías a la defensa; pero, fuera de ellas, estaba muy lejos de llenar las lagunas que constituyen el vicio inherente al sistema que nos ocupa.

4.º Lo que se entiende por las palabras *íntima convicción,* aplicadas al Jurado, no puede aplicarse del mismo modo a los Jueces. Salidos de entre sus conciudadanos, cuyas opiniones les son conocidas; familiarizados con las exigencias de la vida social, ocupando, por posición y por deber, un lugar más próximo al acusado y a los testigos, y poseyendo también mejor que nadie el medio de apreciar exactamente la veracidad y el continente de unos y otros, al levantarse de su banco para volver a entrar en el seno de sus conciudadanos, y obligados en cierto modo, desde aquel momento, a darles estrecha cuenta de sus decisiones, los jurados, sin duda alguna, para juzgar del hecho, se hallan en una situación de las más ventajosas; y su veredicto, mientras esté basado en su *íntima convicción,* se reviste de un notable carácter de veracidad: es un testimonio emanado de los conciudadanos del acusado. Pero no sucede lo mismo con respecto a los Jueces, ni su sentencia puede esperar un resultado parecido. No nos cansaremos de repetirlo; por posición y por deber, por sus trabajos, por sus costumbres, por su comercio con los libros y no con los hombres, los Jueces se hallan demasiado aislados de sus conciudadanos para que sus fallos puedan satisfacer plenamente, por completa que sea su convicción; y en fin, su posición en el Estado, tan diversa de la de los jurados, se opone a ello igualmente.

5.º No puede negarse que, aparte de la ciencia jurídica inherente a su institución, se encuentra en muchos Jueces mayor habilidad práctica para aclarar los hechos verdaderos por medio de las pruebas relacionadas en la causa, más sinceridad y fidelidad en el cumplimiento de sus deberes que en algunos jurados inhábiles, poco instruidos, y que deben al acaso el puesto que ocupan y las funciones que desempeñan; pero sería poco razonable querer establecer comparaciones de hombre a hombre entre los unos y los otros. Para esto no debe tenerse en cuenta más que la institución, tal como ha sido organizada por la ley; y si procedemos a este examen, descubriremos bien pronto que para que un Tribunal de Jueces pueda conquistarse la confianza del pueblo, es preciso que aquéllos no puedan traspasar ciertos límites que el legislador les ha señalado, por el interés de la inocencia; es preciso que una teoría de la prueba, basada en la experiencia de los siglos, les sirva de guía en sus investigaciones; que al lado de la sentencia, consignen sus motivos, y, en fin, que su decisión pueda, si así lo quiere el acusado, ser sometida a la apreciación de un Tribunal superior. La obligación de ser una sentencia motivada ofrece ventajas incalculables. El que por mucho tiempo haya formado parte de un Tribunal sabe que el voto de un Juez reviste de formas muy diferentes y aparece mejor fundado cuando se le impone el deber de manifestar las razones. Además, en un sistema legal de la prueba bien ordenado, halla un guía seguro de sus apreciaciones, y al obligarle a dar cuenta de sus convicciones, se previenen de antemano muchos fallos temerarios. Pero el acusado es quien de todo esto saca más partido, porque los motivos del juicio le hacen conocer los vacíos de su defensa, y le indican las bases sobre que debe entablar su apelación: nada podemos añadir a lo que ya tenemos dicho sobre este punto. Permitiendo al Juez condenar por su sola convicción, el legislador renuncia voluntariamente a todas estas ventajas, porque el Magistrado sólo tiene una palabra que decir al dar su voto, y es que está convencido; no da a conocer los motivos de su convicción, ni podrían tampoco ser articulados en una sentencia, dictada exclusivamente por aquélla. En este caso tampoco es admisible la apelación; porque ¿cómo podrán los jueces de segunda instancia reconocer la justicia o injusticia de la sentencia dada sobre las conviciones íntimas de los Magistrados de la primera? ¿Ni cómo concebir que se ha invalidado un fallo sin que la sentencia de revocación exponga en qué han errado los primeros Jueces? He aquí una lucha entre dos convicciones. Creemos haber demostrado que un Tribunal compuesto de Jueces regulares puede pronunciar fallos que obtengan el asentimiento público, pero con la condición de que se eviten esas tentativas de amalgamas imposibles, y que no se trate de destruir los caracteres esenciales que constituyen otras tantas garantías y motivos de confianza que no pueden suplirse jamás.

## CAPITULO XV

## DE LAS FUENTES DE LA CERTEZA

Si tratamos de inquirir cuáles son, en los casos comunes de la vida, los motivos determinantes de nuestras convicciones respecto de la existencia de un hecho, cuáles son los que, sancionados por la experiencia de los tiempos, sirven de guía a los juicios de los hombres pensadores, llegaremos a considerar el testimonio de los sentidos como el más seguro, y la evidencia material como la verdadera, la única fuente de la certeza. Todos los días tenemos la prueba de la realidad de los objetos que caen bajo el dominio de nuestros sentidos, cuando la impresión recibida está en perfecta armonía con estos objetos exteriores; y como no tenemos dificultad en creer, en lo que concierne a nosotros, que la observación por medio de los sentidos engendra la certeza, por esta misma razón creemos a los demás cuando se apoyan en sus observaciones personales, por lo cual la confesión y la prueba testimonial son capaces, por su naturaleza, de arrastrar nuestras convicciones. Ahora se comprenderá por qué tantas veces el procedimiento criminal no admite como pruebas completas sino las que proceden de la evidencia material, directa o indirecta; en efecto, sólo ellas parecen propias para producir la certeza, mientras que algunos otros medios, que se han creído algunas veces bastantes, los indicios, por ejemplo, no parece puedan hacer jamás plena demostración. Pero deducir consecuencias tan rigurosas sería tal vez ir demasiado lejos: no es sólo el testimonio de los sentidos a lo que nuestra creencia se refiere, sino que damos también fe a las afirmaciones de nuestra razón cuando examina y decide con arreglo a los datos de los sentidos, y cuando la certeza se forma en nuestro entendimiento, guiado por medios puramente lógicos:

1. Entre estos medios fundamentales debemos colocar en primera línea *la conclusión de lo posible a lo real.* Cuanto más en perfecta armonía están las imágenes que los sentidos nos transmiten con nuestras ideas de lo posible, confirmadas por la experiencia, más nos inclinamos a mirar como reales estas imágenes. Por el contrario, siempre que los sentidos son impresionados por un fenómeno extraordinario, incomprensible, tiene lugar la duda en nosotros y nos sentimos inclinados a consi-

derar como ilusiones estas imágenes sensibles. Cuando a una distancia a que la experiencia nos decía que no podía alcanzar una bala vemos a un hombre asestar un tiro a otro y que éste cae muerto, nos preguntamos si realmente el proyectil ha podido llegar a herir a la víctima, y no sabemos cómo conciliar lo que acabamos de ver con el resultado de nuestras experiencias pasadas. Del mismo modo, cuando nos dicen que se ha cometido un asesinato por un sujeto hasta entonces sin tacha, y que no tenía interés alguno en la consumación del crimen, empezamos por desconfiar de semejante relato.

2. Otro de los métodos frecuentemente aplicado por el raciocinio a la apreciación de los hechos es *la conclusión por analogía,* es decir, de un caso a otro semejante. Cuanto más exacta, frecuente y uniforme es la semejanza, tanto mayor es nuestra convicción. Un hombre se manifiesta animado contra otro del odio más violento: le busca armado de un cuchillo, y profiriendo amenazas de muerte, se le ve precipitarse en la morada de su enemigo, y, saliendo poco después, se encuentra allí el cadáver de aquel a quien buscaba. Aun cuando no se haya estado presente al encuentro del asesino y de su víctima, es imposible no convencerse de aquel a quien se ha visto entrar en la casa no sea el autor del crimen.

3. Hay, en fin, la *conclusión sacada de las circunstancias al hecho principal,* cuando estas circunstancias se hallan de ordinario en completa relación con él. Dentro de una habitación ha sido abierta una cómoda con una habilidad y destreza admirables, y se ha cometido un robo; más tarde se sabe que un hombre de gran estatura, conocido por su maravillosa facilidad en abrir de este modo las cerraduras, ha sido visto cerca de aquel sitio poco tiempo antes de cometerse el crimen, y desde luego hay fundamento para creer que aquel hombre ha tomado parte en él.

El entendimiento no se satisface completamente ni se produce en él la certeza sino cuando, aplicando la ley del raciocinio a los resultados suministrados por la observación de los sentidos, encuentra esa concordancia, esa armonía que le seducen. Y aun en los casos mismos en que, por costumbre, creemos plenamente en el testimonio de nuestros sentidos, será más prudente acudir al criterio de la razón y no decidirse sino previo un maduro examen de las razones en pro y en contra. Pero en materias criminales, sobre todo, es donde este método debe aplicarse: en ellas, aun cuando el Juez esté convencido del cuerpo del delito por medio de la inspección ocular, no puede jamás comprobar el acto criminal, sino tan sólo sus efectos, y únicamente por vía de conclusión puede llegar a conocer de qué manera se ha cometido el crimen, de qué instrumento se hizo uso para ello, etc., etc. En cuanto al Juez definitivo, obligado a referirse a los autos, no tiene ni aun el recuerdo de lo que ha visto para guiar su certeza, porque sólo el Magistrado instructor ha procedido a la inspección ocular. Si cree firmemente en el sumario redactado por este último, es porque tiene entera confianza en su integridad y en la fidelidad de los pormenores reunidos por él. Si las pruebas descansan en la evidencia material inmediata, en la confesión, en los testimonios, tampoco puede ponerse en duda que no es esta evidencia material la que produce la certeza, sino más bien las razones que militan en el espíritu del Juez para dar plena fe a las aseveraciones de terceras personas que atestiguan que los hechos acriminados han caído bajo la observación de sus sentidos. El Juez no se decide a pronunciar la condena por el solo hecho de que un individuo diga: «He visto a A. dar una puñalada en el pecho a B.», sino, más particularmente, porque tiene al testigo por digno de crédito, porque considera que ha podido ser espectador del hecho y tiene la firme voluntad de declarar la verdad; porque la declaración le parece a la vez posible y verosímil; porque hay perfecta concordancia entre ella y las circunstancias materiales, y también entre las demás declaraciones recibidas. Lo mismo decimos de la confesión si merece crédito, es por efecto de una multitud de consideraciones que se encadenan en el entendimiento del Juez; y sería un error sostener que la certeza no es producida sino por la evidencia material. Además, ¿no es bien sabido que, por lo común, no pueden asegurar los testigos haber asistido a la completa perpetración del hecho principal que constituye el crimen? Tomemos la hipótesis de un asesinato cometido en medio de una riña: si se dividen y analizan los dichos de los diversos testigos, se verá en último resultado que sus mismas aserciones, y a veces la certeza del Juez, no descansan frecuentemente sino en presunciones razonadas. En efecto: declararán haber visto a A. lanzarse entre la muchedumbre con el cuchillo levantado, caer herido a B., brotar la sangre y haberle oído gritar: «A. me ha matado». La prueba, formulada en estos términos, sería completa, y, sin embargo, los testigos no han visto a A. dar el golpe mortal a B., pero han debido presumirlo, no permitiendo pensar de otra manera la situación respectiva de las cosas; y ciertamente el Juez, al darles crédito, siente su conciencia asegurada. También él, cuando cree no pronunciar la condena sino con arreglo a la evidencia material que se imagina encierran las declaraciones de los testigos, condena, sin embargo, en virtud de una evidencia de razón. Se ha hecho, pues, una distinción errónea, separando lo que se llama la prueba artificial, o que resulta del concurso y conformidad de las circunstancias, de la prueba natural, que sería el producto del examen ocular, de las declaraciones de los testigos o de la confesión. No existe, pues, entre ellas esa marcada diferencia que se ha pretendido reconocer, ni es tampoco más razonable rehusar la fuerza probatoria a los indicios, por no constituir evidencia material. Las verdaderas bases de la certeza son la confianza a la vez en la fidelidad de nuestros sentidos y en la fuerza del razonamiento, que, tomando por punto de comparación las experiencias anteriores, somete a ella, como a una medida cierta, los hechos cuya realidad aprecia.

La certeza se forma en nosotros directamente, cuando nuestras sensaciones personales nos transmiten la imagen de un objeto; indirectamente, cuando su existencia nos es asegurada por terceros que afirman haber visto ellos mismos la realidad de lo que nos vienen anunciando, o que no expresan esta afirmación sino con respecto a ciertos hechos parciales, pero cuya existencia y naturaleza nos hacen creer en la existencia del hecho principal de que se trata. Siempre que las relaciones de un hecho con otro permitan esta clase de deducciones cuyo origen hemos expuesto, la razón, fortalecida con la experiencia, adquiere, establece y determina su certeza sobre estos hechos: entonces toman la denominación de indicios, porque, en efecto, parece como que muestran con el dedo el hecho principal correlativo. Por lo demás, encuéntrase aquí todavía la doble influencia de la *evidencia de los sentidos y de la razón,* salva esta diferencia; cuando se trata de pruebas ordinarias que descansan simplemente sobre la evidencia material inmediata, la razón se siente convencida, con tal que los terceros que declaran merezcan ser creídos por su palabra; y si la experiencia nos dice que los hechos declarados están en perfecta armonía con nuestras ideas de lo posible y de lo verosímil, cuando por el contrario, los indicios son los que se someten al entendimiento como fuente de certeza, la razón debe al punto entregarse a averiguaciones más complicadas antes de poderse declarar satisfecha. Es preciso ver, en primer lugar, si las presunciones que nacen de estos indicios no pueden, por medio de un examen más severo, explicarse de otra manera; y para facilitar este examen, conviene dar al inculpado, a quien aquéllos designen (si, por ejemplo, se ha encontrado en el lugar del crimen un instrumento de su pertenencia), los medios más amplios de justificación; todo camino por él indicado debe seguirse hasta el fin, porque puede suceder que venga a contrariar los datos de la inculpación primitiva; se le comunicarán siempre los resultados de esta investigación, para que aclare las dudas o pueda presentar nuevas justificaciones; pero si, a pesar de todo esto, sus esfuerzos para disculparse no dan por resultado sino mentiras o imposibilidades, si llega un momento en que nada concluyente puede oponer al sistema razonado de la acusación, al momento se produce la convicción en el entendimiento, y hay relación evidente de criminalidad entre él y el hecho.

No es esto sólo; llevando más adelante sus investigaciones la razón quiere ver estas relaciones corroboradas también en el caso especial, ya por las circunstancias accesorias del hecho, ya por la conclusión de lo posible a lo real, en el sentido de que es preciso poder admitir plenamente que el acusado ha podido cometer el acto acriminado.

En fin, la razón quiere hallar entre los indicios una concordancia tal, que sea absolutamente indispensable, o tener por cierta, como su consecuencia directa y necesaria, la perpetración del hecho por el acusado, o lanzarse en la esfera de lo maravilloso y de lo inverosímil, siguiendo el curso ordinario de las cosas. Apliquemos aquí la definición de la certeza, consignada más arriba (Cap. VII). Nuestro entendimiento, para advertir que se forma, debe hallarse en una disposición tal, que la concordancia perfecta de los motivos de la realidad haga desaparecer totalmente todos los demás, para admitir lo contrario. Luego si después de las investigaciones más concienzudas se ven surgir tantas razones afirmativas, razones tan poderosas y emanadas de la experiencia diaria de los acontecimientos y de los actos humanos, si además se han puesto todos los medios para poder creer hasta en la posibilidad de lo contrario, no puede menos de decirse que la impresión producida en nosotros por todas estas razones es la de la certeza. Esta impresión no es comunicada por los indicios, lo mismo que por cualquiera otra prueba; y a menos que no se quiera, en último término, explicarlos por hipótesis extraordinarias, y rechazar la experiencia diaria, es imposible ahogar la convicción de la culpabilidad de un acusado, cuando ésta resulta en la causa del concurso perfecto de los indicios.

## CONTINUACION DEL CAPITULO XV

## DE LOS MEDIOS DE PRUEBA

Siendo cierto que administrar la prueba y constituir la certeza es tender al mismo fin, debe serlo también que todo medio de producir la certeza constituirá necesariamente un medio de prueba. Estos medios pueden colocarse en diversas categorías:

1. En primer lugar, hay evidencia material resultante de la observación personal del Juez; a esta clase pertenece *la inspección* o *comprobación judicial.*

2. Por lo común, se coloca en la misma categoría la *prueba pericial,* cuando el Juez que procede en persona a la inspección ocular no se acompaña de peritos sino a título de auxiliares, y como para facilitar la apreciación de los sentidos, que, abandonados a sí mismos, harían siempre dudosa la eficacia de sus observaciones. Pero apresurémonos a decir que este sistema es vicioso, porque, al fin y al cabo, los peritos observan por sí mismos; y si se trata, por ejemplo, de medir la profundidad de las heridas, de hacer constar la forma y el estado de sus labios, el examen del Juez es nulo o imposible, porque no puede ser hábil observador en semejante materia, y los peritos son los únicos que aplican a tal inspección los procedimientos de su arte, transmitiendo al Juez los resultados, que éste verdaderamente no conoce sino por mediación de aquéllos. Y como no es sólo un examen lo que espera, sino también un informe, reflexionando sobre esto, se hace cada vez más imposible sostener que el Juez es quien observa por sí mismo, puesto que se somete a sus conclusiones, cuando los peritos afirman que las heridas son mortales, o que se ha consumado el asesinato por medio del veneno. La prueba pericial es, pues, una prueba especialísima, que no debe confundirse con la que resulta de la inspección del Juez: tal vez en un solo caso, cuando el Juez examina al mismo tiempo que los peritos, se podría decir que sus propios ojos vienen a garantizarle la sinceridad de la inspección pericial; pero, de todos modos, la fuerza probatoria de ésta se apoya, o en la evidencia material asegurada por los peritos, según las observaciones a que se han entregado, o en la confianza que inspiran las experiencias científicas y artísticas de que han hecho uso,

o, en fin, en la confianza que inspiran ellos mismos, porque sólo teniendo en cuenta su pericia y habilidad puede creerse que los procedimientos del arte han sido por ellos sanamente aplicados; que sus observaciones son completas, fieles a los verdaderos principios y a las leyes de la ciencia, y sus conclusiones consecuentes, racionales y exactas. Analizando, pues, este género de prueba, se reconoce que su fuerza poderosa emana de puras *presunciones*, y que, apoyándose el Juez en ellas, es como se siente convencido de que los peritos han hallado la verdad.

3. La *confesión* del acusado ha sido también considerada como un medio derivado de la evidencia material, pero mediata. Comprendemos muy bien que parezca especiosa esta opinión a quien la considera como un testimonio dado sobre sí mismo: nada más natural que dar crédito al acusado, cuando se refiere a las observaciones de sus propios sentidos, y que mejor que nadie está en el secreto de todas las circunstancias del crimen; mas no es exacto que este solo testimonio produzca la convicción del Juez; de otro modo, toda confesión, sea la que quiera, debería producirla. La confianza del Magistrado procede entonces de deducciones e interferencias razonadas, como demostraremos más adelante; porque no es posible dar crédito espontáneamente, y sin reflexionar, a un hombre que habla contra sus propios intereses y que no puede reportar de ellos una ventaja inmediata; es necesario el raciocinio para descubrir en la confesión del crimen el efecto providencial del grito de la conciencia; y cuando el Magistrado declara, en fin, que debe ser creído el acusado, que los detalles contenidos en la confesión parecen verosímiles, y que concuerdan perfectamente con los que arrojan de sí los autos, es siempre el raciocinio la base de su sentencia.

4. Otro tanto debemos decir de la *prueba testimonial*. Parece a primera vista que los testigos hacen prueba porque se apoyan en sus observaciones personales; pero si lo consideramos con más detenimiento, al momento se advierte una serie de inducciones, que debe recorrer nuestro entendimiento antes de llegar a la convicción; hay que presumir desde luego que los testigos han observado exactamente los hechos, que su memoria los ha conservado fielmente, y que dicen todo lo que saben, nada más que lo que saben. Afirmar, por tanto, que los testigos merecen crédito, es consagrar los resultados de un raciocinio por vía de inducción; para aquellos a quienes no parece posible la prueba testimonial sino cuando concuerdan las deposiciones de dos testigos, el raciocinio es también el que permite juzgar de esta conformidad; y, en fin, lo mismo sucederá en gran parte si, aunque cada uno de ellos dé lugar a sospechas graves y poderosos motivos, vienen a fijar la convicción del Juez.

5. Pero cuando se llega a examinar el medio de prueba resultante del concurso de los *indicios*, no hay lugar a la duda. Hemos sentado en el capítulo XV que era un error creer que la evidencia material fuera la sola y única fuente de la certeza; y decir que lo son los indicios, es

demostrar que el entendimiento, separándose de ciertos límites prescritos por la prudencia, puede adquirir por sí mismo una entera y plena convicción, por severo y timorato que sea.

6. Las piezas de convicción y los *documentos* pueden también contarse entre los medios o fuentes de prueba; pero es preciso, bajo muchos aspectos, tener circunspección en el efecto que se les atribuye. Cuando hablemos de ellos con más especialidad, se verá que jamás pueden por sí mismos establecer contra el acusado la materialidad del crimen; que esta prueba es siempre secundaria, en el sentido de que no puede administrarse sino con el auxilio de la confesión o de la prueba testimonial, y que en el mayor número de casos, si pueden hacer prueba, es por medio de las inducciones, que toman de ellos su punto de partida. Sería un error, por otra parte, no considerarlo como fuente de prueba: 1.° Porque su importancia es grande en la comprobación del punto de hecho *(piezas de convicción);* 2.° Porque el efecto de los *documentos públicos* está reconocido por todos, y aun los *documentos privados* pueden dar lugar a sensibles modificaciones en el modo de administrar la prueba.

7. En el derecho criminal común de Alemania, el juramento, o una de sus formas solamente, el juramento purgatorio, puede ser contado entre las pruebas, porque el Juez alemán tiene derecho de tomar por motivos de su decisión las explicaciones del acusado así corroboradas, por ejemplo, y la doctrina y las legislaciones locales llegan muchas veces hasta autorizar la condena, si se rehúsa a prestar aquél este juramento, una vez deferido. Mas si el legislador es prudente, si da a su teoría de la prueba las únicas bases consagradas por la razón, no deberá inscribir en los Códigos el juramento purgatorio, sino a lo más como un puro y simple *medio de decisión.* Queremos dar a conocer el sistema del derecho común alemán en materias de prueba, por lo que nos creemos obligados a entrar más adelante en algunas consideraciones sobre esta cuestión del juramento; pero entretanto debemos apresurarnos a decir que jamás la sana razón podrá considerarle como una verdadera fuente de prueba.

Se ha suscitado recientemente una viva controversia y disputado acerca del número de los *medios de prueba* y sobre las distinciones que deben establecerse entre estas palabras y las de *motivos de prueba.* La ciencia no puede reportar ninguna utilidad de semejantes discusiones, que no sin razón han sido calificadas de puras sutilezas. No tienen valor alguno para el Juez, y no comprendemos qué interés puede hacer en reconocer, con *Gester,* en la prueba, testimoniar, por ejemplo, un *medio de prueba,* a saber, *el testigo;* un *motivo positivo de prueba, su deposición,* y un *motivo jurídico,* lo *que el Juez deduce para su convicción como Magistrado.*

En el sentido legal, los medios de prueba, o, en una palabra, las pruebas, son las fuentes de donde toma el Juez los motivos de convicción que la ley declara bastantes para que, aplicados a los hechos que resultan de la causa, emane naturalmente la sentencia. Ahora bien: ¿qué pruebas debe admitir una legislación bien ordenada? Este es todavía objeto de inagotables discusiones. Se ha llegado hasta preguntar si los *indicios,* siendo irrecusables, o, en caso de concurso, pueden ser colocados entre las pruebas; porque negarles su fuerza y no reconocerlos como fuente de certeza, equivale a borrarles de la lista de los medios de prueba. En fin, según el punto de vista en que se consideren, se pueden admitir o rechazar las *piezas de convicción.* Repetiremos aquí lo que hemos dicho más arriba: no creemos que semejantes debates puedan ser en nada útiles a la justicia ni al triunfo de la verdad; contentémonos con estudiar a fondo la naturaleza de las diversas pruebas, y será muy bastante para cualquier caso.

## CAPITULO XVI

## DE LAS DIVISIONES DE LA PRUEBA, Y MAS ESPECIALMENTE DE LA PRUEBA PERFECTA E IMPERFECTA, NATURAL Y ARTIFICIAL

Cuando definitivamente se da a la palabra *prueba* el mismo sentido que a la palabra *certeza,* se abre un vasto campo a los adversarios de la teoría legal de la prueba y se les concede una inmensa ventaja, de la que se aprovechan al momento para ridiculizar el sistema usado en Alemania y burlarse de las divisiones que al parecer encierra *(la semiprueba, la prueba superior a la semiprueba).* Si tal fuera la significación real de estas divisiones, si se hubiera tratado de considerar la prueba como una unidad matemática que se dividiera después en fracciones desiguales, las observaciones de los críticos serían más fundadas; pero debemos decir que, cuando los antiguos jurisconsultos hablaron por primera vez de la *semiplena probatio,* y cuando los prácticos modernos han empleado las palabras de *prueba imperfecta,* han querido únicamente definir el caso en que no habiéndose podido presentar completa prueba, aun cuando no pueda resultar la certeza del conjunto de los motivos de convicción adquiridos, existen éstos, sin embargo, en tanto número y de tal gravedad, después de terminada la instrucción, que la prevención parece bastante y verosímil. No admite duda que en los asuntos civiles fue donde se hizo sentir desde luego la necesidad de determinar casos precisos, de fijar al Juez puntos de partida que le indicaran cuándo era necesario deferir el juramento: cuando una parte, por ejemplo, no había podido hacer declarar sino a un solo testigo, convenía hacerle prestar el *juramento completorio.* Entonces fue cuando ocurrieron naturalmente las expresiones de *semiprueba,* de *más que semiprueba,* que bien pronto se hicieron también usuales en materia criminal, sea porque muchas veces era necesaria en el curso del proceso la existencia de ciertas presunciones de cargo para justificar el empleo de uno de los medios de procedimiento, la aplicación del tormento, la prisión, la visita domiciliaria, o, en fin, la inquisición especial, etc. (1), sea porque el Juez se

(1) De aquí viene el adagio de que es menester la semiprueba para que pueda pasarse y procederse a la inquisición especial.

creyera autorizado, en caso de gran verosimilitud, a pronunciar contra el acusado, aunque sin condenarle, una sentencia desfavorable, a deferirle, por ejemplo, el *juramento purgatorio,* o a declararle simplemente *absuelto de la instancia (absolutio ab instantia).* Todos estos medios de procedimiento se comprendieron después en lo que se llamó *prueba imperfecta,* porque la práctica halló mucho más cómodo incluir la *semiprueba* y las demás pruebas fraccionarias bajo aquella denominación general (1). Estas expresiones han tenido siempre sus adversarios (2), aunque hasta el presente también han encontrado defensores, y la Carolina ha sido la primera en hacer uso de ellas.

Ahora bien: ¿es necesario que en un cuerpo de leyes se haga mención de la prueba perfecta o no perfecta, y de la semiprueba en particular? Antes de responder a esta pregunta es fuerza ponerse de acuerdo con respecto al objeto de la teoría legal y al sentido que envuelve: bajo el régimen del Jurado o de una ley que confiera a los Tribunales ordinarios el derecho de fallar, con arreglo a su íntima convicción, claro está que tales divisiones serían superfluas. Los Jueces no tienen más que decir: *estamos convencidos,* o *no lo estamos.* En el primer caso se impone la pena en toda su plenitud; en el segundo se declara insuficiente la prevención de la causa, y no podría establecerse la menor distinción entre el acusado imperfectamente convencido y aquel contra quien ningún cargo resulta. Se ha creído, en cambio, que cuando la legislación había instituido una teoría legal, se podía graduar la pena según el grado correspondiente de la prueba aducida. Y como, valiéndonos de las expresiones de un escritor moderno, la extensión de la falta debe medirse por la conciencia que tiene de ella el culpable, se ha imaginado que la pena extraordinaria se justifica por sí misma. Al mismo tiempo otros autores, partiendo de una idea diferente, y no queriendo ver en los indicios una prueba bastante, han pensado que en tal caso había lugar a declararla imperfecta y hacer la aplicación de esta misma pena extraordinaria; pero esperamos demostrar más adelante que una ley bien hecha debe aceptar como completa la prueba por indicios, que ni la *pena extraordinaria,* ni la *absolutio ab instantia,* pueden sostener la crítica por un solo momento, y, en una palabra, que no puede razonablemente tratarse de la prueba plena y entera, por parecernos que no tiene objeto la división en prueba perfecta e imperfecta.

Se ha dividido también la prueba en *natural* y *artificial* o *circunstanciada,* como se explicará más adelante. La primera, que también ha sido llamada inmediata, lleva directamente a la convicción, y transmite inmediatamente al espíritu los motivos de certeza relativos al objeto cuya realidad se trata de demostrar. La segunda, al contrario, se apoya en

(1) Globig, en lugar de otras palabras, emplea las de *probatio plena proptor* y *probatio plena remotior.*

(2) Mathaei decía: *probare est fidem facere judici; non facit autem fidem is, qui ut illi loquuntur, semiplene probat.*

motivos que sólo pueden ser concluyentes por medio de inducciones a que den lugar.

La prueba *natural* comprende, según las ideas comúnmente admitidas, todos los medios fundados en la evidencia material y en oposición con los *indicios,* que constituyen la prueba *artificial* o *circunstanciada.* Aun aquellos mismos que no quieren ver jamás en los indicios la prueba completa, no podrían negar la evidencia de la prueba artificial, desde el momento en que se hacen sinónimas las palabras prueba y certeza. A primera vista parece que la prueba natural da a los Jueces seguridades mucho más completas, y que, por tanto, el legislador tendría razón en permitir que en su virtud pudieran aplicarse todas las penas, aun las más severas. En efecto, desde el momento en que no hay razón para desconfiar del testimonio de los sentidos del que declara, resulta inmediatamente la demostración de los hechos, al paso que en la prueba artificial no obra la convicción sino con el auxilio de conclusiones, muchas veces débiles, o de la relación íntima que pueda existir entre numerosas circunstancias que el acaso ha reunido y que puede el entendimiento admitir o rechazar. Mas a pesar de estas objeciones especiosas, recuérdese lo que hemos dicho: la mayor parte de los medios de prueba no descansan, como se cree, en la evidencia material, y es un error atribuir a esta suposición la confianza que puedan inspirar; es necesario, ante todo, que el entendimiento los examine y analice, y que jamás confíe en su veracidad, ni se convenza de la realidad de los hechos sometidos a su demostración, sin haber pasado antes por toda una serie de conclusiones razonadas. Si, pues, como esperamos, hacemos ver que también los indicios hacen prueba completa, siendo igual su mecanismo al de todos los demás medios, deberemos concluir que la división en prueba natural y artificial no tiene ningún objeto práctico.

## ADICIONES

### (Capítulos XV y XVI)

De la materia probatoria se han hecho diversas clasificaciones, según el criterio ordenador que se toma como punto de vista:

1) En orden a las "fuentes de la prueba" se puede hablar de "pruebas directas" cuando es uno mismo el hecho a probar y el hecho que prueba, y en las que predomina la percepción; y "pruebas indirectas", donde el hecho a probar es distinto del hecho de prueba, y en las que predomina la deducción. Estas pruebas indirectas pueden, a su vez, subclasificarse en "prueba histórica" y "prueba crítica", según que el medio de prueba sea apto o no para la representación del hecho a probar.

2) Por los elementos de la prueba pueden señalarse: por razón de los sujetos, entre pruebas del órgano jurisdiccional y pruebas de la parte, aunque la primera puede designarse de investigación o intervención instructora; con relación al objeto puede hablarse de prueba necesaria o innecesaria, pertinente o impertinente, útil o inútil; por la forma en que se lleva a cabo la actividad, cabe distinguir entre prueba oral o escrita, mediata o inmediata, pública o secreta; por razón de los resultados difiere la prueba de apreciación facultativa o prueba libre de la de la apreciación taxativa o prueba tasada.

3) Por los motivos de la prueba puede hablarse de pruebas ciertas, con certeza física o moral, pruebas veraces, pruebas verosímiles y pruebas inverosímiles.

4) Y por la intensidad probatoria se diferencian las pruebas plenas u ordinarias de las pruebas secundarias o accesorias.

5) La clasificación más importante es, sin embargo, la que atiende a los medios. Los medios de prueba pueden clasificarse con arreglo a criterios estructurales o funcionales:

*a)* Conforme con el criterio estructural, los medios de prueba pueden ser personales y reales. Son pruebas personales: el interrogatorio o declaración de las partes (testigos parciales), entre las que hay que distinguir la declaración del acusador de la declaración del acusado, ya que sólo esta última recibe el nombre de confesión; la declaración de los demás testigos ajenos al conflicto que se presumen, por ello, imparciales; los peritos, pues aunque su carácter de medio de prueba es muy discutido, si se admite como tal, hay que incluirlo estructuralmente entre los medios de prueba personales.

Son pruebas reales (o de percepción directa): la prueba de documentos o de objetos que puedan incorporarse a los autos (las llamadas piezas de convicción); la prueba de monumentos cuando se trata de objetos que no pueden incorporarse a los autos y que nuestra Ley de Enjuiciamiento criminal denomina prueba de inspección ocular (porque atiende a la actuación del Juez más que a la naturaleza del objeto).

*b)* Conforme al criterio funcional, Carnelutti clasifica las pruebas en históricas y críticas. Las primeras se caracterizan por la representación (real o imaginaria), y las segundas, por el discurso o razón.

Pero realmente puede hablarse no de dos, sino de tres tipos de pruebas: directas o de propia percepción del Juez; históricas u obtenidas por representación, y críticas, que se obtienen por inducción o deducción. Nuestra Ley de Enjuiciamiento criminal sigue el principio de libertad de medios de prueba, por lo que cabe la posibilidad de utilizar cualquiera de los señalados.

## CAPITULO XVII

## DE LA OBLIGACION DE LA PRUEBA. ¿PUEDE ESTA EXPRESION TENER UN SENTIDO RIGUROSO EN MATERIA DE PROCEDIMIENTO CRIMINAL?

Cualquiera que, teniendo en cuenta las observaciones que hemos consignado más arriba, reconozca las diferencias que distinguen la prueba en materia civil y criminal, se convencerá muy fácilmente de los inconvenientes que se originarían bien pronto, si se diera a las analogías de los dos procedimientos una importancia demasiado grande, y si se quisieran trasladar desacertadamente a la segunda los caracteres que sólo convienen a la primera. Esta observación general parece que debería también aplicarse, desde luego, a los que hablan de la *obligación de probar* como incumbencia especial de una de las partes en el proceso *criminal.* Se dirá, cuando más, que la cuestión debe versar sobre el procedimiento por vía de acusación, donde se presenta un acusador articulando hechos, procurando la vindicación de sus derechos lastimados y combatiendo directamente a la parte a quien se acusa; de modo que todo el proceso consiste en un combate singular entre ambos, en el que, procurando cada uno convencer por su parte al Juez, se ve obligado también a hacer la prueba o la contraprueba, viniendo a ser la absolución la consecuencia forzosa de la prueba no producida por el acusador (1). Pero en el procedimiento inquisitivo sólo se trata de la prueba de cargo: hay en él un Magistrado que ha recibido del poder social la misión de investigar la verdad, cualquiera que ella sea, de cargo o de descargo; este Magistrado obra silenciosamente, y lejos de afirmar, como hace siempre el acusador, procede con duda, no llegando jamás a articular, desde luego, una inculpación que podría dañar injustamente a aquel sobre quien recae; en una palabra, toda la indagatoria es la investigación estudiosa y constante de todos los materiales capaces de ilustrar al Juez y ponerle en estado de pronunciar no siempre una condena, pero sí una sentencia justa. Por eso el instructor no debe fijarse sólo en la culpabilidad, sino en la verdad, reuniendo con igual cuidado

(1) La Ley 6.ª, tít. 21, lib. 2.°; Ley 25, tít. 19, lib. 4.° del Código.

todas las circunstancias favorables al acusado; y, por otra parte, no puede adquirirse la certeza, aun con respecto a la culpabilidad, mientras no haya sido desvanecida la duda más ligera sobre la realidad de los hechos de la instrucción. Sería, repetimos, inexacto decir, con referencia a este punto de la imparcialidad obligatoria del Magistrado instructor, que le incumbe solamente la prueba de cargo, mientras que la prueba de descargo sería de la incumbencia del acusado.

Sin embargo, esta deducción podría acaso ser demasiado superficial. Al lado de las diferencias que distinguen el sistema de acusación del de instrucción, existen siempre entre ambos los caracteres comunes que se derivan de la esencia del proceso en general, del que es una forma especial el proceso criminal. Así es que, en uno y otro, hay dos partes: hay siempre debate sobre el fondo de los cargos dirigidos por la parte que pide contra la que se defiende; le hay también entre las articulaciones de hecho, destinadas a hacer triunfar pretensiones contrarias. En el proceso por inquisición, la parte que persigue es la sociedad o el Poder, que ha tomado por instrumento al Magistrado encargado de la averiguación de los crímenes, y que, por su medio, hace valer su derecho y que se castigue al culpable. Y aun cuando el proceso no se entable en virtud de una acusación en forma, todavía hay que reconocer que una *inculpación* cualquiera da lugar a los procedimientos, y motiva las medidas públicamente tomadas contra la parte que se defiende; éste es siempre el punto de partida. Se ha cometido un crimen; y en todos los casos, en el momento en que comienza la instrucción especial, surge una acusación positiva, porque hay un crimen articulado y un culpable formalmente designado. Ciertamente, entonces, y hasta deducir que el acusado debe ser declarado culpable y castigado, el Poder *está obligado a probar* los hechos, cuya existencia envuelve la aplicación de la pena. Y no se nos arguya con el famoso axioma: *Quilibet praesumitur bonus donec contrarium probetur:* dígase lo que se quiera, esta presunción de honradez no altera la esencia de las cosas; además no está fundada en el texto de la ley, y conduciría rápidamente a las consecuencias más falsas. Consultemos la marcha de los procedimientos: ¿no resulta claramente de ella que los actos de la instrucción misma se dirigen contra un individuo designado como el autor probable del crimen? Esta presunción sería, en fin, completamente superflua, porque es un principio sentado que la prueba de los hechos de la inculpación incumbe a aquel que, por razón de ilegalidades cometidas, se esfuerza en hacer caer a un ciudadano bajo el peso de una condena judicial; porque claro está que no sería suficiente contentarse con afirmar su culpabilidad, y se violarían las leyes de la justicia si, sobre el motivo de una contravención simplemente alegada y no articulada en prueba, se decretara un perjuicio legal contra el inculpado. De cualquier modo que sea, del proceso por inquisición resulta la siguiente y única regla fundamental: siendo la verdad el objeto de las investigaciones del Juez instructor, debe éste forzarse en desvanecer todas las dudas, y aun cuando parezcan irrecusables las pruebas de cargo, dedicarse con igual cuidado a hacerlas completas, a probar que hay certeza tan perfecta como es posible, no descuidando al propio tiempo ninguna de las pruebas de descargo, ninguno de los medios favorables a la defensa. Es preciso recurrir siempre, en último resultado, a la teoría que considera la certeza como el producto de un examen concienzudo y de aquel estado del espíritu en que los motivos para afirmar obtienen tal grado de preponderancia, que hacen desaparecer completamente la duda y los motivos de creer en la posibilidad de la negativa. Para decidir el Juez si la acusación es o no fundada, necesita asentar su certeza respecto de los hechos acriminados, por lo cual no debe dejar pasar sin examen ningún indicio útil para la defensa, oyendo a la vez a los diversos testigos, aun a aquellos a quienes los actos designasen como de poca importancia para la justificación del inculpado o para la atenuación de la prueba de cargo. Por este medio, aun cuando el inculpado descuide, por timidez o falta de consejo, los puntos favorables a su defensa, el Juez tiene que dirigir hacia ellos forzosamente su atención; y a pesar de que las sugestiones están generalmente proscritas, si en la práctica tuvieran por objeto la prueba justificativa, no deben tenerse, sin embargo, por vituperables. En resumen: considerando en toda su extensión los deberes del instructor, se reconoce que no es un mero y simple acusador, y que se incurría en un error pretendiendo imponerle especialmente la obligación de la prueba de cargo; pero, por otra parte, no es menos cierto que, mirando las cosas desde el punto de vista del acusado, no puede negarse a éste el derecho de exigir, antes de que la condena se haga posible, la prueba completa de los hechos que se le imputan, y cuya sola existencia le hace acreedor a la pena señalada.

Pasemos ahora a otras consideraciones. La acusación no se funda únicamente en actos exteriores, sino que afecta en gran parte la cuestión de las intenciones, y va a escudriñar la conciencia humana, en la cual no pueden penetrar los sentidos externos del observador, cuyos secretos sólo pueden reconocer la instrucción sacada de los hechos. Parece, pues, que el instructor apenas puede dedicarse sino a la demostración de los caracteres materiales del crimen; y en cuanto a la prueba del discernimiento o de la intención criminal, es muy difícil exigir de él que la administre rigurosamente; los Jueces, probados los hechos materiales, pueden con fundamento resolver afirmativamente la cuestión de intención.

Pero se ha caminado con sobrada ligereza, cuando, a través de infinitos errores, se ha llegado a erigir en principio que la intención criminal *(dolus)* se presupone siempre, o que por lo menos hay contra el inculpado presunción de discernimiento, y, que por tanto, sobre él recae la obligación de destruirla. Se han confundido generalmente dos ideas que no hubieran debido serlo; porque en el mayor número de casos, con auxilio de las presunciones y por vía de inducción, se descubre la intencionalidad; se ha creído en la existencia de una presunción legal de la intención criminal, lo cual no es cierto en manera alguna. Se argüía con diferentes textos de las leyes romanas; pero en el día está reconocido que dichos textos no tienden a establecer la presunción. La intención entra en las articulaciones esenciales de la inculpación; porque con arreglo a los términos de la ley, no puede recaer la pena sino sobre aquel que, cometiendo el crimen, ha tenido voluntad de cometerle; y si es cierto que el acusado de homicidio, por ejemplo, tiene derecho a exigir que se pruebe la verdad de la prevención, lo es también que se tiene para exigir que se pruebe esta parte esencial, la intención de perpetrar el crimen (1). En fin, no porque se pueda presumir que todo hombre es inteligente y que obra con propósito deliberado, se ha de seguir forzosamente que el sujeto acusado haya tenido por móvil una voluntad culpable. Es muy natural que durante la instrucción, hallándose en presencia de vestigios materiales del crimen y de circunstancias de hecho que hacen verosímil el *dolo,* el Juez tome esta verosimilitud por punto de partida y suponga la existencia de aquél; pero, sin embargo, no está dispensado en manera alguna de descubrir con el mayor cuidado todos los detalles accesorios capaces de producir la prueba, al lado de los que pudieran constituir una justificación útil al inculpado. Después, cuando ha de pronunciarse el fallo, cumple al Juez combinar, por medio del raciocinio, las explicaciones dadas por el acusado acerca del acto que se le acremina (2); las circunstancias accesorias, tales como resulta de la instrucción, y procediendo por vía de inducción y de conclusión, decidir si existe crimen, tomando por norte estas mismas circunstancias: así, en caso de homicidio, por ejemplo, la posición, la forma de las heridas, las amenazas proferidas anteriormente, le suministran los elementos de su convicción. Preciso es confesar que pocas veces puede demostrarse el dolo sino por medio del raciocinio; pero hay gran distancia de esto a decir que es el objeto de una presunción legal: en este caso, los Jueces no tendrían necesidad de su demostración, y el acusado estaría desde luego en la obligación de probar su no existencia.

La ley tampoco presume el discernimiento, y siempre que el acusado sostenga no tenerle, niega el dolo, y al instructor toca recoger y poner de manifiesto todos los materiales capaces de establecerle, como también patentizar oficialmente todas las circunstancias, por insignificantes que sean, que puedan por su naturaleza dar verosimilitud a las alegaciones más o menos justificativas del acusado (la embriaguez, por ejemplo); y la justicia quiere que aun cuando éste no alegase la perturbación mental (3), el instructor, por interés de la verdad, le haga, si es preciso,

(1) Ley 6.ª, tít. 21, lib. 2.º del Código.
(2) Por ejemplo, si el acusado afirma que obró por pura *imprudencia.*
(3) Sin embargo, es bien claro que el que padece esta enfermedad no se acusará a sí mismo.

reconocer por peritos, bastando para ello que nazca una ligera duda de las declaraciones de los testigos, o que el acusado denote ciertas extravagancias en sus gestos, acciones o continente. También en este caso los Jueces toman por término de comparación las circunstancias accesorias y deciden por vía de inducción, sin que su fallo sea jamás resultado de una presunción de la ley. En efecto, ¿se recurrirá a un argumento semejante, cuando en el curso de la causa el acusado no ha probado su alegación de no discernimiento, cuando sus justificaciones han sido demostradas ilusorias, o, en fin, cuando las circunstancias no dejan sobre este punto lugar alguno a la duda? Es, ciertamente, muy natural pensar que los Jueces han ido a buscar las pruebas de la imputabilidad en los hechos mismos y en su naturaleza, en el continente y en las respuestas del acusado, y que, caminando de lo conocido a lo desconocido, han llegado a asegurarse de que el acusado tenía conciencia del acto en el momento de su comisión.

Las analogías del procedimiento civil han hecho también considerar las justificaciones suministradas por el inculpado, siempre que tuvieran aplicación a las circunstancias del hecho que le fueran favorables, como otras tantas verdaderas *excepciones*, cuya prueba debiera ser de su incumbencia; pero este raciocinio es de los más falsos y peligrosos. La confusión, que tan a menudo reina en esta materia en el derecho civil, se la encuentra también en el procedimiento criminal, siempre que se introduce en él un principio semejante; y así como se ha tratado de colocar en el primero, bajo denominaciones diferentes, las excepciones que pueda producir el demandado, así también han hablado los antiguos criminalistas de la *exceptio álibi* y de la *exceptio culpae;* y si bien es cierto que estas denominaciones han caído en desuso en los tiempos modernos, no lo es menos que aún se conserva en algunos la opinión de que, en materia de excepción (si, por ejemplo, se alega el caso de legítima defensa, etc., etc.), la prueba incumbe al acusado. Pero, aunque limitada a un corto número de casos, es insostenible dicha opinión en el procedimiento criminal, y aplicada, sobre todo, a la confesión parcial *(calificada),* ha producido graves inconvenientes. Se comprende, en efecto, que no sucede aquí lo que en un procedimiento civil, donde, concediendo a la vez los hechos que sirven de base a la demanda, el demandado, por medio de las excepciones introducidas, viene a presentar como destruidas las relaciones de derecho, nacidas primitivamente de los mismos hechos. Alegando la excepción de pago o de compensación, reconoce fundada la pretensión originaria de su adversario, pero sostiene al mismo tiempo que ha sido destruido el vínculo jurídico, y entonces puede tener lugar la aplicación de la máxima: *Reus excipiendo fit actor.* Mas en lo criminal, cuando el acusado presenta sus defensas, que se pretenden considerar como excepciones, jamás reconoce que sea completamente fundada la inculpación; y cuando pretende haberse hallado en el caso de legítima defensa, niega una parte esencial del delito, el dolo.

No basta, pues, que existan los caracteres materiales del crimen para dar por fundada la acusación y declarar a Ticio convicto del asesinato cometido en la persona de Sempronio; sus explicaciones, encaminadas a demostrar que él no es el autor del acto acriminado, o que no lo ha perpetrado en la forma de que se le acusa, constituyen una justificación indivisible que tiene por objeto desviar en todo o en parte la aplicación de la pena. Si alega el caso de legítima defensa, niega el dolo y pretende destruir las consecuencias que se podrían deducir del hecho o la intención; se esfuerza en hacer probable o evidente su inocencia a los ojos del Juez, y alejar de sí la opinión preconcebida de que una voluntad criminal ha guiado su brazo. Si se quiere sostener a todo trance que hay aquí una excepción análoga a la del derecho civil, consentiremos en admitirla, pero con los caracteres y la forma de la excepción negatoria, por ejemplo, de la llamada *exceptio non numeratae pecuniae,* porque excepción verdadera no puede existir en lo criminal. En fin, si como último argumento se nos opone el caso en que el acusado se refiere a actos posteriores al acriminado; si se nos cita como ejemplo el ladrón que ha restituido la cosa robada (y este caso puede presentarse en el país donde la restitución voluntaria produce la remisión de la pena), no por eso dejaremos de insistir en nuestra opinión: entonces, como siempre, hay una afirmación de hecho, capaz de impedir la aplicación de la ley penal, y será bastante para el Tribunal que no aparezca totalmente destituida de verosimilitud.

## CAPITULO XVIII

## PRUEBA DE CARGO

Se ha repetido hasta la saciedad que la naturaleza del proceso por vía de inquisición requiere ante todo la imparcialidad del Juez instructor, que debe consagrarse menos a la manifestación de las pruebas de la culpabilidad del acusado que a la investigación de todas aquellas que puedan ser útiles para patentizar la verdad y suministrar al Juez los medios de fallar conforme a justicia sobre lo bien o mal fundado de la inculpación. Bajo este aspecto, la instrucción forma una sola pieza del proceso, sin que pueda separarse la prueba de cargo de la de descargo: en todos los medios de prueba que el Juez emplea, cuando, por ejemplo, interroga a los testigos, debe consignar con igual cuidado todas aquellas particularidades de sus disposiciones que parezcan dirigirse a la exculpación; y si un testigo iniciase un hecho de gravedad, si dijera, verbigracia, que el acusado estaba sujeto a los ataques de una enfermedad mental, convendría examinar hasta su último grado la verdad de este aserto.

Esa separación marcada de la prueba no existe, ni aun en el momento del fallo definitivo; el Juez tiene reunidos en sus manos los materiales sacados de la instrucción; calcula la suma de datos que aquéllos le suministran, y siendo la convicción el resultado de la lucha entre las razones en pro y en contra, pesa y aprecia juntamente todos los diversos medios que pugnan en la causa, y su convicción se forma según los resultados de este examen. Si el acusado confiesa antes de prestarle entera fe, hay que examinar las particularidades que encierra su confesión y compararlas con las circunstancias de hecho que ya constan; y si, confesando el acto, el acusado niega el dolo, sin producir formalmente la prueba que lo justifica, el Tribunal, antes de pronunciar sentencia, está obligado a pesar exactamente todas las circunstancias que pudieran hacer presumir la no existencia del dolo.

Consideremos ahora la prueba en sí misma, en su naturaleza; la división en prueba de cargo y de descargo se concibe perfectamente.

A la primera pertenece la prueba de los hechos; de donde resulta la existencia del acto acriminado que hacía caer al acusado bajo el peso de la ley penal. Esta prueba exige todos los esfuerzos del Magistrado instructor, quien debe intentar remontarse a todas las fuentes que puedan facilitar la comprobación de los hechos de cargo; no omitir ninguna de las formalidades legales que muchas veces pueden por sí solas autorizar al Juez que ha de fallar para que considere la prueba como bastante, y, en fin, desvanecer todas las dudas que pudieran hacer incierto el resultado.

La prueba de cargo adquiere aún mayor importancia, por cuanto es necesario que sea entera y completa para que la pena pueda decretarse en la causa; y sólo reúne estas cualidades cuanto todos los hechos que motivan la aplicación de aquélla llegan a ser jurídicamente ciertos.

Los principales objetos de la prueba de cargo son:

1.º La averiguación del punto de hecho, es decir, de la existencia de todos los hechos, de donde resulta la materialidad del acto acriminal (la muerte, por ejemplo), en caso de homicidio: de los hechos característicos del crimen (verbigracia, la administración del veneno); de la existencia de los hechos que se unen al crimen especial que se trata de castigar (el escalamiento, en caso de robo).

2.º La demostración de que el acusado tiene en el crimen una participación culpable.

3.º La investigación de su estado mental y de su voluntad en el momento del crimen, a fin de que sea posible apreciar si ha habido dolo o simplemente negligencia.

4.º La manifestación de la premeditación, cuando la inculpación recae sobre un crimen, del que es un elemento esencial la premeditación (1).

5.º La averiguación de la intención, cuando tiene relación con el acto criminado (2).

6.º La demostración de la perfecta concordancia entre la intención y los hechos acriminados que se le atribuyen como consecuencia, o también la de la imputabilidad que por razón de esta consecuencia se puede hacer pesar sobre el autor (3).

---

(1) Por ejemplo, para que pueda pronunciarse la pena contra el asesino, es menester que se pruebe la premeditación.

(2) Por ejemplo, en caso de dolo.

(3) Cuando el inculpado confiesa que solamente quiso herir a su víctima, y, sin embargo, las heridas ocasionaron la muerte.

## CAPITULO XIX

## PRUEBA DE DESCARGO

Cuando se mira la prueba objetivamente, y se la considera como sinónima de la palabra certeza, es poco consecuente querer oponer a ella la *contraprueba;* y aun atendida la administración misma de la prueba, esta expresión no se justifica tampoco en el procedimiento inquisitivo criminal de Alemania; porque habría que suponer analogías que no existen entre éste y el procedimiento civil, y ver también en él dos partes contrarias. Sin duda, en el proceso por acusación, usado entre los antiguos, podría haber una prueba de cargo, en cuanto la prueba de la acusación incumbía al acusador; y una prueba de descargo, en cuanto que el acusado se defendía presentando la prueba de los hechos que podían disculparle. Pero este sistema no sería ya completamente aplicable al proceso por acusación moderno, el cual establece un Magistrado instructor, que procede a la información, de la misma manera que el procedimiento inquisitivo, ocupándose ante todo de la manifestación de la verdad, y tomando en consideración los intereses mismos del acusado; que establece, en fin, una teoría legal de la prueba, cuyas reglas no puede el Juez infringir. En los sistemas mixtos, tal como lo es, por ejemplo, el usado en Francia, la separación de la prueba de cargo de la de descargo parecería más fácil a primera vista: allí el acusado está encomendado a un defensor, que debiera tener la misión de presentar esta última; no obstante, aún domina en los procedimientos el sistema inquisitivo, y el derecho conferido al Presidente de hacer comparecer inmediatamente en la audiencia a cualquier testigo no incluido en las listas notificadas, de *practicar,* en una palabra, *por sí mismo todo lo que crea útil para descubrir la verdad,* este derecho, decimos, demuestra claramente la indivisibilidad de las pruebas de la culpabilidad y de la defensa.

En Alemania, durante los procedimientos que son exclusivamente de instrucción, la manifestación de la verdad es el objeto constante de los esfuerzos del inquisidor: cualquiera que sea la naturaleza de las pruebas que tiene en su mano, poco importa que las aplique a todas las circunstancias adversas o favorables al acusado; de modo que, si es fiel a sus deberes, administra igualmente la prueba de descargo y reúne todos los materiales útiles para la defensa. Cuando se habla, pues, aisladamente, de una u otra de las dos pruebas, es siempre en un sentido especial: se atiende, sobre todo, a la demostración de los hechos que tienen por objeto destruir la inculpación o a hablar en favor del acusado, demostración cuyo punto de partida son: o las demandas formales emanadas de aquél en el curso de la instrucción, y cuando se ocupa de su defensa *material,* si así puede decirse, o una alegación de los hechos justificativos (la alegación de un *álibi*), o, en fin, las pruebas espontáneamente aducidas por el defensor.

En lo que concierne a la administración de esta prueba, se ha querido siempre favorecerla demasiado, llegando hasta sostener que un testigo oído en una forma enteramente irregular, o un testigo de tacha, por el solo hecho de ser de descargo, deben ser creídos en sus declaraciones. Pero esto es dar a la defensa una facilidad llevada hasta el absurdo: los medios de adquirir la certeza son siempre los mismos, y el Juez no puede emplear otros cuando se trata de asentar que la verdad está de parte del acusado; es atentar a la razón y desconocer de una manera peligrosa los derechos de la sociedad cuando, por tratar de sustraer al acusado de una pena merecida, se traspasan los límites de la prudencia, que son siempre los más seguros guías en el camino de la verdad. Preciso es reducir a límites razonables este valor concedido a la prueba de descargo. Lo único que puede decirse es que el Juez, para admitir la acusación como fundada, quiere que se demuestre su verdad, y no puede decidir la culpabilidad del acusado mientras quede duda, siendo ésta suficiente para constituir la verosimilitud en favor del último. Por lo cual, si no hubiera más que un testigo que afirmase que el acusado había obrado en derecho de legítima defensa, o si algunos testigos de dudosa fe atestiguaran el *álibi,* esto sería bastante, sin contradicción, para impedir la condena, porque es un principio que todo caso dudoso se interpretará favorablemente al acusado.

Entre las divisiones que se han hecho de la prueba de descargo, la más importante es la prueba *directa* e *indirecta.*

La primera tiene por objeto los hechos que vienen directamente a destruir la alegada para sostener la acusación; por ejemplo, un testigo afirma que el acusado ha permanecido tranquilo durante la riña, cuando otros testigos dicen que ha tomado parte en ella.

La segunda tiene por objeto los hechos que, viniendo a destruir las consecuencias legítimamente deducidas de la prueba de cargo, hacen por lo mismo imposible la aplicación de una pena, o atenúan su rigor.

La prueba *directa* de descargo se subdivide, según que tienda a demostrar que son calumniosos los hechos articulados para la acusación, estableciendo que existe lo contrario (1), o según que va dirigida contra las pruebas afirmativas en sí mismas (2). En el segundo caso, ha lugar también a una distinción: la prueba puede encaminarse a hacer conocer la imposibilidad o la completa inverisimilitud de los hechos de la inculpación (3), o pretende destruir valor de los medios de la prueba empleados en la acusación, sea atacando sus vicios materiales (3), sea manifestando las formalidades que hayan podido omitirse (5), y puede, en fin, consistir en la presentación de medios propios para establecer lo contrario de la prueba de cargo (6).

Entre las pruebas dirigidas a probar la imposibilidad del hecho, se distingue la que se ha llamado excepción de *álibi*, o la *negación de lugar (negativa loci)*, sin que se pretenda ver en ella una verdadera excepción, puesto que no es otra cosa que una simple denegación emanada del acusado, y al propio tiempo una demostración de haber sido visto en un sitio determinado, a la hora en que fue cometido el crimen, y que, por consiguiente, no pudo hallarse en aquel momento en el lugar que fue teatro de él (7).

La prueba de descargo *indirecta* consiste: ya en la demostración de los hechos que vienen a destruir las consecuencias deducibles de otros hechos de cargo, y que, por lo mismo, producen en el Juez la convicción de que el acto acreminado ha sido consumado de otro modo y de una manera más favorable al acusado (8), que lo que la acusación y ciertas circunstancias afirmativas parecen hacer creer (9); ya en la alegación de hechos que vengan a corroborar la verosimilitud de las restricciones contenidas en una confesión *calificada*, emanada del acusado (10), o en la de hechos constitutivos de una situación, a la que con-

---

(1) Por ejemplo: dos testigos afirman la sinceridad de una alegación del acusado, y otros dos sostienen que ha mentido.

(2) Por ejemplo: el acusado demuestra que han sido sobornados los testigos que deponen contra él.

(3) Por ejemplo: un acusado de violación prueba que es impotente.

(4) Por ejemplo: el acusado demuestra que han sido sobornados los testigos.

(5) Por ejemplo: el acusado hace ver que los testigos han prestado irregularmente su juramento, o en manos de un Magistrado sin atribuciones para recibirlo.

(6) Por ejemplo: los testigos de descargo afirman precisamente lo contrario de lo que atestiguan los de cargo.

(7) Conviene usar de mucha prudencia en el examen de la excepción de *álibi*.

(8) Por ejemplo: el acusado anticipa un hecho que tiende a demostrar la falta de voluntad culpable.

(9) Esta prueba es importante, sobre todo cuando la Ley admite la *presunción de dolo*.

(10) Por ejemplo: el acusado se disculpa con la necesidad de legítima defensa.

fiere la ley la remisión de la pena (1); ya, en fin, en la de los hechos que la atenúan (2). Hemos hecho ver más arriba (Cap. XVII), con respecto a esta prueba indirecta, que querer trasladar al procedimiento criminal el mecanismo de las excepciones del derecho civil, es caer en una confusión de las más peligrosas.

(1) Por ejemplo: afirma que no hizo sino obedecer una orden de sus superiores.
(2) Por ejemplo: dice que cedió a la seducción.

## CAPITULO XX

# RELACIONES ENTRE UNA Y OTRA PRUEBA

La administración de la prueba en materia criminal, ya tienda a la acusación o la defensa, es una e indivisible; tiene un solo objeto, a saber: suministrar al Juez los medios de fallar conforme a justicia. La sentencia es el resultado del examen concienzudo de todas las razones en *pro* y en *contra* alegadas en el curso de los procedimientos; y todas las dudas deben ser esclarecidas, descartados todos los motivos de verosimilitud negativa, antes de que la certeza, base esencial de la condena, pueda formarse en la conciencia del Magistrado. Por este motivo no puede establecerse comparación entre el examen de estas dos pruebas y aquel a que se entrega el Juez en el proceso civil. Entre la prueba de la acusación y la de la defensa no hay una separación marcada: en lo civil, al contrario, se distingue perfectamente la prueba que incumbe al demandante y la que pertenece a la parte demandada, mientras que en lo criminal, cuando el Juez se dedica a pesar las pruebas de la culpabilidad, cuando examina, por ejemplo, las declaraciones de los testigos de cargo, tiene al mismo tiempo presentes todas las dudas resultantes de los hechos alegados por el acusado para defenderse, todas aquellas que nacen de los hechos manifestados en el curso de los procedimientos, y que como Magistrado tiene la misión (éste es uno de los caracteres del proceso por inquisición) de profundizar *ex officio*. Si el acusado no ha atacado en nada la veracidad de un testigo, no por eso deberá el Juez atender menos a todas las circunstancias que pudieran deponer contra ella. Sin embargo, aparte de esto, es regla (Cap. XVII) que todos los hechos de la acusación deben hacerse constar con todas las formalidades de derecho, para que pueda decretarse la pena; de donde es preciso concluir que la prueba de cargo debe ser el primer objeto del examen del Juez; y si no reúne los debidos caracteres de perfección jurídica; si, por ejemplo, en ciertos países, un solo testigo pudiera sostener la acusación, no habría necesidad de buscar la prueba de descargo. Hay, no obstante, que hacer una observación en lo que concierne al procedimiento alemán; en éste, pudiendo la prueba, aun la imperfecta, colocar al acusado en una situación desfavorable y motivar, ya la *absoluto ab instantia,* ya la obligación de un juramento purgatorio, etc., es de suma importancia en este caso examinar también el fundamento de la prueba de descargo, porque puede suceder que contradiga o atenúe de tal modo los datos de la acusación (1) que se haga imposible decidir la aplicación misma de las medidas autorizadas por la ley, en caso de prueba no completa (2).

El Juez debe examinar después si se ha consumado efectivamente el acto criminal, y si el acusado es su verdadero autor:

1. La prueba de esto puede ser completa, hecha abstracción de la prueba de descargo (3); pero como esta última viene a oponerse directamente a la primera, aun cuando no estuviese fundada más que en la verosimilitud, sería bastante para impedir la condena, porque no hay tal certeza en la causa que excluya la posibilidad de lo contrario. Este caso puede reproducirse, ya porque un testigo, aun siendo único, expresa en su declaración circunstancias que no podrían conciliarse, admitiendo como ciertos los puntos principales de la acusación (4); ya también porque la prueba de cargo sólo haya demostrado de una manera incompleta que el acusado es el autor del hecho acriminado (5).

2.º A la prueba perfecta de la acusación pueden oponerse otros medios que la contradigan indirectamente: la certeza entonces no existe, y del conflicto de declaraciones contrarias nace la duda (6). Si la prueba de descargo se ha dirigido contra un medio de prueba determinado, contra un testigo, por ejemplo, será conveniente examinar si, descartado este medio, la certeza podrá existir aún; si otro testigo, si un concurso de indicios no vienen a completar la demostración de la acusación. Para quitar a un medio de prueba la confianza que pudiera adquirir, bastaría presentar un motivo verosímil para rechazarle: por ejemplo, demostrar probable el soborno de un testigo, porque de este modo se viene a parar a un estado de duda que excluye toda certeza.

3.º Hecha la prueba de cargo, si la de descargo no se encamina más que a los detalles del hecho, de ningún modo inconciliables con el fondo de la acusación, sino tendiendo sólo a hacer más difícil de creer la culpabilidad de los acusados, la primera afirmación no pierde por eso nada de su fuerza. Suceda lo que quiera, es siempre cosa muy difícil de

---

(1) Por ejemplo: está demostrado en la causa que un testigo de cargo es enemigo personal del acusado, o que su declaración está en manifiesta contradicción con la del otro testigo *clásico.*

(2) De modo que en lugar de *absolutio ab instantia,* deba pronunciarse la absolución libre o definitiva.

(3) Por ejemplo: dos testigos clásicos afirman haber visto que A mató a B.

(4) Por ejemplo: el acusado confiesa haber asesinado a A el día tantos de tal mes y año; pero un testigo afirma que en dicho día vio a A vivo y sano.

(5) Por ejemplo: un testigo declara que vio al acusado en otro lugar que en el que se cometió el crimen.

(6) Más adelante trataremos extensamente del conflicto de los testimonios entre sí y del de los indicios.

resolver si puede creerse que un ciudadano es o no capaz de haber cometido un crimen; si tal sujeto, que siempre se ha conducido al parecer sin tacha, lo ha hecho por hipocresía o por falta de ocasión; pero llegada la hora de la tentación, la hipocresía ha arrojado la máscara o la debilidad ha sucumbido. Existe la prueba del hecho; consta desde luego que el acusado es el autor del acto incriminado; pero esto no es bastante; sólo la criminalidad resultante de todas las circunstancias accesorias puede envolver la aplicación de la pena, y no puede tenerse como probada aquélla hasta tanto que el Juez haya deducido de los hechos de la acusación sus legítimas consecuencias. En aquel momento es cuando surge la cuestión de intención, cuestión de orden moral y de hechos de conciencia; es preciso entonces que el Juez, por medio de la inducción (1), penetre en la voluntad del acusado, o también que examine si las explicaciones dadas por éste son fundadas y quitan al acto acriminado su carácter punible (2), si las circunstancias que alega son verdaderamente atenuantes. Nos remitimos sobre este punto a nuestras observaciones hechas en otra parte (Cap. XVII): las alegaciones del acusado no son excepciones propiamente dichas, y los principios del derecho civil, según los cuales la prueba de éstas incumbe al demandado, ningún valor tienen en este caso; el acusado no está en manera alguna obligado a probarlas para que deban ser tomadas en consideración, y basta que parezcan verosímiles para motivar una sentencia que le sea favorable. En la prueba del dolo, si se ha alegado la imprevisión, si parece siquiera algo verosímil, el Juez no puede tener por cierta la existencia del dolo. En la prueba de la legítima defensa es también deber del Juez buscar las explicaciones del hecho en todas las circunstancias accesorias; y autorizando éstas a deducir la probabilidad de la alegación del acusado, la duda se produce al punto en la conciencia del Magistrado, y la condena no es posible. En fin, otro tanto diremos de las circunstancias atenuantes: la duda se interpreta siempre en favor del acusado y la verosimilitud de sus alegaciones tendrá aquí una marcada influencia en la medida de la pena.

(1) Por ejemplo: ¿ha habido dolo?

(2) Por ejemplo: el acusado pretende demostrar que no hizo sino obedecer las órdenes de sus superiores.

## ADICIONES

### (Capítulos XVII a XX)

Como apunta Silva Melero (*Tres comunicaciones al III Congreso Internacional de Derecho Comparado en Londres de 1950*, Revista de Derecho Procesal, 1950, fasc. III, págs. 397 y sigs.), excluidas las presunciones absolutas de culpabilidad, y con ellas las pruebas legales, es natural que se plantee como problema destacado la cuestión calificada como carga de la prueba.

La regulación de la materia probatoria es diversa en los procesos civil y penal en función de los distintos principios que imperan en uno y otro tipo de proceso. Mientras la prueba civil se polariza en torno a los hechos alegados por las propias partes, la prueba penal pretende conseguir la total investigación de la verdad, sin que las partes puedan en ningún momento limitar ese objetivo.

La consecuencia de lo que antecede es que la llamada carga de la prueba gravita exclusivamente sobre quien acusa (sujeto activo de la prueba), mientras que la prueba negativa, o la demostración de la inocencia, de un modo general, no es posible, y pretenderla en la mayor parte de los casos sería tan absurdo como inicuo. Por tanto, el acusado pasa a ser el sujeto pasivo de la prueba en una posición inicialmente cómoda, al predominar el "in dubio pro reo".

Sin embargo, el tema, por su importancia, merece algunas precisiones. Así, por ejemplo, es corriente que la doctrina distinga entre carga subjetiva y carga objetiva de la prueba, entre carga formal y carga material y aun Rosenberg propone el nombre de carga de la certeza. Pero, prescindiendo de esta discusión nominalista, lo que nos parece clara es la distinción entre la carga de suministrar la prueba para evitar una decisión desfavorable (la llamada carga subjetiva o formal) y la obligación de probar (la llamada carga objetiva o material).

De la primera sólo debe hablarse en un procedimiento construido sobre el principio dispositivo. En los demás procesos sólo interesa saber cuáles son los hechos que deben constar para que se consiga la finalidad del proceso.

La importancia de la carga objetiva de la prueba se manifiesta en los procedimientos no dispositivos en los que rige la investigación de oficio, a causa de que el deber de averiguar incumbe al Tribunal. Binding sienta el principio para el proceso penal de que "toda la carga de la prueba descansa en el Tribunal". Sin embargo, esta afirmación no puede ser absoluta. El deber del Tribunal de comprobar los hechos y no aceptar los admitidos por las partes, como en el proceso civil, no deja sin obligación a las partes respecto de la prueba.

En nuestra opinión, el acusador en el proceso penal soporta la carga objetiva de la prueba en cuanto al conjunto de características definidoras del hecho que es objeto de la acusación.

En cambio, cuando existan presunciones de culpa (hoy generalmente suprimidas en los Códigos penales) o presunciones de voluntariedad (artículo 1.º del C. p.), la carga de la prueba de la involuntariedad corresponde en principio al acusado, sin perjuicio del deber del propio acusador, del Ministerio Fiscal y del Tribunal de averiguar la existencia o la inexistencia de la voluntariedad del acto.

Sobre la carga de la prueba en lo penal, referido especialmente al encausado, existen opiniones opuestas:

Un sector de la doctrina es partidario de establecer la carga de la prueba como imperativo del propio encausado, señalando que conviene la imposición de esta carga, pues de lo contrario se le quita interés a su actividad probatoria y se inclinaría a alegar hechos impeditivos o extintivos, trasladando con esto la carga de la prueba al acusador. Por ello, entienden que a la carga de los hechos impeditivos o extintivos debe dársele una solución igual a la del proceso civil, y que el imputado que no suministre la prueba, pudiendo hacerlo, debe tener una presunción en su contra.

Por el contrario, otro sector de la doctrina se muestra contrario a la carga de la prueba sobre el encausado. Se alega que no se necesita el estímulo de la carga de la prueba para que realice esta actividad, pues, aun sin carga legal, ésta surge como carga material de defensa de sus intereses vitales. Por otra parte, se dice que la prueba en lo penal ofrece muchas veces mayores dificultades que en lo civil, por tratarse de hechos negativos, y que, por tanto, resulta injusta esta carga al encausado. Se defiende por eso la consagración en el proceso penal del principio "in dubio pro reo".

Manzini (*Tratado*, t. II, pág. 200) dice que su aplicación es conveniente: que "es preferible en la duda la impunidad de un culpable a la condena de un inocente", y de otra parte, que la máxima de que la carga de la prueba corresponde a quien acusa es un simple principio lógico, una mera afirmación de sentido común más bien que una regla de Derecho.

Sin embargo, la solución más acertada nos parece la de establecer el principio de la carga de la prueba en relación con las posibilidades del hecho que prueba. En este sentido se dice que corresponde la prueba al que alega los hechos más improbables. Es lógico que se presuma lo más probable o frecuente. Así, por ejemplo, se puede presumir, como en nuestro Código, la voluntariedad de los actos. Lo más probable y frecuente es que el hecho se cometa por persona en condiciones normales, y por eso la involuntariedad o la enajenación mental o sordomudez han de ser probadas.

Aunque no exista presunción de la Ley, se estima que la presunción del Juez debe dirigirse en el mismo sentido; por ejemplo, en el atropello es lógico presumir la precaución del atropellado, aunque muchas veces ocurrirá lo contrario; lo mismo, en general, en cualquier hecho que se considere, en el lógico criterio humano, menos probable en la realización normal de los hechos.

No hay que olvidar las condiciones subjetivas del autor. Indudablemente, sin llegar a presunción legal, es lógico que el Juez establezca una presunción de culpabilidad en los delincuentes profesionales que no den clara explicación de su estancia en determinados lugares, o de la falta de precaución de un chiquillo atropellado, especialmente si estaba jugando en el lugar del suceso, etc.

En presencia de un hecho incierto, se ha dicho que el ideal sería no juzgar. En contra, dice Saraceno que el fin del juicio o del proceso no es juzgar, sino decidir. Cuando faltan elementos de juicio y la solución de la duda es imposible, lo que es preciso es decidir; pero para esto hay que elegir entre las alternativas que se presenten, puesto que es decidir, cuando alguien duda entre varios caminos y no se decide por alguno, el optar por una decisión negativa. Si el médico duda entre operar o no y no decide operar, el resultado es equivalente a decidir no operar, o sea, a una decisión negativa. La actitud de Pilato supone una decisión.

En nuestra Ley de Enjuiciamiento criminal se establece en varios artículos la obligación del Juez de practicar las diligencias de averiguación; y así, en el 406 se dice que la confesión del procesado no dispensará al Juez de instrucción de practicar todas las diligencias necesarias a fin de adquirir el convencimiento de la verdad de la confesión o de la existencia del delito. Es decir, que no cabe la admisión de los hechos por la parte.

En el juicio oral, aunque el principio es, según el artículo 728, que no podrán practicarse otras diligencias de prueba que las propuestas por las partes (véase artículo 656), se establece a continuación, en el 729, la excepción de la admisibilidad de oficio del careo de testigos con los procesados, así como las diligencias de prueba no propuestas por las partes que el Tribunal considere necesarias para la comprobación de cualquiera de los hechos que hayan sido objeto de los escritos de calificación.

Contiene la Ley de Enjuiciamiento criminal algunos casos especiales de carga de la prueba; por ejemplo, el artículo 812 para los delitos de injurias y calumnias, que establece la carga de la prueba para el querellante, pero en los casos en que se exime de responsabilidad probando la verdad de los hechos ("exceptio veritatis"), los artículos 461 y 465 del Código penal señalan una verdadera carga de la prueba para él cuando sufre las consecuencias desfavorables de la no prueba.

En los juicios de faltas, el artículo 7.º del Decreto de 21 de noviembre de 1952 habla de la presentación de las pruebas por el querellante, el denunciante, si se mostrase parte, y el Fiscal.

En los delitos perseguibles a instancia de parte parece que debe seguirse sobre la carga de la prueba el principio dispositivo, aunque esto es dudoso y, desde luego, no se aplica a los procesos que sólo están condicionados a la existencia de denuncia del ofendido.

### Jurisprudencia

La prueba del estado de necesidad, como cualquier otra eximente, incumbe al que la alega (sentencia de 19 de diciembre de 1964).

La calificación de los actos y contratos hechos por particulares y las narraciones de hechos en actuaciones judiciales por las partes intervinientes están sometidas a la carga de la prueba de quien las emite y el juicio del Magistrado (sentencia de 27 de abril de 1963).

La carga de la prueba es de quien acusa y ejercita la acción penal, que, por ser pública, obliga también al instructor y a la Sala (sentencia de 25 de junio de 1966).

## PARTE SEGUNDA

# DE LA PRUEBA POR MEDIO DE LA COMPROBACION JUDICIAL

(EXPERIENCIA PERSONAL Y VISITA LOCAL)

## CAPITULO PRIMERO

# DE LA COMPROBACION JUDICIAL EN GENERAL. FUENTES DE SU FUERZA PROBATORIA

La comprobación judicial consiste en un procedimiento de experimentación personal, por cuyo medio se entera el Juez de la existencia de ciertas circunstancias decisivas (1), cuya descripción consigna en los autos, después de examinarlas. Estas circunstancias, aún no comprobadas y muchas veces controvertidas, es preciso que se sometan a la inspección del Juez, sin que éste haya de recurrir al auxilio de las ciencias especiales; de otro modo, el examen requiere un golpe de vista más perspicaz y la concurrencia de peritos.

La comprobación judicial propiamente dicha toma un carácter diferente, según que la ley autorice al Magistrado a proceder por sí solo a este reconocimiento, o para mayor garantía de su imparcialidad, le obligue a asociarse de otros auxiliares, a hacerse acompañar de testigos que examinan al mismo tiempo que él, y cuyo examen es corroborado por dichas personas, cuidando después consignarlo en un acto colectivo. Tal es el sistema seguido por la ley austríaca, con arreglo al cual la inspección judicial no suministra prueba legal si el Juez no se hace acompañar de dos personas fidedignas, que consignen en el acta el resultado de sus investigaciones. Pero en el derecho común de Alemania (y lo mismo sucede en Francia) no es en manera alguna indispensable esta asociación de testigos, y desde el momento en que el Juez, por su calidad pública y legal, ha tomado personalmente conocimiento de los hechos de cuya realidad se trata, las conclusiones afirmadas por él son jurídicamente ciertas. Sin embargo, esta cualidad oficial es una condición esencial de la prueba, y si el Juez no ha observado los hechos sino como hombre privado, si los sucesos han pasado a su vista cuando se hallaba en un

(1) Sucede muchas veces que el Juez instructor se constituye en el lugar del hecho, para saber si ha sido posible oír y comprender de un modo cierto y seguro las palabras que se han proferido, o el ruido que se ha hecho no lejos de allí cuando un testigo, por ejemplo, afirma haber oído tal o cual cosa, y el acusado sostiene que esto ha sido imposible. Pero no debe confundirse esta visita local, enteramente especial, con la comprobación judicial propiamente dicha.

paseo, sus observaciones no constituyen por sí mismas la prueba jurídica, y él no es más que un testigo ordinario.

Profundizando aún más el análisis de la inspección ocular, y considerándolo con relación al Juez de la causa, conviene establecer una nueva distinción: o el Juez tiene a la vista los objetos constitutivos de indicios graves, el instrumento del crimen, por ejemplo, o los vestidos desgarrados, o el cráneo de la víctima fracturado por las heridas recibidas (1), o no se le presenta nada, y halla tan sólo consignado en los autos el resultado de las observaciones del instructor. En el primer caso, parece justo atribuir la confianza debida a la inspección judicial, a los motivos de convicción que la experiencia personal suministra al Juez; pero en el segundo no hay este recurso de la evidencia que le hubieran transmitido inmediatamente sus sentidos; no se halla en presencia del objeto que se quiere examinar. Si la ley considera las actas de la información como verdaderos documentos revestidos de carácter público, es porque ve en ellas la expresión fiel de las observaciones recogidas por el instructor: es, pues, de suma importancia, por el interés de la prueba, que éste haya observado fiel y completamente, y asegurándose de todo hecho útil, y que lo que ha visto realmente lo haya consignado con no menos entera sinceridad en el acta. Bien se comprende desde luego que el Magistrado no tiene aquí por guía la inmediata evidencia de los sentidos, y la que adquiere, sin traspasar los límites de la materialidad, no llega a él sino por medio del Juez instructor, convertido en un verdadero testigo; y para decirlo de una vez, su convicción en el segundo caso es un resultado puramente lógico. Hay también una persona cuyo carácter en los procedimientos necesita definirse bien, y es el Secretario. Encargado de extender las actas, ¿cuál será su posición ante el Juez instructor? ¿Es libre e independiente? ¿Tiene el derecho de no consignar por escrito, sino los hechos reales tales como resultan, tales como él mismo los ha observado? Lejos de ser un instrumento pasivo en manos del Magistrado, y de que éste al dictarle pueda hacer correr arbitrariamente su pluma, ¿tiene derecho de oponerse y rehusar los servicios de su ministerio a una redacción infiel e inexacta? Con este sistema las diligencias no pueden menos de ganar en fuerza probatoria (2); el Secretario constituye entonces por sí un testigo, y los hechos consignados en aquéllas doblemente afirmados por el inquisidor y por él, son sometidos a la apreciación del Juez de la causa, después de ser demostrados auténticos por esta doble deposición. Pero no sucede así siempre; desgraciadamente, en la mayor parte de los Tribunales (3) no se considera

(1) En el procedimiento alemán, según el Derecho común, estos objetos se acompañan frecuentemente a la causa y se dirigen con ella al Juez. Véase también el Código de instrucción criminal francés, artículos 133 y 291.

(2) De aquí se infiere que las funciones del Secretario pueden tener una importancia mayor que la que comúnmente se cree.

(3) En Francia, el Secretario es nombrado por Real Orden, y no puede ser des-

al Secretario más que como una máquina de escribir; que reproduce servilmente cuanto se le dicta; como un hombre que el Magistrado instructor elige y puede despedir a su antojo. En este caso no se le puede mirar como testigo; no examina, ni tendría firmeza, por otra parte, para oponerse a su superior.

El Juez instructor que procede a la inspección ocular inspira plena y entera fe; pero este resultado es debido, no tanto al poder peculiar de sus funciones públicas, como al influjo de ciertas cualidades que le son especiales. Estas son en alto grado eficaces para garantizar su veracidad, cuando para hacerla patente se le quieren aplicar los principios usados en materia de prueba testimonial. En efecto, un testigo parece merecer tanto mayor crédito cuanto que su imparcialidad es más reconocida y ha observado los hechos con más reflexión, sabiendo que tiene que declarar acerca de ellos; que no ha dejado pasar desapercibido ninguno de los detalles importantes fácilmente omitidos, por lo regular, por un testigo casual, y que, en fin, conociendo toda la gravedad de su declaración, redobla su atención y sus esfuerzos para no incurrir en el error y hacer caer en él a los que hayan de escucharle. Pues bien: cuando el inquisidor procede a la inspección, en virtud de los poderes que le confiere la ley, ¿no es precisamente este testigo concienzudo e imparcial el que observa con sangre fría, se previene contra cualquiera ilusión y tiene siempre a la vista la importancia de la declaración que es llamado a prestar? En fin, y esto le da un carácter todavía más grave y poderoso, no viene al cabo de semanas, de meses y hasta de años, como sucede a menudo con los testigos ordinarios en las causas criminales, a dar cuenta de lo que ha visto, sino al punto inmediatamente después de terminado su examen, examen detenido y escrupuloso, cuyos resultados describe, y ya no es posible abrigar el temor de que su voluntad encierre, aunque con la mejor voluntad del mundo, conclusiones truncadas, embellecidas o transformadas por la imaginación, desde la hora en que se enunciaron semifingidas, semiverdaderas.

Se ve, por las consideraciones precedentes, que teníamos razón en decir que el fundamento de la fe, debida a la inspección ocular, no descansa en la evidencia personal de los sentidos del Juez de la causa, sino más bien en una evidencia lógica. Es preciso creer, ante todo, en la exactitud de las observaciones del inquisidor, en su amor a la verdad, en su deseo de consignarla con sinceridad en los autos; es necesario contar con la probidad del Secretario, y abrigar la seguridad de que no ha trasladado al proceso más que las observaciones recogidas durante la inspección del Juez.

Con respecto al origen de este modo de prueba, casi nada nos dice el Derecho común de Alemania; el Derecho romano tampoco puede ilus-

---

tituido por los Tribunales, quienes sólo tienen derecho de reprenderlos y de denunciarlos al Ministro de Justicia. (Art. 62 del Decreto de 20 de abril de 1810).

trarnos en la materia, sin que esto deba admirarnos (1). En Roma, el procedimiento criminal era todo de acusación y no había inquisidor con cualidad oficial para la averiguación de la verdad; la cuestión litigiosa era, por decirlo así, completamente *subjetiva.* Dándose tan poca importancia a la naturaleza y caracteres materiales del hecho, era inútil hacer de su examen un objeto especial de investigación judicial. Vino después la época del proceso inquisitorial, en que el Juez procedía por grados y no entablaba contra el acusado la información directa sino cuando se reconocía probable la existencia de un crimen. En aquella época, la inspección judicial adquirió una importancia notable, y entonces se desarrolló la doctrina del *cuerpo del delito,* que hizo aún más decisivos de los documentos que el examen del Juez debe suministrar a la justicia. Sobre todo, en caso de homicidio, se consideraba este medio como necesario, y en efecto, importaba patentizar antes que nada la existencia del cadáver, y su estado, que demuestra, por lo general, la existencia del crimen. Por eso el derecho canónico (2) lo declara obligatorio; y en las leyes germánicas de la Edad Media se ven ya huellas del examen del cuerpo de la víctima. En Inglaterra, este examen está regularizado de una manera especial y el *conocer (coronator)* tiene encomendada la misión de descubrir, acompañándose de testigos, la existencia del cadáver y el modo como ha sobrevenido la muerte. Estas ideas, generalmente esparcidas, se han reproducido en *la Carolina,* que obliga al Magistrado a proceder a la comprobación judicial en caso de homicidio. Poco a poco se extendieron estos principios a todos los procedimientos criminales, y como cada día se hacía sentir más la necesidad de la manifestación del cuerpo del delito, se estableció como regla recurrir a la inspección en todos los casos en que el Juez pudiera esperar que le suministrase elementos de convicción, relativamente a ciertos hechos decisivos en la causa. Era entonces opinión generalmente admitida que debían dividirse los delitos en *delicta facti transeuntis et factis permanentis;* que, para estos últimos, el único medio de prueba era forzosamente la inspección judicial, llegando hasta el punto de no atreverse a pronunciar la pena ordinaria, cuando, por ejemplo, no se había podido hallar el cadáver. Este error no ha desaparecido hasta los tiempos modernos, en que, adheridos a una opinión más prudente, no vemos en esta *inspección* más que un medio de prueba, que, como cualquier otro, no deberá el Juez descuidar, cuando pueda ser aplicable, porque es un contrapeso muy útil de las declaraciones de los testigos, y además el entendimiento, en su amor a la verdad, no satisface enteramente sino cuando reconoce que se ha intentado todos los medios posibles. En una palabra, esta prueba no es ya, como en otro tiempo, privilegiada u obligatoria, con preferencia a las otras.

---

(1) Alguna analogía se encontraría quizá en los motivos de la Ley 1.ª, tít. 4°, libro 25 del Digesto; Ley 6.ª, tít. 36, lib. 12 del Código.

(2) Cap. 18, tít. 5.°, lib. 12 de las Decretales.

Réstanos decir que las leyes modernas de Alemania, desde el momento que admitieron el sistema de la teoría legal de la prueba, han debido determinar exactamente las condiciones requeridas para que la inspección haga plena fe; y con respecto a las legislaciones que dejan ancho campo a las convicciones íntimas, y que, en lo concerniente a la instrucción preliminar se han mostrado necesariamente menos severas en el empleo de formas y medios para llegar a la certeza, a la vez que prescriben también su uso, le reglamentan de una manera insuficiente, y no la hacen entrar exclusivamente en las atribuciones del Juez. Así es que el Procurador del Rey, o cualquier otro funcionario encargado de los deberes de acusador, puede muchas veces, a pesar de su forzosa parcialidad, proceder en persona a la inspección, pudiendo los Magistrados decidir sobre el contenido de la información suministrada por él.

## CAPITULO II

# CUANDO HA LUGAR A PROCEDER A LA COMPROBACION JUDICIAL

De que la comprobación judicial sea la regla que debe seguirse en las informaciones en materia de homicidio, y de que tenga entonces por objeto el reconocimiento de la existencia y estado del cadáver, no se sigue que sea aquél el único caso en que deba emplearse, sino solamente uno de los en que su aplicación es más frecuente. La verdadera regla que se debe seguir puede formularse de este modo: conviene proceder a ella, siempre que el Juez instructor espere llegar por este medio al descubrimiento de un hecho importante para la manifestación de la verdad material y la apreciación rigurosamente exacta del hecho acriminado.

Partiendo de este principio, se ve que puede aplicarse al objeto directo del crimen (1), a los instrumentos que han facilitado su ejercicio (2), a cualesquiera otros objetos que hagan presumir la perpetración de un crimen (3), a los lugares mismos, a fin de hallar en ellos indicaciones sobre la manera con que ha sido cometido (4), o para examinar la sinceridad de ciertas alegaciones del acusado (5). La inspección judicial no es, pues, simplemente un medio de prueba aplicable solamente al cuerpo del delito o al reconocimiento de ciertos hechos (6), o de ciertos caracteres de estos hechos que puedan constituir el crimen (7), o el de su naturaleza (8), o, en fin, al de las causas concomitantes que hu-

---

(1) Por eso no se aplica solamente a la investigación y examen del cadáver el caso de homicidio, sino también a la información del crimen de falsedad; por ejemplo: a la averiguación de documentos falsificados.

(2) Por ejemplo: a los instrumentos que han servido para la fabricación de moneda falsa.

(3) Por ejemplo: a los vestidos ensangrentados.

(4) Por ejemplo: cuando se trata de ver lo que podía suceder en el lugar donde se cometió el crimen y qué señales quedan todavía de él.

(5) Por ejemplo: cuando se trata de determinar la dirección de las heridas en virtud del rebote de la baja.

(6) Por ejemplo: en caso de incendio de una casa.

(7) Por ejemplo: si ha habido suicidio, o si las heridas provienen de mano extraña.

(8) Por ejemplo: si ha habido robo con violencia.

bieran influido en las consecuencias del acto acriminado (1), sino que es también un medio de prueba de las más eficaces para el descubrimiento del agente criminal. Así es que el instructor, obrando dentro de los límites de sus funciones, puede asistir en persona a enterarse de la perpetración de un crimen (2), o hallar ambién en el lugar donde se cometió vestigios o indicios vehementes contra una persona determinada (3).

La inspección judicial puede igualmente cooperar al descubrimiento de circunstancias accesorias de donde pueda deducirse la verosimilitud de la intención criminal y resultar la prueba de la sinceridad de los tesigos (4), contribuir a afirmar el crédito de la confesión del acusado (5), o, en fin, a patentizar el fundamento de sus justificaciones (6). Además es aplicable a las personas como a las cosas, y entre las personas, lo mismo a la parte ofendida (7) que a la acusada (8), y el examen a que se las sujeta conduce muchas veces a la manifestación de resultados decisivos.

---

(1) Por ejemplo: si en el lugar donde yace el cadáver se encuentran rocas puntiagudas que hayan podido empeorar el estado del herido en el momento de caer.

(2) Por ejemplo: al ver las heridas causadas por un individuo al querellante.

(3) Por ejemplo: cuando se descubran señales o huellas.

(4) Por ejemplo: cuando un testigo afirma haberle visto por el agujero de una cerradura.

(5) Por ejemplo: cuando el acusado declara haberse ocultado de esta o de la otra manera.

(6) Cuando la mujer acusada de infanticidio sostiene que las circunstancias del lugar (el suelo o pavimento en el que ha soltado al niño) pueden explicar las contusiones observadas en el cadáver.

(7) Por ejemplo: en caso de heridas o violación.

(8) Por ejemplo: el herido afirma que ha mordido en el brazo a su agresor, y se procede a examinar si el acusado tiene la señal de la mordedura.

## CAPITULO III

# MODO DE PROCEDER A LA COMPROBACION JUDICIAL

1. La comprobación judicial es un acto por cuyo medio el Juez se asegura de la existencia de ciertos hechos; mas para que sea regular y pueda servir de base a una sentencia, es necesario, como primera condición, que se proceda por el Juez criminal competente. Sucede a menudo que, cuando se trata de objetos al parecer de poca importancia, el instructor encomienda esta operación a auxiliares de un orden inferior (1); pero esta práctica es viciosa, porque si bien es cierto que las declaraciones de éstos sirven también de testimonio, y que, como cualesquiera otras emanadas de un testigo único, pueden constituir una probabilidad de la existencia de los hechos cuya certeza se busca, no lo es menos que en tal caso no hay comprobación judicial propiamente dicha, aquella que hace plena fe; porque, como hemos expuesto más arriba, emana de un Magistrado altamente imparcial, que conoce toda la importancia del caso a que procede, que sabe perfectamente sobre qué puntos debe recaer su examen, y cuya veracidad es inmediatamente después atestiguada por el Escribano. Sería, pues, muy fácil dirigir justas censuras contra las inspecciones y visitas locales hechas por los empleados de policía o los funcionarios de la Administración, quienes raras veces (2), fuerza es decirlo, pueden proceder con la calma e inteligente circunspección del Juez criminal. Si a éste le es imposible volver a empezar la inspección por sí mismo, deberá, obrando prudentemente, llamarlos a todos como testigos y hacerles declarar *á novo,* previo juramento, acerca de cuanto hayan observado.

2. En segundo lugar, este medio de prueba produce resultados tanto más fundados en verosimilitud, cuando que el acta es redactada en el mismo paraje e inmediatamente después de terminado el examen, pre-

---

(1) Por ejemplo: para examinar las huellas de pasos que se dirigen de un sitio a otro.

(2) Todo depende también de la naturaleza de los objetos que han de ser examinados: si, por ejemplo, se trata de un incendio voluntario, la autoridad administrativa es apta, seguramente, para averiguar los hechos.

viniendo de este modo los olvidos tan fáciles de una memoria infiel, y los vacíos que más tarde la imaginación sola tendría que llenar.

3. Esta acta debe ser redactada con extremada claridad, de suerte que los Magistrados que no han tomado parte en el examen de los objetos que trata de hacer constar, pero que, sin embargo, habrán de juzgar en vista de este documento, puedan hallar una reproducción palpable y completa de los hechos, que les haga, por decirlo así, asistir a la operación misma; y es, por tanto, conveniente no descuidar ninguna de las aclaraciones que le son inherentes, tales como croquis, planos, etc., etc. (1).

4. El Juez, al proceder a la inspección, no debe atender exclusivamente al hecho material, ni olvidar que más tarde se haría imposible todo examen, o que pueden sobrevenir alteraciones que modifiquen su resultado; dirigirá también su atención a todas las circunstancias útiles para la instrucción o importantes para la decisión futura; se representará todos los casos posibles (2); atenderá a todas las circunstancias accesorias capaces de determinar los caracteres jurídicos del crimen de que se trata en el sumario, y por último, a todos los pormenores de hecho que parezcan más o menos constitutivos de estos diversos caracteres (3).

5. La comprobación judicial exige la mayor celeridad posible, y es de suma importancia que las cosas permanezcan en su estado primitivo, y que ninguna alteración pueda hacerlas mirar desde un punto de vista equivocado. Si es necesaria la asociación de peritos, el Juez hace vigilar el sitio e impide todo movimiento antes de la llegada de aquéllos; otras veces procede por sí mismo a inspeccionar los objetos que no requieren la observación del profesor, prescindiendo de aquellos que sólo pueden ser examinados útilmente por éste (4). Ultimamente es de su deber oír, durante la operación, a las personas que hayan llegado primero, y que, habiendo desde un principio observado las cosas, pueden dar a conocer el estado en que han encontrado el lugar, los cambios que hayan podido sufrir (5).

6. Cuando se ha procedido a la comprobación judicial en aquella época del proceso, en que la información va dirigida ya contra un incul-

---

(1) El instructor o el Escribano son los únicos que cometen a veces la falta de trazar croquis y planos, *en que no puede reconocerse otra mano que la suya.* Es siempre prudente pedir los planos a un perito.

(2) Así, en caso de homicidio, puede quedar en duda si la muerte es el resultado de un suicidio o de un crimen ajeno cometido por un extraño. Las manchas de sangre en la habitación, la situación y estado de los objetos colocados cerca del cadáver, tienen entonces una importancia grandísima.

(3) Por ejemplo: en caso de infanticidio, y especialmente cuando se trata de comprobar las resultas de la caída del infante.

(4) Pero sucede a menudo que no pueden separarse la inspección judicial y el examen policial, y que, procediendo aisladamente a la una, se perjudica al otro; por ejemplo: cambiando el cadáver de posición.

(5) Dirán si han sido lavadas las manchas de sangre, si ha sido trasladado el cadáver de un punto a otro.

pado designado, puede ser necesario hacer asistir a éste a las operaciones. Debe hacerse así siempre que las explicaciones generales suministradas por él no tengan el grado de precisión necesaria, y queden por practicar pormenores de localidad por él alegados (1), o también cuando los objetos deben ser reconocidos por él. En todo caso, siempre será útil su asistencia a las operaciones, y el Juez instructor podrá hallar en este medio mayores facilidades de observación hacia su persona, o provocar las ocasiones de una confesión (2). Pero no debe apresurarse la asistencia del inculpado a las operaciones: muy pronto, aun estando ausente, se entera de todas las circunstancias, y más tarde podrían tenerse *sugestiones* involuntarias; de este modo, aun aquel que no hubiera cometido el crimen, podría dar pormenores que un acusado inocente no hubiera debido conocer jamás, y una confesión de su parte podría parecer verosímil (3).

7. El examen judicial se aplica algunas veces a la persona del inculpado (4); pero conviene no recurrir a él sino cuando existan cargos ya bastante graves para motivar casi su arresto preventivo. Esta inspección corporal ofende a la libertad del individuo, y muchas veces a su pudor, y denota además públicamente las graves presunciones de la inculpación; sirva, pues, de regla, que sólo éstas la pueden autorizar.

8. Siendo un principio reconocido que todo ciudadano está obligado a provocar la acción de la justicia criminal que se ejerce en interés de la seguridad social, y que la inspección ocular es un medio eficaz para averiguar la verdad, se sigue que no puede negarse al Magistrado el derecho de proceder a ella en cualquier lugar (5); sólo en el caso en que la operación se aplicase a la persona ofendida deberá usar doblemente de consideración y de prudencia (6).

---

(1) Por ejemplo: cuando se trata de determinar la posición que ocupaban tales y cuales personas.

(2) En el teatro del crimen, la voz de la conciencia habla con una fuerza irresistible al inculpado, y el Magistrado instructor obrará sabiamente no descuidando nada de lo que observa en aquél en tan crítico momento.

(3) Cuanto más concuerda la confesión hasta en sus menores circunstancias, el número, la forma de las heridas, etc., con las demás pruebas, mayor crédito merece.

(4) En caso de infanticidio, de violación.

(5) Así es que tiene derecho a inspeccionar el interior de una casa donde se sospecha la existencia de un infanticidio.

(6) Si la voz pública señala a una joven como víctima de una violación, con estos solos datos, el inquisidor, arbitrariamente en cierto modo, ¿habrá de hacer sufrir a aquélla un examen corporal para comprobar la verdad de los rumores que circulan?

## CAPITULO IV

## REGLAS QUE CONVIENE OBSERVAR EN MATERIA DE COMPROBACION JUDICIAL, SEGUN LA DIVERSA NATURALEZA DE LOS CRIMENES QUE SE TRATA DE INVESTIGAR

En caso de homicidio, principalmente, es cuando tiene una importancia especialísima la comprobación judicial, y su carácter particular consiste en que, por lo común, tiene lugar simultáneamente con el examen a que proceden los peritos (así es como se hace, por ejemplo, la inspección del cadáver); pero no siempre es necesaria esta simultaneidad, y es de sentir que muchas veces el instructor, confiando demasiado en la exactitud de los peritos, y dejando a su cuidado la comprobación de todos los pormenores útiles, no crea de su deber, como el Juez, dirigir su examen hacia los mismos puntos que ellos, tales como las heridas, la posición del cadáver, las manchas de sangre, etc. Debe más bien tener por regla descubrir por su parte todas las circunstancias importantes, sin preocuparse del trabajo a que aquéllos se entregarán más tarde; o, si proceden al mismo tiempo, consignar en el proceso aquellas mismas a que se dedican los peritos; y de este modo, observadas y puestas de manifiesto por el Juez, vendrán a confirmar los resultados del examen pericial. En todas las informaciones sobre el homicidio, el Juez, procediendo a la inspección oficial, se dedicará a reconocer *la existencia del cadáver, los vestidos que le cubren, el número y estado de las heridas;* describirá con la más escrupulosa exactitud *el lugar donde yace el cadáver, los objetos que le rodean, los instrumentos del crimen, los objetos que pertenecían a la víctima o a las personas que le rodeaban, la extensión y dirección de las manchas de sangre sobre el cadáver y a su alrededor;* no omitirá, en fin, *ningún pormenor,* por insignificante que parezca: los *desgarrones o cuchilladas existentes* en los vestidos, las *huellas* de pasos alrededor del cadáver, ya en dirección de este, ya en sentido opuesto, y, en fin, su forma y naturaleza (1).

Pero el objeto de la inspección judicial, en caso de homicidio, es más especialmente el cuerpo del delito mismo y cuanto pueda ayudar a decir

(1) Siempre será conveniente unir a los autos un exacto diseño.

con toda certeza acerca de su existencia: esta operación es alta y particularmente eficaz, cuando se trata de determinar cuál es la causa de la muerte y si debe atribuirse a un suicidio, a un accidente natural, a la imprudencia del difunto o a una mano criminal extraña.

Entonces es cuando importa describir exactamente la posición del cadáver (1), la distancia que media entre el instrumento y el lugar en que yace aquél (2), las señales aparentes que indican una causa de muerte, fácil de comprobar en un caso dado (3); entonces es cuando conviene averiguar qué individuos han podido llegar al sitio en que yace el cadáver, o si era imposible todo acceso. Si está demostrado que la muerte es obra de una mano extraña, no deben dejar de recogerse todas las circunstancias, porque de ellas puede resultar que el agente extraño la ha causado por sí solo, o que es también y al propio tiempo efecto de causas intermedias, y darse a conocer la manera en que ha sido consumado el crimen, cuáles han sido los motivos (4); así cuando se han sustraído ciertos objetos usados de ordinario por el difunto, o que se hallaban colocados a su inmediación, es muchas veces posible por este medio saber sobre quién debe recaer la inculpación.

Según que el homicidio difiere por su naturaleza, la inspección judicial pasa por fases y direcciones diferentes.

En caso de infanticidio, es indispensable el examen de los profesores; sin embargo, no deja de ser útil la simple inspección del Juez. El estado del lugar en que sobrevino el parto, las huellas de un reciente alumbramiento, y el puesto que ocupan, las circunstancias que han podido acelerar la muerte del infante, nada de esto debe pasar desapercibido a su vista (5). Muchas veces esta inspección se hace necesaria en el curso mismo de la instrucción; cuando la acusada, por ejemplo, alega ciertos incidentes ocurridos durante el parto, y en el caso de exponer aquellas circunstancias que parecen haber ejercido una perniciosa influencia, debe el Juez examinar si son o no fundadas estas alegaciones.

Siempre que se sospecha un envenenamiento, aparte de la descripción exacta del cadáver y de su estado, asunto principal de los peritos, importa mucho buscar todas las sustancias arrojadas por el difunto durante su última enfermedad, todos los residuos de alimentos, bebidas y medicamentos que le han sido suministrados. Todos estos objetos

---

(1) Por ejemplo: si la víctima ha sido hallada sentada o tendida, boca abajo o no, etc.

(2) Este pormenor es importante; puede preguntarse, muchas veces, si el suicida ha podido arrojar lejos de sí el instrumento de su muerte.

(3) Ejemplo: si se trata de un hombre a quien se ha encontrado ahorcado, se verá si los pies tocan en tierra. El proceso seguido a consecuencia de la muerte del Duque de Borbón ofrece un notable ejemplo de esta particularidad.

(4) Muchas veces pueden deducirse de la posición que ocupaban el inculpado y su antagonista.

(5) Tal vez haya en el suelo piedras puntiagudas. Si el niño ha caído de una escalera, cómo están construidos los escalones, etc.

deben ser conservados cuidadosamente, como también los vasos, botes o cajitas que hayan contenido polvos medicinales o de cualquier otra clase, porque necesariamente tendrán que ser examinados más tarde por los peritos.

Cuando la información recae sobre heridas, no es a veces tan absolutamente necesario que el Juez las reconozca en persona; los peritos describirán mejor el estado del herido, y le examinarán sin causarle mal alguno; pero el Juez no dejará por eso de considerar el teatro de la escena, y sólo por este medio es posible reconocer también la influencia que han podido ejercer ciertas circunstancias extrañas, por ejemplo, la presencia de piedras o de ramas puntiagudas sobre las cuales haya caído el herido. Puede también haber lugar al examen de la persona del inculpado, cuando éste sostiene haber sido atacado, porque, si se retardase, se haría algunas veces imposible hallar en su cuerpo la señal de las violencias que alega.

En caso de violación, es preciso proceder inmediatamente al examen del cuerpo, y, sobre todo, de las partes sexuales del querellante; igual operación debe verificarse en la persona del inculpado. Si se trata de incendio voluntario, es de absoluta necesidad la comprobación judicial. Por ella reconoce el Juez si ha habido incendio efectivamente, cuál es la extensión del daño causado, dónde ha empezado el fuego, qué dirección ha seguido, de qué materia inflamable ha podido valerse el autor del crimen, qué distancia separa el lugar del incendio de los edificios vecinos, etc.

En el delito de robo, la inspección judicial tiene por objeto reconocer el sitio donde ha sido cometido, e importa hacer constar el lugar que ocupaban los efectos sustraídos, de qué manera parece haber sido consumado el robo, si ha habido fractura, escalamiento, etc.; cómo el ladrón ha podido penetrar y escaparse, y, en fin, si existen señales de violencia.

Por último, caso de fabricación de moneda falsa, la inspección tiene por objeto la investigación de los instrumentos del crimen y de las materias empleadas por el monedero falso, y el descubrimiento de los parajes en que aquélla se fabricaba.

## CAPITULO V

## REGLAS PARA APRECIAR LA FUERZA PROBATORIA DE LA COMPROBACION JUDICIAL Y EFECTOS DE ESTA

Un hecho se tiene por sentado jurídicamente desde el momento que es comprobado por la inspección judicial practicada en regla, y la fe debida a éste se apoya en el carácter especial del Magistrado, carácter que hace se le considere forzosamente como un testigo digno de crédito; se deriva también de las cualidades del acta oficial. Pues bien: siendo el Magistrado un verdadero testigo con respecto a los Jueces definitivos que han de apreciar los resultados de la inspección, todas las causas que por otra parte vengan a aminorar la confianza debida a las declaraciones de un testigo, pueden igualmente atenuar aquí la fuerza probatoria de la inspección, en el caso de que el Magistrado estuviese sujeto a tachas semejantes. Por eso convendría, en interés de la defensa, probar que no se había hecho constar convenientemente la identidad de los objetos que deben examinarse; que cuando la inspección ha tenido lugar, no era posible que se apoyara en bases esenciales (1); o también se argüiría que el Juez, en lugar de ver por sí mismo, había recogido las observaciones de un tercero y consignándolas como suyas en el acta (2).

Hemos hablado más arriba (Parte 2.ª, Cap. I) de la asistencia del Escribano: también se podría combatir la redacción del acta, demostrando que, en vez de confirmar las observaciones del Juez con las suyas propias, no ha hecho otra cosa que escribir servilmente lo que se le ha dictado (3).

Apoyándose, finalmente, la fuerza probatoria de la inspección en el hecho de que los resultados del examen del Juez han sido *inmediatamente* consignados en una pieza oficial y auténtica, se atenuará esta misma fuerza probatoria, siempre que aparezca alguna circunstancia que

---

(1) Cuando, por ejemplo, han sobrevenido cambios notables.

(2) A veces, en efecto, y sin razón alguna el instructor encarga a un auxiliar de justicia que proceda al examen y consigne en el acta, como propias suyas, observaciones que no le pertenecen.

(3) Cuando, por ejemplo, no ha llegado el Escribano hasta después de terminado el examen.

tienda a demostrar que el acta no ha sido inmediatamente extendida (1), o que falta en su contexto alguna de las formalidades requeridas por la ley (2).

La inspección judicial se dirige ordinariamente a demostrar el *cuerpo del delito* (3), o al menos una parte de él (4), y rara vez a la averiguación del autor del crimen; sin embargo, por medio de ella puede el Juez llegar a su descubrimiento inmediato o mediato: inmediato cuando, prevenido a tiempo, llega al sitio y aprende al agente en flagrante delito (5); mediato, cuando pone en claro tales pormenores materiales que hacen recaer las sospechas sobre un ciudadano (6). Puede, en fin, conducir al descubrimiento de hechos que pongan en claro la cuestión de intención, o que tiendan a probar que el acusado se encontraba en el caso de legítima defensa (7).

---

(1) El instructor hará siempre mal en no extender su acta sobre los lugares mismos, y en contentarse con tomar notas aceleradamente para consultarla después de volver a su casa.

(2) Cuando, por ejemplo, no ha puesto su firma el Magistrado.

(3) Ejemplo: ¿ha sido muerto un hombre? Se busca el cadáver.

(4) Ejemplo: ¿ha tenido lugar el robo por medio de *fracturas?*

(5) Ejemplo: el Juez penetra en un taller de moneda falsa cuando están trabajando.

(6) Ejemplo: el inculpado tiene heridas que la parte agraviada asegura haberle causado.

(7) Cuando, por ejemplo, la dirección, la naturaleza de las heridas, hacen creer que el acusado no ha podido ocasionarlas sino después de haber ya derribado a su adversario y en medio de la lucha.

## ADICIONES A LA PARTE SEGUNDA

### (Capítulos I a V)

Si tomamos el término de comprobación judicial en un sentido estricto, las referencias a nuestro Derecho deben limitarse a lo que la Ley de Enjuiciamiento criminal denomina inspección ocular, que se regula en el capítulo I, título V del libro II y que comprende los artículos 326 y siguientes.

La percepción judicial inmediata es, sin duda, uno de los medios más importantes de convicción. Entendemos por percepción judicial inmediata el acto procesal que realiza el Juez o Tribunal, en virtud del cual observa o percibe por sí mismo un lugar o cosa con el fin de formar su propio convencimiento sobre la verdad de un hecho. Se caracteriza porque el medio de prueba se confunde con el propio objeto de la misma y porque su producción y asunción es idéntica en un mismo acto de operación intelectiva con la valoración.

El Juez o el miembro del Tribunal percibe el objeto de esta prueba mediante sus sentidos, y ello de modo inmediato, sin que nada ni nadie se interponga entre el objeto y las facultades sensoriales del sujeto.

El régimen jurídico de la inspección ocular en nuestro ordenamiento presenta las siguientes características:

El lugar viene determinado por la naturaleza misma del objeto de la prueba. Si se trata de un hecho que ha de percibirse en un inmueble o aun en un objeto jurídicamente mueble, pero de imposible o de difícil traslado a la presencia judicial, deberá trasladarse el titular del órgano judicial al lugar donde se encuentre. Si la cosa puede ser llevada a la sede del Juzgado o Tribunal, sin detrimento del hecho objeto de la prueba, el propio local del órgano jurisdiccional será el lugar donde la misma haya de practicarse.

El único requisito de tiempo que respecto a esta prueba establece la Ley es que se practicará con preferencia a las demás del sumario, no debiendo suspenderse su realización, sino para asegurar la persona del presunto culpable o para dar el auxilio necesario a los agraviados por el delito (art. 366). También podrá practicarse en el curso del sumario, tan pronto como de las circunstancias de éste se dedujera su necesidad o conveniencia. En el plenario se llevará a cabo en el momento en que haya sido pedida por las partes o lo acordara el Tribunal.

Como por definición esta prueba consiste en una percepción inmediata por el Juez, el principio de inmediación adquiere aquí el relieve de algo que es consustancial con ella misma. Por ello, el problema que también se ha planteado por nuestra doctrina sobre la posibilidad de discrepancia entre las percepciones del Juez y las del Secretario, que, como fedatario auxiliar de aquél, ha de redactar el acta, ha de resolverse en el sentido de que lo que ha de consignarse en la misma es la declaración del Juez sobre su percepción y el Secretario ha de limitar su actividad a dar fe del acto realizado y de la declaración que el Juez le transmite acerca de su percepción personal, no de los hechos que pueden aparecer, incluso en forma discrepante ante los propios sentidos del fedatario judicial.

En cuanto al procedimiento, debemos distinguir dos grupos de cuestiones: uno, el primero, en el que nos ocuparemos de la inspección ocular en el sumario, y un segundo, de la prueba de inspección en el juicio.

La inspección ocular en el sumario se lleva a cabo mediante la constitución del Juzgado, como antes hemos dicho, en el lugar de que se trate. Este lugar puede ser abierto o tratarse de un edificio o lugar cerrado; tanto en uno como en otro caso, la inspección tiene lugar en la misma forma, si bien teniendo en cuenta, cuando se trata de un lugar cerrado, las normas que regulan los actos cautelares de naturaleza real, distinguiendo éstos del medio de prueba que venimos tratando, ya que la formalidad de uno y otro acto son distintos, porque el acto de la prueba tiene su fin en sí mismo, mientras que el acto cautelar real tiene como fin la prestación de elementos para asegurar ésta.

Debemos distinguir, al tratar del procedimiento para llevar a cabo la inspección ocular, diversas hipótesis que recoge la Ley, según se trate de un delito que haya dejado vestigios o pruebas materiales de su perpetración o que no hayan quedado huellas o vestigios del delito.

Si el delito ha dejado vestigios, el Juez instructor o el que haga sus veces los recogerá y conservará para el juicio oral, si fuera posible, procediendo al efecto a la llamada inspección ocular y a la descripción de todo aquello que pueda tener relación con la existencia y naturaleza del hecho (art. 326, párrafo 1.º). A este fin hará consignar en los autos la declaración del lugar del delito, el sitio y estado en que se hallen los objetos que en él se encuentren, los accidentes del terreno o situación de las habitaciones y todos los demás detalles que puedan utilizarse tanto para la acusación como para la defensa (artículo 326, pár. 2.º).

Cuando fuere conveniente, para mayor claridad o comprobación de los hechos, se levantará el plano del lugar suficientemente detallado, o se hará el retrato de las personas que hubiesen sido objeto del delito, o la copia o designación de los efectos o instrumentos del mismo que se hubiesen hallado (artículo 327).

Si la inspección tuviere lugar por causa de muerte violenta o sospecha de criminalidad, antes de proceder al enterramiento del cadáver o inmediatamente después de su exhumación, el Juez instructor describirá detalladamente su estado y circunstancias y especialmente todas las que tuvieren relación con el hecho jurídico (art. 340 en relación con el 335), para lo cual deberá constituirse el Juzgado en el lugar en el que haya aparecido el cadáver o parte del mismo, diligencia que se conoce en la práctica forense con la denominación de levantamiento del cadáver, consistente en la orden que el Juez da con posterioridad a la fijación de estas circunstancias de trasladar el mismo al lugar destinado al efecto.

Si se tratase de un robo o de cualquier otro delito cometido con fractura, escalamiento o violencia, el Juez instructor deberá describir los vestigios que haya dejado y consultará el parecer de peritos sobre la manera, instrumentos, medios o tipos de la ejecución del delito (art. 328).

El Juez instructor procurará recoger en los primeros momentos las armas, instrumentos o efectos de cualquier clase que puedan tener relación con el delito y se hallen en el lugar en que éste se cometió o en sus inmediaciones, o en poder del reo o en otra parte conocida, extendiendo diligencia expresiva del lugar, tiempo y ocasión en que se encontraren, describiéndolos minuciosamente (art. 340). Si el delito no ha dejado vestigios, el Juez instructor averiguará y hará constar, siendo posible, si la desaparición de las pruebas materiales ha ocurrido natural, casual o intencionadamente y las causas de la misma o los medios que para ello se hubieren empleado, procediendo seguidamente a recoger y consignar en el sumario las pruebas de cualquier clase que se puedan adquirir acerca de la perpetración del delito (art. 330).

Si fuere conveniente recibir un informe pericial sobre los medios empleados para la desaparición del cuerpo del delito o sobre las pruebas de cualquier clase que en su defecto se hubiesen recogido, el Juez lo ordenará inmediatamente del modo prevenido para la prueba pericial (art. 339).

Cuando al practicarse estas pruebas hubiere alguna persona en calidad de procesado como presunta autora del hecho punible, podrá presenciar ya solo, ya asistido del defensor que eligiere o le fuese nombrado de oficio, si así lo solicitare; y uno y otro podrán hacer en el acto las observaciones que estimen pertinentes, las cuales se consignarán por diligencia si no fuesen aceptadas (art. 333, pár. 1.º). Al efecto se pondrá en conocimiento del procesado el acuerdo relativo a la práctica de la diligencia con la anticipación que permita su índole, y no se suspenderá por la falta de comparecencia del procesado o de su defensor (art. 333, pár. 2.º).

Todas las diligencias a que dé lugar esta prueba se documentarán en el mismo acto de su realización y serán firmadas por el Juez instructor, el Fiscal, si asistiera al acto, el Secretario y las demás personas que se hallen presentes (art. 332).

Cuando esta prueba hubiere de practicarse después de la apertura de las sesiones del juicio oral, si el lugar que deba ser inspeccionado se hallase en la capital, donde tenga su sede la Audiencia competente, se constituirá en él el Tribunal con las partes, y el Secretario extenderá diligencia expresiva del lugar o cosa inspeccionada, haciendo constar en ella las observaciones de las partes y demás incidentes que ocurran (art. 727, pár. 1.º).

Si el lugar estuviere fuera de la capital, se constituirá con las partes el individuo del Tribunal que el Presidente designe, practicándose las diligencias en la forma establecida en el párrafo anterior. En todo lo demás se estará a lo que anteriormente hemos expuesto (art. 727, pár. 2.º).

Igualmente debe de incluirse en la precepción judicial directa la diligencia denominada de reconstitución de los hechos. Cuando el Juez instructor lo considere necesario o conveniente para la averiguación de las circunstancias en que se llevó a cabo un hecho delictivo, podrá ordenar que se efectúe una reconstitución del mismo, consistente en una reproducción más o menos completa de los hechos constitutivos del delito, tal como se desprendan de las declaraciones del imputado, de la víctima, testigos y peritos.

Como hemos dicho, este medio de prueba constituye un aspecto de la preceptación judicial inmediata y no tiene otra limitación que aquella que provenga de la naturaleza misma de los hechos, por lo que no podrá llevarse a cabo cuando se tratare de delitos que por su índole no fueran susceptibles de permitir una reproducción de su forma y realización, sin atentar a la moral, buenas costumbres u orden público.

Pero aun en estos casos se pueden llevar a cabo hechos que sin ser la exacta reproducción del delito, sirvan para determinar, por ejemplo, la posición del autor y del ofendido, distancia y colocación de los testigos, etc.; en una palabra, todo lo que pueda constituir de alguna manera al descubrimiento de la verdad de los hechos en sí y de las declaraciones de conocimiento llevadas a cabo por los testigos e imputados.

Estos actos se practicarán normalmente en secreto, que habrá de hacerse compatible con la presencia de todas las personas que hayan de intervenir en el sumario y que estarán obligadas a guardarlo igualmente. Si, por el contrario, la realización tuviera lugar en el plenario, los actos serán públicos, como todos los del juicio oral.

## PARTE TERCERA

# DE LA PRUEBA PERICIAL

## CAPITULO PRIMERO

## NATURALEZA DE LA PRUEBA PERICIAL

La intervención de *peritos* tiene lugar siempre que en una causa criminal se presentan ciertas cuestiones importantes, cuya solución, para poder producir convencimiento en el ánimo del Juez, requiere el examen de hombres provistos de aptitud y de conocimientos facultativos y especiales.

Es, pues, necesario: 1.º Cuando se trata de investigar la existencia de ciertos hechos, cuya averiguación, para que sea bien hecha, exige necesariamente los conocimientos técnicos de que acabamos de hablar; por ejemplo, cuando el examen debe recaer sobre las señales de la virginidad o sobre la existencia del veneno en el cuerpo.

2.º Cuando haya de decidirse acerca de la naturaleza o de las cualidades de ciertos hechos (1).

3.º Cuando la base de la sentencia debe principalmente apoyarse en la admisión de un hecho como posible o probable (2); tal sería el caso en que un testigo afirmara ciertos hechos, ciertas relaciones de hecho (3), y el en que el acusado alegara la existencia de algunas circunstancias accesorias del crimen, cuya demostración podría por sí sola acreditar la sinceridad de su confesión (4).

4.º Cuando de los hechos demostrados se trata de deducir sus consecuencias, las conclusiones que sólo puede suministrar el profesor (5).

Se ve, por lo que antecede, cuán errónea es la opinión generalmente admitida de que el examen pericial no es otra cosa que la inspección judicial bajo diversa forma. Cierto es que en determinados casos el examen de los peritos coincide con el del Juez (6), o más bien para llegar

---

(1) Ejemplo: ¿qué dirección ha seguido la herida?

(2) Ejemplo: ¿puede un hombre ser herido de un balazo a una distancia determinada?

(3) Ejemplo: ¿ha podido el testigo ver lo que ha pasado a la distancia en que se hallaba?

(4) Ejemplo: si sostiene el acusado haberse servido de tal o cual sustancia para practicar el envenenamiento.

(5) Ejemplo: ¿ha sido mortal la herida?, ¿el veneno ha causado la muerte?

(6) Así, durante la inspección del cadáver, al tiempo mismo que el perito prac-

los primeros a las conclusiones razonadas que se les piden, tienen que fijar su atención en ciertos hechos, que el Juez ha podido apreciar por sí mismo, y que están bajo la inmediata inspección de los sentidos (1). El instructor, además, tiene la misión de dirigir las operaciones, para las que se ha asociado a los peritos, y es preciso, por tanto, que llame su atención hacia los puntos decisivos en la causa (2); pero todo esto no basta para que sea exacto decir que el examen pericial es una forma de la inspección judicial: el Juez no convoca a los peritos para que le pongan en posición de observar por sus propios ojos, o por lo menos esto no puede tener lugar sino rara vez, por ejemplo, practicada la autopsia y levantado el esternón, el Juez se asegura por sí mismo del trayecto que ha recorrido la bala. Aun supuesta su presencia por lo general, sólo a los ojos del práctico aparecen los hechos con toda claridad y bajo su verdadero punto de vista; y en cuanto al Juez, no puede hacer otra cosa que referirse al dicho de aquél, acerca de la existencia de caracteres que sólo se descubren a su vista más perspicaz (3).

Digamos, por último, que en todos los casos, y aun en el de asistir el Juez al examen pericial, éste no es realmente más que un *medio:* conduce al perito al dictamen técnico que de él se espera. El médico practica la autopsia, a fin de asegurarse de si han sido mortales las heridas, y el químico, por medio del análisis, procura convencerse de la existencia del veneno. Siendo, pues, bien conocido el objeto principal del examen pericial, sería no formar una idea exacta de su naturaleza confundirle con la inspección judicial, y semejante opinión es todavía menos admisible en todos aquellos casos en que los peritos son interrogados acerca de la posibilidad de determinados hechos en general (4), y en que el Juez, apoyado en sus informaciones, decide que tales y cuales alegaciones presentadas merecen o no crédito.

Habiendo ya visto a qué multitud de hechos se aplica esta prueba, es imposible que la cuestión, tan debatida en nuestros días, *de si los peritos son testigos o meros auxiliares del Juez,* pueda jamás conducir a la verdadera definición de su naturaleza; y en efecto, la división en testigos y auxiliares de justicia no puede comprender todos los casos en que se practica. Cuando son llamados para resolver ciertas cuestiones generales,

---

tica la autopsia, el Juez se ocupa de reunir todas las circunstancias útiles para decidir si ha habido suicidio u homicidio, o que puedan conducir por vía de inducción al descubrimiento del agente.

(1) Ejemplo: acerca de la posición del cadáver y del perímetro en que se encuentran las gotas de sangre.

(2) Ejemplo: ¿cuál ha debido ser, según la forma y naturaleza de las heridas, la posición respectiva del agente y de la víctima?

(3) Ejemplo: acerca de sus observaciones con respecto al color de los pulmones, la existencia de tubérculos, etc.

(4) Ejemplo: después de dado el golpe y recibida la herida, ¿ha podido Ticio gritar aún bastante fuerte, y por espacio de bastante tiempo, para poder ser oído a tal distancia determinada?

para decir si tal hecho es o no posible, los peritos *juzgan;* no son testigos, porque nada tienen que observar. Cuando deben decidir acerca de hechos que requieren el examen del perito, entonces, y sólo en parte, se aproximan sus dichos a una deposición testimonial; se podría sostener en aquel caso que el perito reconoce la existencia de ciertos caracteres materiales, los de la preñez, por ejemplo, tan positivamente como puede reconocer un testigo el color *negro, blanco,* etc., de un objeto, pero, dígase lo que se quiera, siempre en el fondo es *un juicio* el que emite, juicio que versa sobre la naturaleza y relaciones de un hecho; este título de testigo no puede convenirle nunca en este caso, como ni el de *testigo racional* o *testigo letrado.* Aplicarle una analogía evidentemente falsa, sería caminar directamente a consecuencias erróneas; cuando damos fe al dicho de un testigo, es porque juzgamos que no han podido engañarle sus sentidos; le creemos bajo su simple afirmación, sin exigir que la motive, lo cual no es así con respecto al perito. El testigo, en cualquier estado de la causa, puede ser citado a dar explicaciones, sin que sea necesario concederle un tiempo normal para reflexionar; pero al perito que ha de observar los hechos, practicar los experimentos a que den lugar, y hacer aplicación de las leyes de la ciencia a estos mismos hechos, es preciso darle un término bastante para preparar y exponer con maduro examen sus informaciones. Cada testigo depone aisladamente; los peritos pueden muy bien reunirse, concertar y redactar un parecer tomado en común. No sería menos inexacto considerar a los peritos como auxiliares de justicia, haciendo así de ellos una especie de Jueces, bajo la presidencia del Magistrado director, de quien serían tan sólo obedientes satélites, encargados únicamente de hacerle inteligibles los hechos oscuros de la causa y de facilitar su cometido. Pero no sucede así la mayor parte de las veces: los peritos son totalmente independientes en sus informaciones, ignorantes, por otra parte, de todo aquello que no tiene relación con el ramo especial de sus conocimientos, y su parecer determina la convicción del Juez definitivo, sin que en ello entre para nada la autoridad del Magistrado instructor que ha dirigido las investigaciones.

El examen pericial constituye, pues, una prueba *sui géneris,* y cuya apreciación no puede hacerse sino siguiendo ciertos principios que le son inherentes. En otro tiempo, ya los doctores quisieron considerar a los peritos como especie de árbitros, y partiendo de la regla de la separación de las atribuciones, en cuanto al pronunciamiento del fallo en materia de arbitraje, reconocían en ciertas personas cualidad para decidir las cuestiones previas y prejudiciales, de la exclusiva competencia de los peritos; y el Juez apoyándose en este juicio preparatorio, no tenían que hacer sino aplicarle al hecho principal. Este sistema es, sin embargo, verdadero; y si, viniendo a los tiempos modernos, quisiéramos investigar quiénes desempeñan en nuestros días un papel análogo al de los peritos, veríamos que son Jueces de hecho, a manera de *jurados,* a lo menos en el sentido de que, cuando son convocados por el Juez criminal, somete éste al parecer de ellos una cuestión prejudicial de hecho, y cuya solución científica le es necesario conocer para pronunciar la sentencia; de modo que antes que el Juez pueda decidir si se ha cometido un infanticidio, necesita saber si ha respirado el recién nacido; para poder aplicar la pena señalada contra el aborto, debe antes saber si efectivamente se ha intentado. En una palabra: el Juez funda su sentencia en la respuesta del perito a la pregunta prejudicial, a menos que exista un justo motivo para dudar que aquélla sea cierta y fundada. Examinando más a fondo los motivos de la confianza del Juez, cuando de este modo abandona la dirección de su convicción a las palabras del perito y forma de ellas la base de la sentencia final, se llega al punto a la perfecta inteligencia de la naturaleza de la prueba que nos ocupa:

1.° Tienen derecho a la confianza del Juez, dentro de los límites de su profesión y de sus declaraciones científicas, aquellos que poseen los conocimientos especiales requeridos, que saben discernir los caracteres facultativos en los hechos de su competencia, o echar mano de los medios científicos más propios para manifestar la verdad.

2.° El juez se funda en la lealtad del perito en el curso de las observaciones que se le piden, y éste investigará con tanto mayor cuidado la verdad, y sólo la verdad, cuanto que la santidad de su juramento le recuerda doblemente que lo que de él se espera es un examen concienzudo y sincero, y que sus informaciones van a dictar la sentencia.

3.° Del mismo modo, el Juez tiene derecho a esperar que el perito le manifestara sinceramente y sin ocultar cosa alguna lo que haya observado.

4.° Además de la fidelidad que se espera del perito, el Juez tiene en cuenta su ciencia y educación práctica, y se persuade de que no le será difícil hallar los principios científicos (1) y experimentos susceptibles de ser aplicados a los hechos de que se trata.

5.° Cree que, después de haberlos descubierto, hará la exacta aplicación de ellos, y sabrá deducir las consecuencias que la razón y la ciencia autorizan.

6.° Las conclusiones del perito inspiran una confianza tanto mayor, cuanto son más poderosos los motivos principales y está más patente su mutua relación; el Juez observa en ellas el resultado de un detenido examen de todas las circunstancias, de la madurez y solidez de las observaciones.

7.° En fin, la humanidad de los peritos es también muchas veces una nueva y poderosa garantía.

La fuerza probatoria del examen pericial es el resultado de presunciones encadenadas entre sí. Por efecto de una presunción reconocemos

---

(1) Tal es, en la prueba hidrostática de los pulmones, la Ley que preside a las relaciones de la respiración y de la vida en el recién nacido.

en los peritos los conocimientos especiales necesarios; les atribuimos el deseo leal de encontrar la verdad como único término de sus investigaciones; pero es fuerza que todas las circunstancias de la causa vengan a corroborar estas presunciones, para que los dichos de los peritos puedan producir la suficiente convicción en el ánimo del Juez; de aquí el derecho importante que éste tiene para examinar a fondo sus informaciones. Y si recordamos cuán a menudo sucede que los peritos se ven obligados a tomar por regla leyes científicas que algunas veces han sido fuertemente debatidas (1) y por punto de partida experimentos en que fácilmente se incurre en error (2), que desde luego, y en todos estos casos, su juicio no es otra cosa que la expresión de sus opiniones personales, se convence uno cada vez más de esta verdad, a saber: que el examen pericial, como muchas ótras pruebas, descansa en un encadenamiento de presunciones.

Muy recientemente se ha querido establecer una distinción entre los peritos *oficiales,* designados por la Administración para todas las causas en general, y los nombrados especialmente por las partes. Siguiendo este sistema, los segundos no serían más que un medio de prueba, y los primeros auxiliares necesarios del Juez. Esta distinción es errónea: su error consiste en conceder al perito oficial una autoridad mayor y una palabra más digna de fe; pero nada es menos cierto. Cuando la Administración designa para los Tribunales un perito de oficio, a fin de que practique ciertas investigaciones, no tiene otro objeto que los intereses de la justicia; quiere tener seguridad de encontrar siempre prácticos entendidos (3), y, por lo general, estos hombres, elegidos por ello, reciben un sueldo fijo; he aquí todo lo que les distingue. Pero la confianza que pueden inspirar dimana, lo mismo con respecto a ellos que con respecto a los otros, de la estimación en que se les tiene por su ciencia, y del mérito racional que se hace notar en sus informaciones: cuando el Juez los proclama digno de fe, es siempre atendiendo a sus conocimientos científicos y especiales. Sin duda alguna, su nombramiento oficial es una garantía más de su ciencia; pero esta garantía se puede encontrar en otra parte, en el título, en los exámenes administrativos, en la reputación de aptitud del perito (4). Haremos ver además que la asociación de peritos oficiales no es, en manera alguna, indispensable y obligatoria, y el Juez instructor puede, en uso de sus atribuciones, designar otros en cualquier procedimiento.

---

(1) Así, ¡cuántas críticas ha sufrido la prueba sacada *del estado de los pulmones o de la vejiga!*

(2) Ejemplo: cuando los peritos declaran posible o no la curación de una herida.

(3) Así, en ciertos países, según los reglamentos médicos, hay siempre un médico oficial.

(4) Supongamos que haya dos informaciones periciales, emanada la una de un acreditado cirujano y la otra del perito oficial: ¿se dará mayor crédito a las conclusiones de éste, únicamente por ser perito oficial?

## CAPITULO II

## CARACTERES DEL EXAMEN PERICIAL, SEGUN LAS DIFERENTES LEGISLACIONES

Al indicar más arriba (Parte 2.ª, Cap. I) incidentalmente el carácter del procedimiento criminal entre los romanos, dijimos lo bastante para hacer comprender que no deben buscarse reglas especiales en materia de examen pericial: en Roma se daba poca importancia al cuerpo del delito, según la moderna acepción de la palabra, y a su comprobación (1). En el procedimiento instructivo es donde adquiere toda su importancia esta investigación; así se ve primeramente al Derecho canónico prescribir al Juez que se asocie de peritos médicos (2), aun cuando todavía en aquella época, y atendiendo al estado de la ciencia, se limitaba su misión a la inspección exterior de las heridas. Muy luego el Derecho germánico presenta vestigios del uso que había de llamar a los médicos para la resolución de ciertas cuestiones facultativas; varias leyes municipales belgas y holandesas nos suministrarían la prueba de ello; y lo mismo, seguramente, sucedió en Inglaterra, donde el *coroner* encargado de provocar un veredicto del Jurado, acerca del género de muerte del difunto, y de poner la causa en estado de información, se hacía igualmente acompañar de los hombres ejercitados en ciertas profesiones. En fin, los prácticos italianos de la Edad Media daban ya gran valor al dictamen de los peritos, y en sus obras se ve que la elección sólo correspondía al Juez instructor, en el caso de que acusador y acusado no pudieran ponerse de acuerdo para designarlos. Siendo tal en aquella época el uso de los Tribunales, se concibe muy bien que más tarde Schwartzenberg, el redactor de la Carolina, no dejara de prescribir al Juez que se acompañara de peritos; pero no exigía más que el examen puramente exterior de las heridas y su informe sobre este examen; y lo que demuestra esto, es que entonces el arte de las autopsias no había tomado tanta extensión que se aplicase a las informaciones judiciales;

---

(1) El Derecho romano guarda completo silencio, aun en el caso de homicidio; ninguna Ley se encuentra que indique que se procediera por los médicos al examen del cadáver.

(2) Cap. 18, tít. 11, lib. 5.º de las Decretales.

y los dictámenes de los peritos contemporáneos que han llegado hasta nosotros no se refieren sino a esta inspección superficial. Mas bien pronto la ciencia hizo notables progresos; y como querer la manifestación completa de la verdad era lo mismo que querer ver desvanecidas todas las dudas, se generalizó en todas partes el uso de la inspección pericial y se miró como una obligación del Juez aprovecharse de los nuevos descubrimientos de la ciencia, a fin de establecer la certeza con la posible seguridad en los resultados de la información. Entonces se vio a los peritos ser llamados, no solamente para comprobar el cuerpo del delito, sino también para fijar el grado de certeza de las declaraciones (1), el de la confesión (2), o para apreciar las facultades intelectuales del acusado. En este sentido más lato es como han reglamentado la inspección pericial las leyes penales de la Alemania moderna.

La ley austríaca se limita a simples indicaciones, pero siempre dejando ver que la considera como prueba *sui géneris* (3).

La Ordenanza criminal de Prusia encierra prescripciones mucho más completas (4): distingue cuidadosamente la simple relación de los hechos observados, que puede apreciarse como si fuera una deposición testimonial de la consulta motivada; quiere que el Juez intervenga, personalmente en el examen a que proceden los peritos, y le imponen el deber de dirigir sus observaciones y exigir de ellos un parecer concluyente y que produzca la convicción.

El Código bávaro emite una teoría particular: considera el examen pericial como una forma de la inspección judicial; concede mayor fe a los peritos nombrados oficialmente por la Administración; por lo que hace al examen ocular de los hechos, quiere que llene las condiciones requeridas en materia de prueba testimonial, las cuales pueden por sí solas dar plena fuerza a su información.

Las legislaciones que admiten por principio fundamental la publicidad de los procedimientos siguen un sistema del todo diferentes.

En Inglaterra, el examen pericial está principalmente en uso en las instrucciones preliminares, cuando el *coroner* informa acerca de la muerte de un sujeto e investiga cuál ha sido la causa. En este caso conviene llamar a los médicos, cuya consulta determina la decisión del *coroner*. Pero esta decisión no puede recaer sino sobre la cuestión de la instrucción preparatoria; cuando se procede a la instrucción principal y pública, toca al Jurado pronunciar sobre las pruebas presentadas en la causa. Los peritos comparecen ante él, y en caso de infanticidio, o cuando se trata

---

(1) Ejemplo: afirma el testigo que el crimen ha sido cometido de tal o cual manera; esto es lo que debe comprobar el examen pericial.

(2) Ejemplo: el perito examinará, si es posible, según el modo de perpetración confesado por el acusado, que no quedan vestigios del hecho criminal.

(3) Código penal austríaco de 1803, 2.ª parte, artículos 55, 240 y 247.

(4) No puede, pues, sostenerse que esta Ley considere el examen pericial como una especie de inspección judicial.

de establecer si las heridas han causado o podido causar la muerte, etcétera, sus informaciones son de gran importancia; a veces son citados e interrogados en la audiencia como simples testigos. En fin, no estando los jurados sujetos a regla alguna de prueba, depende de ellos conceder más o menos autoridad a los peritos; pero en Inglaterra el Jurado tiene por costumbre examinar con madurez y detención las pruebas y decidir siempre en conformidad con sus resultados; por lo que es muy raro que rechace, sin graves motivos, las conclusiones de los peritos entendidos.

La ley francesa considera a los peritos de igual manera que la ley inglesa; son citados a la audiencia (1) e interrogados como simples testigos, y los jurados deciden hasta qué punto puede concedérsele crédito; pero, fuerza es decirlo, semejante sistema trae consigo frecuentemente discusiones médico-legales interminables, cuyo interés pocas veces son capaces de comprender los jurados; y así se les ve algunas veces adoptar casi arbitrariamente la opinión que más les halaga, y dar un veredicto cualquiera. Durante la instrucción preliminar son convocados los peritos de la misma manera que en procedimiento inquisitivo alemán; pero la ley en este caso es insuficiente. El Procurador del Rey es quien, muy a menudo, y sin razón, desempeñando el cargo de acusador público, se hace acompañar de los peritos. Además, en Francia no se pone ordinariamente gran atención en la comprobación del cuerpo del delito, resultando de aquí que la inspección ocular facultativa es muy a menudo también superficial e imperfecta. No existen en la ley preceptos especiales acerca de esto, y mirándose con tan poco interés por los jurisconsultos nacionales el estudio de la medicina legal, sucede que el Magistrado es poco apto para dirigir el examen de los facultativos y provocar de su parte una relación detalla; y lo que aumenta todavía el mal es que la ley ni aun ha determinado qué caracteres, qué condiciones deben aquéllos reunir para ser llamados a desempeñar tan graves funciones (2).

---

(1) También el acusado, cuando quiere citar peritos de descargo, cuida de incluir sus nombres en la lista de testigos.

(2) Según el artículo 44, *los oficiales de sanidad son* los que deben *ser* llamados, lo que hace que a menudo se confíe esta misión tan importante a *rutinarios ignorantes.* También dice este artículo que *los peritos extenderán su informe acerca de las causas de la muerte y del estado del cadáver;* de modo que aquí se distingue perfectamente el examen material del dictamen de los peritos.

## CAPITULO III

## DE LAS REGLAS QUE DEBEN SEGUIRSE CUANDO HA LUGAR AL EXAMEN PERICIAL

1. El llamamiento de los peritos corresponde ante todo al Magistrado instructor, encargado en el proceso por instrucción de investigar todos los hechos que puedan conducir a la manifestación de la verdad; pero en cualquier estado de la causa, el acusado o su defensor pueden pedir sean aquéllos oídos, siempre que para el interés de la defensa sea necesario un examen facultativo, así como también pueden ordenarle los Jueces definitivos como suplemento de la instrucción.

2. Al Juez instructor corresponde siempre la elección de peritos, a excepción de los casos en que los Jueces que han de fallar sean los primeros en reconocer la necesidad del examen pericial, pues entonces son ellos los que hacen la elección. Cuando ésta es motivada por peticiones del acusado, que designa también las personas a quienes desea se oiga, el Juez instructor tiene asimismo el derecho de nombrar las que sean de su agrado, porque designado tal o cual perito, el acusado puede inspirar temores de ser examinado por un hombre que sabe le es favorable. Además, cuando se trata de presentar una prueba cualquiera, los esfuerzos deben encaminarse a hacer resaltar la verdad lo más seguramente posible. Pues bien: el acusado mismo no puede tener en esto más que un interés reconocido, y es que los hechos que alega queden racional y científicamente probados, tales como son en sí; y para conseguir esto, no es necesario que el perito designado por él sea obligatorio para el Juez (1); cualquiera otro puede de la misma manera desempeñar estas funciones.

3. Cuando la Administración ha instituido ciertos peritos (2) para que examinen y den su parecer acerca de los hechos que son del dominio de la ciencia, el Juez instructor deberá asociarse de ellos, desde luego, en todos los casos a que alcanza su competencia territorial: lo primero, porque debe presumirse que tales peritos poseen los conocimien-

(1) Si nada hay que oponer al perito propuesto por el defensor, no deberá el Juez rechazarle sin motivos; pero a su discreción queda interrogar también a otro sobre los mismos hechos en cuestión.

(2) Por ejemplo: un médico oficial.

tos y la práctica necesaria, y lo segundo, porque la ley les concede el derecho de ser oídos como tales en ciertos y determinados casos, en el de parto, por ejemplo; pero sería conceder demasiado el suponer que su palabra pueda hacer fe con referencia a cualquiera otra como si emanara de verdaderos Magistrados. Cuando haya algún impedimento de parte de los peritos oficiales, cuando toda dilación pueda ser perjudicial, o cuando, en fin, no se les encuentra al momento (1), el Juez puede llamar a cualesquiera otros, lo cual está generalmente admitido. Mas en cualquier caso que sea, no puede ponerse en duda la facultad que tiene el Magistrado para requerir al perito más entendido (2); por poco graves que sean las razones que haya para desconfiar del perito oficial (3), puede también oírse a otro cuando éste y no el oficial ha prodigado sus auxilios al herido. En efecto, sería una crueldad hacer sufrir al enfermo las visitas de este último cuando ha colocado en otro su confianza. El Juez obrará muy bien designando como perito al médico de cabecera, al mismo tiempo que podrá también comisionar al médico oficial, a fin de tener dos dictámenes sobre los hechos. Sucede a veces que el perito llamado reside en territorio extranjero (4), y se ha sostenido, sin razón que en tal caso no merece crédito alguno. Cuando se ha afirmado que su competencia, como la del Juez, no puede extenderse más allá de los límites del territorio, ha provenido del error de querer absolutamente encontrar entre las operaciones del Magistrado y las del perito una analogía que carece de fundamento. El Juez no puede obrar ni decidir válidamente sino dentro de los límites señalados por la ley; pero la fe que se debe al perito tiene su origen en otra parte: se le cree por la confianza que inspiran sus conocimientos y su habilidad especial. Y cuando se trata de un hecho perteneciente al arte o a la ciencia, ¿qué significan las barreras que dividen los Estados? (5).

4. El primer deber del Magistrado en materia de reconocimientos periciales es designar siempre los hombres más aptos en su ramo por su

---

(1) Se han causado heridas en el límite mismo de la circunscripción del médico oficial: hay en aquel punto otro médico, y puede ser llamado inmediatamente, mientras que para encontrar al primero hay que andar tres leguas: no hay que vacilar en la marcha que debe adoptarse.

(2) Si este médico oficial es pariente o allegado del difunto o del acusado.

(3) Tittman tiene razón en decir que la diferencia de religión no puede constituir al médico en la incapacidad de ser perito. Aun cuando fuese judío y las Leyes no permitieran a los de su nación tener carácter oficial, en un caso dado podría muy bien ser llamado; su religión no puede hacerle indigno de la confianza como perito. Esta observación es inútil en Francia, donde los judíos gozan de todos los derechos civiles y políticos.

(4) Por ejemplo: si la residencia del herido no dista más que un cuarto de legua de la ciudad vecina, situada en territorio extranjero, el Juez llamará al cirujano de esta localidad, cuando el médico oficial viva demasiado lejos.

(5) Pero siempre que se acuda a un médico extranjero, deberá prestar un juramento especial, además del que haya podido prestar como funcionario público en su propio país.

ciencia y habilidad práctica para observar los hechos tal como conviene y apreciarlos racionalmente. Cuando la inculpación recae sobre un caso de envenenamiento, no sería prudente llamar tan sólo a un médico ordinario, porque no debe creerse que se halle bastante familiarizado con cuestiones excesivamente delicadas, que posea los instrumentos y aparatos necesarios para entregarse con seguridad a los experimentos, generalmente tan difíciles, que tienen por objeto la investigación del veneno. Es siempre mucho mejor pedir el dictamen pericial a un farmacéutico acreditado o a un entendido químico. Si se trata, en caso de infanticidio, de examinar la persona de la madre, debe tener presente el Juez instructor que no todos los médicos son comadrones, o comadrones suficientemente ejercitados; que sería muy fácil, incurrir en un error, y que siempre es mucho más prudente buscar con preferencia un hombre especial, de mucha práctica y familiarizado con la obstetricia. En caso de necesidad, pero sólo de necesidad, puede bastar una comadre, cuidando en tal caso de asociarla un médico.

5. El acusado tiene derecho a recusar el perito nombrado, siempre que éste no dé las garantías necesarias de ciencia y habilidad (1), o cuando su imparcialidad puede ser dudosa, y oponérsele las mismas tachas que harían considerar al testigo de cargo como inadmisible o sospechoso (2). Por un exceso de prudencia, que no es necesario llevar hasta un punto tan exagerado, se ha sostenido que no debe llamarse a practicar la autopsia al médico que hubiese asistido al difunto durante su última enfermedad, por el temor que podría haber de que quisiera ocultar las faltas que hubiese cometido en su tratamiento, y de que, prevenido en sentido contrario, no prestase atención, durante las operaciones anatómicas, a ciertos pormenores de los más importantes, o que, por lo menos, no quisiera revelarlos. Con todo, semejantes temores sólo pueden concebirse cuando hubiera precedido un nuevo tratamiento médico o quirúrgico, y se suscitaran dudas acerca de las relaciones de causalidad entre la muerte y una herida no mortal; pero si el médico no ha sido llamado a la cabecera del enfermo sino momentos antes de su muerte, no ha habido tratamiento propiamente dicho (3). Si la herida ha sido mortal, independientemente de todas las causas concernientes e intermedias, todas las objeciones hechas carecen de fundamento. De todos modos, excluir sistemáticamente al médico de cabecera por la sola razón da haber asistido al enfermo, es cosa que no podemos aprobar: mejor que otro alguno puede él mismo reconocer y comprobar los hechos im-

(1) Ejemplo: cuando está probado que el perito ha cometido ya en otras ocasiones errores sobre puntos esenciales.

(2) Ejemplo: cuando el médico llamado es pariente cercano del herido o enemigo del acusado.

(3) Pudiéramos citar el caso en que, llamado el profesor media hora justa antes de expirar el paciente, todo el tratamiento médico ha consistido en la aplicación de compresas frías.

portantes, y siempre será preferible nombrarle asociándolo a un comprofesor que observe como él, y como él manifieste su parecer (1).

6. ¿Qué número normal de profesores conviene llamar en los reconocimientos periciales? Esto depende en un todo de los usos judiciales, que varían frecuentemente. Discurriendo por analogía con la prueba testimonial, en que la unanimidad de varios testigos parece suministrar mayores garantías, pues que la deposición de uno sirve de contrapeso a la del otro, debe establecerse por principio que los peritos no pueden ser menos de dos. Muy a menudo, sin embargo, cuando hay que practicar una autopsia o se trata de un examen puramente médico, se oye a un solo médico, único comisionado al efecto; pero como en la práctica (alemana), al lado del médico que observa está el cirujano que procede a la autopsia y practica las operaciones puramente mecánicas, quedan las cosas evidentemente en el mismo estado, y el examen del cuerpo se hace por dos peritos: el cirujano será siempre reputado, al menos, como testigo de la inspección, y sólo con esta condición se podrá dar por bastante la relación de un solo médico, comisionado y reconocido. Sin embargo, en los casos dudosos obrará acertadamente el Juez haciendo insertar en el proceso la opinión de un segundo perito (2).

7. El profesor, cuando es llamado como perito, ¿está obligado a aceptar la misión que el Juez le ha señalado? Todo depende de la posición que ocupa, o, si se quiere, es preciso distinguir entre el instituido oficialmente para el examen de las cuestiones científicas que produce el proceso criminal, y el que no ha recibido dicha institución. En el primer caso no puede rehusar su ministerio, porque se ha comprometido de antemano a proceder, siempre que para ello sea requerido, sin que pueda eximirse de esta obligación, a no ser que el reconocimiento que se le confíe pueda poner su vida o su salud en peligro; por ejemplo, la autopsia de un cadáver en estado de descomposición; y aun en este caso pueden oponérsele, con razón, los experimentos recientemente hechos acerca de las precauciones que pueden tomarse para neutralizar los miasmas deletéreos que se exhalan del cadáver; de modo que no puede exigir más que una cosa, y es que se le permita usar de esta precauciones. Si el perito no está instituido oficialmente, no puede ser obligado a proceder, por que no se halla en el caso de un testigo cuya comparecencia será siempre forzosa; sobre este punto no existe entre ambos ninguna analogía: un testigo que tiene que hacer importantes revelaciones no puede ser arbitrariamente reemplazado por otro, al paso que puede muy bien elegirse un comprofesor para ocupar el puesto del perito nombrado; y no debe perderse tampoco de vista que el examen pericial necesita siempre de un empleo de tiempo e inteligencia, inútiles para el testigo que no tiene que hacer más que declarar lo que ha visto.

(1) Esto es lo que prescribe con razón el proyecto de Hannover.
(2) En España, todo reconocimiento pericial deberá verificarse por dos peritos.

8. El juramento del perito es cosa esencial, porque da una nueva garantía de la severidad concienzuda de su examen y de la sinceridad de sus informaciones, y porque atestigua, en fin, su buena voluntad para hacer intervenir toda su ciencia, y echar mano de todos los medios que da ésta para responder razonada y positivamente a las preguntas que se le han hecho. Sosténgase cuanto se quiera que este juramento, las más veces y en los casos difíciles, no atestigua otra cosa que la opinión, la creencia del perito; semejante argumento sería del todo insuficiente para asentar que no es indispensable el juramento. En efecto, si el perito es hombre concienzudo, da mucha más importancia a esta declaración prestada bajo la fe del juramento, y en la que se dice más convencido con arreglo a los resultados actuales de la ciencia y después de un leal examen de los hechos, que a un simple juicio donde se contentaría con decir que tal es su creencia, o que tal conclusión le parece fundada o probable. Además, en el examen a que se entrega, en las conclusiones que forma, no se apoya en sus simples creencias, sino que puede y debe tomar a la ciencia por base. Si el perito es de institución oficial, tiene título y está juramentado de antemano, basta su juramento general, y no hay necesidad más que de recordarle su santidad. Cuando se llama a otro perito, puede muy bien bastar el juramento *subsiguiente,* aquel por el que confirma la declaración que ha prestado (1).

9. ¿Es necesario que los peritos procedan a su examen en presencia del Juez? Aquí conviene distinguir (2): o este examen no es en sí mismo sino una parte de la inspección judicial, cuando dedicándose a la vez a la comprobación de los mismos objetos, el Juez investiga la existencia de ciertos caracteres, mientras que los peritos lo hacen de otros (3), pudiendo, merced al concurso de las dos operaciones simultáneas, lograrse el objeto final y necesario de la inspección judicial; o bien el estado de las cosas es otro, y el perito es simplemente llamado a pronunciar una especie de fallo de arte o de ciencia (4), con respecto a ciertos objetos portátiles por su naturaleza y que le son oficialmente confiados. En el primer caso no admite duda que el examen debe hacerse en presencia del Juez, porque entonces es muy esencial que el objeto permanezca intacto en el mismo sitio, lo cual tiene lugar cuando Juez y perito observan al propio tiempo, pues de ese modo el primero puede mucho mejor indicar a los segundos los puntos sobre los cuales, en interés de

(1) Por las mismas razones que hacen considerar como bastante el juramento subsiguiente del testigo. En Francia, el juramento *precede* obligatoriamente a la deposición de los testigos o declaraciones de los peritos.

(2) La mayor parte de los Códigos modernos hacen de este principio una aplicación demasiado general. El nuevo proyecto hannoveriano, artículo 171, dice con más precisión: *Siempre que la Ley no prescriba expresamente la presencia del Juez, debe éste decidir, según las circunstancias, si es o no necesaria en el acto del examen pericial.*

(3) Ejemplo: mientras practican éstos la autopsia.

(4) Acerca de la existencia del veneno o de la moneda falsa.

la instrucción, deberán insistir con especialidad. De todo esto deducimos que la presencia del Juez es muchas veces buena y útil en sí misma; pero no vemos, sin embargo, que sea absolutamente necesaria para la manifestación de la verdad, y nadie sostendrá que la declaración de los peritos, refiriendo observaciones recogidas fuera de la presencia del Juez, no haga prueba (1) cuando aquéllos han sido debidamente juramentados e interrogados en la forma que se requiere. En el segundo caso, la presencia del Juez no es en manera alguna esencial, habiendo sido, desde luego, separados los objetos que se han de inspeccionar, y entregados después a los peritos. En efecto: éstos tienen frecuentemente que dedicarse a largas investigaciones científicas, tales como experimentos químicos o de otro género, sólo y único medio de observación que permite su clase, o también el examen que se les pide es puramente superficial, y sólo tienen que reconocer la existencia de ciertos caracteres exteriores, decisivos en las cuestiones presentadas; el Juez, en este caso, no podría asistir a la operación sino como espectador mudo e indiferente. En fin, cuando los peritos residen lejos del lugar y se les pide una consulta, o cuando debe ser examinada la persona de un individuo, y basta la simple inspección del facultativo para adquirir los resultados apetecidos (2), la presencia del Juez no es tampoco necesaria.

10. Cualquiera que sea, con respecto al punto que precede, la libertad que se conceda al Juez, es para él de gran importancia precisar con claridad los puntos sobre que pide parecer a los peritos, y las cuestiones que habrán de resolver; su opinión motivada no es más que un medio de conseguir el objeto, y el instructor encargado de dirigir los procedimientos sabe mejor que nadie lo que este objeto exige. No deben circunscribirse de tal modo las cuestiones que obliguen al perito a no explicarse sino imperfectamente, porque en este caso podrían más tarde hacerse necesarias nuevas comisiones y ocasionar lentitud en la instrucción; así como debe huir también el Juez del defecto contrario, porque las generalidades y la demasiada vaguedad en los términos darían por resultados respuestas no categóricas (3) de los peritos.

11. Los peritos podrán pedir al Magistrado instructor les comunique todos los documentos necesarios para facilitar su cometido; por la misma razón pueden pedir que los testigos vuelvan a ser interrogados acerca de los puntos capitales (4). En una palabra: el Juez carecería de

---

(1) El instructor se aparta por repugnancia mientras dura la autopsia, y no vuelve hasta después de terminada para redactar el acta: ¿deberá negarse a la autopsia su fuerza probatoria?

(2) Ejemplo: cuando se trata de patentizar que una mujer ha parido, basta examinar sus partes genitales.

(3) Nuestra observación no se aplica solamente a las enfermedades mentales, por ejemplo, sino también a las informaciones en caso de homicidio, en las que sería igualmente perjudicial la vaguedad en los términos médico-legales; verbigracia, no deberá el Juez limitarse a preguntar: *¿Es mortal la herida?*

(4) Así es que, en caso de envenenamiento, pueden muy bien los peritos pedir

fundamento para negarles, llegado el caso, que tomen conocimiento de todas las piezas de instrucción; pero como ha sucedido a veces que, hallándose embarazado el perito para determinar las causas de la muerte, en lugar de declarar entonces que le era imposible resolver la cuestión, o de limitarse a enunciar motivos de pura verosimilitud, ha ido a buscar sus opiniones en las declaraciones de los testigos o en los dichos del acusado, cuando hubiera debido tomarlas tan sólo del estado del cadáver, se sigue que el Magistrado deberá siempre usar de prudencia. Le manifestará con claridad los puntos esenciales que importa conocer, y, sobre todo, obrará muy bien no transmitiéndole más que extractos especiales. Y si para poder dar un parecer plenamente satisfactorio tiene realmente necesidad de conocer el encadenamiento de las declaraciones, sólo en este caso, y para prevenir los peligros de una comunicación incompleta, se decidirá el Juez a darle entero conocimiento de todas las piezas que tengan relación con los diversos puntos sobre que debe recaer el examen pericial. En fin, es uso constante en los Tribunales *alemanes* comunicar todos los documentos a los Colegios Superiores de Medicina, cuando se les pide dictamen sobre el informe suministrado ya por el médico-legista. Se deja conocer que todos los objetos portátiles, como instrumentos y otros que tiene absoluta precisión de examinar para poder responder a las preguntas dirigidas, se le deberán remitir siempre.

12. Cuando los peritos proceden a un examen en presencia del Juez; cuando, por ejemplo, practican una autopsia (1), es necesario que el resultado de sus observaciones se consigne inmediatamente en el acta, y que, sin abandonar el sitio, se haga siempre ante el Juez la descripción de los objetos examinados; por este medio, si se suscita alguna duda, es al punto y fácilmente aclarada. Sería, no obstante, demasiado quererlos obligar a dar acto continuo su dictamen motivado y exigir su inserción inmediata en el acta: esto sólo puede hacerse en casos demasiado sencillos, en que serían superfluas largas meditaciones (2). Pero si la información debe ofrecer el resultado de un trabajo de reflexión o de investigaciones, si hay necesidad de recurrir a experimentos científicos para apreciar los hechos, sería injustificable semejante exigencia, que podría dar lugar a conclusiones poco meditadas, poco sólidas, y siempre será más prudente en tal caso pedir al perito un dictamen por escrito. Puede suceder que se consulte a más de un profesor, y basta entonces una sola información firmada por todos; si fueran simples testigos, les

---

que las personas que han observado la enfermedad den explicaciones acerca de los síntomas que se han presentado.

(1) Debemos reprobar la costumbre de muchos médicos, que anotan ligeramente las observaciones que recogen, y hasta más tarde no redactan los resultados en la forma deseada. Obrando así se abre la puerta al error, y si después existen vacíos, la imaginación los llena con frecuencia.

(2) Cuando, por ejemplo, se pide parecer a un cerrajero o armero acerca del estado de un arma de fuego.

sería prohibida toda declaración colectiva, pero téngase presente que lo que pronuncian es un verdadero juicio, y éste puede expresarlo muy bien una opinión colectiva: lo que sirve de fundamento a los informes por ellos suministrados es la unanimidad de sus resoluciones, deliberadas maduramente y en común (1).

13. Durante las operaciones, cuando se practica la autopsia, por ejemplo, deben ser alejados todos los espectadores inútiles: obrar de otro modo sería querer abrir la puerta a todos los falsos rumores que pudieran producir sus palabras impremeditadas, y, lo que sería aún más grave, los resultados del examen pericial podrían ser fácilmente transmitidos a otras personas prontas a aprovecharse de ellos; podría verse entonces a individuos que, sin haber tenido jamás conocimiento personal de los hechos de la causa, prestarían en juicio una falsa confesión, un falso testimonio, revestido, no obstante, de las apariencias de verosimilitud (2).

14. El instructor, como director de los procedimientos, tendrá siempre cuidado de investigar si el dictamen de los peritos está en buena armonía con el objeto marcado para la sentencia definitiva, porque su primer deber es transmitir a los Jueces de la causa los materiales completos de su decisión. No queremos expresar con esto que para semejante examen deben someterse las conclusiones de los peritos y su verdad material a una nueva experimentación científica ni que reconozcamos en el instructor un derecho de opinión soberana *(super arbitrium)*; queremos decir simplemente que el Magistrado deberá ver si las conclusiones de la información corresponden al objeto final del procedimiento (3). Cuando haya puesto en claro si han sido observadas las formas y condiciones sustanciales; cuando haya comparado el dictamen en sí mismo con los demás medios de información contenidos en los autos, con los resultados de investigaciones de otro género, resultados que no puede ignorar; cuando, en fin, haya visto si el dictamen es completo en todas sus partes, habrá hecho sobre este punto cuanto le ordena su deber. Y si el dictamen de los peritos no le pareciese satisfactorio bajos todos aspectos, se dedicará al punto a aclarar las dudas y llenar los vacíos antes de unir el acta a los autos: tal sería el caso en que las conclusiones no

---

(1) Si alguno de ellos quiere presentar un parecer contrario, su información debe unirse siempre a los autos.

(2) Supongamos que un individuo se declara autor del crimen, y para probarlo designa todas las heridas, todos los instrumentos; supongamos que sea inocente, y que todo cuanto sabe lo haya aprendido, ya asistiendo él mismo a la autopsia, ya por las noticias confidenciales de otro espectador: merced a todos estos pormenores, que podrá indicar, hará casi imposible el descubrimiento de la falsedad de sus confesiones.

(3) Esto es aún más evidente para quien considere a los peritos como auxiliares del Juez; porque a éste toca examinar a sus auxiliares y apreciar por sí solo si son bastantes sus conclusiones.

estuvieran motivadas (1), carecieran de precisión y claridad (2), o se hubieran pasado por alto hechos importantes descubiertos en el procedimiento (3), o los peritos se hallaran en contradicción con los experimentos más recientes (4), o, en fin, hayan quedado cuestiones graves sin resolver. El instructor someterá desde luego sus dudas a los peritos, y les propondrá nuevas cuestiones. Pero si esta segunda misión no ha producido aún los resultados apetecidos, si se apercibe el Magistrado de que los peritos observan desde un punto de vista demasiado exclusivo, se apresurará a llamar a otros para examinar *à novo* los objetos cuyo examen se desea, cuando aún es posible la inspección ocular, y, no siéndolo, para emitir al menos su opinión. Este derecho de censurar su información (1), de exigir una segunda, si ha lugar a ella, le ejercen los Jueces del fallo, lo mismo y en igual forma que el instructor.

(1) O también si se contradijesen.

(2) Ejemplo: el médico se refiere a las antiguas teorías, hoy demostradas falsas, acerca de las heridas mortales o no mortales; las llama, por ejemplo, *absolutamente* mortales. (Véase el capítulo siguiente, núm. 1.°)

(3) Por ejemplo: si no se han tenido en cuenta las declaraciones de los testigos.

(4) Por ejemplo: si el médico da entera fe a la prueba hidrostática de los pulmones.

## CAPITULO IV

## DEL EXAMEN PERICIAL, SEGUN LAS DIVERSAS ESPECIES DE CRIMENES, Y DE LAS REGLAS QUE DEBEN OBSERVARSE EN CADA CASO

La importancia de la prueba pericial varía según los crímenes, y su administración se rige por reglas especiales. Enumeremos, pues, los casos más comunes:

1. Cuando la información tiene lugar por causa de *homicidio*, el deber del perito, a vista del cuerpo del delito, es facilitar la decisión de la siguiente cuestión previa. La muerte ¿es el resultado de un suicidio, de un accidente (1), o es obra criminal de una mano extraña? Puede serlo también declarar si la muerte es resultado de un acto de violencia, o qué relación de causalidad existe entre la lesión y la muerte. En el primer caso, la información facultativa es útil, en cuanto se dirige a hacer conocer que las señales descubiertas en el cadáver no pueden explicarse sino por el suicidio, o que, según la posición del cuerpo en el momento en que ha sido hallado, sólo ha sido posible el suicidio (2), o, en fin, que el asesino ha intentado darle la apariencia y las circunstancias de tal (3). El profesor desempeña también un papel importante cuando se trata de averiguar si las lesiones que aparecen en el cuerpo han sido recibidas durante la vida o después de la muerte, o cuando, sumergido el cadáver en un líquido, es preciso reconocer si la inmersión ha sido causa de la muerte, o si debe atribuirse ésta a un acto de violencia anterior. Hay del mismo modo una cuestión sumamente grave, cuya solución se pide a menudo a los peritos, a saber: Las lesiones ¿eran mortales? Deberán precaverse de las teorías erróneas, en otro tiempo muy admitidas (4), según las que no debían ser consideradas como mor-

---

(1) Una cueva o subterráneo se desploma, y bajo sus ruinas se halla un cadáver que debía estar allí mucho tiempo y tiene señales de heridas de otra naturaleza: ¿qué hará el perito?

(2) La diferencia de posición es muy atendible. De que el cadáver haya sido encontrado sentado o tendido en el suelo pueden deducirse varias conclusiones.

(3) La víctima ha sido ahorcada después de consumado el homicidio.

(4) Así se negaba que una herida fuese mortal si, aparte de ella, se encontraba otra causa concomitante de muerte, cualquiera que fuese.

tales las heridas mientras la muerte no fuera su consecuencia inevitable, prescindiendo absolutamente de la constitución habitual o momentánea de la víctima y de todas las circunstancias concomitantes o intermedias; por consecuencia, este carácter agravante de las lesiones se ponía en duda desde que aparecía una causa intermedia, desde que se vislumbraba una desgraciada influencia debida a la constitución normal del individuo, desde que había, en fin, lugar a suponer que hubiera sido posible evitar la muerte con la oportuna aplicación de los auxilios del arte y de un tratamiento médico. Es más exacto decir que ha sido mortal toda herida que en su especie ha sido la causa determinante de la muerte, y el Magistrado, adoptando esta sabia teoría, separará con cuidado las diversas cuestiones que deben resolverse: preguntará desde luego si la víctima ha sucumbido a consecuencia de las lesiones que se dejan ver en el cadáver, y sólo después de esto requerirá a los peritos para que investiguen y le transmitan los documentos necesarios para poder decir qué relación de causalidad existe entre la herida y la muerte, y si puede ser creído el acusado cuando afirma no haber tenido la intención de quitar la vida (1). Conviene entonces proponer algunas cuestiones esenciales:

1.ª Las heridas ¿eran mortales por necesidad, o tales como se presentan podían no producir forzosamente la muerte?

2.ª ¿Han causado la muerte por su propia naturaleza, por efecto de la constitución normal del individuo, o por el de circunstancias accidentales exteriores?

3.ª ¿Han producido la muerte inmediatamente o por efecto de una causa intermedia?

El Magistrado, en fin, se asegurará de que las investigaciones y las conclusiones que se hacen en el dictamen son completas; y así se concibe desde luego que aun cuando se hubiera descubierto en una de las tres cavidades del cuerpo una causa bastante de muerte, que aun cuando no fuera necesario abrir las otras dos cavidades (2) para decidir si era mortal la herida, no por eso conviene menos que todas tres se abran para poder responder a las tres cuestiones anteriores, referentes al hecho importante de *causalidad relativa.*

2. Tratándose de un infanticidio, es necesario llamar a los peritos para hacer constar: 1.º, el parto (3) y su época (4); 2.º, para examinar el cuerpo del recién nacido, hacer su autopsia, reconocer si ha venido

---

(1) Ejemplo: la herida no ha sido mortal sino por efecto de un vicio de organización extraordinario, que el inculpado no podía prever en la víctima.

(2) Según la antigua teoría, si una vez descubierta en el pecho una herida absolutamente mortal, no se había procedido, acto continuo, a la apertura del abdomen, la inspección pericial era nula. Esto era un grave error.

(3) El error es muy fácil, sobre todo cuando no es reciente el parto.

(4) Es de mucha importancia la época cuando se trata de decidir si el infante cuyo cadáver se ha descubierto es hijo de la inculpada.

a término y en qué mes del embarazo se hallaba la madre, si ha salido a luz vivo, si ha nacido viable: esta segunda serie de cuestiones necesita el empleo de todos los medios de prueba suministrados por la ciencia; 3.º, es preciso investigar después qué causas han determinado la muerte, y los peritos son también los que deciden, si se notan lesiones en el cadáver, si estas lesiones son el resultado de actos voluntarios de violencia de parte de la madre, o si deben atribuirse a causas naturales, cuyo efecto se ha producido durante el trabajo del parto (1) o después de terminado éste, como, por ejemplo, la caída del infante desde cierta altura (2); 4.º, ha lugar, en fin, a interrogar muchas veces a los peritos, para asegurarse de que ciertas alegaciones de la inculpada acerca de los incidentes del parto, por ejemplo, pueden merecer crédito.

3. En caso de *envenenamiento,* el examen pericial tendrá por objeto determinar si la víctima ha sucumbido por efecto del veneno. Los peritos deben empezar por examinar y abrir el cadáver, ya para buscar en él las inequívocas señales exteriores del veneno, ya sus efectos sobre los órganos adonde ha alcanzado su acción; se informarán después de toda la historia de la enfermedad, porque los accidentes que han señalado su curso, los síntomas notados antes e inmediatamente después de la muerte, dan a conocer de ordinario si se ha administrado o no la sustancia venenosa. Después hay que proceder forzosamente al análisis químico que manifiesta la presencia del veneno, sus efectos sobre el organismo y su naturaleza. Al mismo tiempo se examinan las vasijas destinadas a contener alimentos o bebidas, y de las cuales el difunto ha podido servirse durante su última enfermedad, como también los residuos de sustancias hallados en la casa. Por último, si se notan en el cadáver las señales del veneno, los peritos deben decidir si la causa necesaria de la muerte debe atribuirse a la sustancia descubierta y a la cantidad absorbida *in concreto,* o si otras causas intermedias han obrado también por su parte.

4. En caso de *heridas* causadas voluntariamente, el perito debe ser llamado para determinar la naturaleza de las lesiones sus efectos sobre el espíritu y el cuerpo del herido, y para determinar si causas intermedias o el estado de la constitución física del individuo herido han contribuido a agravar sus consecuencias. Importa igualmente practicar una visita local; éste es el medio de conocer muchas veces si las lesiones proceden o no de un hecho intencional de parte del inculpado (3).

5. En caso de *violación,* el examen recae por lo general sobre la persona de la víctima: los peritos tienen que averiguar la extensión y las consecuencias de las lesiones y determinar las probabilidades de la exis-

---

(1) Cuando, por ejemplo, el niño ha permanecido largo tiempo detenido en el cuello de la vagina.

(2) Sobre este punto hay varias controversias entre los sabios.

(3) Cuando, por ejemplo, hay en el lugar del crimen piedras puntiagudas, troncos, raíces, etc.

tencia del crimen. El examen de la persona del inculpado puede ser también de mucha importancia; hay casos en que ciertas señales, ciertas alteraciones halladas en los órganos sexuales, y hasta en las ropas, pueden demostrar la consumación del delito.

6. En caso de *robo,* los peritos pueden ser llamados, ya porque se trate de apreciar el valor de los objetos robados, ya porque hayan de reconocer los medios con cuyo auxilio ha podido practicarse el robo.

7. En las informaciones sobre incendio tienen que decidir muchas veces (1) si el fuego no ha podido ser prendido más que por la mano del hombre, o si más bien debe atribuirse a causas naturales, como la inflamación espontánea de ciertas materias, o también si el incendio ha podido originarse de la manera alegada por el acusado, y tomar en tal caso todo el incremento que aparece de la causa (2).

8. En materia de fabricación o emisión de moneda falsa, son necesariamente consultados acerca de la integridad de peso y de sustancia de las piezas de moneda, sospechosas de falsas, y de los medios de que se han servido los autores del crimen.

9. Si se trata de falsificación de escrito, los peritos manifiestan si realmente existen alteraciones, y cuál es su naturaleza e importancia. Aquí la química es también un auxiliar poderoso que da muchas veces los medios de restablecer el texto primitivo.

10. En fin, los peritos deciden, en caso de duda, sobre el discernimiento del inculpado, cualquiera que sea la naturaleza de las pesquisas. Una filantropía, enteramente, escéptica, con respecto a los crímenes, ha extendido tal vez demasiado en estos últimos tiempos el catálogo de las enfermedades mentales y multiplicado sobre este punto los motivos de examen pericial (3); pero como, aparte de todo, el primer deber del instructor es la comprobación de los hechos en toda su verdad, como necesita, desde luego, separar todas las dudas, no puede censurársele que llame siempre a los peritos, tan luego como en la causa haya lugar a dudar si el crimen es imputable al acusado, ya en razón de su misma naturaleza, cuando parece estar en contradicción con los antecedentes y los motivos conocidos de su autor, ya en razón de la singularidad de conducta de éste, ya porque el examen sea directa o indirectamente provocado por las declaraciones de testigos o por petición del demanda-

---

(1) No siempre conviene llamar a los físicos u hombres especiales; suele haber frecuentemente otros que podrían decir mejor si el fuego ha podido empezar de este o aquel modo. En ciertos casos, por ejemplo, los pastores que encienden fuego en los campos, podrán suministrar explicaciones más satisfactorias.

(2) Los peritos son también a veces necesarios para apreciar la extensión del daño.

(3) Citaremos como tales las opiniones de Plauter. Es incurrir en un exceso ridículo sostener, siempre que se comete uno de esos grandes crímenes que excitan la indignación y el asombro general, que tal crimen no puede menos de ser el resultado de una enfermedad del alma. Fodere combate estas falsas teorías.

do (1). En cuanto al perito, debe en este caso dársele traslado de todos los documentos que puedan influir en su decisión, y si pide un nuevo interrogatorio de los testigos y de los acusados, para obrar con más acierto, no podrá el Juez rehusárselo. Debiendo ser su parecer reflexivo y motivado, se le presentarán las cuestiones en términos precisos y especiales; de otro modo no podría presentar acaso sino conclusiones vagas e inaplicables, y, por otra parte, preguntas demasiado exclusivas podrían dar ocasión a respuestas concebidas mezquinamente. En fin, lo repetimos, si el perito hubiera omitido responder a algunos puntos, y el Juez no hallara sus informes bastante precisos, ni con bastante solidez motivados, tendrá cuidado de recordarlo y manifestarle los vacíos que deben llenarse y los puntos que deben ser rectificados en su relación suplementaria, o designará también nuevos peritos.

(1) Con la condición, no obstante, de que los hechos articulados no aparezcan desnudos de toda verosimilitud.

## CAPITULO V

## REGLAS PARA APRECIAR LA FUERZA PROBATORIA DEL EXAMEN PERICIAL

Cuando el Juez quiere apreciar los resultados de una inspección pericial, empieza por preguntarse si los hechos que establece deben ser admitidos por verdaderos, y después si las conclusiones deducidas de estos hechos pueden producir la convicción.

En lo que concierne a los hechos, hay que hacer algunas distinciones: pueden ser consignados en el acta de inspección judicial, y entonces el Magistrado, al mismo tiempo que el perito, afirma, su existencia (1); o bien son afirmados solamente por el perito, que es también el único que los ha observado (2). Los primeros se considerarán como jurídicamente probados; pero aquí debe tenerse presente que a menudo el acta del Magistrado refiere ciertos hechos fundándose únicamente en las declaraciones emanadas de los peritos, que en el mismo acto han puesto en ejercicio los medios de comprobación que la ciencia o el arte les suministran. Tal sería la enunciación de la profundidad, de la naturaleza, de la forma exterior de las heridas (3). No sería aquí aplicable la regla de apreciación de la inspección judicial, porque examinando a fondo esta comprobación así consignada, no se ve en ella otra cosa que el resultado de las observaciones oculares del perito. Resta ahora apreciar su fundamento. Los principios que determinan la confianza debida a la prueba testimonial, determinan la confianza debida a la prueba testimonial, determinan también la confianza que merecen; si se hubiera demostrado que el perito, como testigo, era inadmisible, o por lo menos sospechoso, su autoridad de perito perdería al punto su fuerza. El Juez investiga después cómo ha procedido a la observación de los hechos. Si nota que no ha sido llamado en tiempo oportuno (4), cuando hubiera podido aún

(1) Por ejemplo, si se trata del *número* de heridas.

(2) Ejemplo: en lo tocante a la extensión y profundidad de las heridas.

(3) Aunque presente a los experimentos, el instructor no ha introducido por sí propio la sonda en las heridas, y si refiere en el acta el resultado de la misma, no lo hace sino sobre la declaración de peritos, en la cual tiene plena fe.

(4) Supongamos que cuando era importante comprobar el color de los labios

considerar los objetos en su estado primitivo, que no han empleado los medios facultativos más apropiados a su misión actual (1), que no ha hecho de ellos el uso conveniente (2), o, en fin, que sus observaciones han sido incompletas (3), su confianza no puede menos de disminuirse. La forma de las declaraciones del perito es también muy importante. Así como un testigo parece poco digno de fe cuando no puede exponer los motivos que aseguren la verdad de lo que pretende haber visto, y cuando su declaración no es más que un tejido de contradicciones y de perplejidades, del mismo modo el perito que incurriere en tan graves faltas merecería muy poco crédito sobre los hechos.

Por lo tocante a las conclusiones, o al juicio emitido por él, tampoco pueden tener lugar las reglas de apreciación aplicables a la prueba testimonial, y si ha modificado las opiniones que había anteriormente consignado en su primer dictamen, no debe suponerse que ha querido tergiversarlas (4); éstas, con respecto al testigo, denotan: o que ha visto mal, o que quiere ocultar la verdad; en el perito, por el contrario, modificar su primer juicio es dar pruebas de un celo más concienzudo, de un examen tanto más severo, cuanto que cada experiencia, cada deducción científica nueva, no pueden menos de conducirle a basar más sólidamente sus conclusiones. Estas toman, pues, todos los elementos de convicción que encierran:

1.º De los principios que el perito ha tomado por puntos de partida (5), y de las leyes científicas a que ha sometido los hechos observados (6), es preciso, pues, que estas leyes y estos principios estén reconocidos como constantes para que hagan fe sus conclusiones, y también que su aplicación sea rigurosamente exacta.

2.º De las deducciones motivadas, en cuyo auxilio establece su opinión.

3.º De su concordancia con los datos resultantes de las piezas del proceso. En este caso es necesario discutir atentamente las contradicciones que puedan existir entre el dicho de los peritos y las declaraciones

---

de la herida, no ha podido hacerlo el perito hasta ya muy adelantado el crepúsculo o a la luz de una bujía.

(1) Ejemplo: no se han practicado los experimentos sancionados por la ciencia para la investigación del veneno.

(2) Cuando ha sido hecha la prueba pulmonar con malos instrumentos.

(3) Cuando no han sido abiertas las tres cavidades del cuerpo humano.

(4) Esto es lo que sucede con frecuencia por la falta del instructor, que exige de él una opinión inmediatamente después de practicada la autopsia. Libre más tarde para volver a emprender con calma su trabajo y aprovecharse de una manera más detenida de los documentos científicos de que puede disponer, se apercibe de que sus primeras conclusiones son poco fundadas y presenta otras nuevas.

(5) Así en las cuestiones de imputabilidad y discernimiento, si el perito afirma que, cuando hay enfermedad mental, no hay conocimiento, no puede decidir que ha habido en aquel caso *manía sin delirio*.

(6) Por ejemplo: las relaciones de la respiración con la vida están arregladas por una Ley fisiológica, que sirve de base a la docimasia pulmonar.

de los testigos, o las confesiones del acusado. Y si los hechos, tales como han sido observados por el perito, son totalmente inconciliables con las alegaciones del acusado o con las declaraciones de los testigos; si además el dictamen está sólidamente motivado y no deja acceso a la desconfianza, deberá dársele crédito, o por lo menos deberá el Juez pesar y analizar doblemente las confesiones y las declaraciones. Si las contradicciones entre el perito y los testigos (1) o el acusado (2), dejan en toda su fuerza las declaraciones de estos últimos, es necesario deducir que aquél se ha equivocado, y no dar fe a su parecer.

4.º Del acuerdo o la unanimidad de los peritos, cuando son varios (3). En caso de que haya pareceres contrarios, debe hacerse una distinción; o esta contrariedad recae sobre los hechos observados, o no existe sino en cuanto a las conclusiones que cada uno ha querido deducir. En el primer caso, si los resultados del examen hecho por uno de ellos son corroborados por otras pruebas distintas del examen pericial, debe darse la preferencia al dicho de éste (4); si la disidencia se manifiesta en un hecho insignificante en el fondo (5) y ninguna sospecha de infidelidad voluntaria o involuntaria surge contra los peritos (6), su autoridad permanece la misma. Si, por el contrario, se trata de un hecho capital (7), el caso es más difícil: someter el dictamen a un colegio de peritos superiores no sería de utilidad alguna, porque éstos no podrían decidir quién se equivoca o tiene razón sino observando los hechos *à novo* y por sí mismos. Por otra parte, no sería muy acertado referirse tan sólo a la pluralidad de votos (8). Si en un colegio instituido por el Gobierno, esta misma pluralidad sirve de regla, no sucede lo mismo en el caso de que se trata: la casualidad es la que ha reunido a los peritos en un mismo sitio, en presencia de los mismos hechos, sin que nunca hayan formado un cuerpo constituido. En este sentido se ha querido argüir con un texto de ley romana (9), pero este argumento conduce al error: no se trata más que de tomar una medida de precaución, que se halla bastante justificada desde que algunos peritos afirman la probabilidad de un hecho especial *(la de una preñez)*. Lo mejor, cuando sea posible, es provocar un nuevo examen de los hechos; de lo contrario, no queda

(1) Ejemplo: afirman los testigos que el infante ha gritado cuando su madre lo enterraba, y los peritos que el niño no ha podido salir vivo del claustro materno.

(2) Ejemplos: los peritos afirman que la muerte ha sido causada con un arma de fuego, y el acusado confiesa que lo ha sido con un cuchillo despuntado.

(3) Poco importa que haya diferencia entre los motivos, si el resultado es el mismo.

(4) Cuando, por ejemplo, el Magistrado instructor, constituido en el lugar del crimen, ha observado el mismo hecho.

(5) Acerca del número de ciertas heridas sin importancia.

(6) Cuando, por ejemplo, es evidente que era fácil el error.

(7) Ejemplo: de la existencia de una herida mortal.

(8) Esto es, sin embargo, lo que ha hecho el Código bávaro.

(9) Ley 1.ª, tít. 4.º, libro 25 del Digesto.

otro medio al Tribunal para cortar la dificultad que aplicar las reglas usadas en caso de desacuerdo entre los testigos: la verosimilitud de sus dichos, su forma, y, en fin, la pluralidad de pareceres, serán las que puedan decidir, y en último análisis, el Juez adoptará la opinión más favorable al acusado (1). Hemos dicho que la disidencia de los peritos puede también versar sobre sus conclusiones: si tal sucede, es necesario considerar a unos profesores con relación a los otros, y ver quién tiene derecho a ser preferido, según el grado notorio de su ciencia y de su pericia facultativa; por eso el doctor en Medicina debe ser preferido al simple cirujano, debiendo también examinarse cuál de las opiniones parece mejor motivada. Pero sería poco prudente que el Juez quisiera establecer por sí mismo estas comparaciones; será más acertado llamar a otros peritos que, por medio de un nuevo informe, le faciliten extraordinariamente su tarea, o también pedir el parecer de una Facultad médica superior, si la organización local permite apelar a este recurso. Cuando aún subsisten las dudas después de empleados todos estos medios, debe servir de regla la adopción del parecer más favorable al acusado.

¿Debe el Tribunal conceder una fe absoluta al parecer del perito, siempre que sea regular, y sobre todo cuando emana de un Colegio de Medicina? Indudablemente, no. Ya lo hemos dicho: la prueba pericial descansa en un encadenamiento de probabilidades racionales que corresponde apreciar al Juez antes de declararse convencido. En todos los casos tendrá, pues, que decidir si el informe envuelve en sí la convicción. Las leyes modernas consagran este principio, y disponen que el parecer del perito no pueda ser obligatorio para el Tribunal, mientras no esté fundado en razón y en verdad. Reconocen igualmente en el Magistrado el derecho de preguntarse si está convencido; y como nunca se le obliga a condenar si no lo está profundamente, claro es que no tiene precisión de seguir el parecer de los peritos sino cuando vea demostrada la certeza. Y no se nos arguya que el Juez en tal caso parece atribuirse conocimientos superiores a la ciencia especial de los peritos, y que la decisión del valor de una consulta científica corresponde tan sólo al que posee la ciencia en un grado eminente; la posición del Juez es muy sencilla, y excluye toda idea de semejante censura; sus funciones consisten en recibir el informe de mano de los peritos, examinarle y compararle en su forma y tenor con los motivos en que se funda, con las circunstancias y las pruebas de otra naturaleza ya existentes en los autos.

Si el dictamen no está motivado, el Juez no ve en él más que una opinión puramente arbitraria, que no podría satisfacerle. Si a su vez

(1) Un perito, digno de crédito, sostiene que ha descubierto en el cadáver una herida más, cuya existencia agravaría en mucho la posición del acusado; otro perito, también fidedigno, desmiente el hecho; en este estado, y a falta de otras pruebas, la prudencia recomienda no hacer cargo sobre este hecho al acusado.

los motivos no son otra cosa en el fondo que aserciones sin fundamento racional (1), si parecen traídos con ligereza y sin trabazón entre sí, o también las premisas sentadas parecen deber producir otras consecuencias diferentes de las que se han sacado de ellas, y acusar a los peritos de haber violado las leyes de la lógica (2), el Juez no puede admitir una decisión que así peca por su base. Otras veces el dictamen está bien motivado y es inatacable en la forma; pero las leyes científicas que toma por punto de partida, son notoria y fácilmente ilusorias; el Juez que conoce la parte débil de estas leyes, no puede olvidar sin razón lo que sabe (3); su convicción no puede estribar en conclusiones que no parecen fundadas; y como, admitidas estas leyes por los peritos, no está en poder del Juez reemplazarlas por otras científicamente reconocidas, como no puede, en una palabra, convertirse de Juez en perito, es muy necesario, en último término, que comunique a éste sus dudas o que llame otros nuevos. Mas si el dictamen, mal fundado en sus motivos, emana de un Colegio de Medicina de la mayor autoridad en el país; si las leyes locales no permiten un segundo examen pericial; si los profesores, a pesar de las dudas manifestadas por el Juez, persisten en su opinión, y, en fin, si este mismo continúa sin estar suficientemente convencido de la verdad de sus dichos, no les resta otra cosa sino decidir en favor del acusado y rechazar totalmente los hechos resultantes de un dictamen que no ha podido convencerle (4). Ultimamente, los motivos de los peritos pueden, prescindiendo de todos los experimentos científicos, apoyarse en hechos sacados del proceso; en este caso, al Juez toca averiguar su sinceridad con el auxilio de los mismos autos (5); ver si estos hechos han sido apreciados en su conjunto y en su verdadero sentido; y cuando no se considera satisfecho, manifestar a los profesores dónde está su error; o si (como sucede en ciertos países) el examen pericial es definitivo, rehusarles su convicción.

Estos principios tienen también entera aplicación en las cuestiones de imputabilidad y de discernimiento; pero sobre este punto existen otros especiales, de los que debemos igualmente decir alguna cosa.

No perteneciendo los hechos de conciencia que importa aquí examinar al dominio exclusivo de las ciencias médicas, y teniendo todo entendimiento ilustrado y dotado de suficiente conocimientos psico-

(1) Ejemplo: el médico concluye que ha habido envenenamiento, porque el cadáver ha entrado muy pronto en descomposición.

(2) Ejemplo: los peritos son los primeros en reconocer que los principios y experimentos científicos en que se fundan son inciertos y engañosos, y, sin embargo, deducen de ellos conclusiones precisas y positivas.

(3) Ejemplo: los peritos, en caso de infanticidio, suponen como absolutamente ciertos los resultados de la prueba pulmonar.

(4) Ejemplo: si los peritos sostienen que el infante ha vivido.

(5) Ejemplo: el perito, en materia de envenenamiento, se aprovecha de los diversos síntomas observados por los testigos durante la enfermedad; pero no se expresa en los mismos términos que éstos han usado.

lógicos su derecho legítimo de apreciación, la misión del Juez en este examen pericial especial envuelve una libertad, una extensión mayor, y las conclusiones de los peritos están más que en ningún otro caso subordinadas a su examen. Si el Magistrado advierte que los peritos admiten tal ley, tal principio reconocido como erróneo (en materia de libertad humana, por ejemplo), que reconocen tal estado del alma como exclusivo del discernimiento, cuando las sanas teorías jurídicas y psicológicas le han negado ese carácter (1), no puede darse fe a un dictamen así basado en premisas radicalmente falsas. Sucede también muchas veces que los peritos, traspasando los límites señalados a su misión, aseguran indebidamente la falta de discernimiento. La pregunta que se les dirige es ésta, por lo general: *En el momento del acto, ¿tenía el acusado conciencia de sí mismo? ¿Estaba entregado a una enajenación mental que le quitase el conocimiento o le turbase completamente?* A esta sencilla pregunta es a la que debe responderse, y después toca al Juez apreciar la respuesta conforme a la ley, y decidir si existe imputabilidad en la causa. Pero los peritos se exceden algunas veces, abrogándose un derecho que no tienen, y afirmando la no existencia de la imputabilidad. Semejante conclusión no es admisible en manera alguna; el Juez cuidará de traerlo a sus justos límites, pidiéndoles *à novo* una solución acerca de las cuestiones de puro hecho; y si su segundo dictamen es defectuoso en uno o alguno de los puntos indicados, no podrá ser compelido el Juez a seguirle. Por último, si los peritos afirman la existencia de un estado mental que realmente excluye el discernimiento, pero al mismo tiempo quedan al Juez dudas sobre la verdad de su opinión en el hecho, declarará al acusado no capaz de discernimiento, porque, en caso de disidencia entre su opinión y la de los médicos, lo más prudente será dar siempre la preferencia a la opinión favorable al acusado. Mas si el estado del alma, afirmado por el perito, no envuelve en manera alguna la incompatibilidad del discernimiento, el Juez, sin detenerse en conclusiones negativas, evidentemente erróneas, pronunciará conforme a sus convicciones jurídicas y a las disposiciones de la ley (2).

---

(1) Ejemplo: los peritos emiten una teoría falsa sobre una pretendida *ex candescentia furibunda* o manía incendiaria.

(2) Muchas veces los médicos declaran que el acusado ha obrado en estado de completa embriaguez, y, por consiguiente, que no tenía discernimiento. El Juez no se inclinará a su opinión y declarará la culpabilidad.

## ADICIONES A LA PARTE TERCERA

### (Capítulos I a V)

La pericia es un medio de prueba cuya característica más relevante es la de que se trata de la intervención de una persona que, en principio, es ajena a la actividad procesal (con lo que se diferencia de las partes interesadas en el proceso), y en otro aspecto, aun cuando reúne la condición de tercero (nota común con el testigo), su apreciación de los datos tiene lugar a través de un encargo procesal que recibe al efecto (diferenciándose así del testigo que apreció directamente los datos de modo extraprocesal).

Perito es, por tanto, la persona que, sin ser parte, emite, con la finalidad de provocar la convicción judicial en un determinado sentido, declaraciones sobre datos que habían adquirido ya índole procesal en el momento de su captación. (Guasp, *Derecho Procesal Civil,* Madrid, 1956, pág. 410.)

Vamos a señalar algunas de las cuestiones de mayor interés en relación con este medio probatorio.

A) *Naturaleza jurídica.* La cuestión de la naturaleza jurídica de la pericia es una de las más debatidas dentro del campo procesal. Para su mejor estudio, distinguiremos en las teorías cuatro grupos: *a)* Teorías que consideran a los peritos como medio de prueba. *b)* Teorías que los consideran como auxiliares del Juez. *c)* Teorías eclésticas. *d)* Otras teorías. *e)* Nuestra opinión sobre el tema.

*a)* Opiniones que consideran a los peritos como medio de prueba. Florián nos dice que la pericia es un medio de prueba, en cuanto sirve para proporcionar al Juez el conocimiento de un objeto de prueba. (*Sul carattere giuridico della perizia nel punto di vista processuale,* Scuola positiva, 1921, página 218.)

G. Sabatini (*Istituzioni di diritto processuale penale,* Nápoles, 1933, página 231) y Fenech (*Derecho Procesal penal,* Barcelona, 1952, vol. I, páginas 853 y sigs.) sostienen que es medio de prueba, pero que ésta no consiste en el parecer del perito, sino en los elementos que pone de manifiesto con el procedimiento técnico o práctico que emplea para su examen. Para otros, como Marsh (*La natura giuridica della perizia,* Riv. di Dr. Proc. Penale, 1923, página 123), se trata de un medio de prueba como otro cualquiera.

Recogen esta tendencia, que podemos llamar clásica, casi todas las legislaciones inspiradas en la de Napoleón, entre ellas la nuestra.

*b)* Opiniones que consideran a los peritos como auxiliares del Juez. Aunque el criterio clásico sea el anterior, no es nueva esta opinión, que ya Ricci (*Della prova peritale,* Milán, 1879) expuso con toda claridad.

Bonier (*Tratado teórico práctico de las pruebas en Derecho civil y Derecho penal,* traducción y notas de Vicente y Caravantes, 4.ª ed., t. I, págs. 181 y sigs., Madrid, Reus, 1913) nos dice que es muy difícil no ver en el perito, investido de sus funciones, una especie de delegado de la autoridad judicial.

Para Goldschmidt (*Derecho Procesal Civil*, Madrid, 1936, pág. 279), al perito, en cuanto facilita noticias sobre el estado de una cosa, puede considerársele como un intermediario del reconocimiento judicial.

En nuestra Patria sigue esta teoría Gómez Orbaneja (*Derecho Procesal* [en colaboración con V. Herce Quemada], Madrid, 1948, t. II, pág. 289), el cual sostiene que precisamente por ser el perito un auxiliar del Juez sería lo más lógico que se dejase al mismo juzgador decidir sobre la "necesidad" o "conveniencia" de esta prueba, no debiéndose requerir, como se requiere, dentro de la Ley de Enjuiciamiento civil, la proposición de parte.

*c)* Opiniones eclécticas. Llamamos eclécticas a estas opiniones porque de un modo u otro reconocen a los peritos ambos caracteres: ser medio de prueba y auxiliares del Juez simultáneamente.

Sustentan esta tesis autores, principalmente alemanes, entre los que se encuentran Von Hippel (*Der deutsche Strafprozess*, Magburgo, 1941, pág. 410), quien no basa su afirmación de la doble naturaleza de la pericia, y Schönke, según el cual, el perito es un medio de prueba en sentido técnico, pero también un auxiliar del Juez en la valoración de los hechos de prueba (*Derecho Procesal Civil*, trad. esp. de la 5.ª ed. alemana, Barcelona, 1950, pág. 233).

Entre nosotros, Guasp (*Derecho Procesal Civil*, cit., pág. 413) sostiene que "el perito podrá ser estructuralmente un auxiliar del Juez, pero funcionalmente no cabe negarle su significación de medio de prueba". Si la posible adscripción orgánica del perito a la jurisdicción bastara para negarle el carácter de medio de prueba *a fortiori*, habría que hacer lo mismo con otros tipos en que la persona que procede a la práctica de la operación probatoria tiene una índole oficial aún más marcada: piénsese en el reconocimiento judicial, dice el mismo tratadista.

*d)* Otras opiniones. Incluimos en este grupo algunas opiniones de los más caracterizados autores, que por sus peculiaridades no pueden incluirse en ninguno de los anteriores.

Esta es la posición de Mittermaier, que, viendo la cantidad de hechos a los que se aplica la prueba pericial, es imposible que la cuestión de si los peritos son testigos o meros auxiliares del Juez pueda jamás conducir a la definición de su naturaleza. No sería menos inexacto, afirma, considerar a los peritos como auxiliares de la justicia, haciendo así de ellos una especie de jueces, bajo la presidencia del Magistrado director, de quien serían obedientes satélites. Pero no sucede así la mayoría de las veces; los peritos son totalmente independientes en sus informaciones y su parecer determina la convicción del Juez. Acaba diciendo Mittermaier que el examen pericial constituye una prueba *sui generis*, cuya apreciación no puede hacerse sino siguiendo ciertos principios que le son inherentes.

Similar al concepto del perito como auxiliar del Juez es el punto de vista de los que lo consideran como un encargado o un delegado del Juez. Para los primeros, los peritos son encargados de verificar y valorar el hecho sometido a su examen. Para los segundos, el perito sería como un oficial del Juez al cual viene conferida la potestad propia de juzgar y observar momentánea y condicionalmente. (Así lo configura Ellero en su obra *De la certidumbre en los juicios criminales*, págs. 174 y sigs.) La primera teoría puede ser criticada, teniendo en cuenta que el "encargo", es algo formal y extrínseco que no afecta a la íntima esencia de la función. A los segundos se les puede objetar que cometen el error de hacer de la pericia un acto jurisdiccional, y que la lógica consecuencia sería que el Juez considerase el parecer del perito como su propio parecer, lo que realmente no sucede, pues es de libre apreciación.

Algunos, como Borettini (*Le perizia nel processo penale*, Padua, 1940, páginas 15 y sigs.), ven un tipo intermedio entre el testigo y el Juez; la pericia participa también del lado formal del testigo, en cuanto tiene análogo criterio regulador de su capacidad e idéntico en el modo, por el cual, mediante el juramento, viene legitimado en la instrucción y en el juicio.

*e)* Posición propia. En principio, podemos afirmar que si bien el perito es un auxiliar del Juez, el dictamen por él emitido tiene naturaleza de medio de prueba.

Pero las dificultades que han existido para llegar a un acuerdo por la doctrina sobre la verdadera naturaleza jurídica de los peritos están, a nuestro juicio, en haber identificado mentalmente el concepto de perito con el de técnico. Existen en nuestras Leyes procesales muchos casos de intervención de técnicos que no son peritos en sentido propio, ni, por tanto, su actuación tiene carácter de prueba pericial. Tal ocurre, por ejemplo, en los casos siguientes: tasadores, de los bienes que han de ser objeto de avalúo; su actividad no prueba ningún hecho del pleito. Los intérpretes, bien actúen para completar la prueba documental o la testifical, fueron llamados por Carnelutti peritos impropios, pues realmente no puede ser considerada su actividad como prueba pericial; lo mismo podemos decir de los médicos vigilantes de las lesiones y los que practican las autopsias, a los que nos hemos referido.

El concepto de peritos en sentido procesal no debe ligarse al de técnicos, sino que, como veremos en el epígrafe siguiente, debe hacerse depender de su relación con los datos procesales. Ello ayuda a construir mejor un concepto unitario del perito y a su diferenciación con el testigo.

B) *Distinción entre perito y testigo*. La diferencia entre testimonio y pericia es muy discutida (véase el interesante trabajo de Cassinelli, *Prova testimoniale e prova peritale*, Scuola positiva, 1943, pág. 133). La teoría y la práctica presentan varias dificultades para esta diferenciación, dándose diversos criterios:

*a)* Criterios subjetivos. Según esta dirección, mientras que el testigo es una persona común, indiferenciada, el perito es un técnico, un profesional. Esta distinción tiene importancia desde un punto de vista objetivo, de practicidad, pero la idea subjetiva no resuelve el problema de la diferenciación, ya que un perito, por ejemplo, puede declarar como testigo; es decir, que si un técnico declara sobre datos observados extraprofesionalmente, su calidad, subjetiva, de técnico no tiene importancia alguna.

*b)* Criterios objetivos. Este es el criterio común de distinción. Según él, mientras que el testigo emite declaraciones sobre datos comunes, que no exigen experiencia para su apreciación, el perito emite declaraciones sobre datos técnicos. Desde un punto de vista constitutivo esto es cierto: el testigo observa datos de carácter general, mientras que el perito observa procesalmente datos que requieren unas reglas de experiencia que él sólo conoce. Esto es, desde luego, lo que normalmente sucede. Pero este criterio no satisface la necesidad científica de que eso se aplique a todos los casos posibles, pues hay supuestos en que un técnico puede emitir declaraciones técnicas y, sin embargo, actuar como testigo y no como perito, y, a su vez, puede ocurrir que personas que emiten declaraciones generales actúen como peritos y no como testigos. Así, por ejemplo, si un médico observa un atropello y acercándose a la víctima comprueba la índole de las heridas producidas, y al declarar se le pregunta por el resultado de sus observaciones, técnicas, actúa, sin embargo, como testigo, ya que declara sobre datos observados extraprocesalmente.

Como se ve en estos casos intermedios, el criterio objetivo no resuelve nada.

Por ello se ha pretendido afinar el criterio objetivo diciendo que lo esencial no es que el dato observado sea de carácter general y común o de carácter técnico, sino que mientras el testigo declara datos de naturaleza fáctica (hechos), el perito declara datos de naturaleza normativa (criterios). Ahora bien, un perito puede declarar sobre datos de hecho y no sobre criterios. Así, por ejemplo, si una persona emite una declaración en inglés, el intérprete (perito) encargado de la traducción se limita concretamente a decir cómo es en castellano el hecho de la declaración en inglés, dando no la norma general, sino la particular. Por otra parte, a veces un testigo puede declarar sobre datos o criterios normativos.

*c)* Criterios de actividad. Por último, se señala como factor distintivo el que se basa en la distinta actividad que se desarrolla en el testimonio y en la pericia. Conforme a esto, se dice que mientras la observación del testigo es casual, la del perito es deliberada. Esta distinción no tiene en cuenta que también un testigo puede observar deliberadamente, como, por ejemplo, el caso en que se llama a una persona para que actúe como testigo instrumental en un testamento. La realidad es que este criterio de distinción no es sino la traducción imperfecta del criterio seguido por nosotros, conforme al cual, si la observación de los datos se realiza procesalmente, nos encontramos ante la pericia.

Otro título de distinción es aquel que afirma que, mientras el perito examina, el testigo es examinado. Pero esto es un punto de vista parcial, ya que, si bien es verdad que el perito examina, luego, a su vez, es examinado por el Juez.

Vistos estos extremos y criticados cada uno de ellos, parece lógico que quede firme la diferencia entre testimonio y pericia basada en la observación procesal o extraprocesal de los datos a probar, aun cuando se reconozca que el hecho de que se encargue a una persona (el perito) la observación procesal de los datos a probar obedezca a que sean necesarios ciertos requisitos de calidad técnica en el observador, que no posee cualquier persona. En el Derecho positivo español se acude al criterio ya examinado del dato común (testigo) y del dato técnico (perito). Ahora bien: teniendo en cuenta que hemos definido al testigo como aquella persona que no es parte y observa extraprocesalmente los datos a probar, resulta que se trata de un medio de prueba procesal, y, por tanto, su regulación debe contenerse en las Leyes procesales y no en el Código civil. Sin embargo, en nuestro Derecho, su regulación está distribuida entre las Leyes de procedimiento y el Código civil. El Derecho material trata de los testigos como instrumentos no procesales, pues el testigo, en cuanto instrumento procesal estricto, está regulado en las Leyes de Enjuiciamiento civil y criminal.

C) *Clases de peritos.*

*a)* Los peritos pueden ser o no titulares. Son peritos titulares los que tienen título oficial de una ciencia o arte, cuyo ejercicio esté reglamentado por la Administración. Son peritos no titulares los que, careciendo de título oficial, tienen, sin embargo, conocimientos o prácticas especiales en alguna ciencia o arte (art. 457 L. E. cr.).

El Juez se valdrá de peritos titulares, con preferencia a los que no tuviesen título (art. 458 L. E. cr.).

*b)* También, con referencia a la eficacia procesal del informe que emiten, se habla de informe pericial "con valor de diligencia sumarial" e informe pericial "con valor de prueba".

El informe pericial con valor de diligencia sumarial se regula por las reglas del capítulo VII, título V, del libro II de la Ley de Enjuiciamiento criminal. Existe este tipo de peritaje cuando el reconocimiento e informe periciales pudieran tener lugar de nuevo en el juicio oral, ya que los peritos nombrados no podrán ser recusados por las partes (art. 467, 1.º).

El perito con valor de prueba se regula por las reglas de la sección 3.ª del título III del libro III. Nos encontramos ante un informe pericial con este valor cuando no pudiere reproducirse en el juicio oral (art. 467, 2.º).

*c)* Nuestras Leyes de Enjuiciamiento civil y criminal aluden a la intervención del perito en ambas funciones de conocer y apreciar. En cambio, en el Código civil sólo se habla de apreciar, suprimiendo la palabra "conocer" empleada en la Ley de Enjuiciamiento civil.

Seguramente la omisión es, como cree Guasp, indeliberada, y no supone la inadmisibilidad en el proceso civil del perito que percibe. En el proceso penal no hay dudas de la existencia de peritos de las dos clases.

D) *Régimen jurídico.* Nuestra Ley de Enjuiciamiento criminal recoge el régimen jurídico de la pericia preferentemente en la llamada fase sumarial (arts. 456 a 485); no obstante, también se contienen normas sobre este medio de prueba en la fase del juicio.

Las especialidades de este medio de prueba se refieren, por un lado, a la recusación, regulada en los artículos 662, 663 y 723 de la Ley de Enjuiciamiento criminal, según los cuales la recusación se hará dentro de los tres días siguientes al de la entrega al recusante de la lista que contenga el nombre del recusado. Alegada la recusación, se dará traslado del escrito por igual término a la parte que intente valerse del perito recusado, y transcurrido el término y devueltos o recogidos los autos, se recibirán a prueba por seis días, durante los cuales cada una de las partes practicará lo que le convenga, y transcurrido tal término de prueba, se señalará día para la vista, a la que podrán asistir las partes y sus defensores, resolviéndose el incidente por el Tribunal por medio de auto irrecurrible. Se señala en el artículo 663 que el perito que no sea recusado en el término fijado anteriormente no podrá serlo después, a no ser que incurriera con posterioridad en alguna de las causas de recusación, lo que se relaciona con lo dispuesto en el artículo 723, referente a la recusación de los peritos en el juicio al señalar que la sustancialidad de los incidentes de recusación tendrá lugar precisamente en el tiempo que media desde la admisión de las pruebas propuestas por las partes hasta la apertura de las sesiones.

A la proposición de la prueba pericial dedica la Ley de Enjuiciamiento criminal dos artículos, el 656 y el 657, que establecen como momento para la proposición de esta prueba los respectivos escritos de calificación, debiendo señalar los peritos de que intentan valerse, expresando sus nombres y apellidos y su domicilio o residencia, manifestando además si tales peritos han de ser citados judicialmente o si la parte se encarga de hacerles concurrir, proposición que se hará acompañada de las respectivas copias, tantas cuantas sean las partes personadas en la causa, a cada una de las cuales se entregará una de dichas copias en el mismo día en que fueren presentadas, uniéndose las listas originales a la causa. Se señala también para este medio de prueba la posibilidad de que las partes puedan solicitar que se practiquen, desde luego, aquellas diligencias que por cualquier causa fuere de temer que no se puedan practicar en el juicio oral o que pudieran motivar su suspensión.

En cuanto a la práctica, se establece en la Ley de Enjuiciamiento criminal que los peritos que no hayan sido recusados serán examinados juntos cuando deban declarar sobre unos mismos hechos y contestarán a las preguntas y repreguntas que las partes les dirijan (art. 724). Si para contestarlas considerasen necesaria la práctica de cualquier reconocimiento, harán éste, acto continuo, en el local del órgano judicial competente, si fuese posible, y en otro caso se suspenderá la sesión por el tiempo necesario, a no ser que puedan continuar practicando otras diligencias de prueba en tanto que los peritos verifican el reconocimiento (art. 725).

Por último, en lo que se refiere a los efectos, el valor probatorio de la prueba pericial será de la libre apreciación del Juez, conforme a las reglas generales reiteradamente señaladas.

### Jurisprudencia

Los informes de los Médicos forenses y de los especialistas en Psiquiatría no son más que dictámenes periciales y no gozan de fuerza probatoria privilegiada (sentencia de 7 de noviembre de 1966).

El informe emitido por el Gabinete Central de la Comisaría General de Identificación de la Dirección General de Seguridad es sólo un informe pericial (auto de 21 de octubre de 1963).

El orden de preferencia de peritos titulados sobre prácticos establecidos para el Juez instructor por la Ley de Enjuiciamiento criminal ha de entenderse aplicable para el acto del juicio oral ante la Audiencia, y está bien denegado, la pericia de un conductor de automóviles para apreciar el estado, valor y kilómetros recorridos de un vehículo de esta clase, porque su aptitud se limita a conducir y no llega a ilustrar a los Tribunales sobre extremos distintos de la simple conducción (sentencia de 16 de abril de 1941).

El informe de los Peritos-Médicos subsiguiente a la diligencia de autopsia, aunque es documento auténtico por su forma, ya que se consigna en uno de carácter público, carece de dicha condición en cuanto al fondo, pues los Tribunales no están obligados a sujetarse al dictamen y conclusiones de aquéllos, quedando sometidos tales elementos, como todos los demás medios de prueba, a la apreciación en conjunto y continuada que haga el juzgador de instancia, en el ejercicio de la amplia facultad que le confiere el artículo 741 de la Ley de Enjuiciamiento criminal para formar libremente su estado de conciencia y reflejarlo en la declaración sintética y prevenida (sentencias de 22 de noviembre de 1951 y 2 de diciembre de 1952).

Los dictámenes periciales, cualquiera que sea la importancia y autoridad que se les quiera conceder, no son sino exteriorizaciones de una opinión técnica o científica, que no puede alcanzar el valor de la indiscutida veracidad, como reclama la condición de documento auténtico (auto de 12 de marzo de 1964).

No encerrando el dictamen pericial una verdad incontrovertible, su valoración está atribuida al juzgador juntamente con el resultado que le ofrezcan, según conciencia, las demás pruebas practicadas (sentencia de 4 de enero de 1968).

No hay por qué razonar en la resultancia probatoria sobre el resultado de la prueba pericial, la cual no vincula al Tribunal sentenciador (sentencia de 26 de junio de 1967).

El informe pericial, por su propia naturaleza, está entregado a la apreciación crítica del juzgador, que conserva íntegra su facultad de apreciar los hechos en conciencia según sus facultades legales, pues en otro caso sería el perito el que juzgase y no el Tribunal, cosa opuesta radicalmente a los principios de nuestro enjuiciamiento penal (sentencia de 17 de octubre de 1968).

Un dictamen pericial no forma documento auténtico, según esta Sala viene con reiteración declarando, pues la opinión que encierra, en cuanto puede ser acertada o errónea, no vincula al Tribunal sentenciador, que ha de valorarla en conciencia, conforme a la facultad discrecional que le otorga el artículo 741 de la Ley de Enjuiciamiento criminal (sentencia de 10 de diciembre de 1971).

## PARTE CUARTA

# DE LA CONFESION DEL ACUSADO

## CAPITULO PRIMERO

# MOTIVOS DE LA PRUEBA POR CONFESION

Son muy de notar las opiniones que tiene el pueblo, en lo concerniente a esta prueba: nunca se muestra más convencido de la culpabilidad del acusado, que cuando sabe que ha emanado de él una confesión completa (1). Pero no toda confesión, cualquiera que sea, y cualquiera que sea su forma, lleva en sí desde luego la convicción de su sinceridad; para tener esta fuerza es preciso que reúna ciertas condiciones. ¿Qué hombre se atrevería a condenar a un semejante suyo por el solo motivo de que se presente en juicio y se denuncie como autor de un asesinato cometido hace seis años? Exigimos, ante todo, una concordancia demostrada entre la confesión y las circunstancias de la causa, y en la persona del acusado una actitud en perfecta armonía con la idea que nos formamos de la situación de un hombre impulsado por su conciencia a revelar la verdad.

Con estas condiciones cedemos al imperio de una presunción natural; parécenos que su conciencia atormenta al malhechor y le impele a denunciarse a sí mismo. Varios escritores antiguos y modernos han sostenido, no obstante, lo contrario: para ellos la confesión es un fenómeno extranatural; la naturaleza, dicen, cierra los labios al culpable; todo hombre de sano juicio, se apresura a huir de lo que pudiera pararle perjuicios, y sería necesaria nada menos que una perturbación mental o un profundo disgusto de la vida para que fuera a exponerse voluntariamente a un grave peligro. En apoyo de este sistema se echa mano de las opiniones admitidas en Roma (2); se sostiene que la ley romana consideraba la confesión como contraria a la naturaleza; pero carece de fundamento semejante aserción; el pasaje de Quintiliano, con que se

(1) Se observa también en Francia que los jurados, cuando han pronunciado un veredicto de culpabilidad, sienten descargada su conciencia tan luego como confiesa el acusado.

(2) Se cita una de las *declamaciones* atribuidas a Quintiliano, números 313 y 314, donde se leen estas palabras: *Ea natura est omnis confessionis, ut possit videri demens qui confitetur de se.*

arguye, se explica por la especie misma a que se refiere; se trata allí de un insensato que hubiese confesado un hecho, y el retórico se ocupa en hacer resaltar la ridícula obstinación de un Juez que se empeñara a todo trance en fundar la condena sobre una confesión frívola. Esta teoría además está en completa oposición con las nociones más vulgares acerca de la conciencia humana (1). Es muy cierto que nada puede hacer callar la voz del alma; una vez consumado el crimen, se agita una lucha interna en el corazón del culpable; su conciencia habla más alto que su interés; no puede hallar el reposo interior, si no se descarga del peso de sus remordimientos; entonces confiesa por obedecer a los acentos de la verdad que le guía, y prefiere exponerse a la pena que su crimen hará caer sobre su cabeza, antes que prolongar por más tiempo un insoportable martirio. La experiencia constante nos enseña que hasta el día de la confesión manifiesta, todos los síntomas de la inquietud, de un tormento interior, prestada la confesión, su estado denota la tranquilidad de una conciencia, aliviada. Si persiste en negar su aptitud en juicio, en presencia de los motivos de sospecha, de las pruebas contra él aducidas, lo vende frecuentemente. ¡Cuántas veces los jurados le han declarado culpable, únicamente por considerar que era preciso que se sintiera tal para aparecer de aquel modo delante de ellos, porque a su pesar su actitud les ha parecido una confesión muda! Se ve, pues, que la confesión del acusado, es decir, la declaración por la que afirma la verdad de un hecho de la inculpación dirigida contra él, hecho que por consecuencia le perjudica, tiene gran importancia en los asuntos criminales, aun cuando además sea necesario considerarla bajo diferentes aspectos, según la forma del procedimiento. Sería negar la evidencia, rehusar que la confesión sea *un medio de prueba;* concebiríamos que esto haya podido ponerse en duda en materia civil, cuando se consideraba la prueba desde un punto de vista acaso demasiado exclusivo. Ha podido decirse que existiendo la confesión no hay proceso posible; según éstos, aunque haya lugar a prueba, es necesario que haya debate sobre la verdad de un hecho litigioso; pero en materia criminal no es admisible esta conclusión; la confesión no es para el Juez más que un medio de formarse la convicción, desde que acepta como verdaderos los hechos confesados por el acusado. Hay, pues, una enorme diferencia entre la confesión, medio de convicción en el proceso criminal, y la confesión o el reconocimiento en el proceso civil; éste admite el principio de la renuncia y del desistimiento. Del mismo modo que es lícito a la parte, en el libre dominio de sus intereses pecuniarios, arrojar y esparcir su dinero, si así le place, del mismo modo puede, prestando una confesión hasta inverídica y reconociendo por bien fundadas las pretensiones adversas, renun-

(1) Algunos autores llegan hasta sostener que la confesión toma su origen del amor a la verdad, innato en nosotros.

ciar a sus evidentes derechos; pero no permitiendo este desistimiento el proceso criminal, y siendo su objeto la manifestación de la verdad material absoluta, está obligado el Juez instructor a dirigir igualmente sus escrupulosas investigaciones sobre todos los hechos confesados y sobre sus pormenores más accesorios; porque es necesario que el Juez pueda decidir si el acusado ha sido sincero en su confesión. Resulta de este principio que el acusado no debe ser creído por su simple declaración, y que para adquirir fuerza probatoria, la confesión debe llenar algunas condiciones y hallarse rodeada de presunciones de diversa naturaleza. No mirando más que a la evidencia material, parece que debe hacer prueba irrefragable; porque, en efecto, ¿en qué consiste sino en un testimonio dado por un individuo acerca de hechos que han estado sometidos a la observación inmediata de sus sentidos? Y este testigo, ¿no es tanto más digno de crédito, cuanto que en los sucesos de que declara ha hecho un papel principal, y que mejor que nadie conoce sus más minuciosos detalles? Pero mirándolo desde otro punto de vista, se advierte que habla en propia causa; que como tal, y además infamado por el crimen, no puede inspirar confianza alguna, a menos que ciertas circunstancias especiales, desvaneciendo las dudas, vengan a atestiguar al mismo tiempo su veracidad. La persuación que se deriva de la confesión no llega al Juez sino con el auxilio de una multitud de presunciones que se encadenan. En primer lugar, el acusado, cuando confiesa, depone contra sus intereses, sabe que va a caer sobre él la pena merecida por su crimen, y esto es ya bastante para desvanecer la objeción sacada de que habla en causa propia. En segundo lugar, se convendrá en que un hombre necesita motivos muy graves para hacer una cosa tan poco frecuente como la de exponerse voluntariamente y de buen grado a un mal material, denunciándose a sí propio. ¿Se atribuirá este motivo a un extravío de la imaginación? ¿Se dirá que no se ve allí más que un loco, que en su delirio se precipita delante de la muerte, e inventa con tal objeto los falsos pormenores de un supuesto crimen? ¿Se atribuirá más bien a un cálculo hábilmente combinado, con la esperanza de alcanzar ciertos beneficios eventuales (1), de preservar de un mal a un tercero? (2). ¿Se achacará, en fin, a las irresistibles amonestaciones de la conciencia? Porque si después de un atento examen, parece demostrado que el inculpado es enteramente de sano juicio, y que nada va a ganar con su confesión, se hace muy natural pensar que su único móvil han sido los remordidimientos.

El modo de la confesión viene a dar más fuerza a la confianza que

---

(1) Se han visto individuos condenados a cadena perpetua declararse culpables de un crimen consumado lejos del lugar en que se hallaban, a fin de ser conducidos a ella y procurarse los medios de una evasión.

(2) En la esperanza, por ejemplo, de hacer escapar de la pena que le espera a un amigo, a un pariente, verdadero autor del crimen.

es susceptible de inspirar; él basta muchas veces para hacer ver que el acusado comprende toda la gravedad de las consecuencias de su lenguaje; y sería difícil dudar de la seriedad de sus palabras, cuando las profiere, por ejemplo, delante del Tribunal competente para aplicarle la ley penal, o ante el Juez, cuyas actas servirán más tarde de fundamento o la sentencia definitiva.

Importa igualmente examinar por qué medios ha sido el reo obligado a confesar: si el Juez se ha limitado estrictamente en el interrogatorio a pedirle explicaciones acerca de los hechos de la inculpación, si se ha abstenido cuidadosamente de toda sugestión indebida, si dirigiéndole simples preguntas de hecho no le ha conducido a responder a ellas afirmativamente y en forma de confesión, es indudable que puede ser creído bajo su palabra; su confesión es la expresión de lo que ha hecho, de lo que ha visto; los interrogatorios han avivado en él los remordimientos, y éstos han abierto sus labios. Esta presunción adquiere doble fuerza cuando su fisonomía, en el momento de hablar (1), revela el pesar profundo y sincero de la acción mala que ha cometido y la necesidad de librarse a toda costa de los tormentos de la conciencia.

Pero hay, sobre todo, un caso en que la confesión determina irresistiblemente la convicción en todo entendimiento reflexivo y que tiene instinto de lo verdadero, y es aquel en que los hechos que refiere son demostrados, por otra parte, como verdaderos, o en el que los detalles sobre que versa sólo pueden ser conocidos por el autor del crimen; de modo que no se acertaría a comprender cómo el acusado, siendo inocente, estaba informado de ellos. Y así, cuando describe exactamente las heridas que se han hallado en el cadáver de la víctima, cuando el cuchillo que señala como instrumento del crimen tiene exactamente las mismas dimensiones que la herida, ¿cómo puede estar enterado de todo eso si no es culpable? Para explicarlo, sería necesario nada menos que un concurso de circunstancias extraordinarias.

En fin, una postrera circunstancia puede venir a demostrar la sinceridad de la confesión y es la obstinación inflexible del acusado en sostener sus primeros dichos, su perfecta concordancia en tiempos diversos, bajo la influencia de diferentes impresiones; si el acusado hubiera mentido, la diversidad de circunstancias bajo cuyo imperio se ha encontrado hubiera también influido en sus declaraciones.

Es, pues, cosa demostrada para nosotros, que la simple *(desnuda)* confesión no forma la convicción del Juez, ni llega a él sino con el auxi-

---

(1) Por eso se considera como de suma importancia en el procedimiento criminal alemán hacer constar en el acta *la actitud y los gestos del inculpado;* por cuyo medio, el Juez que no ha asistido a los interrogatorios se pone al corriente, aunque imperfectamente, de su actitud durante la información. En Francia, donde la Ley no prohíbe en manera alguna la anexión de los autos de estas útiles observaciones, que el Juez de instrucción podría muy bien consignar en los interrogatorios, nunca o rara vez la vemos usada.

lio de presunciones racionales sucesivas, sacadas de la observación diaria de las leyes de la humana naturaleza y de la expresión de las fisonomías. Adquiridas estas presunciones, el Juez examina la confesión, recurriendo a los demás medios de informaciones existentes; y, en fin, no la tiene por verdadera sino con esta última condición, a saber: que le parezca que el acusado ha querido firmemente decir la verdad.

## CAPITULO II

## DE LA NATURALEZA DE LA CONFESION Y DE SUS CONDICIONES, SEGUN LA DIFERENCIA DE LAS LEGISLACIONES Y DE LOS PRINCIPIOS CONSTITUTIVOS DEL PROCESO CRIMINAL

Las diferencias fundamentales del sistema de la acusación y de la instrucción, que obran sobre todas las partes del procedimiento, han influido también sobre la teoría de la confesión.

El principio de la acusación exige la presentación en juicio de un acusador que desde luego articule la perpetración del crimen con todos sus caracteres, las pruebas que se propone aducir, y sobre el cual pese la obligación de probar los diversos puntos capitales de la inculpación. El proceso criminal consiste, pues, en este caso, en la presentación de pruebas por parte del acusador y del acusado, y en los esfuerzos de ambos para inclinar de su lado la convicción del Juez. En los interrogatorios a que procede éste, no hace otra cosa que dar públicamente al acusado conocimiento de los agravios, de los motivos alegados en su apoyo, y poner a este último en situación de articular sus justificaciones; no debe esforzarse en arrancarle una confesión por medio de preguntas capciosas, lo cual sería ir contra las tendencias del sistema de la acusación. Todo medio de violencia para este efecto sería contra justicia, así como lo sería contra naturaleza la misma confesión. Al acusador toca hacer la prueba sin esperar o provocar una confesión del defensor; como también reunir los documentos propios para establecer la demostración de los puntos capitales de la demanda, sin que nunca le sea permitido contar con una acusación de parte de su adversario. Sin embargo, si llega a prestarse la confesión, se la considera de una manera bastante análoga a la que tiene lugar en el proceso civil, en el que termina toda contestación y defensa de parte del acusado, y se hace completamente inútil examinar si éste es sincero; no siendo el proceso sino una lucha empeñada entre ambas partes, y el acusador no tiene prueba que hacer desde que su adversario reconoce por la confesión el fundamento de sus conclusiones.

Pero en el procedimiento inquisitivo es muy diferente; entonces el objeto final es la manifestación de la verdad material en toda su perfección: este objeto por sí mismo, y en razón de los motivos enumerados más arriba (capítulo anterior), debe señalar a la confesión un lugar sumamente importante entre los medios de comprobar la verdad. Esto se hace todavía más evidente, cuando se recuerda que en el principio de los procedimientos el Juez instructor no aborda sino dudando los hechos aislados, de donde parece resultar la inculpación; este largo análisis, este examen atento de todas las circunstancias, este empleo escrupuloso de todos los medios de prueba, tienen por único objeto poner más tarde en manos del Juez de la causa los elementos de su decisión sobre la verdad absoluta de la acusación. Atendiendo a los intereses del acusado, a quien tanto importa tener inmediato conocimiento de los cargos que pesan sobre él, el instructor se esfuerza en los interrogatorios, por una parte, en proporcionarle todas las ocasiones de justificarse plenamente, y de otra, en reunir los documentos esenciales para la apreciación de los motivos existentes de sospecha. Además, como la confesión constituye un excelente origen de certeza, y puede con razón esperarse mucho de los consejos de la conciencia, que hace muchas veces hablar al criminal a su pesar, procurará el Juez, al interrogarle, excitar su espíritu, inspirar mayor fuerza a los latidos de la conciencia, debilitar el influjo de la razón de interés, que acaso en aquel momento le aconseje la mentira; y si sus esfuerzos son felices, el acusado, abandonando toda resistencia, descubrirá la verdad entera.

El interrogatorio, pues, será dirigido según las reglas que se derivan de su objeto, sin que pueda ocasionar perjuicio al hombre inocente, que, oponiendo tranquilas negativas a las solicitaciones del Juez, se justifique suficientemente y haga destruir la inculpación, contentándose con referir los hechos con toda sinceridad, en cuanto a él toca (1). La primera regla consiste en que cada hecho le sea presentado aislada y sucesivamente, sin acumularlos demasiado los unos a los otros; por este medio, y explicándose acerca de cada uno, puede *in continenti* dar a conocer la verdad; las preguntas pueden hacérsele según su alcance y condición individual, y el Juez las ajustará a las incesantes variaciones de su entendimiento, a fin de aprovechar el momento oportuno en que pueda producirse la confesión. Además, la verdad prohíbe presentarlas de modo que pueda ser considera como culpable el inocente que es acusado tan sólo porque conceda los hechos; con lo cual se comprenderá que es preciso guardarse de todo medio de sugestión o de artificio.

Esto sentado, la confesión ocupa un lugar, desempeña un papel mucho más importante en el procedimiento instructivo que en el proceso de acusación; pero no hace prueba, ya lo hemos dicho, por el solo

---

(1) Designando, por ejemplo, el lugar en que se hallaba en el momento del crimen.

efecto de las declaraciones del acusado: debe reunir además ciertas condiciones antes de determinar la convicción del Juez.

El Derecho común de Alemania ha recurrido a muy diversas fuentes para reglamentar la confesión; pero estas divergencias se explican perfectamente por el predominio de una u otra de las formas del procedimiento criminal. Examinemos sumariamente las fuentes principales. En la legislación criminal primitiva de Roma, según la que era obligado el acusador a parecer en juicio con su prueba preparada, se hacía inútil pensar en obtener la confesión; y no se citará más de un ejemplo que pueda demostrar que, en el caso de que se obtuviese, produjera la convicción. En tiempo de los emperadores se empleó más frecuentemente el tormento y se introdujeron en el proceso ciertos elementos de instrucción; la confesión tomó al punto una importancia mucho mayor (1), y se vio a los jurisconsultos romanos reconocer la necesidad de un examen menos superficial de sus motivos de confianza (2); sin embargo, media todavía gran distancia de esto a una teoría legal y a un sistema regularizado. Pero aun entonces se tenía generalmente como prueba bastante la confesión (3).

Vinieron después las leyes canónicas, que la dieron mayor amplitud, tomando por móvil principal la conversión del culpable; viendo en la confesión una muestra de arrepentimiento, de sumisión a la pena merecida, debían tender siempre a provocarla; ésta era además la consecuencia de las máximas inquisitoriales con respecto a la necesidad de la manifestación de la verdad material, máximas que se encuentran en el fondo del procedimiento canónico. La exageración del sistema conducía directamente a la inmoderada aplicación del tormento, que se ve, en efecto, puesto en práctica diariamente durante la Edad Media, y al mismo tiempo que la doctrina de la confesión ganaba en autoridad de una manera irresistible.

La Carolina considera la confesión como un medio *excelente* de prueba, y sus disposiciones están combinadas de una manera que el Juez la provoque con todo esfuerzo; sin embargo, no la considera como prueba *única*, y en su defecto puede ser convencido el inculpado por medio de cualesquiera otras resultantes de la causa. Además, esta misma ley exige en todos los casos las mayores precauciones de parte del Juez (4), y si ha habido confesión, el escrupuloso examen de su sinceridad (5).

---

(1) Ley 8.ª, tít. 9.º, lib. 12; Ley 16, tít. 47, lib. 9.º del Código.

(2) La prueba de esto se halla en las expresiones de que se sirven la Ley 8.ª, título 2.º, lib. 42; Ley 1.ª, pár. 24, tít. 5.º, lib. 29; Ley 1.ª, párs. 4.º y 17, tít. 8.º, libro 48; Ley 23, pár. 11, tít. 2.º, lib. 9.º del Digesto.

(3) Ley 25, tít. 19, lib. 4.º del Código.

(4) Así es que prohíbe al Juez proceder por vía de *sugestión* (art. 56); pero al examinar éstas y todas las demás disposiciones análogas, no debe olvidarse que se trata de una Ley que autoriza el tormento.

(5) Por ejemplo, el Juez averigua si no ha podido ser otro que el culpable quien haya tenido conocimiento de los pormenores contenidos en la confesión.

La práctica ensayó poner en relación todos estos principios, tomados de diversas fuentes, con el de la manifestación de la verdad material, y la doctrina fundada en la práctica de Tribunales de Justicia hizo a su vez laudables esfuerzos para evitar a la inocencia los peligros a que pudiera exponerla un Juez demasiado propenso a admitir la confesión como prueba completa. Pero al querer determinar las condiciones con que debe reconocerse su sinceridad, manifiesta a veces escrúpulos excesivos.

Por lo que hace a las legislaciones modernas, puede serles igualmente aplicable lo que hemos dicho de las diferencias del proceso de acusación y del proceso instructivo. Conceden también a la confesión mayor o menor importancia, según que se acercan más o menos a una u otra de ambas formas. No hay, por otra parte, ninguna que haya adoptado la forma de la simple acusación, según ya hemos hecho notar, y en esa frecuente amalgama de principios es fácil hallar en todas ellas, aun en las que parecen descansar enteramente sobre bases contrarias, algunos de los elementos de la instrucción. Entre las legislaciones más generalmente fieles al sistema de la acusación, debemos citar las de Inglaterra y de la América del Norte, que declaran que al acusador incumbe el cargo de probar. También consideran la confesión como un fenómeno raro y contranatural, y no permiten que sea jamás objeto del procedimiento; antes bien, y a fin de dar todavía mayores seguridades a la libertad individual, la Constitución americana establece por principio que nadie está obligado a deponer contra sí mismo. Ni entre los ingleses, ni entre los americanos, se ve funcionar a este instructor, cuyos actos tienen por objeto muchas veces la confesión (1). La instrucción preliminar es muy breve: se compone únicamente de la presentación de las pruebas de cargo por el acusador, y de la comunicación que se hace de ellas al acusado, para que pueda a su vez presentar sus justificaciones. Tal es la teoría de la ley, pero en la práctica los Jueces de paz ingleses procuran también con bastante frecuencia provocar la confesión. Al tiempo de los debates públicos, cuando la acusación ha sido admitida, se hace imposible toda tentativa de esta naturaleza; sólo se trata de reproducir aisladamente cada una de las pruebas y de analizarlas en cierto modo ante los jurados. Prestada la confesión, examinan éstos su fuerza probatoria, y deciden según su convicción. Por lo demás, y para que la confesión pueda valer como prueba según el Derecho inglés, debe ser hecha en la Audiencia y consignada inmediatamente en la minuta; y como el pueblo, familiarizado con los principios del procedimiento de acusación, ve en ella una especie de violencia hecha a la naturaleza, se infiere que el Presidente de los *Assises,* antes de ordenar su inserción en la

---

(1) En el *Code of Evidence,* de Livingston, pág. 72, se dice explícitamente que los jurados no pueden ser ligados, por la *simple* confesión del acusado, y que han de considerar, ante todo, si puede dársele crédito.

minuta, tendrá siempre cuidado de recordar al acusado las graves consecuencias de su declaración, y prevenirle contra la confesión precipitada de que más tarde pudiera arrepentirse. En Inglaterra, en fin, la confesión tiene mayor o menor influencia en el fallo, según que el acusado a la apertura del Tribunal responde a la pregunta que se le hace de si se considera *culpable* o *no culpable (guilty* o *no guilty);* es decir, si se declara autor del crimen o se excusa de haberle cometido. Si se declara culpable, queda al punto cerrado el procedimiento, y no hay necesidad de un veredicto del Jurado; por su confesión, el inculpado se somete desde luego a la pena, y el Juez no tiene que hacer más que pronunciarla con arreglo al texto de la ley. Este caso se repite con mucha frecuencia: el acusado espera para ello una condena menos severa, o también, por una especie de compromiso entre el Juez y el acusador, confiesa un delito menor, y el primero retira las conclusiones originarias, en las que articulaba la existencia de un crimen más grave.

En Francia la ley nada establece acerca de la confesión. El procedimiento no tiene simplemente las formas de la acusación; la *información preliminar* es casi en un todo semejante a la *inquisición general* de Alemania, y, por consiguiente, el Magistrado instructor, al interrogar al inculpado, jamás deja de preguntarle si confiesa. Provoca la confesión misma con todos sus esfuerzos; pero desgraciadamente la ley, dejándole una libertad de acción casi ilimitada, ha abierto la puerta a más de un abuso; y consultando los documentos que se unen a la información, se advierte con frecuencia que no se ha hecho un empleo conveniente de los medios legítimos de investigar la verdad (1). En los *Assises,* por el contrario, la confesión no preocupa en manera alguna al Presidente, y el interrogatorio a que se somete el acusado no recae, conforme a los términos de la ley, sino sobre su nombre, edad, profesión, etc., etc., y después de cada declaración se le pregunta únicamente *qué tiene que responder a lo que acaba de decirse contra él.* Si confiesa, todavía el Jurado tiene derecho de examinar y de no decidir sino con arreglo a su convicción, y se le ve con mucha frecuencia pronunciar la no culpabilidad, aun en caso de confesión. Finalmente, no está obligado a dar cuenta de su veredicto; y debemos decir también que muchas veces la razón que tiene para obrar así, es que la pena parece demasiado dura.

Muy diverso papel desempeña la confesión en las legislaciones especiales de Alemania, que descansan enteramente en el principio inquisitivo, y donde la prueba está siempre legalmente organizada. Los preceptos de la ley, en la materia que nos ocupa, son indispensables, ya se refieran a los medios de provocar la confesión que el instructor puede poner en práctica en el interrogatorio, ya se dirijan a las condiciones

(1) Contentémonos con recordar los artificios abusivos de las Autoridades en la información seguida contra Fonk y Hammacher.

sustanciales de la confesión misma, únicas que la hacen obtener fe en juicio.

La ley austríaca la reconoce, desde luego, como prueba jurídica, pero se refiere a la confesión revestida de todas las condiciones requeridas y que no enumera de una manera completa y limitativa, porque ha creído hacer bastante con bosquejar algunos principios generales. Evita también el fijar reglas, por demasiado absolutas, cuando trata de su fuerza probatoria; y expone en términos generales los diversos puntos a que ha de atender el Juez en el momento de su decisión, no queriendo coartar jamás la libertad de su examen.

La Ordenanza criminal de Prusia decide igualmente que, revestida de ciertas condiciones, la confesión hace prueba; pero en lo demás se limita a exponer una multitud de principios que pertenecen en su mayor parte al dominio exclusivo de la teoría, y que, para ser sanamente aplicados, exigirían ante todo aclaraciones científicas, que no deben necesitar jamás las prescripciones legales para su comprensión.

Sabido es que el Código bávaro ha querido dictar una teoría de la prueba mejor definida y más completa, en lo que concierne a nuestro objeto; en ella las condiciones requeridas están determinadas con extensión. Pero también gran número de las prescripciones de la ley están concebidas bajo una forma demasiado general y de pura doctrina, de la cual el Juez no puede muchas veces sacar provecho; otras, por el contrario, dictadas con un espíritu mezquino, pueden inducirle a error e impedirle contra toda evidencia admitir como prueba la confesión, por carecer tan sólo de alguna de las condiciones declaradas sustanciales. Queriendo prever todos los casos y comprender bajo una fórmula general todos los elementos posibles de solución, cuando en cada clase ha lugar a distinciones especiales, que el Juez no podría descuidar, el legislador incurre casi siempre en el defecto inherente a la ley bávara; la regla establecida por él nada dice, o no puede menos de desviar al Magistrado del verdadero camino (1).

Recientes proyectos de ley, entre los que citaremos el de Wurtemberg (2), han buscado con razón las ventajas de la sencillez y de la precisión, dejando a la doctrina gran número de reglas inscriptas en el Código bávaro (3). Y cuando han tratado algunos principios generales, lo han hecho con mejor discernimiento y se han conformado más con las sanas teorías sobre la materia.

---

(1) Tal es el caso, acerca de la confesión *calificada,* en que la Ley habla de *la excepción* de ausencia de dolo o de legítima defensa: como si afirmar la ausencia del dolo o la defensa legítima pudiera constituir jamás una excepción, cosa desconocida en el proceso criminal.

(2) Proyecto de ordenanza criminal de 1830, elevado a Ley posteriormente.

(3) De donde se sigue que este proyecto se muestra mucho menos exigente que las demás Leyes alemanas en materia de confesión.

## CAPITULO III

# DE LAS CONDICIONES FUNDAMENTALES QUE SE REQUIEREN EN MATERIA DE CONFESION

Según las reglas expuestas en otra parte (Parte 4.ª, Cap. I). La confesión no puede producir la convicción sino cuando, comparando su contenido con los hechos asentados en los autos, no ha lugar a dudar que el inculpado tenga conocimiento de la verdad y haya querido declararla. Para que la confesión haga prueba, necesita, pues, reunir diversas condiciones esenciales:

1.ª La primera es la *verosimilitud;* para reconocerla no basta cotejar los hechos de la confesión con el auxilio de las leyes de la naturaleza (1); es necesario también cotejarlos con los datos suministrados por la información acerca de la persona del inculpado y de la manera con que se ha cometido el crimen; así es que jamás podríamos admitir como verosímil la confesión, por la que el inculpado, a quien faltara evidentemente la fuerza física relativa, viniera a declarar haber dado muerte, con el solo auxilio de sus manos, a un hombre mucho más robusto que él.

2.ª La segunda condición es la *credibilidad;* pero en cuanto a ella, la confesión debe considerarse bajo diversos aspectos:

*a)* Se pregunta, desde luego, si el inculpado que confiesa, no dándole sino el carácter de testigo, ha podido como tal observar los hechos de modo que sus observaciones inspiren confianza. De donde se sigue que la confesión, para hacer fe, debe recaer sobre hechos que el inculpado conozca personalmente y por la evidencia de los sentidos; si se refiriese a hechos de inducción, no convencería del mismo modo, porque hubiera podido engañarse fácilmente. Tomemos un ejemplo: el acusado declara haber precipitado a su adversario desde lo alto de la orilla en el fondo de un río, y haber huido después; añade que éste ha debido perecer, en atención a que le ha visto sumergirse en el agua —segura-

---

(1) Este examen tiene también gran importancia en caso de incendio, por ejemplo, cuando el inculpado declara haber prendido fuego por un medio que todos los experimentos y ensayos practicados vienen a demostrar imposible, o cuyo resultado no hubiera podido ser el que ha tenido.

mente nada de esto prueba que la víctima haya realmente perdido la vida—. Por la misma razón, cuando el acusado declara un hecho, cuya comprobación pertenece exclusivamente a la ciencia, no basta su confesión; afirma, por ejemplo, haber administrado el arsénico a un tercero; ¿qué dice con esto? Se concibe que asegure haber comprado unos polvos blancos; pero sus confesiones en nada podrán demostrar que estos polvos hayan sido de arsénico. Y aun cuando tuviera personalmente conocimientos especiales, por más que le parezca fundado en verosimilitud, no deberá el instructor, si quiere desvanecer todas las dudas, dejar de llamar a los peritos.

*b)* El estado *físico y mental* del inculpado es también un medio útil de comprobación en lo que concierne a la credibilidad de la confesión. Es necesario que en el momento del crimen este estado le haya permitido ver bien, y que en el momento de la confesión le permita una declaración exacta, fiel y en todos sus puntos digna de fe. Pero si en la época del crimen el inculpado era niño o menor, ebrio o imbécil, no debe ser creído bajo su palabra; y lo mismo si en el día de la confesión la embriaguez o la imbecilidad de espíritu le quitan todo conocimiento.

*c)* En fin, para que la confesión lleve el sello de la veracidad, es necesario que aparezca como prestada únicamente por el impulso de la voz de la conciencia y del instinto de la verdad; que no haya lugar a temer que el inculpado haya hablado tan sólo por efecto del delirio o de un extravío de entendimiento, o que haya sido arrastrado a una confesión falsa por el aliciente de una ventaja. Tal sujeto, que confiesa haber cometido un delito en día y hora determinados, tiene a veces por único objeto extraviar a la justicia y prevenir las sospechas relativas a un crimen más grave, de que es el verdadero autor (1). Tal otro lleva el designio de facilitar, haciéndose pasar por culpable, la fuga del verdadero culpable, esperando hacer reconocer después su propia inocencia; tal otro, en fin, por odio o por venganza, quiere ocasionar la ruina de una tercera persona, y confesando un crimen que no ha cometido, la denuncia por hecho de complicidad (2). Siempre se procederá con la atención más escrupulosa a este examen de la causa de la confesión, por ejemplo, de la enfermedad del espíritu, esperanza de una ventaja cualquiera o conciencia atormentada por los remordimientos. El Juez se preguntará: 1.º, si la confesión ha sido espontánea, si el acusado ha comparecido en juicio, cuando aún no había inculpación dirigida contra él, o si, por el contrario, ya se habían entablado pesquisas, y si ha con-

(1) Ticio ha cometido, el 25 de junio, a las ocho, un robo a mano armada, con homicidio, en la ciudad de A.; y declara que el 25 de junio, a las ocho, cometió en B. (pueblo distante de A. tres leguas) un simple robo.

(2) Ticio declara haber envenenado a su esposa, muerta hace poco tiempo y sostiene haber recibido el veneno de manos de Sempronio, quien se lo envió con este objeto.

fesado en el curso de un interrogatorio; 2.º, si en su *continente* (1) revela una conciencia atormentada y que quiere desembarazarse a todo trance del peso que la oprime; 3.º, si existen en la causa hechos que parezcan referirse a alguno de los motivos de interés o de otra naturaleza a que ha hecho alusión al propio tiempo (2); 4.º, si el continente exterior del inculpado justifica de algún modo la opinión de que padece una enfermedad mental; 5.º, si puede creérsele capaz de un crimen semejante al de que él se acusa (3); 6.º, si, en fin, las circunstancias sobre que recae la confesión concuerdan completamente con los datos resultantes de las otras pruebas.

3.ª Las consecuencias de la confesión son tan graves que importan que sea articulada con extremada *precisión;* sólo ésta puede dar los medios de hacer verídico su contenido con el auxilio de las demás pruebas; y viene además a atestiguar que el inculpado que conoce la extensión de los riesgos a que se expone, quiere, no obstante, obrar y hablar seriamente. No sería bastante venir simplemente diciendo: *Yo he cometido tal crimen, y no he dado muerte a tal sujeto;* a más del hecho principal, deben también ser llanamente declarados los accesorios (4). Lo mismo puede decirse de toda confesión no explícita, en que el acusado se limitase a declarar: *Creo haber hecho esto; puede ser esto; desde el momento en que la justicia tenga conocimiento de ello, me conformaré.* En una palabra, desde que para hallar el sentido exacto de las respuestas del inculpado, se vea el Juez obligado a recurrir a la interpretación oficial, gramatical o lógica, no puede haber confesión que haga plena fe.

4.ª Otra de las condiciones esenciales es *la persistencia* y *la uniformidad* en las confesiones. Volviendo a prestar siempre la misma en todos los interrogatorios, se infiere que en las situaciones de espíritu más diversas, el acusado ha obedecido siempre a la voz de su conciencia y de la verdad. En efecto, es evidente que si las declaraciones hechas en los diferentes interrogatorios se contradicen entre sí, se hace difícil creer en la sinceridad de la confesión. Toda variación grave es un positivo indicio de falsedad: el acusado, sin duda, después de haber amañado su confesión, ha olvidado ciertos pormenores de ella; y si hubiera sido veraz, jamás variarían sus narraciones, sacadas, como deberían estar, de los hechos adquiridos por la evidencia material. Sin embargo, hay alguna contradicción, que tiene muchas veces su explicación: puede no recaer sino sobre las circunstancias accesorias, y fácilmente se concibe que el acusado sólo haya podido recordar poco a poco, y discurriendo en diferentes intervalos, algunas de estas circunstancias; puede recaer,

---

(1) Ejemplo: si el acusado ha manifestado un profundo arrepentimiento.

(2) Si ha tenido siempre un odio encarnizado a la persona que declara haberle excitado al crimen.

(3) Si, por ejemplo, en su conducta anterior se descubre una inclinación al crimen de que se trata.

(4) Ley 8.ª, tít. 2.º, lib. 42 del Digesto.

por ejemplo, sobre las expresiones mismas de que se ha servido una tercera persona en el momento del crimen, sobre el número de las heridas, etc., etc., Otras veces el acusado ha podido titubear al declarar, por un sentimiento de vergüenza muy natural, ciertos hechos agravantes, o también retractar sus confesiones en lo que concierne a ellos, porque teme a la agravación del castigo. En todos estos casos, las contradicciones se explican de una manera tan sencilla, que es imposible no tener siempre por verdaderos, entre los hechos contenidos en la confesión, aquellos que se reproduzcan uniformemente en todos los interrogatorios. Pero si la diferencia de las explicaciones dadas por el inculpado no aparece como resultado de un mero error o falta de memoria, si la primera vez declara, por ejemplo, haber matado a su adversario de una puñalada, y la segunda haberlo verificado a bastonazos, ciertamente poca confianza merecerían sus confesiones. Hay, sobre todo, un caso en que las contradicciones les hacen totalmente inadmisibles, y es cuando, no pudiendo ser materialmente comprobado el cuerpo del delito, no puede probarse el punto de hecho de otro modo que por la confesión del acusado. Conviene últimamente considerar en su conjunto, y como un todo único, las declaraciones consignadas en los diversos interrogatorios; porque importa poco que más tarde deje de referir por segunda vez el acusado ciertas circunstancias primitivamente confesadas (1); basta con que no se retracte formalmente de las confesiones en que se hallan enunciadas (2); pero en otro caso el Juez no podría ir a buscar arbitrariamente en las diversas declaraciones anteriores tal o cual pormenor al que entonces daba el declarante un sentido preciso, y que nadie puede interpretar aisladamente y de diferente manera que lo hacía el mismo culpable.

5.ª En fin, otra circunstancia viene también a menudo a dar a la confesión una apariencia sólida de credulidad, y es el acuerdo más o menos perfecto de su contenido con las demás pruebas reunidas en los procedimientos (3), y también la circunstancia de que sólo el culpable haya podido conocer los hechos. Es muy cierto que el lenguaje del inculpado parece entonces altamente sincero (4); la concordancia entre la confesión y los principales hechos demostrados por otros medios tiene por resultado garantir hasta la certeza, que aquél ha asistido realmente

---

(1) Ejemplo: el número de las heridas.

(2) Una mujer, acusada de infanticidio, ha declarado haber ahogado a su hijo con premeditación, y que éste ha dado gritos; más tarde se retracta de su confesión, y sostiene que ha parido en su cama, sin conocer su estado, y que al apercibirse ha hallado al niño muerto a su lado. El Juez, en este caso, conteniendo la segunda declaración una retractación formal, no podría conservar la circunstancia de los gritos, de que también se ha retractado.

(3) Ley 23, pár. 11, tít. 2.°, lib. 9.° del Digesto.

(4) Ley 1.ª, pár. 17, tít. 18, lib. 48 del Digesto: *Confesiones reorum pro exploracis facinoribus haberi non oportere, si nulla probatio religionem cognoscentis instruat.*

a todos los pormenores del crimen; y la fuerza de las cosas nos impone esta convicción, cuando la confesión determina exactamente, por ejemplo, el número de las heridas, cuando precisa su dirección, y cuando la inspección del cadáver confirma su contenido sobre este punto. Pero sería una falta exigir siempre y a todo trance la demostración, por medio de las otras pruebas, de todos los hechos consignados en la confesión. ¿No vendría también ésta a ser superflua, si estas diversas pruebas estuvieran ya hechas? Esto sin contar con que al exigirlas es querer muchas veces lo imposible. ¡Cuántas veces tal expresión, tal circunstancia exterior no ha podido ser conocida sino por el culpable y por la víctima! ¡Cuántas veces también, como en caso de homicidio, ésta no puede ser oída! El Juez debe darse por satisfecho desde el momento en que ciertas pruebas de circunstancias tiendan a demostrar la veracidad del acusado, y relativamente a los demás hechos más importantes, no haya incurrido en alguna contradicción capaz de amenguar la confianza. En resumen, cuando el Magistrado coteja la confesión con las demás pruebas, puede rechazarla en dos casos especiales, a saber: 1.º Cuando el crimen o el hecho capital del crimen no puede ser verdadero (1); cuando los principales pormenores del crimen, tales como el acusado los confiesa, son desmentidos por las demás pruebas, de modo que hay incompatibilidad total entre las circunstancias ya comprobadas y las de la confesión (2); bien entendido que deben tenerse en cuenta los errores involuntarios en que haya incurrido el acusado. En cambio, la contrariedad existente entre el resultado de las pruebas y los hechos confesados no impedirá dar fe a la confesión:

*a)* Si sólo recae sobre puntos accesorios y sin influencia en el fallo de lo principal (3);

*b)* Si recae sobre puntos en que el acusado haya podido faltar a la verdad por error (4) o fragilidad de memoria (5);

*c)* Si se explica por el hecho de que, ocultando la verdad el inculpado, ha querido únicamente impedir una agravación de la pena (6);

*d)* Si, en fin, sólo se refiere a las declaraciones dadas por el acusado, con respecto a sus cómplices, y no en lo que a él mismo concierne (7).

---

(1) Ejemplo: los testigos declaran que han hablado a la supuesta víctima algunos días después de aquel en que fija el acusado el homicidio.

(2) Ejemplo: Ticio confiesa haber disparado a Sempronio un arma de fuego; los peritos sostienen que Sempronio ha muerto de una puñalada.

(3) Ejemplo: si se trata de hechos posteriores al acto principal y ocurridos cuando ya el agente había emprendido la fuga.

(4) Ejemplo: sobre la indicación precisa del tiempo.

(5) Ejemplo: acerca del color de los vestidos que llevaba la víctima.

(6) Ejemplo: en lo concerniente al número de las heridas, sea cualquiera el crimen, sucede comúnmente que, por un resto de vergüenza, el inculpado deja de confesar ciertas circunstancias.

(7) Ejemplo: el acusado declara que ha sido arrastrado al crimen por un instigador.

## CAPITULO IV

# DE LAS CONDICIONES DE LA CONFESION EN CUANTO A SU FORMA

La confesión, para que produzca la convicción necesaria, debe por su forma misma dar a conocer las verdaderas intenciones del inculpado (1), que la presta sabiendo sus graves consecuencias.

Resulta de este principio:

1.º Que para hacer prueba la confesión, debe ser articulada en *juicio* (2). Cuando es extrajudicial es nula, y en la mayor parte de los casos no se ve en ella sino un acto de ligereza, una palabra a la que su autor mismo no da ninguna importancia: unas veces ha hablado sólo por jactancia (3); otras ha querido burlarse de un tercero, o acaso salir únicamente de un apuro (4). En la confesión extrajudicial, la Carolina ha querido ver un indicio cuya apreciación es también sometida a las reglas siguientes: *a)* La primera se deduce de la persona que ha recibido la confesión. Si en razón de la cualidad relativa de esta persona, el acusado no debiera dejarse arrastrar fácilmente a una confesión que, aunque falsa, pudiera destruir la benevolencia y estimación de que tenía necesidad para con ella, no es de suponer que haya hablado contra la verdad (5). *b)* Conviene examinar después, si la confesión contiene todas las circunstancias accesorias de que se ha adquirido prueba por otros medios, o si ha sido hecho en conjunto, en términos generales, sin enunciación de pormenores (6). *c)* Debe tenerse también en cuenta el motivo

---

(1) Con respecto a esto hay un caso cuya apreciación pudiera ofrecer dificultad, y es el de la confesión espontánea y libremente hecha por el acusado antes de empezar ninguna clase de procedimiento; sin embargo, puede muy bien explicarse por efecto de la voz de la conciencia (Ley 1.ª, pár. 27, tít. 5.º, lib. 29 del Digesto).

(2) Cap. 4, tít. 1.º, lib. 2.º de las Decretales.

(3) En materia de relaciones amorosas, por ejemplo.

(4) Ticio es amenazado por una mujer que quiere denunciarle como a seductor suyo si no la da 100 florines; y para evitar esta acusación los paga.

(5) Un superior hace venir a su subordinado y le dirige preguntas relativas a un crimen, de que es sospechoso: el subordinado confiesa.

(6) Cuanto más generales sean los términos en que está concebida la confesión, menos crédito merece.

o la persona que ha provocado la confesión; por ello se puede a veces inferir que el inculpado, después de pesar las consecuencias de sus palabras y los graves motivos que le impelen a hablar (1), ha querido decir la verdad (2); en otras circunstancias puede igualmente deducirse que ha referido tal o cual hecho sin intención seria en el fondo (3). *d)* En fin, su actitud sirve muy particularmente para descubrir si ha dicho la verdad (4) o ha querido burlarse del que le escucha.

La confesión extrajudicial, ¿puede ser escrita? ¿Hace plena fe en este caso? (5). No, seguramente: hay entonces, si se quiere mayor presunción de que el inculpado ha considerado con madurez las consecuencias de sus revelaciones; pero también puede suceder que obre sin el *animus confitendi,* e impulsado por motivos muy diferentes.

2.º La confesión *judicial,* para hacer prueba, debe prestarse ante el Juez de instrucción, debidamente instituido y competente en la causa. En efecto, es principio establecido que los escritos no son plenamente probatorios sino cuando han sido redactados en forma y con intervención del Juez criminal; y por otra parte, el único medio de adquirir la certeza consiste en que las preguntas han sido presentadas como debían, y en que el acusado ha obrado con pleno conocimiento de causa. Si la confesión del crimen (6) ha tenido lugar durante el curso de un proceso civil, debe recordarse que en materia civil el principio del desistimiento facultativo domina también en la apreciación de la confesión, y que además, no teniendo que temer mucho las consecuencias, el demandado puede muy bien confesar un hecho falso (7), en vista de un interés más importante en su concepto.

Si la confesión ha sido recibida por empleados de policía, el Magistrado no debe olvidar que éstos no proceden, por lo común, más que a los interrogatorios sumarísimos, que no dejan de recurrir con frecuencia a las sugestiones y preguntas capciosas, y que es necesario, por tanto, desconfiar siempre de los medios de excitación que han empleado.

3.º La confesión debe ser *circunstanciada,* y extenderse acta formal de ella, inmediatamente que sea articulada: éstas son dos condiciones

---

(1) Cuando, por ejemplo, el Magistrado llega en el momento de cometerse el crimen y le interroga.

(2) Ticio ha herido gravemente a su amigo, va a buscarle al lecho de muerte e implora su perdón, confesándose culpable.

(3) Ticio va en busca de un tercero que le había prometido 30 florines por apalear a Sempronio, y con la esperanza de alcanzar este dinero, le dice que ha ejecutado sus órdenes.

(4) Al confesar el inculpado, vierte lágrimas y manifiesta un profundo arrepentimiento.

(5) Ticio escribe a un amigo, y por broma o jactancia se declara autor de un crimen, cuyos pormenores le refiere.

(6) Tal sería la confesión de un adulterio en una instancia de divorcio o separación de los cónyuges.

(7) Se han visto maridos confesarse adúlteros por el deseo de que se pronunciara la separación *quo ad thorum.*

esenciales. Si la declaración con sus pormenores no se unieran hasta más tarde a los autos, se podría fácilmente dudar de la fidelidad de la memoria del Juez y de la exactitud de su contenido (1).

La confesión tácita, la que se induce por vía de consecuencia de ciertos actos o de ciertas expresiones del inculpado, no puede producir prueba plena, ni valdrá sino como un indicio, al que, por tanto, se aplicarán todas las reglas usadas en lo relativo a la prueba artificial.

El obstinado silencio del acusado no será bastante para considerarle como autor del crimen: en lo civil, el principio del desistimiento puede muy bien admitir este sistema; pero no así en lo criminal. Por consiguiente, aun cuando el Juez para vencer su obstinación le señalara un plazo para responder, y le amenazara, caso de no hacerlo, con tener la inculpación por verdadera, no habría en esto una confesión tácita. El acusado puede callar por terquedad, por cumplir una promesa hecha a un tercero, o en fin, por un motivo cualquiera. Igualmente la transacción sobre el crimen (2), tampoco es una confesión tácita que debe por sí sola motivar la condena: muchas veces se ve a un hombre inocente hacer un sacrificio pecuniario para salir de una posición embarazosa a fin de evitar una denuncia que, aunque infundada, puede ocasionarle un grave perjuicio (3). La ley romana ha seguido, sin embargo, el sistema contrario (4), pero solamente en lo concerniente a los delitos privados. Las penas decretadas contra estos delitos eran demasiado leves para que pudiera suponerse que, con objeto de sustraerse a ellas, preferirá el inculpado inocente reconocerse culpable; cuando se trataba de un crimen capital, esta misma ley decidía de muy distinto modo. Entonces no podía oponerse al acusado la transacción (5), y se comprendía muy bien que éste, por temor de incurrir en la pena, prefiriera, aunque inocente, evitar a precio de dinero los riesgos de la acusación. Los prácticos han generalizado esta doctrina, cuya aplicación tiene lugar todos los días en la vida ordinaria; y al presente, exista crimen o delito, la transacción no lleva consigo necesariamente la confesión.

4.° La confesión debe *emanar de la libre voluntad* del inculpado; es preciso que haya tenido la firme intención de decir lo que hay sobre

---

(1) La imaginación del Juez se dejaría llevar quizá con demasiada facilidad a intercalaciones involuntarias; mas si el acta, aunque redactada después, es leída al acusado, su aprobación disipa todas las dudas y da a la confesión fuerza probatoria.

(2) Ejemplo: el inculpado promete una cantidad de dinero al robado con la condición de que no le denuncie.

(3) Ejemplo: una mujer atribuye su preñez a un sacerdote católico y le amenaza con denunciarle a las autoridades eclesiásticas si no la da 100 florines.

(4) Ley 4.ª, pár. 5.°, tít. 2.°, lib. 2.°; Ley 4.ª, tít. 14, lib. 49 del Digesto. (Véase también Ley 18, tít. 4.°, lib. 2.° del Código.)

(5) En la Ley 1.ª, tít. 21, lib. 48 del Digesto, se lee este pasaje: *Ignoscendum enim ei qui sanguinem suum gualiter, qualiter redentum habere voluit.*

el particular; que ni el temor, ni la coacción, ni la sagacidad, ni una inspiración extraña, aparezcan haber dictado sus términos.

Analicemos todas estas causas de nulidad:

*a)* La confesión no hace prueba cuando ha sido provocada por medio de una *coacción ilegal* (1). En cuanto a esto conviene observar: 1.º, si la confesión es posterior al empleo de los medios de coacción; 2.º, si después de haber cesado toda violencia, y cuando era completamente libre en hablar o callar, el inculpado *de proprio motu,* ha vuelto a principiar sus declaraciones. En el primer caso, es indudable que la confesión es nula, porque no es la expresión de una voluntad libre y hay siempre motivo para temer que el inculpado, antes de exponerse a intolerables dolores, haya aceptado falsamente sobre sí la responsabilidad del crimen (2). En el segundo, puede temerse igualmente que al repetir sus declaraciones haya creído ser puesto por segunda vez en el tormento, en caso de retractación. Puede sostenerse que esta nueva confesión haya sido prestada durante la impresión del terror y de la esclavitud mental (3). Puede suceder también que la coacción anterior haya dejado de ejercer su acción sobre el espíritu del inculpado: entonces su confesión sería libre, y no debería desecharse por razón de la nulidad de las primeras declaraciones. Pero tampoco tendrá fuerza, si no puede probarse: 1.º, que el temor de un nuevo tormento (4) ha sido disipado de hecho por el Juez instructor (5); 2.º, que el inculpado no es hombre que se deja dominar fácilmente por un temor semejante, y que su voluntad ha permanecido libre; 3.º, y en fin, que los pormenores contenidos en la confesión son completos y están demostrados como exactos por las demás pruebas que aparecen en la causa.

*b)* Es necesario que la confesión tenga su origen en la voluntad misma del inculpado: puede muy bien ser provocada por algunas preguntas generales, pero nunca *sugerida.* No obstante, si el Juez hubiera empleado incidentalmente la sugestión en los interrogatorios, la confesión no debe ser por esto solo desechada. Conviene entonces indagar si la sugestión ha podido ser la causa determinante de una confesión por la que el inculpado haría pesar sobre su cabeza la responsabilidad de un crimen supuesto; si ha tenido bastante poder sobre ella para decidir

---

(1) No queremos hablar aquí únicamente del tormento, sino también de las penas corporales conocidas bajo el nombre de *Penas de desobediencia.*

(2) El Código austríaco, artículo 401, declara *nula la confesión arrancada por amenazas o violencias.* El Código bávaro, artículo 186, declara *nula la confesión arrancada por medio del tormento corporal.*

(3) El Código penal austríaco, sin atender a la primera confesión obtenida por vía de coacción, erige en prueba la confesión posterior si el ánimo del acusado aparece exento de toda influencia ilegal y si se le han dado sobre esto todas las seguridades para lo sucesivo.

(4) Hay un excelente medio en este caso, y es el de hacer interrogar de nuevo al acusado por otro instructor.

(5) En cuanto a esto, es necesario usar de mucha prudencia.

a un inocente a declararse culpable. Es, pues, muy cierto que exponer simplemente al acusado lo que hay necesidad de saber de él, no bastaría para excitarle a confesarse culpable de un crimen imaginario, y para aprovecharse en cierto modo de la ocasión que se le presenta con la pregunta dirigida a que dé una respuesta afirmativa: antes bien, será más prudente, caso de que la confesión falsa haya sido provocada por una sugestión, ir desde luego a buscar los motivos en otra parte que en la sugestión misma. El disgusto de la vida y la exaltación que puede ser su consecuencia, la esperanza de alcanzar ciertas ventajas declarándose autor del crimen supuesto, el tormento, en fin, cuando ha sido empleado, y el paciente, vencido por el dolor, prefiere, por librarse de un mal presente, echar sobre sí una inculpación infundada: todos estos motivos, y aun otros, pueden manifestarse en la causa. En lo concerniente al tormento, la ley romana (1) y la Carolina prohibían expresamente las sugestiones, por el temor de que, incluyendo en ellas, no sólo los cargos principales de la inculpación, sino también todos los pormenores especiales y característicos, el paciente, respondiendo afirmativamente a todos los puntos, pudiera hacer creer en la culpabilidad verdadera, aun cuando sólo hubiera tenido conocimientos de las circunstancias accesorias por las preguntas detalladas del interrogatorio. En el procedimiento moderno no hay tormento ni tampoco penas decretadas por causa de desobediencia, y, por consiguiente, no serían aplicables las prohibiciones precedentes en materia de sugestión. Si el instructor ha empleado la sugestión en los interrogatorios, el acusado, que no puede tener interés en confesarse falsamente culpable, se apresurará a responder con una pura y simple denegación; en caso contrario, podría dudarse si había manifestado una exaltación extranatural o había obrado impedido por motivos evidentes; pero aun así, las sugestiones no serían de ningún modo peligrosas, puesto que el Juez reconocería al punto que el estado mental del inculpado no permitía dar fe a sus palabras.

En resumen, las sugestiones no contaminan siempre la confesión con un vicio que la deba hacer desechar absolutamente; además, muchas veces es imposible el interrogatorio si no se echa mano de ella, por ejemplo, cuando el acusado rehúsa toda respuesta categórica a las preguntas que se le dirigen. Es, por tanto, necesario, para apreciar la confesión así obtenido, atender a las reglas siguientes: 1.ª, si se han empleado medios ilegales de coacción análogos al tormento (2), no puede hacer fe de la confesión, porque aparece tan sólo como consecuencia de los medios de sugestión empleados cuando duraba la violencia; 2.ª, lo mismo sucede-

---

(1) Ley 1.ª, pár. 21, tít. 18, lib. 48 del Digesto.

(2) Aun en aquellos países en que están autorizadas las penas por desobediencia, si se ha empleado por vía de sugestión en presencia del acusado, durante estas mismas penas, el Juez debe dudar de la veracidad de la confesión. Estas penas corporales suelen impresionar vivamente a muchos individuos, y se han visto algunos confesarse culpables, aun siendo inocentes, por sustraerse a ellas.

rá cuando, no constando el hecho principal sino tan sólo por la confesión, el instructor provoca, con el auxilio de sugestiones, una confesión detallada en cuanto a las circunstancias accesorias (1); 3.ª, cuando el inculpado manifiesta un profundo disgusto de la vida, o parece obrar bajo la influencia de motivos de la misma naturaleza; 4.ª, ha lugar, en fin, a dudar cuando las preguntas del instructor recaen sobre los cómplices, sobre sus nombres o sobre la parte que han tomado en el crimen. Aquí el inculpado no es otra cosa que un testigo, y pudiera creerse que, respondiendo por una simple afirmación a las preguntas hechas, no tratándose para nada de su propio interés, haya podido hablar con demasiada ligereza, o también que, para favorecer a sus cómplices verdaderos, haya aprovechado la ocasión presentada por el Juez y respondido afirmativamente sin más pormenores.

Pero en todos estos casos no hay más que duda, duda que, por otra parte, puede ser disipada, y jamás nulidad absoluta. Así es que renacería la confianza en el ánimo del Juez, si en lugar de un *sí* puro y simple, la respuesta contuviera pormenores diversos de los contenidos en la pregunta dirigida; si los detalles sugeridos no recayeran más que sobre accesorios no esenciales; si la confesión espontáneamente obtenida, sin haber el Juez recurrido a la sugestión, comprendiera numerosas circunstancias que sólo ha podido conocer el culpable; y, en fin, si no era el inculpado hombre capaz de dejarse arrastrar a confesiones tan graves por disgusto de la vida, por ligereza o sin haber pesado con madurez el sentido de las preguntas que se le han dirigido.

*c)* Cuando se han hecho preguntas capciosas, conviene distinguir: o la respuesta del inculpado está concebida de modo que no puede razonablemente inferirse de ella la confesión de una participación cualquiera en el crimen (2), o bien, compelido y envuelto en la red de preguntas capciosas, ha hecho una confesión formal y completa. En el primer caso, la confesión no tiene ningún valor probatorio; será tácita cuando más, y como tal, no podría producir por sí una condena. En el segundo, se le debe entera fe, a menos que no existan fundadas razones para temer que, sorprendido por las preguntas hechas, o por no haber comprendido bien su sentido y tendencia, pueda haber prestado en cierto modo, sin saberlo, la confesión de un crimen, de que él no es autor. Pero una ley tomada de la naturaleza humana viene en este caso a disipar todas las dudas: no es de suponer que un inocente se presente como culpable y vaya a arrojarse delante del castigo; y además, ¿por qué ver en estas preguntas un motivo para que el acusado cambie de voluntad y de lenguaje? Si, por otra parte, esta confesión reúne las

(1) Ejemplo: el acusado ha confesado el hecho en globo, y el Juez le ha sugerido tal o cual pormenor.

(2) Ejemplo: el inculpado que hasta entonces ha negado ser el autor del homicidio, a la pregunta siguiente: *¿No es verdad que habéis herido a Ticio?*, responde prontamente: *Sí.*

condiciones requeridas, si está confirmada por las demás pruebas, no debe verse en las preguntas capciosas (1) más que un medio de hacer salir al acusado del silencio en que se ha encerrado calculadamente, y de obligarle a escuchar la voz de su conciencia. No hay, pues, nada aquí que pueda la primera vista hacer mirar como dudosa una confesión que, sin esta circunstancia, merecería entera confianza; no basta una pregunta capciosa para inducir a un hombre a llamarse culpable cuando no lo es. Sería necesario, para que pudiera existir duda, que el instructor hubiera hablado de circunstancias sobre las que tal vez el inculpado no tuviera más que ideas confusas (2); en su sorpresa y turbación ha podido entonces decir más que quería, y la desconfianza deberá aumentarse si es tímido o débil de espíritu.

*d)* La confesión puede ser el resultado de un error, cuando el acusado se ha entregado a promesas o esperanzas quiméricas (3); da lugar a serias objeciones, si aparece que este error ha podido determinar por sí solo una confesión totalmente falsa, e impulsado al inocente a aceptar la responsabilidad del crimen. Así es que se han visto acusados estipular entre sí la impunidad, antes de denunciar a un tercero como su cómplice; así también se han visto Magistrados que hacían concebir a aquéllos la esperanza de aminorárseles la pena, con la condición de que hablaran; y los acusados, a su vez, preferir, confesándose culpables, incurrir en un castigo que creían menos riguroso, a sufrir por más tiempo las dolorosas dilaciones de la información (4). Pero puede muy bien suceder que, aun cuando el instructor haya usado de ardides, de promesas falsas o de cualesquiera otros medios reprensibles, la confesión no deje de tener por eso un valor incontestable; porque el error la haya ocasionado, no la vicia (5), cuando no ha hecho hablar a un inocente (6).

---

(1) Por lo demás, nos apresuramos a decir que es casi siempre imprudente hacer semejantes preguntas, y que, por otra parte, yendo de ordinario acompañadas del artificio, son indignas de un Magistrado.

(2) Por ejemplo: preguntóse a un individuo que cierto día había estado en acecho mientras se ejecutaba un robo: ¿No es verdad que si hubiera llegado alguno hubierais hecho fuego?

(3) Algunas veces, el instructor, y comúnmente los dependientes de justicia, obrando por instrucciones recibidas, cometen la falta de hacer promesas ilusorias a los acusados.

(4) La confesión no podría inspirar plena confianza cuando el individuo interrogado sólo habla por salvar a otro, cuyo perdón o atenuación de la pena se le ha prometido con condición de que daría las explicaciones que se le pidieran.

(5) Ejemplo: se hace creer falsamente al acusado que su crimen ha sido ya confesado por un cómplice.

(6) El Juez ¿tiene derecho a emplear el artificio?

## CAPITULO V

# DE LOS EFECTOS DE LA CONFESION, EN LO QUE CONCIERNE PARTICULARMENTE AL CUERPO DEL DELITO

Desde que un hecho ha sido confesado solemnemente por el acusado, aparece como demostrado jurídicamente; y este principio recibe su aplicación, sea que la confesión haya recaído sobre todo el crimen, sobre su ejecución pura y simple por el acusado, sobre la culpabilidad intencional de este último, o sobre una circunstancia agravante. Vamos a ocuparnos ahora de una sola cuestión: a falta de las demás pruebas, ¿puede la confesión demostrar suficientemente la existencia del cuerpo del delito?

Sobre este punto se presentan dos hipótesis: en la una no existe ninguna prueba de que haya sido cometido un crimen, y no hay más indicio que la confesión del inculpado (1); en la otra, la existencia del crimen está demostrada como verosímil por las circunstancias de la causa, y el acusado viene a confesar todos los pormenores; pero entre éstos hay unos que no son corroborados por ninguna otra prueba, mientras que otros están suficientemente demostrados. En el primer caso, la confesión no puede bastar (2), porque dada prueba la existencia del cuerpo del delito, y la primera condición necesaria para que la confesión merezca crédito (3) es que haya perfecta concordancia entre ella y las circunstancias de la causa; mas en la hipótesis de que nos ocupamos, no existiendo ni aun cuerpo del delito, no puede tener lugar este medio de comprobación (4).

En la segunda hipótesis, se había creído por mucho tiempo que la confesión no podía hacer considerar como demostrado el cuerpo del

---

(1) Ejemplo: Ticio declara en juicio que hace quince años tuvo en la calle una disputa con un desconocido, a quien dio muerte y arrojó al agua; y aparte de sus declaraciones, todas las diligencias de la información han quedado sin resultado.

(2) No se sabe tampoco, en efecto, si ha existido el individuo a quien afirma el inculpado haber dado muerte.

(3) También la Ley 1.ª, pár. 17, tít. 18, lib. 48 del Digesto dice que la confesión no es bastante *si nulla probatio religionem cognoscentis instruat*.

(4) Ley 1.ª, pár. 24, lib. 5.°, lib. 29; Ley 8.ª, tít. 2.°, lib. 42 del Digesto.

delito; ésta era una consecuencia directa de la opinión errónea, que no reconocía como válida la comprobación sino cuando había habido inspección judicial (véase Parte 2.ª, Cap. I); pero al presente, abandonado este sistema por demasiado absoluto, no se considera la inspección más que como un medio, y no el único, de llegar a la manifestación de la verdad. Por otra parte, cualquiera que sea el crimen, pueda suceder que no queden señales de él, y sería pedir un imposible exigir absolutamente la visita local del Juez. ¿No sucede con mucha frecuencia que el malhechor toma sus medidas para hacer desaparecer todos los vestigios? (1). Es, pues, incontestable que la confesión puede muy bien, en ciertos casos, demostrar el cuerpo del delito; pero como entonces, y a falta de otras pruebas, se suscitan dudas, importa desvanecerlas completamente. Por lo común se fundan:

A. En el carácter del inculpado, cuando, bien conocido, le escuda contra la imputación del crimen que confiesa;

B. En la existencia posible de un extravío mental en el acusado, porque venir a confesarse culpable de un crimen hasta entonces oculto, y a exponerse espontáneamente a las penas de la ley, parece que es ir contra la naturaleza;

C. En el hecho de que el inculpado se denuncia como autor de un crimen, del que, sin embargo, no existen vestigios;

D. En que el cuerpo del delito, en fin, se presenta en algunas especies de crímenes con ciertos caracteres, cuya comprobación no puede regularmente tener lugar sino con el auxilio de los medios que suministra la ciencia (2).

Por lo demás, al Magistrado instructor corresponde desvanecer todas estas dudas (3), y la misión del Juez será considerar si se han disipado completamente:

1.º En cuanto a la cuestión de saber si el acusado puede ser creído culpable del crimen, conviene entrar en algunas explicaciones. Cuando ciertas circunstancias dan motivo a creer (4) que no tiene la fuerza física necesaria para haber podido consumar el crimen que confiesa, la confesión carece de verosimilitud; y como ésta es la condición primera de la verdad de un hecho, se infiere que semejante confesión no podría servir de base a la condena. Lo mismo sucede (5) cuando las circunstancias, indudablemente comprobadas por la instrucción, son inconciliables con los pormenores esenciales contenidos en la confesión (6). Si únicamente

---

(1) Una madre mata a su hijo y lo hecha a los cerdos para que lo devoren.

(2) Por ejemplo: en caso de envenenamiento.

(3) Los Códigos modernos no dejan de estar unánimes sobre este punto; han fijado condiciones diferentes, pero que siempre tienen por objeto guiar al Juez.

(4) Por ejemplo: un hombre de escasa fuerza física se denuncia como autor de la muerte de otro desmesuradamente más fuerte, verificada en una lucha a brazo partido.

(5) La Ley 1.ª, pár. 24, tít. 18, lib. 48 del Digesto, tiende a esta hipótesis.

(6) Por ejemplo: Ticio confiesa haber muerto a Sempronio el día 4 de enero

en razón de los buenos antecedentes del acusado se duda si es posible imputarle el crimen, sería un error tener por inverosímil la confesión, tan sólo porque su vida pasada haga concebir con respecto a él una presunción favorable. Es, por lo general, muy difícil juzgar si tal individuo puede o no ser creído capaz de tal acto punible: ¿quién puede leer claramente en el corazón humano? ¿No se han visto hombres que han vivido largo tiempo sin tacha, mientras las tentaciones no han venido a exaltarle, y cediendo después, en una ocasión oportuna, a un impulso más poderoso, soltar la rienda a sus malas inclinaciones? ¿No se han visto otros, después de haber engañado a sus semejantes con la máscara de un profundo disimulo, arrojarla de pronto en la primera ocasión que se les ha ofrecido? Mas si a los buenos antecedentes del acusado y a la circunstancia de no poderse descubrir motivos que hayan podido impulsarle al crimen, sino que, por el contrario, en razón a su situación privada, parece que no debiera tener interés en cometerle (1), el Juez se mostrará mucho más escrupuloso en la apreciación de las confesiones.

2.º Pasando ahora a tratar del temor de un desorden en las facultades del acusado, nos apresuramos a decir que tiene su origen en la opinión errónea que considera la confesión como un fenómeno contra la naturaleza. Se olvida la imperiosa voz de la conciencia, cuyos continuos remordimientos acusan siempre al culpable y le obligan a descargar su corazón, confesando un crimen hasta entonces oculto. Además, en todos los casos bastará observar atentamente al inculpado, para reconocer si es o no fundado este temor. Su vida pasada, su conducta, su actitud en el momento de la confesión y durante la instrucción, el examen de los motivos que le han impulsado a hablar (2), con otros tantos medios útiles de apreciación, y por su medio el Juez puede muy pronto resolver la cuestión.

3.º Las dudas originadas de la falta de vestigios del crimen no deben detener al Juez:

*a)* Cuando el crimen, por su misma naturaleza, no ha podido dejarlos (3);

---

de 1833, y los testigos declaran que han visto al último en perfecta salud el día 6.

(1) Ticio se confiesa autor de la muerte de un hombre en cuya conservación tenía un interés capital, de un hombre que subvenía a sus necesidades, y de cuya herencia nada tenía que esperar.

(2) Este medio de apreciación es muy importante. Preséntase en juicio una mujer, y declara que hace ocho años dio muerte secretamente a un hijo natural que había dado a luz; que desde entonces su conciencia no la deja tranquila; que hallándose, hace seis meses, gravemente enferma, hizo voto de revelar su crimen; que un sacerdote con quien se ha confesado la ha afirmado en su resolución: todas estas circunstancias confirman suficientemente que la inculpada obra con plena libertad.

(3) Por ejemplo: en caso de un delito *facti transeuntis.*

*b)* Cuando esta falta de vestigios puede explicarse fácilmente por la manera como ha sido cometido (1).

*c)* Cuando las circunstancias actuales demuestran por qué no puede encontrarse, o por qu sólo se encuentran en pequeño número (2). Solamente en este último caso es muchas veces necesario un examen pericial para demostrar si, consumado el crimen, como le confiesa el inculpado, no ha podido, efectivamente, dejar vestigios (3).

4.º Si, en fin, los escrúpulos del Magistrado provienen de que el cuerpo del delito confesado ha debido ir acompañado de ciertos caracteres del dominio exclusivo de la ciencia, será también necesario proceder por vía de distinción.

Puede suceder que estos caracteres, aun siendo regularmente del dominio de los peritos (4) no impidan que otras circunstancias ya proabdas vengan a desvanecer todas las dudas: ciertos hechos pueden presentarse muchas veces sin que sea posible esclarecerlos; pero si estos caracteres dudosos fuesen de tal naturaleza que el examen pericial se hiciera absolutamnte indispensable, los hechos probados no tendrían igual fuerza (5).

La simple *(nuda)* confesión tampoco podría hacer plena prueba del cuerpo del delito, cuyos caracteres constitutivos deben someterse necesariamente al examen de los peritos; el acusado, en cuanto a este particular, no puede ser considerado como testigo. En el momento del crimen, el estado de su espíritu no le permitía, sin duda, observar exactamente los hechos (6); o también estos caracteres, por su misma naturaleza, no podían ser apreciados sino por el perito (7). Lo mismo sucede cuando es necesario un examen pericial para poder medir la influencia, las relaciones de causa y efecto de ciertas particularidades materiales

---

(1) Por ejemplo: una mujer confiesa haber quemado el cuerpo de su hijo y echándole a los cerdos.

(2) Por ejemplo: el inculpado declara haber dado muerte a Ticio hace dos años y enterrado su cadáver.

(3) Dirán, por ejemplo, si es posible, en razón del sitio en que fue enterrado el cadáver y de la descomposición más o menos rápida que se haya obrado, qué vestigios queden aún de él después del número de años que señala el acusado.

(4) Ejemplo: cuando se trata de decidir si las heridas eran mortales.

(5) Ticio declara haber causado en un bosque varias heridas mortales a Sempronio con intención de matarle, y que le ha dejado allí por muerto. No se encuentra el cadáver, pero los testigos declaran que ocho días después del homicidio le han visto tendido en el bosque.

(6) Ejemplo: una mujer confiesa haber dado muerte a su hijo en el momento de nacer, pero, no obstante, la mujer ha podido en el acto del alumbramiento equivocarse con facilidad, creyendo infundadamente que el niño ha vivido.

(7) Ejemplo: el inculpado confiesa una tentativa de envenenamiento; pretende haber administrado a su enemigo el arsénico que le había vendido un mercader ambulante; pero ¿sabe el inculpado si lo que se le ha vendido y ha administrado es efectivamente el arsénico y no otra sustancia cualquiera?

alegadas por el inculpado; pero desde que esto no es posible, no puede comprobarse suficientemente el cuerpo del delito (1).

En resumen, digamos que el cuerpo del delito puede muy bien descubrirse por la confesión del acusado, pero perfecta, en cuanto a las condiciones requeridas de credibilidad. Es, sobre todo, necesario que no pueda dudarse del estado, completamente normal, de su espíritu; que se demuestre de una manera cierta que el crimen, tal como ha sido cometido, no ha podido dejar vestigios; que no parezca inconciliable con el carácter o la posición del acusado; que los peritos afirmen que ha podido ser consumado como éste lo declara, y deduzcan los motivos que no permiten hallar los vestigios; o, en fin, que otras pruebas vengan a corroborar los hechos referidos en la confesión. Y aquí volvemos a la aplicación de la regla general establecida en otra parte, y es que debe haber concordancia entre la confesión y el resultado de las demás pruebas. Pero téngase bien presente que, para que esta concordancia motive la convicción del Juez, no es necesario que se extienda a todos los pormenores; comprobados así algunos de éstos (2), basta que los demás puedan conciliarse con las circunstancias reunidas en la causa, y que desde luego no parezcan de modo alguno inverosímiles (3).

---

(1) Ejemplo: el inculpado declara haber dado a su víctima algunos golpes en la cabeza, y que, habiendo llegado después su cómplice, lo ha verificado también en el mismo sitio. Otro ejemplo: Ticio confiesa haber dado de golpes a Sempronio en medio de un incendio, con objeto de hacerle perder el conocimiento, porque temía que le denunciase al querer aprovecharse del incendio para cometer un robo. Más tarde se halla el cuerpo de Sempronio, pero en un estado que no permite el examen de los peritos: en este caso la confesión constituye por sí sola la prueba del cuerpo del delito. Sempronio ¿ha recibido golpes? ¿Ha perdido la vida a consecuencia de éstos, o sorprendido por el incendio? Nada hay que lo demuestre.

(2) Una mujer confiesa haber dado muerte hace ocho años a su hijo recién nacido; afirma que su embarazo provino de A.; nombra a sus vecinos B. y C., que fueron testigos de que la faltó el flujo menstrual desde abril de 1831 hasta septiembre del mismo año; designa a D. y E. como sabedoras de que estuvo enferma en septiembre y que después volvieron a presentarse sus reglas.

(3) Ejemplo: en el caso precitado (nota anterior) no quedaría en manera alguna comprobado el cuerpo del delito si los testigos afirmasen que, según todas las circunstancias de ellos conocidas, no es posible que la inculpada haya estado encinta en la época de que habla.

## CAPITULO VI

## DE LA CONFESION CALIFICADA O LIMITADA

La confesión *calificada* es aquella que no comprende el crimen en toda su extensión, o no señala ciertos caracteres del hecho acriminado, o también que encierra ciertas restricciones que impiden sus efectos en lo concerniente a la aplicación de la pena, tienen por objeto provocar una menos rigurosa. La apreciación de esta confesión es cosa sumamente delicada; bajo esta definición común téngase presente que se comprenden una multitud de casos; tal es la confesión en que el crimen confesado es menos grave que el que resulta de la inculpación (1); otras veces, reconociendo el inculpado la existencia de ciertos hechos accesorias, niega otros cuya no existencia destruye la posibilidad del crimen (2) o atenúa su naturaleza (3); otras, en fin, confiesa los hechos materiales, puramente objetivos; pero menos explícito en la cuestión de intención, o la niega (4), o sostiene que se aplicaba a otro objeto y de menor criminalidad (5). Llámase también *calificada* la confesión cuando, confesado el crimen, el acusado procura ponerse a cubierto por medio de una excusa más o menos válida, sea que pretenda no haber podido tener conocimiento de sus actos (6), sea que sus justificaciones excluyan toda aplicación de la pena (7) o que deban mitigar su rigor (8).

La antigua doctrina no ha dado sino reglas poco satisfactorias en materia de apreciación de esta confesión; se quería a todo trance valerse para ello de los principios del derecho civil, y se disputaba largamente por saber si la confesión es divisible o indivisible. En los tiempos antiguos,

---

(1) Ejemplo: el inculpado confiesa el robo, pero niega la violencia accesoria.

(2) Ejemplo: una mujer confiesa que dio a luz a un niño, concebido fuera de matrimonio, y que enterró el cadáver, pero sostiene que el niño había nacido muerto.

(3) Ejemplo: el inculpado reconoce haber atentado con violencia el pudor de una joven; pero niega haber consumado o querido consumar la violación.

(4) Ejemplo: sostiene que el arma de fuego se le disparó involuntariamente.

(5) Ejemplo: confiesa haber tenido intención de herir, mas no de matar.

(6) Ejemplo: alega su estado de embriaguez.

(7) Ejemplo: alega la necesidad de legítima defensa.

(8) Sostiene haber sido gravemente provocado por su adversario.

como en los modernos, se ha cometido otra falta grave, que ya hemos señalado: se ha querido trasladar al proceso criminal el sistema de las *excepciones* del procedimiento civil; se ha sostenido que las restricciones contenidas en la confesión calificada son otras tantas excepciones, cuya prueba es de cargo del inculpado; pero una vez admitido este principio, y considerada así la alegación de la legítima defensa o de la obediencia pasiva, es preciso, para ser lógicos, sostener también que cuando sucede que no sea completa la prueba de la excepción, la confesión en sí misma no debe por eso dejar de ser admitida contra el acusado, sin preocuparse de las restricciones que encierra.

No podía menos de retrocederse ante esta consecuencia, por demasiado rigurosa, y se ha recurrido entonces a un término medio, pretendiendo que bastaba que las restricciones pareciesen simplemente verosímiles, para que la confesión fuera, desde luego, admitida en todo su contexto.

Se ha querido también sujetar confusamente al mismo nivel todos los casos posibles, por diversos que puedan ser; pero establecer una regla única que deba aplicarse siempre, es desconocer en gran manera la verdadera naturaleza de la confesión calificada, y hacer que desaparezcan los medios de su comprobación. Este es un error frecuente y contra el que nunca clamaremos demasiado. No siendo evidentemente la confesión calificada otra cosa que una declaración, declaración restringida con el objeto de desviar en todo o en parte la pena merecida, el Juez debe segregar de ella las explicaciones suministradas por el acusado, en lo que tienen de naturalmente esencial, y apreciar todos sus detalles según la naturaleza que les es propia; y sin preocuparse de esta máxima, por cierto muy inexacta aun en el derecho civil, de que *la confesión es indivisible,* nada se opone a que pueda examinar si hay relación íntima y orden natural entre las diversas partes de la confesión, y aun separar lo que debe separarse en las explicaciones que comprende. Sin embargo, vamos a referir los principios de apreciación más aplicables:

1. La confesión no puede demostrar completamente la existencia del crimen sino cuando, conforme a la ley, recae sobre todos los pormenores característicos y constitutivos del cuerpo del delito. De donde se sigue que si después de haber confesado algunos el acusado, niega otros no menos esenciales (1), el crimen no está en manera alguna demostrado, y toda la confesión es una cosa supuesta. En este sentido, pudiera acaso decirse que la confesión no es arbitrariamente divisible; y no corresponderá al Juez separar de ella a su placer ciertos pormenores favorables al acusado y afirmados por él, y obligarle a probarlos. Un hombre es acusado de haber robado un reloj, y confiesa que el objeto está en su poder por habérselo regalado el dueño; excusado es decir que ninguna parte

(1) Ejemplo: conviene que está en su poder el objeto que se supone robado; pero al mismo tiempo sostiene haberlo encontrado o recibido en donación.

del delito puede ser tenida por confesada (1); a la sociedad parte acusadora y que pide la aplicación de la pena, toca hacer la prueba de *todos* los hechos característicos y esenciales, cuya existencia hace solamente posible el castigo. Si la confesión comprende ciertos detalles constitutivos de un delito menor, pero al mismo tiempo hay denegación de otros que vendrían a agravar su naturaleza (2), la pena prevista para el delito es la única aplicable, a no ser que otras pruebas hayan demostrado la realidad de las circunstancias agravantes.

2. Confesados los hechos materiales, el acusado puede hacer restricciones sobre la cuestión de intención criminal: la confesión no puede por sí sola motivar la condena; la voluntad de cometer el crimen es también uno de los elementos esenciales de la culpabilidad. Aquí se presenta una cuestión ya tratada. En algunos países, el legislador, dejándose llevar de la errónea doctrina profesada por gran número de autores, ha erigido el *dolo* en presunción legal; en otras se ha abstenido sabiamente de hacerlo. En el primer caso (vase Parte 1.ª, Cap. XVII) convenimos en que basta que estén confesados los hechos materiales para que el acusado vea oponérsele esta presunción funesta del dolo; y a pesar de sus más formales denegaciones, el Juez tendrá derecho de pronunciar la condena sin pararse en las restricciones de la confesión. Felizmente, al consagrar el legislador una teoría tan falsa, un saludable instinto le ha apartado de llevar demasiado lejos las consecuencias; y si había siempre, según los hechos de la causa, verosimilitud de ausencia de intención criminal, debía admitirla el Magistrado. De esto resulta que cuando el inculpado niega el dolo, el Juez debe examinar escrupulosamente todas las circunstancias que parezcan confirmar sus denegaciones; y como, en último resultado, la duda le aprovecha siempre, el Magistrado jamás considerará el dolo como adquirido en los debates, mientras que las explicaciones del inculpado permitan no mirar como improbable la realidad de la falta *(culpa)* o del accidente *(casus)* por él alegado. En los Estados alemanes que se rigen por el derecho común (y en todos los pueblos), donde no se admite la presunción legal del dolo, es mucho mejor la posición del Juez. Allí prevalece el principio de que, para que sea posible la condena, es necesaria no sólo la *materialidad* de los hechos, sino también su *intencionalidad;* de que la prueba de cada hecho característico es siempre de cargo de aquel que pide la aplicación de la pena; de que el interés público, de que es órgano, de ninguna manera le dispensa de probar el dolo. Pero hay en el dolo un hecho de concien-

---

(1) También en materia civil, cuando el demandante ejerce la *actio depositi*, si el agraviado conviene en que posee la sortija reclamada, pero afirma que se la ha regalado el querellante, es preciso decir que hay denegación sobre el punto principal de la demanda, y que la prueba incumbe entonces exclusivamente al demandante. (Es cierto que aquí la posesión constituye una presunción de propiedad.)

(2) Ejemplo: el acusado confiesa el robo y niega el escalamiento.

cia que excluye toda demostración material; sólo por inducción puede llegar a conocerse; y siempre que el inculpado no le confiese, el instructor no se olvidará jamás de dirigir sus investigaciones más severas hacia las circunstancias que puedan servir de punto de partida a deducciones ciertas. Después, el Juez definitivo, que tiene la misión de decidir si el acto acriminado ha sido cometido con mala intención, comparará las circunstancias afirmadas por el acusado en apoyo de sus dichos con las adquiridas por otro medio en los debates, y apreciando maduramente las relaciones existentes entre los hechos confesados y los negados, declarará en la sentencia hasta qué punto puede inferirse el dolo de las circunstancias de la causa (1). Lo mismo sucede en el caso que el acusado alegue tal o cual modo de perpetración, que en su concepto excluye toda intención criminal o responsabilidad en cuanto a las consecuencias del acto; cuando sostiene, por ejemplo, haberse dado muerte a la víctima por su propia orden o con su asentimiento. El Juez tiene en este caso que averiguar ante todo si esta alegación es verosímil, a fin de que tenga en la decisión toda la parte de influencia, que puede tener, según derecho.

3. Si el acusado, confesando el hecho y la intención, alega un modo de perpetración que quita a la intención su criminalidad, si sostiene, por ejemplo, haberse hallado en la necesidad de legítima defensa, las reglas anteriormente sentadas para el caso de denegación de dolo serán aquí igualmente aplicables. La excusa de legítima defensa no puede, en efecto, ser considerada como una excepción de derecho civil (véase Parte 1.ª, Cap. XVII); el acusado, al alegar esta excusa, no concede que la inculpación sea verdadera en toda su extensión, concesión que siempre se hace en las excepciones civiles; lejos de esto, afirmar la legítima defensa es negar el dolo, y las declaraciones del acusado que rechaza la acusación como infundada o poco fundada, por lo menos en el sentido en que está articulada, constituyen un todo indivisible, y tiene por objeto en su conjunto desviar en todo o en parte la aplicación de la pena. El Juez fijará su atención en cada una de las circunstancias alegadas; si el inculpado, para dar más peso a su excusa de legítima defensa, menciona el mal carácter de su adversario, las amenazas que éste le hubiera hecho anteriormente, etc., etc., investigará si estas aserciones son verdaderas; examinará la conducta de los dos antagonistas; verá si ha lugar a ello, quién ha tomado un camino no frecuentado ordinariamente por él, quién iba armado, etc.; y terminado este examen, decidirá entonces si el inculpado debe ser creído en sus justificaciones (2).

(1) Lo mismo sucede cuando el inculpado confiesa haber tenido la intención de cometer un crimen menos grave y niega explícitamente el designio de cometer el mayor, que ha sido su consecuencia. (Véase la Ley 1.ª, pág. 3.ª; Ley 7.ª, tít. 8.º, libro 48 del Digesto.)

(2) Sobre la prueba de la necesidad de legítima defensa, véase el Código bávaro, artículos 134 y 136; pero este Código va demasiado lejos al declarar que

En fin, estas mismas reglas son aplicables al caso de excusas alegadas, que debieran, según el dicho del inculpado, hacer desvanecer toda la responsabilidad del crimen que, por lo demás, confiesa en cuanto a su existencia: tal sería la excusa de *obediencia pasiva* (1). Partiendo de la suposición de que, referirse a órdenes recibidas es disculparse enteramente, desde que se demuestra que se dieron estas órdenes (2); cuando el inculpado articula esta excusa, niega una parte de la inculpación y procura desvanecer la imputabilidad. Esta circunstancia, aun cuando no fuera más que verosímil, bastaría para dar ocasión a la duda en el ánimo del Juez y podría evitar la pena.

4. El inculpado puede confesar todo el crimen en su materialidad y en su moralidad, para aducir al propio tiempo circunstancias que atenúen la falta (3); entonces, por lo general, enuncia en apoyo de sus dichos algunos hechos justificativos, pero el Juez no deberá jamás exigir de él la prueba perfecta, y si existe la menor duda sobre su entera culpabilidad, se le aplicará una pena más leve.

---

contra el inculpado hay presunción de haber traspasado la necesidad de la defensa en el mero hecho de no haber ido al momento a dar su declaración ante la Autoridad.

(1) El proyecto de Ley wurtembergense de 1831, párrafo 249, colocaba la obediencia pasiva en diferente categoría que la excusa de legítima defensa. Pero cometía un error evidente al colocar la primera entre las *excusas que no tienen una relación directa con el crimen.*

(2) Esta cuestión envuelve además otra de las más graves: los agentes de la Autoridad, los meros soldados, ¿están obligados a ejecutar, sin excepción, todas las órdenes que reciben, aun aquellas, por ejemplo, que son inconstitucionales?

(3) Ejemplo: hechos de seducción, de provocación violenta, etc.

## CAPITULO VII

# DE LA RETRACTACION DE LA CONFESION

La revocación de la confesión, o *retractación* tiene lugar de diversos modos: se extiende a toda confesión, cuando el inculpado, retractándose, afirma su completa inocencia. Pero, en cuanto a esto, conviene establecer las distinciones siguientes:

1.ª La retractación recae muchas veces sobre una confesión que satisface todas las condiciones de credibilidad que se requieren, y sobre la que ha podido muy bien el Juez fundar una condena;

2.ª O bien, notándose algunos vacíos en esta confesión, no puede hacer entera fe por sí misma.

La retractación puede igualmente limitarse a una o varias partes de la confesión.

La Carolina contiene algunas prescripciones acerca de la materia, pero no debe olvidarse que en este Código se trata de una confesión arrancada por medio del tormento y retractada cuando éste ha cesado, y que una confesión por tales medios obtenida para temer que el inculpado, verdaderamente inocente, no haya hablado sino con objeto de poner un término a insoportables dolores. Algunas de sus disposiciones se refieren también a la retractación de la confesión que se supone prestada de tal o cual manera, cuando se trata de establecer si ha sido realmente hecha en los términos referidos en el proceso verbal. Además, en el fondo de estas reglas especiales de la Carolina existe un principio de más general extensión, de una aplicación útil también en el procedimiento moderno, y que emana directamente de la naturaleza propia de la confesión.

Mas volvamos a las distinciones arriba establecidas:

1.ª Si la retractación versa sobre una confesión enteramente regular, ha lugar a aplicarle el principio según el cual una declaración tardía o parcial del acusado, dada únicamente en interés de este último, no puede destruir una prueba completa primitivamente presentada. Ahora bien: toda retractación encierra una declaración de esta naturaleza y a la manera que hecha independientemente de la retractación no podría aprovechar al acusado, puesto que nadie puede ser creído hablando en interés de su propia causa; así, bajo esta nueva forma con que aparece, no puede destruir la posterior retractación una prueba ya existente. Importa considerar con escrupulosa atención las razones en que la retractación se apoya. Sólo la verosimilitud y la gravedad de estos motivos pueden darle peso e importancia. Por tanto, el primer objeto de la retractación es el de hacer ver que la confesión actualmente revocada no merece crédito, por efecto de un vicio o de un vacío cualquiera en el cumplimiento de las condiciones requeridas; que era un error considerarla como perfecta; y que, lejos de eso existen en la causa circunstancias materiales que, si antes se hubieran reconocido, impedirían que se las considerase como probatorias.

*a)* Una de estas circunstancias demuestra ser imposible la existencia del cuerpo del delito (1). *b)* Otra manifiesta la inverosimilitud de la inculpación y de la confesión (2). *c)* Una tercera hace ver que el acusado no ha podido cometer el crimen primitivamente confesado (3). *d)* Otras veces también estas circunstancias tienden a establecer que, oprimido por los medios de coacción ilegal (4), ha recurrido a la confesión como único refugio que le quedaba. *e)* Que ha sido amenazado para el caso en que no confesara. *f)* Que ha sido inducido en error (5), y que este error ha podido muy bien arrastrar a un inocente a confesarse culpable. *g)* Que se ha engañado acerca de las consecuencias del acto criminal que había confesado, y que sólo por esto se ha presentado como uno de los autores principales (6). *h)* O, en fin, que en el momento de la confesión se hallaba en tal disposición de ánimo, que le impulsaba invenciblemente a una falsa confesión de culpabilidad.

---

(1) Ejemplo: el Magistrado está convencido de que A., víctima de un homicidio consumado por B., ha muerto realmente; pero he aquí que B. retracta su confesión e indica varias testigos que han visto a A. en perfecta salud mucho después de la época del supuesto homicidio.

(2) Ejemplo: el inculpado confiesa haber prendido fuego a la casa de su vecino; pero se retracta e invoca el testimonio de peritos, quienes declaran que no ha podido prender el fuego de la manera indicada en la confesión.

(3) Ejemplo: el inculpado confiesa haber prendido fuego en la ciudad de A. el 12 de enero de 1832; se retracta después, y hace ver que en aquel mismo día se hallaba en B., a treinta leguas de distancia.

(4) Hablamos aquí igualmente de las penas llamadas de *desobediencia* cuando han sido ilegal o excesivamente aplicadas. Fuerza es decir que estas penas, por leves que parezcan, en el mayor número de casos, en los países en que están autorizados por la Ley (tomemos, por ejemplo, la de diez palos), pueden muy bien impresionar tan vivamente a una persona débil o delicada en su honor, que prefiera hacer una confesión que se le exige a sufrir un castigo semejante.

(5) Ejemplo: se ha hecho creer al inculpado que no es punible el hecho, o que, confesándole, atenúa la culpabilidad de un amigo.

(6) Ejemplo: un hombre intenta cometer un acto criminal, pero se aleja precipitadamente: más tarde tiene noticia de un acontecimiento funesto (de un incendio, por ejemplo), y se imagina que el acto intentado por él ha sido la causa directa: sólo mucho tiempo después de su confesión es cuando reconoce que su tentativa no había tenido consecuencias, y que el crimen de que se creía autor ha sido cometido por otra persona que llegó con posterioridad a esta tentativa.

Cualquiera que sea, por lo demás, el motivo en que se apoya la retractación, es necesario, por una parte, demostrar su verdad, y por otra examinar cuidadosamente qué influencia puede ejercer ese motivo en la fe anteriormente adquirida por la confesión (1).

En cuanto a la primera de estas dos condiciones, parece, desde luego, que sería necesaria demostración completa de un fundado motivo para poder anular la prueba de culpabilidad plenamente producida por la confesión; tengamos presente, no obstante, que la prueba es el resultado de la convicción del Juez en el momento en que se desvanecen todos los motivos contrarios, que la verosimilitud de uno solo de éstos basta para impedir que se adquiera la certeza, y lo mismo decimos en materia de revocación de la confesión, que aun cuando sólo fuera verosímil el motivo de esta revocación, es bastante para quitar a la confesión todo su valor (2). En efecto: así como la confesión no hubiera sido admitida si hubiese sido enteramente conocida esta circunstancia, del mismo modo, si es revocada de improviso antes del pronunciamiento del fallo, no puede menos de obrar negativamente sobre la fe concedida a una confesión a la cual ataca muchas veces en su esencia. Ticio se había confesado asesino de Sempronio; hoy se retracta y hace comparecer a un testigo, *uno solo*, quien después del día del pretendido homicidio ha visto a Sempronio en completa salud, o bien Ticio, en apoyo de su retractación, demuestra como probable que ha sido ilegalmente amenazado de ser herido si no confesaba: de seguro que el Juez atenderá a una retractación como ésta. Del mismo modo, cuando entre las circunstancias contenidas en la confesión se hallan algunas confirmadas por otras pruebas, sería exigir demasiado del acusado que se retracta obligarle a articular circunstancias nuevas encaminadas a demostrar que esta concordancia es puramente aparente: esto sería imponerle una tarea demasiado difícil, y que la justicia reprobaría. Desde que resulta que la confesión primitiva no merece plena confianza, esta confesión pierde toda su fuerza, y aun cuando las circunstancias accesorias no hubieran sido revocadas expresamente, no pueden ya ser invocadas en el debate, a menos que se prueben de otra manera. Ticio se había declarado culpable de haber prendido fuego el día 12 de febrero a la casa de Sempronio, contra el cual abrigaba hacía mucho tiempo un odio violento; ahora, retractando su confesión, demuestra que no ha hablado sino porque ha sido apremiado para hacerlo: si sus primeras declaraciones se invalidan completamente, poco importa que su presencia en el lugar del incendio, que su odio hacia Sempronio, se hayan demostrado por otras pruebas; al Juez toca

---

(1) El acusado ha podido ser el juguete de una ilusión de los sentidos, de una imaginación enfermiza: el disgusto de la vida ha podido arrastrarle a declararse falsamente culpable.

(2) Pasó ya el tiempo en que la simple probabilidad de la retractación de la confesión motivaba la aplicación de una pena *extraordinaria*.

en este caso apreciar los hechos y deducir de ellos las consecuencias que la ley autoriza; pero en cuanto a la confesión, nada queda de ella.

Admitamos ahora que el motivo en que se apoya la retractación sea cosa cierta o verosímil; resta aún examinar, como ya hemos dicho, cuál es su efecto relativamente a la confesión que pretende desmentir, y hasta qué punto puede por su naturaleza privarla del crédito anteriormente adquirido. Para conseguirlo, basta reconocer si en la circunstancia alegada por el inculpado que se retracta se deja ver un vacío esencial en las condiciones requeridas para la validez de la confesión. Cuanta mayor importancia tiene la condición de falta, y más difícil parece de suplirse por otros medios, hay más fundamento para pensar que el acusado no ha dicho desde luego la verdad, y su retractación obra contra la confesión con tanta mayor fuerza. Así, se demuestra, como cosa perfectamente verosímil, que a consecuencia de su prisión ha sido acometido de una tristeza y desaliento profundos, y que hasta intentado suicidarse, su confesión no merece crédito (1). Si alega haber sufrido amenazas, coacción o padecimientos reales, el Juez, antes de formar su juicio, estudiará el carácter individual del acusado: un hombre robusto, experimentado, fuerte de espíritu, no se dejará intimidar por las amenazas, ni le obligarán a que se declare culpable si es inocente, y no sucederá así respecto a un hombre tímido y débil.

2.ª Cuando la confesión, sobre que ha recaído una revocación, no era completa en sí misma; cuando, por ejemplo, no resultaba de ella plenamente y por entero demostrado el cuerpo del delito, o también cuando las circunstancias accesorias que encierra no estaban en perfecta armonía con el resultado de las demás pruebas, hay menos necesidad que nunca de obligar a los retractantes a una completa demostración de los motivos. La confesión primitiva, a causa de los vacíos que contiene, no puede suministrar plena prueba, y recayendo sobre ella la revocación, la despoja también de un principio de fuerza que hubiera podido darla la persistencia del acusado en su primera declaración (2).

---

(1) Bien entendido que, en nuestra hipótesis, el culpado estaba bajo la influencia de este extravío mental en el momento mismo de la confesión.

(2) Este sería el caso de examinar las dos cuestiones siguientes: ¿cuál es el efecto de la revocación sobre una confesión que el acusado no ha hecho *más que una sola vez?* ¿Cuál es su efecto sobre una confesión hecha en la instrucción *preliminar*, y después obstinadamente desmentida durante la *inquisición especial* o *instrucción especial?* Es regla general que la confesión, para hacer fe, debe ser confirmada varias veces por las declaraciones persistentes del acusado. De donde se sigue que si no hubiera declarado más que una sola vez, la retractación no podría menos de ser válida. En cuanto a la segunda cuestión es preciso para decidirla remontarse al sistema general de la legislación que rige la causa, y ver si no considera la sola *instrucción principal* como el proceso propiamente dicho, o si, según su espíritu, la *inquisición general* y la *inquisición especial* son únicamente las dos fases de uno solo y mismo procedimiento, y que no están en nada separadas esencialmente.

3.ª En fin, la retractación ha podido recaer solamente sobre una o algunas partes de la confesión, porque:

A. O recae sobre hechos esencialmente constitutivos del crimen, lo cual no es posible, sino en cuanto ha sido demostrada su existencia (1), y entonces es lo mismo que si hubiera sido revocada toda la confesión;

B. O sobre hechos capaces por su naturaleza de agravar la criminalidad (2); y también en este caso las reglas ya establecidas suministrarán la decisión, salva una modificación natural. Para que el Juez conceda fe a la retractación, bastará que el hecho, tal como le refiere actualmente el inculpado, sea perfectamente conciliable con las circunstancias que constan de los autos, y que aparezca además fundado en verosimilitud (3). Pero si los hechos revocados, ni son constitutivos del crimen, ni agravantes (4), la retractación, jurídicamente hablando, viene a ser indiferente, a menos que ciertos pormenores de la confesión primitiva, por efecto de los cambios contenidos en la retractación, se presten más a la concordancia hasta entonces descubierta entre ellos y el resultado de las otras pruebas (5).

La retractación parcial puede, últimamente, contener declaración de circunstancias agravantes, ocultas hasta entonces; en este caso hace fe, porque el acusado habla contra sus propios intereses; pero siempre es necesario que estas nuevas circunstancias concuerden perfectamente con los hechos resultantes, por otra parte, en el proceso (6).

---

(1) Ejemplo: la inculpada de infanticidio retracta sus confesiones y sostiene que *su hijo* no ha vivido.

(2) Ejemplo: el inculpado de asesinato sostiene que no ha obrado con *premeditación.*

(3) Ejemplo: todas las circunstancias demuestran que él ha matado *sin intención* a B.

(4) Ejemplo: la revocación recae sobre la hora supuesta de la comisión del crimen, sobre la fuga del inculpado después de consumado el acto principal.

(5) Ejemplo: la época de la perpetración del crimen, el número de las heridas pueden ser cosas indiferentes en la causa y en tal caso, de nada sirve la retractación, *cuando la nueva versión del inculpado permanece sobre los hechos principales en armonía con las demás pruebas.* Así, pues, el acusado viene ahora declarando que ha cometido el homicidio el 13 de enero por la mañana, cuando había declarado antes haberlo consumado el 12 a las seis de la tarde. Ciertos testigos habían hallado a su adversario la tarde de este mismo día; su deposición se concilia perfectamente con una y otra versión, y, por tanto, la retractación no puede tener tanta importancia.

(6) Las Leyes nuevamente promulgadas en Alemania revelan un verdadero progreso en las ideas por lo que hace a la doctrina de la confesión. Al presente es cosa universalmente reconocida que la confesión del acusado no hace necesariamente prueba dirimente y absoluta contra él, sino que el Juez puede, oída la confesión, pronunciar la condena, si por otra parte las circunstancias de la causa la convencen de su sinceridad. Tal es el sentido expreso de las disposiciones del nuevo Código de procedimiento criminal para Wurtemberg (art. 288), y de la Ordenanza, también moderna, de procedimiento criminal para el Ducado de Baden (artículo 252). Mientras existan dudas, el Juez tiene derecho a prescindir de la confesión, en lo cual está completamente de acuerdo la doctrina legal de la prueba

en Alemania con la que se sigue en Inglaterra y en la América del Norte, donde los jurados no fundan su convencimiento en la confesión, sino cuando no puede ponerse en duda su sinceridad. Al profundo examen del Juez corresponde en último caso facilitar la solución pedida. Observará, pues:

1.° Si en el momento en que han tenido lugar los hechos, ha podido el acusado observarlas exactamente. Debe, en efecto, dudarse de la veracidad de la confesión cuando recae sobre puntos del dominio especial de los peritos. El acusado ha querido declarar que ha administrado veneno a un hombre: puede muy bien haberse engañado y tomado por veneno una droga cualquiera, facilitada por un tercero, y mientras que no intervenga un examen pericial, no está demostrado el hecho del envenenamiento.

2.° Si el acusado estaba, cuando ha confesado el crimen, en una situación de ánimo que permita dar fe a sus palabras, es evidente, en efecto, que apenas merece crédito desde que pueda sospecharse con alguna verosimilitud que haya obrado bajo el imperio de una enajenación mental, o parezca sujeto a frecuentes extravíos de la imaginación.

3.° Si la intervención del Juez, de instrucción, de los gendarmes, dependientes de policías y carceleros, no se ha manifestado de una manera perjudicial por falsas excitaciones, amenazas o promesas engañosas, la simple verosimilitud de haberse empleado tales medios quita también toda su fuerza a la confesión.

4.° Cuando la confesión es *aislada*, no puede por sí mismo producir plena convicción. Ticio declara haber dado muerte hace nueve años a un hombre para él desconocido y haber después arrojado al agua su cadáver, ¿puede fundarse una condena sobre esta declaración aislada, no corroborada por el descubrimiento de cadáver, ni por ninguna de las circunstancias que hacen suponer la existencia de un homicidio cometido?

5.° Por último, la confesión no hace prueba suficiente cuando está concebida en términos vagos y generales. Mas si el acusado desciende a detallar todas las circunstancias del crimen, si pone a la vista del Juez el cuadro animado y completo de su consumación persuade inmediatamente. El Magistrado siente desvanecerse todas sus dudas cuando ve claramente los motivos que han guiado la mano del asesino y cuando sabe cómo se ha ejecutado el asesinato.

Digamos ahora que el carácter inquisitivo del procedimiento criminal alemán da origen a una de las más perjudiciales consecuencias. El Juez de instrucción está forzosamente obligado a tomar la confesión por punto de mira de todos sus esfuerzos. De aquí con frecuencia las representaciones falaces hechas al acusado, las amenazas, las promesas; de aquí esos arrestos preventivos, prolongados a propósito con la esperanza de una confesión que se espera. Las Leyes alemanas, bajo el nombre de *penas de desobediencia,* autorizan los *golpes,* el *encarcelamiento* más *largo* o más *riguroso,* contra todo inculpado que rehúse responder, se conduzca mal o mienta al Tribunal; éstos son otros tantos pretextos suministrados al Juez para imponer verdaderos tormentos al inculpado que no quiera confesar, y que dejándose llevar muchas veces por la desesperación, articula otras tantas mentiras bajo forma de confesión. Los Jueces de instrucción, especialmente los jóvenes y ansiosos de merecimientos, hacen alarde de obtener el mayor número posible de confesiones. ¿Causará admiración, después de esto, ver todas esas retractaciones que sobrevienen después, todas las quejas incesantemente renovadas, contra el uso de estos medios que la Ley debe reprobar? El pueblo retira su confianza a los fallos criminales fundados en confesiones al parecer violentadas, y todos los días la justicia alemana ve disminuir la consideración que debiera ser su indispensable atributo. En esta, como en cualquiera otra materia, el sistema francés de la publicidad y del debate oral debe reunir en su favor todos los votos. Confesando el acusado en la audiencia, todos los oyentes se convencen de que nada se ha hecho para obligarle a ello, y que sus palabras emanan únicamente su libre voluntad; a su vez, los Jueces ante quienes comparece en persona pueden examinar con atención su actitud y concederle o negarle crédito con conocimiento de causa. Si en la *instrucción preliminar* se ha echado mano de medidas ilegales, el acusado puede declararlo delante de todos, a cuya afrenta se guarda siempre de exponerse el Magistrado instructor. En fin: si la confesión articulada en la audiencia se ha prestado ya en la información, hay en ella una doble garantía de la veracidad y de su valor como medio de prueba.

## ADICIONES A LA PARTE CUARTA

### (Capítulos I a VII)

I. Con el término "confesión" nos referimos a las declaraciones que presta el encausado y que desempeñan una función probatoria dentro del proceso.

II. La naturaleza jurídica de la confesión ha sido muy controvertida por la doctrina.

A) En primer lugar se discute si la confesión del encausado es o no en realidad medio de prueba:

*a)* Las teorías negativas se basan en las siguientes consideraciones:

1.ª En que el interrogatorio del encausado no está configurado en los ordenamientos positivos como un medio de prueba, sino como una diligencia encaminada a solicitar del encausado argumentos contrarios a la acusación. Mantienen esta posición Pessina (*Sommario di lezioni sul procedimento penale,* Nápoles, 1883, pág. 75), Bettiol (*La correlazione tra accusa e sentenza nel processo penale,* Milán, 1936, pág. 102) y Beling (*Derecho Procesal Penal,* trad. de M. Fenech, Barcelona, 1943, pág. 232), entre otros, quienes se basan preferentemente en la consideración de que tanto en la "prefazione" como en los artículos 367 y 368 del Código procesal penal italiano se configura al interrogatorio como un medio de defensa, como una invitación al acusado "a disculparse".

La posición de estos autores (que Cayetano Foschini [*L'interrogatorio dell'imputato,* en Annali, 1943, págs. 271 y sigs.] explica como una reacción a la exagerada importancia concedida al interrogatorio en el proceso inquisitivo y a los medios usados para alcanzar la confesión en tal tipo de proceso) no tiene en cuenta que el interrogatorio del encausado, además de ser un medio de información, es un medio de prueba útil tanto para la acusación como para la defensa, por la especial valoración que el juzgador confiere al interrogatorio del encausado.

2.ª En un sentido menos radical, Manzini (*Tratado de Derecho Procesal Penal,* vol. IV, pág. 404) considera que el interrogatorio del encausado es principalmente un medio de defensa, aunque pueda ser fuente de prueba, contribuyendo de este modo al convencimiento del Juez. Aunque no puede negarse el acierto de esta consideración de la posición mixta del encausado, es indudable en cuanto a su resultado la primacía del significado de medio de prueba del interrogatorio sobre su consideración de medio de defensa, y así observa Ferri (*Discorso parlamentare,* pág. 383) que la flagrancia y la confesión del reo son siempre las reinas de las pruebas, y los casos de confesiones falsas son rarísimos en la realidad.

3.ª Por otros autores, entre ellos Silva Melero (*Tres comunicaciones al III Congreso Internacional de Derecho comparado de Londres de 1950,* Revista de Derecho Procesal, 1950, vol. III, pág. 397), sin negar el carácter de medio de prueba, afirman que tal medio no tiene un carácter prevalente, sino que en el proceso penal tiene el significado de un simple indicio, sin otro valor que el que se asigna a la prueba de tal clase. Rechaza esta posición Jiménez Asenjo (*La confesión del reo o inculpado*, Rev. de Derecho Procesal, 1945, pág. 355), al señalar que la confesión, si bien es una prueba de alcance tan relativa como cualquier otra, en cuanto es preciso armonizarla con todas las demás, para formar el convencimiento decisivo que ha de informar la sentencia, esto no es bastante para señalar a la confesión en el proceso penal un significado peyorativo.

*b)* Por el contrario, otros autores, entre los que destaca Carnelutti (*Lecciones*, t. I, pág. 330), y siguiendo al mismo, Guarneri (*Las partes en el proceso penal*, traducción y notas del Profesor C. Bernaldo de Quirós, Méjico, 1952, pág. 286), señalan no sólo el carácter de medio de prueba de la confesión, sino su significado de prueba fundamental del proceso penal. Así, Carnelutti expresamente dice que "no hay en el proceso penal una prueba más preciosa que el testimonio del imputado"; no se excluye el que las respuestas del mismo al Juez que lo interroga tengan un cierto y a menudo hasta un decisivo valor también cuando, según la expresión de la Ley, se disculpa (artículo 368 del Cód. Proc. Penal italiano); sin embargo, el mayor valor del testimonio del encausado está ciertamente en la hipótesis de la confesión, esto es, en el testimonio que presta en su carácter de reo. Porque, según la experiencia, es muy raro el caso de que una persona invente hechos en perjuicio suyo, la confesión ha sido siempre considerada, tanto en materia civil como en penal, una prueba segura que, generalmente, ha sido denominada la reina de las pruebas, señalándose por Carnelutti a la confesión un valor que va más allá de su carácter de medio probatorio, que excede del campo lógico para invadir el campo moral, ya que la confesión del delito no puede, al menos normalmente, dejar de implicar la vergüenza de haberlo cometido, y cuando el encausado "confiesa", formula un juicio contra sí mismo, por lo que deja de ser un fin de la averiguación para convertirse en el principio de la explicación.

Podemos concluir afirmando, por tanto, que la confesión es un medio de prueba que, favorable o desfavorable al encausado, tiende a producir el convencimiento del Juez; de modo que empleamos la frase confesión no en el sentido estricto empleado algunas veces de estimar como tal simplemente la declaración desfavorable hecha por el encausado contra sí mismo, sino en un sentido amplio, es decir, como declaración de la parte encausada. En este sentido no hay que olvidar que si bien el encausado es "res iudicanda", o sea, objeto del proceso, compone también la "res iudicans", de modo que es instrumento del juicio; por eso, la declaración del encausado, sea reconociendo o negando los hechos objeto de investigación, tiene un valor de medio de prueba, ya que de su afirmación o bien de su negación, por las contradicciones en que pueda ocurrir, los titubeos en la forma de expresarse, pueden llevar al Juez al convencimiento, junto con otras pruebas, de la certeza o incerteza de los hechos objeto de la investigación.

B) También pueden señalarse dos posiciones en orden al problema del deber de veracidad o del derecho del encausado a abstenerse de responder. (Las posiciones fundamentales que se han mantenido tanto en el Derecho positivo como en la doctrina sobre estos problemas, pueden verse en nuestra nota sobre *Reglas morales en el proceso civil*, Aragoneses, Rev. de Derecho Procesal, año 1961, núm. 2, págs. 144 y sigs.)

Como señala Guarneri (*ob. cit.*, pág. 289), luchan aquí dos principios antagónicos: el de "nemo tenetur contra re" y el de la autoridad del Estado reflejada en el proceso penal, que resultaría ofendida por la mentira o la reticencia.

La posición más extremista favorable a la obligación de decir la verdad es la mantenida en Alemania por los doctrinarios nacionalistas (Dahm, *Der Ehrenschuntz der Gemeinschaft*, en Gegenwartsfragen der Strafrechtswissenschaft, 1936, pág. 23), pudiendo señalarse al efecto como muestra de tal posición a Baumbach, quien proclamaba que el reo está obligado a luchar codo a codo con el Juez en defensa de la Justicia. Los escritores que participan en esta opinión parten de la consideración de la pena como un medio de purificación de la comunidad popular que tiene dos direcciones, según se considere desde el punto de vista de la sociedad que lo aplica o desde el delincuente que la sufre, y así como desde el primero la pena es una función natural del organismo popular y la expiación es la autopurificación de la sociedad, desde el punto de vista del delincuente la expiación es un sufrimiento que conduce a la posibilidad de volver a desempeñar una función libre y útil, lo que lleva a la conclusión de que el proceso es el medio para realizar la defensa del honor de la comunidad, y el encausado, que forma parte de esa comunidad, es un colaborador necesario del Juez, sometido al deber de decir la verdad, y tal imperativo categórico debe triunfar sobre las consideraciones egoístas, aun cuando humanamente comprensibles.

Otra posición menos radical (Guarneri, *ob. cit.*, pág. 292) señala que, aunque no exista una obligación jurídica de decir verdad, ni aun de responder, el comportamiento "contra ius" de la parte que rehúsa contestar o hace declaraciones no verdaderas es algo ilícito y, por tanto, objeto de apreciación adecuada para formar el fundamento de la decisión, por lo que es de experiencia común que tal conducta deriva en una situación desfavorable del encausado en forma tal que, si bien no puede tener influencia directa para provocar la condena, claro está que puede, en todo caso, inducir al Juez a tener la mano más pesada o más ligera en la medida concreta de la pena.

Nuestra Ley de Enjuiciamiento criminal recoge el principio de la no obligatoriedad de contestar el procesado en el artículo 698.

C) Intimamente relacionada con la cuestión anterior se encuentra el problema de si le está permitido o, al contrario, prohibido al Juez emplear medios coercitivos de orden físico o psíquico encaminados a obtener la confesión del encausado.

Dejando a un lado la posición de la doctrina nacionalsocialista alemana, que propugnaba la imposición de sanciones penales en los casos de declaraciones falsas o reticentes, en cuanto tales formulaciones no tuvieron trascendencia alguna en el orden doctrinal ni en el propio Derecho positivo alemán, vamos a referir el problema en grandes líneas, tanto en lo que se refiere a las coerciones físicas como a las coerciones psíquicas en el pensamiento jurídico actual.

Admite la posibilidad jurídica actual del tormento, aunque reconociendo su ineficacia técnica Carnelutti (*Lecciones*, vol. I, pág. 331). Para este autor, el tormento se resuelve en un deber del acusado, precisamente en la imposibilidad de oponerse a un aprovechamiento, por parte de otros, de su cuerpo, con el fin de procurarle un dolor, dolor infligido con el fin de obtener respuestas a las preguntas que se le dirigen. Pero, agrega tal autor, el objeto de la Justicia no sería tanto el de obtener una respuesta cualquiera cuanto el de una respuesta conforme a verdad. De ahí que el defecto del tormento estaría en la incapacidad del mismo para aquel propósito. Además, si hubiese algún medio que permitiese al Juez una especie de radioscopia moral, que inhibiese las reticencias o mentiras del paciente, la Ley debería adoptarlo sin más, concluye el maestro italiano.

Contra tales ideas se expresa Guarneri (*ob. cit.*, pág. 297), argumentando que de todos modos, aun admitiendo que el fin deba ser tomado en consideración, también en el terreno procesal valen los límites, y el primero de ellos es precisamente la inviolabilidad de la persona humana, reconocida en las normas constitucionales y en el propio Derecho penal (delitos contra las personas), de suerte que no habiendo derogaciones explícitas a tales reglas, no pueden estimarse suprimidas o suspendidas.

Igualmente ha de rechazarse la posibilidad de utilizar medios coercitivos de carácter psíquico, tales como el hipnotismo, los medios químicos mediante el suministro de sustancias de acción narcótica, el registro gráfico del pulso y la respiración, el reflejo galvano-psíquico, etc. No sólo por ser medios técnicamente inadecuados e incluso peligrosos, sino que, como dice Guarneri (*ob. cit.*, pág. 300), todo hombre tiene derecho a que se respete su integridad mental, que quedaría violada tanto por el hipnotismo como por las drogas que "hacen hablar" y por cualquier otro medio que obre directa o indirectamente sobre los sistemas de control y defensa del alma. En todos estos casos se trata de una verdadera intromisión en el templo interior del individuo, de un abuso que debe rechazarse resueltamente.

III. La confesión puede calificarse atendiendo a varios criterios:

A) *Confesión judicial y extrajudicial.* En principio, sólo la judicial es la que tiene valor procesal, si bien no puede desconocerse un principio de valor a la prueba extrajudicial, que será variable según las circunstancias de su obtención.

A veces la confesión se realiza antes del proceso, bien por arrepentimiento o bien para obtener los beneficios de la atenuante del artículo 9.º del Código penal.

Además de ésta, extrajudicialmente y en las diligencias preparatorias, es frecuente la confesión, si bien en algunos casos obtenida por medios coactivos, lo que ha dado lugar a algún error judicial, por lo que su ratificación en Juzgado será quizá indispensable para darle el verdadero valor de confesión.

Otras veces, no obstante, es frecuente que la confesión extrajudicial obtenida de modo espontáneo se rectifica posteriormente por la recapacitación de los propios intereses o por determinados consejos. No puede esta confesión extrajudicial ser privada en absoluto de valor, sino que deberá ser apreciada por los Tribunales como un medio más para su convencimiento; por tanto, aun sin tener naturaleza de confesión judicial regulada en la Ley de Enjuiciamiento criminal, tendrá verdadero valor de elemento de prueba para la obtención del convencimiento judicial.

Igualmente ocurre con la confesión prestada fuera del proceso judicial penal, por ejemplo la confesión en un proceso civil. En general, teniendo distinto alcance la confesión en el proceso civil, donde es posible la transacción de derechos, es lógico que estas confesiones no tengan valor de confesión judicial en el proceso penal; no obstante, podrá apreciarse como un elemento más para el convencimiento judicial.

B) La clasificación que en el proceso civil se hace de "confesión divisible e indivisible", a que se refiere el artículo 1233 del Código civil, es improcedente en materia penal, dice Jiménez Asenjo (*La confesión del reo o inculpado,* Rev. de Derecho Procesal, Madrid, 1945, vol. III, págs. 355 y sigs.), por el principio de investigación material, según el cual tienen que admitirse los hechos que se hallen realmente probados.

C) Por último, señala también el citado Jiménez Asenjo la clasificación de la confesión en "expresa", "tácita" y "ficticia"; la primera es la que se hace directamente de palabra o de otro modo indubitado; tácita es la que se deduce de los actos del acusado, y, finalmente, la confesión fingida o "ficta confessio", que es la que se impone en algún caso al litigante rebelde o contumaz. Esta no es hoy, por regla general, admitida en el proceso penal, pues aunque históricamente, cita Jiménez Asenjo la Ley 13 del título XXII de la Partida VII, que decía que en el caso de evasión previamente concertada de los presos de una cárcel, "se les debe enjusticiar como si les fuera probado el yerro por que los tenían presos", en nuestro Derecho positivo no puede admitirse la confesión fingida para la imposición de una pena. Alude a ella el artículo 700 de la Ley de Enjuiciamiento criminal, pero refiriéndose solamente al responsable civil, diciendo que si éste se negare a contestar se le declarará confeso, sin duda teniendo en cuenta la Ley el carácter privado de la acción civil, de la cual se le declarará responsable.

IV. Son sujetos de la proposición de esta prueba, en el período sumarial, el Juez instructor de oficio, el Ministerio Fiscal y los acusadores particular y privado, en sus casos, asimismo, el actor civil cuando se hubiere constituido en parte (art. 385) y, además, el propio procesado (art. 400).

En el período de plenario podrán proponerla las partes (art. 656) y el propio Tribunal que conozca de la causa (art. 729, núm. 2).

El objeto de este medio de prueba, como el de todas las demás, está constituido por un hecho de interés para el proceso, el que se recoge en la Ley al establecer que las preguntas que se hagan al procesado en todas las declaraciones que hubiere de prestar, se dirigirá a la averiguación de los hechos y a su participación en ellos y de las demás personas que hubieren contribuido a ejecutarlos o encubrirlos (art. 389, pár. 1.º).

La admisibilidad de la declaración del encausado en el sumario no plantea otro problema, respecto de todos los demás medios de prueba, que el de ser preceptiva para el Juez instructor su realización dentro del término de 24 horas, en caso de que estuviera detenido (art. 386), y su reiterabilidad de oficio a instancia de parte o incluso del mismo procesado (art. 400). La prueba es admisible en general, y en particular, cada vez que el Juez, las partes o el mismo interesado en la misma quisiere que se le reciba declaración sin que el Juez pueda negarse a su práctica, cualquiera que sea el número de veces que se hubiera realizado en el mismo proceso. Las preguntas habrán de ser directas, sin que por ningún concepto puedan hacérseles de un modo capcioso o sugestivo (art. 389), lo que excluye cualquier género de sistemas de los que en otros ordenamientos preceptivos pueden emplearse para contribuir al descubrimiento de lo que pretenda ocultar, ni siquiera el de que se pronuncien, por parte de los interrogadores, palabras estimulantes del subsconciente del sujeto.

Tampoco se podrá emplear con el procesado ningún género de coacción o amenaza (art. 389), estableciéndose en la propia Ley sanciones para los que infrinjan estos preceptos.

En la declaración se consignarán íntegramente las preguntas y las contestaciones (art. 401), sin que puedan hacerse tachaduras, enmiendas ni entrerrenglonaduras, consignándose al final las equivocaciones que se hubieran cometido (art. 403, en relación con el 450).

El procesado podrá leer por sí mismo su declaración, y el Juez le enterará de que le asiste este derecho. Si no usare de él, la leerá el Secretario a su presencia (art. 402), firmándose por todos los que hubieren asistido al acto y autorizándola el Secretario (art. 404).

La valoración de este medio de prueba queda a la conciencia del juzgador. De ahí que la confesión (declaración positiva) del procesado, como ya sabemos, no dispensará al Juez de instrucción de practicar todas las diligencias necesarias a fin de adquirir el convencimiento de la verdad de la confesión y de la existencia del delito, con cuyo objeto le interrogará para que explique todas las circunstancias del delito y cuanto pueda contribuir a comprobar su confesión, si fue autor o cómplice y si conoce a algunas personas que fueren testigos o tuvieren conocimiento del hecho (art. 406).

### JURISPRUDENCIA

*a)* En el sumario, la confesión del procesado forma parte de los medios sumariales establecidos por la Ley para la comprobación del delito y averiguación de los delincuentes, y no siendo el sumario más que una preparación del juicio oral donde han de esclarecerse todos los hechos y discutirse todas las cuestiones que ofrece la causa, no puede menos de figurar en dicho juicio como elemento de prueba la referida confesión del procesado (sentencias de 10 de mayo y 28 y 30 de junio de 1928, 16 de octubre y 14 de diciembre de 1883).

La indagatoria del procesado adolece de toda autenticidad a efectos de casación (auto de 13 de febrero de 1961).

*b)* En el juicio, la confesión del procesado es medio de prueba utilizable (sentencia de 4 de julio de 1884).

El reconocimiento del procesado puede utilizarse como prueba en el juicio oral; pero la parte que intente valerse de ella debe proponerla en el término establecido en el artículo 656, siendo inadmisible en otro caso (sentencia de 9 de mayo de 1883).

La confesión del procesado, solicitada por la defensa en el escrito de conclusiones provisionales, es procedente, según tiene declarado este Tribunal Supremo (sentencia de 16 de noviembre de 1889).

Los acusados, sean o no parientes, tienen el privilegio de negarse a contestar y de no prestar juramento, no pudiendo incidir en falso testimonio por el derecho que implícitamente se le reconoce de ocultar la verdad en defensa de su posición en el proceso (sentencia de 1 de marzo de 1968).

No constituye delito de falsedad cometido por el Juez de instrucción ni por el escribano porque el procesado manifieste en el acto del juicio oral no ser ciertas las declaraciones prestadas en el sumario, pues ello no supone otra cosa que una retractación de aquella primera declaración (sentencias de 28 de enero de 1897 y 18 de enero de 1898).

## PARTE QUINTA

# DE LA PRUEBA TESTIMONIAL

## CAPITULO PRIMERO

## DE LA PRUEBA DE TESTIGOS EN GENERAL

Por la palabra *testigo* se designa al individuo llamado a declarar, según su experiencia personal (1), acerca de la existencia y naturaleza de un hecho. Propiamente hablando, el testigo es la persona que se encuentra presente en el momento en que el hecho se realiza (2), pero en la práctica, y relativamente a la prueba, no adquiere importancia, ni se trata verdaderamente de él como tal sino cuando *habla y refiere lo que ha visto.* Concíbese desde luego que esta declaración puede muy fácilmente derogar la verdad objetiva, y que la sola individualidad del testigo puede influir mucho en la manera de observar; por ejemplo, si, sin pensarlo, pasa por aquel punto y de ligero; si nada le excita a un examen atento, sólo se quedarán grabados en su imaginación los caracteres más notables del hecho; por último, ciertas preocupaciones o disposición de espíritu hacen que dé a los objetos colores imaginarios, y muchas veces cree haber visto lo que desea ver. Con frecuencia, y relativamente a ciertos objetos, las facultades intelectuales, los hábitos prácticos y la experiencia adquirida, tienen una influencia directa y notoria en las observaciones de los testigos; muchas veces es preciso un golpe de vista ejercitado y entender perfectamente la importancia de los diversos caracteres de la cosa (3) para percibir de una sola mirada todos sus pormenores esenciales. El intervalo transcurrido entre el acontecimiento y la declaración puede modificar notablemente su naturaleza. La imaginación altera fácilmente el recuerdo de los hechos confiados a la memoria, y aun cuando ciertos pormenores o detalles se olviden, y otros aparezcan con colores más vivos, puede suceder que todo esto sea

(1) La palabra latina *testis,* comparada, en su sentido y origen, con las voces *antesto, antisto,* designa el individuo *que se encuentra directamente a la vista de un objeto* y conserva su imagen.

(2) Se da también el nombre de testigo al individuo no interrogado y que todavía no ha hablado, pero que se piensa en que lo haga, sólo porque se halló presente en el momento de la ocurrencia.

(3) Esto sucede siempre que acontecen a la vez diferentes hechos; y bien se comprende que es preciso ser dueño de sí mismo para dirigir a un mismo tiempo la atención hacia todos los puntos o lugares donde aquéllos se realizan.

obra quimérica de la imaginación, que muchas veces se apresura a llenar los vacíos de la memoria, haciéndose en tales momentos muy difícil distinguir lo que es verdadero de lo que sólo es imaginario. Con la mejor voluntad del mundo el testigo llamado a declarar mucho tiempo después del suceso no sabe combinar la observación real con las creaciones fantásticas de la imaginación; en una palabra, cuanto más viva imaginación tiene, más riesgo corre de caer en la inexactitud (1). Necesita, ante todo, pensar muy seriamente, conocer lo grave de una declaración, obrar con escrupulosa conciencia, pesar cuidadosamente cada palabra, y en caso de duda contentarse con expresar sencillamente su creencia, en lugar de afirmar aquello de que no está seguro positivamente. El Juez considerará como segura garantía de la veracidad del testigo semejante actitud. Aun haciendo abstracción de toda intención culpable de ocultar la verdad, la individualidad del testigo obra siempre de nuevo poderosamente en su declaración. Modifícase ésta, según la disposición de su espíritu, que habla en el momento y según las inclinaciones a que se abandona. Cuando la pasión le anima, cuando el miedo o el espanto le arredran, pasa en silencio multitud de hechos de que hubiera podido dar conocimiento; su espíritu, demasiado agitado, se los ha hecho olvidar por el momento. ¡Cuántas veces se han visto hombres de los más honrados sentir, pero demasiado tarde, que intimidados por el más severo aparato de la justicia, y no pudiendo volver a la calma necesaria, no han podido tampoco traer a la memoria ciertos detalles importantes, que después poco a poco han recordado! Finalmente, la experiencia atestigua que los hombres se hacen a veces ilusión a sí mismos, creyendo no hablar contra la verdad cuando no dicen todo lo que saben; y que tal testigo, que no ha declarado de una manera concienzuda y completa, cree excusar la infidelidad de su testimonio diciendo que no se le ha interrogado sobre todos los hechos.

Esto basta para demostrar cuánta prudencia es menester usar en la apreciación de la prueba testimonial, y cuán frecuentemente sucede que con la mejor buena fe del mundo, el testigo, en vez de la verdad, afirma delante del Juez hechos puramente imaginarios. Debe, pues, el legislador rodar esta prueba de todas las garantías posibles, porque sólo ellas pueden satisfacer la conciencia del Juez, y servir de base a la necesaria presunción de que el testigo ha podido observar los hechos y de que ha querido declarar acerca de ellos confidelidad y de un modo completo. Las seguridades del testimonio se colocan en tres categorías principales:

1.ª Del contenido de la ley deben resultar para el testigo los motivos más poderosos de una reflexión seria y atenta, y de un lenguaje enteramente fiel y sincero;

(1) Se ha observado con frecuencia que ciertas personas, a fuerza de contar a otras los mismos hechos alterados, concluyen por creer en su realidad.

2.ª El interrogatorio se combinará de modo que por una parte el testigo sea como impedido a no declarar sino la verdad, y por otra se le imposibilite toda excusa o escapatoria, obligándole a dar una declaración completa;

3.ª Deben darse al Juez los medios de apreciar exactamente las cualidades individuales del testigo, y todas las circunstancias que sean suficientes para con sólo ellas decidir si realmente el testigo ha observado, y si su voluntad ha sido hablar conforme a sus observaciones.

La primera categoría comprende: 1.º La solemne y seria advertencia hecha por el Juez al testigo; 2.º La prestación de juramento; 3.º Las formalidades del interrogatorio en juicio; 4.º La publicidad de sus deposiciones.

Cuando el sujeto que se presenta como testigo se muestra animado de una firme y leal intención, la advertencia emanada del Juez nada viene a añadir a su voluntad de decir la verdad; pero, y esto sucede muchas veces, si titubea, si el temor o el interés han dominado su espíritu, si manifiesta una perjudicial ligereza, el Juez le da la fuerza que le falta, o le recuerda toda la gravedad de las declaraciones que va a dar. No obstante, si ha de hacerle impresión esta advertencia tan útil, no debe degenerar en una fórmula maquinal y uniforme: debe dirigirse convenientemente y acomodarse a los individuos.

El juramento constituye una garantía aún más importante, mirado desde el punto de vista de la sanción religiosa, moral o legal. Se sabe por experiencia que muchas veces, cuando el hombre no está ligado con juramento, manifiesta la verdad, si le conviene, en sus declaraciones; pero si la fe del juramento le obliga, al instante se le ve volver a su versión primera, y no callar la verdad que un deber imperioso le ordena revelar. La santidad del juramento, si no está enteramente depravado, obra sobre su alma y la purifica; da una fuerza irresistible a la corriente que le arrastra al verdadero camino; retrocede ante la vergüenza de sellar la mentira con un sello verdaderamente sagrado y desprecia lo que sus conciudadanos llaman una especie de arca santa de la verdad; en fin, a falta de sentimientos más generosos, la prudencia le hace fijarse en las terribles consecuencias de un juramento falso, y en toda una vida llena de angustias y zozobras hasta el día en que se descubran. Tal es el poder del juramento, al cual debe también revestírsele de las solemnidades convenientes, tomando su fórmula de las sacramentales autorizadas por la religión del testigo, y concibiéndolo sobre todo en los términos más propios para hacer impresión en su espíritu. El Juez no ha de usar de él a cada paso; añadir a actos insignificantes una sanción tan grave, sería abolir en los justificables la idea de su santidad e importancia. No es tampoco indiferente hacer que el juramento se preste antes o después de la declaración; es cosa demostrada que el testigo lo observará con mayor fidelidad, si simplemente se le llama a confirmar los hechos que antes ha declarado: al ponerle a la vista toda su declaración, no puede dejar de fijarse en la extensión del juramento que se le exige; cuando por el contrario, jura decir verdad, su juramento, sólo le parece, a veces, una simple promesa.

Ninguna de las formalidades del interrogatorio judicial debe omitirse (1); el Magistrado puede contar más seguramente con una deposición verídica cuando el aparato de la justicia ha impresionado vivamente al testigo; y al recordarle las graves consecuencias que pueden ocasionar sus palabras, despierta toda su atención y se esfuerza en pesar cada una de ellas.

La publicidad de las disposiciones se recomienda por sí misma; el testigo sabe que habla delante de sus conciudadanos, que entre los que oyen, quizá más de uno conoce lo mismo que él el estado real de las cosas, y denunciará, en caso necesario, la mentira; un doble motivo, pues, le manda contenerse en los límites de la verdad.

Hemos dicho que las garantías de la segunda especie acompañan siempre el modo de hacerse el interrogatorio; mas no por eso es menor su importancia. Dos faltas graves hay, desde luego, que evitar: *las preguntas demasiado generales* (2), *y las sugestivas demasiado especiales.* El testigo se figura haber respondido suficientemente a las primeras, cuando presenta en globo los hechos que conoce; así, cuando quiere distinguir entre lo que cree necesario decir y lo que piensa poder callar, en el momento se apoderan de él la pasión o el interés; pasa en silencio lo que su interés o el del acusado le aconsejan no revelar, y se hace cuenta de que su conciencia está tranquila porque el Juez no entra en más detalles. Mas si, por el contrario, las preguntas son demasiado especiales; si a fuerza de querer indicar al testigo los hechos sobre que debe dar su declaración, se le presentan ya con tal anticipación que nada tiene que responder sino un *sí* o un *no* (3), se tropieza en otro escollo. El testigo ligero y superficial, sin preocuparse de las consecuencias de su declaración, se apresura a aprovechar la ocasión que se le ofrece, y un *sí* aislado le saca del paso; el testigo, malintencionado y perverso, aunque nada ha sabido de los hechos, puede también aprovechar la ocasión; responde igualmente *sí;* con esto engaña al Juez, haciéndole creer en una declaración concienzuda, basada sobre un conocimiento personal que jamás ha tenido.

Por último hemos dicho que para dar a la prueba de testigos toda la fuerza de que es susceptible, importa obligar también al Juez a enterarse perfectamente de la persona del testigo a quien se ha oído, tanto al menos cuanto sea necesario para apreciar su veracidad. Cuando el

(1) Por ejemplo: debe hallarse reunido todo el Tribunal.

(2) Por ejemplo: preguntar a un testigo que diga lo que sepa acerca de la ocurrencia de tal día, de tal mes. Esta pregunta tiene frecuentemente lugar en Francia en las instrucciones criminales.

(3) Cuando, por ejemplo, se pregunta si A estaba presente o si B llevaba un vestido verde.

Magistrado da crédito al testigo, supone que éste ha podido ver y querido decir lo que ha visto; por eso le da a conocer todos los hechos (1) sobre que se apoya aquella suposición. Las garantías de esta naturaleza se toman de las facultades intelectuales, de la aptitud del testigo y de la forma exterior de su declaración. Un solo golpe de vista es suficiente para conocer de cuando en cuando que el testigo no ha podido hallarse en estado de observar, como conviene: la pasión que se trasluce en sus palabras, cierta perplejidad en cuanto a algunos pormenores, una turbación mal disimulada en presencia del Juez, turbación que manifiesta el deseo de no decirlo todo, y ciertas tentativas para eludir una pregunta que se le dirige, son otros tantos síntomas que guían a la justicia en la apreciación del testimonio. Pero bajo el régimen del procedimiento secreto, en el sistema de las actuaciones escritas, únicas fuentes en que el Juez definitivo puede hallar la decisión que ha de recaer, y que el de instrucción le transmite mudas e inanimadas, sólo tiene a su vida una letra muerta que no le permite ver ni oír al testigo, privándole de todo medio de averiguar las señales de la verdad de éste. Por concienzudo que sea el Juez de instrucción no podrá recordar todos aquellos caracteres fugaces e individuales de la declaración exterior; y hacerle consignar en un acta especial las particularidades de la actitud del testigo, no es, ni con mucho, suplir la falta de publicidad. Cuando el testigo titubea, se turba, vacila y se corrige a sí mismo en el momento de haber hablado, el Juez, si conoce el corazón humano, se dice, desde luego, que no debe dar entera fe a su deposición. Pero no es esto sólo: la publicidad de los debates, y he aquí su principal ventaja, le permite también hacer preguntas más apropiadas, y esclarecer uno por uno ciertos pormenores, que permanecerían oscuros si la declaración fuese sólo hecha por escrito. El Juez instructor no tiene que juzgar en definitiva; por eso no da bastante importancia a una multitud de hechos que pasan desapercibidos; al contrario, el Juez que ha de fallar busca los motivos de la sentencia en los elementos de instrucción, y, por lo mismo, puede mejor que nadie determinar si la prueba de testigos ha tenido lugar de un modo conveniente.

(1) Por eso el Emperador Adriano dice con razón en la Ley 3.ª, pár. 3.º, tít. 5.º, libro 22 del Digesto: *Testibus se, non testimoniis creditorum.*

## CAPITULO II

# ORGANIZACION DE LA PRUEBA TESTIMONIAL, SEGUN LA DIVERSIDAD DE LEGISLACIONES

Las legislaciones criminales de todos los países colocan el testimonio en el primer rango entre las pruebas; pero las reglas especiales que conciernen a la admisión de ciertos testigos, las formalidades del interrogatorio en juicio, etc., se diferencian según los principios fundamentales de cada una de dichas legislaciones.

Claro está que el sistema de acusación y el de inquisición dan, desde luego, origen a profundas diferencias. En la lucha de las dos partes, del acusado y del acusador, que es la que constituye el proceso por acusación, se les ve al uno enfrente del otro hacerse la guerra por cuantos medios están a su alcance. El acusador se esfuerza en convencer al Juez de la culpabilidad de su adversario y de la verdad de sus propios dichos; el acusado en persuadirle de lo infundado de la acusación; combate todos los medios de que se ha servido el acusador, pregunta con este objeto a los testigos que aquél ha presentado, los pone en contradicción consigo mismos, y se esfuerza en demostrar que son indignos de crédito (1). Como los testigos que ambas partes presentan no son sino las armas, cuyo alcance cada una de aquéllas procura debilitar, resulta de aquí en favor del acusado el omnímodo derecho de mezclarse en el interrogatorio de aquéllos, y también que sea imprescindible oírles en presencia de los dos adversarios. Consecuencia natural del principio que rige en el proceso por acusación, es también la de dar margen a numerosas restricciones en cuanto a la admisibilidad, como testigos, de todas las personas ligadas al acusador con relaciones demasiado íntimas: el legislador ha creído fundadamente que sus declaraciones serían demasiado parciales, y muchas veces no harían sino reproducir lo articulado por éste; tales son, por ejemplo, sus próximos parientes, sus domésticos. La ley, con este modo de obrar, expresión fiel de las ideas populares, debe evidentemente mostrarse más severa en cuanto a ciertos individuos, cuyo

(1) El contrainterrogatorio del debate inglés nos ofrece una perfecta idea de este procedimiento.

testimonio rechaza, y a los cuales prohíbe interrogar. Por otra parte, la publicación de la información principal, según se halla organizada en el proceso por acusación, abre la puerta a las exclusiones. El pueblo, presente siempre, se apresuraría a desaprobar la comparecencia, en la audiencia, de testigos que dependen del acusado o de sus próximos parientes: ponerlos a la faz de él y a vista del auditorio, llamarlos a declarar contra un sujeto con quien tantos vínculos les unen, sería violentar la naturaleza y hacerles sufrir un angustioso conflicto. Estas solas razones bastarían para excitar en los ánimos la idea de su total inadmisibilidad, y así es cómo desde luego se ve surgir la división de testigos incapaces (o absolutamente inadmisibles) y capaces.

En el proceso por vía de inquisición, un principio contrario lleva en sí consecuencias del todo diferentes. Conocidos son los caracteres dominantes de este procedimiento, que se sigue lentamente, paso a paso, y recogiendo en su curso, por el interés de la manifestación de la verdad, los diversos elementos en los cuales el Juez de la causa tiene que fundar los motivos de un justo fallo sobre los hechos verdaderos o falsos de la inculpación. Aquí, el deber del instructor le obliga a no perder de vista las señales más remotas que puedan conducir a la verdad o al descubrimiento de nuevos e importantes indicios, y sea cualquiera, relativamente al acusado, la persona llamada para dar testimonio, por poca consideración que merezca la deposición que hay derecho a esperar de ella, no es menos preciso que sea interrogada, y que el Magistrado ensaye, como se dice en la práctica, el medio de informarse de ella. Así es cómo la deposición de un menor, de un pariente, de un cómplice, puede adquirir una notable importancia en el proceso, y sólo al terminarse la instrucción es cuando el Juez, teniendo a la vista todos los materiales que aquélla le suministra, los compara entre sí, los examina, y se pregunta cuál es el valor de cada una de las declaraciones prestadas. En este sistema de procedimiento se aumenta el número de los testigos admisibles; y todo legislador sabio, al ordenar exclusiones que tendrían lugar con demasiada frecuencia, temería muchas veces agotar preciosas fuentes de verdad. Los testigos, según la expresión de Bentham, son el oído y el ojo de la justicia. Sería impolítico cerrarle estos ojos y taparle estos oídos, por cuyo medio se forma convencimiento, y quitarle igualmente los medios de asegurarse de la realidad de la inculpación. Porque uno haya sido condenado a prisión por un delito, ¿habrá que erigir en regla general la inadmisibilidad como testigo de todo individuo que haya sufrido la pena de prisión? Efectivamente, puede suceder que este individuo venga a engañar a la justicia; pero también valdría más dejar siempre a la prudencia del Juez la apreciación del grado de confianza que merece. De aquí el que el procedimiento inquisitivo, al lado de una mayor extensión, dado el número de los testigos admisibles, se vea a los demás dividirse en dos distintas categorías, la de testigos absolutamente incapaces y la de los simplemente sospechosos: el legislador que ha concebido dudas sobre la veracidad de estos últimos encarga al Juez que ponga en ellos toda su atención, al mismo tiempo que le deja en libertad de determinar hasta qué punto pueden ser creídos.

En el proceso por acusación, los testigos que el acusador presenta son llamados a declarar en sentido favorable al mismo; de donde nacen, como hemos visto, consecuencias decisivas; mas no sucede así en el inquisitivo. El Juez instructor llama de oficio a los que cree útiles para la manifestación de la verdad; en su deber está no hacerles simplemente preguntas que tiendan a descubrir el delito, y su imparcial solicitud se preocupa a la vez con la idea de la inocencia y de la posible culpabilidad del procesado. El procedimiento inquisitorial alemán, procedimiento enteramente secreto en todas sus fases, debía más que ningún otro ofrecer facilidad en punto a la admisibilidad de los testigos. Bien se comprende que esta obligación de guardar secreto hace que el Magistrado instructor se dirija con preferencia a las personas íntimamente ligadas con el inculpado, porque siempre es menos duro para el testigo tener que declarar fuera de su presencia y lejos del público; pero los resultados posibles del interrogatorio no se le representan sino en un porvenir más lejano: en vez de que si tuviese que comparecer en un debate público, y siendo directamente llamado contra el acusado, en cada una de sus respuestas se figuraría herirle con otras tantas bofetadas.

Una circunstancia, sin embargo, contribuye principalmente a dar un carácter marcado a la organización de la prueba testimonial, y es la formación de los Tribunales: en unos países, el legislador ha conferido a las justicias populares el derecho de sentenciar; en otros ha instituido un Tribunal de Jueces letrados. En el primer caso no puede menos de sentarse como principio que los jurados, salidos del seno del pueblo, sirven también mejor para conocer los testigos, su individualidad y la consideración de que gozan entre sus conciudadanos, y por tanto, para confiar en cada uno lo que justamente se merece; se ve también a la ley abrir una ancha puerta a las personas llamadas a presentarse como testigos, y dejar a los jurados enteramente dueños de decidir del valor de las deposiciones dadas en el proceso. Si, al contrario, la ley ha instituido Jueces letrados, tiene que encadenar su arbitrio con reglas precisas y rigurosas; quiere imposibilitarles el medio de prestar a ciertos testigos una creencia inmerecida; para detenerlos en esta peligrosa pendiente, clasifica a los unos como simplemente sospechosos, y a los otros como incapaces, y expresándose en términos generales, prohíbe absolutamente a los Jueces dar fe a las palabras de los que declara indignos de ser creídos. Estas consideraciones sumarias sirven de punto de partida de las diferencias que advertimos en el estudio comparado de las legislaciones sobre esta materia.

Entre los romanos, el principio de la acusación y la publicidad de los procedimientos habían obligado al legislador a numerosas instrucciones, a propósito de los testigos que tendría derecho de presentar el acusado (1). La jurisprudencia y sabia doctrina de los jurisconsultos introdujo más tarde una multitud de nuevas ideas (2) sobre la credibilidad del testimonio; el debate público hizo también más frecuente la ocasión de apreciar racionalmente las cualidades individuales de los testigos presentados en las causas; y bien pronto se admitió como principio que el Juez, verdadero Jurado, por otra parte, bajo el imperio de la ley romana, era el árbitro supremo de la creencia debida al testigo, cuando hubieran sido debidamente pesadas todas las circunstancias (3). Los emperadores se ocuparon a veces en sus constituciones (4) en dar ciertos detalles sobre la prueba de testigos; la declaración especialmente prueba plena y completa (5), y del todo suficiente para servir de base a la condena; y aún decidieron formalmente que el Juez no podía pronunciarla sobre la declaración de un solo testigo (6).

Como las formas inquisitoriales y secretas del procedimiento canónico llevaban en sí una organización uniforme de las reglas de la prueba, los prácticos de la Edad Media fueron poco a poco inclinándose a una clasificación sistemática de los testigos (7); se aprovecharon de los textos de la ley romana en cuanto determinan cuáles son los que el acusador no puede presentar, declararon absolutamente *inadmisibles* los individuos que aquella ley enumera, y después, fundándose igualmente en algunas decisiones del derecho romano y del canónico, que señalan como poco sólidos los dichos de ciertos testigos, colocaron a estos últimos en una clase llamada de los *sospechosos*. Un tratado especial de *Farinacio* (8) contiene la exposición fiel de las teorías de su época.

Más tarde aparece Schwartzenberg, que, permaneciendo fiel a las ideas de su tiempo, sanciona el principio de la obligación de presentar dos y aun tres testigos, para que puedan hacer plena prueba testimonial; pero mientras en el artículo 76 de la Barbengense se ocupa en definir exactamente qué cualidades ha de reunir el testigo llamado capaz, la Carolina, en el 66, se contenta con algunas breves indicaciones, referentes por otra parte al sistema generalmente practicado.

En el siglo XVIII dio un paso más la ciencia; los jurisconsultos determinaron por una parte las condiciones de la prueba testimonial perfecta, y, por otra se esforzaron en colocar definitivamente los testigos en tres clases, comprendiéndolos todos en las denominaciones de *clásicos, sospechosos, incapaces.* Según su doctrina, el Juez de instrucción no

---

(1) Leyes 3.ª, pár. 5.º; 13 y 18, tít. 5.º, lib. 22 del Digesto.
(2) En especial el citado título del Digesto, en su más fiel expresión.
(3) Leyes 21 y 23 del título y libro citados del Digesto.
(4) Ley 11, tít. 2.º, lib. 9.º; Ley 9.ª, tít. 20, lib. 4.º del Código.
(5) Leyes 2.ª, tít. 65, lib. 7.º; 8.ª, tít. 12, lib. 9.º; 16, tít. 47, lib. 9.º; 25, tít. 19, libro 4.º del Código.
(6) Citada Ley 9.ª del Código.
(7) Julio Claro, en su obra *Recepi Senient.*, párrafo final, quaest. 66, número 3.º, resume fielmente las opiniones de su época.
(8) *Trast de testibus*, Lyon, 1589.

podía conceder a los últimos el menor crédito, ni aun debía interrogarlos: por lo que toca a los testigos sospechosos, su deposición sólo constituía una simple verosimilitud. Estos principios dominan en las leyes modernas de Alemania.

El Código austríaco se limita a indicar en términos generales las condiciones de la prueba testimonial, y sin sujetar a los testigos a una clasificación rigurosa, deja al Juez la libre apreciación de sus declaraciones.

La Ordenanza criminal de Prusia entra en más detalles; enumera los testigos absolutamente incapaces; designa los individuos cuyas deposiciones, sin constituir plenamente la prueba legal, pueden últimamente provocarse como un medio de indicios. Pero entre todas estas prescripciones, más de una hay que podría con razón criticarse; retirar toda fuerza probatoria a los dichos de tantas personas, a las declaraciones, por ejemplo, del hijastro o del cuñado, es hacer imposible muchas veces la manifestación de la verdad (1). ¡Qué inconsecuencia, además, considerar como disminuido el grado de credibilidad del testigo en razón de la diferencia de religión! Una contradicción, por último, aún más chocante, es que ese mismo individuo, cuya admisibilidad para testigo rechaza siempre la ley en distinto caso, en ciertos excepcionales, en materia de alta traición o contra el país, etc., autoriza su audiencia y declaración bajo juramento, y confiere al Juez el derecho de dar crédito a sus dichos. Cuando se trata de crímenes de esta clase, y también de todos aquellos en que la libertad de los ciudadanos reclama tantas mayores garantías cuanto que son más de temer los excesos, las abusivas persecuciones del poder, entonces, decimos, es cuando el legislador se ha mostrado menos severo en medir la credibilidad de los testigos.

Distintas son las disposiciones que forman el sistema de la prueba del Código penal bávaro; pero también allí, a fuerza de querer formular todos los casos posibles y de presentar un cuerpo completo de reglas, el legislador ha hecho una obra defectuosa. Muchas de estas reglas, por su comprensión enteramente general, son más bien del dominio de la teoría; y la generalidad de los preceptos nada de nuevo enseña al Juez, o le crea obstáculos en su aplicación a la causa. Con razón puede criticarse en el Código bávaro que establezca una multitud de incapacidades relativas al testimonio, y que pongan estrechas trabas a la libre apreciación del Juez en lo que concierne a los dichos de los testigos sospechosos. Se equivoca también cuando admite la antigua y desusada doctrina de la semiprueba, y hace creer al Juez que le es preciso someter la prueba a una especie de cálculo matemático.

La teoría que rige acerca del testimonio en las legislaciones que

(1) Por ejemplo: el acusado ha muerto a su mujer en presencia de su hermano y de su cuñado, y a pesar de eso, niega el crimen. Por más que los testigos afirman el hecho bajo la fe de juramento, no puede, según la Ley prusiana, imponerse la condena.

admiten la jurisdicción popular es del todo diferente; allí no hay prescripción alguna tocante a las condiciones de validez de esta prueba; no existe ninguna limitación del número de testigos, ni separación entre los *capaces* y los *sospechosos:* a sólo los jurados pertenece decidir si la acusación es falsa o verdadera, sin estar jamás obligados a expresar los motivos.

Tal es el espíritu general de la ley francesa. No hay duda que en ella se encontrarán algunas indicaciones tocante al interrogatorio de los testigos; pero estas indicaciones, por otra parte demasiado sucintas, sólo se refieren a la inquisición preliminar y en este punto el legislador hubiera obrado sabiamente dando instrucciones más amplias al Magistrado instructor, y advirtiéndole los numerosos abusos que tan fácilmente se introducen en este primer procedimiento (1). Cuando llega la hora del debate público, la ley se contenta con dar al Presidente la dirección del interrogatorio, y deja a su prudencia la elección y forma de las preguntas. Desgraciadamente no ha hecho de igual condición al acusador y al acusado: el Ministerio público tiene el derecho de interpelar directamente al testigo, y el acusado o su defensor no pueden interrogarle sino por medio del Presidente, de suerte que de éste depende muchas veces el impedir o permitir una interpelación en extremo interesante para el acusado. La ley no establece una clase de personas absolutamente incapaces de presentarse como testigos; tan sólo enumera algunas como inadmisibles a declarar ante el Tribunal *(Cour).* Tampoco habla de testigos sospechosos sino en cuanto indica algunas dudas respecto de ciertos individuos, y ordena se les interpele sobre tales y cuales circunstancias, que según la ley alemana los harían parecer sospechosos; y, por último, llama la atención de los jurados acerca de algunos otros pormenores por los que mide el grado de confianza que merecen.

Este es igualmente el espíritu de los procedimientos escocés e inglés; pero este último, como es sabido, se deriva casi en su totalidad de la *comon law,* la cual contiene un gran número de reglas sobre la prueba testimonial: reglas que muy pocos ignoran, que los jurados conservan en su memoria, y practican tan religiosamente como si el legislador las hubiese escrito. En Escocia, el acusado o su defensor tienen el derecho de contradecir la admisibilidad de los testigos; los jurados, el de apreciar el valor de sus deposiciones, y en los comentaristas se lee que algunas veces es permitido explorar a los niños menores de catorce años, aunque la regla prohíbe que declaren en los casos ordinarios. El procedimiento se acerca muchísimo a las formas del de instrucción; hay en él un Ministerio público encargado de perseguir directamente el crimen; la ley tampoco se cuida mucho de los vínculos de parentesco

(1) En Francia es cosa reconocida que los interrogatorios de los testigos no son frecuentemente sino una serie de sugestiones.

entre el testigo y la parte ofendida, porque supone que ésta no tiene interés propio en perseguir la ofensa; y si los testigos son parientes cercanos del inculpado, se les pregunta si quieren declarar, y en caso afirmativo se les oye. Por lo que hace a la esposa, el poder del vínculo y de las afecciones conyugales prohíbe se la llame a dar testimonio, salvo, sin embargo, el caso de *necesidad absoluta* (1). Otra particularidad muy notable, pero que se explica por la influencia del derecho romano en la ley escocesa, es que un solo testigo no puede hacer plena prueba, si su declaración no está además confirmada por las circunstancias de la causa.

Los prácticos ingleses distinguen entre la inadmisibilidad absoluta del testigo y el mayor o menor crédito que se le debe. La cuestión de admisibilidad pertenece al punto de derecho; de donde se sigue que es preciso recurrir aquí al *comon law,* y a las reglas por ella establecidas sobre la admisibilidad del testimonio; síguese también que al fin del proceso hay lugar desde luego a examinar si el testigo presentado por el acusador puede ser oído, y, por último, que el Juez decide en caso de entablarse cuestión, o si tiene duda acerca de él, somete el punto litigioso a la decisión de los quince Magistrados (en otro tiempo eran doce solamente), los cuales fallan con arreglo a derecho. Esto explica la existencia de una multitud de decisiones sobre la materia en los tratados de derecho inglés. El número de testigos inadmisibles ha ido sin cesar aminorándose, y cada día prevalece más la doctrina, que quiere dar a la prueba toda la facilidad posible, y dejar a los jurados la libre apreciación del crédito que ha de concedérseles. Así vemos que ni aun a los niños los declara la ley inglesa como absolutamente inhábiles para dar testimonio, sino que los somete a una especie de examen preliminar, y asegurándose de que tienen suficientemente conocimiento de la gravedad del juramento, y sanas ideas acerca de Dios y de la inmortalidad del alma, se admite su testimonio y se les hace prestar juramento, desde que su inteligencia se manifiesta bastante desarrollada. Los individuos condenados por crímenes son declarados incapaces, pero esta incapacidad no es extensiva a los que han cometido simples delitos. El parentesco no es un motivo absoluto de exclusión; sólo la mujer, y esto se explica por la idea mucho tiempo predominante sobre su sujeción al poder marital, no es admitida a ser testigo contra su marido, salvo en ciertos casos enteramente excepcionales (2). Como el Jurado tiene el derecho ilimitado de determinar la credibilidad del testimonio, la ley inglesa no contiene regla alguna sobre este punto. En los tratados especiales sólo se encuentra un número muy corto de observaciones, de las que los jurados se han servido para decidir el valor de los testigos, que, por otra parte, sería menester clasificar entre los sospechosos, y

---

(1) Por ejemplo: en materia de bigamia.
(2) Por ejemplo: cuando ha sido perjudicada por culpa de su marido.

a este propósito los autores presentan algunas reglas fundadas en el uso, a las cuales cuidan de conformarse, por ejemplo, en caso de ser el testigo coautor o cómplice. Finalmente, esta apreciación que tienen que hacer se facilita especialmente por las *interpelaciones en lo principal* que dirige a cada uno de los testigos la parte que los presenta, y por las *interpelaciones contradictorias* (repreguntas) hechas por la otra parte contra la cual declaran. Este segundo interrogatorio tiende, por lo regular, a hacer que se contradigan, y, por tanto, a debilitar el valor de sus declaraciones.

## CAPITULO III

# DE LA OBLIGACION DE DECLARAR COMO TESTIGO

Todo ciudadano está obligado a concurrir a la obra del Estado; y siendo indispensable para el mantenimiento de la seguridad y del orden público la persecución y represión de los crímenes, se sigue que la comparecencia a testificar por requerimiento del Estado en materia criminal, constituye un deber civil. Negar a aquél los medios de procurar la deposición de los testigos que pueden solamente aducir muchas veces la prueba requerida, sería asegurar la impunidad a todos los crímenes. He aquí el derecho de compeler a la testificación a cualquier individuo (1) que rehúse absolutamente comparecer o explicarse acerca de ciertos pormenores, o prestar juramento. Nadie puede eximirse del cumplimiento de este deber civil, ya bajo pretexto de que su deposición pudiera pararle perjuicio, ya alegando haber hecho promesa de callar en todo o en parte la verdad, ya, en fin, por razón de opiniones morales y religiosas que prohibieran el juramento. Todo convenio contrario a los deberes sociales es nulo, y las opiniones individuales no pueden dispensar jamás a los ciudadanos de sus obligaciones para con el país. Pero la sociedad, a su vez, cuando impone deberes semejantes, obrará sabiamente no erigiendo nunca mandatos de la ley positiva en oposición con la ley natural o con cualquier otro deber social: toda colisión de esta especie arrastra necesariamente fatales consecuencias. Cuando la ley natural está en abierta oposición con la ley positiva, puede estarse seguro de su inobservancia. Llamad a declarar contra el acusado a sus parientes cercanos, y al punto veréis palmariamente demostrado este hecho. El legislador no haría bien en obligarles a hablar, porque colocados entre su deber y las afecciones naturales más poderosas, veríaseles muchas veces obedecer a éstas y sacrificar la verdad a los intereses del acusado; pero aunque así no sea, y suponiendo que el testigo sea honrado hasta el estoicismo, sería condenarle a un verdadero suplicio, abriéndole, por decirlo así, la boca por fuerza; y por otra parte sus conciudadanos tal

(1) Ley 21, pár. 2.°, tít. 5.°, lib. 22 del Digesto; Ley 16, tít. 20, lib. 4.° del Código; Nov. 90; cap. 5.°, tít. 21, lib. 2.° de las Decretales.

vez le vituperarían por la infracción cometida de los deberes de la naturaleza. Y si, por el contrario, su deposición fuese en descargo, sería en verdad poco decisiva en el proceso, porque se creería muy fácilmente que sus palabras habían sido dictadas por la afección de familia.

Sentados estos principios, veamos los sistemas más comúnmente seguidos por el legislador. Unas veces (1) pronuncia una exclusión absoluta, esté o no dispuesto a hablar el próximo pariente, y se adhiere ante todo a una idea de orden público, de la que no puede jamás separarse; otras veces (2) atiende más bien a la penosa situación del testigo llamado a declarar; y no queriendo usar la coacción, le deja que opte por el silencio: si éste consiente en declarar, a nadie puede culpar de su deposición libremente prestada, y por lo mismo que ha sido libre, obliga, como cualquiera otra, a la formalidad del juramento y a la manifestación plena y entera de la verdad. Sin embargo, sólo el parentesco más próximo debe eximir al testigo de responder (3); debe haber entre él y el acusado relaciones tan estrechas, que esta obligación llegue verdaderamente a herir las afecciones derivadas del vínculo de la naturaleza. Deben colocarse en esta categoría los ascendientes, los descendientes, los hermanos y hermanas y sus hijos (4), los afines en primer grado. Los mismos motivos pueden hacer que se comprenda en ella a los esposos. Una vez sentada la regla, será siempre invariable, y se cometería una grave falta permitiendo su derogación en el caso supuesto de imposibilidad de alcanzar la verdad por otro camino (5). De este modo se abre la puerta a la arbitrariedad, y además en este caso excepcional, como en los otros, vuelven a presentarse en toda su fuerza las razones que se oponen a que se oiga a los próximos parientes.

Las consecuencias que nacen del conflicto de dos deberes contrarios se manifiestan también en los individuos para quienes es una obligación sagrada callar los hechos sobre que son llamados a declarar. No obstante, es preciso que esta obligación esté confesada y reconocida por la ley positiva; en un compromiso voluntario de semejante naturaleza, por ejemplo, en aquel por el cual se contrajera con un malhechor la obligación de guardar secreto acerca de su crimen, nada hay que le dispense en presencia del Juez; del mismo modo que si la ley exime del testimonio en materia civil, no debe extenderse la excepción más allá de sus términos, así también de que el legislador haya impuesto a ciertas personas el deber de no participar a terceros los secretos que les son confiados por razón de su profesión no se sigue una dispensa absoluta; no resulta de aquí por ejemplo, que los médicos tengan, *de plano,* el derecho de ne-

(1) Tal es el sistema de la Ley francesa (*Cód. de inst. crim.*, art. 322).
(2) Leyes 4.ª y 5.ª, tít. 6.°, lib. 22 del Digesto.
(3) Ley 4.ª, tít. 6.°, lib. 22 del Digesto.
(4) Ley 4.ª de los citados título y libro.
(5) Véase el cap. 11, pár. último, tít. 21, lib. 2.° de las Decretales.

garse a hablar, cuando son citados a testificar en el proceso criminal; sería necesaria una ley expresa para conferírsele; y hay en el proceso un interés de orden público y de verdad superior a todas las consideraciones particulares. Pero serán con razón dispensados de declarar: 1.º, los abogados y defensores, cuando se trate de que divulguen lo que sus clientes le han confiado para que sirva a la defensa (1); 2.º, los funcionarios públicos (2), cuando se trata de secretos de cargo, y su comparencia no ha sido autorizada por la Administración superior; 3.º, en fin, los eclesiásticos, cuando se trata de hechos que les han sido declarados bajo el sigilo de la confesión.

Con respecto a los católicos, el silencio es hasta un deber impuesto por la ley espiritual (3): los secretos del confesonario son sagrados, y si la ley civil quisiera estrechar al confesor a que hablase, tendería nada menos que a su completa violación; haría cometer al sacerdote un delito eclesiástico que envuelve una severa pena; echaría, en fin, por tierra la institución de la confesión (4), porque lo que determina, en efecto, a que se franqueen la mayor parte de las conciencias culpables, es el saber que una ley, que nadie puede obligarle a infringir, impone al sacerdote un religioso silencio. Con respecto a una persona de esta categoría, no tiene, pues, excepción el principio, y pretender crear alguna, es edificar sobre un terreno movedizo, es abandonar al Juez una solución que podría degenerar en arbitraria, y atentar a los fundamentos de la confesión. Supongamos que el legislador obliga al sacerdote a declarar en las causas en que se interesa la salvación del Estado: tendrá que decidir la cuestión prejudicial de saber en qué caso debe considerarse comprometida la salvación del Estado. Si se sostiene que el sacerdote podría ser llamado cuando pudiera suceder que un inocente cayera bajo el peso de una grave inculpación, el instructor se creerá desde luego autorizado, siempre que prenda a un individuo, para obligar a hablar al eclesiástico con quien crea que se ha confesado aquél poco antes: en todo esto no verá más que un medio más sencillo y pronto de saber si el inculpado es o no autor del hecho. En lo que toca a los protestantes, no sujetos como los católicos a una confesión auricular, y reglamentados por las leyes eclesiásticas, no hay un texto positivo que les prescriba el silencio; por eso se ha puesto alguna vez en duda que puedan ser dispensados de presentarse como testigos; pero debe considerarse que cuando el pecador va a buscar al ministro protestante para pedirle, descubriéndole su con-

(1) Véase la Ley bávara de 24 de enero de 1819, en el Anuario de Gaenner, 1.º, página 97.

(2) Código prusiano, párrafo 313; Código bávaro, artículo 204.

(3) Canon 2.º, dist. 6.ª de la causa 33, cuestión 3.ª, caps. 2.º y 13, tít. 31, lib. 5.º, capítulo 2.º, tít. 31, lib. 1.º; cap. 12, tít. 28, lib. 5.º de las Decretales.

(4) Las Leyes modernas conceden también la dispensa al confesor. Véase Código prusiano, párrafo 313; Código bávaro, artículo 204. En cuanto a lo que se practica en Francia e Inglaterra, véase el *Proc. crim. comp.*, capítulo 67.

ciencia, consuelos puramente espirituales, tiene por principal móvil la seguridad de una discreción inviolable y profesional, y es necesario convenir en que hay también por parte del pastor una obligación natural muy poderosa. El poder quiere, sin duda, que los fieles puedan con toda seguridad ir a buscar cerca de él el consuelo moral que les ofrece la religión. Pues bien: obligarles a testificar hechos que sólo se le han revelado bajo la fe de una confesión religiosa, sería destruir inmediatamente toda la confianza que necesita su carácter.

## CAPITULO IV

## FE DEBIDA A LOS TESTIGOS. DE SUS DIVERSOS GRADOS, Y MAS ESPECIALMENTE DE LOS TESTIGOS LLAMADOS INCAPACES

La fuerza probatoria del testimonio tiene por origen la presunción de que el que le presta ha podido observar exactamente y querido declarar la verdad; para el Juez todo consiste en que la presunción de que se trata aparezca fuerte o débil en la causa. Para resolver esta cuestión tan delicada, necesita examinar cuidadosamente y por completo la individualidad del testigo, comparar sus cualidades particulares en el orden físico y moral con su continente y sus palabras ante la justicia, y decidir, en último caso, si merece crédito, y hasta qué punto. La ley puede muy bien determinar igualmente el valor que ciertas cualidades personales puedan dar a su testimonio, y entonces dicta para el Juez una especie de teoría legal de la prueba; otras veces, y fundado en la experiencia cotidiana de la vida privada, el legislador ha debido ver en cualidades de otro orden graves motivos de peligro; no quiere que de los dichos de tal y cual testigo pueda seguirse una condena, y temiendo comprometer la inocencia, declara insuficientes para hacer plena prueba todos aquellos en quienes no se han manifestado estas particularidades. Su deposición no puede en tal caso servir jamás de base a una sentencia afirmativa; si el Juez tiene derecho a oírlos, es sólo a título de *indicios,* y son útiles porque abren el camino a otra prueba más perfecta, o ayudan también a precisar los caracteres del cuerpo del delito. No debe confundirse con ellos a los testigos llamados *sospechosos,* es decir, aquellos de quienes ha lugar a temer que no puedan o no quieran decir la verdad: su deposición, aunque completamente insuficiente y tachable en tesis general, puede, no obstante, a veces y en razón de las circunstancias que concurran a darle mayor fuerza inclinar la decisión del Juez. La sospecha, en general, resulta de una posibilidad *in abstracto,* la cual no impide en cada especie *(in concreto)* la intervención de otras consideraciones no menos graves: es preciso compararlas, pesar las unas y las otras, y sólo después de un maduro examen decide el Juez si el testigo tiene en la causa o no las necesarias garantías de veracidad.

Importa no dar demasiada extensión a la lista de los incapaces, porque de este modo el legislador, ya lo hemos dicho, comete un error sumamente prejudicial, y se priva de muchos medios para manifestar la verdad: la mayor parte de los individuos colocados en esta categoría son simplemente sospechosos, que hacen temer la posibilidad de un error o una mentira, pero que las circunstancias pudieran muy bien hacerlos verídicos, llegada la ocasión. Recordaremos también que debe huirse de aplicar al derecho moderno (derecho común de Alemania u otro) algunas disposiciones de la ley romana, que rechazaban el testimonio de ciertos individuos que no pueden hoy ser tenidos por incapaces, en el sentido en que tomamos esta palabra. En primer lugar, sería peligroso adaptar al procedimiento instructivo las reglas del proceso puramente de acusación (véase Parte 5.ª, Cap. II). La ley romana, además, no ha establecido distinción entre los incapaces y sospechosos; así es que se la ve rechazar absolutamente tal testigo, que nosotros colocaríamos únicamente en esta última clase. Por último, no debe olvidarse que en Roma el procedimiento no estaba reglamentado por un Código general, y que gran número de los textos de que acabamos de hacer mención no se referían más que a la ley *(lex)* especial, que atribuía a una Comisión *(quaestio)* el derecho de fallar acerca de un crimen único; hubiera sido, por tanto, poco acertado ver en ellos reglas generales aplicadas a todos los procedimientos.

No pueden con fundamento, a nuestro entender, señalarse más que tres causas principales de incapacidad. Existe ésta:

1.º Cuando el Juez tiene certeza de que el testigo no ha podido observar los hechos por la absoluta carencia de las facultades necesarias para esta observación.

2.º Cuando tiene completa verosimilitud de que el testigo, en razón de su situación en el asunto, si hace, por decirlo así, el papel de acusador, no hablará en interés de la verdad.

3.º Por último, la incapacidad resulta de una disposición expresa de la ley penal.

A la primera categoría se refiere:

*a)* La incapacidad de los niños. Dése el valor que se quiera a su inocencia, a su palabra sincera, que, sin calcular las consecuencias, no expresa más que aquello que ha caído bajo la impresión de sus sentidos, el legislador no dejará de temer la ligereza de su entendimiento, la pobreza total de sus medios de observación, su costumbre de no ver las cosas sino superficialmente y contentarse con la primera impresión, y, en fin, le hará retroceder una consideración de las más fuertes, a saber: la frecuente experiencia de que su joven imaginación viene a mezclar imágenes erróneas con las observaciones reales (1). Esta ineptitud de los niños para suministrar la prueba testimonial es, por lo menos, un principio

(1) Ley 3.ª, pár. 5.º; Ley 19, pár. 1.º, tít. 5.º, lib. 22 del Digesto.

de derecho común y de las legislaciones particulares de Alemania (1); y en cuanto a las que consienten el Jurado, debe decirse que prevén más bien la variedad infinita de los asuntos criminales, porque sucede con frecuencia que no puede hacerse la prueba del delito sino con el auxilio de los niños, por ejemplo, cuando han sido objeto directo de él (2), y precisamente quieren asegurar la persecución de estos delitos. Así es que en Inglaterra (véase Parte 5.ª, Cap. II) pueden ser oídos los niños en clase de testigos, quedando al arbitrio del Juez el apreciar el valor del testimonio, lo mismo sucede en Francia, pero hasta después de los quince años no pueden ser oídos más que en *manera de informe y sin prestar juramento* (3).

Por lo demás, en Alemania, donde por derecho común el niño es incapaz, sólo dura la restricción lo que dura la minoría. Pero la ley no llega a decir que los púberes menores depongan bajo juramento; muchas veces no han adquirido aún la madurez e inteligencia necesaria para apreciar la gravedad de semejante acto o las consecuencias de una deposición falsa; y debe servir de regla que todo testigo que no haya llegado a la mayor edad para el juramento pertenece a la clase de sospechosos y no puede deponer sino en forma de declaración. Mas, ¿qué época se fijará para esta mayoría? Sobre este punto reina en las leyes la mayor discordancia. Según el derecho común, la edad de catorce años; ciertas legislaciones particulares fijan la de dieciséis o dieciocho (4). En último resultado, sería lo más acertado considerarlo como una *cuestión de hecho,* cuya solución varía según los individuos a quienes se aplica. Hay púberes de catorce años en quienes el entendimiento y el sentido religioso se manifiestan suficientemente desarrollados, y de quienes puede esperarse con toda confianza una deposición enteramente verídica. No debe, pues, el legislador fijar como regla absoluta la edad desde que debe empezar a considerarse la aptitud para testificar, edad que no es siempre la misma en todos los individuos. Sin embargo, como el Juez, que sólo ve instantáneamente al testigo, no puede enterarse si tiene la madurez bastante de entendimiento, tal vez sería útil hacerle sufrir antes del interrogatorio una especie de examen preliminar, o que el Tri-

---

(1) Código bávaro, artículo 278.

(2) Ejemplo: un profesor ha atentado al pudor de sus educandos.

(3) Cód. de inst. crim. franc., artículo 79. Se ve, pues, que hablando con propiedad, no existe en Francia la distinción de los testigos, en *incapaces* y *sospechosos.* Sin embargo, pueden ser intachables o tachables; solamente que entre éstos, los unos (los niños menores de quince años, los individuos que han sido condenados a penas aflictivas e infamantes, y aun a veces a penas correccionales, artículos 28 y 34, 4.° del Código penal, y algunos otros) sólo pueden prestar una declaración que sirva como de indicio; los demás pueden prestar juramento, quedando al arbitrio del Juez apreciar lo que valen sus dichos. No hay tal vez absolutamente *incapaz* sino la parte civil, y esto se concibe, porque es *la que acusa.*

(4) Según el Código austríaco, artículo 384, y el Código prusiano, párrafo 357, a los catorce años.

bunal oyese al Ministro del culto, a quien está encomendada su dirección espiritual; a sus padres, a su tutor, y les preguntará si habría inconveniente en deferir a su juramento (1). En el derecho común parecería a primera vista que el menor de veinte años no puede ser un testigo completo; la ley romana lo decía explícitamente (D. 26, D., *De testib.)*. y el artículo 66 de la Carolina (2), parece adoptado el mismo sistema; pero, ya lo hemos dicho, sería peligroso sacar consecuencias de textos de leyes aisladas y especiales que se hallan en el Digesto. El derecho canónico ha señalado mayor edad para el juramento; pero de hecho no puede negarse que no es necesario tener veinte años para dar todas las garantías de un testimonio fundado en una sana observación de las cosas, y completamente verídico en los términos. Por otra parte, adviértase que la Carolina no ha señalado la misma edad fijada por la Bambergense, y, por tanto, hay motivo para sostener que no ha querido coartar al Juez como lo había hecho ésta. De otro modo, sería también forzoso decir que las mujeres no pueden comparecer como testigos. Por último, la misma ley decreta, *in fine,* que puedan ser llamados los jóvenes en ciertos casos.

Si el testigo, en el acto de su comparecencia, es mayor para el juramento, pero, al mismo tiempo, los hechos de que depone son anteriores a su mayoría, las nuevas leyes están de acuerdo en considerar plenamente válido su testimonio, en lo que toca a la fuerza del juramento y probabilidad adquirida de que ha conocido la importancia de sus palabras y querido decir la verdad; pero queda por resolver un punto muy delicado, y el Juez puede temer que, siendo aún menor cuando pasaron los hechos no los haya observado con la atención necesaria, o que, en el intervalo, las ilusiones de su imaginación hayan podido alterar los recuerdos de la realidad.

*b)* Son incapaces también los insensatos, los idiotas, los locos furiosos, cuando en el momento de ocurrir los hechos, o en el de su comparecencia, se hallan bajo la impresión de su enfermedad mental. Si hay intervalos lúcidos, ya sea en la época de los acontecimientos sobre que gira el debate, ya en el instante mismo de la comparecencia del testigo, el Juez deberá mostrarse sumamente circunspecto; puede dejarse extraviar por lo que no es más que una lucidez aparente, y aun cuando la enfermedad no se manifieste por violentos accesos, puede obrar en el interior e imprimir a los órganos del entenedimiento una dirección erró-

---

(1) La nueva Ordenanza de Baden para el procedimiento civil, párrafo 621, exige este examen preliminar para todo testigo de catorce a dieciséis años.

(2) Se decide así interpretándolo por el artículo 76 de la Bambergense, fuente primitiva, como se sabe, de la Carolina. Esta dice solamente: *Pueden ser testigos los notados de infamia, o aquellos contra quienes no puede articularse una tacha legal.* El artículo 76 de la Bambergense había añadido: *No pueden ser testigos los notados de infamia, los menores de veinte años ni las mujeres; sin embargo, en ciertos casos podrían ser oídos los jóvenes y las mujeres.*

nea. ¿Cómo creer entonces en la observación exacta de los hechos y en una deposición que les sea conforme? (1).

*c)* Aquel a quien falta el sentido absolutamente necesario para la observación de los hechos, debe ser declarado incapaz.

*d)* Asimismo, el que no puede expresar claramente sus ideas por la palabra o la escritura, si hace señas, hay que interpretarlas, y esta interpretación puede con facilidad ser engañosa (2).

*e)* El que habla en causa propia (3); pero más adelante veremos que en manera alguna debe colocarse en esta categoría a la persona víctima del delito. Además, no debe trasladarse enteramente al derecho criminal el principio vigente en el derecho civil, de que ninguno puede ser testigo en su causa: en materia criminal, la pena decretada como medida de interés público no ofrece ventaja alguna directa a una parte privada; sólo indirectamente puede resultarla algún beneficio, cuando reclame daños y perjuicios, apoyando su demanda en una condena penal anteriormente pronunciada. Por tanto, debe decirse que el testimonio de la víctima del delito debe medirse por su valor intrínseco o por las reglas aplicables a los testigos simplemente sospechosos.

*f)* La doctrina coloca ordinariamente entre los incapaces a los testigos que han sido sobornados (4); pero tomada en un sentido absoluto, esta clasificación es inexacta. De que un individuo haya recibido dinero o se le hayan hecho promesas (5) para declarar o no declarar, ¿ha de seguirse necesariamente que haya sido sobornado? Si así fuera, el testigo que para comparecer en juicio hubiera tenido que hacer un largo viaje o sufrir graves incomodidades, y recibido de la parte agraviada o de la familia del acusado una indemnización en metálico, debería serlo también el que no se hubiese atrevido a rechazar los ofrecimientos que se le habían hecho, pero diciendo explícitamente que no serían bastantes a hacerle mentir en conciencia. En definitiva, el soborno no quita su credibilidad al testigo, mientras que las circunstancias no vengan a establecer que las promesas hechas le han determinado al falso testimonio, y para esto es necesario que se agregue a la promesa la condición de una declaración en tal o cual sentido, de una declaración falsa, etc.; se

---

(1) La experiencia demuestra que las imágenes ilusorias se amalgaman siempre más o menos en estos pretendidos instantes lúcidos con los hechos realmente observados.

(2) De donde se sigue que la deposición de un sordomuro que no sabe escribir dará siempre ocasión a dificultades y dudas.

(3) Ley 10, tít. 5.°, lib. 22 del Digesto; Ley 10, tít. 20, lib. 4.°; Ley 11, tít. 65, libro 7.° del Código.

(4) Ley 2.ª, pár. 5.°, tít. 5.°, lib. 22 del Digesto; C. C. C., artículo 64. El Código prusiano, artículo 356, número 5, declara incapaz a todo testigo que haya recibido dinero o beneficios para declarar.

(5) El Código bávaro, artículo 278, número 7, dispone así y en los términos mismos de nuestro texto.

necesita también un compromiso contraído por el testigo de hablar como se le ha ordenado.

*g)* Son también incapaces:

El muerto civilmente (1), el cual está privado de todos los derechos civiles y considerado por ciertas legislaciones como muerto físicamente.

*h)* Los que han sido condenados a una pena infamante, exclusión casi universalmente admitida: a veces la incapacidad se extiende a ciertos inculpados, todavía no absuelto del procedimiento (2). Mas si en tesis general puede decirse con verdad que en esta clase de testigos los crímenes de que se han hecho culpables manifiestan una profunda inmoralidad y les hacen por lo mismo indignos de crédito, y que una condena basada en la sola deposición de un criminal ofendería vivamente a la opinión pública, es también ir demasiado lejos agregar a toda pena infamante la incapacidad absoluta de presentarse como testigo; téngase presente que la cuestión principal está reducida a esto: ¿se puede, en el caso de que hablamos, esperar del testigo la firme voluntad de ser verídico? Y de que haya cometido un crimen en otro tiempo, y por severa que fuese la pena sufrida, ¿se sigue necesariamente que no tenga hoy esta voluntad esencial? Ciertos delitos no constituyen más que infracciones de leyes civiles y justamente arbitrarias (3), en las que un intervalo casi indivisible separa el acto lícito del prohibido (4), y la condena pronunciada por el Juez, muchas veces con sentimiento, no puede en manera alguna hacer inferir que el testigo está poco dispuesto a hablar conforme a la verdad (5). Hay otros crímenes cuya única causa ha sido un arrebato repentino de cólera, pero en los que no ha tenido parte la depravación del sentimiento moral; el Juez, aun cuando los castiga, no tiene fundado motivo para creer en esta depravación; seguramente el condenado querrá, por medio de constantes esfuerzos hacia una mejor vida (6), reconquistar la estimación que sus conciudadanos no puedan rehusar a una vida sin tacha; seguramente también hablará según su conciencia el día en que vea fijas en él todas las miradas y reflexione además que sería fácilmente descubierto el perjurio.

Bajo otro aspecto, agregar la incapacidad absoluta a la pena criminal es una medida más perjudicial aún a todos los ciudadanos que al condenado: es privar muchas veces a la parte interesada de un testigo im-

(1) Código bávaro, artículo 278, número 5; Código de Instrucción criminal francés, artículos 28, 34 y 42.

(2) Véase, por ejemplo, el Código bávaro, artículo 278, número 6.

(3) Por ejemplo: las contravenciones en materia de aduanas, el hecho de no haber denunciado tal o cual crimen.

(4) Entiéndase que hablamos aquí de un gran número de delitos políticos.

(5) Por ejemplo: las heridas que producen la muerte sin intención de darla, las heridas ocasionadas en una riña, en una quimera.

(6) Un hombre ha sido condenado cuando no tenía quince años, y por un crimen al que había sido inducido por un instigador, pero desde entonces ha sido ejemplar su conducta.

portante con quien debía contarse. Digamos, pues, que el legislador se equivoca al establecer por regla general la incapacidad tan rigurosa que resulta de la condena a una pena infamante; sólo las circunstancias de la causa deberán decidir de ella, y sólo al Juez debe también corresponder resolver la cuestión de si un testigo, colocado en tal situación, debe ser rechazado como incapaz, oído con toda reserva como sospechoso, o plenamente admitido como en un todo verídico. Se objetará con los delitos especiales, con la calumnia, el perjurio, etc., en los cuales ordinariamente se manifiesta la ausencia de toda lealtad, de todo principio moral y religioso; por lo menos en estos casos podrá justificarse a primera vista la regla propuesta (1); pero también, aun tratándose de tales delitos, es necesario ver en qué circunstancias se han cometido, y si ha transcurrido mucho tiempo desde entonces; si el culpable ha dado pruebas decisivas de su enmienda, si ha vuelto a ganar la confianza de sus conciudadanos, el Juez no podrá realmente, en tesis absoluta, declarar indigna de crédito su deposición.

Entre los romanos, a los que se acude a menudo para sacar argumentos en favor de la teoría que acabamos de combatir (2), la infamia *(infamia)* no envolvía incapacidad absoluta, y además no se hacía distinción, como en nuestros días, entre los incapaces y los testigos sospechosos. En cuanto al derecho canónico (3), nada podría deducirse de él; si en principio general rechazaba el testimonio de los individuos anteriormente condenados por perjurio o crimen análogo, también autorizaba al Juez a tomar en consideración las pruebas suministradas por el testigo después de su rehabilitación moral.

---

(1) Lo mismo sucede en la denuncia calumniosa, en la quiebra fraudulenta.

(2) Véase la Ley 3.ª, pár. 5.°, lib. 22 del Digesto; Ley 13 del mismo título y libro. Este, en particular, es muy notable: en algunas líneas que encierran un admirable buen sentido, Papiniano ha emitido toda esta teoría.

(3) Cap. 34, tít. 20, lib. 2.° de las Decretales.

## CAPITULO V

## DE LOS TESTIGOS SOSPECHOSOS

Llamamos *sospechoso* al testigo cuya deposición no parece digna de entera fe, o que no puede ser creído sino con ciertas condiciones, o a aquel de quien hay graves motivos para sospechar, ya que le han faltado las suficientes facultades para observar los hechos y retenerlos fielmente grabados en su memoria, o ya que no tiene la firme voluntad de decir la verdad, y nada más que la verdad. Entre los motivos de sospecha, unos son *generales,* y se extienden a todas las causas, por ejemplo, una vida desarreglada; otros son *especiales,* y sólo se aplican al proceso de que se trata, por ejemplo, el parentesco con el acusado.

Las razones para dudar de la fe debida a los testigos son:

1.ª El vicio o la debilidad de los órganos necesarios para que hayan podido observar exactamente los hechos; por ejemplo, la miopía, en el caso en que el testigo hubiera estado distante del lugar de la escena.

2.ª La debilidad de las facultades intelectuales: es precisa una completa integridád del entendimiento para poder observar fielmente ciertos hechos, y un testigo casi idiota, o inferior simplemente en inteligencia a la generalidad, no podría merecer pleno crédito.

3.ª El estado normal en que se hallase el testigo en el momento del hecho, cuando la fuerza de observación debía estar en él vivamente perturbada (1), o también cuando este estado inspire temores de que su memoria no pueda recordarle exactamente los hechos (2).

Pero la causa más grave de sospecha resulta del interés que pueda tener el testigo en el desenlace del proceso, interés que puede muy bien extraviarle del camino de la verdad. Así, pues, serán sospechosos: A. Aquellos que pudieran reportar alguna ventaja personal de que la sentencia fuese dada en este o aquel sentido (3). B. Los que hubiesen aceptado una recompensa o promesa para dar una declaración acordada

(1) Por ejemplo: el testigo había bebido con exceso.

(2) Ejemplo: la vejez avanzada del testigo, Código bávaro, artículo 280, número 1.°

(3) El testigo sería responsable de daños y perjuicios si fuese condenado el acusado.

de antemano. C. Por último, lo más delicado e importante es determinar la credibilidad de la parte agraviada (1). En el derecho común de Alemania no se halla más que una disposición relativa a este asunto; la declaración del individuo ofendido podía dar lugar a que se emplease el tormento. Es indudable que desde el momento en que el delito le causa un perjuicio, el querellante no ha debido conservar toda su serenidad, y que desde luego ha podido escapársele más de una circunstancia accesoria; no dejará de convenirse en que la pasión o el interés que pueda tenerse en hacer declarar culpable al acusado son con frecuencia bastante fuertes para inducirle a mentir. Hay también hombres que se suponen víctimas de un delito con el único objeto de adquirir una ventaja o de encubrir su propio crimen (2); en fin, puede por error, o de buena fe, creerse agraviado por un delito imaginario (3). Resulta de todo esto que la declaración de la parte ofendida puede ser tachada de sospechosa; pero, ¿deberá por esto concluirse que en ningún caso merezca crédito? No, seguramente. Si se trata de un delito contra la persona misma del querellante (4), puede temerse, como hemos dicho antes, que en lo relativo a las diversas circunstancias del hecho, el deponente no merezca plena y entera fe, ya porque hay ciertos pormenores que han podido y debido escapársele fácilmente (5), ya también porque en virtud de ciertas particularidades (6) sólo crea haber reconocido al culpable (7). Tratándose de un delito contra la propiedad, las dificultades se desvanecen o disminuyen en lo que toca a la designación, no del agente, sino del cuerpo del delito, y especialmente cuando la conocida lealtad de la persona agraviada, o las circunstancias especiales del hecho (8), no permitan imaginar que existe un crimen falsamente alegado con la esperanza de obtener un lucro. Diremos más: por lo que hace al *agente*, el de-

(1) El Código civil bávaro, artículo 282, atribuye plena fuerza a este testimonio, pero solamente sobre el hecho del delito de que ha sido víctima el declarante, y de ningún modo en lo que toca a la persona del agente.

(2) Ejemplo: un depositario abusa del objeto que le estaba confiado, y después viene quejándose de haber sido robado.

(3) Sucede con frecuencia que se olvida un objeto en un sitio adonde se le había llevado, y que después se cree firmemente haberle perdido, por efecto de una sustración fraudulenta.

(4) Ejemplo: de heridas voluntarias.

(5) Ejemplo: ¿cuál era la posición del agente? ¿Qué ademanes, qué demostraciones hizo?

(6) Será siempre importante averiguar si el individuo designado por el testigo como autor del crimen le es conocido personalmente, si era difícil por consecuencia que pudiera engañarse, o si sólo designa a una persona menos conocida de él y a la que ha creído distinguir.

(7) Es preciso también ver en qué momento se ha cometido el crimen: si de día, era más difícil el error. Si se ha necesitado algún tiempo para consumarle, ha sido más fácil al testigo considerar quién era el agente.

(8) Ejemplo: otros testigos han visto a la parte agraviada colocar el objeto en tal paraje; y añaden que poco después había desaparecido este objeto, y que, sin embargo, durante el intervalo el propietario no había vuelto a aquel sitio.

clarante puede ser creído cuando no puede reportar ventaja alguna de que se condene precisamente al acusado (1).

4.ª El *denunciador* es un testigo sospechoso. Demasiado sabido es que empleará todos sus esfuerzos en sostener su denuncia y demostrar su sinceridad, y que, por otra parte, se ve obligado a ello por las penas decretadas contra la calumnia. Además de esto, el hecho de denunciar a un ciudadano es un acto inusitado y que excita al punto la susceptibilidad del Juez; no siempre es un motivo noble, una razón de interés público lo que da lugar a él (2), y se siente dispuesto a ver en su conducta el resultado del odio o de un sórdido interés privado. Pero todo esto sólo prueba que debe examinarse cuidadosamente la deposición del denunciador; cuando es un Magistrado, que en razón de sus funciones viene a declarar en juicio un crimen, su conducta parece muy natural, y lejos de haber de atribuirla a un motivo poco noble, no se ve en ella sino el cumplimiento de un deber. Mas cuando, por el contrario, se presenta un denunciador que obtiene una recompensa pecuniaria, se alzan en seguida fuertes dudas contra su veracidad y se teme no hallar en su testimonio más que los efectos fatales del atractivo del lucro (3). Vencidas estas dificultades, conviene examinar si la deposición sólo recae sobre el hecho del delito, sin designación del agente, o si está éste nominalmente indicado. En el primer caso puede tenerse fe en el testigo; en el segundo, es preciso todavía reflexionar qué relaciones han podido existir entre él y el individuo inculpado, si eran enemigos, o si, al contrario, los vínculos que los unen son de tal naturaleza que repugnan la denuncia (4).

5.ª La declaración del cómplice ofrece también graves dificultades. El que, según su propia confesión, ha manchado su vida con un crimen, no tiene igual derecho a ser creído en su testimonio que el hombre que se ha conservado siempre puro (5). Además de esto, es natural que el cómplice se incline a hacer recaer sobre su coautor una parte de su propia falta; tiene, pues, un interés directo en declarar de una manera contraria a la verdad. Se han visto algunas veces criminales que, cuando

---

(1) Ejemplo: la suma robada ha sido restituida por una mano desconocida.

(2) Como la opinión pública se pronuncia contra los denunciadores, es preciso hacerse violencia y ceder a motivos extraordinariamente fuertes para decidirse a desempeñar este papel.

(3) El artículo 322 del Código de instrucción criminal francés coloca *al denunciador, cuya denuncia es recompensada pecuniariamente por la Ley,* entre las personas cuyas disposiciones no pueden ser recibidas, sin que su audiencia pueda, no obstante, constituir una nulidad cuando las partes no se han opuesto a ella.

(4) La denuncia es siempre motivo de admiración en ciertas personas; por ejemplo, en una mujer contra su marido. Preciso es en tal caso que el odio u otras pasiones violentas hayan hecho desaparecer los motivos que tenía el testigo para callar el crimen.

(5) Artículo 31, C. C. C., comparado con las Leyes 16 y 2.°, tít. 18, lib. 48 del Digesto, y Ley 11, tít. 2.°, lib. 9.° del Código, y cap. 10, tít. 1.°, lib. 5.° de las Decretales.

han conocido no poder librarse de la pena, se han esforzado en su desesperación en arrastrar a otros ciudadanos al abismo donde ellos mismos caían; otros designar como cómplices a inocentes, con el solo fin de apartar las sospechas de aquellos que realmente han tomado parte en el delito, y hacer la instrucción más embrollada y difícil (1), o también con la esperanza de alcanzar, complicando a personas de alta posición, un tratamiento menos riguroso (2). Pero el legislador renunciaría gratuitamente al medio único, en más de un caso, de llegar a convencer al verdadero culpable, obstinado en negar los hechos, si rehusara absolutamente todo valor a la deposición del cómplice, y con razón admite el derecho común de Alemania esta clase de prueba (3), cuando las circunstancias de la causa neutralizan los motivos de sospecha que de ordinario se levantan contra ella. Tal es el caso en que el culpable ha confesado desde luego plenamente su crimen, cuando su deposición contra su cómplice no encierra reticencia alguna que haga sospechar que espera para sí alguna ventaja directa (4). Tal sería también el caso en que el nombre del cómplice ha sido llanamente designado, sin que haya habido sugestión de parte del Magistrado instructor: a no ser así, podría temerse que el acusado hiciera una designación falsa, aprovechándose de la ocasión que se le ofrecía para dar otra dirección a las sospechas. Una condición esencial para la validez del testimonio es la certeza de que no existe enemistad entre él y el individuo a quien nombra. Es necesario, finalmente, que careado con este último, repita en su presencia las inculpaciones que le imputa, o que persevere en sus palabras, después de tener conocimiento de la condena que se le impone, porque entonces ya no tiene interés en acusar a otro. Si se han llenado todas estas condiciones particulares, si además se han satisfecho todas las esenciales a la credibilidad del testimonio en general, la deposición del cómplice tendrá pleno valor.

¿Puede fundarse una condena en el testimonio de dos cómplices? En el derecho común de Alemania, la cuestión debe resolverse negativamente. Además de que parecería peligroso condenar a un hombre por la declaración de dos individuos infamados por el crimen, la regla formal del derecho común exige que, para tener pleno valor, todo testigo sea juramentado. Pues bien: el inculpado contra quien se sigue una in-

---

(1) Mientras que se sigue la información contra el inocente designado como cómplice, el cómplice verdadero puede procurarse los medios de facilitar la evasión al autor principal.

(2) Esto es lo que puede muy bien suceder en delitos de alta traición.

(3) Las Leyes nuevas le admiten igualmente, pero bajo ciertas reservas. Véase el Código de Austria, artículo 410; Ordenanza criminal de Prusia, párrafo 398; número 3; Código bávaro, artículo 284.

(4) Cuando el acusado confiesa el crimen y añade que ha sido inducido a él y alentado por la seducción, su declaración debe inmediatamente dar origen a dudas; los criminales se figuran con frecuencia que alcanzarán mejores éxitos haciendo creer que han cedido el imperio de la seducción.

formación por razón de un crimen no puede ser oído bajo juramento, y nada autoriza una excepción tan grave en favor de los cómplices. Sus declaraciones no pueden, según las mismas reglas, tener valor sino agregadas a otros medios de convicción; y entonces es llegado el caso de aplicar los principios que expondremos más adelante al tratar de la prueba *compuesta;* pero, lo repetimos, una legislación nueva (1) obrará cuerdamente no admitiendo más que las que puedan hacer plena fe en ciertas circunstancias, que el Juez apreciará prudentemente. El cómplice por sí mismo no es un testigo incapaz, sino sólo sospechoso; y la sospecha que se apoya en una presunción desfavorable puede desaparecer en un caso dado, y dar lugar a una firme creencia en la veracidad del declarante. Pongamos un ejemplo: un hombre ha tomado parte en un crimen, cuya consumación no hace suponer, por otra parte, una irremediable depravación; este hombre, cuya vida hasta allí había estado exenta de tacha, confiesa su falta y manifiesta su arrepentimiento; designa como cómplice suyo a un individuo contra quien ya resultaban fuertes cargos; persiste obstinadamente en su declaración, y no puede descubrirse indicio alguno de que exista enemistad entre ellos; esta declaración conviene en un todo con la de otro testigo completamente independiente; todas las circunstancias y cargos de la causa vienen además en su apoyo, y hay grandes presunciones de que los testigos han querido decir nada más que la verdad: ¿deberá el legislador, a pretexto de no estar juramentado uno de los dos, dificultar la convicción del Juez, especialmente, si, después de pronunciada su propia condena, repite el cómplice su declaración en los mismos términos, y da a la justicia una nueva garantía, que puede muy bien sustituir el juramento previo? (2). No obstante, el Juez debe imponerse la más prudente circunspección en esta materia.

Si se ha prometido al cómplice, para hacerle hablar, una disminución de la pena o el perdón, no hay que dar importancia alguna a sus declaraciones: sería peligroso creer a un testigo a quien sólo las promesas o su interés personal le obligan a hablar.

La sospecha, en materia de testimonio, resulta también de las relaciones existentes entre el testigo y el acusado:

1.º En primer lugar hablaremos del *parentesco.* La ley romana (3), cuando trata de establecer la incapacidad absoluta de presentarse como testigo, parece designar a los parientes del acusado; pero téngase aquí

(1) El Código austríaco, artículo 410, admite la fuerza plenamente probatoria cuando varios cómplices están unánimes en sus declaraciones.

(2) Bien entendido que si, en el curso de una información, un cómplice es designado por el autor principal, debe ser juzgado con relación a uno y otro por uno solo y mismo fallo; no podría usarse de la garantía de que se habla en el texto sino en el caso excepcional en que el autor principal, ya condenado, designara por primera vez a su cómplice, el cual sería entonces directamente perseguido.

(3) Leyes 9.ª y 6.ª, tít. 20, lib. 4.º del Código.

presente todo cuanto hemos dicho de los efectos del procedimientos de acusación; y sabido es también que en Roma no se hacía distinción entre testigos sospechosos e incapaces. En el derecho germánico, en que los parientes figuraban en los debates como *conjuradores* en favor del acusado, el parentesco no constituyó una incapacidad absoluta, sino que era simplemente sospechoso. Es en verdad muy posible que la voz de la naturaleza, que es en el testigo tan poderosa en favor del acusado, ahogue la voz del deber: hasta involuntariamente pueden las preocupaciones de su afección desviarle de la verdad (1); pero se ve que en todo esto nunca hay más que una presunción, que debe siempre cotejarse con las presunciones contrarias. No hay duda alguna de que se encuentran hombres para quienes el deber y la santidad del juramento sobrepujan a todas las consideraciones de afección, y que aun cuando la verdad debiese perjudicar a su pariente, aun cuando por ella debiese sufrir su corazón, se creerían, no obstante, obligados a confesar todo cuanto saben. En ciertos procedimientos, en el de Alemania especialmente, tiene el testigo citado la facultad de negarse a hablar contra sus más próximos parientes, bastándole expresar su negativa cuando sabe que su declaración podría perjudicar al acusado; y cuando quiere evitar la situación penosa en que le colocaría su comparecencia; de donde, en tal caso, debe concluirse que el que no usa de esta facultad que se le ha concedido y se declara dispuesto a hablar, considera el interés de la verdad y de la justicia como un deber más sagrado que el bienestar del acusado, su pariente. En resumen, el testimonio de los allegados no puede ser más que sospechoso (2), y lo mismo el del cónyuge, porque si los vínculos estrechos e íntimos que los ligan no permiten creer que un marido pueda deponer contra su esposa, si la comunidad de intereses pecuniarios existente entre ellos hace que ambos estén directamente interesados en el proceso, tampoco hay en todo esto más que un motivo de sospecha, y de ningún modo una incapacidad absoluta; y cuando, en vez de rehusar el declarar el cónyuge, consiente en hablar, es porque sin duda sacrifica a la ley del deber las más caras afecciones de su corazón. Hay casos, por otra parte, en que sería imposible la averiguación de la verdad, si no fuese oído el esposo (3). Se ha sostenido que la mujer, colocada en una condición de dependencia respecto de su marido, no se atrevería jamás a deponer contra él; y se ha inferido de aquí que era incapaz en tal caso para presentarse como testigo, pero las ideas modernas han hecho justicia a esta opinión, y las relaciones mutuas entre los cónyuges no exigen de la mujer la abdicación de su dignidad personal.

---

(1) Las ideas de honor y de familia ejercen también una inmensa influencia sobre gran número de testigos: hay muchos que creen deber mentir a fin de salvar al acusado y evitar al propio tiempo una mancha a la familia.

(2) Código bávaro, artículo 260, número 4; Ordenanza criminal de Prusia, párrafo 357.

(3) Ejemplo: cuando se trata del crimen de bigamia.

Volvamos al parentesco ordinario (1). Para que haya sospecha es preciso (en derecho común) que el parentesco no pase del cuarto grado (2). Cuanto más inmediato sea, mayor es la intimidad de familia entre el testigo y el acusado, por ejemplo, si son hermanos; cuanto más unido esté el primero al segundo por los vínculos de la obediencia y del respeto natural, por ejemplo, si es descendiente, menos debe esperarse que salga de sus labios la verdad.

2.° La *amistad* existente entre el testigo y el acusado puede igualmente hacer sospechosa su deposición (3). Es indudable que la amistad tiene su principio en la moral más pura; no servirá por sí misma para hacer desviar al testigo del sendero de la verdad; y permaneciendo conforme a su origen, jamás le impulsará a mentir, aunque la verdad deba perjudicar al individuo acusado; pero en estos hábitos de trato íntimo, en esta comunidad de vida, por decirlo así, fraternal; en esta asociación, cuya primera regla parece ser la de preservar de todo mal al que forma parte de ella, hay también un sentimiento inclinado a la exaltación, y ante el cual parece no pueden entrar en lucha el interés de los demás ciudadanos, y aun el de la sociedad misma; de aquí las razones que hay para dudar en el caso de que se trata.

3.° La *enemistad* es a su vez una causa de sospecha (4). Bajo el imperio de la pasión, las primeras impresiones del testigo pueden alterarse ante imágenes infieles, hijas de un espíritu violentamente excitado; en un testimonio desfavorable puede hallar el testigo una satisfacción de venganza; pero para esto es preciso un odio inveterado, cuya causa subsista todavía. Una desunión pasajera y por motivos poco graves, no sería bastante para merecer la atención del Juez. Además, sólo en almas sin dignidad ni nobleza puede la pasión del odio anteponer la venganza al deber y a la santidad del juramento; los demás se contentarán con evitar todo comercio con su enemigo, y no tratarán de perderle injustamente a costa de la tranquilidad de su propia conciencia. En este caso, pues, el carácter del testigo servirá al Juez de regla de apreciación.

4.° Las relaciones de *dependencia,* de *domesticidad,* constituyen en esta división una cuarta categoría de sospechosos (5). Mas sostener que todo doméstico, que todo hombre libre, ligado por un contrato a la prestación de un servicio cualquiera, deba siempre inspirar dudas, sería ir demasiado lejos. La adhesión de sus sirvientes a los amos no es tal,

---

(1) El Derecho canónico, cap. 5.° y último, tít. 20, lib. 2.° de las Decretales, consideraba como plenamente válida la deposición de los parientes, *si veritas aliter haberi nequeat:* este sistema, admitido en la antigua práctica, es hoy insostenible.

(2) Ley 3.ª, tít. 5.°, lib. 32 del Digesto.

(3) Compárese el artículo 222 citado del Código de instrucción criminal francés.

(4) Ley 3.ª, pr.; Ley 17, tít. 20, lib. 4.° del Código.

(5) La Ley romana, Ley 24, tít. 5.°, lib. 22 del Digesto (Ley 3.ª, tít. 20, lib. 4.° del Código) excluye los *testes domésticos.* La misma Ley coloca en igual categoría a los individuos *quibus imperari potest ut testes fiant.*

por lo común, que deba presuponerse que los primeros se constituirán en testigos falsos por interés de los segundos; y en cuanto a la dominación que éstos ejercen sobre ellos, es también poco a propósito; mas si las circunstancias de la causa hacen ver que el testigo diciendo la verdad se expondría a un notable perjuicio, debe en el instante surgir la duda (1).

5.º Hay también ciertas relaciones de diversa naturaleza que engendran la adhesión o el reconocimiento, y que pueden por lo mismo influir en la deposición del testigo; tales son las del pupilo para con tu tutor, las del adoptado para con su adoptante (2); pero en todos estos casos, como en otros, al Juez toca apreciar según las circunstancias.

6.º Puede existir entre el testigo y la parte agraviada ciertas relaciones, cuyo examen importa igualmente no descuidar.

Sin duda la condenación del acusado a una pena requerida por el interés social, no reporta a la persona ofendida una ventaja material directa; y mientras no se trate como los testigos, por muy dispuestos que estén en favor de ella, mirarán con indiferencia la condenación o la absolución; pero se concibe que existe en la primera un sentimiento marcado de malevolencia, y que haya podido hacer partícipes a los testigos, sus amigos, si hay entre ellos hombres de conciencia poco firme, del deseo que ella concibe, desde un punto de vista exclusivamente personal, de ver castigado a su agresor; y puede muy bien suceder que este deseo egoísta induzca a los testigos a separarse involuntariamente de la estricta verdad. Más aún: la sentencia criminal influye indirectamente en el proceso civil, que la parte agraviada tiene derecho a entablar contra el culpable para la reparación de daños por él causados; y esta consideración puede también a veces, cuando entre aquélla y los testigos existen ciertas relaciones de afección, imprimir a su deposición un caráctel hostil hacia el acusado (3).

7.º Llamaremos, por último, la atención hacia las relaciones existentes entre uno y otro testigo. Excitarán justamente los temores del Juez, cuando uno de los testigos desempeñe en la instrucción un papel principal; y cuando la deposición de otro pariente suyo próximo apa-

---

(1) El artículo 317 del Código de instrucción criminal francés prescribe tan sólo preguntar al testigo si está ligado al servicio del acusado; en caso afirmativo, es dueño el Juez de apreciar el valor de su declaración.

(2) En Francia, donde el adoptado es a su adoptante lo que el hijo a su padre legítimo, tendría aquí pleno efecto la prohibición contenida en el artículo 322 del Código de instrucción criminal.

(3) Así, pues, es necesario comprender también, en lo que decimos de estas relaciones de afección, las que resultan del parentesco. Siegwart Muller hace observar con razón, en su libro titulado *Derecho criminal de los cantones de Uri, swyiz, Saint Gall*, etc., *que entre los parientes la sangre corre del mismo modo en las venas de todos, se enardece muy pronto y les hace lanzarse en persecución del ofensor*. Es indudable que en ciertos cantones de la Suiza sería peligroso referirse con demasiada facilidad al testimonio de los parientes de la parte agraviada.

rezca gravemente sugerida, ya por la autoridad, ya por la persuasión que el primero haya ejercido sobre él (1).

8.º El carácter del testigo, su manera de pensar y de obrar son una causa poderosa de sospecha. Ya se ha visto que en esta categoría debe desde luego colocarse al hombre anteriormente condenado por un crimen. La misma razón de duda se presenta cuando el testigo, por actos evidentemente inmorales (2), es convencido de ligereza imperdonable, de culpable indiferencia hacia los derechos de otro (3), o de negligencia completa hacia los de la verdad (4). Pero al Juez toca examinar con cuidado los hechos en todos sus pormenores, pesar el acto acriminado y considerar atentamente el carácter individual del testigo con relación a este acto, cuyo método le servirá de segura guía y le preservará de todo fallo temerario. A veces los motivos que le han dirigido en los actos de su vida se reflejan tristemente en su persona, al paso que si prescinde de las apariencias, la primera impresión se modifica singularmente (5). No porque estos actos revelen una extrema ligereza, no porque se haya abandonado el testigo a un desarreglo vituperable seguramente a los ojos de la moral, debe concluirse que quiere callar la verdad y echar sobre sí la mancha de un perjurio.

Es también muy importante considerar la naturaleza del testimonio. Si la deposición es de descargo, la experiencia diaria hace ver que en tal caso los testigos no se cuidan de una rigurosa exactitud; persuádense de que al obrar así a nadie perjudican, y que alargan una mano protectora a un infeliz acusado, cuya conducta no reprueban muy enérgicamente en el fondo (6). Si se trata, por el contrario, de una deposición de cargo, estos mismos testigos harían un caso de conciencia el hablar contra la verdad.

Un hombre conocido por sus ideas irreligiosas (7) no prestará una

---

(1) Se han presentado el caso siguiente: el testigo A. había declarado que B. era el autor del crimen. El hijo de A., que también se encontró en el lugar de la escena, declaró por su parte que no había visto a B.: más tarde, retractando su deposición, sostiene, como su padre, que B. era el culpable. Entonces se teme, y con razón, que el padre, usando de los medios de persuasión y de la autoridad natural que tenía sobre su hijo, le hubiera reducido a una extrema turbación y puesto en el caso de no atreverse a contradecirle.

(2) Ley 3.ª, Part. 5.ª; Ley 15, tít. 5.º, lib. 22 del Digesto.

(3) Ejemplo: ha seducido a una joven.

(4) Es conocido por todos por embustero y jactancioso.

(5) La virtud y el vicio se tocan a veces muy de cerca, y es muy fácil cometer una injusticia al juzgar los actos de otro. ¿No es bien corta la barrera que separa a la economía de la avaricia?

(6) Aludimos a los procedimientos en materia de duelo, de delito político. Los testigos se creen frecuentemente autorizados a mentir tan sólo porque desaprueban la persecución.

(7) Pero es preciso mostrarse muy circunspecto en la apreciación de los hechos de irreligión. No bastaría que declarase un eclesiástico que el testigo no asiste a los divinos oficios, para tachar a éste de sospechoso.

declaración que siempre envuelva fe absoluta; la sanción religiosa es la que da a la sociedad las más fuertes garantías de la obediencia al juramento, garantías que no puede suplir la obligación puramente moral de hablar según la verdad (1).

La creencia en la veracidad del testigo será otras veces debilitada por ciertos defectos particulares de que puede tacharse su carácter; tal sería la propensión a la exageración, a la mentira, a que puede haber cedido el testigo en su deposición. Ciertos hábitos perniciosos pueden también infundir la duda de que haya tenido la calma y libertad de ánimo necesarios para observar exactamente los hechos y conservar un fiel recuerdo de ellos (2).

La Carolina coloca también las personas desconocidas entre los testigos sospechosos; pero ésta es una consecuencia de añejas ideas populares, según las que era necesario ser hombre conocido y domiciliado para poder parecer como testigo contra un ciudadano libre. No obstante, si el testigo presentado fuera enteramente desconocido, tanto del acusado como de los Jueces, debería en verdad tomarse en consideración esta circunstancia (3).

---

(1) La idea moral del deber se apoya, en efecto, en una base muy frágil, en la conciencia de un hombre irreligioso.

(2) Tal es, por ejemplo, el hábito de la embriaguez.

(3) El Tribunal no tiene entonces la posibilidad de ilustrarse acerca del carácter personal del testigo y de todas las particularidades que pueden militar en favor de su credibilidad.

## CAPITULO VI

# DE LOS MEDIOS DE APRECIAR EL GRADO DE FE DEBIDA A LOS TESTIGOS

Hemos dicho que sería cometer una falta grave desechar enteramente la declaración de un testigo, porque deba considerársele como sospechoso en virtud de alguno de los motivos enunciados en el capítulo precedente. No hallar nunca en él fuerza probatoria, expondría al Juez a hacer una aplicación del todo falsa de los principios que deben dirigirle en su examen. Sería también engañarse en gran manera atribuir pleno e igual poder a todos los testigos que la ley o la doctrina no han relegado a la categoría de los incapaces y de los sospechosos, o tener por hecha la prueba en el momento que en la causa se hubiesen presentado, por ejemplo, dos de los llamados *clásicos*. Por último, sería muy infundado pensar que la credibilidad de los testimonios puede valuarse matemáticamente o sentar la teoría de un nivel como medio de la fuerza probatoria, que en cada causa y para cada testigo subiría o bajaría según las circunstancias (1).

Autor hay que toma por *escala* o *medida* de comparación a un individuo sacado de la clase media de los ciudadanos, dotado de una inteligencia ordinaria y de una probidad sin tacha, deponiendo como testigo, del hecho que ha observado: este tipo tiene a su vista un valor *semiprobatorio*, el cual crece según que en la causa el testigo se distingue por su alta moralidad y sus facultades intelectuales, y por el contrario disminuye cuando faltan estas cualidades. Este sistema es insostenible. La escala de credibilidad propuesta descansa en distinciones puramente arbitrarias, y no es posible de antemano determinar los grados en una materia en que los casos varían hasta lo infinito y se complican con innumerables incidentes. Además, por este medio se llegaría con frecuencia a deducir conclusiones enteramente falsas: no siempre, por ejemplo, la capacidad intelectual del testigo viene a corroborar la autoridad del testimonio, y si se trata de un hecho muy sencillo tal individuo, de entendimiento sin duda poco cultivado, pero más al corriente de lo que

(1) Esto es lo que Bentham ha tratado de erigir en sistema.

pasa en la vida, depondrá con más fidelidad que un sabio notable. Las circunstancias que aminoran o aumentan la credibilidad pueden, en sus múltiples combinaciones, llevar a deducciones enteramente contrarias (1); ¿cómo, pues, precisar de antemano el valor que se ha de conceder o negar al término medio de la medida? En una palabra, querer ordenar para la apreciación del testimonio una tabla fija de cantidades matemáticas, es ir contra la evidencia de los hechos; en casos dados, un solo motivo de evaluación es más fuerte que tres o cuatro en sentido inverso (2).

Por lo que toca a los testigos sospechosos, ya hemos dicho que es necesario pesar maduramente todas las circunstancias porque además este estado de sospecha no estriba sino en presunciones que los hechos pueden destruir.

Los mismos testigos clásicos, así llamados porque a su testimonio no se opone ninguno de los motivos de sospecha manifestados por la ley, no puede decirse que en su deposición presenten igual carácter de fuerza, pues también respecto de ellos la creencia del Juez en la fe que puede dárseles se apoya en una o muchas presunciones, y sólo en el momento mismo de la declaración es cuando se puede apreciar en qué grado y hasta qué punto estas presunciones adquieren o pierden su fuerza. La experiencia demuestra victoriosamente, a pesar de todos los sistemas que ha habido empeño en erigir en leyes, que el Juez en aquél momento decide como lo haría un Jurado (3), y que su impresión final es el resultado de una multitud de circunstancias accesorias. Preciso es para resolver con acierto estas difíciles cuestiones, un exacto conocimiento del corazón humano y la práctica del mundo. Pongamos la hipótesis de que se entable una acusación contra dos individuos, el uno hermano, el otro amante de una mujer testigo principal, y que se ha hallado en situación de poder determinar de un modo positivo la parte de cada uno en la perpetración del delito (4). Habla la mujer, y su declaración, enteramente favorable para su amante, hace pesar cargos más graves sobre su hermano: ¿a quién habrá de creerse? ¿Deberá pensarse que la voz del amor habla aquí más alto que la voz de la sangre y hace sacrificar el hermano al amante? Multitud de dudas asaltan a la imaginación, y el sistema de las pruebas legales nunca podría

---

(1) Por ejemplo: el testigo es pariente en igual grado del acusado y de la parte ofendida; ha sufrido una condena por delito político; pero, por otra parte, es muy conocida su rígida veracidad.

(2) La honradez del hombre y su talento bien patente de observación prestarán siempre a su testimonio una poderosa influencia.

(3) Cuando, por ejemplo, decide que debe creerse al testigo, aunque haya sufrido una condena capital.

(4) En esta hipótesis, se trata, por ejemplo, de un asesinato que los dos acusados han cometido en la noche de tantos de tal mes: el testigo ha velado toda la noche, y conviene saber cuál de los dos acusados se ha retirado primero a su casa.

ayudar a que se encontrase la solución: nada sirve tampoco en el caso propuesto la ciencia del derecho, y sólo en lo más recóndito del corazón humano es donde el Juez irá a buscar el fundamento de su convicción.

Desechemos, pues, nuevamente las formas matemáticas, dondequiera que sólo se trate de la evaluación de las probabilidades morales (1). El Juez, en presencia de un testimonio, procede como el historiador que se apoya en los testigos de los hechos pasados para sentar la verdad de su narración. Esta prudencia es necesaria en él por diversas consideraciones, cuya naturaleza pasamos a indicar:

1.ª El Juez examina atentamente en todo testigo las particularidades físicas de que depende su capacidad de observación. En efecto: éste merece tanto más crédito cuanto sus órganos están mejor ejercitados (2) y son más penetrantes, y cuanto que se trata precisamente de hechos que exigen de parte del observador una habilidad enteramente práctica (3). Mejor dotado bajo este aspecto que los demás testigos llamados, su palabra ejercerá infaliblemente mayor influencia.

2.ª No es menos necesario enterarse de las facultades psicológicas del testigo. El hombre a quien su inteligencia más cultivada hace comprender cuánto importa mirar exactamente los hechos, hacerse cargo de la fisonomía que les dan las circunstancias que los rodean, y deducir con perfecta fidelidad el resultado de sus observaciones, merece seguramente ser creído mucho más que el hombre tosco, que sin conocimiento marcha a través de la vida no ve sino la superficie de las cosas y sin calcular ni comprender bien las consecuencias tan graves de su declaración en juicio habla inconsideradamente, no sabiendo distinguir lo que por sí mismo y de ciencia cierta le consta de lo que sólo conoce por el dicho de otro.

Cuanto más se complica el hecho con elementos muchas veces impalpables (4), más se colora y mezcla con otros hechos que es necesario conocer; pero necesita el observador, si ha de apreciarle con exactitud, hacerse también cargo de una multitud de circunstancias accesorias, que nada importan en la apariencia y tienen conexión con otros hechos prin-

---

(1) Sabido es que *Filangieri* se ha esforzado en reducirla a fórmulas fijas.

(2) Un testigo, dotado de una vista perspicaz, sostiene que ha visto en tal o cual actitud al acusado. Otro, corto de vista, declara en sentido enteramente contrario. Sucede con frecuencia que los testigos no confiesan la debilidad de sus órganos, y a las veces se hace necesario recurrir a la inspección ocular para adquirir la certeza de que a una distancia determinada el testigo ha podido muy bien ver lo que ha pasado.

(3) Supongamos que en una causa criminal es de necesidad hacer constar cómo tenía el acusado su arma de fuego, y principalmente si ha asestado a determinada persona. Entre los testigos hay un hábil cazador que sostiene que el acusado hizo la puntería en cierta dirección; otro testigo, poco diestro en la caza, afirma lo contrario. Hecha abstracción de toda otra circunstancia, ¿no será el primer testigo quien tenga más derecho a la confianza del Juez?

(4) Trátase, verbigracia, de descubrir en el testigo la existencia de una enemistad oculta o de una enfermedad mental.

cipales (1); debiendo en tal caso mostrarse más severo el Juez y exigir en el testigo un considerable desarrollo de sus facultades intelectuales.

3.ª Debe, desde luego, examinar en qué estado se encuentra el testigo en el momento del suceso acerca del cual depone. Si su ánimo se hallaba sobreexcitado por la pasión o por cualquier otra causa capaz de turbar sus facultades de percepción imparcial y serena, no puede esperarse de él una deposición que merezca entera confianza. El acontecimiento era para él un hecho del todo indiferente, y en aquel instante mismo estaba embebido en la contemplación de otro objeto, del de su amor, si se quiere, o se hallaba trastornado por el vino, o una nueva desagradable le tenía preocupado, o, por último, el mismo acontecimiento de que se trata le había afectado sobremanera: en todas estas hipótesis no ha observado los sucesos como lo hubiera hecho al pasar cualquier otro desinteresado, y su declaración no satisfará tanto la conciencia del Juez.

4.ª Se dedicará también éste a examinar a fondo la moralidad del testigo. Cuanto más éste se haya mostrado hasta entonces firme, verídico, sordo a toda influencia exterior, tanto más puras son las opiniones morales y religiosas que profesa en sus palabras y en los actos de una vida que los intereses materiales no han podido hacer desviar de la senda del deber, y tanto más crédito merece en su declaración cuando habla. No olvide el Juez cuán grande es el número de los que trafican con su conciencia; de los que, so pretexto de que el fin santifica los medios, se creen autorizados, si la acusación repugna a sus ideas, o si tienen fe en la inocencia del acusado, para negar los hechos de que han sido espectadores, callar las circunstancias accesorias más graves, o darles un carácter enteramente desfigurado. Y como jamás hará esto el hombre cuya honradez tiene por regla el principio moral, por eso el carácter del testigo sirve de excelente medio para apreciar en su justo valor sus palabras.

5.ª Tampoco pueden pasarse en silencio ciertas particularidades de la persona del testigo. En principio, el sexo no debería constituir diferencia: la mujer es capaz de observar los hechos tan juiciosamente y hacerse cargo de ellos como el hombre; y si, según las ideas de nuestros antepasados (2), sólo ocupaba una posición muy secundaria e inmerecida, si entonces parecía que no podía comparecer a dar una solemne declaración, el tiempo y la civilización han condenado estas ideas como erróneas, y no se acierta por qué ha de ser menos creíble su declaración. Antes bien, en un caso dado, observará mejor que el hombre, si se trata de objetos que entran más naturalmente en el círculo de las cosas que

(1) Como el hallarse ciertos objetos cerca del cadáver de la víctima, la extensión y número de las manchas de sangre y la existencia misma innegable de estas manchas en sitio inmediato al del crimen.

(2) Cap. 10, tít. 16, lib. 50 del Digesto; Canon 2, causa 25, quaest. 3.

la interesan (1); y, por el contrario, si se trata de objetos por lo común para ella indiferentes, podría suceder (2) que, llamada por la casualidad para presenciar un acontecimiento, no haya puesto en él la atención y seriedad necesarias y no pueda pesar con madurez la extensión y exactitud de su deposición. Para concluir, diremos que todo depende de las circunstancias, y que no es directamente por razón de su sexo por lo que puede dudarse de su palabra. La religión a que el testigo pertenece tampoco tiene por sí misma ninguna importancia. El espíritu de intolerancia había difundido en otros tiempos la preocupación de que la declaración de un judío no podía tener fuerza contra un cristiano (3). Suponíase entonces que el judío estaba autorizado por su ley religiosa para ser perjuro en juicio; creíase también que el odio inveterado del pueblo de Israel hacia los cristianos les impelía a perjudicarlos por todos los medios posibles. Pero el estudio de la ley judaica y la observación inteligente de los hechos han demostrado la falsedad de semejante teoría. Dos hipótesis tan sólo pueden presentarse, en las que el Juez concebiría dudas: la en que el testigo no hubiese prestado juramento en la forma que su religión establece, y la en que la causa ofreciese pábulo a enemistades de secta, o se hallase ser correligionario una de las partes interesadas; pero aun en este caso es preciso observar que la conocida probidad del testigo haría desvanecer las objeciones.

6.ª El contenido de la deposición contribuye mucho a fijar sus grados de credibilidad. ¿Da el testigo razones positivas del conocimiento de los hechos? ¿Demuestra haber estado presente en el lugar del suceso y que ha sido imposible equivocarse? O, al contrario, ¿confiesa que estaba distante de él, que obstáculos intermedios le han impedido verlo del todo, y que su convicción se ha completado por los dichos de otro? No hay duda que en el primer caso su deposición tiene mucha más autoridad; y si puede enumerar hasta los menores detalles del suceso, mientras otro testigo, sin saber nada que decir de él, da por lo mismo a conocer que sólo observó de un modo incompleto y superficial, será también preferida su declaración.

7.ª Finalmente, el Juez estudiará la *forma* misma de la deposición. El continente sereno y grave del testigo, la sencilla y tranquila libertad de sus respuestas, la uniformidad de sus dichos y su precisión, son otras tantas pruebas de una observación atenta de los hechos y de una completa veracidad, y por sólo esto adquirirán sus palabras una poderosa autoridad. Mas si, por el contrario, su actitud revela violencia o pasión,

---

(1) Si, por ejemplo, se trata de un embarazo, de pormenores o minuciosidades de trajes, etc.

(2) Por ejemplo: en materia de asuntos políticos.

(3) Véase la Ley 21, tít. 5.°, lib. 1.° del Código; Ordenanza criminal prusiana, párrafo 357, número 8.

conviene desde luego dudar de su imparcialidad; si recita con singular vivacidad una declaración que a primera vista se conoce que ha aprendido, parecerá que sigue ciegamente ajenas inspiraciones; si titubea y se halla embarazado en sus respuestas, el Magistrado debe pensar que el testigo observó mal o que no refiere fielmente lo que sabe.

## CAPITULO VII

## FUNDAMENTOS DEL VALOR DEL TESTIMONIO

Supongamos que contra el acusado o a su favor se ha alegado un hecho que puede tener cierta influencia en el proceso. Para que el Juez le mire como demostrado por los testigos, es preciso que se cumplan diversas condiciones y que existan ciertas garantías:

1.ª Es menester que la deposición emane de testigos reconocidos como dignos de fe.

2.ª Que estos testigos hayan prestado juramento según las prescripciones de la ley en la forma que su religión manda.

3.ª Que los hechos sobre que declaran hayan podido caer directamente bajo la acción de sus sentidos. En efecto, para que el testimonio sea positivo, las más veces debe emanar de un perito: no hay duda que sólo él ha podido observar ciertas circunstancias poco aparentes y de que ningún otro se hubiera de modo alguno apercibido; otras veces, también ha sido necesario emplear instrumentos de su arte especial (1), o por lo menos un examen minucioso del que sólo es capaz la vista de un hombre experimentado (2); otras, en fin, es preciso una descripción exacta y práctica del objeto observado (3) para poder deducir de ellas precisas conclusiones. No obstante, si las declaraciones de los testigos no tienen por base únicamente la experiencia ordinaria de los sentidos, si no hacen otra cosa que expresar una creencia, una opinión fundada en el encadenamiento de raciocinios que le son propios, sus dichos tampoco pueden por sí mismos producir la convicción. Cuando un sujeto declara que A. abrigaba contra B. un odio mortal, que C. es un hombre perverso y peligroso, su testimonio no descansa en un hecho material y que puede caer bajo la acción de los sentidos: de hechos que sin duda

(1) Cuando, por ejemplo, se ha tratado de examinar la profundidad de una herida.

(2) Como en el caso en que se trate de descubrir el estado de los labios de la herida.

(3) Por ejemplo: un testigo es interrogado sobre el color que tenían los pulmones al tiempo de hacer la autopsia, sobre el de las heridas y contusiones, etcétera.

conoce saca la conclusión de que el acusado es un hombre depravado; pero si a seguida no enuncia los que son la manifestación necesaria de esta depravación, su declaración no puede ser creída. Cualquiera que ésta sea, por otra parte, no puede directamente probar otra cosa que la existencia de estos hechos generadores, prescindiendo de las conclusiones que de ellos puedan deducirse: al Juez y sólo al Juez pertenece esta segunda misión.

4.ª En tanto merece creerse el testimonio en cuanto se apoya en la observación personal de aquel de quien emana. Síguese de aquí que debe preguntársele sobre el fundamento de su conocimiento de los hechos. Suele verse con frecuencia a personas muy honradas afirmar lo que han oído a otras terceras no menos honradas, de tal suerte que hacen involuntariamente creer que han sido testigos originarios del hecho; por eso, cuando el debate versa principalmente sobre acontecimientos que han tenido lugar en medio de un concurso numeroso, es preciso cuidar de esclarecer bien cuáles son los pormenores de que el testigo, presente en el sitio de la ocurrencia, ha sido personalmente espectador.

5.ª La deposición debe ser *verosímil*, es decir, que por su contenido esté en conformidad con las leyes naturales, siendo preciso también que los pormenores del hecho tengan entre sí una correlación lógica. No sería creído el testigo que atribuyese al acusado un acto que sus facultades físicas, por ejemplo, le hiciesen materialmente imposible. Por último, los dichos del testigo, para ser verosímiles, necesitan estar de acuerdo con la situación que en el momento del suceso ocupaba, de modo que haya debido serle posible, en las circunstancias especiales en que se encontraba, observar los hechos tal como declara haberlos observado; de aquí el deber del Juez de esclarecer las dudas que nazcan sobre este punto, por medio de la visita local (1) o de peritos (2).

6.ª Pero la más fuerte garantía de la estabilidad del testimonio es su perfecta concordancia con los resultados que las demás pruebas suministran. Si el testigo es convencido de mentira o error acerca de un punto de hecho, el Juez no puede dejar de concebir desconfianza y dudas sobre su buena voluntad o sobre sus facultades de observación; pero, al contrario, su convicción se aumenta cuando ve confirmado y corroborado el testimonio por todas las demás pruebas descubiertas en la causa. Guárdese bien, no obstante, de exigir absolutamente esta garantía. No es indispensable el que las circunstancias más pequeñas se justifiquen por las demás pruebas; y de que éstas vengan a desmentir en uno o dos puntos las declaraciones del testigo no se sigue tampoco que en el momento deba desvirtuarse el testimonio. Llevar la aplicación del principio a tan extremadas consecuencias sería destruir la prueba de testigos en

(1) Por ejemplo: cuando el testigo pretende haber oído ciertas palabras a distancia de 200 pasos.

(2) Por ejemplo: cuando afirma que reconoció al acusado en aquella noche a favor del resplandor producido por el disparo de una pistola.

una multitud de casos, aun en el de que emanase de hombres lo más a propósito para suministrarla; sería, por consiguiente, abrir ancha puerta a la impunidad de los culpables. ¿No convendría, según este sistema, absolver siempre, por ejemplo, al acusado cuyas obstinadas negativas no encontrasen para servirle de algo sino los dichos del testigo presencial del crimen? Con la mejor buena fe del mundo se ve a los testigos engañarse en lo que toca a ciertas circunstancias minuciosas que han podido escapar a su observación o a su memoria, pero al mismo tiempo no por eso el hecho principal ha dejado de producir en su imaginación impresiones indelebles (1). Digamos, pues, que para que la contradicción existente entre su declaración y los hechos demostrados por medio de otras pruebas pueda aminorar la credibilidad que por otra parte se les daría, debe necesariamente versar sobre circunstancias que el testigo no podía absolutamente ver y conservar en su memoria. Más claro: si las pruebas de la causa vienen a demostrar alterada la circunstancia principal declarada por el testigo, en el momento la fe debida a éste cae por tierra y se desvanece (2). Lo mismo sucede cuando, por otra parte, es imposible el hecho tal como se ha enunciado, y cuando además aparecería inexplicable un error cometido de buena fe. El testigo afirma, por ejemplo, que ha visto a A. herir en el corazón a B. en la mañana del 16 de junio, pero otros dos testigos han visto a B. en perfecto estado de salud en la tarde del mismo día: ¿cómo dar fe al primer testimonio? No es posible confundir involuntariamente la mañana y la tarde. ¿Pero si la parte de la declaración demostrada errónea no versa de modo alguno sobre un hecho esencial, el error se explica fácilmente por una falta de memoria o por otra causa, pues bien se comprende que el testigo más concienzudo puede incurrir en él sin querer, y esta contradicción sin importancia no debilita la fe que se le debe. Dice, por ejemplo, que el homicidio tuvo lugar a las siete de la mañana, siendo así que aparece que a las siete y media aún vivía la víctima; cualquiera comprende en el momento que es fácil un error en semejante caso, que quizá pende de la marcha diferente de los relojes (3), y que por sólo esto no podrían suscitarse dudas sobre la credibilidad del testigo. Preciso es, por otra parte, examinar siempre en qué términos declara éste acerca del punto sujeto a contradicción. Si en vez de afirmar positivamente, no haca sino enunciar una simple creencia, la contradicción tampoco vale la pena de que se descubra; como el testigo separe con claridad los hechos sobre que

(1) Un testigo, que ha visto cometer el asesinato, recuerda perfectamente su autor, y pasados algunos años podrá designarle; mas si se le pregunta qué vestido llevaba el culpable y cuántas puñaladas dio, será fácil que se equivoque.

(2) El testigo afirma que A. ha matado a B. de una puñalada; y los peritos, después de hacer la autopsia, declaran que la herida ha sido causada con arma de fuego.

(3) Por ejemplo: el hombre más escrupuloso y concienzudo puede fácilmente olvidar la suma a que ascendía un dinero dado o prestado.

articula su plena certeza de aquellos sobre los cuales no quiere manifestarse, hace ver ya lo suficiente que quiere dar una deposición concienzuda; y no podría acusársele de que pretende engañar al Juez, puesto que espontáneamente manifiesta sus incertidumbres respecto de los hechos erróneos que enuncia.

7.ª La deposición del testigo debe ser *persistente:* es preciso que en los diversos interrogatorios que se hagan, su palabra sea siempre la misma, exenta siempre de contradicciones o de perplejidades. En efecto, el que ha observado exactamente debe a cada momento reproducir en los mismos términos lo que ha visto (1); al contrario, la mentira se descubre involuntariamente por las notables diferencias en las declaraciones dadas en diversas épocas acerca de las mismas circunstancias, lo cual no puede menos de ser así. Una vez entrado el testigo en esta vía, se ve obligado a suplir por medio de su imaginación, siempre diversa, según los momentos y las épocas, los vacíos de su nuevo relato. Pero ni aun en este caso puede darse una regla absoluta. Una ligera contradicción, una variación acaecida en alguno de los pormenores, no deben despojar en el momento al testigo de la confianza que por otra parte se le debería. Personas hay a quienes el primer interrogatorio judicial llena de turbación y sobresalto; y más de una vez, vueltas en sí, cuando, más serena su imaginación, recuerdan todas las circunstancias del suceso, echan de ver algún error cometido en su declaración, o un tercero se lo hace notar. También hay testigos que de buenas a primeras pasan de largo ciertas circunstancias, o las colocan en un punto de vista más favorable, con objeto de perjudicar lo menos posible al acusado, y que, acosados más tarde por los remordimientos de su conciencia, vienen a decir de nuevo la verdad sin ninguna reticencia. ¿Y sería razonable no creer ya a todos éstos? Observe, pues, el Juez atentamente tan sólo la forma de su declaración y su actitud. Si la primera vez no se les oye expresar sino una opinión, una creencia, y después, al presentarse de nuevo ante la justicia, dicen que están ciertos del hecho que enuncian, ya no hay contradicción que deba detener mucho al Juez. Si, por el contrario, el testigo, después de haber depuesto la primera vez en contra del acusado lo hace nuevamente en sentido de descargo, hay lugar a temer que haya sido sobornado por el acusado o sus amigos, y entonces se hace indispensable un serio examen antes de alejar todas las dudas. Muchas veces las contradicciones se presentan en el mismo interrogatorio; en tal caso, si el que declara vacila a cada instante, si a medida que da razón de un nuevo hecho se retracta de sus palabras, no puede inspirar gran confianza; pero si después de no haber hecho más que expresar una simple creencia, se ve forzado en el curso del mismo interrogatorio a declarar su certeza positiva; si haciéndole ver por medio

(1) Sobre la perplejidad de los testigos, véase la Ley 2.ª, tít. 5.º, lib. 22 del Digesto.

de nuevas preguntas que se engañó en un principio, modifica en el momento su primera declaración; si su turbación fuese el resultado de una timidez que no puede vencer en el momento, y si volviendo, finalmente, en sí poco a poco, habla con la claridad de un hombre seguro de su conciencia, en todas estas hipótesis su declaración debe admitirse. Otra cosa es cuando la perplejidad nace de circunstancias que hayan debido producir en su ánimo una impresión indeleble, si realmente presenció el suceso (1), y también cuando en su declaración aglomera pormenores inconciliables entre sí y que la hacen necesariamente errónea en uno u otro punto (2).

8.ª La convicción del Juez no puede fundarse en el testimonio sino en cuanto el testigo lo ha dado en persona ante el Tribunal competente y en un interrogatorio en forma. Una declaración extrajudicial, por numerosos que sean los oyentes, es insuficiente; nada, en efecto, garantiza que el testigo haya pesado con madurez la gravedad de su declaración; ningún vínculo legal le obligaba a decir verdad; y por indiscreción, por divertirse a costa de otro, por jactancia, o, en fin, por el deseo de ayunar o perjudicar al inculpado, ha podido muy bien referir lo que engañosamente le han contado. Preciso, es, pues, que el interrogatorio se verifique ante Juez competente, porque sólo entonces puede y debe suponerse que se han observado todas las prescripciones indispensables de la ley y de la prudencia, cuyo cumplimiento es una garantía de que el testigo ha hablado conforme a sus convicciones. Los empleados de policía judicial y los funcionarios auxiliares de los Tribunales usan muy fácilmente de medios sugestivos, perjudiciales a la manifestación de la verdad. Para concluir, la comparecencia personal del testigo y su declaración en juicio son un elemento esencial del testimonio. Su declaración, enviada por escrito al Magistrado, no puede, seguramente, bastar, porque nada indica en el proceso verbal qué sugestiones se han puesto acaso en juego, y, por último, porque no ha podido el testigo penetrarse enteramente de la importancia de su misión.

9.ª El testimonio debe ser libre y espontáneo. Si la declaración se ha dado bajo el imperio de la fuerza o de la amenaza, si se han usado medios de coacción, como, por ejemplo, la encarcelación, para hacer que el testigo hable en contra del acusado, no puede aquel ser creído (3). Si se obstina en desobedecer la ley y en rehusar presentarse a declarar, si la pena legal se ha decretado contra él, de todo esto no podría indu-

---

(1) Por ejemplo: el testigo declara haber visto a A. herir con un cuchillo a B., y en seguida, en el mismo interrogatorio, afirma que A. mató a B. de un pistoletazo. Este es un hecho sobre el cual no debería nunca contradecirse.

(2) Cuando, verbigracia, declara que A. degolló a B. con una navaja de afeitar, y añade que B. tuvo en seguida con A. un largo diálogo.

(3) Lo mismo puede decirse del caso en que se halle probado en el proceso que el acusado o sus amigos usaron de amenazas para determinar al testigo a hablar en su descargo.

cirse que su deposición fuese tachable; el castigo no tiene por objeto obligarle a hablar en un sentido exclusivo, sino simplemente a que diga la verdad; y nunca la aplicación de tales medidas podría colocarle en situación tan crítica, en la cual un hombre naturalmente veraz preferiría, por temor del castigo que le amenaza, dejarse arrastrar a dar una falsa declaración. Sin embargo, al Magistrado instructor toca emplear discreta y prudentemente el apremio para declarar, evitar con cuidado cuanto pueda hacer imaginar al testigo que se trata de exigirle una declaración de antemano combinada (1), y hacerle siempre comprender que, por el contrario, no se espera de él más que la verdad. Sólo, pues, será oportuno usar de los medios de rigor en último recurso y cuando ha sido infructuoso todo esfuerzo para obligar al testigo a que comparezca (2).

10. No merece crédito el testimonio sino en cuanto el que le da no ha sido engañado. Pero el engaño ha podido servir para hacer creer al testigo que estuvo en realidad presente al tiempo de verificarse un hecho puramente quimérico (3); o también ha sido bastante poderoso para inducirle a declarar contra la verdad, cuando al hacerlo se imaginaba no perjudicar a nadie; o, por último, hay ocasiones en que el sentido mismo de las preguntas que se le dirigen es el que le induce a equivocarse. En el segundo de los casos expuestos, si, por ejemplo, se le ha hecho falsamente entender que no se castigará al acusado, y que sólo se trata de obtener la confirmación de otras declaraciones importantes desde distinto punto de vista, hay evidentemente en este modo de obrar una sugestión falaz de las más perniciosas; ésta es la reprobación que merecen las preguntas sutiles y capciosas. La ligereza, natural en muchos, de hablar frecuentemente sin reflexionar bien las consecuencias de sus palabras; y en algunos que por la primera vez comparecen a declarar, la turbación de espíritu que no les es posible dominar, son suficientes para que muchas veces el testigo comprenda mal la pregunta que se le hace y dé una respuesta no conforme a la verdad, queriendo sinceramente responder a lo que cree que se le ha preguntado. Importa, pues, sobremanera, para juzgar el valor del testimonio, conocer la materialidad y significación de las preguntas hechas (4); y con este motivo no podemos

---

(1) Como, por ejemplo, decir que A. es el autor del crimen.

(2) Tales son el apremio personal y la multa. Muchas veces la resistencia a hablar o prestar juramento dimana de precauciones religiosas. El Juez, en un caso como este, puede muy bien llamar a un ministro del culto para que ilustre la conciencia del testigo.

(3) No toda sugestión, aunque falsa, destruye infaliblemente el valor del testimonio. En cierta ocasión, un Juez instructor hizo creer a un testigo que el acusado había confesado; y poniéndole delante un billete en que se había diestramente falsificado un escrito de éste, le obligó a decir lo que sabía. El testigo habló conforme a la verdad; y aunque el Juez cometiese por entonces un acto culpable, no por eso dejaba de tener toda su fuerza la declaración prestada, tan luego como el resultado de las sugestiones no fue de modo alguno la mentira.

(4) Por esta razón no pueden menos de reprobarse las diligencias que no reproducen sino las respuestas del testigo en forma de una continua narración.

menos de desaprobar la práctica, tantas veces seguida, de hacer preguntas que en realidad envuelven en sí otras varias (1).

11. La declaración debe ser *original,* esto es, la expresión espontánea de la convicción del testigo. Si fuese dimanada de la sugestión, perdería desde luego este carácter. No obstante de que se le haya dirigido una pregunta sugestiva, no debe inferirse, desde luego, que el testimonio contiene un vicio absoluto, porque sabido es que apenas puede tener lugar un interrogatorio sin que se hagan algunas de estas preguntas. Hombres hay que jamás responden a una pregunta de un modo general, y que evitan con cuidado el decir ni una palabra que tenga relación con el punto capital, por temor de que se les obligue a explicarse categóricamente (2). Además, la sugestión no tiene muchas veces por objeto sino indicar al testigo lo que el Juez necesita saber de él, y llegado un caso de esta especie, no hay inconveniente en que no diga por completo la verdad. Por otra parte, las sugestiones son peligrosas en cuanto ciertos testigos responden a ellas afirmativamente, unos por ligereza para acabar más pronto, otros por timidez y turbación, figurándose siempre que el Juez instructor, por estar enterado del proceso; sabe también perfectamente todo lo que ha pasado, y no podría por otra parte hacerles preguntas tan precisas si desconociese el hecho (3), otras veces, cuando el testigo ha olvidado casi totalmente los pormenores, menos importantes, afirma, para salir del paso, la realidad de ciertas circunstancias que el Magistrado le recuerda; y cuando tiene interés en disimular la verdad, aprovecha la ocasión que se le ofrece con la pregunta sugestiva del Juez, para inducir a éste a una falsa suposición (4). Todos estos motivos de sospecha ocurrirán, pues, contra el testimonio así producido, sin que pueda, por regla general, rechazarse absolutamente. Las circunstancias serán las que en cada caso decidan; y para concluir diremos que deberá considerarse debilitada en gran manera la fe debida al testimonio:

---

(1) Por ejemplo: ¿sabe V. si ha proferido tales o cuáles palabras, y si al mismo tiempo amenazó a B. con su cuchillo? Las gentes del campo, aquellos cuya educación ha sido poco cultivada, no se acuerdan de ordinario, y esto lo acredita muchas veces la experiencia, sino del final de las preguntas que se les hacen; y cuando responden con un sí a su última parte, pueden hacer creer al Juez que responden afirmativamente a todo su contenido.

(2) Un Juez quiere saber de boca de un testigo si el acusado se entregó tal día a estos o los otros actos en cierta posada; le interroga con prudencia, y pregunta si aquél se encontró en dicha posada y qué personas estuvieron también en su compañía. El testigo responde, pero sin nombrar al acusado; sin embargo, es preciso que el Juez instructor concluya por preguntarle también si estaba allí el acusado y si hizo tal o cual cosa.

(3) Es muy natural, en efecto, que el tono de certeza con que suelen hacerse estas preguntas induzcan a error, especialmente a ciertas personas.

(4) Por esta razón es siempre muy expuesto sugerir al acusado el nombre del que se presume ser su cómplice.

*a)* Cuando las sugestiones sean numerosas y versen sobre los puntos principales de la declaración;

*b)* Cuando no pudiendo hacerse constar el cuerpo del delito sino por medio de la prueba testimonial, el testigo hable solamente en fuerza de las sugestiones;

*c)* Cuando éstas se dirijan a revelar el nombre de un cómplice;

*d)* Cuando a varios testigos se hayan dirigido unas mismas preguntas sugestivas sobre una circunstancia en que interesa declaren de conformidad;

*e)* Por último, cuando el testigo inspire por sí mismo poca confianza y cuando su actitud indique falta de independencia e inteligencia: en tal caso, en vez de referir tan sólo lo que ha visto, podrá dejarse llevar de las ideas de otro y hablar contra la verdad, queriendo hacerlo en los términos que se desea.

12. En fin, para que el hecho sobre que recae la pregunta parezca completamente demostrado por medio del testimonio, es preciso al menos que dos testigos concuerden entre sí en sus dichos en todos los pormenores esenciales. Su unanimidad es una poderosa garantía, y no es posible creer que el testimonio adolece de error o de malicia, cuando el segundo testigo acaba de prestar una declaración independiente, y, sin embargo, idéntica a la del que le precede; su palabra adquiere mayor fuerza en virtud de esta misma comparación; y para que haya en ella mentira, sería preciso de su parte nada menos que una inteligencia criminal. Además, los testigos son interrogados separadamente (1), y con tal que sus respuestas no sean sugeridas por lo que toca a los detalles del hecho, fácil es al Magistrado, en caso de fraude, convencerlos al momento de impostura. La confianza va, pues, acrecentándose a medida que un número mayor de testigos se expresa en los mismos términos hasta en los puntos más insignificantes. Al contrario, la falta de concordancia perjudica tanto más el testimonio, cuando éste versa más sobre hechos que los testigos, si han sido presenciales han debido observar necesariamente de un mismo modo y no han podido con facilidad olvidar. La fecha del crimen, el vestido que llevaba su autor, las palabras proferidas son cosas muy importantes, y el Juez encuentra dificultad en convencerse cuando, de dos testigos que designan a A. como el asesino de B., el uno afirma que A. llevaba un vestido blanco y que hirió a B. por delante con un palo en la cabeza, mientras, por el contrario, el otro declara que A. iba vestido de verde y que hirió a B. por detrás, de una puñalada. No obstante, la falta de concordancia se explica muchas veces por

(1) Es muy esencial la observancia de la regla que previene que los testigos sean separadamente interrogados: la presencia de un tercero puede hacer que se equivoque aquel a quien el Magistrado pregunta y ser causa de que incurra en numerosas reticencias. Además, con la mejor buena fe del mundo sucede muchas veces que el que escucha no se apercibe en el momento del calculado disimulo del que habla, y se deja llevar a expresarse en iguales términos.

la confusión en que pudieron hallarse al tiempo de la concurrencia los que estuvieron presentes, pues mientras la atención del testigo se fija en ciertas circunstancias, hay otras que se le escapan (1).

En tal caso, ninguna importancia debe darse a la contradicción de los testimonios. Lo mismo puede decirse cuando se trate de circunstancias accesorias, cuyos caracteres, en razón de su misma naturaleza, son susceptibles de apreciarse de diferente modo por los que la observan (2), o pueden con facilidad olvidarse al cabo de algunos días (3).

---

(1) Por ejemplo: las palabras proferidas.

(2) Por ejemplo: los hechos sucedieron a la hora del crepúsculo. Un testigo declara que A. llevaba un vestido de color verde oscuro; otro sostiene que el vestido era de color azul.

(3) Por ejemplo: ¿eran las siete o las siete y media?

## CAPITULO VIII

# DEL EFECTO DEL TESTIMONIO

Hemos indicado las razones por las cuales la convicción del Juez no debe fundarse sino en la declaración idéntica, al menos, de dos testigos (1), cuyas palabras se confirmen mutuamente. Hemos dicho también que dos personas separadamente interrogadas no podrían referir con la misma exactitud los hechos, si ambas no los conocían con una evidencia natural o por haber estado presente en el lugar del suceso. En estas razones, aplicables en la mayor parte de los casos, estriba la sabida regla admitida en todas las legislaciones que han fijado preceptos para el Juez en materia de prueba (2). Aunque el Derecho romano no estableció, como es sabido, una doctrina completa sobre este punto (3), el Derecho canónico se ha limitado a transcribir ciertas fórmulas tomadas de las leyes bíblicas (4), y por último, la Carolina da a conocer al Juez que *dos o tres buenos testigos* son los únicos que deben satisfacer su conciencia; en el fondo de todos los textos a que aludimos hallamos el principio de que para la condena no puede bastar un solo testigo. Sin embargo, entender la regla de modo que todo hecho acerca del cual depongan afirmativamente dos testigos deba por lo mismo *considerarse como demostrado* (5), es incurrir en un extremo fatal, puesto que dos

(1) En Francia, la máxima *testis unus, testis nullus,* no tiene valor sino como argumento de discusión o como regla prudencial del Juez: allí es enteramente moral la apreciación de los testimonios, y en esta materia, como en cualquiera otra, el Magistrado debe seguir su íntima y fundada convicción. No obstante, este capítulo encierra excelentes consejos para la práctica. Todas las cuestiones que se han suscitado en aquel país eran relativas al Derecho anterior a la Revolución.

(2) Código austríaco, párrafo 409; Orden, criminal de Prusia, párrafo 386; Código bávaro, párrafo 285.

(3) Ley 12, tít. 5.°, lib. 22 del Digesto; Ley 9.ª, tít. 20, lib. 4.° del Código.

(4) Caps. 5.°, 10, 23, 25 y 27, tít. 20, lib. 2.° de las Decretales.

(5) Así interpretan el sistema alemán de la prueba los escritores franceses que la atacan y desacreditan. Véase, por ejemplo, Meyer, *Espíritu de las instituciones judiciales,* vol. 2, párrafo 365 en las notas. Sin embargo, debemos hacer observar que también en Francia la doctrina y la jurisprudencia antiguas daban una fuerza invencible a dos testimonios conformes. En 1786, con ocasión del famoso Memorial de Dupaty en defensa de *tres condenados a la rueda,* cuya supresión instaba, dijo

malvados que se hubieran convenido en hacer que la sentencia recayera sobre un inocente saldrían, de seguro, con su propósito prestando dos declaraciones conformes. La máxima *testis unus, testis nullus,* no tiene una significación tan lata, y si el Juez no está autorizado para pronunciar la condena sino en virtud de los dichos conformes de dos o más testigos, de ningún modo se le obliga a condenar por sólo el testimonio de aquéllos; en este punto es preciso, como siempre, considerar si reúnen todas las condiciones de credibilidad que se requieren, y, en una palabra, estar convencido de su veracidad. El Juez es libre para apreciar, según su conciencia, si cada uno de los testigos ofrece personalmente las garantías legales, si su declaración es verosímil, si concuerda con las circunstancias descubiertas por las demás pruebas; y aun cuando los testigos fuesen tres o más, si su convicción no le afirma la culpabilidad, sólo aquélla le sirve de ley. La máxima de la exclusión del testigo es una garantía que se da a la inocencia y hace imposible se dicte una sentencia fundada sólo en la temeraria confianza de la declaración prestada. Si dos testigos declaran judicialmente que hace siete años vieron a Pedro matar a Pablo y arrojar después su cadáver al río, ¿bastará esto para poder condenar a Pedro? Aun cuando fuese cierto que Pablo había desaparecido hacía algunos años, siempre faltaba hacer constar el cuerpo del delito. Además convendría ver si Pedro tuvo algún interés en cometer el crimen; si en la época fijada se le vio cerca del lugar que los testigos señalan; si, por último, puede, en razón de sus antecedentes, imputársele semejante crimen. El Juez tendrá que examinar en seguida si vienen otras pruebas a patentizar la realidad de los hechos referidos por los dos testigos, y si su deposición es conforme hasta en los más pequeños detalles. Si queda en su interior la menor duda sobre la verdad de sus dichos, a pesar de las presunciones existentes, puede, desde luego, declarar que no están suficientemente justificados los cargos.

Se ha preguntado muchas veces cuáles son los hechos sobre que debe versar la declaración de *dos* testigos; cuestión en la que, a fuerza de querer llevar adelante el rigor del principio, se ha incurrido en una doctrina errónea. Pedro es acusado de haber matado a Pablo en un alboroto popular; dos testigos declaran haber visto al primero arrojarse sobre su víctima con el cuchillo levantado y gritando: *¡No hay remedio, le mato!;* que han oído a Pablo designarle como su asesino, pero no le han visto dirigir el golpe, y sólo afirman que la sangre corría a torrentes de su pecho. ¿Deberá dudarse si es completa en este caso la prueba testimonial? No admitirla sería errar por espíritu de sistema. Los testigos, en este caso, establecen claramente la existencia de hechos sucesivos que se encadenan entre sí, de modo que la del crimen es su conse-

---

el abogado general Seguier: *La deposición de dos testigos conformes debe pesar como una prueba completa, según las Leyes divinas y humanas... El Magistrado más íntegro puede ser sorprendido o engañado; pero nada pierde de su dignidad cuando se conforma con la voluntad de la Ley.*

cuencia necesaria; y como, por otra parte, se hacen cargo de los hechos intermedios que han pasado inadvertidos para ellos, de los que precedieron y de los subsiguientes, deben ser tenidos por veraces, según el orden natural de las cosas; y, por cierto, no es menester más. Un testigo ve a Ticio descerrajar un armario, dentro del cual estaba guardado un reloj; a muy pocos instantes ve el reloj en manos de un tercero: ¿no se comprueba suficientemente, por su declaración el hecho del robo, con fuerza, aunque, sin embargo, no haya visto cometer la sustracción?

Además, la declaración de dos testigos conformes basta para demostrar la existencia de cualquier crimen. En lo que toca a la prueba de la falsedad del juramento, se ha sostenido que éste hace por sí mismo prueba completa de los hechos que en la declaración se contienen, y que si dos testigos afirman lo contrario, vienen simplemente a contrabalancear con otra la primera prueba, pero con todo no lo destruyen. De aquí se ha querido concluir que en esta materia especial son necesarios *tres* testigos; pero todo esto no es sino un sofisma: ¿acaso no está bastante demostrado el perjurio desde que resultan falsos por sí mismos los hechos afirmados por el acusado? Ticio asegura no haber recibido de Sempronio, el día 24 de julio de 1830, 400 reales en calidad de préstamo; dos testigos afirman haberlos visto contar para el mismo fin: con esto está ya suficientemente probado el perjurio, y el juramento prestado por el acusado no constituye sino una simple afirmación personal, que en tanto podría servir de prueba en cuanto no existiese la contraria.

Y, ¿bastarán dos testigos clásicos para probar la existencia del cuerpo del delito? Sobre este punto conviene distinguir si sólo se trata de ciertos hechos que se refieren al cuerpo del delito, o si se habla de todo el cuerpo del delito. En el primer caso no hay dificultad: dos testigos pueden afirmar y demostrar perfectamente, por ejemplo, el estado de preñez en que vieron a una joven a quien se acusa de aborto, o también que se ha hecho uso de documentos que se arguyen de falsos; pero, en el segundo caso, la respuesta es más difícil, y todavía ofrecería mayor dificultad en los tiempos en que estaba admitida la doctrina de que la inspección ocular fuese el único medio de averiguar el cuerpo del delito. Hemos sentado (Parte 4.ª, Cap. V) que la confesión puede suministrar perfectamente esta demostración; otro tanto, y por las mismas razones, diremos del testimonio, y si es verdad que los testigos pueden proporcionar la certeza de que Pedro sea el autor del asesinato de Pablo, lo es igualmente que su declaración tendrá la misma fuerza probatoria aplicada a hecho de distinta naturaleza, como, por ejemplo, al crimen de cohecho de que se acusa a un funcionario público, al delito de rebelión o de adulterio, etc. Pero los prácticos alemanes presentan aún otra objeción: si unos mismos testigos, decían, declaran acerca del hecho criminal y de la persona de su autor, es imposible contrarrestar su deposición en lo relativo a éste por medio de la prueba presentada respecto del cuerpo del delito. Cierto es innegable que cuando, además de los testigos que afirman que Pedro ha muerto a Pablo, la autopsia practicada en el cadáver de la víctima viene hasta en los menores detalles a confirmar la exactitud de sus dichos, por ejemplo, en cuanto al número y dirección de las heridas, resulta en el momento para el Juez una poderosa garantía; hácese desde luego imposible todo error, y parece que para dar pormenores tan exactos del hecho han debido necesariamente hallarse presentes al suceso. Sin embargo, esto no es haber dicho lo bastante. A falta de la facilidad que proporciona el hallarse de antemano comprobado el cuerpo del delito, ¿no podrá el Juez descubrir otros medios de comprobación? Examine y sepa de un modo cierto por qué no han quedado vestigios del crimen cometido (1), y qué probabilidades existen, por otra parte, acerca de su perpetración real; pregúntese a sí mismo si las declaraciones de los testigos son conformes entre sí hasta en sus más minuciosos pormenores, y si de ellas no puede sospecharse que sean efecto de una criminal inteligencia o de siniestras sugestiones; si quedan todavía dudas que no le permitan considerar como verdaderos los hechos referidos en sus declaraciones (2); por último, si se ha hecho mención en la causa de todos los hechos constitutivos del cuerpo del delito (3). Si el crimen exigiese desde ciertos puntos de vista un examen especial de peritos (4), el Juez no concederá pleno efecto al testimonio sino en cuanto los hechos articulados, o las pruebas por otra parte descubiertas en el proceso, vengan a llenar el vacío que resulta de la falta del reconocimiento pericial (5). Bien se comprende que el testimonio haga plena prueba cuando los peritos afirman, por ejemplo, que la sustancia administrada por el acusado en presencia de los testigos que refieren el hecho era realmente el arsénico, aunque, sin embargo, éstos no hayan podido por sí mismos determinar su naturaleza (6).

---

(1) Dos testigos declaran haber visto a Pedro matar a Pablo en un bosque, y sepultar después su cadáver; procédase a levantar la tierra en el lugar indicado y no se encuentran vestigios ni restos mortales; en este caso no puede mirarse como demostrado el cuerpo del delito. Otra cosa sería si los peritos hallasen en la naturaleza del terreno, que activase la descomposición del cuerpo, una explicación satisfactoria de la ausencia de vestigios.

(2) Por ejemplo: dos testigos han visto a Pedro y a Pablo entrar en el bosque y sólo han visto a Pedro salir: el hecho del asesinato permanece dudoso.

(3) Aun esta circunstancia moral, la falta de motivos conocidos que hayan podido impulsar al crimen al acusado, bastaría muchas veces para excluir la posibilidad de una condena.

(4) Los testigos han visto a Pedro dar tres puñaladas a Pablo en la cabeza; y en el momento de caer en tierra la víctima, han huido de aquel sitio. Su testimonio no basta para probar que Pedro ha dado realmente muerte a Pablo si no existe declaración pericial.

(5) Los testigos afirman que se ha propinado el arsénico: ¿puede en tal caso mirarse como probado por sólo su dicho, que en efecto era arsénico la sustancia administrada?

(6) Los testigos han visto al acusado verter en el vaso de la víctima unos polvos blancos envueltos en una cajita negra con el sello de un farmacéutico que dichos testigos designan y que llevaba tal fecha. Está averiguado en la oficina de farmacia

Convéncese del mismo modo el Juez de la verdad del testimonio, cuando la declaración de los testigos puede corroborarse por medio de una investigación científica que, por otra parte, no versa sobre el cuerpo del delito (1), y también, por último, cuando habiendo éstos afirmado que la muerte ha sido causada por el envenenamiento con arsénico, todas las circunstancias demuestran que han dicho la verdad (2).

Siendo necesarios, según se ve, dos testigos conformes para que pueda haber condena, dedúcese de aquí que un solo testimonio no pueda hacer plena fe: por eso los legisladores de algunos países (3) han prohibido antes de ahora la condena en virtud de él, y en esto consiste una de las más preciosas garantías de la inocencia. Cuando el tormento era un medio judicial, la declaración de un testigo único podía dar por resultado que se aplicase el tormento al acusado; pero hoy sólo constituye una presunción, que en el curso del procedimiento autoriza al Juez a decretar ciertas medidas u ordenar la práctica de algunas diligencias, o combinándose con pruebas de otra naturaleza, puede proporcionar la certeza de culpabilidad bajo el nombre de *prueba compuesta*. Según el espíritu de la ley común de Alemania, la máxima *testis unus, testis nullus,* no admite excepción; pero varias leyes locales conceden en algunos casos (4) a ciertas personas *(oficiales de justicia o funcionarios de la Administración)* (5) el privilegio de que su solo testimonio haga fe, en lo cual hay un error grave. Indudablemente, al establecer el legislador esta excepción del principio fundamental de la prueba testimonial, ha temido dejar impunes ciertos delitos que muchas veces pueden cometerse en la sola presencia de los funcionarios; pero, dígase lo que se quiera, un testimonio aislado no puede ser nunca más que una afirmación sin con-

---

que dicho día el acusado compró arsénico, que se le remitió en la cajita de papel negro de que aquéllos hacían mención.

(1) Los testigos dicen además que el acusado ha sacado un paquete de una caja que contenía tres de ellos, y que después lo vertió en el vaso de la víctima. Encuéntrase la caja en el paraje indicado y el análisis químico demuestra que los dos paquetes que aun quedan en ella contienen arsénico.

(2) Los testigos afirman que A. ha dado a B., que hasta entonces gozaba de completa salud, una limonada envenenada con arsénico, y por otra parte consta que A. en el momento cayó enfermo, y que los síntomas de la enfermedad denotan el envenenamiento.

(3) Véanse las Leyes 20, tít. 5.°, lib. 22 del Digesto, y 9.ª, tít. 20, lib. 11 del Código; el Código austríaco, artículo 404; la Ordenanza criminal de Prusia, párrafo 198; el Código bávaro, párrafo 286; y en cuanto a la legislación francesa, la nota 1.ª de este capítulo.

(4) Por ejemplo: el Código bávaro, en su artículo 445, en los delitos de robo con violencia o de soborno.

(5) En Francia, los procesos verbales de ciertos funcionarios, si son regulares en la forma, hacen fe hasta para probar en contrario. Con razón se ha establecido que, su único testimonio haga prueba legal y obligue al Juez; pero debe entenderse que este privilegio no se aplica sino a delitos especiales o leves contravenciones y nunca en casos de crimen. Esta es una concesión hecha a las necesidades del orden público.

trapeso. El funcionario o empleado de la Administración y el oficial de justicia son ante todo hombres, y como tales no pueden menos de participar de la debilidad de la humana naturaleza; la imaginación puede también trastornar su memoria, y la pasión influir involuntariamente en su declaración (1). Pero se dirá que el funcionario público ha sido juramentado; y ¿acaso no podrá, al cabo de mucho tiempo, debilitarse en su imaginación el efecto de este juramento, que tan ligado está con el porvenir? La casualidad le hace ser testigo de un suceso que le causa una profunda emoción (2); no tiene la sangre fría necesaria para observar bien los hechos, porque, en verdad, a pesar del privilegio que la ley confiere a su palabra, la razón le rehúsa entonces el derecho de hacer entera fe (3). Por tanto, es preciso añadir que, aun en los países mismos donde esta excepción se admite, el testimonio de esta clase se considera debilitado, sobre todo cuando el que le presta es el personalmente ofendido por el delito, o del resultado de la causa puede deducirse que no ha podido ver ni oírlo todo exactamente.

---

(1) Esto prueba además que los partidarios del sistema que combatimos retroceden ante sus consecuencias, no aplicándole sino cuando se trata de simples delitos.

(2) Por ejemplo: se encontró expuesto a una violencia en su persona, o a que se rebelasen contra él.

(3) Véanse también, a este propósito, el cap. 22, tít. 6.°, lib. 1.°, y el cap. 19, título 28, lib. 2.° de las Decretales.

## CAPITULO IX

# DEL EFECTO DEL TESTIMONIO DADO POR VARIOS TESTIGOS SOSPECHOSOS

Han estado mucho tiempo divididas las opiniones sobre la cuestión de si las declaraciones de hombres sospechosos, pero constituyendo un gran número, pueden por su multitud compensar lo que a cada uno de aquéllos falta de credibilidad; o, en otros términos, si, por ejemplo, cuatro testigos sospechosos, pero conformes en sus dichos, pueden establecer la certeza de un hecho. La cuestión, así presentada, debe resolverse negativamente: trátase aquí de apreciar hechos morales en los que para nada sirven las leyes del cálculo matemático; porque el segundo testigo reproduzca la declaración del primer sospechoso, no por eso ésta adquiere ninguna nueva fuerza, toda vez que el segundo testigo, en razón de su vicio personal, tampoco suministra un medio regular de comparación. Para mayor claridad pongamos un ejemplo. El primer testigo que declara ha sido encarcelado varias veces en virtud de sentencia judicial, y toda su vida es un testimonio de su mala conducta; preséntase otro que parece haber recibido dinero para declarar; llega después el tercero, enemigo capital del acusado; y, por último, el cuarto, próximo pariente de la parte ofendida: por más que estos cuatro testigos declaren de una manera uniforme, a nadie convencerá directamente la uniformidad de sus deposiciones. La afirmación de un embustero no hace creer en la mentira de otro; el testimonio de cada testigo puede en este caso compararse a otros tantos indicios, y no es, por cierto, computándolos, como se llega a decir que los indicios son el fundamento de la certeza. Dedúcese de aquí que la máxima, a menudo repetida, de que cuatro testigos sospechosos hacen plena prueba, es una máxima falsa en su sentido absoluto (1).

Sin embargo, suele preguntarse únicamente si habrá casos en que, bajo ciertas condiciones, el testimonio de los hombres sospechosos pue-

(1) Según los términos del párrafo 387 de la Ordenanza criminal de Prusia, jamás pueden hacer plena prueba los testigos sospechosos.

da producir la certeza (1), a lo cual responderemos que sí, sin titubear. Lo que hace sospechoso al testigo es una presunción de falta de sinceridad, cuyo efecto no es siempre el mismo y se modifica según los casos: al Juez toca, pues, considerar maduramente todas las circunstancias. Cuando se le presenta como testigo un apercibido judicialmente, despiértase en él la confianza, teme que este hombre carezca de todo sentimiento moral, y que, estando viciado por su misma inmoralidad los resultados de su observación, por lo que toca a la causa, dé una falsa declaración. Mas si constase que aquel hombre, condenado hace más de veinte años, cedió entonces a la seducción o se dejó llevar de la ligereza, pero después ha sido de una conducta ejemplar; si además sus conciudadanos afirman que ha vuelto a entrar de nuevo en la senda de la honradez, ¿qué motivo fundado podría impedir al Juez para no hacer caso de la condena en otro tiempo impuesta y sufrida por el testigo, y para dejar de confiar en su declaración? Las circunstancias, lo repetimos, decidirán siempre si debe o no prescindirse de la presunción prejudicial que milita contra la persona del testigo, lo cual equivale a decir que el Juez examinará: 1.º Si, por lo que hace a la causa, ha desaparecido en todo o parte el vicio del testimonio; 2.º Si la conformidad de los testigos viene a dar una garantía de certeza. Por lo relativo al primer punto convendrá hacer la siguiente distinción: o el motivo de sospecha puede provenir del carácter personal del testigo, carácter que no permite creer que ame la verdad (2), o puede también derivar de ciertos vínculos que apenas le dejan en libertad de declarar en la causa contra el sujeto (3), o le incitan a confirmar por medio de un falso testimonio tales o cuales hechos articulados (4). En la primera hipótesis, sólo usando de la circunspección más escrupulosa será como el Juez podrá creer en la sinceridad, no presumida, del testigo; una excelente conducta, indicio manifiesto de una reforma moral (5) o de un amor a la verdad que no se ha extinguido a pesar del desenfreno de la vida pasada, le servirá de garantía. En la segunda hipótesis, las dudas pueden igualmente desvanecerse, bien el contenido de la declaración demuestre que el testigo ha hablado contra su interés, porque la verdad es para él más poderosa (6), las circunstancias de la causa hagan ver que los motivos de parcialidad que en él se suponían no han podido hacerle desviar del verdadero cami-

---

(1) Por eso el Código bávaro establece con razón, en el artículo 298, que cuatro testigos conformes pueden hacer prueba completa en este caso.

(2) Por ejemplo: el testigo ha sido judicialmente apercibido, o es notoria su mala conducta.

(3) Por ejemplo: el testigo es próximo pariente del acusado.

(4) Por ejemplo: el testigo tiene interés en que se condene al acusado.

(5) En este caso conviene recibir declaración a otros testigos para que hagan constar su reputación actual.

(6) Por ejemplo: es un próximo pariente del acusado el testigo de cargo.

no (1); bien, por último, su ejemplar conducta no permita creer que al presente, como en otra ocasión, ha sacrificado todo a su deber o prestado oídos a interesadas sugestiones.

Por lo relativo a la conformidad de las declaraciones, diremos que el Juez puede considerarla como decisiva:

*a)* Cuando se refiere a hechos cuya narración exige necesariamente la presencia simultánea de todos los declarantes;

*b)* Cuando, por otra parte, los hechos se hallan confirmados por las pruebas;

*c)* Cuando del proceso resulta que no se ha sugerido respuesta alguna a los testigos;

*d)* Por último, cuando no es posible suponer que éstos se hayan confabulado en usar de unas mismas expresiones (2).

(1) Por ejemplo: hace muchos años que el testigo tenía trato íntimo con el acusado, de manera que entre él y su pariente hay iguales motivos de afección.

(2) Los cuatro testigos son amigos íntimos, y antes de declarar han conferenciado largamente: ¿tendrá el más mínimo valor su unanimidad?

## CAPITULO X

# DE LA CONTRADICCION ENTRE LOS TESTIMONIOS

Cuando los testimonios aparecen entre sí contradictorios, el Juez no obviará la dificultad computando el número de aquéllos por cada parte, y concediendo su confianza a la opinión representada por la mayoría, puesto que cálculos de esta especie conducen directamente al error (1). Los testimonios no son cantidades que puedan apreciarse por los medios matemáticos; las circunstancias de la causa son las únicas que producen la convicción, y en tal caso sólo llega a adquirir certeza el entendimiento, pesando con cuidado todos los elementos de credibilidad que aquéllas encierran.

Sin embargo, deben, desde luego, hacerse varias distinciones:

1.ª Sucede con frecuencia que, a pesar de la diversidad de su contenido, los testimonios pueden subsistir los unos al lado de los otros, y también que se concilien (2) sin que ninguno de ellos sea rechazado como tachable de error o de mentira (3). En este caso conviene examinar en qué situación, en qué punto de vista, bajo qué aspecto, y, por último, en qué diversos momentos han observado las cosas los testigos discordantes Dos hechos diferentes, atestiguados por dos testigos, pueden ser ciertos sin que haya, propiamente hablando, contradicción entre los que acerca de ellos deponen.

2.ª Tampoco hay colisión entre los testimonios, cuando cada una de las declaraciones versa sobre diversos hechos relativos al crimen, que se suceden uno a otro y el uno por el otro se completan (4). El

---

(1) Por ejemplo: tres testigos dicen haber oído tal expresión; otros dos afirman lo contrario; sería absurdo proceder por vía de sustracción y admitir como una semiprueba la declaración del mayor número.

(2) Este es el caso llamado por los antiguos doctores *singularitas testium diversificativa.*

(3) Por ejemplo: en un proceso por heridas graves causadas en *una* riña, ciertos testigos dicen haber visto a A. dar a B. un golpe; otros afirman que T. hirió al mismo sujeto.

(4) Por ejemplo: A. ha oído a B. decir a su camarada, que ha de matar a C. por vengarse de él; D. ha visto a B. cargar la pistola; E. le ha visto acechando a la

Juez se hace cargo de todos y de su íntimo enlace para fundar por este medio su convicción en conformidad de las reglas sobre la prueba artificial.

3.ª Hay, empero, verdadera contradicción cuando el lenguaje de los testigos es inconciliable, cuando se ve que no han podido todos decir a un mismo tiempo la verdad (1), y cuando, por consiguiente, uno de ellos debe necesariamente mentir o engañarse (2). En tales casos es cuando comienza a dudarse: la certeza de un hecho excluye toda posibilidad de otro hecho contrario; luego la contradicción de los testigos tiene precisamente por resultado la afirmación de esta contrariedad. El Juez entonces no tiene otro medio de zanjar la dificultad sino examinando a fondo las garantías de confianza que inspira cada uno de los testigos (1), puesto que más se siente uno inclinado a creer a un testigo *clásico* que a otro *incapaz* o *sospechoso*. Si los testigos que afirman son, por otra parte, hombres sin tacha y dignos de entera fe; y si, por el contrario, los dos que niegan están judicialmente apercibidos o son sujetos de mala conducta, su contradicción no podría detener al Juez ni un momento. Del mismo modo, entre personas reconocidas como perfectamente aptas para presentarse por testigos, conviene examinar cuáles son las que mejor merecen la confianza, y el Juez se decide según las reglas que en otra parte (Parte 5.ª, Cap. VI) hemos indicado. Apreciará como digna de fe la declaración de un hombre conocido por su rígida probidad, su tranquila y prudente experiencia y su modo de expresarse con claridad y lucidez, mucho más que los dichos de un testigo que titubea o que está ya conocido por su ligereza. La confianza debida al primero viene a aminorar otro tanto la que hubiera podido obtener el segundo; y cuando a presencia del que acusa comparecen varios testigos que se expresan en los mismos términos y niegan los hechos de la acusación, auméntase la duda en razón de su misma credibilidad. Por último, aparte de la persona del testigo, el contenido de su declaración merece también un atento examen; cuanto más verosímiles parezcan los hechos, más en armonía están con el resultado que las demás pruebas y circunstancias de la causa arrojan, y mayor derecho tiene el Juez a prestarle fe. Se ve, pues, que no está sujeto en todos los casos a reglas fijas, y que decide como lo haría un jurado (4). Debemos tam-

---

víctima; F. le ha visto disparar el tiro, etc. Esto es lo que los autores llamaban *singularitas testium adminiculativa o cumulativa.*

(1) Esta es la *singularitas obstativa* de los autores.

(2) Dos testigos afirman que a la hora de las seis vieron a Pedro dar una puñalada a Pablo; otros dos sostienen que Juan es el autor del asesinato, y que a la hora indicada Pedro estaba sentado junto a ellos.

(3) La Ley 21, pár. 3.°, tít. 5.°, libro del Digesto, prescribía que el Pretor no se dejase llevar, por lo común, del número de testigos. Véase también el cap. 32, tít. 20, libro 2.° de las Decretales.

(4) Las Leyes modernas de Alemania tampoco comprenden más que disposiciones generales sin utilidad directa. Por ejemplo: el artículo 390 de la Ordenanza

bién combatir de paso un error común. Se ha sostenido muchas veces que los testigos afirmativos deben siempre preferirse a los que niegan, y que por numerosos que éstos sean, nunca pueden destruir la prueba de los primeros. La causa de esta mala inteligencia está en confundir los términos. Los testigos que niegan *(negantes)* no son en manera alguna iguales a los que declaran que nada saben *(nescientes)*. Cuando gran número de éstos viniese a decir que no tienen conocimiento de un hecho, ya por no haber estado presentes en el lugar donde se verificó, ya porque no pusieron en ello atención, bien se comprende que su declaración en nada debilita el testimonio de los que afirman. Pero si se presentan otros que sostienen que el hecho no tuvo lugar, y refieren circunstancias que están en oposición formal con el testimonio afirmativo (1); si en apoyo de sus negaciones prueban que, aun suponiendo la realidad del hecho, deberían necesariamente haber tenido conocimiento de él (2); si, por último, el hecho que niegan tiene con ellos alguna relación, sin que pueda sospecharse que tienen interés en callarle (3); en todos estos casos es evidente que la contradicción entre los testigos no puede resolverse *a priori* en favor de los que afirman.

Si el Juez, al terminar el proceso, no encuentra la solución de la duda, recurrirá al medio ordinario y admitirá como verdadera la versión más favorable al acusado (4).

---

criminal de Prusia dice *que el Juez decidirá qué testigo merece ser creído.* Lo mismo disponen los artículos 294 y 295 del Código bávaro.

(1) Por ejemplo: dos testigos declaran que el día 14 de julio, a las seis de la tarde, Pedro cometió tal crimen; otros dos afirman que en el día mencionado no se apartó Pedro de su lado desde las seis de la tarde hasta las ocho.

(2) Ha sucedido una riña, y Pedro es acusado de haber sido el agresor; pero otros testigos declaran que no se apartó de ellos siquiera un instante, y que durante todo el tiempo permaneció tranquilo.

(3) El acusado afirma que Pedro le ha dado tal cosa: Pedro lo niega.

(4) Esto es lo que prescriben el artículo 295 del Código de Baviera y el artículo 90 de la Ordenanza criminal de Prusia. Por lo que respecta a la prueba testimonial, la ciencia y la legislación han hecho en estos últimos tiempos notables progresos en Alemania. Todo el mundo reconoce, cada día más, que los testigos son el oído y el ojo del Juez, y que es despojar sin razón a éste de un poderoso medio de descubrir la verdad establecer contra ellos numerosas exclusiones. Apenas hace veinte años la Ley rechazaba en todos los casos, como emanada de gentes inhábiles para presentarse como testigos, la declaración de los individuos que en razón de ciertas circunstancias particulares tuviesen contra sí la presunción general de falta de sinceridad; tales eran, por ejemplo, los próximos parientes y los apercibidos judicialmente. Del mismo modo, la Ley había establecido prescripciones cuyo objeto era determinar de una manera clara y terminante la fuerza probatoria de la declaración de ciertos testigos, de los cómplices, de la parte ofendida, etc. Este sistema producía graves inconvenientes. Obligados los Jueces a observar reglas generales y muchas veces injustas por su misma generalidad, se veían en la precisión de no admitir de ningún modo como suficiente el testimonio, aunque todas las circunstancias de la causa les suministrasen la íntima convicción de que el testigo había dicho la verdad. Las Leyes modernas, la Ordenanza de procedimiento criminal de Wurtemberg, párrafo 305, y la del Ducado de Baden, párrafo 205, no distinguen ya

entre testigos inhábiles y los llamados clásicos. Los próximos parientes, los apercibidos judicialmente son admitidos a declarar. Al Juez toca decidir si les ha de dar o no crédito, y ya no tienen aplicación las reglas de la Ley antigua.

Pero aun aquí se reproducen por perniciosos efectos del vicio capital de la Ley alemana, a saber: del procedimiento escrito y secreto. El Juez de instrucción oye separadamente a los testigos y nadie sabe de qué sugestiones o preguntas insidiosas, promesas o amenazas, ha podido ser blanco. ¿Y habrá razón para admirarse de que el pueblo rehúse su confianza a la justicia del país? Es siempre difícil reproducir fielmente en el proceso verbal la declaración de los testigos; una sola palabra más o menos puede alterar su sentido; y, sin embargo, sólo sobre esta pieza deben los Jueces basar su confianza y fundar su sentencia; no pueden ver ni oír a los testigos, ni interrogarlos para esclarecer sus dudas. Además, no todos los Jueces de la causa toman siempre por sí mismos conocimiento del contenido de los procesos, algunas veces muy voluminosos; un Juez ponente es quien se los hace conocer, y su relato constituye el único fundamento de su certeza. No conocen las personas de los testigos, la forma de su declaración, ni su actitud al tiempo de prestarla; y les falta también una de las garantías más poderosas de su fe en los testimonios recibidos. Estos son otros tantos motivos para que el pueblo alemán rehuse su confianza a los fallos fundados en la prueba testimonial, y para que clame abiertamente por el debate oral y público. Se ha felicitado, por último, en ver introducida una innovación en la nueva Ley de Baden, y también en Prusia; sin embargo, es de sentir que por efecto de una excesiva timidez no se haya procedido, como por lo regular se hace en Alemania, sino adoptando medidas interinas; y que se haya violado el principio de la prueba testimonial *oral*, al darse la disposición que autoriza la lectura, en los debates, de las declaraciones recibidas en la instrucción preliminar y emanadas de testigos que después dejaron de existir o se inutilizaron por cualquier motivo. En Francia, el Presidente puede, en virtud de su facultad discrecional, ordenar esta lectura para que sirva como de dato, y a los jurados toca darla o no crédito.

## ADICIONES A LA PARTE QUINTA

### (Capítulos I a X)

La importancia de la prueba testifical es grande en el proceso penal. Con razón se ha dicho que mientras el proceso civil es el reino del documento, el proceso penal es el del testimonio.

Es de hacer notar que, salvo en algunos delitos (falsedades, por ejemplo), por regla general el documento se utiliza con poca frecuencia a los efectos de probar los hechos de una causa penal. Existen, sí, documentos destinados a probar características del encausado (partida de nacimiento, certificados de antecedentes penales, etc.), pero, como antes señalamos, son excepcionales los documentos que se utilizan para probar el delito objeto de investigación. No obstante la gran importancia que tiene la prueba testifical en el proceso penal, siempre se ha tenido una gran prevención hacia este medio de prueba en razón a la incertidumbre y falibilidad de la misma. La consideración de los elementos sicológicos del testimonio pone de manifiesto el peligro de falibilidad, ya que sería precisa la perfecta coordinación de una variedad de circunstancias para que lo declarado responda a la verdad en su sentido estricto, ello sin contar con la posibilidad de una alteración voluntaria de la misma.

Las operaciones mentales que forman el testimonio son reducidas por Gorphe (*De la apreciación de las pruebas,* trad. esp., Buenos Aires, 1955, página 362) a las tres siguientes:

1) La percepción sensible de las cosas o del hecho, que difiere según los individuos y las condiciones en las cuales se encuentran.

2) La memoria, complejo proceso que comprende varias operaciones; en primer lugar la conservación de las percepciones sensibles; después, la reproducción de los recuerdos, su evocación y su reproducción en el tiempo.

3) La disposición o comunicación de los recuerdos a la autoridad encargada de recogerlos como apreciación final, destinada a informar al Juez.

En función de esos elementos o procesos diversos debe ser apreciado el testimonio, teniéndose bien presente que el defecto de uno u otro resulta suficiente para viciar de alguna manera el resultado.

Aparte la mentira, sobre la que no resulta precisa ninguna consideración en cuanto a la frecuencia con que se presenta, sobre todo cuando se trata de hechos de hondas repercusiones sociales dentro del ánimo en el cual se producen, y que dan lugar a que se desaten las más bajas pasiones, es muy de tener en cuenta la posibilidad de error, error que puede provenir de diferentes causas, tales como las "alucinaciones", las "invenciones", las "confabulaciones", las "falsas interpretaciones", las "confusiones" y las "ilusiones", conceptos éstos cuyo estudio por separado no se hace necesario, pero de los cuales derivan los innumerables casos de error judicial recogidos por los autores, algunos de los cuales merecen ser citados.

Son de recordar dos ejemplos contenidos en la colección de los recogidos por Laillen y Vonoven (*Les erreurs judiciaires et leurs causes*, páginas 71 y 345), como manifestaciones del fenómeno de la falsa interpretación.

Refiérese el primero de ellos al caso de un tal Cheron, que en 1860 compareció ante el Tribunal de Evreux por haber cazado en propiedad ajena. El guarda de caza afirmaba haberlo reconocido a 10 metros, mas se averiguó que se trataba de un tal Moulin, que confesó el delito. Los dos no se parecían en absoluto, pero el guarda había encontrado a la perra, que llevaba en su collar el nombre y la dirección de Cheron, e inmediatamente se había "persuadido" de que el cazador era el propietario de la misma.

Refiérese el otro caso a un suceso que tuvo lugar en el curso de una campaña electoral muy violenta, como las que se sucedían en aquella época en Córcega. El 13 de junio de 1861, a las nueve de la noche, un tal Filipi fue muerto de un pistoletazo. Uno de sus amigos, el señor Blasi, afirmaba haber visto disparar a Roinosi, y éste fue condenado. Por suerte, se logró probar que el culpable había sido su primo Simoni, y el proceso fue revisado ante la corte de Asises, del departamento del Gard, el 23 de marzo de 1883. Blasi reconoció que únicamente había visto a Reinosi cuando tenía una pistola en la mano en la posición de un hombre que hace fuego o que va a disparar. Creyó, por tanto, que Reinosi había consumado su ademán y había tirado; de aquello a persuadirse de haber visto disparar efectivamente no había que franquear en su espíritu sino un paso.

Es de destacar el frecuente fenómeno que se ofrece cuando el testigo parte de la idea preconcebida de la culpabilidad de una persona, presentándose entonces predispuestos e inclinados a recoger indicios en las simples apariencias, interpretándolos de acuerdo con esa idea precocebida.

En atención a las relaciones del testimonio con el hecho probable viene dividiéndose éste en testimonio "ex propriis sensibus" o directo, en el cual el testigo relata lo que él mismo ha percibido; testimonio "ex auditu alieno" o indirecto, en el que manifiesta lo que otro le ha contado, y testimonio "de fama común o rumor público".

Refiriéndose a la clasificación indicada, señala Gorphe (*ob. cit.*, pág. 364) cómo solamente la primera clase de testimonios hace verdadera prueba, ofreciéndose las otras dos tan sólo como aproximaciones más o menos probables.

Con toda razón se ha desconfiado siempre del testimonio indirecto, al que los antiguos legistas y canonistas denominaban testimonio "ex credulite", en oposición al verdadero testimonio llamado "ex scientia", viniendo a constituir una antigua e importante regla del Derecho anglo-americano la de prohibir a los testigos repetir los rumores del vulgo.

El régimen jurídico del testimonio en el Derecho español responde a las siguientes directrices:

A) Sujeto activo de este medio de prueba es la parte que solicita la prestación del testimonio conforme aparece en el artículo 656 de la Ley de Enjuiciamiento criminal, siendo sujeto pasivo la parte contraria, y el destinatario, el Tribunal propiamente dicho.

En cuanto al deber de comparecer, se señalan en los artículos 702 y 703 de la Ley de Enjuiciamiento criminal algunas especialidades referidas al juicio oral; así, según el artículo 702, "todos los que, con arreglo a lo dispuesto en los artículos 410 al 412 inclusive, están obligados a declarar, lo harán concurriendo ante el Tribunal, sin otra excepción que la de las personas mencionadas en los números 1.º, 7.º y 9.º del artículo 412, las cuales podrán declarar por escrito"; y, por su parte, el 703 dispone que, "sin embargo de lo dispuesto en el artículo anterior, si las personas mencionadas en los números 2.º, 3.º, 4.º, 5.º, 6.º y 8.º del artículo 412 hubieren tenido conocimiento por razón de su cargo de los hechos de que se trate, podrán consignarlo por medio de informe escrito, de que se dará lectura inmediatamente antes de proceder al examen de los demás testigos. Lo propio harán los funcionarios del orden judicial o del Ministerio Fiscal que se encuentren en igual caso". Y, en cuanto al deber de declarar, se señala también como regla general que "todos los testigos que no se hallen privados del uso de la razón están obligados a declarar lo que supieren sobre lo que les fuere preguntado, con excepción de las personas expresadas en los artículos 416, 417 y 418 en sus respectivos casos" (art. 707 de la Ley de Enjuiciamiento criminal).

En el juicio oral, el testigo que se niegue a declarar incurrirá en la multa de 100 a 1.000 pesetas y si persiste en su negativa se procederá contra él como autor del delito de desobediencia grave a la autoridad (art. 716).

Los testigos son retribuidos, pues cuando comparezcan a declarar tendrán derecho a una indemnización si la reclaman. El Tribunal la fijará teniendo en cuenta únicamente los gastos del viaje y el importe de los jornales perdidos por el testigo con motivo de su comparecencia para declarar (art. 722).

B) En cuanto al objeto, la posibilidad, idoneidad y causa del testimonio vienen dadas con el criterio de gran amplitud, no estableciéndose limitaciones acerca de la idoneidad de este medio de prueba, como ocurre en el proceso civil, en el que existen determinadas prohibiciones de Derecho material o procesal.

C) Con referencia a la actividad, se aplicará la regla general del local del órgano jurisdiccional (art. 701), con las excepciones de la práctica de dicho medio de prueba fuera del local, que se señalan en los artículos 718 a 720 de la Ley de Enjuiciamiento criminal por imposibilidad, o mayor idoneidad, de un lugar determinado, y del privilegio consistente en sustituir la declaración por el informe escrito en los supuestos del artículo 703. En cuanto al tiempo, viene señalado por el acto del juicio propiamente dicho, como regla general, si bien con la excepción que para el aseguramiento de esta prueba se señala en los artículos 448 y 449, en los que se establece un supuesto de práctica anticipada de prueba testifical. Respecto a la forma, los actos de producción son escritos con copias, en cuanto a la proposición genérica, conforme se establece en el párrafo 2.º del artículo 656 y artículo 657; pero la proposición específica se realiza en forma verbal, conforme se establece en los artículos 701 y siguientes de la Ley de Enjuiciamiento criminal, siendo también oral su práctica, que tiene las características de la solemnidad del juramento (artículo 706) y de producirse en idioma castellano (art. 711), salvo las excepciones que se señalan en el mismo artículo y que remiten a lo dispuesto en los artículos 440 a 442 de la misma Ley.

En cuanto a la recepción de la práctica, rige el sistema de inmediación subjetiva y publicidad, con las excepciones señaladas a la publicidad de los debates (arts. 680 a 682). Rige asimismo el principio de inmediación objetiva, conforme se establece en el artículo 712, y el de inmediación de la actividad, con el principio de concentración de la práctica de la prueba, con gran rigor, según señalan el artículo 749 y el criterio de orden, según aparece del párrafo 5.º del artículo 701.

D) En cuanto al procedimiento, hay que distinguir el procedimiento en el sumario y en el plenario o juicio.

*a)* En el sumario, los testigos citados que no estuvieren impedidos físicamente comparecerán a la presencia judicial en el día y hora que se les señalare, y al presentarse a declarar los citados, entregarán al Secretario judicial la copia de la cédula de citación (art. 433).

El Juez instructor, antes de recibir del testigo púber, mayor de catorce años, el juramento, y de interrogar al impúber, les instruirá de la obligación que tienen de ser veraces y, en su caso, de las penas señaladas en el Código penal para el delito de falso testimonio en causa criminal (art. 433, párrafo 5.º). Después le recibirá juramento (art. 433, pár. 2.º).

El Juez dejará al testigo narrar sin interrupción los hechos sobre los cuales declare, y solamente le exigirá las explicaciones complementarias que sean conducentes a desvanecer los conceptos oscuros o contradictorios. Después le dirigirá las preguntas que estime oportunas para el esclarecimiento de los hechos (art. 436, pár. 2.º).

No se harán al testigo preguntas capciosas ni sugestivas, ni se empleará coacción, engaño, promesa ni artificio alguno para obligarle o inducirle a declarar en un determinado sentido (art. 439).

*b)* En el juicio oral, las partes, al presentar las listas de testigos, manifestarán si han de ser citados judicialmente en la forma prevenida por la Ley o si se encargan de hacerles concurrir al acto del juicio (art. 656, párrafo 2.º).

Los testigos que hayan de declarar permanecerán, hasta que sean llamados a prestar sus declaraciones, en un local a propósito, sin comunicación con los que hubiesen declarado ni con otra persona (art. 704).

El Presidente mandará que entren a declarar uno a uno, por el orden con que figuren los nombres en la lista que se inserta en el escrito en que hubieren sido propuestas las pruebas de cada parte (art. 705, en relación con el 701, párrafo 6.º), pero podrá alterar este orden a instancia de parte, y aun de oficio, cuando así lo considere conveniente para el mayor esclarecimiento de los hechos, o para el más seguro descubrimiento de la verdad (art. 701, párrafo 7.º).

La parte que haya presentado al testigo podrá hacerle las preguntas que tenga por conveniente. Las demás partes podrán dirigirle también las preguntas que consideren oportunas, si fueren pertinentes, en vista de sus contestaciones (art. 708, pár. 1.º).

El Presidente, por sí o a excitación de cualquiera de los miembros del Tribunal, podrá dirigir a los testigos las preguntas que estime conducentes para depurar los hechos sobre los que declaren (art. 708).

El Presidente no permitirá que el testigo conteste a preguntas o repreguntas capciosas, sugestivas o impertinentes (art. 709).

E) En cuanto al valor probatorio, hay que tener en cuenta que las declaraciones de testigos, como, en general, todos los medios de prueba, pueden ser apreciadas conforme a los sistemas de prueba tasada o de prueba libre.

Existe, sin embargo, la orientación intermedia, menos radical, que se sigue en nuestras Leyes procesales. Este es el sistema de apreciación de la prueba por las reglas de la sana crítica.

Ahora bien, estas reglas de la sana crítica no se hallan consignadas en ningún precepto jurídico, sino que serán tenidas en cuenta por el Juez con arreglo a otro criterio. Para ello tiene especial importancia en el proceso penal la ciencia denominada "crítica experimental del testimonio".

Según las conclusiones de esta crítica experimental, la valoración de la prueba de testigos ha de realizarse siguiendo diversas reglas, que podemos reducir a las siguientes:

1.ª) Autoridad de la persona que presta la declaración. Hay una serie de cualidades o defectos personales que calibran la credibilidad del declarante (cualidades físicas, intelectuales, morales y sociales).

2.ª) En relación con el objeto de la declaración. Es indudable que la autoridad de la persona que declara podrá reforzarse si se trata, por ejemplo, de casos de su especialidad.

3.ª) El contenido de la declaración. Este contenido, considerado en sí mismo independientemente de la persona que declara, podrá contribuir a aumentar o disminuir su valor en relación con la precisión o minuciosidad de los detalles o la vaguedad de los mismos. Sobre este punto, nuestra Ley de Enjuiciamiento criminal señala que "no se admitirán testigos de referencia en las causas por injuria o calumnia vertidas de palabra" (art. 813), y, asimismo, "en los artículos de previo pronunciamiento no se admitirá prueba testifical" (artículo 672).

En el Derecho español hay que tener en cuenta que las declaraciones de la instrucción preliminar, en principio, no tienen valor de verdadera prueba, salvo el caso de prueba anticipada, por lo que puede ocurrir que existan diferencias entre la declaración prestada en el sumario y la que se preste en el acto del juicio oral, y prevalecerá ésta sobre aquélla. La Ley de Enjuiciamiento criminal contiene las siguientes disposiciones: "Cuando la declaración del testigo en el juicio oral no sea conforme en lo sustancial con la prestada en el sumario, podrá pedirse la lectura de éste por cualquiera de las partes. Después de leída, el Presidente invitará al testigo a que explique la diferencia o contradicción que entre sus declaraciones se observe" (art. 714). "Siempre que los testigos que hayan declarado en el sumario comparezcan a declarar también sobre los mismos hechos en el juicio oral, sólo podrá procederse contra ellos por falso testimonio cuando éste sea dado en dicho juicio. Fuera de este caso, en los demás podrá exigirse a los testigos la responsabilidad en que incurran con arreglo a las disposiciones del Código penal" (art. 715).

### Jurisprudencia

1) El propósito del legislador al señalar los casos exceptuados de comparecencia, más que otorgar privilegios de orden puramente personal se propuso rodear a ciertas y determinadas jerarquías, y a las personas que en el momento respectivo las encarnaban, de la mayor suma de prestigio y consideración; no solamente respecto al resto de los ciudadanos en general, sino

asimismo en relación a la categoría de quienes hubieran de recibir la declaración, y a este criterio obedecen las diferencias que se observan entre las disposiciones referentes al sumario y las del juicio oral, por lo que la facultad de informar por escrito sólo alcanza a las personas a quienes se refiere mientras estuviesen ejerciendo el cargo, ya que no constituye dicha facultad un fuero especial que acompañe a las personas: al cesar éstas en el cargo, desaparese el motivo de exención y quedan sujetas a la regla general (sentencia de 13 de diciembre de 1934).

Deben evitarse los desplazamientos de los funcionarios judiciales y fiscales del lugar en que ejercen su cometido, y, por ello, cuando sus testimonios se consideren necesarios debe proponerse la prueba en el sentido de que informen por escrito sobre los hechos de que tengan conocimiento por razón de sus cargos, como establecen los dos primeros párrafos del artículo 415 de la Ley de Enjuiciamiento criminal, y como, en el caso que se enjuicia, las declaraciones de un Juez de instrucción y de un Teniente fiscal se refieren a hechos relativos al desempeño de sus respectivas funciones y no está justificada la necesidad de que concurran al juicio oral, cuando pueden informar por escrito, y su presencia puede ser vejatoria y producir situaciones enojosas que redunden en menoscabo del principio de autoridad, está bien denegada esa prueba inadecuadamente propuesta (sentencia de 30 de septiembre de 1959).

Se ajusta a Ley el Tribunal que desestima la pretensión de que se examinen como testigos el Juez instructor de la causa y el Teniente fiscal de la Audiencia, pues, habiendo intervenido en la causa, esta sola circunstancia les inhabilitaba para declarar (sentencia de 15 de marzo de 1889).

Si el testigo era Abogado en ejercicio y prestó sus servicios profesionales al procesado, está dispensado de la obligación de declarar (sentencia de 2 de julio de 1960).

En el caso de ser varios los procesados, desaparece aquella dispensa respecto a los demás con quienes el testigo no se halle ligado con el expresado vínculo de parentesco, a no ser que su declaración pudiera perjudicar a su ascendiente (sentencia de 8 de mayo de 1936).

Lo preceptuado en el párrafo último del artículo 416 de que los testigos ligados por parentesco con alguno o algunos de los encartados están obligados a declarar respecto a los demás, no enerva lo preceptuado en el número 1.º como norma general, ya que tal obligación está condicionada a que su declaración no perjudique a su pariente, y por eso sólo la Sala puede apreciar en cada caso las consecuencias de las declaraciones que presten los testigos que se encuentren en tal privilegiada excepción (sentencia de 1 de diciembre de 1934).

Está sujeto a la conciencia y libre criterio del Tribunal sentenciador si la declaración del testigo pudiera comprometer a sus padres procesados en unión de otra persona y tal decisión sólo será revisable en casación cuando se den elementos de hecho que revelen el desacierto del juzgador (sentencia de 8 de mayo de 1932).

La denegación de una diligencia de prueba propuesta en el acto del juicio oral que se refiere a la declaración de un testigo que era padre natural de uno de los procesados no puede constituir el quebrantamiento de forma que se alega; antes bien, el Tribunal, respecto a la facultad que concede al testigo el artículo 416 de la Ley de Enjuiciamiento criminal y que, además, aceptó y consintió sin protesta la recurrente, cuyo requisito es tan indispensable para la admisión de estos recursos y, por tanto, estuvo en su lugar la denegación de esta prueba, porque la responsabilidad de los dos procesados estaba tan íntimamente enlazada que la declaración tenía que afectar necesariamente al hijo del mismo (sentencia de 23 de abril de 1892).

El artículo 417 de la Ley exime a los funcionarios públicos de declarar cuando no puedan hacerlo sin violar el secreto que por razón de sus cargos estuviesen obligados a guardar, lo cual supone que pueden declarar sobre otros extremos, pero no en manera alguna sobre los particulares que deben mantenerse secretos, sin que su negativa a declarar sobre materias secretas requiera que sus superiores deban informar si les han autorizado o no para quebrantar el secreto funcional público, debiendo simplemente presuponerse que tal negativa evidencia la falta de autorización, pues la regla general es la prohibición de violar estos secretos, ya que hacer lo contrario genera la comisión del delito previsto en el artículo 367 del Código penal (sentencia de 9 de abril de 1968).

2) Son inútiles aquellas preguntas que, por lo amplio del concepto que entrañen, no pueden, aun contestadas favorablemente, ser de manifiesta influencia en la decisión de la causa (sentencia de 7 de mayo de 1901).

El artículo 709 impone a quien preside las sesiones del juicio oral y dirige sus debates la obligación de no permitir que los testigos que en dicho acto se examinen contesten a preguntas o repreguntas capciosas, sugestivas o impertinentes, y dispone que, en el caso de que por algunas de las partes se formulase protesta contra su resolución en tal sentido, el Secretario consignará en el acta, a la letra, la pregunta o repregunta a que el Presidente haya prohibido responder (sentencia de 14 de enero de 1956).

No son admisibles las preguntas que no van dirigidas al esclarecimiento de un hecho, sino a la expresión de un concepto o juicio sobre el carácter de la ofendida (sentencia de 27 de septiembre de 1945).

No cabe dirigir al testigo la pregunta de en qué se fundaba para creer al procesado capaz de cometer el delito (sentencia de 4 de junio de 1910).

A un testigo no pueden dirigírsele preguntas que por su índole y especiales circunstancias sólo por un perito pueden ser contestadas (sentencia de 28 de octubre de 1891), ni las hechas acerca de las condiciones morales y valor personal del perjudicado por el delito (sentencia de 28 de enero de 1905).

No cumple con lo dispuesto en el artículo la parte que se limita a solicitar como prueba testifical "todos los testigos figurados en la relación propuesta por el Ministerio Fiscal" (sentencia de 28 de enero de 1966).

En el escrito de calificación deben ser citados nominalmente los testigos (sentencia de 18 de noviembre de 1964).

Como ya tiene declarado esta Sala, admitida por la Audiencia, sin salvedad alguna, la reproducción por la defensa de la prueba de la acusación, se crea una situación procesal que es de obligada observancia, tanto para las partes como para el Tribunal mismo, siquiera no se haya formulado la prueba con todo el rigor que exigen los artículos 656 y 657 de la Ley de Enjuiciamiento criminal, por lo que la denegación en el acto del juicio de la de testigos así reproducida y admitida, quebranta una forma esencial del procedimiento, que debe subsanarse por los medios que la Ley establece (sentencia de 19 de junio de 1962).

## PARTE SEXTA

# DE LA PRUEBA POR DOCUMENTOS Y PIEZAS DE CONVICCION

### CAPITULO PRIMERO

## EN QUE CONSISTE LA PRUEBA POR DOCUMENTOS Y PIEZAS DE CONVICCION

Hay ciertos hechos cuya prueba en el proceso criminal se hace perfectamente por medio de documentos y piezas de convicción. Por estas palabras designamos a la vez todos los objetos inanimados (1) que por casualidad vienen a atestiguar la realidad de un suceso (2), y los expresamente creados para servir de prueba de aquél, en cuyo último caso la palabra «documentos» tiene una acepción más estricta. Entre estos medios de prueba se distinguen los monumentos *(monumenta)* que se destinan a consagrar la memoria de un hecho (3), o, bajo una fórmula simbólica (4), a significar y proclamar un derecho existente, y en sentido más estricto, los propiamente llamados documentos *(documenta)*, cuyo resultado es hacer constar la realidad del hecho. De éstos, también los unos han sido de antemano instituidos para servir de prueba en lo venidero (5); los otros por efecto de la casualidad, y sin que se haya previsto este fin especial, vienen a dar ciertas explicaciones o a atestiguar ciertos acontecimientos importantes (6). La prueba documental, o más bien el uso que debe hacerse de los documentos para la administración de la prueba, puede variar mucho en el proceso criminal, porque o bien el crimen resulta del documento mismo, y a la simple vista del uno se demuestra la existencia del otro (7), o bien el acusado

---

(1) En contraposición a los testigos, que tienen vida e inteligencia.

(2) En el sitio en donde se depositaron materias combustibles se han hallado algunos trozos de madera consumidos en parte, y apagados a poco tiempo de encendidos; esto prueba que en aquel mismo sitio se encendió fuego.

(3) Las tumbas o lápidas sepulcrales.

(4) Los mojones de los caminos o heredades, el blasón o escudo de armas, etcétera.

(5) Por ejemplo: los vales o papeles de obligación llamados *reconocimientos.*

(6) Por ejemplo: una carta amorosa, una hoja de un álbum, pueden contener indicaciones importantes, y esto sin que la persona de quien emana haya tenido intención de hacer de ellos un documento para lo sucesivo.

(7) En materia de *usura,* de *difamación.*

declara por medio de una confesión formal haber cometido tal o cual crimen (1), o es también un escrito del cual puede inferirse una tácita confesión (2), o comprende a veces el testimonio de un tercero acerca de un crimen que presenció (3), o, por último, se trata de él de un hecho que puede servir de dato, ya para deducir la existencia del crimen (4), ya para suministrar la certeza de la culpabilidad del acusado (5). Si se quiere profundizar la naturaleza de esta prueba, se hallará que es el resultado del poderoso concurso de diversos elementos de convicción. Un documento es por sí mismo decisivo como objeto exterior, y por su propia naturaleza como documento: la circunstancia de que el hecho o la indicación se haya consignado a propósito y con el fin de conservar la prueba, como parece, es por sí sola para el Juez un grave motivo de crédito (6) en la verdad de lo que enuncia o contiene; porque es muy racional suponer que su autor ha usado más que nunca de prudencia y circunspección, aun cuando se tratase de otra cosa muy distinta, de una palabra sin significado y dicha sin reflexión. En cambio, la experiencia ha demostrado que la prueba literal puede falsificarse y convertirse en un peligroso lazo; que es un arte fácil de imitar la escritura de otro, y que muchas veces se ha servido uno de escritos falsificados que se atribuían a una persona que realmente no era su autor.

Desde el punto de vista de su forma, de sus condiciones extrínsecas, el documento debe reunir dos circunstancias principales:

1.ª Para que produzca la confianza, debe presentarse en toda su *integridad,* sin la menor señal de alteración o mutilación; si contiene numerosos tachones, se han borrado en él líneas enteras o arrancado la mitad de sus hojas, desde luego debe mirársele como insuficiente.

2.ª En muchos documentos hay una forma obligatoria, esencial, bajo pena de nulidad; cuando se nos presenta una sentencia, un acto en que ha intervenido Notario, si el documento o pieza no está revestido de sello, si no lleva el signo del oficial público, desde luego decimos que carece de valor.

Por lo que hace al documento en sí mismo, al presentársenos es cuando nos convence: y al modo que en la *inspección ocular* el Juez se remite a sus sentidos y tiene por verdaderos los objetos que le muestran, así, cuando examinamos un documento, la fe que tenemos en nuestros propios sentidos nos hace creer que tales y cuales indicaciones

---

(1) Por ejemplo: ha confesado a un amigo el hecho que se le acrimina.

(2) Cuando, por ejemplo, con ocasión de las diligencias judiciales que contra él se practican, confiesa a un amigo que tiene grandes remordimientos.

(3) Ticio, por ejemplo, escribe a uno de sus amigos que él ha sido testigo del crimen.

(4) Por ejemplo: una correspondencia de naturaleza sospechosa con un amigo.

(5) Las enmiendas o raspaduras en los libros de comercio.

(6) Bentham discute sabiamente el valor de la *prueba literal* y los motivos que obligan a darle crédito.

que mencionan han pasado efectivamente y ha habido razón para incluirlos en él; y, por otra parte, al cotejar sus caracteres exteriores con las condiciones requeridas en la ley, la reflexión nos enseña a decir que por sí mismo merece de derecho toda nuestra confianza.

Pero no consiste todo en la forma: su contenido no es menos importante; porque, o bien él mismo lleva en sí el crimen, o bien comprende hechos que sirven para establecer cómo y por quién se ha consumado; pudiendo también deducirse de él su existencia. En el primer caso, basta leerle para conocer lo que contiene; o también, para que el delito se descubra en el momento, basta cotejarle con los demás hechos de antemano comprobados como ciertos (1) y que han venido a ser los puntos de comparación. Entonces la convicción del Juez procede de los sentidos y de la reflexión. En el segundo caso, la prueba por documentos se iguala a la de testigos: tenemos por verdadero su contenido, cuando nos merece entero crédito la persona de quien emana. En el documento público fiamos en la imparcialidad del oficial que bajo juramento lo ha redactado, e imaginamos que no ha podido certificar sino la verdad. Por último, el testimonio literal toma su fuerza de la probidad y del carácter de su autor: cuando éste es digno de fe, deferimos a su declaración; y cuando tenemos a la vista un documento que encierra una confesión lo consideramos como verídico; si a la persona que confiesa debe creérsela por su confesión oral, su declaración es para nosotros un testimonio dado por ella misma. Pero, limitándonos más a la cuestión, ¿hasta qué punto, en lo criminal, podrán los documentos tener fuerza probatoria y motivar la condena? Por lo que toca al procedimiento escrito de Alemania, preciso es reconocer que en cierto sentido los documentos son el principal medio de prueba: allí, el Juez definitivo jamás procede a la inspección, jamás interroga a los testigos ni al acusado; sólo se le transmiten las piezas del proceso después que el Tribunal de información o de instrucción ha terminado sus procedimientos, y sólo conforme a éstos decide. Siendo esto así, su convicción está basada en documentos públicos: condena en virtud de una confesión, de los dichos de testigos consignados en los autos y tiene por verdaderos esta confesión y estos dichos, porque las diligencias atestiguan que se han prestado judicialmente. No obstante, y profundizando más sobre este caso especial, se ve que el documento no es allí sino una prueba de prueba, que, constituida conforme a las reglas, puede, según la ley, tomarse por base de la sentencia. El Juez condena, no porque de las diligencias de oficio aparece que el acusado ha hecho una confesión, sino porque ésta lleva en sí ciertos caracteres convincentes por su naturaleza. Presentada la cuestión de este modo, un documento ¿puede producir la convicción del mismo modo que el testimonio o la confesión? ¿Podrá el Juez, a la simple vista del documento, condenar al acusado, sin tener

(1) Por ejemplo: en materia de *falsificación*.

necesidad de provocar directamente su confesión, o de llamar a un testigo? Seguramente no podrá menos de ser negativa la respuesta. En todos los casos, sin excepción, en que se presenta como prueba del hecho un documento, la pretendida prueba por documentos se convierte en otra, que debe a su vez administrarse y graduarse con arreglo a sus principios especiales:

1.° Si el documento mismo contiene el crimen, el Juez se convence al momento de su existencia con sólo leerle (1), y si no le satisfacen las observaciones que sus sentidos le transmiten, aplica al raciocinio, y la reflexión al examen comparativo del documento y de los demás hechos de la causa (2).

2.° Supongamos que se trata de hacer constar que el acusado es el autor del delito: si el documento contiene una confesión, como ésta por necesidad habrá sido extrajudicial, como el Juez ignora qué circunstancias la han producido, y no le es dado apreciar lo que puede tener de grave, es preciso suponer que no está hecha toda la prueba, y que se necesita una nueva y categórica declaración del acusado para conceder todo efecto probatorio al documento. Si éste no contiene sino un testimonio o declaración acerca de un crimen consumado por un tercero, tampoco es suficiente este testimonio. El testigo, para hacer fe, debe declarar en juicio y bajo juramento, y ser interrogado de una manera irregular, sin sugestiones; además de que el Juez no forma su convicción si, *por lo menos,* no son *dos* los que declaran. Ninguna garantía ofrece un testimonio extrajudicial y escrito: ¿hay, por ventura, algo que en tal caso demuestre que el testigo ha hablado después de pesar maduramente las consecuencias de su palabra, y que ha estado libre de toda coacción, de toda insinuación extraña? Nada, seguramente. Si el documento menciona tan sólo hechos que pueden prestar materia al Juez para tales y cuales inducciones, para tales y cuales presunciones de hecho contra el acusado (3), o que persuaden de sus intenciones en el momento en que obró (4), las reglas aplicables entonces son las de la prueba artificial; lo primero que debe hacerse es asegurarse de si los hechos de que habla el documento deben ser considerados como ciertos (5), y en seguida examinar qué conclusiones pueden razonablemente deducirse de ellos.

Bien se ve que la prueba preconstituida nunca es más que la prueba por confesión, testimonio o inspección judicial, aunque modificada;

---

(1) En el libelo mismo encuentra la difamación.

(2) Por ejemplo: cuando busca la prueba de la *falsificación.*

(3) Por ejemplo: se ha hallado una carta en la que el acusado suplica a la parte ofendida que no presente su querella, y le promete completa reparación del agravio.

(4) Por ejemplo: algunas horas antes del asesinato, el acusado ha escrito a un amigo diciéndole que tiene firme propósito de vengarse.

(5) En el caso del ejemplo anterior conviene examinar si la carta encierra una amenaza real y verdadera.

modificación importante, sin embargo, en la mayor parte de los procedimientos, y de la que muchas veces se han ocupado separadamente diversas legislaciones. Algunos pasajes del Derecho romano (1) dan a entender claramente que en Roma la condena ha debido algunas veces pronunciarse con vista de los documentos. La Carolina guarda silencio sobre este punto. Los doctores de la antigua escuela no han creído esta prueba digna de sus ensayos literarios especiales, y entre las antiguas Ordenanzas criminales, sólo la de Baviera (1616) ha tratado de ella en particular. Los Códigos modernos son los que por primera vez han dado sobre ésta disposiciones reglamentarias: el de Austria, sin embargo, está lejos de formular una teoría completa; sin duda, el legislador no creyó encontrar en los documentos una prueba directa e independiente; solamente, cuando ha tratado de la fuerza probatoria que corresponde a los *documentos públicos* es cuando ha creído que debía establecer algunos preceptos. La Ordenanza criminal de Prusia se refiere pura y simplemente a lo determinado en la Ordenanza de justicia civil; no obstante, fija de paso una multitud de reglas particulares en cuanto al reconocimiento de la firma y al cotejo de escrituras. El Código bávaro reglamenta, en parte, el procedimiento, es decir, organiza los medios para que el Juez pueda adquirir los documentos, reconocerlos y comprobar su sinceridad, y determina su efecto relativamente a la prueba, pero contentándose con enunciar algunos preceptos aplicables a los casos más frecuentes. La ley francesa tampoco establece más que un corto número de breves reglas que indican al Juez de instrucción el examen que debe hacer de los papeles, efectos y documentos de convicción: ordena que se le vuelvan a presentar al acusado en audiencia pública, y fija la norma que ha de seguirse en el procedimiento por delitos de falsedad en escrituras. En los tratadistas ingleses que han escrito sobre la prueba judicial es donde se encuentran los más extensos pormenores; en vano se buscarían en las obras de los jurisconsultos de Alemania y Francia los útiles desenvolvimientos a que los primeros se han entregado, tocante a la fuerza probatoria de los diversos documentos públicos, como los actos emanados del Estado y los fallos de los Tribunales, a la de las diversas especies de documentos privados, antiguos, etc., etc., y, por último, a la comprobación de su sinceridad, y principalmente al cotejo de las escrituras (2). El Código de la prueba del americano Livingston está concebido, por lo que concierne a la materia, en un sentido perfectamente semejante, y reproduce en sus disposiciones todas las ideas de los prácticos ingleses.

---

(1) Ley 25, tít. 19, lib. 4.°; Ley 2.ª, tít. 65, lib. 7.°; Ley 22, tít. 22, lib. 9.°; Ley 15, tít. 21, lib. 4.° del Código.

(2) Son muy importantes las investigaciones filosóficas de Bentham sobre este punto.

## CAPITULO II

## DE LAS DIVERSAS ESPECIES DE DOCUMENTOS

Los documentos, en lo civil, se distinguen en *públicos* y *privados;* y esta distinción se aplica igualmente en materia criminal. Entre los públicos se cuentan todos aquellos que, revestidos de un carácter auténtico, han sido redactados o extendidos por oficiales competentes, según las formas requeridas y dentro del límite de sus atribuciones. Divídense:

1.º En escritos emanados del Estado (1), de las Asambleas políticas reconocidas por él (2), o, en fin, de las Magistraturas públicas (3). Estos documentos tienen regularmente por objeto la notificación de la voluntad y de los mandamientos del poder reinante.

2.º En escritos emanados igualmente de las Autoridades que mencionan las medidas adoptadas o la conducta observada por las mismas y las declaraciones que creen útiles (4), o que relacionan los testimonios dados sobre sucesos de que los oficiales públicos han tenido conocimiento en el ejercicio de sus funciones (5). A esta clase pertenecen también los actos judiciales, y muchas veces los registros eclesiásticos, cuando la ley del país confiere al clero los poderes del oficial del estado civil, y cuando los hechos en estos registros referidos no exceden del círculo de sus atribuciones especiales (6).

Antes de decidir de la fuerza probatoria de un documento público, es menester hacer una distinción importante entre los hechos que el redactor del documento puede atestiguar por experiencia personal (7), y los que sólo puede consignar en escrito público, bajo la declaración de

---

(1) Por ejemplo: las Leyes, las circulares del Ministerio.

(2) Por ejemplo: las resoluciones votadas por las Asambleas de los Estados o por las Asambleas constitucionales.

(3) Por ejemplo: las sentencias de los Tribunales.

(4) Por ejemplo: un proceso verbal formado sobre un acontecimiento y las medidas tomadas en su consecuencia.

(5) Por ejemplo: las declaraciones se refieren a la conducta de un individuo, o a que se halló presente en cierto lugar.

(6) Por ejemplo: el documento menciona que A. se casó tal día.

(7) Por ejemplo: el eclesiástico puede certificar que el día de tantos de tal mes y año bautizó a B.

otro (1). Si el hecho que ha de sujetarse a prueba entra en la primera categoría, el documento hace plena prueba en el sentido de que el Juez está obligado a considerar jurídicamente como verdadero el acontecimiento que el oficial público declara haberse realizado a su vista (2).

Los documentos públicos pueden además servir de prueba, bien sea del cuerpo mismo del delito (3), bien de alguno de los indicios del mismo cuerpo del delito (4); bien, por último, de una circunstancia agravante de la pena (5); o pueden contener solamente la prueba de un hecho, en el cual puede verse un indicio contra alguna persona (6). Probado este hecho, puede también servir de mucho en descargo del acusado (7).

Todos los demás documentos, sea que emanen de personas privadas, sea que los hayan extendido personas públicas excediendo sus atribuciones legales, y, por fin, cualesquiera documentos públicos que careciesen de las formas, sustanciales, sólo constituyen una clase de escritos puramente privados, cuya apreciación se hace según la regla general y no pueden probar más en favor de su autor (8), que probaría la declaración verbal del testigo en su propia causa. En cambio, los documentos privados pueden muy bien probar contra él (9).

---

(1) Por ejemplo: recibe la declaración prestada por la madre de que A. es el padre del niño.

(2) Por ejemplo: por documento consta que A. ha prestado tal declaración judicialmente.

(3) Por ejemplo: el acusado ha cometido en audiencia plena el delito de difamación y se ha hecho mención de él en el tanto o minuta de la sentencia.

(4) Por ejemplo: en un proceso verbal consta que A. ha prestado bajo juramento tal o cual declaración en juicio.

(5) Por ejemplo: el documento hace ver que el acusado ha sido anteriormente condenado por crimen y que por consecuencia es reincidente.

(6) Por ejemplo: el acusado ha dado a propósito falsas noticias para poder rastrear las diligencias que practicará la justicia.

(7) Por ejemplo: uno es acusado de haber cometido un crimen en Berlín el día tantos de tal mes y año, y con el proceso verbal prueba que en el citado día fue interrogado judicialmente en Viena.

(8) Por ejemplo: el acusado, a fin de probar el *álibi*, presenta una mención hecha por el mismo en su libro manual de apuntes. Ninguna importancia tiene semejante mención.

(9) Por ejemplo: un individuo es acusado de dilapidación de caudales que se le confiaron en depósito, y para prueba de que esto se efectuó se le presenta el papel de su reconocimiento.

## CAPITULO III

## CONDICIONES EXTRINSECAS DE LA PRESENTACION DE LOS DOCUMENTOS

Cuando en un documento cualquiera se va a buscar la prueba de ciertas indicaciones que contiene, importa ante todo considerar en qué estado se presenta:

1.º En primer lugar, debe presentarse original: una simple copia no permite juzgar de su verdadero estado. Podrían muy fácilmente haberse cometido en él equivocaciones o faltas que serían perjudiciales al acusado; y, además, ¿cómo llamar al autor del documento original para que dé explicaciones sobre la exactitud de la copia que no está escrita de su mano? Sería, pues, un error creer aplicable en este punto la regla del Derecho civil que coloca en la clase de originales las copias auténticas, toda vez que en materia criminal es necesario obtener la verdad material absoluta, y, por tanto, conviene mucho remontarse hasta sus orígenes e ir más allá de la copia. Si así no fuese, el Juez, en lugar de llegar a adquirir la certeza, debería contentarse con la presunción de que el oficial público, encargado de cotejar el documento, había cumplido su misión con todo el cuidado que ésta exige. Sabido es que, por lo regular, las copias se escriben de prisa y cuando no se prevé la importancia del papel que tienen que desempeñar más tarde, por lo que puedan pasar inadvertidas muy fácilmente las faltas que en ellas se encuentran; sucediendo también algunas veces que el crimen está en el mismo original, de lo cual no puede dudar de ningún modo el oficial que certifica la copia; por último, y para decirlo todo de una vez, la copia auténtica no representa verdaderamente el estado material de la minuta. Preciso es, pues, admitir que semejantes copias no constituyen a lo más sino una probabilidad, y que sólo el documento original puede producir la certeza.

2.º El documento debe presentarse íntegro. Si se le han arrancado algunas partes que no se han acompañado; si entre él y otro hay una correlación necesaria, y no puede descubrirse su verdadero sentido sino por medio de su cotejo, no puede hacer por sí solo prueba plena: de lo contrario, el Juez se expondría a tomar por base de la sentencia una interpretación enteramente errónea.

3.° El documento debe estar exento de todo defecto o de señales de defectuoso: las raspaduras, las interlineaciones, las enmiendas y borrones harían creer que se han desfigurado. Es preciso que el Juez no pueda descubrir nunca en él vicio alguno, cuyo efecto directo sea una presunción de falsedad; y si las explicaciones del acusado o indicios de otra naturaleza hiciesen concebir semejante sospecha, el primer deber del Juez instructor sería dirigir hacia este punto su atención, profundizar todas las dudas y examinar si el documento merece ser creído con toda seguridad. Además, conviene en esta materia distinguir entre documentos públicos y privados. Por lo que respecta a los primeros, el procedimiento usado en Alemania se diferencia mucho del establecido en la ley francesa. Cuando un documento público es argüido de falso en todo o en parte, es preciso en Alemania oír al oficial de quien emana el documento; y éste, en mejor estado que nadie para ilustrar al Juez y hacerle saber si realmente él le ha redactado, establece su legitimidad o falsedad. Debemos, sin embargo, desaprobar la práctica, frecuentemente seguida, de no exigir estas aclaraciones sino por escrito; el declarante, al transmitir ligeramente su deposición, es muy fácil que haya olvidado ciertos puntos importantes que el Juez no puede absolutamente señalarle, o que no los tenga muy presente, mientras que, por el contrario, si hubiese obligación de oír por medio de interrogatorio verbal a todas las personas que pudieran suministrar noticias útiles acerca del contenido originario del documento, se descubriría más seguramente la verdad. En el Derecho francés, el procedimiento está rodeado de formas numerosas y especiales para los casos en que se acusa a alguno de falsedad. Por lo que hace a los documentos privados, debe oírse a aquellos de quienes emana el de que se trate, a los que según los mismos términos del documento parezcan haber cooperado a su redacción, por ejemplo, los testigos, y, por último, a los que han debido ver si realmente es legítimo, o que, conociendo el verdadero documento, pueden también hacer notar en qué se aparta de él el presentado.

Casi siempre es necesario el reconocimiento pericial; los peritos ponen de manifiesto si el documento contiene o no los caracteres de sinceridad (1); le comparan con otras piezas reconocidas como ciertas (2), y dicen si la falsificación es probable o positiva.

(1) Si, por ejemplo, hay raspaduras, si se han alterado las marcas del papel.
(2) Cuando, por ejemplo, se trata de libros de comercio falsificados.

## CAPITULO IV

## COMPROBACION DE LA LEGITIMIDAD DE LOS DOCUMENTOS

Para que un documento haga entera fe, debe satisfacer una condición esencial, a saber: la de la legitimidad; esto es, que se reproduzca exacta y fielmente en el estado en que salió de manos de su autor.

En cuanto al documento público, su sinceridad se deduce, sin más averiguaciones, de hallarse revestido de todas las formalidades exigidas (1). El cumplimiento de estas formalidades constituye una presunción jurídica. Solamente cuando emana de oficiales públicos extranjeros es precisa una información preliminar para asegurarse, por una parte, de que reúne todas las formalidades exigidas por las leyes del país donde se redactó (2), y que, como tal, debe tenerse por documento público, y por otra de que las firmas de los oficiales estampadas en él son auténticas y verdaderas (3).

Si se trata de documentos privados, no es menos indispensable la legitimidad requerida desde el momento en que de ellos se hace uso.

Pruébase ésta:

1.º Por el *reconocimiento* de su autor. Este reconocimiento envuelve en sí la confesión; pero como confesión no hace entera fe sino en cuanto ha tenido lugar en juicio y ante Juez competente; esta formalidad sola produce la certeza de que la parte ha examinado seriamente las consecuencias de su dicho, y de que, además, la confesión no le ha sido arrancada por medios ilícitos. El reconocimiento extraordinario no puede producir mayor efecto que la confesión en iguales circunstancias. Hemos dicho en otro lugar que la confesión tácita en Derecho civil adquiere pleno efecto, porque el proceso en lo civil supone el desistimiento y la sentencia dada en virtud de solas presunciones no podría aplicar-

(1) Tales son el *sello* y la firma de ciertas personas.

(2) Esta información es de suma importancia; los pormenores de estas formalidades varían en cada país; por eso debe firmarse el documento por varios oficiales y funcionarios. ¿Cuál habrá de ser su número?

(3) En este caso es indispensable la legalización: el Juez no conoce la firma del funcionario extranjero.

se en materia criminal; de donde se derivan las siguientes consecuencias:

*a)* En lo criminal no puede haber tácito reconocimiento del documento, ni el Juez puede fijar al acusado un término conminatorio, pasado el cual se tendría por existente este reconocimiento por el hecho mismo de su silencio (1). Convenimos en que haya en tal caso un indicio, un motivo fundado de sospecha; pero es absolutamente imposible ver un tácito reconocimiento. En materia criminal nunca se han señalado términos fatales para la manifestación de la verdad: ¿no basta aquí una verdad artificial, y de pura forma, y, además, no puede el acusado, perseverando en su silencio, tener otra intención muy diferente de la de reconocer el documento que se le presenta?

*b)* En lo civil es un principio, al menos sostenido muchas veces, que reconocer la suscripción o firma de un documento, es reconocer también su contenido (2); pero este principio es inaplicable al proceso criminal: el reconocimiento sólo puede constituir a lo sumo una presunción; mas ésta no bastaría para suplir a la prueba, y en este caso, ¿cuántos motivos muy distintos del de una simple aprobación de escritura han podido ser los que determinasen al firmante a tomar la pluma? Acaso no ha querido sino marcar con su nombre un objeto (3), o poner su firma en blanco con una intención enteramente especial (4), de lo cual ha podido abusar después un tercero llenándole de cláusulas falsas y contrarias al espíritu con que se había firmado. ¿No puede, en fin, suceder que se le haya sorprendido la firma, haciendo pasar el documento presentado en la causa entre una multitud de otros con los cuales el firmante los ha confundido en su precipitación? Luego, aunque el acusado reconozca la firma y niegue al mismo tiempo el contenido del documento no puede decirse que haya de considerarse extensivo a este particular el reconocimiento; el Juez instructor debe, ante todo, examinar los motivos alegados y las señales capaces de probar que, efectivamente, se ha abusado de la firma en blanco.

2.º Pruébase también la sinceridad del documento por medio de testigos, los cuales varían:

*a)* Según que han estado presentes a la confección del documento y han visto autorizarle con la firma;

*b)* Según que han asistido a los preliminares del acta, aunque no lo hayan firmado;

---

(1) Los medios de coacción son aquí inadmisibles.

(2) Por eso nos parecen defectuosas las prescripciones del Código prusiano en su artículo 383, y del de Baviera en el 302.

(3) Por ejemplo: muchas personas tienen la costumbre de poner su firma al dorso de las portadas de los libros de su propiedad.

(4) Sucede con frecuencia que un individuo, para dar un poder cuya fórmula ignora, no hace más que firmar en blanco pura y simplemente.

*c)* Según que afirmen ser o no verdadera la firma del autor del acta mediante conocerla;

*d)* Por último, si vienen a decir en sus declaraciones que el autor del documento le ha confesado haberla él mismo escrito.

En los dos primeros casos debe tenerse por legítimo el documento, tan luego como los testigos declaran en juicio y bajo la fe del juramento, y siempre que no exista motivo alguno de creer que hay error, o que sus dichos contienen una infidelidad premeditada. En el tercer caso, los testimonios dados no suministran sino una ligera presunción; en materia de escritura es demasiado fácil engañarse, y sabido es que los peritos mismos, cuando dan su dictamen con los documentos de comparación a la vista, nunca pueden establecer sino probabilidades. Por último, en el cuarto caso, hay analogía completa con la confesión extrajudicial, y desde luego no podría servir de prueba.

3.º A falta de estos diversos medios, queda siempre el del reconocimiento pericial de los documentos de comparación; pero es necesaria la mayor circunspección en el empleo de este procedimiento:

*a)* En primer lugar, por lo que concierne a los escritos de comparación que deben ponerse en manos de los peritos, importa mucho que el Juez instructor procure que sean de una sinceridad inequívoca, bien que el acusado los haya reconocido, bien que formando parte de documentos públicos, no haya necesidad de este reconocimiento. Deberá el Juez instructor tener presente que la mano cambió por lo regular con la edad, y que al cabo de diez años no se parece muchas veces la forma de letra, y procurar desde luego, si no quiere tomar por términos de comparación algunos acaso falsos, adquirir escritos de la misma época que los del documento en cuestión. Si no obstante todas sus investigaciones, se hace imposible encontrar colección de escritos ciertos, conviene que el Juez, dictando al acusado, le haga escribir a su presencia. Mas en esto hay un inconveniente, pues el acusado, advertido del designio del Juez instructor, desfigura con frecuencia su manera ordinaria de escribir y se esfuerza en hacer que se desconozca la verdad, y por esta razón será muy prudente, si se puede, ponerle la pluma en la mano sin que tenga ni aun tiempo para dudar del motivo de este requerimiento (1). También es muy útil que este cuerpo de escrituras contenga las palabras principales que se leen en la pieza objeto del examen (2); pero no debe olvidarse que la escritura actual del acusado puede muy bien resentirse de la turbación que en aquel momento le agite, y que el corte de pluma no acostumbrado y los objetos que se le presentan alteren con frecuencia su pulso.

---

(1) Muy bueno sería, por ejemplo, mandarle que, en vez de hacerlo el Escribano, escribiese él mismo su respuesta en el proceso verbal. En Francia, el rollo de escrituras de comparación o cotejo está siempre en piezas del proceso verbal de las informaciones.

(2) Todo buen Juez instructor debe cuidar de formular sus preguntas de modo

*b)* La elección de peritos es también asunto muy grave. Se ve frecuentemente, y sin fundada razón, que el Juez instructor llama a los profesores de educación del punto de su residencia; pero aunque éstos sean perfectamente aptos para decidir de la hermosura de la letra y soltura de la mano, no siempre lo son tanto cuando se trata de precisar la semejanza de dos escritos. No cabe duda, sin embargo, de que los más a propósito para ilustrar la conciencia del Juez (3), serán aquellos individuos que por su ocupación tienen diariamente a la vista escritos de toda clase y más frecuente ocasión de hacer de ello un profundo examen.

*c)* Nombrados los peritos y prestado por ellos el juramento, se les hace entrega formal del documento en cuestión y de las demás piezas que sirven de punto de comparación y están reconocidas como ciertas y presentan en seguida sus dictámenes que, motivados y explicados debidamente, se unen al proceso verbal.

*d)* En el caso más favorable, y aun cuando los tres o cuatro peritos nombrados dijesen que el documento en cuestión es de la misma mano que los demás, sus conclusiones no constituyen la certeza, sino a lo más una probabilidad en favor de la sinceridad del documento (2). En efecto, el arte de examinar los escritos no está basado en reglas seguras. El perito más atento puede sir inducido a error; la casualidad hace muchas veces que los escritos de dos personas distintas se parezcan de una manera admirable, y llega a tal grado de habilidad de algunos falsarios, que la vista más perspicaz se suele engañar completamente. La afirmación de los peritos no es otra cosa que la manifestación de una opinión personal; puede constituir un indicio, pero nunca servir de prueba directa.

4.º En materia civil, el demandado puede, según el *Derecho alemán*, rechazar el documento por medio del *juramento negatorio*, y desde luego, sin otra forma de proceso, se tiene por no legítimo. Mas en lo criminal no puede ser así (3): allí no son solamente dos partes privadas las que están presentes, y sería infundado decir que el juramento diferido siempre tácitamente, como en el proceso civil, puede prestarse también negativamente, y, por tanto, producir pleno efecto, esto equivaldría a abrir ancha puerta al perjurio. El acusado, con el fin de salir de una posición difícil, negaría en todos los casos y desvirtuaría a un mismo tiempo los cargos y la información comenzada. En resumen, y por los mismos motivos, el juramento negatorio, no es más admisible que el

---

que inevitablemente obliguen a contestar con *palabras, a que él da importancia,* y también podrá requerir al acusado para que dé por escrito su respuesta.

(1) Tales son, por ejemplo, los empleados del Registro, los archiveros, los tenedores de libros.

(2) Este principio no se ha contradicho ni aun en lo civil.

(3) No obstante, en Francia no se admitiría el principio, aun en lo civil, sin restricciones, y además no podría aplicarse sino a los escritos no auténticos.

juramento purgatorio (1); contraría la marcha de la instrucción y la impide alcanzar el fin que se propone, que es la verdad absoluta. ¡Cuántas veces, si la ley lo autorizase, se vería al instructor, en el momento de comprobar la sinceridad del documento por medio del testimonio y de la comparación de escritos, obligado a suspenderlo todo y cruzarse de brazos por un instante, porque el acusado prestaría una declaración que, no por haber sido solemne, sería de modo alguno cierta!

---

(1) Sin embargo, en la práctica de Alemania, el Juez difiere a veces por sentencia el juramento purgatorio al acusado, con el fin de descartar por este medio tal o cual pieza que vendría a corroborar los cargos.

## CAPITULO V

## DEL EFECTO DEL DOCUMENTO CON RELACION A SU CONTENIDO

Demostrado como legítimo un documento, conviene examinar su contenido. Hablamos aquí de un texto preciso y cuyo sentido se manifiesta claramente; porque a la manera que una confesión o un testimonio, aunque se hayan dado judicialmente, quedan sin efecto si se contradicen entre sí, del mismo modo se tiene por no presentado un documento si su sentido es confuso y se dejan ver en él numerosas contradicciones. No obstante, si la oscuridad de los términos es efecto de la intención expresa (1), si la escritura está hecha por *abreviaturas* o *cifras*, adquiere desde luego mayor importancia a los ojos del Juez instructor; su oscuridad misma o las *cifras* hacen presumir que su autor se ha esforzado en ocultar de este modo pormenores acerca de los cuales temía las investigaciones de la justicia, y conviene al punto dirigirle preguntas prudentemente meditadas (2) para que explique el verdadero sentido de los términos, o interrogar a los testigos que están más al corriente de las relaciones que existen entre él y la persona a quien el escrito se dirige, pues éstos pueden, en efecto, suministrar útiles noticias, y dar muchas veces la explicación de las cifras. Cuando el documento está escrito en lengua extranjera, es preciso reproducir su contenido al idioma del país donde se sigue la información y unirlo a los autos. Este trabajo exige hombres escogidos y prácticos; los poco inteligentes inducirían al Juez al error. Deberán, pues, los primeros prestar juramento, y se dará conocimiento de su traducción al autor del documento original, quien después de haberlo examinado, dirá si reconoce como verdadero el sentido que le han dado.

---

(1) Puede suceder que el autor de la pieza no haya querido que personas extrañas a su secreto puedan ponerse al corriente de lo que sólo deben comprender sus confidentes.

(2) Por eso no debe, desde luego, ponerse el documento íntegro a vista del acusado.

Cuando el documento aparece sincero en la forma y exacto en el texto, su efecto en el proceso depende de su contenido:

1.º El documento puede producir perfectamente la comprobación del cuerpo del delito, sea que el delito consista en el documento mismo (1), sea que sobre él se haya consumado (2), sea, en fin, que se halle en su contexto (3). Mas aunque es cierto que el Juez por la sola inspección se convence de la existencia del documento, sin embargo, es preciso en todos los casos otra prueba para conseguir la completa manifestación del cuerpo del delito: deben presentarse testigos u otros documentos que, supuesta la primera hipótesis, establezcan la falsedad completa, y en la segunda la falsificación parcial del documento en cuestión. En el tercer caso, es preciso, por lo regular, para que se demuestre el delito, presentar la prueba de una circunstancia constitutiva y esencial, la cual es enteramente extraña a la confesión misma del documento, Pongamos el ejemplo de la difamación por medio de libelo. En un momento de desesperación o de entusiasmo poético, el autor de un libelo ha trasladado al papel los pensamientos que venían en tropel a su imaginación, pero sin tener la intención de divulgarlos con el tiempo ni haber enseñado a nadie su escrito. En este caso, desde el punto de vista jurídico, el simple hecho de la escritura no basta para constituir el delito de difamación. Otro tanto puede decirse de los casos en que un individuo hábil para imitar las letras o escritos se entretiene en copiar un documento extranjero, o un dibujante imita, por vía de juego, un billete de Banco y lo deja en seguida dentro de su pupitre, sin manifestar nunca intención de hacer uso de él (4); sólo la emisión añadida a estos primeros hechos, llamará sobre ellos el riguroso castigo de la ley.

2.º El documento es igualmente eficaz para demostrar cuál es el autor del delito; pero, según lo arriba expuesto, constituye en tal caso una prueba de prueba, y la regla que decide de la prueba originaria es también la única que debe decidir de su valor:

*a)* Si encierra una confesión, esta confesión, aun reconocido el documento, ha sido hecha extrajudicialmente (5), y como tal no puede motivar una condena. Si el autor del documento reconoce que es legí-

(1) Cuando, por ejemplo, se trata del delito de falsificación de pasaporte.

(2) Por ejemplo: el documento es verdadero, pero se han falsificado las *sumas*.

(3) Por ejemplo: en el caso del libelo infamatorio.

(4) El Código bávaro establece muy prudentemente esta distinción en el artículo 305. En Francia, en materia de infamación, es necesario que haya habido la emisión; pero cuando se trata de falsedad de escrituras, de fabricación de moneda falsa, etc., puede a veces bastar el solo hecho para constituir el delito, sin tener en cuenta la intención. (Código penal francés, lib. 3.º, tít. 1.º, cap. 3.º, secciones 1.ª, 2.ª, 3.ª, 4.ª, 5.ª y 6.ª, y Leyes especiales sobre imprenta, en particular la de 17 de mayo de 1819.)

(5) Por ejemplo: ha confesado su delito en una carta a un amigo.

timo, y al mismo tiempo niega el crimen en presencia del Juez, el documento tampoco sirve contra él sino de indicio. Si, por el contrario, y a vista del documento, confiesa, entonces hay confesión expresa y judicial, y de ella se sigue la condena; entonces se funda en la confesión, y de ningún modo en el documento mismo, que, a lo sumo, viene a determinar con qué límites pueden admitirse los hechos confesados.

*b)* Si el documento comprende la declaración de una persona que le reconoce como legítimo, sin querer, a pesar de eso, ratificar judicialmente su deposición, sólo hay en tal caso en la causa un testimonio extrajudicial, no juramentado, emanado de un testigo único y que no puede hacer prueba plena. Por el contrario, si el autor del documento ratifica ante el Juez los hechos de que hace mención en él, sólo esta nueva declaración hace fe revestida de las solemnidades que se requieren.

*c)* Si el documento menciona hechos de los cuales puede deducirse la culpabilidad del acusado (1), estos mismos hechos son los que, por su naturaleza y con el auxilio de la prueba artificial, puedan dar origen a las presunciones. Si el documento no es auténtico, no se consideran como demostrados los mismos hechos, entonces conviene ver si el documento contiene una confesión o un testimonio, y decidir según las reglas arriba citadas. Muchas veces la simple posesión del documento hace racear la sospecha sobre el poseedor (2): en este caso, el Juez indaga si le constaba que lo tenía en su poder, y con qué intención, las más veces irreprensible, creyó que debía guardarlo.

*d)* Si el documento se ha presentado como prueba de descargo, es necesario decidir, con arreglo al principio general, que siendo su autor el que lo exhibe, no pueden hacer prueba en su favor las explicaciones que contiene. Sin embargo, si consta que cuando lo escribió no pensaba aprovecharse de él más adelante (3), ni evitar o alejar de antemano de sí ciertas sospechas, el documento no podrá tampoco influir mucho en el proceso.

---

(1) Al practicarse una información en causa por envenenamiento, se ha encontrado en casa de un farmacéutico un billete en que se le hacía un pedido de arsénico. El farmacéutico afirma que A. envió aquel billete y que él le remitió la sustancia venenosa; A. niega por su parte haberlo escrito.

(2) A. posee cartas escritas por el autor de un complot de alta traición; está enterado de todos los planes, y del contenido de las cartas resulta que hace mucho tiempo existen relaciones entre el que las escribió y el que las ha recibido.

(3) Por ejemplo: con el fin de establecer un *álibi*.

## ADICIONES A LA PARTE SEXTA

### (Capítulos I a V)

Cuando se tiende a convencer al Juez de la existencia o inexistencia de un dato procesal determinado mediante la utilización de un objeto o cosa, nos encontramos con las pruebas que podemos denominar reales en oposición a las pruebas de carácter personal (confesión, pericia, testimonio).

Se incluyen frecuentemente dentro de las pruebas reales la prueba documental y la de inspección ocular.

Como se ve, los dos miembros de la clasificación responden a dos puntos de vista distintos. La prueba documental responde a los instrumentos que en sí son apreciados por el juzgador, y la inspección se refiere a la percepción directa del Juez. Cuando se habla de inspección ocular o reconocimiento judicial, generalmente nos referimos a la inspección o reconocimiento de objetos que no son documentos, que están fuera de los autos del proceso y para el reconocimiento de los cuales necesita el juzgador un desplazamiento. Ahora bien: también cuando el Juez examina los documentos realiza una inspección judicial o reconocimiento directo de los mismos. La diferencia no está en la forma de examinar o de percibir el Juez los medios de prueba, que en todo caso es la misma —directa y personal—, sino en aquello que aprecia. Por esto es interesante tener en cuenta el punto de vista expuesto por Guasp (*Derecho Procesal Civil,* Madrid, 1956, pág. 422), refiriéndose al proceso civil, respecto del concepto de documento, al considerar como tal "cualquier objeto mueble que dentro del proceso pueda ser utilizado como prueba".

En este sentido es interesante la terminología empleada por Goldschmidt (*Derecho Procesal Civil,* Barcelona, 1936, pág. 266) y en términos parecidos por Mittermaier de "documento" y "monumento", según se trate de escrito o de cualquier otro elemento de prueba que exprese un pensamiento con signos distintos de los de la escritura.

Tal vez sería preferible unificar todos los instrumentos de prueba real, que serían en todo caso conocidos con el nombre de medios de prueba por reconocimiento judicial o con cualquier otro nombre genérico que se refiera al objeto en sí, y abandonar la distinción actual entre inspección ocular y documentos.

### A) *Concepto de documento y monumento*

*a)* En la prueba documental es preciso hacer una indicación respecto a la distinción entre la prueba material y la prueba procesal.

El documento tiene por sí, en la vida extraprocesal, un valor evidente. Las características del mismo son, según expone Núñez Lagos (*Concepto y clases de documentos,* Rev. Der. Notarial, abril-julio 1957, págs. 7 y sigs.), las dos siguientes: 1.ª Es anterior al proceso, y 2.ª La extensión o redacción del documento es coetánea, más o menos inmediata al hecho que documenta. La prueba documental extraprocesal es una prueba material que no consiste en un aspecto o faceta, como se ha dicho en algunos casos, de la misma institución, sino que se trata de instituciones distintas.

Aquí entendemos por prueba solamente aquella actividad que tiende a obtener la convicción judicial. Por tanto, sin Juez no hay proceso ni hay prueba. El valor que el documento tenga en la vida extraprocesal y que, en definitiva, pueda llegar a tener dentro del proceso responde a sus características especiales, pero debe considerársele como de naturaleza completamente distinta a la prueba documental procesal.

Para concretar el concepto del documento hemos de acudir a las construcciones de los procesalistas civiles, que es donde más ha sido trabajado este concepto, no ya sólo por el mayor adelanto de la ciencia procesal civil, sino por la mayor importancia de la prueba documental en el proceso civil en relación con el proceso penal.

Se pueden resumir, siguiendo a Guasp (*ob. cit.*, pág. 421), las teorías sobre el concepto del documento en tres grandes grupos:

1) Aquellos que fijan como elemento predominante el de la estructura del documento; ésta es la dirección tradicional, que considera como documento a aquellos que constituyen un escrito, es decir, un objeto en que se exterioriza cierto pensamiento humano mediante signos materiales y permanentes del lenguaje. En este sentido, documento y escritura o escrito son términos sinónimos.

Ahora bien, existen objetos de naturaleza probatoria, indiscutiblemente análoga, que no son escritos, y que alcanzan en la época moderna una difusión extraordinaria. Tal es el caso de la fotografía, de la cinematografía, del gramófono, cintas magnetofónicas, etc. Prescindiendo de algunas distinciones entre los documentos, en que se reproduce directamente una imagen como la pintura, o indirectamente como la fotografía, no hay duda que todos esos elementos de prueba tienen un valor evidente en la práctica y que, aunque algún autor, como Couture (*Estudios de Derecho Procesal Civil*, t. II, Buenos Aires, 1949, págs. 165 y sigs.), no parece inclinado a considerarlos como documentos, deben —admitido, desde luego, su valor probatorio— clasificarse, y parece que dentro de los documentos es donde su inclusión se considera más acertada. Ello obliga a abandonar el criterio de la estructura para determinar el concepto del documento.

2) En vista de eso, se construyen otras teorías, a base de dar el concepto de documento sobre la función de este elemento probatorio. Esta función, como dice Carnelutti, ha de consistir en la representación del dato a que el documento se refiere. Considera, por tanto, el documento como un objeto representativo, que reproduce o refleja el tema de la prueba a que afecta; de ahí su especial significación. Con ello se incluirían entre los documentos no sólo los escritos, sino aquellas otras cosas que, por medios diversos de la escritura, cumplan la misma finalidad de la representación. Advierte, sin embargo, Guasp (*ob. cit.*, págs. 421 y sigs.), que lo que individualiza a los documentos es su intencionalidad, es decir, el hecho de que voluntariamente y desde su origen están destinados a dicha reproducción, por lo que habría mejor que considerar como documento no aquellos objetos que representan, sino los destinados a representar, y que alcanzan su significado esencial en tal representación.

Ahora bien: esto, que podría ser cierto respecto del mundo extraprocesal, no lo es dentro del proceso, pues todos los objetos que se citan como medios de prueba tienen una misma significación y un mismo destino. La teoría de la representación valdrá, pues, en todo caso, para el ámbito exterior al proceso, pero no para el proceso mismo; explicaría la esencia del documento como prueba material a la que nos hemos referido, pero no como prueba procesal.

3) Rechazadas la estructura y la representación como nota idónea para clasificar la esencia del documento, concluye Guasp (*ob. cit.*, pág. 422) que el sistema que ha de seguirse es el de atender al tratamiento procesal y que, por tanto, se puede considerar como prueba documental toda clase de objetos que tengan una función probatoria, con tal de que éstos, por su índole, sean susceptibles de ser llevados ante la presencia judicial; esto es, que documento es cualquier objeto mueble que dentro del proceso pueda ser utilizado como prueba, contraponiéndose en este sentido a la prueba de inspección ocular que se practica sobre aquellos objetos que no pueden ser incorporados al proceso.

Examinando ahora si en el proceso penal es o no aplicable este concepto, queremos recordar ante todo que en la polémica habida entre Florián y Carnelutti, alegaba Florián que existe precisamente una serie de piezas de convicción a las que se les podía dar el carácter de documento y que, sin embargo, no tienen el valor de representación que se atribuye como característica del documento. Servía este argumento de base a Florián a los efectos de su distinción entre la naturaleza de la prueba civil y de la prueba penal. Respondía a esto Carnelutti que tal vez se trataría de un error o insuficiencia en la construcción del concepto de documento, pero que en modo alguno podía decirse que los conceptos de documento y prueba documental fueran distintos en el proceso civil y en el proceso penal.

Concretando nuestra opinión referida al proceso penal, creemos que la exposición del concepto dado por Guasp es perfectamente útil y simplifica la cuestión en este proceso. En este sentido, todos los materiales recogidos en el proceso, toda clase de piezas de convicción, se trate de escritos, tejidos, papeles, libros, trozos de cualquier material que pueden incorporarse a los autos, tendrán el carácter de documentos, según esta construcción.

Ahora bien, como el concepto del documento se hace sinónimo en el Derecho positivo con el de "escrito", hay que tener en cuenta tal circunstancia en la especial valoración que ciertos tipos de documentos merecen por las garantías de autenticidad que su contenido puede ofrecer.

*b)* Menores dificultades ofrece la caracterización del monumento. Por tal ha de entenderse "cualquier objeto inmueble, bien por una consideración natural o jurídica, que exija para su examen el traslado del órgano jurisdiccional".

B) *Naturaleza jurídica*

Sin duda, el documento y el monumento son medios de prueba, en cuanto que al igual que cualquiera otros se pretende lograr con ellos la convicción psicológica del Juez acerca de ciertos datos. Dentro del concepto general de medio de prueba ha de señalarse su naturaleza procesal, independientemente de la función que especialmente el documento puede cumplir en la vida extraprocesal, ya que aquí sólo importa como elemento que influye en la convicción del juzgador. Señalemos, por último, el carácter real y no personal ni formal que estos medios poseen en cuanto están constituidos por una cosa u objeto, no por una persona ni por una actividad (véase en este sentido el artículo 726 de la Ley de Enjuiciamiento criminal).

C) *Régimen jurídico*

*a)* La prueba documental se admite en general en el proceso penal lo mismo que cualquier otra, aunque no se halla regulada de modo especial por nuestra Ley como las demás. La sección 4.ª del capítulo 3.º del título III, del libro II, trata de la prueba documental y de la inspección ocular.

La prueba documental no sólo es admisible sino preceptiva, en ciertos casos, tales como para determinar la edad del procesado y comprobar la identidad de la persona que deberá hacerse mediante la aportación al sumario de la certificación de su inscripción de nacimiento en el Registro Civil o de su partida de bautismo, si no estuviere inscrito (art. 375); los informes que sobre la moralidad del procesado deben emitir los Alcaldes de barrio o los correspondientes funcionarios de policía del pueblo o pueblos en que hubiese residido (art. 377); los antecedentes penales del procesado (art. 379); la recusación de peritos (art. 469), y, por último, ha de tenerse en cuenta el precepto que expresamente ordena que la prestación, en virtud de la cual se promuevan cualquiera de las cuestiones o excepciones que puedan ser objeto de artículos de previo pronunciamiento, deberá ser acompañada de los documentos justificativos que la funden (art. 668), que deberán igualmente acompañar a los escritos de contestaciones (art. 669).

Aun en la fase procesal más influida por el principio de la oralidad, como es el juicio oral, la prueba documental se admite igualmente, estableciendo el artículo 726 que "el Tribunal examinará por sí mismo los libros, documentos, papeles y demás piezas de convicción que puedan contribuir al esclarecimiento de los hechos o a la más segura investigación de la verdad".

*b)* Aunque nuestro ordenamiento positivo no regula de manera formal el procedimiento para este medio de prueba, lo fundamental de la misma es el conocimiento de su contenido, y, por tanto, cualquiera que sea la forma de llevarlo a cabo, se cumple su finalidad probatoria, no obstante la cual es necesario señalar ciertas particularidades del procedimiento debidas a su especial naturaleza:

1) La producción de esta prueba en el sumario se realiza mediante la aportación del documento al proceso, lo que puede llevarse a cabo de dos maneras, mediante su exhibición y entrega voluntaria por parte de su tenedor o bien mediante un acto de coerción procesal que tiene como resultado el apoderamiento por parte de la Autoridad judicial del documento como medio de prueba.

2) La aportación de documentos en el plenario, así como la proposición de esta prueba y la petición de que se aporten nuevos o se lean los ya aportados, ha de hacerse necesariamente en el escrito de calificación del Ministerio Fiscal y de las demás partes y ha de ser admitida por el Tribunal tras el informe del Magistrado ponente (arts. 656, 658 y 659).

*c)* Tiene especial interés el establecer de la manera más terminante posible si la declaración contenida en el documento ha sido hecha en realidad por la persona que aparece como su autor; si la declaración que apareciese como genuina fue realizada en su día o ha sufrido alteraciones que sean constitutivas de una falsificación o adulteración del documento que lo haga ineficaz como medio de prueba. Estas comprobaciones se conocen con el nombre de "verificación del documento". Los dos medios de verificación de los documentos son el reconocimiento y el cotejo.

*d)* Cuando el Ministerio Fiscal o cualquiera de las demás partes estimaren que el documento presentado es falso, podrán promover querella o denuncia en su caso, y el propio Juez o Tribunal mandarán proceder de oficio, siempre que en el documento concurran alguna de las circunstancias previstas en los artículos 304 y 307 del Código penal, que tipifican los delitos de presentación en juicio de documentos públicos o privados falsos.

*e)* Señalemos, por último, que, en nuestro sistema, la valoración de esta prueba es libre, como cualquier otro medio de prueba, sin que existan normas legales sobre la apreciación de la misma.

### Jurisprudencia

1) El cuerpo no constituye documento auténtico para la casación (sentencia de 26 de octubre de 1967).

No es posible la alegación del recurrente de que el no constar en el proceso penal seguido los ejemplares y originales de dichas letras de cambio, sino tan sólo fotocopias de algunas de ellas, no es posible entender cometidos los delitos de que se trata, por aplicación del aforismo, según el cual "lo que no está en los autos no está en el mundo" no puede merecer otra consideración que la de haberse emitido sin respeto alguno de los hechos declarados probadas, conclusión fáctica a la que el juzgador, en lo penal, llega no a virtud de un sistema probatorio tasado, sino apreciando, según su conciencia, la totalidad de las pruebas practicadas en el juicio conforme al artículo 741 de la Ley procesal (sentencia de 5 de octubre de 1972).

El Tribunal de instancia viene obligado a examinar por sí los documentos, en virtud del precepto imperativo del artículo 726 (sentencia de 3 de noviembre de 1962).

Es doctrina de esta Sala que por regla general sólo puede concederse autenticidad en la esfera procesal penal a documentos administrativos en los que el funcionario competente para ello da fe con las solemnidades requeridas por la Ley de la existencia o inexistencia de ciertos y concretos datos, con referencia precisa a los documentos que obren en su archivo u oficina, no teniendo los informes o informaciones administrativas otro valor que el testimonial o, en su caso, el confesorio (sentencia de 15 de junio de 1966).

2) La prueba de inspección ha de llevarse a cabo constituyéndose en el lugar el miembro del Tribunal que el Presidente designe con la asistencia de las partes, sin que la pueda practicar por sí solo el Juez (sentencia de 3 de enero de 1964).

Fundada y procedente debe entenderse la negativa a practicar una nueva inspección ocular en el edificio donde ocurrieron los hechos enjuiciados, porque esa diligencia de genuino carácter sumarial hubiese sido practicada en forma legal en tiempo oportuno y con plausible celo por el Juez instructor, al iniciar sus actuaciones, construyendo un croquis detallado del edificio y sus dependencias, reconocido como exacto por el reo y con su firma autorizada, en el que pueden advertirse y concretarse aquellos datos que la defensa interesaba con la proposición de tal prueba (sentencia de 3 de febrero de 1950).

3) El artículo 375 establece un orden legal para la prueba de la edad, y no cabe anteponer el dictamen pericial a la fe de bautismo, sin que contra la exactitud de lo que ésta afirma pueda levantarse suspicacia alguna por ser de raza gitana, a que se dice pertenece el inculpado (sentencia de 20 de junio de 1961).

Aunque el artículo 379 de la Ley procesal penal se refiere a que los antecedentes penales deben pedirse exclusivamnte al Registro Central, las disposiciones administrativas correspondientes han tratado de coordinar el citado Registro Central con la realidad, para los casos que no consten en aquellos antecedentes que puedan no haber sido anotados en el mismo, y la propia doctrina de esta Sala ha establecido que el contenido del citado precepto legal no impide que se acojan las certificaciones referidas a los antecedentes que consten en Juzgados y Tribunales, que se hayan aportado a la causa de modo independiente de las certificaciones del Registro Central, según expresan, entre otras, las decisiones de 21 de junio de 1943, 6 de febrero y 12 de diciembre de 1953 y 13 de enero de 1954 (sentencia de 15 de febrero de 1967).

Los antecedentes penales se acreditan con las certificaciones del Registro Central de Penados y Rebeldes, y frente a la afirmación de hecho de la inexistencia de condenas, a que se refiere tal certificación, no hay otro documento contradictorio ni prueba alguna que tienda a desvirtuar tal afirmación, resultando inoperantes las certificaciones de las Secretarías de los Tribunales, comprensivas de las sentencias condenatorias anteriores (sentencia de 28 de septiembre de 1961).

Las erratas de la resolución impugnada no motivan la casación, ya que debidamente acreditada la existencia de antecedentes penales, en primer lugar, referidos en el encabezamiento de la sentencia, y después detallados en el hecho probado, la omisión del nombre de A., a partir de la única condena por robo dictada contra N., no impide que esta Sala, previo examen de los autos, que autoriza el artículo 899 de la Ley de Enjuiciamiento criminal, compruebe las condenas pronunciadas contra A., que en sentencia aparte, mencionada en el fallo de la recurrida, aplica al mismo la Ley de Vagos y Maleantes, y en ella consigna las sentencias de que se deja hecha mención, que para ser eficaces, a fines de estimación de reincidencia y demás efectos legales, no precisa se haga constar sean firmes, según doctrina constante de esta Sala, por ser inscritas en el Registro correspondiente, a los fines del artículo 379 de la Ley de Enjuiciamiento criminal, cuando han sido declaradas firmes, a tenor del artículo 988 de la misma Ley (sentencia de 20 de mayo de 1958).

Aun cuando, según el primer párrafo del artículo 379, se traerán a la causa los antecedentes penales del procesado, pidiendo los anteriores a la creación del Registro Central de Penados a los Juzgados donde se presuma que pueda, en su caso, constar, y los posteriores exclusivamente al Ministerio de Justicia, el contenido de este precepto no impide que pueda estimarse reincidencia a virtud de testimonios de sentencias que figuren en Registros oficiales de Juzgados o Tribunales, aunque sean posteriores a la creación del Registro Central (sentencias de 21 de junio de 1943 y 6 de febrero de 1958).

La certificación de un Juzgado Municipal goza del mismo rango de autenticidad que las hojas expedidas por el Registro Central de Penados y Rebeldes y, lejos de ser contrarias, se complementan para formar el historial de la actividad delictiva del procesado, y suple la primera la falta de anotación advertida en el Registro Central (sentencia de 13 de enero de 1954). En igual sentido, sentencia de 15 de octubre de 1951.

El adverbio "exclusivamente", que emplea el artículo 379, no excluye el deber de los Tribunales de reconocer valor probatorio a todos los antecedentes penales posteriores a la creación del Registro Central, aportados a la causa por conducto distinto de éste, ni impide que pueda estimarse la reincidencia que eleva la infracción al rango de delito (sentencias de 6 de febrero y 12 de diciembre de 1953).

Goza también de carácter auténtico el libro de condenas de un Juzgado de Paz (sentencia de 6 de febrero de 1953).

Si bien es documento auténtico la certificación negativa de antecedentes penales, expedida por el Registro Central respectivo, también lo es la del Secretario municipal de la naturaleza del reo y en la que constan todas las condenas sufridas por el recurrente, cuyas menciones surten contra el mismo todos los efectos que le atribuye el artículo 379 (sentencia de 15 de noviembre de 1951).

# PARTE SEPTIMA

# DE LA PRUEBA POR EL CONCURSO DE CIRCUNSTANCIAS

## CAPITULO PRIMERO

## CARACTER DE LA PRUEBA CIRCUNSTANCIAL

En la mayor parte de los casos se observa la falta de ciertos medios que, según las ideas comúnmente admitidas, dan origen a lo que se llama prueba natural, o mejor dicho, no existen en la causa la inspección del Juez, la confesión, ni los testigos del hecho. Pero el talento investigador del Magistrado debe saber hallar una mina fecunda para el descubrimiento de la verdad en el raciocinio, apoyado en la experiencia y en los procedimientos que forma para el examen de los hechos y de las circunstancias que se encadenan y acompañan al delito. Estas circunstancias son otros tantos testigos mudos, que parece haber colocado la Providencia alrededor del crimen para hacer resaltar la luz de la sombra en que el criminal se ha esforzado en ocultar el hecho principal; son como un fanal que alumbra el entendimiento del Juez y le dirige hacia los seguros vestigios que basta seguir para llegar a la verdad. El culpable ignora, por lo regular, la existencia de estos testigos mudos, o los considera de ninguna importancia; además, no puede alejarlos de sí o desviarlos; los mismos clavos de la suela de sus zapatos señalan su paso por el lugar del delito; un botón caído en el mismo sitio suministra un indicio vehemente; una mancha de sangre en su vestido atestigua su participación en el acto de la violencia. Todas estas circunstancias sirven de punto de partida al Juez; la marcha ordinaria de los acontecimientos humanos le proporciona analogía, y por vía de *inducción* concluye de los hechos conocidos a otros necesariamente constitutivos de la acriminación. Claro está que la prueba llamada *artificial* (véase el final del capítulo XXVI, Parte 1.ª) *o por el concurso de circunstancias* (1) es absolutamente indispnesable en materia criminal; y su importancia parece todavía mucho mayor cuando se examina atentamente la naturaleza de la prueba en general (véase el capítulo XXIV de la misma parte). Es un error creer que la inspección del Juez, la confesión, el testimonio y todos los medios probatorios que la opinión califica de prueba natural, descansan en la experiencia directa y personal, y envuelven en sí la convicción

---

(1) De esta expresión se sirven principalmente los tratadistas ingleses.

con tanta más fuerza cuanto nuestro entendimiento se decide entonces únicamente en virtud de la fe que damos a nuestros sentidos. Hemos dicho en otro lugar que la convicción descansa, en todos los casos, en las presunciones. Si damos fe a la confesión, es porque no acertamos a imaginar que un inocente pueda llamarse a sí mismo culpable; el género de vida del acusado que confiesa nos induce a concluir que ha cometido el crimen, cuando, por otra parte, son en alto grado verosímiles los hechos principales y concuerdan perfectamente con los accesorios; por último, sólo después de haber comparado detenidamente los pormenores de la confesión y los anteriormente conocidos es cuando decimos con toda seguridad que, en efecto, el crimen es obra del que lo confiesa. Cuando dos testigos han hablado, nos fijamos en sus declaraciones, porque tenemos a ambos por verídicos, o, mejor dicho, porque presumimos que han *podido ver,* que tienen voluntad de decir lo que realmente es, y, en fin, porque sus declaraciones concuerdan con los hechos ya averiguados. Propiamente hablando, la prueba circunstancial es la que motiva nuestras decisiones: hay siempre en cada causa ciertos pormenores que hacen indispensable la observación personal, que pertenecen al sentido íntimo, y que el entendimiento no puede comprender sino razonando de lo conocido a lo desconocido (1).

La prueba artificial ha sido definida de dos modos diferentes: en el uno se ha querido comprender todos los medios imperfectos que constituirían la prueba directa si satisfaciesen todas las condiciones que la ley exige; en el otro se ve simplemente la prueba por vía de conclusión de un hecho cierto a otro no comprobado. El primer sistema se apoya en *la Carolina,* que consagrada, se dice, la opinión de los que enumeran entre los indicios la declaración de un testigo único o la confesión extrajudicial. Pero nada tienen que ver aquí los términos de que se sirve *la Carolina;* su autor solamente ha querido en los textos que cita indicar al Juez las fuentes más ordinarias de la probabilidad, y fijar un límite al que habiendo llegado se autoriza la aplicación del tormento; pero como antes había declarado que éste no puede decretarse sino en caso de presunción legítima, era muy consecuente declarar también que la deposición de un solo testigo y la confesión extrajudicial constituyen la presunción de que se trata, es decir, que si existen, el Juez tiene razón en ordenar el tormento. Sin embargo, cuando se trata de fijar la significación propia, o de definir con precisión la prueba natural y artificial, es contra toda lógica, en el lenguaje científico, agregar, a la última de aquéllas, otras especies que se diferencian totalmente de los *indicios* propiamente dichos; porque, en efecto, si a la declaración de un testigo único viene a unirse otra semejante, ya no hay indicio, sino prueba completa, sin que el medio probatorio haya cambiado de naturaleza. En

(1) Por ejemplo: en lo que concierne a la demostración de la intención criminal.

materia de prueba artificial, la cuestión que hay que resolver está siempre reducida a estos términos: el concurso de circunstancias, o las inducciones que de él resultan, ¿pueden producir la certeza? Y, en efecto, ni la deposición de un testigo único, ni la confesión no revestida de todas las formalidades que constituyen la fuerza probatoria de la confesión judicial, son en manera alguna circunstancias accesorias al hecho principal; no pueden llamarse indicios, y su resultado se mide por las reglas de la prueba *compuesta* (Parte 8.ª, Cap. I).

Entendida así la prueba artificial, de la cual vamos más especialmente a tratar, se aplica a todos los casos en que, a falta de confesión del acusado, o de declaraciones recibidas sobre el hecho principal, nada queda que hacer al Juez para fundar su convicción, sino examinar en sus mutuas relaciones las circunstancias accesorias, y hacer nacer de ellas las inducciones que encierran. En materia civil da origen a dos grandes divisiones:

1.ª Muchas veces la ley misma eleva ciertas presunciones a la clase de prueba, y precisa al Juez, cuando se han probado ciertos hechos, a tener por averiguados los hechos principales.

2.ª Otras, la ley deja al libre arbitrio del Juez el decidir según su prudencia, y dejarse guiar de las deducciones formadas por su propia razón, para fijar definitivamente sus convicciones.

De aquí nacen, por tanto, dos clases de presunciones: las llamadas *legales, praesumptiones juris,* y las que nacen de la apreciación del Magistrado, *praesumptiones hominis.*

En materia criminal no puede haber presunción legal porque siendo en este punto la voluntad de la ley la manifestación de la verdad absoluta, no ha podido precisar al Juez a tomar por base obligatoria, desde el momento en que existan, tales o cuales hechos, muchas veces equívocos, si se tiene en cuenta la multiplicidad infinita de los incidentes tan complejos de la vida humana; y, por el contrario, establecer que, probados previamente estos hechos, servirían necesariamente de comprobante del hecho principal, hubiera sido erigir en certeza probabilidades las más veces engañosas. En lo civil, se concibe fácilmente que éste sea el modo de cortar el nudo gordiano en una situación delicada, acaso vale más tomar por guía las analogías y la experiencia cotidiana de la vida; pero en el proceso criminal no puede ser así. Y no se diga que permitiendo al acusado la contraprueba se le dan todas las garantías contra las presunciones legales, porque ¿con qué derecho se le impone también la obligación de la prueba de descargo? Obligación y cargo, por otra parte, peligroso, porque si no puede o no quiere hacerla completa, la presunción legal se dirige también contra él en todo su rigor. En el Derecho común de Alemania, esta presunción es desconocida: no tampoco la constituye lo que debe entenderse comúnmente por la *praesumptio deli* (véase Parte 1.ª, Cap. XVI).

Sea de esto lo que quiera, algunos Códigos modernos la han admitido algunas veces, especialmente en lo que concierne a la criminalidad y a la gravedad de la intención y en materia de legítima defensa; pero el legislador, guiado por un conocimiento más recto de las cosas, ha extendido cuanto ha podido el círculo de la contraprueba, y declarado nula la presunción tan luego como existen probabilidades contrarias. Por otra parte, como el instructor tiene el deber de investigar de oficio las circunstancias favorables al acusado, la presunción legal así mitigada no podrá en la mayor parte de los casos ejercer una influencia perniciosa contra sus intereses.

## CAPITULO II

## SISTEMAS DE LAS DIVERSAS LEGISLACIONES EN MATERIA DE PRUEBA ARTIFICIAL

Muy natural es que la prueba basada en el concurso de circunstancias se considere de mucha más importancia en toda legislación que adopta el sistema de la acusación y de los juicios populares, que en aquellas en que está en vigor el procedimiento inquisitivo, y donde la sentencia pertenece a Jueces Letrados nombrados por el Poder público. En el proceso por acusación, las dos partes que se ven entrar en lucha a vista del Magistrado, se esfuerzan en hacer inclinar sus convicciones hacia el lado que les es favorable; y bien se concibe que pondrán en juego todos los medios cuyo efecto sea inclinar la balanza e impresionar profundamente a aquel de quien depende su suerte. La administración de la prueba por la imposibilidad en que se halle para hacerla el contrario, la pintura sorprendente y dramática de los incidentes que vienen a establecer la probabilidad de las alegaciones producidas, todo tiene allí una importancia capital; y como el Juez, según este sistema, no tiene de modo alguno por misión directa el provocar la confesión, como frecuentemente carece de testigos que declaren sobre el hecho mismo, síguese que la prueba por el concurso de circunstancias es la que por lo regular decide de todo el proceso. Tampoco debe, por otra parte, olvidarse que aquí el pueblo es el Juez; que el acusador no se dirige a la fría razón de los Magistrados, sino a los sentimientos, a la imaginación de los Jurados, a quienes procura impresionar; y cuando intenta ganar sus votos por medio de la prueba artificial, viene a quedar conocidamente corta la barrera que separa la certeza de la verosimilitud.

Otra cosa muy distinta sucede en el proceso de inquisición. El carácter de éste es la incesante actividad del Magistrado, a quien tan inmóvil hemos visto en el sistema de la acusación; y esta actividad, estos esfuerzos, tienen por objeto la manifestación de la verdad absoluta; cada uno de los movimientos del instructor y del Juez definitivo se regula por la fría y sana razón. A continuación de las diligencias judiciales no se encuentran pinturas vivas y que fascinen al entendimiento, sino un conjunto de documentos que es preciso estudiar maduramente, que conviene apreciar por medio de las reglas del buen sentido y la experiencia cuando se trata de investigar la verdad, y del cual, en fin, debe resultar la certeza por lo que toca a la acriminación. Cualquiera que analice la naturaleza de la prueba artificial, reconoce desde luego que aquélla puede fácilmente dar lugar a la duda; que entre las simples sospechas y la certeza basada en los indicios, es imperceptible el límite, y que el Juez es enteramente dueño de traspasarle o de no llegar hasta su último punto, según le plazca. Por eso no es de admirar que las legislaciones en que domina el sistema inquisitorial concedan menos valor a esta prueba. Además, en el proceso de esta clase, la confesión es lo más capital; y como por medio de interrogatorios es por donde el Juez llega las más veces a obtenerla, resulta de aquí que los indicios, en el hecho de ser ya entonces menos indispensables, quedan relegados a la segunda categoría. Finalmente, por lo mismo que instituye Jueces regulares y les formula una teoría legal de la prueba, el legislador se preocupa fácilmente de los peligros que a la inocencia puede ocasionar la llamada prueba artificial; y pareciéndole que sólo la natural es la que merece entera confianza, rechaza la otra por entero, o no la admite sino con numerosas reservas.

Estas ligeras observaciones sirven para la inteligencia de los hechos históricos siguientes:

En Roma, los indicios tenían grande importancia (1). Estudiando los autores clásicos (2) y los pormenores de que hacen mérito, se les ve aplicar a la investigación y a las conclusiones que de esta prueba pueden deducirse los modos de proceder más conformes a los hábitos cotidianos de la vida; y una multitud de textos (3) demuestran evidentemente qué importancia daban los jurisconsultos a los llamados *argumenta* (4), *indicia* y *signa* (5). El derecho canónico no suministra sino muy pocos documentos (6); en cambio, los prácticos en la Edad Media dieron ya bastante amplitud a los indicios y estudiaron sobre todo su fuerza probatoria. Dividiéronlo en categorías, colocando en la primera a los llamados *indicia indubitata* (advirtiendo que éstos nunca son más que un conjunto o reunión de varios indicios más vehementes), y creyeron de este modo llegar fácilmente a la solución del problema. Por último, establecieron divisiones de otro género, según que los indicios les

---

(1) Más adelante nos haremos cargo de si bajo el imperio de la Ley romana podía pronunciarse por sólo indicios una sentencia condenatoria.

(2) En especial Cicerón y Quintiliano.

(3) Ley 25, tít. 19, lib. 4.°; Ley 2.ª, tít. 65, lib. 7.°; Ley 22, tít. 22, lib. 9.° del Código.

(4) Sobre el sentido de la palabra *argumentum*, y Quintiliano, *Instit. orat.*, V., capítulo 10; Vossio, *Coment. Rhet.*, lib. 1.°, cap. 2.°, núm. 2.°.

(5) Por ejemplo: la Ley 25, tít. 19, lib. 4.° del Código; Código Theodos., *Const.*, 3, IX, 37.

(6) Capítulo 10, tít. 40, lib. 5.°: caps. 2.° y 14, tít. 23, lib. 2.° de las Decretales.

parecieron suficientes para dar tales o cuales fases a los procedimientos. Las prescripciones sobre la materia forman el elogio de *la Carolina:* en esta legislación se encuentra impreso el carácter de Schwarzemberg, de aquel espíritu metódico y formado en la escuela de los antiguos lógicos, el cual se aplicó a dar a los Jueces instrucciones completas, a decirles cómo deben averiguar los indicios y qué partido debe sacarse de ellos. Por numerosos y poderosos que sean, no pueden por sí solos ser suficientes para una condena, pero autorizan la aplicación del tormento. Por otra parte, era muy razonable que al lado de este precepto se hiciese entender al Juez que no basta una presunción cualquiera o mediana, sino que es menester un indicio legítimo y debidamente comprobado. En seguida el legislador, a fin de indicar al Magistrado el camino que debe seguir, enumera, en forma de ejemplo, algunos indicios principales, los unos, enteramente generales, los otros, relativos tan sólo a ciertos crímenes.

Los preceptos de *la Carolina* fueron con el tiempo la regla decisiva de los doctores, y los escritores posteriores se esforzaron en deducir de ella todas las consecuencias. Estos preceptos fueron suficientes en tanto que estuvo en vigor el tormento; pero, a medida que se prescindió de él, se conoció que la prueba por indicios estaba sofocada bajo trabas demasiado estrechas, y se procuró romperlas a toda costa, por ejemplo, con el auxilio de la pena extraordinaria.

Las leyes modernas de Alemania rechazan para siempre y en toda ocasión el tormento: creyendo sus autores sacar todo el partido posible de las recientes investigaciones de la ciencia en esta materia, han querido dar al Juez instrucciones completas. Pero la idea entonces dominante era que sólo la prueba natural puede con toda seguridad motivar la condena; que la prueba por indicios no podría sostenerse al mismo nivel; y no obstante, como el orden público peligraría si siempre se la hubiese rehusado como insuficiente para fundar sobre ella una condena, el legislador, a fin de obviar la dificultad, volvió al sistema de la pena extraordinaria, la cual declaró aplicable solamente en el caso de que existiesen indicios, esforzándose en determinar con toda precisión las condiciones con las cuales podrían éstos servir de base a una condena de semejante naturaleza. Tal es el sistema seguido por el Código austríaco, que, con el fin de guiar al Juez, enumera además en forma de ejemplo diversos indicios que declara suficientes. La Ordenanza criminal de Prusia procede también por la vía de ejemplos: enumera los indicios directos o *próximos,* y decreta por otra parte la pena extraordinaria, por poderosos y numerosos que sean. Pero el Código bávaro, reproduciendo fielmente todas las nociones emitidas hasta entonces por la ciencia, ha formulado el sistema más completo de la prueba por indicios, da su definición, la divide en diversas categorías, enumera multitud de ejemplos, suministra a los Jueces instrucciones para que aprecien debidamente los indicios próximos y remotos, y, por último, exige el cumplimiento de muchas condiciones muy severas, mediante las cuales el Tribunal puede, en caso de concurso de indicios, pronunciar todas las penas ordinarias, excepto la de muerte.

Tal es también el espíritu de los proyectos de ley de Hannover (1830) y de Wurtemberg (1830), que se derivan del Código bávaro.

En Francia, donde domina el principio de los juicios populares, se comprende bien que el Código de instrucción criminal no contenga nada especial en lo que toca a los indicios (1); pero entre los ingleses, donde quizá se ha comprendido mejor la verdadera naturaleza del Jurado, se ha intentado, no sin buen éxito, conciliar con la omnipotencia de éste las útiles prescripciones de una ley sobre la prueba. A decir verdad, en ninguna parte de la ley inglesa se encuentran esos preceptos formales, esa enumeración de indicios que deben guiar al Juez, esa determinación de su número y de sus condiciones para servir de prueba; por último, todos esos detalles que acabamos de encontrar en las leyes de Alemania, ni hay tampoco necesidad de disposiciones tan estrictas y absolutas; pero en la jurisprudencia y en la práctica de los Tribunales existen reglas ciertas en materia de prueba, aun de la artificial (2), si bien, por lo demás, no llaman la atención del Juez sino por medio de advertencias o de indicaciones muy breves a las veces. En resumen: en Inglaterra es cosa reconocida que la prueba circunstancial exige la mayor circunspección y prudencia, pero que puede al mismo tiempo motivar la condena.

---

(1) Véase la nota final del Cap. IX, Parte 7.ª. Véase también la Ordenanza criminal de Holanda que deriva del Código francés, excepto, sin embargo, en cuanto no admite el Jurado. De ella resulta que los indicios son medios de prueba, pero que el Juez debe usar de ellos con extremada circunspección.

(2) Bentham presenta excelentes observaciones sobre la prueba circunstancial.

## CAPITULO III

## DE LOS INDICIOS Y DE LAS PRESUNCIONES. DIVERSAS ESPECIES DE INDICIOS

La prueba artificial se establece por medio de las consecuencias que sucesivamente se deducen de los hechos: los indicios o las presunciones (1) son los medios de hacerla funcionar. Un indicio es un hecho que está en relación tan íntima con otro hecho, con un Juez llega del uno al otro por medio de una conclusión muy natural. Por eso son menester en la causa dos hechos: el uno comprobado, el otro no manifiesto aún y que se trata de demostrar raciocinando del hecho conocido al desconocido (2). Aplicado el indicio al proceso criminal, es el hecho o circunstancia accesoria que se refieren al crimen principal, y que por lo mismo da motivo para concluir, ya que se ha cometido el crimen, ya que ha tomado parte en él un individuo determinado, ya, por fin, que existe un crimen y que ha sido de tal o cual modo consumado. En una palabra: los indicios versan sobre el hecho, o sobre su agente criminal, o sobre la manera con que se realizó. Atendida su naturaleza, y según su nombre mismo lo expresa *(index)*, el indicio es, por decirlo así, el dedo que señala un objeto, contiene en sí mismo un hecho diferente, si es aislado (3); pero que al momento adquiera gran importancia cuando el Juez ve que tiene conexión con otro (4). Este a su vez (5), así descubierto, llama durante el curso de la información la atención de la justicia sobre tal individuo, que, sin tal coincidencia, pasaría inadvertido, o también en el momento de la sentencia definitiva es pesado en la balanza de la razón y

---

(1) Estas expresiones son sinónimas en el fondo: los prácticos y el legislador las emplean indiferentemente.

(2) Por ejemplo: en el lugar del crimen se encuentra un pedazo de vestido perteneciente a A., y de esto se infiere que A. pasó por aquel sitio.

(3) Por ejemplo: un individuo tiene sangre en sus vestidos; a A. le falta un botón en el suyo.

(4) Encuéntrase este botón bañado en sangre junto al cadáver de B.

(5) En este sentido se han llamado los indicios *fuentes de comprobación directa.*

contribuye a afirmar poderosamente las probabilidades de la acriminación. En tales momentos el Juez tiene por guía las leyes naturales manifestadas y garantizadas por la experiencia y el buen sentido.

El indicio es tanto más grave cuanto parece más cierta la relación necesaria entre el hecho primitivo y el hecho consiguiente desconocido. Si la experiencia justifica plenamente esta conexión, si no puede admitirse ni por un solo momento ninguna otra conclusión o interpretación, la conciencia del Juez se declara satisfecha, y el raciocinio produce la convicción (1). Desgraciadamente, nuestras deducciones no descansan nunca sino en una simple posibilidad; esa relación que queremos ver entre dos hechos puede ser la menos necesaria del mundo, y de ahí nacen las dudas. Puede suceder que estas relaciones que tan fácilmente creemos que existen (2), sean de todo punto nulas; que la circunstancia que nos parece accesoria sea de todo independiente del hecho a que la referimos, y que la contemporaneidad que llama nuestra atención sea efecto de pura casualidad (3). Entre los dos hechos que sirven de indicio puede haber relación bajo dos aspectos diferentes:

1.º El hecho primitivo se refiere al crimen consumado, en el sentido de que aparece manifiestamente como una misma circunstancia de la ejecución del crimen (4); o es también una relación enteramente física que existe una y otra persona, y pone necesariamente a la primera en situación de suministrar noticias que más tarde serán eficaces para la manifestación de la verdad (5).

2.º Los hechos anteriores al crimen pueden, por el solo hecho de la conexión que entre ellos existe, hacer pesar la inculpación sobre una persona más bien que sobre otra (6). Esta distinción no carece de importancia. Los indicios de la primera clase autorizan perfectamente al Juez a interrogar a los individuos a quienes designan, y habrá de exigir a éstos, ya justificaciones (7), ya aclaraciones, que a su vez puedan dar al Juez nuevos vestigios de la dirección, que llevaba el verdadero culpa-

(1) Por ejemplo: el embarazo prueba evidentemente la cohabitación.

(2) Por ejemplo: A. pasa a las nueve por la plaza pública y pierde en ella su sortija; a las diez, B. es muerto por C. en la misma plaza, y hechas las pesquisas convenientes, se encuentra la sortija de A. en el lugar del crimen.

(3) Por ejemplo: A. ha galanteado a la mujer de B.; después de haber sufrido un desdén, abandona el país el día tantos, y al siguiente inmediato la mujer de B. es robada por C.

(4) Por ejemplo: la naturaleza y dirección de las heridas, el instrumento del crimen, etc.

(5) A. ha dormido en la misma habitación que B., a quien por la mañana se le encuentra asesinado en su cama. En poder de A. se halla el reloj robado a B. al ser asesinado.

(6) Por ejemplo: A. ha sido hallado muerto, y B. tenía en su muerte un gran interés.

(7) Por ejemplo: la persona interrogada dirá cómo ha adquirido el reloj que se encuentra en su poder.

ble (1), o hacer recaer nuevas sospechas sobre los mismos que han sido interrogados (2). Los indicios de la segunda clase no suministran sino conclusiones de una posibilidad muy cierta, y apenas permiten una acriminación directa. Y a la verdad, ¿sobre qué habría de versar el interrogatorio de la persona designada? Nada se le opone de que deba justificarse (3); lo más que el Juez instructor podrá hacer será procurar que se le vigile en secreto, a fin de obtener, si es posible, por este medio, útiles noticias. En resumen: no justificarse cuando existen indicios de la primera clase, es dar, desde luego, valor a las sospechas; pero, a vista de los indicios de la segunda, no hay justificación que hacer, y, por lo mismo, tampoco existe ningún peligro en no suministrarla.

Divídense también los indicios en mediatos e inmediatos: éstos dan lugar a una conclusión directa en cuanto al objeto que ha de probarse, sin que sea necesario recorrer una serie de deducciones intermedias; aquéllos sirven para concluir que existen otros hechos por los cuales se llega finalmente al hecho principal de la cuestión (4). Ya se conoce que no estribando estos últimos sino en un encadenamiento de hipótesis sucesivas, son muy débiles y remotos.

Algunas leyes modernas dividen los indicios en *anteriores, concomitantes* y *posteriores* (5). Esta clasificación puede quizá servir de alguna utilidad en la información, y aun en lo que concierne a la averiguación de las circunstancias accesorias; pero cuando se trata de medir el valor legítimo, la fuerza probatoria de los indicios se hace completamente inútil. Un indicio concomitante no es más poderoso que el anterior al crimen; y cuanto más se profundiza en las cosas, se ve que esta división carece también de base sólida y será no pocas veces una arbitrariedad colocar el hecho entre los indicios anteriores, en vez de hacerlo entre los concomitantes o posteriores (6). El Código bávaro quiere dar a su sistema una importancia enteramente práctica (7); pero sus cálculos son errados, porque puede muy bien suceder que, por ejemplo, no se haya

---

(1) Por ejemplo: designa a A. como la persona que le ha vendido el reloj.

(2) Por ejemplo: cuando sus respuestas son un conjunto de mentiras.

(3) Por ejemplo: consta que A. era enemigo de B., cuyo cadáver acaba de encontrarse; ¿sobre qué versarán las preguntas que el Juez dirija a A? Sobre su enemistad con B. Mas esto, ¿qué es lo que prueba? Por ventura, ¿no se puede ser enemigo de un hombre sin pensar por eso en matarle?

(4) Por ejemplo: A. prueba un crimen, y de esto se infiere que él también es inclinado a cometerle.

(5) Esta división, por otra parte, se interpreta de diversos modos.

(6) Por ejemplo: la presencia en el lugar del crimen es un indicio concomitante, según el artículo 311 del Código bávaro; pero todo depende de la hora en que tuvo lugar el crimen; y determinada ésta, el indicio puede ser anterior, concomitante o posterior.

(7) Según el artículo 328, número 1.º, para que haya plena prueba por indicios, es preciso que éstos sean a la vez anteriores concomitantes y posteriores.

descubierto en la causa ningún indicio posterior (1), y que, sin embargo, de los solos indicios anteriores y concomitantes resulte una plena y poderosa prueba.

Se ha dicho también que los indicios son *generales* y *particulares;* que los unos pueden existir en todo delito, y los otros solamente respecto de ciertos delitos especiales; pero ¿qué utilidad resulta de estas definiciones? ¿No es al Juez únicamente a quien, en cada causa, pertenece decidir de la existencia de ciertas relaciones entre los hechos, y del grado de prueba que aquéllas constituyen en el caso especial *(in concreto),* bajo la forma de indicios?

Se han llamado igualmente los indicios *próximos* y *remotos,* pero nosotros no daremos gran importancia a estas denominaciones (2). A lo más serán de algún interés para el Juez instructor, a quien la ley impone el deber de no proceder a ciertos actos de la información sino cuando hay indicios *próximos.* Estos, según el sistema que examinamos, resultarían de hechos acriminativos de un individuo determinado, que hacen pesar sobre él los más graves cargos y no dejan lugar a la verosimilitud de una presunción que les sería menos desfavorable (3). Por indicios *remotos* se entienden los que no suministran materia sino a conclusiones fácilmente engañosas; aquellos que dan lugar a presunciones directamente contrarias aun a la simple posibilidad de un hecho plenamente justificativo. En todos estos casos, las probabilidades se contrabalancean por ambos lados. Pero en la práctica será puramente arbitraria esta clasificación de los indicios; no puede decirse de antemano que tal o cual indicio, resultante de un hecho aislado, tenga en sí una fuerza suficiente; las circunstancias particulares del hecho, las aclaraciones hechas por la persona designada, podrán determinarla más tarde por sí solos; y, además, si se analiza la naturaleza del indicio llamado *próximo* (4), se verá en seguida que procede, como cualquier otro, del concurso de varias circunstancias y del cumplimiento de ciertas condiciones, cuya apreciación se deja, como siempre, al Juez (5).

Finalmente, se han dividido los indicios en *legales* (6) y *no legales.* En efecto: *la Carolina* y algunas leyes modernas posteriores han presentado

---

(1) Por ejemplo: cuando el acusado ha sido preso en el momento de haber cometido el crimen.

(2) *La Carolina,* en sus artículos 27, 30, 31, 43, sólo habla de los indicios *racionales* o *suficientes.*

(3) No están conformes sobre este punto los autores.

(4) El Código bávaro, en su artículo 327, exige el cumplimiento de un gran número de condiciones para que pueda haber indicio próximo.

(5) La Ordenanza criminal de Prusia, artículo 398, número 4.º, coloca entre los indicios próximos el hecho de que un individuo a *quien con seguridad puede creerse capaz de haber cometido el crimen, haya amenazado cometerlo poco antes de su perpetración.*

(6) No se trata ahora aquí de la *proesumptio juris.*

al Juez, en forma de ejemplo, cierto número de indicios; pero no citamos esta división sino por vía de recuerdo, porque en la práctica no es de utilidad alguna. Como los indicios designados por la ley sólo están escogidos como ejemplos, esta enunciación no es de modo alguna limitativa, y los omitidos por el legislador pueden tener igual valor en casos dados.

## CAPITULO IV

# INDICIOS DE LA INOCENCIA. CONTRAINDICIOS

Así como en vista de la prueba llamada natural, el Juez debe pesar y comparar respectivamente las pruebas en contra aducidas, así también, cuando se trata de apreciar en su verdadero valor las acriminaciones que resultan de los indicios, importa considerar atentamente todos los hechos de un orden opuesto: su comparación con los indicios que acusan es solamente la que hace posible la decisión de la existencia y gravedad de los cargos. Los hechos de este género son de dos clases: los unos impiden absolutamente, o por lo menos difícilmente permiten que se atribuya al acusado el crimen (estos hechos reciben muchas veces el nombre de *indicios de la inocencia* o *contrapresunciones);* los otros, por vía de conclusión, hacen ver poderosamente debilitados los indicios de cargo, en cuanto de ellos resulta en favor del acusado una explicación enteramente favorable de los hechos que parecían correlativos del delito, y daban importancia a las sospechas. Llámanse comúnmente *contraindicios:* pueden, por lo regular, presentarse a vista de los indicios, cualquiera que sea por otra parte su naturaleza, bien que el Juez, según su prudencia, vaya buscando todos los casos posibles y encuentre que sólo la casualidad ha presidido los acontecimientos y colocado al acusado, sin culpa ninguna por su parte, en la crítica situación en que se halla (1); bien que parezca suponible que sólo un tercero lo ha hecho así con el fin de alejar de sí toda sospecha (2), o también que el inculpado mismo, sin mala intención y de la manera más indiferente en sí misma, haya dado margen a que contra él se sospechase (3). Otras veces, los contraindicios se fundan en uno o en varios hechos determinados, tomados de entre los de cargo, y demuestran que la relación, existente entre la persona acriminada y el delito puede explicarse de modo más satisfacto-

---

(1) De esto hay numerosos ejemplos.

(2) Por ejemplo: A. ha puesto arsénico en el armario de B. después de haber envenenado a C.

(3) Por ejemplo: A. inocente, temiendo ser acusado, cambia la posición de un objeto.

rio (1); o que se ha hecho un empleo legítimo del objeto (2) cuya posesión parecía a primera vista sospechosa, o que los hechos constitutivos de la presupuesta relación entre la persona y el delito no existían en el momento de su perpetración (3).

Las contrapresunciones se diferencian de los contraindicios: las primeras se dirigen a probar que no puede creerse al acusado capaz de haber cometido el delito (4); o también, los hechos en que se fundan demuestran que no tenía la facultad (5) ni la capacidad (6) suficientes para poder cometerle, que ningún motivo le impedía o que sus mismos intereses le forzaban a obrar en sentido contrario (7), y que su constitución física no autoriza a creer que pudiera haber triunfado de los obstáculos que debió encontrar al cometer el crimen (8). Otras veces, los hechos de donde nacen las contrapresunciones consisten en actos personales del acusado, y difícilmente se concilian con la existencia de la culpabilidad (9); otras, en fin, los hechos demuestran que estando el acusado lejos del lugar del crimen, le ha sido imposible ejecutarlo (10).

---

(1) Por ejemplo: A., poseedor del objeto robado, prueba que lo compró a B.

(2) Por ejemplo: A. demuestra que empleó el arsénico en matar los ratones.

(3) Por ejemplo: A. demuestra que ya no existía enemistad entre él y la víctima.

(4) Por ejemplo: el acusado ha sido hasta entonces de una conducta irreprensible.

(5) Por ejemplo: el acusado carece de la fuerza física necesaria para consumar el crimen.

(6) Por ejemplo: para cometer el delito era necesaria cierta actitud técnica que no posee el acusado.

(7) Por ejemplo: el acusado vivía a expensas de aquel a quien se ha encontrado asesinado.

(8) Por ejemplo: en caso de violación.

(9) Por ejemplo: el que se creía que prendió fuego para el incendio es precisamente el mismo que le apagó, con peligro de su vida.

(10) A esta categoría pertenece el *álibi* o *negativa loci.*

## CAPITULO V

# DE LA INVESTIGACION DE LOS INDICIOS

Siendo la expresa misión del Juez instructor procurar adquirir cuantos documentos puedan contribuir a manifestar la verdad, tiene, por consiguiente, el deber de investigar desde luego los hechos que sirven de base a los indicios, y todos aquellos cuya existencia comprobada permite determinar el valor de los primeros. A esta investigación preside el trabajo del entendimiento; por eso se ha intentado circunscribir los indicios a ciertas leyes generales que sirvieran de segura guía al Juez; pero no vemos la utilidad de semejantes esfuerzos, aun cuando, no se trate sino de recurrir a menudo a las solas reglas del pensamiento y de la lógica. Por otra parte, no habría que esperar el descubrir todas las leyes posibles de la naturaleza y del entendimiento; y aunque así fuese, ¿cómo establecer entre las mismas que se hubiesen conocido una clasificación que no fuese puramente arbitraria? Preséntase a la vista del instructor el inmenso campo de la experiencia: si es hábil, no acertará a desviarse de ella; se preguntará primero a sí mismo qué circunstancias accesorias pueden agregarse al hecho principal: muchas veces, aquella que parecería la más indiferente, y que aunque por efecto de casualidad haya precedido, acompañado o seguido al delito, adquiere mayor importancia ante una vista perspicaz; y en efecto la experiencia le demuestra que la causa de esta circunstancia está en las leyes naturales y en los móviles ordinarios de las acciones humanas. Entonces procede por vía de analogía y vuelve a ordenar según estas mismas leyes las relaciones en un principio desconocidas que hacen referir lo accesorio a lo principal, a lo cual llega como guiado por un hilo que le conduce. El hombre, en la apreciación de los hechos, se remonta siempre hasta los casos que la experiencia le demuestra como análogos; recorre en su imaginación todos los posibles, por muy lejanos que estén; su razón, buscando un sólido punto de apoyo, compara sin cesar los hechos conocidos con las hipótesis que imagina, y se esfuerza en descubrir qué probabilidades pueden hacerlas de alguna importancia. Las relaciones entre la causa y el efecto son las que principalmente llaman nuestra atención; cuando las circunstancias son las mismas, creemos que los sucesos están regidos por unas mismas leyes; y cuando los hechos se prestan a conclusiones de analogía, al punto se detiene en ellos admirado nuestro entendimiento.

En materia criminal, el Juez instructor debe hacerse las siguientes preguntas:

*a)* ¿Hay, entre las circunstancias especiales que acompañan al delito algunas que designen a un individuo como relacionado de algún modo con el hecho principal?

*b)* ¿Puede fijarse la inculpación contra un individuo determinado con mayor razón que contra cualquier otro?

Para responder a estas preguntas importa:

1.º Determinar qué objetos no se encontraban en el sitio del delito antes de su comisión, y se han hallado en él después que éste tuvo lugar (1); porque el poseedor de tales objetos habrá estado probablemente presente en el momento de realizarse el hecho.

2.º Examinar las hullas que se dirigen hacia el lugar del delito, o se aparten de él, las cuales muchas veces sirven para dar señales particulares (2) de tal o cual individuo y hacen recaer al punto sobre él las sospechas, y otras veces conducen hacia distinto paraje, adonde parece haber ido el culpable.

3.º Investigar si con anterioridad al crimen ha existido entre tal individuo y la víctima una relación (3), tal que pueda ponerle en el caso de tener que declarar circunstancias importantes.

4.º Si los objetos, que en el momento de cometerse el delito se encontraban en el lugar determinado (4), están hoy en posesión de un individuo, y quién en éste.

5.º Si las señales y huellas que demuestran haberse hallado presente un hombre en el lugar del crimen, se encuentran ser de la persona de un individuo determinado (5).

6.º Por último, si en los actos de esta misma persona pueden verse los preparativos del delito o el hecho de haberse procurado los medios (6). Por lo que toca más particularmente a la segunda cuestión propuesta en estos términos, *¿debe la inculpación fijarse contra un individuo más bien que contra otro?* El examen del Juez versa igualmente sobre multitud de pormenores, y habrá de preguntarse:

1.º Cuáles son las personas cuya vida perversa y desarreglada puede hacer creer que son capaces de haber cometido el crimen.

---

(1) Por ejemplo: ha sido hallado junto al cadáver un anillo que no pertenecía a la víctima.

(2) Por ejemplo: las huellas atestiguan que el zapato del que las marcó tenía tachuelas clavadas de un modo particular.

(3) Poco antes del crimen, un individuo se encontraba en la habitación de la víctima.

(4) Los objetos robados.

(5) Tales serían, por ejemplo, las manchas de sangre.

(6) Por ejemplo: la compra del veneno.

2.º Cuáles las que desde luego han podido ser las únicas que tomasen parte en él, en razón del conocimiento especial (1) que tenían de las circunstancias (2), que era absolutamente preciso no ignorar para poder ejecutarlo.

3.º Cuáles las que tenían especiales motivos para cometerle.

4.º Quiénes las que, por su conducta anterior al hecho (3), han dado pruebas de que no eran extrañas a la idea del crimen.

5.º Quiénes las que, antes de que se realizase, se manifestaron curiosas o deseosas de saber tales y cuales pormenores (4), que importaba muchísimo conociese cualquiera que hubiera resuelto ejecutarlo.

6.º Cuáles las que, después de consumado el crimen, han procurado, con un interés sospechoso, eludir las pesquisas de la justicia (5) o hacer imposible el descubrimiento del delito (6).

7.º Cuáles aquellas cuya conducta les inspira el temor de ver entablado contra ellas un procedimiento criminal (7).

8.º Cuáles las que, después del hecho, se encuentran en una situación que, por sí sola, puede explicar su participación en el delito (8).

9.º Cuáles, por último, aquellas cuyo continente revela inquietud y remordimiento (9).

En todos los casos que preceden, el hecho que atrae sobre una persona la atención del Juez sirve de base, de punto de partida al indicio; pero para que de él resulte un estado de sospecha real, es preciso descubrir toda una serie de circunstancias accesorias, cuyas coincidencias vienen a fijar las convicciones del Magistrado; y esto es lo que la ley misma ha reconocido por la definición que da de los indicios. Las amenazas, por ejemplo, están declaradas como constitutivas de indicio; pero bien se conoce que no toda manifestación de amenaza da origen a las sospechas. Importa en tal caso saber si la palabra del inculpado ha sido formal, si revela un designio profundamente arraigado, o si, por el contrario, ha sido únicamente simple resultado de un arrebato de cólera, ciego e irreflexivo; importa también saber si el acusado es un hombre

(1) Por ejemplo: el hecho ha sido consumado por medio de una abertura sutilmente hecha en las cerraduras, y el acusado posee la habilidad necesaria para esta operación.

(2) Por ejemplo: A. era el único que sabía en qué sitio guardaba B. el dinero.

(3) Por ejemplo: se ha visto a A. arrojarse una vez sobre B., el cual ha sido más tarde asesinado.

(4) Por ejemplo: A. ha preguntado dónde guardaba B. su dinero o qué dirección ha tomado al marcharse.

(5) Por ejemplo: difundiendo noticias y alarmas falsas.

(6) Por ejemplo: destruyendo todos los vestigios del crimen.

(7) Por ejemplo: la que por doquiera busca a la parte ofendida para transigir con ella.

(8) Por ejemplo: la que poco antes estaba en la miseria y desnudez más completa, y de pronto se entrega a locos despilfarros.

(9) Por ejemplo: la que emprende la fuga.

frío, que pesa habitualmente lo que dice, ejecutando sus designios una vez concebidos, o si es un hombre ligero, de ningún modo vengativo; por último, conviene ver si la amenaza lleva en sí el crimen de que se trata u otro análogo, y si precedió mucho o poco tiempo al delito. En resumen, cuando se quiere apreciar sanamente el valor de los indicios, debe uno enterarse con cuidado de todos los hechos que influyen en la decisión que ha de recaer, y de todos los que hacen subir o bajar de grados las probabilidades; y luego que estos hechos estén averiguados y reunidos, cotejarlos con el que sirve de base de indicio. Cuanto más profunda sea la experiencia del Juez, mejor sabrá imaginar todos los casos posibles y discernir las más pequeñas circunstancias; cuanto más desarrolladas estén sus facultades de observación, madura su inteligencia y ejercitado su criterio, tanto más sólido será también su juicio en lo que concierne a la apreciación de los indicios.

Como quiera que sea, su valor se deduce:

1.° Del hecho que le sirve de base.

2.° De los datos de la experiencia, por cuyo medio se compara el hecho conocido con otro que es menester probar por vía de inducción.

3.° De la naturaleza de las relaciones existentes entre el hecho conocido y el que se trata de patentizar.

4.° Del modo de aplicar los resultados generales de la experiencia al hecho en cuestión.

5.° De la posibilidad que haya de explicar la relación entre los hechos de modo que se quite o despoje de toda importancia a las sospechas, y por consecuencia de las justificaciones hechas por el mismo acusado.

6.° Del carácter y género de vida del acusado.

7.° De la mayor o menor certeza existente de que en realidad se ha cometido el crimen, cuyo autor se busca.

Vamos ahora a hacernos separadamente cargo de cada uno de estos puntos principales:

1.° Es evidente que un indicio carece de valor si no es completamente cierto el hecho en que se funda. De que el anillo de A. haya sido encontrado en el lugar del crimen, es preciso suponer que positivamente el anillo le pertenecía, para que de aquí pueda concluirse que A. es el autor del crimen; luego, en faltando esta prueba, el indicio carece de base. Todos los medios de prueba aplicables al hecho principal lo son también, con ciertas condiciones legales, a los hechos generadores de los indicios (1); pero ¿pueden éstos, por ventura, a su vez hacerse constar por medio de la prueba artificial? Sostener la negativa sería volver de nuevo a apelar ideas, y sostener siempre que los indicios no hacen plena prueba sería olvidar que algunos de ellos no descansan sino en un hecho material, que pueden dimanar, en el fondo, de un origen ente-

(1) Por lo regular, un testigo único no servirá para hacer plena prueba.

ramente metafísico, y que para verlos manifiestos es preciso considerar todo un encadenamiento de hechos complejos (1).

2.º En todo indicio nos guía un principio de experiencia, o, si se quiere, una ley de la naturaleza o del pensamiento: en el poder de este principio consiste la fuerza del indicio. Si nos apoyamos en una serie no interrumpida de experiencias positivas, parécenos que con toda seguridad podemos concluir de un hecho que siempre hemos visto rodeado de semejante circunstancia a otro hecho que es un correlativo necesario, y cuya no existencia le haría inexplicable. Síguese de aquí que los indicios basados sobre las leyes de la personalidad humana son mucho más fácilmente engañosos que los que se derivan de los hechos de la naturaleza física (2). No es posible reducir a reglas absolutas las acciones del hombre; por todas partes reina en los individuos la mayor diversidad, y locura sería querer determinar las causas, muchas veces insondables, de tal o cual fenómeno manifestado en su persona.

3.º Cuando se reflexiona que tal hecho, que creemos como materia suficiente de indicios, debe muchas veces, en realidad, considerarse aisladamente, y se dice que sólo la casualidad ha podido hacerle coincidir con otro, no nos decidimos a declarar sino con extremada reserva que se parecen íntimamente en su conjunto. La razón exige que circunstancias especiales vengan como a atestiguar la supuesta relación; estas circunstancias son los anillos de la cadena por cuyo medio se unen al hecho conocido y el desconocido. A. estaba aquí sumido en la miseria; se le ve de pronto nadar en oro y gastar locamente; más aún: el día tantos de tal mes era completa su pobreza; en aquella misma noche ha sido robada una gran cantidad de dinero en casa de B., y al día siguiente por la mañana, A. aparece súbitamente rico. Sus exagerados gastos, ¿constituyen un hecho que pueda referirse al robo cometido? Seguro que no de un modo directo; hay, a no dudarlo, una coincidencia entre dos hechos que pueden no tener entre sí mutua relación. A. puede haber recibido dinero de una mujer con quien ha entablado un afrentoso comercio, quizá ha podido hallar un tesoro o haber ganado en el juego de la lotería; innumerables son en este caso las suposiciones. Trátase desde luego de proceder por vía de exclusión de todos los casos posibles; a medida que las circunstancias particulares vengan a destruir las hipótesis que a primera vista ocurran a la imaginación, aparecerá más vero-

(1) Cuando, por ejemplo, se trata de probar la enemistad.

(2) Por ejemplo: se observa casi constantemente que un hombre, cuando sabe la muerte de una persona que le es muy querida, no expresa su dolor con frases ni declamaciones exageradas. Sin embargo, si un marido, encontrando inesperadamente el cadáver de su mujer, a quien acaban de matar, se deshace en exclamaciones de este género, no haya duda que no llamará la atención. Mas ¿será acaso prudente por sólo esto el dar al hecho una grande importancia y concebir sospechas?

símil la correlación entre los dos hechos (1); pero aun cuando los gastos de A. atestigüen el robo, no se infiere de ahí forzosamente que tengan relación con el cometido en la casa de B.; puede suceder que A., en la misma noche, haya robado en otra casa; de donde se ve que aun en este caso es preciso también la comprobación de circunstancias que establezcan la correlación especial entre los locos gastos y el delito que se persigue (2).

4.° Los medios de conclusión, las formas de los razonamientos en los casos que nos ocupan, deben estar en armonía con las reglas principales de la lógica; no es menester salvar intervalos demasiado grandes o llevar las consecuencias más allá de lo que encierran las premisas (3): lo que ante todo importa es hacer una prudente aplicación de este principio de experiencia que nos guía.

5.° El indicio revela a primera vista una relación posible entre dos hechos, o designa a una persona como agente; pero es igualmente del deber del Juez inquirir también todas las hipótesis que en sentido contrario vendrían a justificar completamente esta relación; y sólo comparando una hipótesis con otra es como llegará a decidir cuál de ellas es la que reúne mayores probabilidades. Desde entonces se hace indispensable interrogar al individuo sospechoso; porque muchas veces podrá por medio de sus explicaciones hacer desvanecer toda duda (4). Si, por el contrario, no puede interrogarle o rehúsa dar explicaciones, el Magistrado no debe olvidar que su misión es la manifestación de la verdad, y procederá de oficio a la investigación de todas las señales de disculpa (5). Al tiempo de responder el acusado, el Juez puede preguntarse: 1.°, si los hechos que éste alega, en la suposición de que sean verdaderos, pueden hacer desaparecer las sospechas (6); 2.°, si están suficientemente demostrados o son por lo menos probables. También conviene distinguir si las explicaciones suministradas aparecen completamente de-

---

(1) Por ejemplo: A. es un viejo, nunca juega a la lotería ni ha tenido jamás ocasión de jugar.

(2) Por ejemplo: en casa de B. se han robado monedas de oro inglesas, y A. ha ido muy temprano por la mañana a que le cambiaran piezas de esta clase.

(3) Por ejemplo: un individuo abandona un sitio determinado en el momento mismo en que acaba de cometerse en él un crimen. Podrá con razón concluirse que no abandonó el sitio sin motivo; pero aunque así sea, ¿se sigue de aquí por necesidad que el motivo fuese precisamente la perpetración del crimen de que se trata?

(4) Por ejemplo: diciendo que no se ha hecho más que comprar el objeto robado.

(5) Así es que deberá preguntar a los testigos si el objeto encontrado pertenecía realmente a A., cuando este objeto estaba todavía en su poder en el momento mismo del robo.

(6) Por ejemplo: A. declara que B. le ha vendido el objeto robado hallado en su poder.

mostradas (1) o simplemente verosímiles (2), y si parecen del todo improbables (3) o completamente falsas y desmentidas por los hechos ya comprobados (4). Sólo en esta última hipótesis parecerán fundados los cargos, aun cuando pudiera suceder que el acusado, a pesar de sus mentiras, no sea autor del crimen; porque ¡cuántas veces no se han visto individuos que, no queriendo justificarse diciendo lo que hay, procuran salir del apuro por medio de declaraciones alteradas! (5).

6.º Pero la presunción más fuerte se toma de los antecedentes y de la moralidad del acusado. Con su auxilio, la tarea del Juez es en extremo fácil, existiendo sospechas que puedan recaer contra este último. Un aparente concurso de circunstancias puede servir para acusar al más inocente del mundo; pero en el momento, la voz pública se pronuncia contra esta acusación, y dice: *¡No, no es posible creerle culpable!* Por eso vemos primeramente a *la Carolina* prescribir al Juez que tome los informes necesarios para saber si puede creerse al acusado capaz de haber cometido el delito. A este fin, el Magistrado se preguntará si de parte del acusado están una hombría de bien severa y en extremo notoria y una moralidad verdaderamente justificada, que se oponen a que pueda considerársele como autor del crimen, si acaso la opinión de que goza es simplemente de no haber hecho nunca mal a nadie; si pueden descubrirse en él inclinaciones que hayan podido arrastrarle a cometer el crimen objeto del procedimiento (6), y si han sobrevenido tales y cuales incidentes, capaces de obrar vivamente sobre estas mismas inclinaciones (7).

7.º Por último, y principalmente, para que los indicios dirigidos contra el inculpado adquieran alguna fuerza, es preciso que el crimen exista; mil y mil circunstancias hay que en tanto tienen importancia en cuanto aquél se supone existente; pero si falta, el indicio carece de base, y la existencia del primero es una especie de cuestión prejudicial con relación al segundo.

---

(1) Por ejemplo: el acusado confiesa haber comprado el veneno; pero al mismo tiempo prueba que lo ha remitido intacto a un tercero que le representa.

(2) Por ejemplo: sostiene haber comprado el arsénico con el solo fin de destruir los ratones; y, por otra parte, consta que su casa estaba infestada de estos animalillos, y que ha dicho a muchas personas que quería envenenarlos.

(3) Sostiene no haber comprado el veneno sino para dedicarse a experimentos químicos; pero nadie sabe que hasta entonces se haya jamás ocupado de la química.

(4) Declara haber enviado el veneno a su administrador para que lo emplease contra los ratones; mas éste dice que no ha visto ratones ni veneno.

(5) Por ejemplo: ha remitido el veneno a un amigo a quien no quiere denunciar.

(6) Se ha publicado un anónimo contra la persona de B., y A. es conocido como hombre que voluntariamente se dedica a componer libelos difamatorios.

(7) A., antes de la aparición del libelo publicado contra B., ha sido fuertemente insultado por él.

## CAPITULO VI

# MODO DE VALUAR LA FUERZA PROBATORIA DE LOS INDICIOS

La fuerza probatoria de los indicios se determina:

1.º Por el cumplimiento en cada caso, y para cada uno de los indicios, de las diversas condiciones de que hemos hablado en el capítulo precedente.

2.º Por su número.

3.º Por la naturaleza de su unánime concurso.

4.º Por sus relaciones con las presunciones informativas, y por las consecuencias de esta especie que pueden deducirse de los hechos generadores.

Cuando cada uno de los indicios satisface plenamente las condiciones que hemos enumerado más arriba (capítulo anterior), el Juez saca de ellas, con toda seguridad, las conclusiones a que dan lugar.

Por lo que toca al número, el único principio que puede sentarse es que debe haber concurso de varios indicios. El legislador ha hecho en Austria un notable ensayo con el fin de señalar a la conciencia del Juez sobre este punto reglas fundadas en justicia (1). Ha decretado que para que exista la convicción, es menester, en principio, la reunión de *tres indicios,* por lo menos, tales como la ley los define; no obstante, pueden, por vía de excepción, bastar solamente *dos,* cuando, por otra parte, el acusado tuviera en el crimen un interés particular, o también cuando, habiendo alegado hechos que debiliten los indicios, se encuentra jurídicamente demostrado lo contrario de estos hechos. Pero bien se ve que aun en estos dos casos excepcionales, al lado de los dos indicios, es preciso concurra una tercera circunstancia; y este interés en el delito, estas declaraciones falsas, ¿no constituyen, por otra parte, un verdadero indicio *(latu sensu),* o una presunción que permita, hasta cierto punto, atribuir al acto acriminado al acusado que designa? A fin de no exceder los términos de la definición que hemos dado más arriba (ca-

---

(1) Hablamos de la Ley de 6 de julio de 1833.

pítulo III de esta Parte 7.ª), resumiremos de este modo la regla de la ley austríaca: *Para hacer prueba son menester tres indicios, o dos indicios y una presunción.*

Esta misma ley ha decidido además una importante cuestión, que no debemos pasar en silencio. Sólo se consideran como tales, entre el número de los indicios, aquellos que se apoyan en circunstancias distintas e independiente; de manera que un mismo hecho no puede tenerse en cuenta más que para una sola vez, y aunque presente diversos aspectos o pueda tener una aplicación o significación múltiple, no constituye nunca más que *un* solo indicio. A. ha sido muerto de un pistoletazo, pero antes del homicidio B. tenía una pistola, y en el momento del mismo la tenía también en su poder. He aquí una circunstancia considerada bajo varios aspectos diferentes; pero no por eso deja de ser una, y no da origen sino a un solo indicio.

*Por concurso unánime de los indicios* no debe entenderse la coincidencia en cuanto al tiempo; la ciencia enseña cada día más que no hay necesidad alguna de que a la vez sean *anteriores, concomitantes* y *posteriores.* El concurso que se considera como necesario consiste, o en la indudable relación del hecho generador con el hecho principal (1), o en la relación de los indicios entre sí. Es preciso que todos recaigan sobre un mismo objeto, cuya averiguación trata de hacerse, y que cada uno de ellos designe al mismo inculpado (2). Existe también este concurso cuando se completan y esclarecen uno por otro (3), y principalmente cuando constituyen una semejanza tal, que sea imposible admitir que, en el curso ordinario de las cosas, haya podido cometer el delito otro que el acusado (4). Por lo demás, aun después de haber hecho constar detenidamente el cumplimiento de todas estas condiciones, todavía el Juez tiene el carácter de jurado y no debe obedecer sino a su conciencia; pero bien puede asegurarse que practicando severa y escrupulosamente tales reglas, no hay que temer el peligro de un juicio temerario o precipitado.

Por último, el Juez tiene en último recurso que contrapesar cada uno de los indicios con los indicios y presunciones contrarias (Cap. IV de esta misma Parte 7.ª); en este caso no debe perder de vista las explicaciones que el acusado suministra para su defensa acerca de las relaciones existentes entre el indicio y su persona, y también las condiciones

---

(1) Por ejemplo: B. ha declarado haber mordido en la cara a su adversario; a A. se le encuentra con una reciente mordedura en la mejilla casi al instante mismo en que tuvo lugar el hecho de que B. fue víctima.

(2) Por ejemplo: se ha visto a A. rondar la casa de B., y además en el mismo sitio donde ha estado se encuentra un botón que le falta en su vestido.

(3) Por ejemplo: en el instante mismo de haberse ejecutado el crimen, A. ha ido a lavar su vestido que estaba manchado de sangre.

(4) La Ley austríaca precitada, artículo 1.º, contiene sobre este punto una disposición terminante.

de hecho y de moralidad particulares que permiten o impiden suponerle capaz del crimen de que se trata. Si sus justificaciones están reconocidas como falsas o altamente inverosímiles; si, atendidas las circunstancias, todo demuestra que puede muy bien ser capaz de haber cometido el delito de que se le acusa, la convicción del Juez se apoya, cuanto a los indicios, en una base cada vez más sólida.

## CAPITULO VII

# DEL VALOR DE LA PRUEBA ARTIFICIAL EN TESIS GENERAL

Una de las cuestiones más importantes que pueden presentarse en materia de procedimiento criminal es indudablemente la de saber si el concurso de los indicios, por numerosos que sean, puede siempre envolver en sí la prueba de los hechos y fundar suficientemente una condena. Sabido es que en la mayor parte de los casos ésta es la única prueba que hay en la causa; y si el legislador quiere prescribir que toda sentencia afirmativa descansa sobre ella, es preciso que se decida a ver absolver, en falta de otras pruebas, a un gran número de verdaderos culpables. Si, por el contrario, deja al Juez el poder de condenar, tiene éste en sus manos un terrible derecho de vida y muerte que fácilmente puede degenerar en peligroso abuso. La ley, en sus esfuerzos para prevenir todos los casos y fijar el límite de los indicios por medio de reglas ciertas, no puede aspirar a un fin imposible; y siempre sucede que en definitiva la convicción del Juez es la que decide de la condena: convicción de la que no podríamos obligarle a dar cuenta. El Juez, propiamente hablando, es un verdadero jurado; por poderosos que sean los indicios que por su concurso vengan a fundarse y completarse mutuamente, aun cuando en el orden natural de las cosas no pudiera dudarse de la culpabilidad, hay todavía un último punto en el que vienen a ser inaplicables las reglas absolutas, y donde una especie de sentido íntimo jurídico fija irrevocablemente la determinación del Magistrado. Sin embargo, se ha levantado más de una vez imponente contra la admisibilidad de la prueba plena artificial. Sostiénese que la prueba tiene por base a la certeza; que ésta a su vez descansa en la evidencia de los sentidos y en los medios derivados de la evidencia material mediata o inmediata. Añádese que un indicio no puede constituir sino una probabilidad, y que los indicios reunidos, por numerosos que sean, no pueden constituir sino una mayor probabilidad; luego la certeza no consiste en una suma de probabilidades. En los indicios no se quiere ver sino hechos aislados que se unen al delito por medio de un vínculo puramente arbitrario, que sólo la casualidad ha puesto en coincidencia, y cuyas consecuencias se deducen en más o menos grado, según el capricho o la imaginación de cada uno. Además, continúan los adversarios de la prueba artificial, lo que demuestra la diferencia que hay, por su misma naturaleza, entre la certeza obtenida por medio de la confesión o del testimonio y los indicios, es que el hecho mismo generador del indicio no puede hacerse constar sino por uno u otro de estos medios. ¿Y hay quien dude que la certeza puede tener otro fundamento? El acusado que confiesa, el testigo que depone, se apoyan siempre en la información de sus sentidos, que es de donde resulta para ello la certeza; pero los indicios carecen completamente de este apoyo material. Su naturaleza es puramente metafísica, y la prueba que constituirían no tendría otra base que lo que se llama la *íntima convicción.* ¿Qué garantías, pues, podrá dar esta prueba? El acusado que confiesa no inventa una culpabilidad falsa o mentida, porque esta culpabilidad le haría acreedor a pena: el testigo dice la verdad por el temor de ver, si miente, descubierta más tarde su falsedad; pero, ¿dónde podrán encontrarse en los indicios los motivos que aseguren su sinceridad?

Tales son las principales objeciones; ellas parecen especiosas, pero como estriban en varios errores fundamentales, pierden, a nuestro modo de ver, su fuerza tan luego como se colocan las cosas en su verdadero punto de vista. En primer lugar, ¿es cierto que existe una separación marcada entre la certeza y la probabilidad, en el sentido de que la certeza tiene sólo por base la evidencia de los sentidos? Recuérdese la definición que de ella hemos dado (Cap. VII, Parte 1.ª); no hemos dicho que la certeza sea aquel estado, aquel grado de convicción en el que, pesados los motivos en pro y en contra, desaparezcan totalmente estos últimos, y en que el hecho en cuestión resulte indudablemente como verdadero. En otra parte, al tratar de las fuentes de la certeza (capítulo XV, Parte 1.ª), nos parece haber demostrado que ésta resulta menos del testimonio de nuestros sentidos que del examen razonado y reflexivo de este testimonio: ¿dónde, pues, se ve que en ciertos casos nos dejamos guiar de la evidencia de los sentidos, y que en los otros sólo tenemos para conducirnos el resultado conforme de ciertas inducciones o indiferencias? Una división tan marcada no es seguramente sino un error; el entendimiento del Juez recorre siempre, antes de que intervenga la decisión, una serie de conclusiones razonadas, aun en el caso mismo en que los medios de prueba, por ejemplo, la confesión, el testimonio, parezcan derivados de la evidencia de los sentidos: examina, pesa las afirmaciones de la experiencia personal, y su determinación es más que todo un acto de razonamiento cuando estriba en las declaraciones de terceros que únicamente tratan de reproducir lo que sus sentidos les han enseñado. Damos fe a la confesión, porque su contenido está en perfecta concordancia con las circunstancias accesorias establecidas de antemano, porque no comprendemos qué interés tendría el acusado en mentir, porque, en fin, le creemos muy capaz de haber cometido el delito que confiesa. Damos fe a los dichos de los testigos, porque los tenemos por sinceros, porque sus palabras llevan el sello de la verosimilitud, porque concuerdan con las circunstancias ya conocidas, y principalmente porque salen unas mismas de la boca de varios o de la de dos, cuando menos. Ahora podemos preguntar a todo hombre libre de preocupaciones sistemáticas: ¿no es en todos estos casos, por medio del encadenamiento de las consecuencias lógicas, por donde llegamos a conseguir el objeto?

Sin embargo, cuando el concurso de indicios es el que determina la sentencia, nuestra convicción es igualmente efecto de una operación distinta, si se quiere, del entendimiento: 1.° Suponiendo que estén justificadas en la causa las circunstancias accesorias del hecho, les aplicamos las leyes conocidas de la experiencia, y deducimos la existencia de tales o cuales relaciones entre ellas y un individuo; pero nuestra opinión no permanece irrevocablemente fija, en cuanto a la sentencia, sino cuando hemos ensayado inútilmente todas las explicaciones de disculpa; cuando se han dado al acusado toda la latitud y facilidad necesarias para justificarse; cuando hemos examinado con exquisita atención hasta los más pequeños detalles de su defensa; por último, cuando en interés de la verdad absoluta hemos dirigido nosotros mismos nuestra atención hacia todas las hipótesis de descargo que están en la esfera de lo posible. En el momento en que vemos que ninguna justificación se ha presentado, o que sólo se han alegado mentiras, se forma nuestra decisión, y tenemos por cierto que hay relación criminal entre el hecho y el acusado. 2.° En seguida es preciso preguntarse si cada una de las circunstancias particulares del hecho viene a confirmar esta relación posible, y si el carácter personal del acusado revela una inclinación al crimen de que se trata, si tenía interés en cometerle, y si, por consiguiente, puede creérsele capaz de haberle cometido. 3.° Aún más: desde este momento examinamos si varias circunstancias vienen en su conjunto a parar a un mismo resultado; si existe un cierto número de indicios que, por medio de los datos de la experiencia, nos obligan de consumo a concluir que el crimen no existe, y apoyándose recíprocamente nos demuestran de una manera terminante que son exactas nuestras convicciones. 4.° Queremos, en fin, que sea tal la armonía entre los indicios y el hecho principal, que convenga tener por verdadera la consecuencia rigurosa de la culpabilidad del acusado, o para poderla rechazar, transportarse al mundo sobrenatural, y prescindir de las reglas que traza la marcha ordinaria de las cosas humanas; admitir, en una palabra, hipótesis totalmente inverosímiles y contrarias a las reglas positivas de la experiencia. ¿No es, pues, también muy verdadero que, en materia de confesión y testimonio, el fundamento de nuestra creencia está en que no acertamos a comprender que un hombre de sano juicio venga, cuando habla, a atraer sobre sí la pena y declarar hechos de que sólo el culpable puede tener conocimiento: o que dos hombres honrados y sinceros, independientes uno de otro, puedan, faltando a la verdad, hablar en iguales términos?

Del mismo modo, cuando se trata del concurso de indicios, tenemos que creer absolutamente, o rechazar todas nuestras experiencias como vanas ilusiones, y como medios falibles todos los razonamientos que nos proporcionan la certeza en las ocasiones más importantes de la vida.

La investigación del concurso de indicios ofrece, por otra parte, una inmensa ventaja, cual es la de conducir al objeto por diversos caminos: la conclusión que el uno suministra igualmente el otro, y, por tanto, la confirma. En materia de confesión y testimonio no sucede así de ningún modo en el primer caso, en el de la confesión, nuestra opinión se forma por la afirmación de un solo individuo, y si hemos sido inducidos a error al creer que no tenía interés alguno en declararse falsamente verdadero culpable; si, como es muy posible, llegamos más tarde a entrever que quiere sacrificarse por no descubrir a otro, que en acceso de enfermedad mental le hace entregarse antes de tiempo a la muerte, en el momento vemos desvanecerse esta prueba de confesión. Demos ahora por supuesto que los dos testigos nos engañan; que no han observado, según creemos, cada uno por su parte los hechos, y que se han concertado para ocultar la verdad en sus declaraciones hábilmente dispuestas: ¿qué viene a ser en este caso la prueba de testigos? En la prueba artificial, por el contrario, los indicios, en mayor o menos número, todos juntos y cada uno de por sí, envuelven la demostración del hecho mismo. Encuéntranse manchas de sangre en los vestidos de A., y las explicaciones que da de este hecho están reconocidas como falsas: en el lugar del crimen se halla un objeto que le ha pertenecido; tiene en su poder otro sustraído después de consumar el crimen; en este caso, también sus justificaciones están demostradas como falsas; de modo que por tres diferentes medios obtenemos el mismo resultado. A los que oponen que los indicios son fácilmente engañosos, les recordaremos cuántas veces han sido demostrados falsos el testimonio y la confesión. ¿Y no se incurre, por ventura, en una inconsecuencia bien manifiesta, al reconocer que la inspección pericial, la prueba *compuesta,* los dichos de varios testigos llamados *sospechosos,* pueden llevar en sí la convicción completa? ¿En qué se apoya la convicción en todos estos casos? Por lo que toca al examen pericial, ¿no es acaso la multitud de presunciones razonables la que hace al Juez dar fe a las afirmaciones de los peritos nombrados? ¿No se ve obligado desde luego a creer en su habilidad y ciencia y en la precisión de sus investigaciones? (Parte 3.ª, Cap. II). Cuando la prueba es compuesta (1), cuando consiste a la vez, por ejemplo, en la deposición de un solo testigo, en una confesión extrajudicial y en muchos indicios, no es también el pensamiento el que se apodera de estas probabilidades tan diversas que se hallan en el proceso, las reúne, las com-

(1) Abegg, que en su *Tratado de procedimiento criminal* parece pronunciarse contra la prueba artificial, declara que no hay objeciones que oponer a ella desde el momento en que no hay más que indicios en la causa.

bina y llega a concluir que de ella resulta positivamente la verdad, puesto que a no ser así no podría explicarse su unanimidad? Supongamos, por último, que varios testigos sospechosos declaran de la misma manera: ¿no será también menester en este caso servirse del raciocinio para llegar a creerles? (Parte 5.ª, Cap. IX). No se quiere atribuir a la prueba artificial el poder de fundar la certeza en lo que toca al hecho del acusado, o sea haber cometido el crimen, y, por una singular contradicción, se quiere pasar por ella sin género de duda, desde el momento en que se trata de decidir si este acusado ha obrado con mala intención, o si cometió un homicidio voluntario o involuntario (1).

(1) Cuando, por ejemplo, el acusado sostiene que quiso herir, pero de ningún modo matar a su víctima.

## CAPITULO VIII

# DE LA FUERZA PROBATORIA DE LOS INDICIOS, SEGUN LAS FUENTES DEL DERECHO COMUN DE ALEMANIA

Preguntar si el Derecho romano permitía la condena por solos indicios, es suponer implícitamente que había erigido un sistema de la prueba, tal como se entiende en nuestros días, lo cual apenas podría demostrarse. Es, por otra parte, indudable que en los tiempos de los Tribunales por comicios y de las cuestiones perpetuas *(quaestiones perpetuae)*, los Jueces condenaban en virtud de pruebas artificiales, y no puede negarse, en efecto, que esta prueba es la que más frecuente se reproduce en los juicios populares. En las *Oraciones* de Cicerón se ve cuánto procuraban el acusador y el acusado hacer resaltar a vista del Juez las probabilidades artificialmente deducidas de todas las circunstancias de la causa, y Quintiliano, en fin, nos manifiesta, el partido que los retóricos se esforzaban en sacar de los argumentos. No obstante, no se olvidaba en Roma que las simples sospechas pueden ser engañosas, y más de un texto de ley contiene sobre este punto útiles advertencias (1). Las Constituciones imperiales parecen más bien querer confirmar el derecho preconstituido, que establecer nuevos principios sobre la materia. Por lo demás, los textos especiales que se citan no son siempre concluyentes en favor de la admisibilidad, en general, de la prueba plena de indicios; así es que el principal argumento se toma del pasaje (2), en que el acusado, *argumentis convictus*, debía ser colocado en la misma clase que el *testibus superatus, voce etiam propria victus; scelusque confessus*. En verdad, a primera vista parece que estas palabras son formales, y que la prueba artificial ha debido tener la misma fuerza que la confesión o el testimonio. Sin embargo, ha debido preguntarse si esta ley, inserta ya en el Código teodosiano (3), se entiende que habla de aquellos diversos modos de convicción *(argumentis convictus, testibus superatus, confes-*

(1) Por ejemplo: Ley 5.ª, tít. 19, lib. 48 del Digesto.
(2) Ley 2.ª, tít. 65, lib. 7.° del Código.
(3) Ley 7.ª, tít. 36, lib. 11 del Código teodosiano.

*sus)* en la suposición de hallarse a la vez reunidos en la causa; o si, por el contrario, es preciso interpretarlos aisladamente, *disjunctim* como si el legislador hubiese querido decir: *Prohíbo la apelación a todo el que haya sido convencido por indicios, o que haya confesado el crimen,* etcétera; y al interpretar el Código de Teodosio, resulta que la primera opinión parece debe ser la preferida (1). Se toma también el argumento de la ley última del Código *de probationibus* (2), que también se halla en el Teodosiano (3); pero también aquí es preciso guardarse de una interpretación demasiado positiva. Por otra parte, conviene observar que Triboniano ha dividido en dos partes la ley original (4); y cuando se la restituye a su estado primitivo (5) se ve que no trataba en manera alguna de autorizar al Juez para pronunciar la condena, en virtud de tales o cuales condiciones de la prueba, sino que el legislador quiso solamente consignar y formular una severa censura contra la ligereza y frecuente temeridad de los acusadores, y determinar al mismo tiempo qué caracteres sólidos debía presentar siempre la acusación. Puede, pues, dudarse que este texto demuestre completamente que, según el Derecho romano del Bajo Imperio, los indicios fueran suficientes para producir la condena. Por último, la ley 16, título 47, libro 9.° del Código, ha sido objeto de graves controversias: unos sostienen que proscribe toda condena no fundada en la confesión o en el testimonio perfecto; otros, de las palabras *capitalem sententiam* deducen la consecuencia de que la pena de muerte era la única que no podía imponerse por simples indicios; otros, por el contrario, y en mayor número, consideran que la citada ley establece formalmente el derecho que el Juez tiene de condenar en todo caso. Efectivamente, entre los crímenes que enumera se encuentra el adulterio, en el que, por lo regular, el hecho principal difícilmente se comprueba por medio de testigos de vista, *de visu;* y ¿no habrá razón, desde luego, para juzgar que en el citado texto se trata de todos los testigos, cualesquiera que sean, aun los que declaran acerca de los indicios, y que, por consiguiente, es también la prueba circunstanciada la que la ley ha tenido a la vista? En resumen, puede tenerse como cierto, y

---

(1) Así le demuestra Godofredo en sus Comentarios a dicho Código, en el lugar citado.

(2) Ley 25, tít. 19, lib. 4.° del Código: *Sciant cuncil accusatores eam re rem deferre in publicam notionem debere quae munita sit idoneis testibus pel instructa apertissimis documentis, pel indiciis ad probationem indubitatis, el luce clarioribus expedita.*

(3) Código Teodosiano, 9 y 37.

(4) De ella se ha formado la Ley 9.ª, tít. 46, lib. 9.°, y la citada 25, tít. 19, libro 4.°, ambas del Código.

(5) Se ve también que Triboniano, en lugar de las palabras *signis ad probationem luce clarioribus,* que se encuentran en el Código Teodosiano, sustituyó éstas: *iudiciis ad probationem indubitatis.*

así lo demuestran (1) otros textos que se refieren a casos particulares (2), que en Roma la prueba artificial fue considerada como suficiente.

La admisibilidad de la condena por indicios en el procedimiento canónico (3) no resulta plenamente de los textos mismos, pero, en realidad, esta cuestión tiene poca importancia en lo que toca al Derecho común de Alemania *(y a la práctica judicial de Francia en el Derecho antiguo);* y lo que resulta cierto es que respecto de algunos delitos (4), los canonistas tenían por suficiente la prueba artificial. Los jurisconsultos de la Edad Media, cuyos escritos han ejercido una influencia tan marcada en las formas judiciales, no estaban completamente de acuerdo en cuanto a la fuerza probatoria de los indicios: la opinión más admitida es que los indicios no pueden producir plena prueba: un cortísimo número era solamente el que sostenía que los llamados *indicia indubitada,* podían servir de base a una condena. Pero cuando se examinan los ejemplos que aducen, se convence cualquiera de que lo que entienden por estas expresiones es la reunión de varios indicios que concuerdan entre sí perfectamente. Por otra parte, como el tormento había venido a ser desde un principio el eje del proceso criminal, en la práctica apenas ocurría la cuestión que nos ocupa, puesto que tan luego como en la causa concurrían numerosos indicios, el acusado era entregado al *atormentador,* a fin de arrancarle una confesión. Estas ideas dominaban aún en tiempo de *la Carolina,* y sirven para explicar el artículo 22 de esta Ley. Su autor, Schwartzemberg, estaba perfectamente enterado de las dificultades que la doctrina había suscitado en la materia de prueba artificial; por otra parte, temía exponer la inocencia de un acusado, sin permitirle la defensa, a las apreciaciones del Juez, algunas veces temerarias: por eso creyó de su deber proscribir la condena por solos indicios, en cualquier número que apareciesen, permitiendo solamente que motivasen la aplicación del tormento. Esta prescripción del artículo 22 de *la Carolina* parece haber sido desde luego rigurosamente observada (5); pero en el siglo XVII comenzaron a preocuparse más los ánimos de los inconvenientes de una impunidad demasiado frecuente, y se emitió la teoría de la pena extraordinaria (6). Quísose poco a poco interpretar más

---

(1) La Ley 19, tít. 32, lib. 3.° del Código, concede también todo su valor a los indicios; pero esta Ley se refiere especialmente a los asuntos civiles.

(2) Ley 22, tít. 22, lib. 9.°, y la Ley 34, tít. 9.° del Código; Ley 1.ª, pár. 3.°, título 8.°, lib. 48 del Digesto.

(3) Capítulos 2.°, 13, 14, tít. 23, lib. 2.° de las Decretales.

(4) En caso de *adulterio,* por ejemplo, se consideraba probado el delito cuando al acusado se le encontraba *solus cum sola, nudus cun nuda, in eodem lecto* (capítulo 12 de los citados título y libro de las Decretales).

(5) Fuera de Alemania, dondequiera que estaba en vigor *la Carolina,* se ve hasta el siglo XVIII proscribirse la condena por indicios, como, por ejemplo, en el país de Lieja.

(6) Esto es lo que sucedió en tiempo de *Carpezow. Papón,* lib. 24, tít. 8.°, número 1.°, dice: "Si los indicios no deben servir para imponer la última pena

lentamente el artículo 22, y sostener que *la Carolina* no había hecho principalmente sino reproducir en su efecto la ley 5.º, tít. 19, libro 48 del Digesto; que aquélla, lo mismo que ésta, prohibía condenar por simples sospechas; y, por el contrario, permitía la condena por indicios en todos los casos y bajo las condiciones en que la ley romana la autoriza. Otros, ateniéndose al texto del citado artículo 22, que prohíbe decretar una pena propiamente dicha *(correcciones penales)*, han afirmado que, existiendo la prueba artificial, pueden decretarse cualesquiera otras medidas de rigor que no tengan el carácter de pena. Otros van todavía más allá, y reconocen que *la Carolina* ha prohibido realmente la condena por solos indicios; pero lo que sobre todó ha tenido presente ha sido la incapacidad de los Jueces de su tiempo; que sólo a éstos fue a quienes la ley no se atrevía a confiar un poder cuyo abuso hubiese sido infalible, pues no podría colocarse a los Jueces hábiles y graduados en Derecho de nuestros días en la misma línea que a los *scabinos*, cuya inexperiencia temió tanto Schwartzemberg en otro tiempo; y claro es que habiendo cesado la razón de la Ley, ésta también debe cesar. El Derecho común, añade Stubel, vuelve a ser, por consiguiente, la ley romana. Otros autores argumentan que la prueba por indicios está por lo menos admitida por *la Carolina* en lo que toca a la aplicación del tormento; y pretenden demostrar que, habiéndose abolido éste, se hace necesario conceder en definitiva plena fuerza a esta misma prueba, y considerar el artículo 22 como implícitamente reformado. En fin, se ha sostenido por un razonamiento análogo que el tormento era un mal físico que la ley autorizaba en caso de indicios suficientes; y no existiendo ya la ley, conviene reemplazarla con otro mal, por medio de aplicación de una pena, si no ordinaria, al menos extraordinaria.

¿Qué hay en el fondo de todas estas teorías sino un profundo conocimiento de la insuficiencia de la ley y del perjuicio que de su rigurosa observancia resulta a la sociedad? Conocían muy bien que en la mayor parte de los casos faltan la confesión y la prueba testimonial, y que cuando los indicios, por su número y poderosa concordancia, viniesen a demostrar culpable al acusado, sería en extremo perjudicial verse por eso reducido a deferir al *juramento purgatorio* o a la *absolución de la instancia*. Pero sólo el legislador corresponde, cuando la razón lo ordena, abolir la ley que es obra suya; a él solo pertenecía también anular la prohibición impuesta por *la Carolina*, pues nunca un mero Juez ha podido por ningún título dispensarse de aplicar una disposición cuyo sentido no es dudoso. En vano se ha pretendido que, por efecto de los progresos sucesivos del Derecho en general, el Derecho común criminal de Alemania se haya poco a poco transformado, y que las penas mismas hayan sido conmutadas en otras menos severas; de estos progresos que

---

o una verdadera, lo mismo que si hubiera testigos que declarasen haberlo visto, del mismo modo deben inclinar a una condena menor."

se señalan, *la Carolina* misma ha experimentado la influencia en todas las partes que comprende relativas al Derecho consuetudinario antiguo y a la jurisdicción de los *scabinos,* hoy abolida; pero aquí se trata de una prohibición formal y aplicable siempre a un objeto actual. Por otra parte, este progreso en las ideas jurídicas no había dado nacimiento a un sistema abiertamente contrario al de *la Carolina,* y hasta en los tiempos más modernos la opinión dominante ha rehusado dar plena fuerza a la prueba por indicios. Algunos jurisconsultos que en tal caso sostenían la admisibilidad de la pena extraordinaria, se encontraban en completa contradicción con el número de sus coprofesores, del mismo modo que con el texto de la ley, y, además, se veían obligados a confesar que el medio propuesto por ellos no era jamás sino una evasiva (1). Si se examina minuciosamente todos los ensayos hechos para llegar a una especie de razonable abrogación del artículo 22 de *la Carolina,* fácilmente se verá en qué era cada uno de ellos defectuoso. Diciendo aquella ley en términos bien claros que no da fe a los indicios, es imposible concluir de aquí que prohíbe la aplicación de una pena, y que puede decretarse al menos cualquiera otra medida de rigor que no lleve aquel nombre. Desde el momento en que la prueba artificial no hace fe, desde el instante en que fuera de temer la condenación de la inocencia, el legislador incurriría en una grave inconsecuencia haciendo correr a aquélla el mismo peligro por consideración a una condena menor. Porque una prisión inmerecida, por ejemplo, no dure más que un año, no es por eso menos injusta. Verdad es también que *la Carolina,* en su artículo 22 (1), no ha querido simplemente reproducir la disposición precitada de la ley romana, y prohibir tan sólo la condena por *sospechas.* Para convencerse de esto basta cotejar este artículo con otros pasajes que demuestran que nunca, según su sistema, pueden hacer plena prueba los indicios. Y no deja de llamar la atención el ver jurisconsultos, que, bajo pretexto de que ya no existe la razón de la ley, se creen autorizados para no obedecerla. Hace mucho tiempo que se ha demostrado que nada es menos exacto que la máxima *cesante rationi legis, cessat lex ipsa;* porque con semejantes raciocinios es demasiado fácil señalar a la ley una pretendida razón que de todo tiene menos de realidad, y porque en seguida que se demuestra que ha desaparecido, el terreno del Derecho se hace en el momento poco seguro y movedizo. ¡Cuántas veces no existe ya uno de los motivos de la ley, y, sin embargo, una multitud de razones de otra clase exige todavía su

---

(1) Heffter, que es el último autor que en principio general rehúsa a los indicios plena fuerza probatoria, sostiene que en la actualidad las atribuciones que competen al Juez, según las ideas modernas, no pueden mirarse como constituyentes del Derecho común; que sólo en ciertos casos, *et cum aliquo temperamento,* puede permitírsele pronunciar la pena extraordinaria.

(2) El artículo 22 dice así: *Item, es también de notar que no puede en definitiva pronunciarse una condena y decretarse la pena, si sólo hay contra el acusado indicios, sospechas, presunciones, cualquiera que sea su número y naturaleza.*

conservación! Sean en buena hora, si se quiere, el bárbaro uso del tormento, y su desconfianza respecto de los *scabinos*, los motivos que impulsaron a Schwartzemberg a inscribir en el artículo 22 la prohibición que contiene: no dejará por eso de ser positivo que en el fondo participaba de las creencias de la época; que éstas, en el punto de que tratamos, son enteramente decisivas rehusando plena certeza a los indicios, y que, por lo mismo que se han defendido con tesón por numerosos autores, no ha sido nunca posible considerar la *razón de ser* de la ley como habiendo dejado de existir el Derecho común. En las diversas regiones de Alemania, donde los nuevos Códigos no han venido a decidir la cuestión, la jurisprudencia vacila de la manera más triste y se deja llevar hasta derivar su fundamento de las opiniones científicas de la mayoría del momento. En resumen: es preciso tener por cierto que, según el Derecho común alemán, no puede pronunciarse condena alguna por solos indicios, por numerosos y concordantes que sean, y esta prohibición puede afectar, ya a la prueba en lo que concierne al acusado considerado como autor principal o cómplice, ya a la prueba en lo que toca al cuerpo del delito. Pero entiéndase que hablamos del cuerpo del delito, tomada esta palabra en su conjunto, y, por consiguiente, de todos los hechos especiales que lo constituyen. Por lo demás, es evidente que sus diversos caracteres (1), o los que establecen la naturaleza del delito mismo (2), pueden hacerse constar perfectamente por medio de la prueba artificial, puesto que el Juez, sólo por medio de las circunstancias accesorias, puede decidir de qué manera se ha consumado el crimen. Del mismo modo, en la mayor parte de los casos, la cuestión de discernimiento o de intención se resuelve por medio de las circunstancias que sirven de guía para conocer los pensamientos del agente (3).

---

(1) Los que determinan que ha habido *delito*, por ejemplo, *infanticidio*.

(2) Por ejemplo: el *escalamiento* en caso de robo.

(3) Registro de las deliberaciones de la Dieta imperial de 1594, párrafo 59.

## CAPITULO IX

# SISTEMA DE LAS LEYES ALEMANAS MODERNAS EN MATERIA DE PRUEBA POR INDICIOS

Hoy se reconoce generalmente que, con ciertas condiciones, la prueba artificial puede producir la certeza tan completamente como la prueba llamada directa y natural, pero sería exponer a graves riesgos la seguridad pública si se ordenase absolutamente la condena fundada en indicios, cuando en la mayor parte de los casos faltan la confesión y el testimonio. Por eso en muchos países, aun sin contar aquellos en que la ley penal no ha sido refundida por completo, se ha conocido la necesidad de arreglar *de nuevo* la prueba por indicios, y establecer que en principio puede muy bien tener plena fuerza (1). Sin embargo, la experiencia hasta ahora no se ha declarado abiertamente en favor de las leyes modernas, mas esto consiste en que, teniendo el legislador demasiado presentes los errores en que tan fácil es que incurra el Juez cuando sólo le guían los indicios, no ha querido obrar sino a medias: ha sujetado su libre arbitrio con una multitud de condiciones establecidas sistemáticamente, de manera que el Tribunal, por no hallarlas cumplidas todas en la causa, se ve precisado con mucha frecuencia a absolver a un acusado cuya culpabilidad está demostrada como cierta. Nuestra crítica se aplica especialmente a las leyes austríaca y bávara: la primera de excesiva importancia a los indicios llamados *anteriores*, prohibiendo, en su defecto, toda sentencia condenatoria; porque ignora que los indicios anteriores son casi siempre mucho menos concluyentes que los suministrados por las circunstancias concomitantes. Pero lo que todavía es peor es que esta ley (reformada al presente en algunos puntos por la de 1833) enumeraba ciertos indicios que consideraba absolutamente necesarios, omitiendo otros muchos de no menor importancia y que se presentan con la misma frecuencia.

La ley bávaro exige, so pena de nulidad, la concurrencia de indicios

---

(1) La Ordenanza criminal de Prusia hace sobre este punto una excepción. Su artículo 405 no autoriza en caso de indicios sino la pena extraordinaria. Véase capítulo 69, donde se trata de esta especie de pena.

*anteriores, concomitantes y posteriores;* pero ¡cuántas veces faltan, por ejemplo, los indicios posteriores, cuando, sin embargo, la culpabilidad es cierta! (1).

Otro punto capital que arreglar es el número de indicios que se requieren (Parte 7.ª, Cap. VI). Mientras que el Código austríaco exigía el concurso de dos, por lo menos, la ley bávara quiere que haya muchos indicios anteriores corroborados por otros concomitantes y posteriores (2), lo cual equivaldría a seis indicios, cuando menos (3), y la ley hannoveriana (de 25 de marzo de 1822), por el contrario, dejando al Juez sobre este punto entera libertad de apreciación, se contenta con prohibirle que condene cuando no hay más que uno. Si por una parte el legislador debe temer circunscribir el libre arbitrio del Juez en límites demasiado estrechos, yerra igualmente cuando sólo establece algunas reglas demasiado generales y no bien determinadas, que dejan al Magistrado dueño absoluto de su decisión y le transforman en un verdadero Jurado. De este error nacen sentencias en que sólo figuran por fórmula motivos insignificantes (4), y otra cosa sería si el Magistrado tuviera que justificar su decisión comparándola con las disposiciones que la ley no debía haber omitido. Si el fallo sólo expresa motivos vagos, el acusado no puede reconocer en qué se funda la condena pronunciada, e ignora sobre qué punto decisivo para el Juez de instrucción debe girar la contraprueba en la apelación. No autorizar la condena sino cuando del enlace de los indicios resulte la demostración *clara e inmediata* del hecho y de la culpabilidad del agente, o cuando en el orden común y natural de las cosas sea imposible concebir que otra persona distinta del acusado haya podido venir a ser objeto de semejante inculpación (5), es por una parte presentar demasiadas dificultades (6), y por otra dejar al Juez toda la libertad de apreciación concedida a los jurados. Aprobaríamos con entera voluntad la ley que, ordenada con más sabiduría, obligase al Juez, por la claridad de sus disposiciones, a deducir los motivos jurídicos de su convicción, poniendo de este modo una barrera a la temeridad de algunos entendimientos. Bajo este aspecto es muy notable la ley moderna de Austria (7).

---

(1) Por ejemplo: cuando el acusado ha sido cogido *in fraganti.*

(2) Según los términos mismos de esta Ley, los indicios concomitantes deben ser igualmente muchos en número.

(3) La Ley de Weimar de 1819 ha mejorado la Ley bávara, en cuanto exige simplemente que los indicios concomitantes estén corroborados por otros anteriores o posteriores.

(4) Véase el capítulo X de la Parte 1.ª lo dicho acerca de la importancia de *motivar* los fallos.

(5) Esta es la disposición formal del Código austríaco en su artículo 412.

(6) Querer que siempre sea imposible concebir que otro pueda haber cometido el hecho, es querer lo que rara vez sucederá.

(7) Ley de 6 de julio de 1833.

Pero veamos ya cuáles han de ser las reglas que todo Juez legislador debe establecer:

1.ª Las simples presunciones no pueden constituir prueba: son necesarios indicios ciertos, sacados de las circunstancias, etc., que denoten una relación material, directa entre el hecho criminal y el agente. La ley puede también determinar con ventaja los indicios que considere probatorios (1), y declarar que las presunciones de que ya tenemos hecho mérito, aquellas que resultan de la conducta habitual del acusado, de su moralidad, de su inclinación al delito, no constituyen verdaderos indicios, sino antes bien adminículos que vienen simplemente a demostrar al Juez que aquel a quien acusan los indicios era por otra parte hombre capaz de cometer el crimen (2). Pero esta nomenclatura de los indicios sólo era enunciativa, y el legislador no ha de querer suministrar al Juez más que ejemplos.

2.ª El concurso de indicios no puede servir de fundamento para la condena sino en cuanto demuestre completamente el hecho y sus caracteres criminales (3). No se puede declarar a un acusado culpable de homicidio si no está probado que la muerte de la *víctima* ha seguido al crimen. Ocurren sin duda numerosos casos en que algunos de estos caracteres no pueden hacerse constar sino con el auxilio de la prueba artificial (4); pero no por eso deja de ser necesaria, prescindiendo de los indicios (5), la demostración jurídica de todas las circunstancias materiales que hacen resaltar estos caracteres (6). Preséntanse, en efecto, dos cuestiones que resolver: ¿se ha cometido el crimen? ¿Es su autor el acusado? Por consiguiente, sería peligroso hacer que sirviesen para la prueba de ambos puntos las mismas circunstancias presuntivas (véase Parte 7.ª, Cap. V) de un modo irrecusable (7).

3.ª Es siempre esencial que los hechos que sirven de indicios estén demostrados.

4.ª Es necesario el concurso de muchos indicios contra el acusado. Esto no es decir que la ley deba exigir absolutamente la existencia en

---

(1) Esto es lo que hace dicha Ley en su artículo 2.º

(2) Dicha Ley, artículo 6.º Esta Ley enumera también ciertas presunciones que no son verdaderos indicios, sino *complementos* de prueba.

(3) Dicha Ley, artículo 1.º

(4) Por ejemplo: cuando se trata de saber si ha habido homicidio o simplemente heridas que hayan ocasionado la muerte.

(5) Esto es de mucha importancia en materia de perjurio, por ejemplo, puesto que además el Juez necesita convencerse de que el acusado ha atestiguado *a sabiendas*, bajo juramento, un hecho falso.

(6) En materia de incendio, por ejemplo, cuando se acusa al propietario de la casa quemada, las mismas circunstancias que demuestran que el incendio ha sido voluntario, autorizan también para inferir que el autor del crimen es realmente el acusado.

(7) Si, por ejemplo, se creyese sobre ellos a uno o dos testigos, podría suceder que éstos, por deseo de dañar, declarasen hechos tergiversados que parecerían servir de cargo al acusado.

la causa, de los llamados anteriores, concomitantes y posteriores: ya hemos hecho ver que semejante rigor precisaría muchas veces al Juez a absolver, aun cuando fuese cierta la culpabilidad. Pero si no conviene fijar una regla demasiado absoluta, ¿no deberá determinarse, por lo menos, el número de indicios que han de tenerse en cuenta? Sería sin duda peligroso conceder a Jueces propensos a dejarse convencer con facilidad la facultad de condenar cuando no aparecieran más que dos indicios; pero como, por otra parte, deben siempre asegurarse al acusado otras garantías, como es un colegio de muchos jueces el que pronuncia, como la experiencia demuestra que los Jueces apenas condenan en virtud de débiles pruebas, el legislador podrá, sin inconveniente, contentarse con exigir el concurso de *varios* indicios, sin fijar su número, o imitar el ejemplo de la ley austríaca de 1833 (véase Parte 7.ª, Cap. VI). Si toma el primer partido, prescribirá al Juez que no condene por los indicios sino en tanto que las presunciones sacadas de la moralidad del acusado, de su interés o de sus motivos para cometer el crimen, obliguen a creer que bien ha podido ser su autor.

5.ª Debe interrogarse cuidadosamente al acusado sobre el hecho que sirve de indicio, y su interrogatorio debe prestar mayor valor a las probabilidades que contra él se manifiestan, lejos de atenuarlas.

6.ª No hay necesidad de que del concurso de las circunstancias indicativas pueda resultar un hecho que hable en favor del acusado.

7.ª La armonía (1) entre los indicios del cargo debe ser tal, que necesariamente convenga tener por cierto que, según el curso ordinario de las cosas, es culpable el acusado; tal, repetimos, que para no interpretarlos contra él sea preciso colocarse en el terreno de lo sobrenatural y creer en hechos cuya existencia no puede por ninguna razón suponerse en la causa (2). Para dar a este principio una fórmula absoluta como él mismo, diremos: *la convicción del Juez debe no dejar lugar a una duda razonable.* Pero no señalar sino esta regla, sería cerrar la puerta a otros motivos decisivos que constituyen una garantía en favor de la defensa. Si, por el contrario, el legislador, después de enumerar los principios sentados anteriormente (núms. 1 a 6), los completa con la adición de la fórmula general de que se trata, el Juez comprende, desde luego, por este medio, que, aun cuando los indicios aparezcan revestidos de todas las condiciones legales de fuerza probatoria, todavía es preciso penetrar en el fondo de su conciencia y preguntarse si le queda la menor duda tocante a la culpabilidad.

---

(1) Según el texto de una Ley de Oldemburgo de 11 de octubre de 1820, es preciso que por lo menos concurran dos indicios concomitantes con un indicio anterior o posterior.

(2) La Ley austríaca de 6 de julio de 1833 dice en su artículo 1.°, párrafo 3.°: *De la combinación de los indicios, de las circunstancias y de las relaciones que aparecen de la instrucción, debe resultar una conexión tan directa y clara entre la persona del inculpado y el delito, que, según el curso ordinario y natural de las cosas, no pueda suponerse que ningún otro que el inculpado le ha cometido.*

Algunas leyes modernas han introducido un nuevo medio de asegurar más la certeza en materia de prueba por indicios (1). No autorizan la condena sino cuando los Jueces la pronuncian por mayoría de tres cuartas partes de votos. Esta prescripción se justifica por el hecho de dar a la sentencia una confianza que va creciendo en razón del número de Jueces que la pronuncian. Según este sistema, la unanimidad suministraría la garantía más perfecta (2), pues el que dice *mayoría de votos* supone una minoría de votos contrarios; pero ir hasta ese punto sería proscribir de hecho toda condena basada en solos indicios. En efecto, casi siempre la timidez, el rigorismo descontentadizo o el espíritu de duda ponen obstáculos a la unánime convicción de los Jueces.

Finalmente, en algunos Códigos modernos se lee una notable disposición, que no podemos aprobar. En caso de condena en virtud de la prueba por indicios, proscriben la aplicación de ciertas penas, por ejemplo, de la capital (3). El legislador se ha dejado llevar por un sentimiento, sin duda, muy loable; pero prohibiendo pronunciar una pena que sería irreparable, incurre en una grave inconsecuencia. Si atribuís a los indicios fuerzas de prueba plena, conceded también a esta prueba todos los efectos ordinarios; de lo contrario, las demás penas que autorizáis no son menos irreparables que la de muerte. La prisión, los castigos corporales injustamente sufridos, ¿son, por ventura, cosas que envuelven en sí una restitución posible en favor de la inocencia reconocida? Pues el resultado más perjudicial de este sistema son las ideas falsas que propaga en el pueblo. Muy necesario es, se dice, que para obrar así el legislador haya reconocido la falibilidad de la prueba por indicios; y preciso es también que no se considere la certeza que suministra tan completa como la que produce la confesión o el testimonio. Despertar, pues, en los ánimos tales dudas es debilitar la fe que se debe a las sentencias judiciales; la verdadera garantía se encontraría en la publicidad de los procedimientos que tienen lugar ante el Juez definitivo. Sólo entonces podría éste escudriñar a fondo los indicios y sus mutuas relaciones, alejar todas las dudas por medio de preguntas hechas oportunamente, oír al acusado sus respuestas, y ver, finalmente, por sí mismo la causa en su conjunto. Todos los informes, todos los exámenes de las piezas del procedimiento secreto no podrían mostrarle tan claramente el objeto (4).

---

(1) Ley de Weimar de 1819; Ley de Hannover de 1822.

(2) Algunos autores quisieran también que la Ley no exigiese.

(3) Código austríaco, artículo 430; Código bávaro, artículo 330; lo mismo sucede, por ejemplo, en la Ley de Anhalt, que, en tal caso, sólo autoriza *ad maximum* la *prisión por diez años*.

(4) La inadmisibilidad y el valor de la prueba *artificial (de circunstancias o por indicios)* ha sido debatida más que nunca en estos últimos tiempos. Por otra parte, esta prueba adquiere cada día mayor importancia, a proporción que se hacen menos frecuentes las confesiones, y siendo al mismo tiempo muy raros los testimonios inmediatos que se aducen en punto a los hechos constitutivos del

crimen. Además, los autores, en Alemania y otras partes, se habían acostumbrado a no considerarla sino en oposición a la prueba *directa (o natural)*, única a que durante mucho tiempo creyeron deber conceder entera confianza. Ciertamente, es preciso reconocer la fragilidad de los indicios, y que un concurso que sólo es con frecuencia resultado de pura casualidad viene a dar margen a sospechas y ejercer una viva influencia en el ánimo del Juez, por efecto de ciertas circunstancias particulares. No obstante, los legisladores han concluido por conocer la necesidad de esta prueba y la han concedido el poder de motivar la pena, limitándola con restricciones y reglas precisas que tienen por objeto alejar todo peligro. Entre las legislaciones modernas, y aparte de las de que hemos hablado en esta obra, deben citarse como particularmente notables:

1.° La Ley de Gotha, de 8 de febrero de 1836.

2.° La Ley de Oldemburgo, de 15 de abril de 1837.

3.° La de Mecklemburgo, de 12 de enero de 1841.

4.° La de Meiningen, de 10 de noviembre de 1841.

5.° La de Holstein, de 27 de marzo de 1848.

6.° La Ordenanza de procedimiento criminal de Wurtemberg, de 1843, artículo 326.

7.° La de Baden, de 1845, artículo 261.

El sistema de estas Leyes consiste, por lo general, o en garantías de fórmula como la necesidad de mayor número de votos para que pueda haber condena, y también la exclusión de la pena de muerte, o en el cumplimiento de ciertas condiciones fundamentales, que son las únicas que autorizan al Juez a pronunciar la culpabilidad. La Ordenanza de Baden, en su artículo 261 precitado, exige:

a) *Que el cuerpo del delito conste por medio de pruebas inmediatas, solas o corroboradas por indicios concordantes.*

b) *Que concurran contra el acusado varios indicios y que cada uno de ellos tenga conexión con un hecho especial.*

c) *Que los hechos no tengan simplemente por base de su demostración a los indicios, sino que sean pruebas inmediatas, solas o corroboradas por otros indicios, las que vengan respecto de aquéllos (de los hechos) a constituir la certeza jurídica.*

d) *Por último, que el acusado, atendida su vida pasada, sus vicios personales o los motivos que le incitaban, pueda muy bien parecer capaz del crimen.*

Hagamos ahora, para concluir, aplicación a la prueba por indicios de las observaciones en otro lugar emitidos. Diariamente se ve y reconoce que condenas basadas sobre esta prueba a consecuencia de procedimientos secretos y escritos, no llenan la confianza del pueblo. Como ni el acusado ni aun su mismo defensor comparecen en el procedimiento final, no pueden contradecir los indicios ni prever qué circunstancias particulares de las que aparecen en los autos son las que han de hacer en el ánimo del Juez una impresión poderosa. Por otra parte, éste les da muchas veces un valor que no tienen absolutamente en la causa, o se deja llevar hasta contar maquinalmente los indicios, en vez de examinar la persona del acusado y pesar la importancia real de las circunstancias. También sobre este punto es preciso dar la preferencia al sistema de debate oral y público, en el que todo indicio de cargo es descubierto y articulado separadamente por el acusador y donde el acusado a su vez es puesto en posesión de todos los medios de presentar su defensa sobre sus pormenores, mientras que el Juez por su parte considera atentamente su persona y su actitud, que le suministran útiles datos, y pronuncia al terminarse la causa una sentencia que puede llamarse el producto de sus impresiones generales y circunstanciales a consecuencia de todo el debate.

## ADICIONES A LA PARTE SEPTIMA

### (Capítulos I a IX)

El tratamiento de la materia probatoria que guarda relación con las denominadas presunciones e indicios ofrece inicialmente poca claridad en orden a la fijación de conceptos e incluso de la propia terminología.

Con referencia a la cuestión de nombre encontramos que hasta tiempos recientes se han empleado como sinónimos o equivalentes vocablos que es preciso diferenciar. Así ocurre con suposición, conjetura, sospecha, indicio, presunción.

La idea de suposición o creencia que, según Hedemann (*Las presunciones en el Derecho,* Madrid, 1931, cap. I, págs. 1 y 2), dominaba entre los romanos aparece en los textos por obra de una interpretación de la "praesumptio", en las constituciones justinianas, que deriva de "prae-sumptio", de "praesumere", tomar autos, anticiparse a tomar, o sea, admitir un hecho sin prueba o sin necesidad de prueba. Posteriormente —dice Hedemann (*ob. cit.,* pág. 4)— se aproxima al concepto que expresa el término "vermuten" (sospechar) y se aleja del término "sunhemen" (suponer).

También se ha empleado el término presunción como sinónimo de conjetura, y aunque ésta se traduzca en una conclusión lógica, y en cierto sentido conjeturar es deducir, esto arranca de datos inciertos y, por tanto, "ni legítimos ni seguros", según Carnelutti (*Homenaje: Sobre presunciones,* Rev. de Derecho Procesal española, núm. 1, 1957, pág. 58). Refleja, pues, una posibilidad inferior. Una cosa es que la presunción obedezca a un signo conjetural, en cuanto deductiva, y otra es que importe, pura y simplemente, una conjetura.

Por otra parte, se advierte un criterio que identifica el concepto de indicios con el de presunciones, si bien parece más frecuente reservar este nombre de indicios para el Derecho procesal penal, y el de presunciones, para el Derecho procesal civil. En este sentido, vemos que Ellero (*De la incertidumbre en los juicios criminales,* trad. de Posada, 4.ª ed., Madrid, 1944, pág. 235) habla de la importancia de la prueba de presunciones, refiriéndose a indicios, y que Mittermaier también considera indicio y presunción como sinónimos.

Otros autores, como, por ejemplo, Lessona (*Teoría general de la prueba en Derecho Civil,* trad. de Aguilera de Paz, vol. V, Madrid, 1942, pág. 113), establecen una distinción entre indicio y presunción: "El indicio es la causa, es el hecho conocido, y la presunción es el efecto"; pero ello no indica que en esencia las dos palabras sean sinónimas. "No obstante —continúa este autor—, podrá sostenerse, a pesar de ello, que el indicio es la prueba imperfecta, mientras que la presunción puede ser una prueba perfecta." Nos limitamos a indicar aquí esta posición para desarrollar más adelante la comparación de los indicios concebidos de esta manera con las distintas clases de presunciones.

Por otra parte, Bellido (*La prueba indiciaria en el proceso penal,* Rev. de

Derecho Procesal argentina, 1944, pág. 316) estima que la presunción, como cualquier otro medio de prueba, se refiere al sistema deductivo, y el indicio, al sistema inductivo. En la prueba penal, afirma, el hecho conocido del indicio es distinto del desconocido; el efecto es lo conocido, la causa es lo que se desconoce.

Para Silva Melero (*Presunciones e indicios en el proceso penal,* Rev. General de Legislación y Jurisprudencia, 1944, pág. 526), el indicio es circunstancia cierta, de la cual se puede obtener, por inducción lógica, una conclusión sobre el hecho desconocido cuyo esclarecimiento se intenta. El convencimiento indiciario se basa sobre un silogismo, cuya premisa mayor problemática tiene su fundamento en una presunción relativa. De este modo, la presunción sirve al indicio, del mismo modo que éste correlativamente le presta un concurso destacado. Sin embargo, para tal autor el indicio difiere de la presunción, porque al dato genérico o probable añade el específico o cierto.

En definitiva, en cuanto a la palabra indicio, puede decirse que hoy domina el exacto criterio de que los indicios forman el antecedente del cual proviene como resultado conclusional la presunción jurídica. Es decir, que indicio es el "hecho base" del cual puede deducirse o inducirse el hecho que se trata de probar. Presunción es la operación mental por la cual se obtiene la conclusión o resultado que interesa.

A) Constituyen los indicios un verdadero medio de prueba que, a juicio de Guasp (*Derecho Procesal Civil,* Madrid, 1956, pág. 446), presentan un significado carácter probatorio que no se halla en la especial naturaleza de la actividad que en ellos desarrolla el Juez, sino en el especial instrumento que utiliza para tal actividad; por ello, al clasificar a la presunción como una deducción a través de un acaecimiento, el centro de gravedad del concepto debe colocarse en el acaecimiento y no en la deducción.

B) Dentro de la figura general de la presunción, el Derecho abarca dos tipos diversos, que en general son nociones distintas: el de las presunciones establecidas por la Ley, o presunciones "iuris", y el de las presunciones formadas por el Juez, a iniciativa de las partes o no, o presunciones "hominis". El primero de estos tipos no es un medio de prueba, sino un desplazamiento del objeto de la prueba (Guasp, *ob. cit.,* pág. 445); sólo el segundo responde verdaderamente al auténtico concepto de medio de prueba.

Varias clasificaciones se han hecho respecto de los indicios. Así, algunos los clasificaban en tres grados: primer grado, indicio indudable suficiente para la condena; de segundo grado era el que suministraba algún elemento verosímil, suficiente para la tortura, y de tercer grado, como la sospecha, que era suficiente para la iniciación de la investigación.

Ellero hace una clasificación, atendiendo a distintos criterios, que pueden resumirse así:

*Indicios del delito en potencia:*

— Capacidad.
— Móvil.
— Oportunidad.

*Indicios referentes al delito en acto:*

— Huellas materiales.
— Manifestaciones anteriores al delito.
— Manifestaciones posteriores al delito.

Para Carnelutti, el indicio, según consista en una cosa o en una persona, puede clasificarse en indicios reales o personales. Verdaderamente un indicio puede consistir en el modo de ser una persona o por el modo de comportarse en el interrogatorio.

C) La convicción indiciaria se funda en un silogismo, que puede enunciarse así:

*Premisa mayor:* fundada en la experiencia o en el sentido común. Manzini pone el siguiente ejemplo: el que sale clandestinamente y de noche de una casa con un saco a la espalda ha cometido un hurto (presunción relativa).

*Premisa menor:* comprobación de un hecho. Al imputado se le vio salir una noche de una casa ajena con un saco a la espalda (circunstancia indiciaria). Este hecho del que se parte puede haber sido probado por cualquiera de los demás medios de prueba admisibles.

*Conclusión:* sacada de la referencia de la premisa menor (concreta y cierta) a la premisa mayor (abstracta y problemática). Luego el imputado está indiciado como autor del hurto cometido aquella noche en aquella casa.

D) Se ha señalado que no existe un verdadero procedimiento probatorio referido a la prueba de presunciones. Pero sí puede hablarse de un procedimiento lógico, formado por la operación mental o raciocinio del juzgador, que adquiere la estructura de un silogismo que, partiendo de cierto acaecimiento, positivo o negativo, que se le ofrece o recoge, deduce el dato procesal a probar.

Caracteriza, pues, a la prueba de presunción: *a)* la existencia de un hecho base, entendiendo la palabra hecho en sentido amplio; *b)* la conexión que vincula a ese hecho base con el acaecimiento que se trata de conocer, conexión que se verifica con arreglo a normas puramente lógicas, no jurídicas, y *c)* el logro de cierto resultado, en cuanto el juzgador puede adquirir el convencimiento de un dato procesal determinado.

E) La fuerza probatoria de los indicios no puede admitirse como prueba plena, puesto que de dos premisas, de la que una sea problemática y la otra aseverativa, no se puede sacar una conclusión cierta.

Pero desde el punto de vista procesal, ya sabemos que, en regla general, las legislaciones modernas siguen el sistema de la libre convicción judicial. En la nuestra no hay limitación alguna, puesto que se sigue el principio de libre convicción judicial "apreciando según conciencia..." (art. 741).

Naturalmente que el valor probatorio será mayor o menor según la relación entre circunstancia indiciaria y el hecho a probar. Especial valor tienen los indicios negativos, es decir, aquellos de los que se puede deducir la casi imposibilidad lógica de la comisión del hecho, o sea, las llamadas coartadas, presencia del acusado en un lugar distinto del de la comisión del hecho.

En cambio, la posibilidad lógica de ser autor de un hecho no será en prinpio prueba suficiente por sí sola. Es preciso atender al conjunto de indicios, a falta de prueba, como serán los indicios referentes al móvil, antecedentes de conducta, etc.

Es de interés tener en cuenta:

a) *La constatación de un indicio.* Existen indicios revelados por hechos evidentes e indiscutibles, en cuyo caso la duda surgirá no en cuanto al hecho indiciario en sí, sino en cuanto al valor que el mismo haya de tener respecto a la prueba. Tal es el caso de la huella dactilar: si en el arma utilizada para el crimen aparece la huella de A, habrá que interpretar el alcance de tal indicio, mas el hecho existe con evidencia palmaria.

Por el contrario, en otros casos la duda comienza en cuanto la realidad del hecho mismo, que, de existir, en efecto, constituiría indicio.

Resulta preciso tener en cuenta la diferencia entre el indicio puesto de relieve por medios técnicos, precisos y puede decirse que infalibles (verbigracia, análisis químicos), y aquel otro conocido tan sólo por medios indirectos y dependientes de la apreciación personal: testigos.

Con toda razón dice Gorphe, refiriéndose a los indicios conocidos mediante declaraciones testificales, que en tales casos "la incertidumbre del testimonio se agrega entonces a la del indicio" (*De la apreciación de las pruebas,* Buenos Aires, 1955, pág. 460).

b) *El número de indicios.* El número y la variedad de los indicios no son menos importantes. De un solo indicio cabe, desde luego, inferir un hecho determinado; por ejemplo, del embarazo se deduce que ha habido relaciones íntimas. Pero una culpabilidad criminal comprende actos más complejos, generalmente, que no se pueden deducir sino de una serie de indicios.

Como observa Ellero muy exactamente, "uno o varios indicios prueban un hecho, jamás un delito". Ahora bien: el objeto de la investigación judicial no es solamente el delito, sino además un conjunto de hechos morales y materiales en virtud de los cuales aquél se induce o es excluido (*ob. cit.,* página 179).

La prueba indiciaria, por su misma naturaleza —dice Gorphe—, apenas si se comprende sin diversos indicios más o menos importantes y resulta más completa a medida que son más numerosos y variados: cada uno aporta su rayo de luz y enlaza los eslabones de la cadena (*ob. cit.,* pág. 277). Aun en casos de concurrencia de numerosos y claros indicios, son frecuentes los errores judiciales que podríamos citar por supervaloración de éstos; tan sólo indicaremos el siguiente: en junio de 1938, el astrónomo Bellano fue encontrado muerto en el observatorio, dando cuenta del hecho a la Policía su colega Acosta. La víctima tenía clavado un puñal en la nuca. Se comprobó que el puñal pertenecía a un conocido ladrón llamado Jurago. Detenido éste, confesó que el puñal era suyo y que había estado la noche del crimen en el observatorio, pero negó ser el autor del hecho. Como puede observarse, no caben más claros indicios de culpabilidad. Sin embargo, la inocencia de Jurago fue proclamada al descubrirse y demostrarse plenamente que el autor del hecho fue Acosta, impulsado por el deseo de arrebatar a su compañero la gloria del descubrimiento de un nuevo planeta que, efectivamente, la víctima había descubierto aquella misma noche.

c) *Los contraindicios.* Si trascendental es, con respecto al valor de este medio probatorio, la pluralidad de indicios, no lo es menos, en razón inversa, el hecho de que existiendo solamente uno o dos indicios, éstos aparezcan neutralizados por dos contraindicios de tanta magnitud como el de ausencia de móvil y el de personalidad moral del acusado.

a') *La ausencia de móvil.* El hombre no se determina a realizar acción alguna sin un motivo. Normalmente nadie se resuelve a la comisión de un acto delictivo, con desprecio de las sanciones que acarrea, sin tener a la vista una ventaja directa o indirecta, positiva o negativa, que pueda compensar el riesgo de la represión, ello aparte de que mientras dicho motivo no se ofrezca con toda claridad no es lícito darle por supuesto, ya que el fenómeno de la delincuencia es verdaderamente excepcional en la vida del hombre normal.

Aun en los casos de delito, cuya existencia e imputación a una determinada persona está plenamente comprobada, el motivo viene a presentarse como uno de los más fundamentales elementos del dolo, con honda influencia, por tanto, en la gradación de la responsabilidad; muchas de las causas exculpatorias recogidas por la Ley penal se asientan en la índole no antisocial del motivo; por un importante sector de la doctrina el motivo es elevado a la categoría de dolo, afirmándose que no basta, para que la conducta sea dolosa, la voluntad e intención si las mismas no van acompañadas o más bien inspiradas por un móvil antijurídico. Con acierto observa Locard que "cuando el motivo permanece desconocido resulta casi imposible probar la culpabilidad". Por ese mismo escritor se cita el caso de Pastré-Beaussier, estudiante de Farmacia, que fue acusado de envenenamiento con graves cargos contra él. En la casa donde vivía habían perecido sucesivamente trece personas envenenadas con arsénico, cuando aquél no había experimentado jamás el menor malestar y cuando ninguna intoxicación se había producido durante su ausencia. Mas resultó imposible descubrir qué interés había podido tener en librarse de aquella manera de tales personas. Fue reconocido psiquiátricamente y declarado normal, quedando sin determinar qué impulso le había podido arrastrar a tal serie de crímenes. Por tanto, y a pesar de los cargos e indicios, fue absuelto (*L'enquite criminelle et les méthodes scientifiques*, pág. 259).

b') *Personalidad del delincuente.* Por último, ha de tenerse en cuenta que la nueva posición penalista, que se designa con el calificativo de "moderna defensa social", señala la necesidad de estimar para un completo enjuiciamiento penal la personalidad del delincuente, que puede operar en sentido destructivo del indicio, en cuanto la conducta delictiva no es un comportamiento normal, y por ello una personalidad común lleva a una presunción de comportamiento socialmente correcto.

### Jurisprudencia

En materia penal no caben las presunciones en contra del reo (sentencia de 19 de enero de 1962, y en el mismo sentido la de 1 de junio de 1967).

No se puede fundamentar una gradación de la penalidad sobre suposiciones más o menos lógicas, pues su base tiene que asentarse en realidades concretas perfectamente definidas (sentencia de 5 de octubre de 1967, y en parecidos términos la de 13 de febrero de 1968).

# PARTE OCTAVA

# DE LA CONCURRENCIA DE DIVERSAS PRUEBAS, O DE LA PRUEBA COMPUESTA

## CAPITULO PRIMERO

## DE LA DEFINICION DE LA PRUEBA COMPUESTA

Hemos demostrado que la prueba directa y natural se resuelve por sí misma en una serie de presunciones que se enlazan, y cuyos datos deben siempre compararse cotejándolos con las circunstancias de la causa para fundar la certeza del Juez; que la confesión, por ejemplo, motiva la condena, porque su contenido está en perfecta armonía con las circunstancias por otra parte demostradas, y con la persuasión del Magistrado de que el acusado es muy capaz de haber cometido el crimen. Pero hay muchos casos en que la confesión prestada no ha satisfecho todas las condiciones requeridas, el testimonio sobre los hechos esenciales queda imperfecto, y estas pruebas, sin embargo, de que no facilitan una completa certeza, no por eso dejan de producir una gran probabilidad. ¿Será, por ventura, preciso, en una confesión extrajudicial, por ejemplo, o en la deposición de un solo testigo clásico, no ver más que un indicio (2) y aplicarle, por consecuencia, las reglas de la prueba especial (3) que acabamos de examinar? (véase Parte 7.ª). En este concepto no existiría la *prueba completa.* Pero si se rehúsa, y con justicia, dar el nombre de indicios propiamente dichos a estas pruebas incompletas, al momento se inclina uno a preguntarse si no puede resultar prueba plena y jurídica de la concordancia de muchos medios entre sí, que tomados cada uno separadamente y en razón de un vicio en las formas, no producirían nunca la certeza, ¿acaso no podrán, sosteniéndose mutuamente, llegar a formar lo que llamamos prueba compuesta?

---

(1) Rara vez acontece que en el proceso terminado por una condena la prueba no pueda llamarse *compuesta*, es decir, que no sea el producto de diversas pruebas perfectas que se combinan con otras pruebas perfectas o imperfectas. Trátase en este capítulo, bajo una misma denominación o título, de un género de prueba análogo, pero cuyos elementos, tomados cada uno por sí, no podrían tener plena fuerza probatoria.

(2) Así se establece en la Ley austríaca de 6 de julio de 1833, párrafo 4.º

(3) Solamente en este sistema es en el que no conviene darle el nombre de prueba, sacado del concurso de las *circunstancias del delito.*

Los elementos, pues, de esta prueba serían: primero, o el concurso mutuo de medios imperfectos de prueba directa (1); segundo, o su concurrencia con los indicios propiamente dichos. Y entiéndase bien que aquí no se trata de fragmentos de prueba reunidos para formar un total (tal sería el caso para quien mirase la deposición de un solo testigo como una semiprueba, la confesión extrajudicial como otra semiprueba, etc.): la ley no puede autorizar la condena sobre estas bases; la sentencia criminal no es el resultado de un cálculo aritmético, y el Juez no puede adquirir sus convicciones de semejante manera. La circunstancia más pequeña en la apariencia fija muchas veces sus opiniones sobre el valor de una prueba, y su decisión se apoya en una multitud de motivos que se combinan y se completan unos por otros, y cada uno de los cuales, según los principios admitidos en materia de investigación de la verdad, hace considerar la misma circunstancia como adquirida en el proceso. La verdadera noción de la prueba compuesta se obtiene remitiéndose a nuestra definición de la certeza; de ese estado del entendimiento impelido a afirmar la realidad de un hecho por los numerosos motivos que excluyen la posibilidad del hecho contrario. En efecto: si los elementos de la prueba compuesta producen en nosotros este resultado, llega a ser indudable que aquélla, suministra la certeza. Si prestamos asenso a la confesión por efecto de presunciones que se enlazan, y a favor del cumplimiento de ciertas condiciones que se reúnen para dar completa fuerza a esta prueba, como, por ejemplo, cuando los hechos confesados por otra parte verosímiles están de acuerdo en todos los puntos con las circunstancias relativas a las piezas, y también cuando la forma misma de la declaración garantiza al parecer la sinceridad del acusado que confiesa, si es cierto que la perfecta conformidad entre dos testigos produce en nosotros la convicción de la sinceridad del testimonio, ¿por qué no ha de suceder lo mismo cuando lo que falta a una prueba para llegar a ser completa se encuentra restablecido en el mismo instante con el auxilio de otro medio, desvaneciéndose de este modo todas las dudas? Este es todo el secreto de la prueba compuesta. Tales medios de prueba, aisladamente imperfectos, se completan entre sí en su íntima conexión y son el fundamento de una plena certeza. Nos explicaremos más. Si a los medios de prueba aducidos falta alguna de las condiciones *esenciales,* si la confesión, por ejemplo, no ha sido *libre,* no es posible la prueba compuesta: siendo radicalmente nulo el hecho en que se funda el medio de prueba, no puede dar origen ni aun a la verosimilitud. Lo que no empieza a existir, no puede completarse. Pero si el defecto recae sólo en una condición complementaria de puro derecho, si un solo testigo depone, si la confesión está consignada en un proceso verbal, en el cual, a falta del Escribano,

(2) Por ejemplo: el acusado ha confesado extrajudicialmente su crimen, acerca del cual depone un solo testigo *clásico.*

muerto poco antes, ha sido llamado a actuar otro Secretario no juramentado, parece muy natural que la convicción del Juez pueda completarse con el auxilio de probabilidades sacadas de otros manantiales. Aún más: este resultado, siempre igual, adonde es conducido el Magistrado por distintas vías, suministra un nuevo motivo de certeza, puesto que sería imposible explicar semejante concordancia a quien no quisiera admitir los hechos.

Para que la prueba compuesta produzca la certeza, se necesita:

1.º Que el cuerpo del delito, cuando se trata de dar a conocer el culpable, se halle plenamente demostrado por las demás pruebas; pero si la comprobación de la existencia del delito no está además suficientemente ordenada, las diligencias carecen de elementos necesarios para llevar adelante las investigaciones.

2.º Es menester que el medio de prueba imperfecto que se haya de tomar en cuenta, sea ya capaz de fundar una verosimilitud poderosa; regla importante que debe observarse especialmente en materia de confesión extrajudicial, porque ésta no puede tener trascendencia sino en cuanto ha sido realmente declarada, y el hecho de su declaración está completamente demostrado; e igualmente en cuanto no aparece como una pura chanza, sino más bien como confesión libre y formal.

3.º El origen de donde se deriva cada uno de los medios de prueba no puede ser igual para todos (1); porque si sucediese lo contrario, ya no habría para el Juez esta razón poderosa para creer en la eficacia de la prueba compuesta, a saber: ese resultado siempre igual, al cual se llega por diversos caminos.

---

(1) Por ejemplo: cuando el testigo que depone sobre el hecho principal del delito lo hace también acerca de la existencia de la confesión extrajudicial, en el momento se suscita en el Juez la duda.

## CAPITULO II

## DE LOS EFECTOS DE LA PRUEBA COMPUESTA, SEGUN LA DIFERENCIA DE LEGISLACIONES

El sistema de la ley en lo concerniente a la prueba compuesta está conforme, por lo regular, con el admitido en materia de indicios, pues que éstos tienen, en efecto, una influencia notable sobre aquélla, y aun muchas veces constituyen un elemento principal. Los partidarios exclusivos de la prueba natural, que no conceden que pueda fundarse la certeza sino en la confesión, en el testimonio, etc., y consideran como un simple indicio todo medio de prueba no perfecto (por ejemplo, el dicho de un solo testigo), no admiten la prueba compuesta por los motivos que oponen a la admisión de los indicios. Según ellos, dicen, su sistema se halla doblemente confirmado en el Derecho común alemán por la autoridad de *la Carolina,* cuyo artículo 22 proscribe toda condena fundada en solos indicios (Parte 7.ª, Cap. II), dando este nombre a la confesión extrajudicial, a la deposición de un solo testigo. De aquí concluyen que el artículo 22 citado se aplica también por consecuencia a la prueba compuesta desde el momento en que los indicios fuesen producidos como complemento de la prueba, bien que sin ser los únicos medios descubiertos. Creemos errónea esta interpretación doctrinal. La causa principal de la prohibición del artículo 22 es la falibilidad presunta de una prueba de mera inducción, que no presenta bastantes garantías contra los raciocinios temerarios o poco acertados de ciertos Jueces. Ha parecido peligroso dejarlos en libertad para sacar de los hechos consecuencias exageradas o *a priori,* conclusiones antilógicas, para ver muchas veces en la concurrencia enteramente casual de las circunstancias el resultado de una íntima relación, o para tomar por indicios verdaderamente poderosos simples presunciones o débiles conjeturas. Mas ¿subsiste, por ventura, esta razón, cuando la certeza en el debate se funda, no ya en inducciones, sino en otras pruebas que harían plena fe en derecho, a no faltarles ciertas cualidades requeridas? Si se sostiene que la declaración de un testigo produce todo su efecto cuando otro testimonio lo confirma, ¿por qué no ha de suceder lo mismo si, en lugar de este complemento, le damos otro por distinto camino? La prohibición de que se trata no se comprendería, no habiendo en este caso, como ha tenido el autor de *la Carolina* (art. 22), una mera prueba de inducción; los indicios no están aislados, pues que vienen a completarlos otros medios de prueba, produciendo un resultado semejante. Dar al artículo 22 la extensión que combatimos, suponer que dice que nunca habrá condena cuando la prueba sea enteramente de raciocinio o esté fundada en indicios, es decidir a la vez que casi nunca habrá en la causa prueba plena; porque en aquella misma donde haya confesión o doble testimonio, todavía necesita el Juez el auxilio del raciocinio para dar fe al contenido de la confesión, o para ver en la conformidad de ambos testigos una garantía suficiente de credibilidad. Pero *la Carolina*, replican, llama indicio a todo medio de prueba que ha quedado incompleto. En otra parte hemos hecho ver (Parte 7.ª, Cap. II) que entonces era su designio determinar las probabilidades que debían aparecer antes de que pudiese aplicarse el tormento; y entendiendo el autor de aquélla que la declaración de un testigo constituía la verosimilitud requerida, le atribuyó el efecto de un indicio; pero entre esta declaración y un indicio propiamente dicho, entre este testimonio y un *hecho conocido, que conduce al Juez a otro desconocido*, hay una diferencia esencial. No deben, pues, excederse los términos y el espíritu de la ley; en Alemania puede el Juez, aun bajo el imperio del Derecho común, fundar con seguridad su condena en la prueba compuesta, aun cuando los indicios formen su principal elemento.

Cuando la ley los admite para que produzcan plena certeza, se infiere, desde luego, que la prueba compuesta obtiene igual poder; pero como el legislador los acoge en algunos países no sin desconfianza, síguese de aquí que las restricciones que les impone son igualmente aplicables a la prueba compuesta (1). Puede resultar ésta: 1.º, de la comparación de la confesión extrajudicial y del testimonio, es decir, de la combinación de las pruebas naturales; 2.º, o de las de estas últimas, con el concurso de indicios. Algunas leyes no aplican las restricciones de que hemos hablado sino a las pruebas de la segunda categoría; pero hay en esto grave inconsecuencia. Si el legislador no ha desechado todo

---

(1) Así, el artículo 334 del Código bávaro no permite pronunciar en semejante caso la pena de muerte. Lo mismo se disponía en el artículo 249 del proyecto hannoveriano, en el párrafo 339 de la Ordenanza de procedimiento criminal de Wurtemberg y en el 261 de la de Baden. Hubiéramos podido, sin duda, ahorrar al lector toda esta larga discusión sobre el artículo 22 de *la Carolina* y las consecuencias que de ella se deducen; pero nuestro principal propósito ha sido no alterar ni quitar nada del texto original. En resumen: por lo que toca a la Ley francesa, el principio de la íntima convicción del Juez decide cuestiones por otra parte dudosas no obstante, aun en este punto parece que estas observaciones encierran sabias advertencias que no son de ningún modo una pura teoría, y que el Magistrado en cualquier país se alegrará de poner en práctica.

recelo, no puede estar más tranquilo respecto de la confesión extrajudicial combinada con el testimonio; en uno y otro caso, el Juez no adquiere la convicción en lo concerniente a la prueba directa incompletamente aducida, sino con el auxilio de raciocinios decisivos fundados en otras circunstancias que coinciden en la causa.

# PARTE NOVENA

# DE LA PRUEBA IMPERFECTA

## CAPITULO PRIMERO

## DEL VALOR DE LA PRUEBA IMPERFECTA EN EL PROCESO CRIMINAL

Cuando la palabra *prueba* se entiende como sinónimo de *certeza,* los términos de *prueba imperfecta* o *certeza imperfecta* no tienen ya significación práctica. Sin embargo, pueden admitirse en distinta acepción, como se ha dicho en otra parte (Parte 1.ª, Cap. XVI), en lo concerniente a la administración misma de la prueba, y cuando se quiere designar simplemente el caso en que su investigación no ha producido un resultado completo, y en el que no son bastantes los documentos reunidos para constituir certeza, militando, sin embargo, en favor de la acusación numerosos motivos de verosimilitud (Cap. VII de la misma Parte). Sabido es que la condición esencial de toda condena es la demostración completa de los hechos imputados; que mientras no sea plena y cabal, el acusado debe ser tenido por inocente (1); por consiguiente, no puede suscitarse duda alguna sobre los efectos de la prueba imperfecta, debiendo ser en este caso el acusado absuelto pura y simplemente (y esto es lo que exigen las leyes francesa e inglesa) (2). Pero en Alemania, donde el procedimiento inquisitivo sufre todavía la influencia de su múltiple origen, se ha formado una teoría enteramente especial. Conforme a esa teoría:

1.º Cuando una gran verosimilitud viene a apoyar los hechos del cargo, el Juez, al absolver, declara que el acusado queda en estado de sospecha. Entre el inocente, definitivamente absuelto, y aquel a quien una prueba imperfecta o graves presunciones acusan todavía, se ha querido establecer, en interés de la sociedad, una distinción marcada, y esta distinción ha dado lugar a importantes consecuencias (3).

2.º En la actualidad, la ley permite a veces la investigación y el em-

---

(1) *Accusatore non probante, accusatus, absolvitur.*

(2) En Francia a nadie se le ocurre distinguir entre un inculpado evidentemente inocente y aquel cuya culpabilidad queda en duda; respecto de uno y otro, el Jurado decide con un veredicto negativo, y respecto de ambos se pronuncia la absolución.

(3) Especialmente a la *absolución de la instancia* y sus efectos.

pleo de cuantos medios puedan conducir a la solución de las dudas, hasta el extremo de suministrar al acusado ocasiones de destruir las sospechas persistentes contra él (1); o vivamente impresionada, al considerar los peligros de dejar impune al culpable y los inconvenientes de que vuelva a entrar en la sociedad, decreta la aplicación de una pena llamada extraordinaria, o bien ciertas medidas de seguridad que la misma determina.

---

(1) Por ejemplo: por medio del *juramento purgatorio.*

## CAPITULO II

# DE LA ABSOLUCION DE LA INSTANCIA («ABSOLUTIO AB INSTANTIA»)

En el procedimiento de acusación el Juez tiene simplemente que decidir cuál de los dos, acusador o acusado, ha fundado mejor sus alegaciones; y si el primero no ha prestado la prueba completa de sus articulaciones, la absolución procede incontestablemente. Vemos, sin embargo, que aun en Roma los Jueces podían declarar sus dudas por las palabras *non liquet*. Cuáles eran exactamente los efectos de esta sentencia es una cuestión no bien dilucidada, pues todo lo que se sabe es que por ella daban a entender los Jueces que había lugar a abrir de nuevo los procedimientos, y, por consiguiente, a sobreseer la sentencia definitiva.

En la Edad Media proclamaban también los Tribunales espirituales la necesidad de absolver al acusado en caso de no completarse la prueba, cuando hubiesen sido regulares todos los procedimientos (1); pero como el acusado, una vez absuelto, no podía ya con facilidad ser objeto de nuevas informaciones, como, por otra parte, cuando pesaban sobre él graves sospechas, se podía esperar siempre obtener más tarde nuevas pruebas que, reunidas a las que primero se articularon, fuesen propias para autorizar la condena, bien pronto se cuidó de asegurar las reservas por la sentencia misma, adoptando una fórmula especial *(absolutio rebus sic stantibus* (2), o *absolutio ab instantia)*, que permitiese abrir en todo tiempo la instancia contra el acusado, absuelto desde luego, cuya absolución se decretaba a falta de pruebas plenas y permaneciendo contra él graves presunciones.

Alemania practicó a su vez este sistema, pero hoy está prescrita la absolución de la instancia por las legislaciones modernas de los Estados comprendidos en su territorio (3).

---

(1) Capítulo 15, tít. 1.°, lib. 2.° de las Decretales.

(2) De esta expresión se sirve Julio Claro.

(3) Código austríaco, artículo 428; Ordenanza criminal de Prusia, párrafo 412; Código bávaro, artículo 355. Según los términos de esta Ley, el Tribunal declara *aplazada la instrucción*. Según los del Edicto penal de Baden de 1803, párrafo 18,

Sus partidarios se fundan en la naturaleza del proceso inquisitivo, cuyo objeto es la verdad absoluta, no pudiendo soportarse, según dicen, que el hombre inocente sometido a persecuciones no merecidas, sólo por efecto de circunstancias adversas, sea colocado en el mismo rango que el acusado verosímilmente culpable, pero cuya culpabilidad no se declara cuando no existen pruebas enteramente completas. Además, no reconociendo ciertas legislaciones en los solos indicios bastante fuerza para fundar una condena, hubo de decirse —cuando los Jueces, por obedecer la Ley, se veían obligados a absolver, a pesar de sus convicciones nacidas de un concurso evidente de circunstancias—, que el acusado en este caso no podía ser tratado como si fuera enteramente inocente. Hubiera sido de desear, en tal caso, obtener una confesión; pero, abolido el tormento, faltaban todos los medios de provocarla. Esta cuestión de la continuación de las diligencias adquiere de día en día una importancia capital. Erigíase en principio con respecto del acusado completamente absuelto no podía volver a abrirse la instrucción, sino con muy raras excepciones, sobre nuevos cargos, y después de un minucioso examen de los motivos, pero que respecto del acusado contra el cual habían quedado fuertes presunciones de culpabilidad, y a quien, por consecuencia, no podía declarar el Juez enteramente inocente, era necesario erigir en regla la continuación de los procedimientos en cualquier ocasión que fuese, siempre que el Juez de instrucción tuviese esperanzas de conseguir la prueba completa, reuniendo los hechos nuevos a los consignados en la información primitiva.

En una palabra, se pensaba mucho en lo que se creía el verdadero interés de la sociedad. Un hombre sobre quien pesan todavía, después de su absolución, sospechas bastante poderosas para que sea a cada instante objeto de nuevos procedimientos, ¿puede acaso encontrar en la sociedad una acogida cordial y confiada? ¿Puede ser mirado de la misma manera que aquel cuya inocencia fue proclamada en alta voz? Y ¿qué sucederá si ese hombre ocupa un empleo, una posición, que para desempeñarse digna y eficazmente exigen ante todo la confianza y la estimación? ¿Podrá, por ventura, ese sujeto difamado presentarse a la elección de sus conciudadanos, ambicionar honores públicos, y procurar que le nombren diputado o consejero de municipalidad? ¿Acaso nada impor-

---

el acusado es declarado libre o *rebajado de la queja dada contra él.* Véase también la Ley real de Sajonia de 30 de mayo de 1832 y el párrafo 336 de la de Wurtemberg.

En Inglaterra, en Francia y en todos los países cuya legislación está basada en la francesa, no se acostumbra ya la *absolutio ab instantia* (absolución de la instancia). En Francia, según el artículo 246 del Código de instrucción criminal, pueden entablarse de nuevo las diligencias o informaciones sobre *nuevos cargos;* pero allí sólo se trata de la *instrucción preliminar*, cuando los hechos no han estado nunca sometidos a Jueces definitivos. Entre las legislaciones que han admitido la publicidad de los debates sólo el Código de las Dos Sicilias de 1819 ha autorizado la *absolutio ab instantia* en su artículo 280.

ta evitar semejante escándalo? Además, en ocasiones dadas, ¿no puede ser un peligro incesante para la sociedad, y convenir cerrarle la entrada, impidiéndole que vuelva a encontrar en ella a los antiguos cómplices de su vida criminal?

Tales son los motivos alegados siempre en apoyo de este sistema; pero otros hay mencionados también por los antiguos tratadistas que le combaten victoriosamente, y con cuyo auxilio es fácil demostrar siempre que sería grande error adoptarlo en una legislación nueva. Cuando hay dos partes en la causa, acusador y acusado; cuando el primero no ha presentado completamente las pruebas que le incumben, y el segundo ha tenido que sufrir por largo tiempo los disgustos de un proceso criminal, sería una palpable anomalía el no absolverle plenamente. Al concluir los debates no hay más que dos sentimientos que puedan conducir al Juez: el uno es la certeza de la culpabilidad; el otra la certeza contraria. No hay entre ambos término medio, y no estando la culpabilidad completa y legalmente probada, el acusado no es culpable, lo cual es principio aplicable al procedimiento por acusación. En éste es absuelto el demandado cuando el querellante no aprueba; en el otro, si no se presenta la prueba que incumbe a la sociedad, parte acusadora, el acusado debe ser declarado indemne para siempre. Hacer sufrir cualquier perjuicio al que, no convicto enteramente de un crimen, ha sido absuelto de la instancia, e inmediatamente violáis el sagrado principio que prohíbe aplicar a un ciudadano la sanción penal impuesta por la ley a tal o cual hecho punible, cuando éste no ha podido demostrarse contra él. Ahora bien es cosa evidente que el acusado absuelto simple y provisionalmente experimenta graves perjuicios; si poseía honores o dignidades, es despojado de ellas; ya no puede solicitar que sus conciudadanos le elijan para ciertos cargos (1), ambicionados de todos con anhelo, porque atestiguan la confianza honrosa de los lectores. Además, pueden cargársele las costas, y necesita pagar cantidades que muchas veces constituirían la mayor parte de su patrimonio, empobrecido para lo sucesivo. Y no se diga que en último resultado ésas son las consecuencias de su falta; que a nadie sino a sí mismo tiene que culpar de las sospechas de que continúa siendo objeto. ¡Cuántas veces el hombre más inocente se ha visto acusado por un fatal concurso de circunstancias! ¡Cuántas veces sólo el odio o la ligereza del denunciador han hecho recaer sobre él las dudas! También el Juez investigador, llevado de celo excesivo, interpreta mal muchas veces la conducta más inocente, y tal o cual acto perfectamente legítimo o indiferente se reviste de pronto a sus ojos de una acusadora apariencia (2). En fin, la peor de

(1) Una gran parte de las Constituciones y Ordenanzas municipales modernas de Alemania declaran privados de aptitud a los individuos que sólo han sido absueltos de la instancia.

(2) Si el inculpado emprende por casualidad un viaje en el momento de fijar sobre él su atención el instructor, o si por razones de familia hace en secreto sus

las consecuencias de la *absolutio ab instantia es esa detención de seguridad* admitida por gran número de legislaciones contra los que no pueden prestar fianza. La pérdida de la libertad es un mal que sólo debe sufrir aquel cuya falta reconocida merece una pena; y permitirle que preste fianza, es demostrar en su favor una benevolencia ineficaz. Muchas veces el acusado es un padre de familia que ganaba penosa y honradamente el pan para su esposa y sus hijos, y que por su detención preventiva, prolongada durante meses enteros, se ve reducido a la miseria. ¿Será, pues, preciso que sufra todavía años de cárcel porque no puede prestar fianza?

La absolución de la instancia se funda en dos vicios capitales del procedimiento alemán: el primero es la teoría demasiado limitada de la prueba legal, y sobre todo la prohibición de que los Jueces condenen por sólo indicios; el segundo es la falta de publicidad del procedimiento. Se objeta que la mayor parte de los acusados absueltos provisionalmente serían condenados si los juzgase un Jurado, o si el tribunal tuviese facultad de atribuir plena fuerza a la prueba de indicios. Concedemos que suceda así con la mayor parte; pero aun así hay otros a quienes sería totalmente imposible condenar por solos indicios: a éstos, pues, no se les puede tener desde entonces por vehementemente sospechosos; y siendo esto así, ¿qué interés social exigirá nunca que se tomen contra ellos tales o cuales medidas represivas? Háganse públicos los procedimientos, y se destruye la segunda base en que se apoya la *absolutio ab instantia:* todos los ciudadanos asisten a los debates; testigos de la sentencia de absolución, aprecian perfectamente cuál es su sentido y su extensión: saben la distinción que tienen que hacer entre el hombre enteramente inocente y el que vuelve a la sociedad manchado todavía con sospechas no desvanecidas (1). Orientados de este modo, observarán respecto de él la conducta que les dicte la prudencia y su interés bien entendido; y para decirlo de paso, entonces se harán inútiles esas prohibiciones que se encuentran consignadas en las Constituciones y en las cartas municipales: ¿de qué servirá privarle de la elegibilidad? Tened confianza en los ciudadanos a quienes habéis llegado hasta conceder los derechos electorales; dejadlos en libertad de apreciar si los candidatos son dignos o no de su voto: estad seguros de que conservarán memoria de los procedimientos criminales intentados contra uno de ellos; y si a pesar de todo recae la elección en él, quiere decir que la sospecha pronunciada no está fundada realmente; quiere decir que su elección es un testimonio, una protesta, un voto de confianza (2).

---

preparativos de marcha, lo primero que ocurre al Magistrado es la idea de la fuga.

(1) Así pensaba ya Ayrault en el siglo XVI, *Orden, formalidad,* etc., página 535.

(2) Estas incapacidades de elegibilidad, decretadas por las Constituciones políticas contra los acusados absueltos en general, son tanto más erróneas cuanto

Además, esas prescripciones generales que ordenan se preste una fianza, o en defecto suyo la detención de policía y seguridad, son deplorables por su generalidad misma. Puede indudablemente suceder que el Estado tenga grande interés en no restituir sin condición la libertad de ciertos individuos sospechosos como culpables de crímenes constitutivos de un ataque directo a la seguridad pública; su vida pasada puede despertar justos temores, y la instrucción de la causa ha podido descubrir sus relaciones con otros hombres no menos peligrosos: imponer ciertas restricciones a su libertad, sujetarlos a una regular vigilancia, son medidas útiles en algunos casos; pero a lo menos que sean enteramente excepcionales y no efecto de una regla común que haya de aplicarse a todos los acusados simplemente absueltos. ¿Con qué objeto se ha de exigir fianza, por ejemplo, al ciudadano puesto en libertad después de una causa por duelo o por delito de esa majestad?

Si desde luego está demostrado que la *absolutio ab instantia* debe ser desechada de todo proyecto de legislación futura, no hay razones posibles para impedir que represente un gran papel en la práctica ordinaria de los tribunales de Alemania, donde el uso constante de tres siglos ha sancionado una forma de sentencia, admitida igualmente por las leyes particulares modernas.

La *absolutio ab instantia* puede pronunciarse con las siguientes condiciones:

1.ª Es cierto que sea verosímil la culpabilidad del acusado, y de tal modo, que quedando sujeto a una sospecha fundada, pueda todavía en cualquiera ocasión procederse de nuevo contra él. Pero si las sospechas son menos graves, si la contraprueba ha venido a atenuar su primitiva fuerza, entonces la simple absolución no es permitida, porque por la existencia de presunciones débiles no se puede decretar la instrucción principal. También es costumbre pronunciar algunas veces la absolución de la instancia, cuando el acusado niega formalmente el crimen más grave de que se le acusa, y confiesa al mismo tiempo que ha cometido otro menor (1); y cuando, a pesar de las declaraciones, hay razones poderosas para creer la existencia del crimen principal, los Magistrados salen del compromiso absolviéndole de la instancia respecto de este último y condenándole respecto del otro; costumbre seguramente mala, pues de este modo puede encontrarse el mismo hecho dos veces en la causa (2) y dos veces sujeto un procesado a juicio. ¿No es absurdo

---

que respecto de una multitud de delitos no están de acuerdo la Ley y la opinión pública.

(1) Por ejemplo: se declara autor de la muerte de A., pero alega no haber tenido jamás intención de matarle, y sostiene que sólo cometió por su parte una *falta*.

(2) Una mujer niega haber muerto a su niño, y al mismo tiempo hay en la causa prueba evidente de hechos de imprudencia o negligencia.

condenar por un hecho (1) cuya extensión es todavía de tal modo imposible apreciar por completo, que en la hipótesis de la existencia de un crimen más grave, pronuncia el Jurado, en cuanto a éste, la absolución de la instancia? Por otra parte, ¿no se hace más difícil su misión cuando, transformadas más tarde las sospechas en certeza, necesita, al aplicar la pena, hacer la deducción de la ya sufrida de resultas de la sentencia primitiva?

La *absolutio ab instantia* se pronuncia igualmente cuando la cuestión de enajenación mental queda dudosa, pero no son más fundados para ella los motivos. El Estado se expone, por efecto de esta sentencia, a hacer sufrir un daño no merecido a un individuo a quien no podría causar impresión pena ninguna si verdaderamente carecía de juicio; luego aquí las consecuencias más o menos perniciosas de la absolución de la instancia envolverán en sí una doble injusticia; en todos los casos dudosos de este género, algunos peritos no pueden menos de declararse por la falta de juicio, y en esta hipótesis, la medida de que se habla es inútil por sí misma, teniendo la autoridad derecho incontestable de tomar ciertas medidas de precaución contra todo individuo cuyo estado mental pueda inspirar recelos para la seguridad de los ciudadanos.

2.ª Para poder pronunciar la *absolutio ab instantia* se necesita también que el Juez carezca enteramente de todos los medios de descubrir la verdad, y que haya razón para esperar en lo sucesivo el descubrimiento de circunstancias y pruebas del todo convincentes. Si la ley local autoriza el juramento purgatorio, la absolución pura y simple no es permitida siempre que pueda deferirse este juramento, a menos que, como hemos dicho, no parezca muy probable que la información pueda completarse más adelante; hacer purgar de este modo la acusación por un juramento inoportuno, sería destruir toda esperanza de llegar útilmente algún día al conocimiento de la verdad. El Juez tendrá, pues, que examinar desde luego con cuidado el estado de las piezas de la causa, la naturaleza de las pruebas producidas, y la persona y carácter del acusado.

Los efectos de la absolución de la instancia son, en principio, los mismos que los de toda sentencia absolutoria, salvas las excepciones consignadas en las leyes particulares; en el Derecho común, es decir, en el fundado sobre el uso general de Alemania, no pueden atribuírsele más que dos consecuencias principales:

1.ª Contra un acusado absuelto de la instancia puede volverse a abrir la instrucción en virtud de nuevos cargos, en todo tiempo, por el mismo Tribunal y sin necesidad de autorización emanada del Tribunal superior.

---

(1) Como si, por ejemplo, en la anterior hipótesis, se quisiera absolver de la instancia a la inculpada en cuanto al crimen de infanticidio con premeditación, y condenarla a dos años de prisión por infanticidio con imprudencia.

2.ª El acusado absuelto de la instancia queda sujeto a la vigilancia de la policía. Desde que esta vigilancia perjudica sus derechos de ciudadano, su extensión debe determinarse por la misma sentencia. No puede corresponder a la autoridad administrativa la restricción de los derechos de un regnícola sin orden de la ley o de la sentencia judicial, y, por otra parte, los Tribunales tienen a su favor la presunción de que apreciarán con más exactitud los motivos de la sujeción a la vigilancia, la gravedad de las sospechas contra el acusado y las circunstancias especiales que hacen se le tenga por hombre peligroso. En cambio conviene conceder a la autoridad una misión de vigilancia general sobre él, y facultarla para que adopte con este fin las medidas prescritas por la ley o que son de la competencia de la policía, estando comprendidas en sus atribuciones respecto de las personas sospechosas en el Estado (1).

La disposición que sujeta en todo caso al acusado absuelto de la instancia a prestar fianza, so pena de ser encerrado en una prisión de seguridad, debe ser colocada en la categoría de las legislaciones particulares.

---

(1) A esta clase pertenecen el permiso de residencia y la obligación de presentarse a la policía en determinadas épocas.

## CAPITULO III

## DEL JURAMENTO COMO COMPLEMENTO DE LA PRUEBA IMPERFECTA, DEL JURAMENTO DEFERIDO Y DEL JURAMENTO SUPLETORIO EN PARTICULAR

No se puede concebir la aplicación del juramento en materia criminal sino en dos hipótesis:

1.ª O es deferido, lo mismo que en lo civil, por la parte a su adversario, por el acusador al acusado, si se considera como un medio de prueba en el proceso;

2.ª O bien el Juez es quien obliga a prestarlo a cualquiera de las partes, bien para obtener de ella la confirmación de sus declaraciones (y entonces constituye un verdadero *juramento supletorio)*, o bien al objeto de destruir los cargos principales de la acusación (y éste es el *juramento purgatorio)*.

Aunque se ha clamado mucho para sostener la admisibilidad del primero en el proceso de acusación, se ha reconocido pronto que éste es un trámite incompatible con todo procedimiento criminal: el acto de deferir el juramento supone una especie de pacto, y éste no puede existir sino cuando sea admitido el desistimiento respecto del objeto litigioso. Pero en lo criminal se trata de castigar por medio de penas, de despojar al acusado de los derechos inviolables que él mismo no puede renunciar; y la sociedad, interesada en descubrir la verdad y en reprimir el delito, no puede dejar al libre arbitrio de un particular la facultad de paralizar la causa. Siendo además la verdad absoluta el objeto del proceso, el entendimiento no puede darse por satisfecho con un juramento confirmatorio de las alegaciones de la parte.

Ninguna ley, ni en el Derecho común, ni en otra parte, prescribe su uso: luego es preciso sostener en tesis absoluta (1) que, desde que el proceso tiene por objeto la aplicación de una pena, debe ser excluido el juramento.

---

(1) Esto aun en las causas puramente fiscales, y cuando la pena es sólo pecuniaria.

Por otra parte, ¿cuándo podría emplearse? Solamente en dos casos:

1.º En el uno, el acusador que no hubiese podido hacer la prueba completa de alguno de sus agravios, sería obligado a jurar para perfeccionar dicha prueba;

2.º En el otro, el acusado que no hubiese podido hacer enteramente sus defensas, pero que, sin embargo, sirviéndonos de los términos usuales, hubiese hecho su semiprueba, sería llamado a prestar juramento para completar con él la demostración que le purifica.

Mas nada vemos en una y otra hipótesis que justifique el uso del juramento: en el primer caso, diremos que nunca autoriza la ley al Juez para ordenar el juramento necesario; que si en lo civil existe, no es sino por analogía con el juramento deferido por la parte; que en lo criminal debe ser excluido por las mismas razones que rechazan a este último; que si uniéndose el juramento a la deposición de un testigo, parece que comunica mayor peso a sus palabras, está, sin embargo, lejos de hacer prueba, de desvanecer todas las dudas que surgen en tropel contra un testigo que declara en causa propia. En el segundo caso nos parece inútil el juramento supletorio; lo que se llama *excepción* no existe en el procedimiento criminal: el acusado no tiene obligación, so pena de que su defensa no encuentre acogida de aducir su prueba completa: lejos de eso la justicia y los principios quieren por el contrario, que la simple verosimilitud de sus alegaciones basten para desechar la acusación y hacer que se pronuncie sentencia absolutoria. Pero algunos han procurado ingeniosamente sostener una teoría menos absoluta (véase Heffeter, libro 5.º). Han pretendido que este juramento era muy útil al acusado para poder obtener una completa y libre absolución, y que, a no ser así, la contraprueba semiplena sólo produciría el efecto de una absolución provisional. Por nuestra parte tampoco nos mueve esta consideración; a nuestro modo de ver, siempre es inútil el juramento; creemos que debe pronunciarse la absolución desde el momento en que las justificaciones del acusado lleguen a aparecer simplemente verosímiles, o cuando, no hallándose aquéllas rodeadas sino de una ligera probabilidad, haya grave peligro en dar a su juramento una fuerza plenamente probatoria. Por último, en este caso, sería semejante al juramento purgatorio, y, por consiguiente, inadmisible en todo país donde éste es rechazado por la ley.

## CAPITULO IV

# DEL JURAMENTO PURGATORIO, DE SU ORIGEN Y PROGRESOS Y DEL VALOR QUE DEBE DARSELE

Todos reconocen hoy que nunca estuvo en uso en Roma este juramento (1), e igualmente se negaba en tiempos pasados la posibilidad de hacer subir su origen hasta el derecho canónico; mas la opinión contraria gana terreno diariamente. Es un hecho cierto que existía entre los germanos desde antes de la Era cristiana la costumbre de que el acusado rebatiese con juramento las inculpaciones articuladas en su contra, y de que viniesen sus compañeros a jurar con él, corroborando así la verdad presunta de sus dichos y afirmando al mismo tiempo con su testimonio su veracidad y su inocencia. La asamblea quedaba satisfecha con este testimonio, y al acusado se le daba por justificado completamente. Esta costumbre traía su origen de la constitución íntima de la asamblea y de la familia; se diferenciaba por la forma de sus pormenores en los distintos pueblos germánicos; pero en todas partes una especie de asociación religiosa ligaba entre sí a los *compurgadres.*

Más tarde el Derecho canónico adoptó (2) las ideas difundidas en el pueblo; vémosle deferir el juramento a los legos, y muy poco después a los mismos clérigos. Así purgaban en los primeros tiempos los individuos de la comunidad cristiana las sospechas en que habían incurrido, sin otra forma de juicio; pero cuando se generalizó el procedimiento inquisitivo, se hizo usual el juramento purgatorio en los Tribunales eclesiásticos (3), completando la justificación de todo acusado contra quien la instrucción presentaba fuertes cargos, mas no completamente probados. Los Tribunales legos admitieron también los compurgadores a medida que se iba entrando en la Edad Media, pero modificando las formas del juramento. En algunos países, aun en los tiempos más antiguos, la ley había creído suficientemente, en determinado caso, el simple ju-

(1) En materia civil hace mucho tiempo que no se disputa sobre esto.
(2) Cánones 5.°, 6.° y 8.°, cuestión 5.ª
(3) Capítulos 19 y 20, tít. 1.°, lib. 5.°; cap. 10, tít. 34, lib. 5.° de las Decretales.

ramento del acusado; se aplicó con más frecuencia este principio, perdiendo de día en día la institución de los compurgadores su fuerza (1) y su actualidad, y últimamente se hizo del todo inadmisible el advenimiento de la teoría legal de la prueba. El mismo juramento purgatorio, desconocido en el Derecho romano, no prescrito por *la Carolina,* hubiera acaso caído en desuso si los doctores, cuya influencia práctica ha sido decisiva en el procedimiento alemán, no le hubieran sostenido, aunque mirándolo desde distinto punto de vista. Carpzow, señaladamente, le considera como un medio de investigar la verdad: deferirlo al acusado es aplicarle un tormento moral y provocar la confusión; prestado solemnemente, destruye todas las presunciones preexistentes; pero si el acusado lo rehúsa, su silencio equivale a una especie de confesión tácita, sobre todo en caso de delito leve que autoriza la condena. Esta teoría se ha sostenido en Alemania por mucho tiempo, aunque fue muy luego refutada victoriosamente; no era lógica, en cuanto podía ser enteramente perjudicial al acusado, porque si se quiere mirar el juramento purgatorio como un medio de coacción útil para investigar la verdad, preciso es reconocer que no puede serlo sino cuando no se haya hecho uso de él, es decir, cuando el acusado no quiera prestarlo, porque, si jura, se desvanecen los cargos, y la sociedad tiene que creer que no ha cometido el crimen.

También se ha querido dar a este juramento una significación análoga a la que tiene en materias civiles, en el sentido de desvanecer toda prueba de cargo no alegada por completo. Las verdaderas tendencias del procedimiento criminal fueron, al fin, comprobadas unánimemente en la doctrina y en la práctica; y el reconocimiento de su objeto fundamental, la verdad absoluta, trajo consigo al mismo tiempo la demostración de la inadmisibilidad del juramento purgatorio. Nadie contradice que, siendo conocidas las fuentes donde el entendimiento humano cree que nace la verdad, no pueda el Juez formar una convicción razonada en la denegación sacramental emanada del acusado. Cuando se defiere el juramento al acusado, se halla en una posición de tal modo crítica, que hay justo motivo para temer que preferiría jurar y librarse de los peligros que le rodean, a prestar con su silencio nueva fuerza a la acusación. Concedemos que el Juez apela de este modo solemnemente a su conciencia; que si todavía existe en él algún resto de sentimientos morales no querrá sobrecargarla con una perjura; sin embargo, obsérvense los acontecimientos ordinarios de la vida, y dígasenos si el juramento ofrece al Magistrado bastantes garantías para creer capaz al acusado de semejante esfuerzo de conciencia. Deferirle el juramento cuando recaen en él sospechas vehementes, es un acto sobradamente temerario; y si las presunciones son débiles, es crearle una situación desagradable, porque,

---

(1) Encuéntrase aún en la Ordenanza judicial de la Cámara imperial de 1555, 2.ª parte, tít. 10, pár. 1.º

haga lo que quiera siempre habrá en el público personas que crean en su culpabilidad y en un perjuicio. De que haya habido negativa a prestar el juramento purgatorio, no se podría deducir que hay confesión: a ello se opone el principio de la verdad y el de la inadmisibilidad, en materia criminal, del desistimiento de su derecho por el acusado; además, ¿qué puede, en realidad, deducirse de cierto de su silencio? ¿No puede haber otra causa más que una conciencia culpable? Y si, no queriendo encontrar en esta negativa tanto como una confesión, se ve, a lo menos, una presunción nueva, es preciso retroceder a la *absolutio ab instantia,* la cual podría pronunciarse sin necesidad de acudir al juramento deferido.

La institución del juramento purgatorio y de los compurgadores pertenece a un orden de cosas que ha desaparecido enteramente: si en algún tiempo pudo bastar una verdad artificial y de mera fórmula, estaría en flagrante contradicción con las tendencias del procedimiento criminal moderno (1). El Juez defiere el juramento al acusado, a quien, cree culpable, y cuya negativa aguarda; éste, contra su esperanza, se declara dispuesto a jurar: ¿cual no será su confusión? ¿Va a hacer levantar la mano a un hombre que, según su convicción, jurará en falso? Se ha propuesto una aplicación de este juramento más ingeniosa y liberal, según la cual no se deferiría más que a hombres de honor y merecedores de confianza que, no pudiendo destruir del todo las presunciones de cargo, no podrían tampoco ser completamente absueltos; pero también es insostenible esta opinión. Desde luego, es muy difícil determinar, en tesis general, quiénes merecen o no confianza; además, si se deja este cuidado al Juez, que de ordinario no conoce al acusado sino por las piezas del proceso, se abre indefectiblemente la puerta a la arbitrariedad y al error; y aun limitado de este modo, el juramento purgatorio se desvirtúa ante las objeciones enumeradas más arriba. Si no se le quiere más que a los delitos leves, tampoco se justifica mejor (2); fuerte o débil, es necesario que la pena impuesta se funde en rigurosa justicia. La mayor parte de las legislaciones modernas de Alemania han dado una prueba de profunda sabiduría al desechar absolutamente el juramento (3).

---

(1) El artículo 6.° de la Ley publicada en Toscana por Leopoldo en 1785 ha excluido formalmente el juramento purgatorio.

(2) Tal es el sistema del proyecto de Ley para el Ducado de Hannover, párrafo 277.

(3) Véase la Ordenanza criminal de prusia, párrafo 392; de Baden, sobre el juramento, párrafo 12. Las Leyes nuevas, por su silencio, reconocen generalmente su inadmisibilidad.

## CAPITULO V

# DE LA APLICACION DEL JURAMENTO PURGATORIO EN EL DERECHO COMUN ALEMAN

Habiendo variado con frecuencia en sus ideas fundamentales las teorías del juramento purgatorio, las condiciones de su admisibilidad y sus consecuencias, una vez prestado, presentan forzosamente aquellas notables variaciones y diferencias. Pero hay ciertos principios acerca de los cuales se manifiestan de acuerdo generalmente los prácticos:

1.º No puede deferirse este juramento al acusado sino cuando no ha podido desvanecer muchas de las presunciones capitales. No sucede lo mismo cuando no son fuertes las sospechas, porque en este caso no puede ni aun servir de base para una instrucción principal; por otra parte, el acto de deferir el juramento produce una verdadera molestia, que sería tiránico hacer sufrir a un acusado levemente sospechoso. Tampoco es más razonable deferir el juramento al acusado convicto, o contra quien son tan fuertes los cargos, que parece en alto grado inverosímil su no culpabilidad; en este caso sería muy temible el perjurio. En resumen: es precisa la verosimilitud del cuerpo del delito, y que existan graves presunciones contra el acusado; mas al mismo tiempo es necesario también que el Juez crea probable su inocencia; el exigirle el juramento se le suministra un medio de completa justificación.

2.º El acusado debe, por sus antecedentes, hacer esperar que respetará la santidad del juramento, pero no puede usarse de este medio con el hombre desmoralizado o falto de principios religiosos. Se necesita, en una palabra, una probidad notoria en el acusado; el Juez desea que su inocencia le permita jurar, y, según esta teoría, que, por otra parte, hemos combatido como errónea, deferir el juramento le parece una especie de tormento moral, cuya fuerza, en caso de culpabilidad, se manifiesta por la negativa del acusado.

3.º El delito de que se trate en la causa debe ser leve; cuando el hecho puede castigarse con una pena severa, serían muy de temer los peligros de una tentación poderosa. Colocado entre el juramento y el temor de la pena, el acusado querría muchas veces salir del compromiso a expensas de su conciencia. Sin embargo, algunos jurisconsultos sostienen que sería injusto el despojar a un hombre, tenido hasta entonces por honrado, del derecho de purgarse así de una grave acusación.

4.° Debe concederse al acusado un término, pasado el cual sea considerado su silencio como una negativa; sin embargo, como los términos perentorios son contra la esencia del procedimiento criminal, bastará que se alegue un motivo plausible, para que, aun fenecido el término, no se considere cerrado el plazo y pueda todavía prestarse el juramento, a no ser que nuevos hechos hagan temer un perjurio.

5.° Redactada la fórmula de juramento con el necesario cuidado y prudencia, se inserta literalmente en la sentencia, la cual debe ordenar su prestación pura y simplemente, sin añadir disposiciones conminatorias, no refiriéndose nunca a los pormenores probados suficientemente en los hechos, y aplicándose sólo a aquellos que se trata de desvanecer por el juramento; por este medio se hace imposible toda reserva mental.

6.° Una vez prestado el juramento, queda para lo sucesivo al abrigo de toda sospecha el punto de hecho a que se aplica, y se pronuncia inmediatamente la absolución total y completa, constituyendo en favor del acusado una fuerte presunción, ante la cual caen pulverizadas las presunciones de cargo. Según la opinión de algunos que no quieren mirar el juramento, en último resultado, sino como un tormento de distinta especie, solamente debe producir la *absolutio ab instantia;* pero esto es llevar a la última exageración las consecuencias de un sistema erróneo por sí mismo.

7.° Como el resultado ordinario del juramento es la completa absolución, es muy justo que el acusado no sufra después detrimento alguno en su honor o en su posición social. Para privarle de sus dignidades, a pesar de la absolución, es preciso que lo ordenen así estatutos especiales, o que estas mismas dignidades no puedan ya por su naturaleza ser poseídas por un hombre contra quien se haya seguido información criminal.

8.° La negativa a prestar el juramento da mayor fuerza a las sospechas preexistentes; pero jamás debe ser considerada como una confesión tácita: esto sería violar el gran principio de la inadmisibilidad del desistimiento en materia criminal. Poco importa que se trate o no de delitos leves; la regla denomina el proceso entero, en todas las formas y maneras que afecta; para consagrar semejante excepción, hay necesidad de una ley especial (1). Por lo demás, cuando éstas autorizan así la condena en materia de delitos leves, consiste en que, respecto de los mismos, dan plena fuerza probatoria a los indicios.

---

(1) Ningún argumento puede formarse de las Leyes eclesiásticas; por ejemplo, del cap. 8.°, tít. 4.°, lib. 3.° de las Decretales, ni de la citada Ordenanza de la Cámara imperial de justicia, 2.ª parte, tít. 10, pár. 2.°

## CAPITULO VI

## DE LAS PENAS EXTRAORDINARIAS

El origen de la pena extraordinaria se liga en la práctica alemana (1) a teorías que han variado según las épocas. Su primera idea puede encontrarse en las opiniones seguidas por los antiguos doctores de Derecho canónico, que miraban la forma de *acusación* como la sola regular, y consideraban la de *inquisición* como puramente excepcional; de manera que el acusado perseguido de este último modo podía muy bien ser castigado con una pena de excepción. Esta teoría era falsa, y perdió al momento su fuerza; pero los jurisconsultos habían ya dado a conocer la naturaleza de la pena de excepción y su utilidad en casos dudosos; y cuando los doctores italianos entablaron la grande discusión de la prueba por indicios, muchos de ellos llevaron también adelante el principio de la condena extraordinaria, encontrando en él un recurso cómodo. Entretanto se promulga *la Carolina* en Alemania; su artículo 22 encadena más y más la libertad de apreciación del Juez; prohíbe absolutamente la condena del acusado, aun en caso de completa convicción, si únicamente le acusan los indicios, y los prácticos todos se declaran en favor de un sistema que la necesidad justifica enteramente, en su opinión. Desde dicha época es inscrita esta pena extraordinaria en varias leyes, cuyos autores quieren que se acepte, aun desde el punto de vista de la pura teoría; unos sostienen (2) que, en el hecho mismo de autorizar el tormento, *la Carolina* ha establecido que se puede causar cualquier daño o perjuicio a todo acusado contra quien resulten poderosas presunciones; que no aplicándose ya el tormento, puede muy bien reemplazarle la pena extraordinaria, y que este daño, este perjuicio, que nada tiene de análogo con la pena ordinaria puede aplicarse con justicia al acusado que ha incurrido en él por su propia falta. Otros han sostenido, en apoyo de su opinión, que la medida de la pena debe estar en proporción con

(1) Excusado es decir que en el antiguo procedimiento francés, la pena llamada *graciosa* o *extraordinaria* podía decretarse por sentencia judicial, en caso de prueba imperfecta.

(2) Véase, por ejemplo, la Leopoldina de Toscana, artículo 110. La Ley Toscana abolió en 1838 la pena extraordinaria.

la de la prueba producida; que si, en lugar de una prueba completa, sólo hay contra el acusado grandes probabilidades, también la pena debe ser menor. Vinieron después los partidarios de la prueba preventiva, a cuyo modo de ver el Estado, como que posee el derecho de restringir la libertad de todo individuo, peligroso al orden social, tiene igualmente la facultad de tomar medidas de precaución con moderada severidad contra el acusado vehementemente sospechoso. Otros decidieron que la instrucción debe continuarse en tal caso, y que por efecto de la pena extraordinaria se constituye al acusado en una prisión análoga a la detención preventiva que sufre durante la información. Una opinión enteramente nueva hace derivar la pena extraordinaria del siguiente axioma: «La extensión de la culpabilidad se mide por la conciencia que de ella tienen los Jueces»; luego cuando faltan en parte las pruebas objetivas, esta conciencia se siente menos convencida y la pena debe ser menor.

El sistema de la pena extraordinaria ha adquirido en estos últimos tiempos una importancia capital, a medida que los diversos legisladores, obedeciendo a necesidades apremiantes, estaban llamados a definir con más claridad las facultades del Juez en presencia de la prueba por indicios. Mientras que la ley prusiana no autoriza más que la aplicación de la pena extraordinaria, cuando sólo aquella prueba demuestra la culpabilidad del acusado, las leyes de otros países de Alemania (Parte 7.ª, Cap. II) formulan una teoría más completa de las pruebas legales. Fuera del caso en que el crimen mereciese la pena de muerte, autorizan todas las demás condenas en virtud de simples indicios; y como sólo en la hipótesis precedente reemplazan la sentencia capital por otra menos implacable, preciso es decir que sólo en este caso han conservado también la pena extraordinaria. Ya nos hemos extendido en otro lugar sobre este grave asunto, acerca de los méritos de esta excepción, y no repetiremos críticas que insistimos en creer bien fundadas.

Se han entablado recientemente largas discusiones sobre la significación de la palabra *pena extraordinaria* en el Código prusiano; de todas las sabias disertaciones de interpretación doctrinal a que ha dado lugar este debate, resulta que sobre este punto puede entenderse la Ley de dos maneras:

*Primer sistema.* Sólo en el caso de que la prueba por indicios sea completa, el legislador autoriza la sentencia condenatoria, sentencia que no puede a su vez llevar consigo la pena ordinaria, sino solamente una moderada en razón de la misma fragilidad de esta especie de prueba.

*Segundo sistema.* El legislador ha querido simplemente autorizar al Juez para que aplique una pena extraordinaria, cuando hay graves presunciones de culpabilidad.

Si la primera de estas dos interpretaciones es conforme al espíritu de la ley prusiana, preciso es reconocer que no difiere sensiblemente, en el fondo, de las demás leyes modernas de Alemania; porque para tener derecho a condenar por indicios, cualquiera que sea por otra parte la forma de que se revista la condena, necesitaría el Juez la prueba completa, y como hemos hecho observar más arriba, esta misma es precisamente la condición que exigen los Códigos de Austria y de Baviera. Mas no ha debido ser éste el pensamiento del legislador: el artículo 391 (1), de cuya interpretación se trata, está colocado en el título *de los efectos de la prueba imperfecta;* el artículo 406 habla también de esta prueba, y supone el caso en que se dude sobre si se ha de pronunciar la absolución de la instancia o la pena extraordinaria; luego, según los términos del artículo 409, no puede presentarse este caso sino cuando el acusado no ha podido desvanecer todas las sospechas. El texto del artículo 405 sobre la prueba de indicios (2) no puede dar lugar a creer que el redactor de la ley haya querido designar esta prueba solamente cuando fuese completa; y, por último, el mismo artículo 409 no habla más que de la gran probabilidad resultante de los indicios. Si el legislador hubiera querido decir que debe aplicarse la pena extraordinaria en el caso de prueba completa de indicios, hubiera hecho sin duda alguna lo que todos los redactores de las leyes modernas de Alemania; hubiera determinado las condiciones bajo las cuales puede el Juez considerar esta prueba como completa; pero después de un maduro examen del texto, necesariamente debe creerse que sólo ha querido autorizar al Juez para que pronuncie una pena extraordinaria, una especie de pena de los sospechosos, contra el acusado sujeto al yugo de graves prevenciones, ora resulten éstas del concurso de numerosos indicios, ora nazcan de la deposición de un testigo *clásico* o de las declaraciones de otros coacusados (3). No hay en esto más que la sanción del término medio, adoptado mucho tiempo ha por numerosos prácticos, y especialmente por los jurisconsultos prusianos, que sostienen en Derecho común la admisibilidad de la pena extraordinaria en el caso de prueba imperfecta, ocupándose con preferencia de los intereses de la seguridad pública.

Conocido ya el principio, puede preguntarse cuál es su valor, pregunta que se contiene toda en esta otra más general: ¿puede justificarse en Derecho común la aplicación de la pena extraordinaria en el caso de prueba incompleta? La respuesta es fácil. En ninguna parte del Derecho común menciona la ley esta pena; antes bien, según los términos

---

(1) Dice así: "Deberá pronunciarse una pena menor que la prevista por la Ley, o sea una pena extraordinaria, siempre que contra el acusado existan pruebas considerables, pero no tan completas que pueda mirarse el hecho como plenamente demostrado."

(2) Es el siguiente: "En caso de concurso de muchos indicios concordantes y corroborados por la inmoralidad y mala conducta notoria del acusado, hay en la causa gran verosimilitud de culpabilidad, y puede pronunciarse una pena extraordinaria."

(3) Es cierto, por otra parte, que el legislador prusiano no permite esta condena sino en cuanto exista una razón mayor para considerar como muy probable la culpabilidad.

del artículo 22 de *la Carolina* no puede haber condena en caso de prueba completa por indicios; no existe sobre este punto distinción alguna, y, por tanto, toda sentencia por la que se imponga una pena extraordinaria no está fundada en justicia. Todavía pudiera admitirse, si la práctica común, si una costumbre unánime sancionase semejante sentencia; pero lejos de esto, los doctores y jueces que se han declarado sus partidarios han sido en todo tiempo poco numerosos, sin que jamás hayan podido atraer a sí la opinión contraria sostenida por los más sabios jurisconsultos.

En principio, la pena extraordinaria no deberá figurar nunca en una ley bien concebida:

1.º En general no puede tener lugar la aplicación de una pena sino en cuanto aparezca justamente merecida y la acriminación que la motiva se haya elevado a certeza. Condenar en los demás casos, es confundir la pena con las medidas de seguridad, destruyendo de un golpe la confianza del público en las sentencias emanadas de la justicia vengadora de los crímenes. La pena no puede causar en los espíritus la impresión necesaria, si no están todos firmemente persuadidos de que castiga al verdadero culpable.

2.º En principio en cuanto a esto es absoluto; importa poco que la pena sea la prevista por la ley para los casos ordinarios, o que, aplicándose a un acusado declarado sospechoso, se haya moderado su rigor; por leve que sea, siempre será una pena, y como tal la sufrirá el penado. ¡Desgraciada sociedad que se vea obligada a decir que aquélla recayó sobre un inocente! Cuando se hace esta distinción entre la pena ordinaria y extraordinaria, se conviene al mismo tiempo en que el no atreverse a decretar por completo el castigo consiste en no ser del todo cierta la culpabilidad; se distinguen en la pena, que por su naturaleza es *una,* dos penas muy diferentes: la que castiga al acusado convicto del crimen, y la que hiere al acusado cuya culpabilidad no está plenamente demostrada. En semejante sistema, ¿dónde encontrará la conciencia del legislador con qué satisfacerse? ¿Será en la menor proporción del castigo o en la menor duración de la prisión, en el caso de incertidumbre? Por ventura, la pena, por ser más corta, ¿es menos sensible? Supongamos un desgraciado a quien un concurso fortuito de indicios ha hecho víctima de infundadas sospechas; ha sido condenado a pena extraordinaria, a una prisión de cuatro años: si es inocente, ¿quién le indemnizará entonces de las angustias mentales y corporales de la prisión? ¿Quién le restituirá a él y a su familia el inestimable tesoro de su salud destruida, de su bienestar arruinado?

3.º Nunca jamás podrá tener cabida la institución de la pena extraordinaria en todo sistema que comprenda en sí una teoría legal de la prueba. Es aquí un principio esencial que el Juez no puede considerar el hecho como cierto sino cuando se haya comprobado con el auxilio de los medios determinados por la ley, y cuando en el empleo de estos medios se hayan llenado las condiciones requeridas. Al erigir el legislador el sistema de las pruebas legales, se ha apoyado en la razón y en la experiencia, y exige absolutamente el cumplimiento de ciertas condiciones, que sus deseos que le guían le señalan como esenciales y necesarias para fundar la credibilidad. Por eso decide que un solo testigo no haga prueba plena; declara que debe hacer dos, por lo menos, en la causa, y exige, en fin, que la confesión sea dada en juicio y que concuerde completamente con las demás circunstancias. Autorizar la pena extraordinaria es destruir de una plumada el edificio que acaba de construir, y trastornar los principios que acaba de sentar; esto es, permitir, por una fatal inconsecuencia, que el Juez tenga por *casi cierto* un hecho cuya certeza no está comprobada según los términos mismos de las reglas dictadas por la ley, y castigar con una pena mayor, si se quiere, pero al fin castigar con una pena. Poco importa al inocente condenado que la sentencia de prisión fije su duración en ocho o en cuatro años; una palabra terrible le anonada: la palabra del Juez, que de hecho le iguala al verdadero culpable, y la anuncia la pena que ha de sufrir. ¿De qué sirve haber descrito tan minuciosamente las condiciones de la certeza legal, y haber declarado que hay duda siempre que aquéllas no están cumplidas, si volviendo hacia atrás se permite la condena cuando la duda existe? La teoría legal de las pruebas exige forzosamente una regla absoluta; sólo puede ser reconocido culpable aquel cuya culpabilidad está demostrada como cierta por los medios de prueba prescritos; no estar reconocido culpable es ser inocente a los ojos de la ley; luego no podrá decretarse pena contra un inocente.

4.º Cuando la pena extraordinaria está permitida, auméntase también el peligro que existe, por otra parte, de herir a un inocente; dejando la ley al Juez la facultad excesiva de condenar por simples sospechas, por probabilidades en gran manera dudosas, la ley lo abandona todo a su albedrío; y en efecto, ¿qué reglas serán las que en tal caso le guíen en la apreciación de las sospechas a que da lugar la formación de la causa? En materia de certeza tiene siempre presentes las lecciones suministradas por la razón y los preceptos sancionados por una larga experiencia; cuando decreta la pena ordinaria, su atención y conciencia se han avivado e ilustrado hasta el último punto; pero cuando en la causa no hay sino presunciones, probabilidades, no podría sentar el pie en terreno que no fuese falso y movedizo. Ni aun a sí mismo puede darse exacta cuenta de los motivos; su carácter individual, su propia personalidad, le hacen experimentar, sin advertirlo, su irresistible influencia, y es casi imposible que muchas veces no acepte las bases engañosas de una condena inmerecida. Por otra parte, se ha observado no pocas veces que en el momento mismo su acostumbrada severidad cede, y se hace tímido tan sólo porque se ve en el caso de pronunciar una pena extraordinaria.

5.º Una vez sufrida esta pena, sus defectos pueden ser o no menos embarazosos para el Juez. Supongamos que el acusado así condenado sea más tarde reconocido plenamente como autor del crimen, o que, por ejemplo, se le haya juzgado extraordinariamente acreedor a la pena de dos años de reclusión como *autor probable de un robo,* y que al expirar el tiempo de la pena se haya hecho constar por declaración de dos testigos, o por su misma confesión judicial, que en realidad es el verdadero culpable: si el crimen de que se trata es de los que la ley castiga de muerte, ¿qué será preciso decidir? ¿Se sostendrá que la pena extraordinaria debe tomarse en descuento de la principal, que, por ejemplo, en caso de una pena privativa de la libertad, el acusado condenado debe ser aprisionado o recluido solamente por el tiempo que le resta, descontando el tiempo transcurrido? Mas esta teoría no puede aplicarse a todas las hipótesis: ¿cómo, pues, ponerla en práctica en el caso supuesto, cuando se trate de la pena de muerte? El condenado ha sufrido ya diez años de prisión, diez años de una pena que la ley no señalaba especialmente a su crimen: ¿se atreverá el Juez a condenarle a muerte en este caso? Expediente cruel sería éste, sin duda, a cuya vista no podría uno menos de sobrecogerse. ¿O se echará mano del sistema de las compensaciones, y a un castigo demasiado riguroso se querrá sustituir otro? Pero entonces, y en último término, ¡habrá de decretarse una pena extraordinaria! Si se quiere ver en ella la pena regular, la pena verdaderamente merecida, atendido el estado de los procedimientos, es preciso, para ser consecuente, reconocer también que aquélla extinguió el crimen; que el legislador, al decretarla, ha querido conferir al culpable una especie de beneficio (1), y que, en razón del grado menor de conocimiento de los hechos adquiridos por el Juez, ha creído deber reducir el castigo inscrito en la ley. Además de esto, cuando viene a ser manifiesta la prueba completa de la culpabilidad, la pena suplementaria sería un contrasentido. Todo esto hace ver las dificultades que el legislador encuentra a su paso, tan luego como se obstina en un sistema al que todos los principios se oponen, sistema, por otra parte, enteramente inútil cuando la teoría de la prueba descansa en bases amplias y sabiamente establecidas, y cuando, sobre todo, concede, llegado el caso, plena fuerza probatoria a los indicios. Efectivamente, en cuanto a esto, vemos que la pena común es perfectamente aplicable en la mayor parte de las causas en que uno se haya creído obligado a recurrir a una pena extraordinaria, y si en los demás procedimientos los indicios son demasiado débiles para servir de base a una condena, la ley obra sabiamente al proscribirla, puesto que el Juez se expone a herir a un inocente.

---

(1) Si, por ejemplo, la Ley del país no ha autorizado la condena a muerte por solos indicios, por completa que sea la prueba de esta clase, disposición que se encuentra a menudo consignada en los Códigos modernos de Alemania, y al cabo de algunos años el acusado condenado a reclusión perpetua presta en juicio una confesión, a nadie le ocurrirá que pueda todavía aplicársele la pena de muerte.

Hemos indicado sumariamente en páginas anteriores las diversas teorías por cuyo medio ha procurado el legitimar la pena extraordinaria. Estas teorías conducen directamente a principios falsos.

Quiérese medir la pena por el grado de las pruebas de cargo, olvidando de esta suerte su verdadera naturaleza, que es la consecuencia legítima y merecida del delito cometido por el acusado. Una e indivisible en su esencia, corresponde a su totalidad, según los términos en que la ley la ha establecido, a la *noción de culpabilidad,* noción igualmente indivisible. Queremos decir con esto que sería imposible considerar la mitad de la pena como constitutiva de la balanza exacta de la culpabilidad medio reconocida; para el Magistrado no hay culpabilidad posible sino en cuanto en su manifestación se han satisfecho las condiciones exigidas por la ley. En este sentido no hay grados en la certeza: existe o no existe; los hechos cuya prueba no pueden constituirla quedan en la región de la duda; a ésta, por consiguiente, no puede ser correlativa parte alguna de la pena; por numerosas y poderosas que las presunciones aparezcan, quedan sin efecto mientras no puedan hacer desaparecer las presunciones contrarias. Sucede, indudablemente, muchas veces que, faltando ciertos caracteres agravantes del delito, se atenúa la pena ordinaria; pero en todos los casos no es por eso menos completa la certeza en que lo que toca a los caracteres del hecho constitutivo de la culpabilidad atenuada. Pongamos un ejemplo: una joven es acusada de infanticidio con premeditación; los cargos son poderosos, y, sin embargo, no hay prueba completa; pero es cierto, cuando menos, que por una negligencia culpable ha causado la muerte de su infante; en el caso propuesto deberá haber condenación por homicidio involuntario. Sin embargo, aun aquí se ve que la pena que viene a imponerse al acusado es la ordinaria y legal, no una extraordinaria. No obstante, si ni aun el parto mismo es cierto, o si no se ha demostrado que el niño haya respirado después de salir del claustro materno, por probables que puedan ser las presunciones, no hay condena posible; en lo legal no podrá salirse de esta alternativa: o la acusada es culpable del infanticidio, y se le aplica la pena ordinaria, o de la instrucción no resulta que haya cometido el crimen, y debe absolvérsela libremente.

Los partidarios del sistema preventivo han intentado algunas veces justificar la pena extraordinaria, considerándola como una medida menos severa de precaución, de defensa, que podría adoptarse muy bien contra todos aquellos cuya culpabilidad pareciese altamente probable; pero todo este aparato de una teoría preventiva no puede sostenerse ni por un momento, y se destruyen juntamente con él las inducciones que del mismo se sacan. Por lo demás, sería perjudicar gravemente al sistema de seguridad, imaginado por varios autores dignos de crédito y respetables, querer legitimar por este medio la pena extraordinaria. Todo sistema de seguridad bien entendido ha de ser al mismo tiempo un sistema de Derecho penal; como cualquier otro, debe tener por base a la justicia, y no puede autorizar la condena sino respecto de individuos demostrados culpables. Es indudable que contra un ciudadano sospechoso y peligroso pueden tomarse ciertas medidas o garantías; pero éstas son del dominio exclusivo de la policía, y no pueden llevar en sí los caracteres de la pena.

Quiérese, por fin, recordar la opinión singularísima, de que tratándose de un individuo que ha llegado a hacerse sospechoso, se continúe la información, y, por una especie de analogía, la pena extraordinaria entre en la categoría de las detenciones preventivas. ¿Y no es, por ventura, violentar los principios fundamentales del proceso criminal, atribuir al Estado la facultad de prolongar hasta el infinito los procedimientos? Porque con este pretexto la instrucción deberá continuarse mientras duren las sospechas. Eso sería volver, aunque por otra vía, al tormento, y querer arrancar una confesión al acusado, atormentado por las lentitudes y angustias del proceso. En el de inquisición, lo mismo que en el de acusación, el inculpado tiene el incontestable derecho de pedir que se terminen los procedimientos tan luego como el acusador ha presentado sus pruebas, que se falle con vista de los autos, y que se decida entre él y el acusador (o si es un proceso inquisitivo, entre él y la sociedad, que es parte pública de lo bien o mal fundado de la formación de la causa. Por otra parte, según el sistema que combatimos, la pena extraordinaria no debería sufrirse sino en una causa de detención preventiva; y sin embargo, vemos que resultaría de una sentencia condenatoria, que se sufriría en un establecimiento penitenciario; en una palabra, que reuniría todos los caracteres de la pena propiamente dicha.

Resumiendo: la pena extraordinaria, en caso de prueba incompleta, no podría defenderse ante la sana razón: es una manifiesta injusticia; nada puede lavarla de esta mancha; sus mismos partidarios, detenidos como por un instinto infalible, retroceden a vista de las consecuencias a que podrían arrastrarles sus sofismas.

## CAPITULO VII

# DE LAS MEDIDAS DE SEGURIDAD PERMITIDAS EN CASO DE PRUEBA INCOMPLETA

Ha excitado el asombro de algunos autores la consideración de los peligros a que la tranquilidad pública se expondría si todo acusado, a pesar de la fuerza de las presunciones que contra él obran, debiese ser absuelto libremente, y con la correspondiente indemnización, en el caso de no haber sido contra él completa la prueba. A fin de ocurrir a este inconveniente, que les parecía de los más graves, han querido para tal caso erigir un sistema de medidas de *seguridad*. Los unos tenían en esto un fin encubierto, cual era el de hacer entrar en la ley, como fraudulentamente, la pena extraordinaria, cuya defensa no se atrevían a hacer públicamente; otros, se creyeron de buena fe autorizados con las prescripciones de *la Carolina,* interpretadas a su manera; y otros, en fin, partiendo del principio general de la política administrativa, han clasificado estas medidas entre las atribuciones necesariamente conferidas al Estado en materia de policía.

Por lo que toca a los primeros, nada tenemos que añadir a lo dicho en el capítulo precedente.

En cuanto a los segundos, les respondemos que *la Carolina* no justifica de modo alguno su sistema; la disposición a que se atienden dice tan sólo relación al caso en que hechos *jurídicamente demostrados* vengan a designar a un hombre como peligroso para la seguridad pública o respecto de ciertas personas privadas; únicamente en estos casos es cuando *la Carolina* autoriza al Juez, a *requerimiento de la parte amenazada,* para exigir del individuo sospechoso (1) una caución, so pena de ser detenido. Pero de esto al caso, muy diferente, en que se tratase de encarcelar, por vía de seguridad, al acusado absuelto por no existir prueba completa, hay, a no dudarlo, una distancia enorme. *La Carolina* supone, ante todo, la existencia, legalmente reconocida, de hechos cuyo resultado es mostrar en su autor un individuo perjudicial; es necesario

(1) Es punto controvertido si esta disposición es obligatoria o facultativa para el Juez.

que ésta haya violado el *juramento de destierro (juramento de no vengarse de los que le han desterrado, y de no volver al punto donde se le prohibió residir),* o amenazado seriamente a un ciudadano de que le haría víctima de un crimen. En verdad que el artículo 178 habla también *de otras causas, de otros hechos de naturaleza extraña:* pero estas palabras, cotejadas con la disposición que precede, deben entenderse así: puede haber, por ejemplo, otras causas de peligro, análogas a la *prohibición infringida,* pero que resultan siempre de *uno o varios hechos demostrados.* En otro lugar, *la Carolina,* refiriéndose también al mismo artículo 178, decide que si la tentativa no llega al grado punible de la escala criminal, el Juez tiene la facultad de ordenar la aplicación de las medidas de seguridad. Tal sería el caso en que solamente hubiera habido ciertos actos preparatorios, y en el que la tentativa no pudiera traer consigo la condena, por haberse ejecutado con el auxilio de medios enteramente nulos, etc., etc. Pero cuando se quieren decretar medidas de seguridad, en caso de prueba incompleta, no se tiene por punto de partida sino una presunción, mientras *la Carolina,* en su artículo 176, exige un *hecho preestablecido:* se quiere positivamente causar un perjuicio al acusado, porque se mira como posible que haya cometido el crimen. El temor que se pretende hacer ver para lo sucesivo, sólo lo motivan algunos indicios; y, sin embargo, cuando no es cierto de ningún modo el crimen objeto de la información, cuando no está demostrado que es su autor el acusado, ¿no habrá nada que pueda servir de él para concluir que más tarde cometerá otros crímenes?

Los principios generales de política administrativa tampoco autorizan las medidas de seguridad en caso de prueba incompleta; el único argumento que puede hacerse valer es el siguiente:

Cualquiera que ha *cometido un crimen* encubre una inclinación criminal que puede arrastrarle a nuevas infracciones. Pero, en primer lugar, este modo de discurrir en un sentido absoluto conduce con frecuencia al error: crímenes hay (1) que por su naturaleza son el resultado de un arrebato momentáneo y de un ardimiento de cólera, al cual puede a las veces dejarse llevar el hombre más noble y prudente; pero ¿no es acaso para él una lección la más terrible la perpetración de un crimen semejante, cuando ha tenido la desgracia de cometerlo? ¿Es de creer, por ventura, que en adelante desconocerá los peligros de este fatal arrebato, y que no le harán estar sobre sí los males que a sí mismo se ha ocasionado? Ciertamente, en este caso son inútiles las medidas de seguridad, como lo son también siempre que el condenado no posee dentro de sí mismo los medios físicos de perpetrar un nuevo crimen (2).

---

(1) Es de notar que siempre hay en este caso *un hecho preexistente y averiguado,* lo cual no existe en el de prueba incompleta. Tal es el homicidio a consecuencia de un golpe o herida inferidos sin intención de causar la muerte.

(2) Pueden citarse como ejemplo la mayor parte de los atentados contra el pudor.

En el terreno de los hechos, el derecho del Estado, en cada caso particular, guarda proporción con la extensión del peligro; éste, a su vez, no está de modo alguno determinado por el grado mayor o menor de la prueba, y las medidas mismas no deben, so pena de ser injustas, exceder la extensión del peligro. Sin embargo, ¿quién será el que pueda determinar este peligro y su extensión? ¿Cuánto tiempo durarán las medidas aplicadas? ¿Cabe en lo posible que el fallo sea el que señale su término? ¿Deberá tomarse en consideración la actitud del acusado ante la justicia? ¿Y se le dejará a este desgraciado padecer en lo oscuro de una prisión, en tanto que no se haya sentido desvanecerse todo temor ?Mientras no se resuelvan satisfactoriamente estas cuestiones, decir que sólo el arbitrio judicial es el que puede decidir, es demostrar en pocas palabras la falsedad del principio. No: no queremos, ciertamente, disputar a la Autoridad el derecho de asegurar la tranquilidad pública contra los atentados de los individuos reconocidos como peligrosos; en cuanto a los vagabundos y todos los demás que ni aun están sometidos a una información criminal, y en cuanto a los condenados puestos en libertad después de haber sufrido la pena (1), la policía puede y debe tener en su mano los medios de una útil vigilancia. Tampoco le negaremos un derecho, hasta cierto punto análogo, respecto de los acusados que después de concluida la información han debido ser absueltos, aun a pesar de las poderosas presunciones que contra ellos aparecen. En los países donde existen casas de trabajo y de asilo, en las que son recluidos, según la ley manda, los individuos cuyo modo desordenado de vivir, la falta de medios de subsistencia y su conducta peligrosa para la paz pública excitan la vigilancia del Poder, quizá podría decretarse una medida semejante, y con raros intervalos, contra los acusados simplemente absueltos (por la *absolutio ab instantia);* pero erigir esta facultad en regla general aplicable a todo acusado absuelto, o decretar que el individuo absuelto puede, por el fallo mismo, ser condenado a una detención por vía de seguridad, sería hacer del Juez un instrumento de tiranía. Háganse cuantos esfuerzos se quiera en encubrir este abuso de poder con un nombre menos terrible: los ciudadanos no se engañarán en este punto, y muy luego se dejará conocer su antipatía (2).

---

(1) Aquí tiene lugar la cuestión de la *vigilancia,* en el sistema de la Ley francesa; cuestión largamente debatida en la teoría y en la práctica. Baste decir que la Ley de 1832 ha mitigado considerablemente los rigores de esta medida.

(2) No hay para qué hacer observar que estos principios son inaplicables en Francia: allí la *vigilancia* no existe sino en los casos determinados por la Ley, como pena accesoria a una condenación sufrida, y, por consiguiente, cuando ha habido crimen preexistente y probado. Fuera de este caso no debe verse ni sentirse la vigilancia de la policía; nunca debe coartar la libertad de los ciudadanos; sin embargo, la Ley autoriza, como por excepción, los asilos de mendicidad.

## CONCLUSION

Las leyes penales y las de procedimiento criminal tienen un doble objeto. Si se quiere que sean enérgicas y eficaces, si se desea el firme mantenimiento del orden y de la paz pública, es preciso que el culpable esté seguro de ver inevitablemente sobre su cabeza el brazo de la justicia, debiendo los ciudadanos todos estar persuadidos de que el inocente no tiene que temer nunca una injusta condena. La ley penal y el Juez no pueden querer otra cosa que el triunfo de la verdad; permitir que los Tribunales den acceso a extrañas preocupaciones o relativas a la política, es permitirles que desciendan de la altura de la Justicia, quitando al Estado una de las más abundantes fuentes de prosperidad (1): la recta

---

(1) El lector, al concluir este Tratado, ha podido convencerse, por los detalles teóricos e históricos que encierra, de los notables progresos que cada día hace la doctrina de la prueba. En Alemania misma, los detestables medios del *juramento purgatorio* y de la *absolución provisional de la instancia* han sido reformados por Leyes muy recientes: el primero no se admite ya sino en Hannover y en algunos pequeños Estados de Sajonia; el segundo, que viola abiertamente el principio de que no hay término medio en cuanto a la prueba, y de que todo acusado no convicto debe ser absuelto libremente, ha sido objeto de fuertes reclamaciones de las Cámaras de Hesse y de Wurtemberg; por desgracia, los Gobiernos están apegados a añejas instituciones, y sólo el procedimiento de Baden ha abolido la *absolución de la instancia.*

Todos estos progresos que señalamos atestiguan la insuficiencia de las antiguas *de la prueba legal:* en esta materia, el Juez debe tener la mayor latitud, y por otra parte es imposible prescribir reglas fijas a su convicción. No era poco por cierto no obligarle a declarar como probados los hechos cuando se hubiesen cumplido ciertas condiciones, ni aun autorizarle para ello sino en cuanto al cumplimiento de éstas se añadiese su convicción personal. Pero esta teoría, puramente negativa, introducida exclusivamente *en favor del acusado,* como dice con mucha razón M. Bonnier, abría el paso a numerosos ataques. Ella ha querido fijar al Magistrado el *minimum* de prueba necesario para la condena; pero los Jueces regulares (ordinarios) de Alemania la aplican maquinalmente, y de negativa que es, se transforma en teoría, a decir verdad, *positiva:* adoptada para excluir la condena en tal caso dado, en la actualidad parece que por el contrario su objeto es asegurarla. Tiempo vendrá, y no está lejos, en que al cabo convendrá abandonar del todo el sistema de la prueba legal, y retirar a los Jueces titulares y jurisconsultos el derecho de sentenciar, para conferirlo únicamente a los jurados. Entonces sólo una cuestión habrá que resolver: si deberá preferirse al sistema de Jurado francés el seguido en Inglaterra, en Escocia y en la América del Norte, y si, según

administración de la justicia por medio de leyes sabias y de Jueces cumplidores de su deber.

## ADICIONES A LAS PARTES OCTAVA Y NOVENA

Al no responder el sistema español al criterio de la prueba legal y haberse suprimido la absolución en la instancia, son inaplicables las consideraciones del autor en estas Partes octava y novena.

---

se practica en aquellos tres países, el veredicto de los jurados deberá estar sujeto a la observancia de ciertas reglas de prueba. Desde este punto de vista, una doctrina de las pruebas, tal como se presenta en esta obra, conserva todo su valor. Sin embargo, para en tal caso es preciso considerarla como la han hecho varios autores ingleses que hemos citado, a saber: Chity, Roscoe, Philipps y Starkie, y, sobre todo, el americano Greenleaf, en su *Tratado especial de la ley de la prueba*, publicado en Boston en 1844. Esta doctrina y algunas palabras de Lord Erskie harán emprender muy claramente sus tendencias: *Los principios de la Ley de la prueba tienen su fundamento en la filosofía de la Naturaleza, en la caridad de la Religión, en las verdades de la Historia y en la experiencia de la vida común.*

# APENDICE

# TEXTOS LEGALES DE LA LEY DE ENJUICIAMIENTO CRIMINAL REFERENTES A LA PRUEBA

## LIBRO II.—Del sumario

### TITULO V.—De la comprobación del delito y averiguación del delincuente

#### Capítulo primero.—*De la inspección ocular*

Art. 326. Cuando el delito que se persiga haya dejado vestigios o pruebas materiales de su perpetración, el Juez instructor o el que haga sus veces los recogerá y conservará para el juicio oral si fuere posible, procediendo al efecto a la inspección ocular y a la descripción de todo aquello que pueda tener relación con la existencia y naturaleza del hecho.

A este fin hará consignar en los autos la descripción del lugar del delito, el sitio y estado en que se hallen los objetos que en él se encuentren, los accidentes del terreno o situación de las habitaciones, y todos los demás detalles que puedan utilizarse, tanto para la acusación como para la defensa.

Art. 327. Cuando fuere conveniente, para mayor claridad o comprobación de los hechos, se levantará el plano del lugar suficientemente detallado, o se hará el retrato de las personas que hubiesen sido objeto del delito, o la copia o diseño de los efectos o instrumentos del mismo que se hubiesen hallado.

Art. 328. Si se tratare de un robo o de cualquier otro delito cometido con fractura, escalamiento o violencia, el Juez instructor deberá describir los vestigios que hayan dejado, y consultará el parecer de los peritos sobre la manera, instrumentos, medios o tiempo de la ejecución del delito.

Art. 329. Para llevar a efecto lo dispuesto en los artículos anteriores, podrá ordenar el Juez instructor que no se ausenten durante la diligencia de descripción las personas que hubieren sido halladas en el lugar del delito, y que comparezcan además inmediatamente las que se encontraren en cualquier otro sitio próximo, recibiendo a todas separademente la oportuna declaración.

Art. 330. Cuando no hayan quedado huellas y vestigios del delito que hubiese dado ocasión al sumario, el Juez instructor averiguará y hará constar, siendo posible, si la desaparición de las pruebas materiales ha ocurrido natural, casual o intencionalmente, y las causas de la misma o los medios que para ello se hubieren empleado, procediendo seguidamente a recoger y consignar en el sumario las pruebas de cualquier clase que se puedan adquirir acerca de la perpetración del delito.

Art. 331. Cuando el delito fuere de los que no dejan huellas de su perpetración, el Juez instructor procurará hacer constar por declaraciones de testigos y por los demás medios de comprobación la ejecución del delito y sus circunstancias, así como la preexistencia de la cosa cuando el delito hubiese tenido por objeto la sustracción de la misma.

Art. 332. Todas las diligencias comprendidas en este capítulo se extenderán por escrito en el acto mismo de la inspección ocular, y serán firmadas por el Juez instructor; el Fiscal, si asistiere al acto, el Secretario, y las personas que se hallaren presentes.

Art. 333. Cuando al practicarse las diligencias enumeradas en los artículos anteriores hubiere alguna persona declarada procesada como presunta autora del hecho punible, podrá presenciarlas, ya sola, ya asistida del defensor que eligiere o le fuere nombrado de oficio, si así lo solicitare, y uno y otro podrán hacer en el acto las observaciones que estimen pertinentes, las cuales se consignarán por diligencia si no fueren aceptadas.

Al efecto, se pondrá en conocimiento del procesado el acuerdo relativo a la práctica de la diligencia con la anticipación que permita su índole, y no se suspenderá por la falta de comparecencia del procesado o de su defensor. Igual derecho asiste a quien se halle privado de libertad en razón de estas diligencias (1).

## CAPÍTULO II.—*Del cuerpo del delito*

Art. 334. El Juez instructor procurará recoger en los primeros momentos las armas, instrumentos o efectos de cualquiera clase que puedan tener relación con el delito y se hallen en el lugar en que se cometió, o en sus inmediaciones, o en poder del reo, o en otra parte conocida, extendiendo diligencia expresiva del lugar, tiempo y ocasión en que se encontraren, describiéndolos minuciosamente para que se pueda formar idea cabal de los mismos y de las circunstancias de su hallazgo.

La diligencia será firmada por la persona en cuyo poder fueren hallados, notificándose a la misma el auto en que se mande recogerlos.

Art. 335. Siendo habida la persona o cosa objeto del delito, el Juez instructor descubrirá detalladamente su estado y circunstancias, y especialmente todas las que tuviesen relación con el hecho punible.

Si por tratarse del delito de falsificación cometida en documentos o efectos existentes en dependencias del Estado, hubiere imprescindible necesidad de tenerlos a la vista para su reconocimiento pericial y examen por parte del Juez o Tribunal, se reclamarán a las correspondientes Autoridades, sin perjuicio de devolverlos a los respectivos Centros oficiales después de terminada la causa.

Art. 336. En los casos de los dos artículos anteriores ordenará también el Juez el reconocimiento por peritos, siempre que esté indicado para apreciar mejor la relación con el delito, de los lugares, armas, instrumentos y efectos a que dichos artículos se refieren, haciéndose constar por diligencia el reconocimiento y el informe pericial.

A esta diligencia podrán asistir también el procesado y su defensor en los términos expresados en el artículo 333.

---

(1) Modificado por Ley 53/1978 de 4 de diciembre.

Art. 337. Cuando en el acto de describir la persona o cosa objeto del delito, y los lugares, armas, instrumentos o efectos relacionados con el mismo, estuvieren presentes o fueren conocidas personas que puedan declarar acerca del modo y forma con que aquél hubiese sido cometido, y de las causas de las alteraciones que se observaren en dichos lugares, armas, instrumentos o efectos, o acerca de su estado anterior, serán examinadas inmediatamente después de la descripción, y sus declaraciones se considerarán como complemento de ésta.

Art. 338. Los instrumentos, armas y efectos a que se refiere el artículo 334 se sellarán, si fuere posible, acordando su retención y conservación. Las diligencias a que esto diere lugar se firmarán por la persona en cuyo poder se hubiesen hallado, y en su defecto, por dos testigos.

Si los objetos no pudieren, por su naturaleza, conservarse en su forma primitiva, el Juez resolverá lo que estime más conveniente para conservarlos del mejor modo posible.

Si entre los objetos recogidos se encontraren cosas o vasos sagrados, el Juez instructor mandará que sean separados de los demás y guardados aparte, evitando toda profanación.

Art. 339. Si fuere conveniente recibir informe pericial sobre los medios empleados para la desaparición del cuerpo del delito o sobre las pruebas de cualquiera clase que en su defecto se hubiesen recogido, el Juez lo ordenará inmediatamente del mismo modo prevenido en el capítulo 7.° de este mismo título.

Art. 340. Si la instrucción tuviere lugar por causa de muerte violenta o sospechosa de criminalidad, antes de proceder al enterramiento del cadáver, o inmediatamente después de su exhumación, hecha la descripción ordenada en el artículo 335, se identificará por medio de testigos que, a la vista del mismo, den razón satisfactoria de su conocimiento (1).

Art. 341. No habiendo testigos de conocimiento, si el estado del cadáver lo permitiere, se expondrá al público antes de practicarse la autopsia, por tiempo a lo menos de veinticuatro horas, expresado en un cartel, que se fijará a la puerta del depósito de cadáveres, el sitio, hora y día en que aquél se hubiese hallado y el Juez que estuviese instruyendo el sumario, a fin de que quien tenga algún dato que pueda contribuir al reconocimiento del cadáver o al esclarecimiento del delito y de sus circunstancias, lo comunique al Juez instructor.

Art. 342. Cuando a pesar de tales prevenciones no fuere el cadáver reconocido, recogerá el Juez todas las prendas del traje con que se le hubiese encontrado, a fin de que puedan servir oportunamente para hacer la identificación.

Art. 343. En los sumarios a que se refiere el artículo 340, aun cuando por la inspección exterior pueda presumirse la causa de la muerte, se procederá a la autopsia del cadáver por los Médicos forenses, o en su caso por los que el Juez designe, los cuales, después de describir exactamente dicha operación, informarán sobre el origen del fallecimiento y sus circunstancias.

Para practicar la autopsia se observará lo dispuesto en el artículo 353.

Art. 344. Con el nombre del Médico forense habrá en cada Juzgado

(1) Véase el Reglamento de Policía Sanitaria Mortuoria, aprobado por Decreto 2.263/1974, de 20 de julio ("BOE" núm. 197, de 17 de agosto).

de instrucción un Facultativo encargado de auxiliar a la Administración de justicia en todos los casos y actuaciones en que sea necesario o conveniente la intervención y servicios de su profesión en cualquier punto de la demarcación judicial.

Art. 345. El Médico forense residirá en la capital del Juzgado para que haya sido nombrado, y no podrá ausentarse de ella sin licencia del Juez, del Presidente de la Audiencia de lo criminal o del Ministro de Gracia y Justicia (1), según a que sea por ocho días a lo más en el primer caso, veinte en el segundo, y por el tiempo que el Ministro estime conveniente en el tercero.

Art. 346. En las ausencias, enfermedades y vacantes sustituirá al Médico forense otro Profesor que desempeñe igual cargo en la misma población; y si no hubiese, el que el Juez designe, dando cuenta de ello al Presidente de la Audiencia de lo criminal.

Lo mismo sucederá cuando por cualquier otro motivo no pudiese valerse el Juez instructor del Médico forense. Los que se negaren al cumplimiento de este deber o lo eludieren incurrirán en multa de 125 a 500 pesetas (2).

Art. 347. El Médico forense está obligado a practicar todo acto o diligencia propios de su profesión e instituto con el celo, esmero y prontitud que la naturaleza del caso exija y la administración de justicia requiera.

Art. 348. Cuando en algún caso, además de la intervención del Médico forense, el Juez estimase necesaria la cooperación de uno o más facultativos, hará el oportuno nombramiento.

Lo establecido en el párrafo anterior tendrá también lugar cuando, por la gravedad del caso, el Médico forense crea necesaria la cooperación de uno o más coprofesores, y el Juez lo estimare así.

Art. 349. Siempre que sea compatible con la buena administración de justicia, el Juez podrá conceder prudencialmente un término al Médico forense para que preste sus declaraciones, evacue los informes y consultas y redacte otros documentos que sean necesarios, permitiéndose asimismo designar las horas que tenga por más oportunas para practicar las autopsias y exhumaciones de los cadáveres.

Art. 350. En los casos de envenenamiento, heridas u otras lesiones cualesquiera, quedará el Médico forense encargado de la asistencia facultativa del paciente, a no ser que éste o su familia prefieran la de uno o más Profesores de su elección, en cuyo caso conservará aquél la inspección y vigilancia que le incumbe para llenar el correspondiente servicio médico forense.

El procesado tendrá derecho a designar un Profesor que, con los nombrados por el Juez instructor o el designado por la parte acusada, intervenga en la asistencia del paciente.

---

(1) La referencia debe entenderse hecha al Ministro de Justicia, a tenor del artículo 1.º del Decreto de 31 de mayo de 1931, que derogó el Real Decreto de 19 de mayo de 1930.

(2) Por Real Orden de 9 de enero de 1889 se dispuso que, fuera de los casos urgentes y de no fácil sustitución, no se encomiende el servicio forense a los Directores de Sanidad marítima. El párrafo 2.º del artículo de la L. E. crim. se redactó conforme se ordenaba por la Ley de 14 de abril de 1955.

Art. 351. Cuando el Médico forense, o, en su defecto, el designado o designados por el Juez instructor, no estuvieren conformes con el tratamiento o plan curativo empleado por los Facultativos que el paciente o su familia hubiesen nombrado darán parte a dicho Juez instructor, a los efectos que en justicia procedan. Lo mismo podrá hacer en su caso el Facultativo designado por el procesado.

El Juez instructor, cuando tal discordia resultare, designará mayor número de Profesores para que manifiesten su parecer, y, consignados todos los datos necesarios, se tendrán presentes para cuando en su día haya de fallarse la causa.

Art. 352. Lo dispuesto en los artículos anteriores es aplicable cuando el paciente ingrese en la cárcel, hospital u otro establecimiento y sea asistido por los Facultativos de los mismos.

Art. 353. Las autopsias se harán en un local público que en cada pueblo o partido tendrá destinado la Administración para el objeto y depósito de cadáveres. Podrá, sin embargo, el Juez de instrucción disponer, cuando la considere conveniente, que la operación se practique en otro lugar o en el domicilio del difunto, si su familia lo pidiere, y esto no perjudicare al éxito del sumario.

Si el Juez de instrucción no pudiere asistir a la operación anatómica, delegará en un funcionario de la policía judicial, dando fe de su asistencia, así como de lo que en aquélla ocurriere, el Secretario de la causa.

Art. 354. Cuando la muerte sobreviniere por consecuencia de algún accidente ocurrido en las vías férreas yendo un tren en marcha, únicamente se detendrá éste el tiempo preciso para separar el cadáver o cadáveres de la vía, haciéndose constar previamente su situación o estado, bien por la Autoridad o funcionarios de policía judicial que inmediatamente se presente en el lugar del siniestro, bien por los que accidentalmente se hallen en el mismo tren, bien, en defecto de estas personas, por el empleado de mayor categoría a cuyo cargo vaya, debiendo ser preferidos para el caso los empleados o agentes del Gobierno.

Se dispondrá asimismo lo conveniente para que, sin perjuicio o de seguir el tren su marcha, sea avisada la Autoridad que debía instruir las primeras diligencias y acordar el levantamiento de los cadáveres, y las personas antedichas recogerán en el acto con prontitud los datos y antecedentes precisos, que comunicarán, a la mayor brevedad, a la Autoridad competente para la instrucción de las primeras diligencias con el fin de que pueda establecerse el motivo del siniestro.

Art. 355. Si el hecho criminal que motivare la formación de una causa cualquiera consistiese en lesiones, los médicos que asistiesen al herido estarán obligados a dar parte de su estado y adelantos en los períodos que se les señalen, e inmediatamente que ocurra cualquiera novedad que merezca ser puesta en conocimiento del Juez instructor.

Art. 356. Las operaciones de análisis químico que exija la sustanciación de los procesos criminales se practicarán por Doctores en Medicina, en Farmacia, en Ciencias físico-químicas, o por Ingenieros que se hayan dedicado a la especialidad química. Si no hubiere Doctores en aquellas ciencias, podrán ser nombrados Licenciados que tengan los conocimientos y prácticas suficientes para hacer dichas operaciones.

Los Jueces de instrucción designarán, entre los comprendidos en el párrafo anterior, los peritos que han de hacer el análisis de las sustancias que en cada caso exija la administración de justicia.

Cuando en el partido judicial donde se instruya el proceso no haya ninguno de los peritos a quienes se refiere el párrafo primero, o estén imposibilitados legal o físicamente de practicar el análisis los que en aquél residieren, el Juez instructor lo pondrá en conocimiento del Presidente de la Sala o Audiencia de lo criminal, y éste nombrará el perito o peritos que hayan de practicar dicho servicio entre las personas que designa el párrafo primero domiciliadas en el territorio. Al mismo tiempo comunicará el nombramiento de peritos al Juez instructor, para que ponga a su disposición, con las debidas precauciones y formalidades, las sustancias que hayan de ser analizadas.

El procesado o procesados tendrán derecho a nombrar un perito que concurra con los designados por el Juez (1).

Art. 357. Los indicados Profesores prestarán este servicio en el concepto de peritos titulares, y no podrán negarse a efectuarlo sin justa causa, siéndoles aplicable en otro caso lo dispuesto en el párrafo segundo del artículo 346.

Art. 358. Cada uno de los citados Profesores que informe como perito en virtud de orden judicial percibirá por sus honorarios e indemnización de los gastos que el desempeño de este servicio le ocasione la cantidad que se fije en los Reglamentos, no estando obligado a trabajar más de tres horas por día, excepto en casos urgentes o extraordinarios, lo que se hará constar en los autos.

Art. 359. Concluido el análisis y firmada la declaración correspondiente, los Profesores pasarán al Juez instructor o al Presidente de la Sala o Audiencia de lo criminal, en su caso, una nota firmada de los objetos o sustancias analizados y de los honorarios que les correspondan, a tenor de lo dispuesto en el artículo anterior.

El Juzgado dirigirá esta nota, con las observaciones que crea justas, al Presidente de la Audiencia de lo criminal, quien la cursará elevándola al Ministerio de Gracia y Justicia (2), a no encontrar excesivo el número de horas que se supongan empleadas en cualquier análisis, en cuyo caso acordará que informen tres coprofesores del que lo haya verificado, y en vista de su dictamen, confirmará o rebajará los honorarios reclamados a lo que fuere justo, remitiendo todo, con su informe, al expresado Ministerio.

Otro tanto hará el Presidente de la Audiencia cuando el análisis se hubiere practicado durante el juicio oral (3).

Art. 360. El Ministro de Gracia y Justicia (4), si conceptuare excesivos los honorarios, podrá también, antes de decretar su pago, pedir informe, y, en su caso, nueva tasación de los mismos a la Academia de Ciencias Exactas, Físicas y Naturales, y en vista de lo que esta Corporación expusie-

---

(1) Véase el Decreto 1.789/1967, de 13 de julio ("BOE" núm. 181, de 31 de julio, por el que se reorganiza el Instituto Nacional de Toxicología.

(2) Hoy Ministro de Justicia.

(3) Respecto a los documentos que habrán de acompañarse a los expedientes para el abono de los honorarios a los peritos químicos, véase la Real Orden de 12 de mayo de 1884.

(4) Hoy Ministro de Justicia.

re o de la nueva tasación que practicare, se confirmarán los honorarios o se reducirán a lo que resultare justo, decretándose su pago.

Art. 361. Para verificar éste, se incluirá por el Ministerio de Gracia y Justicia (1) en los presupuestos de cada año la cantidad que se conceptúe necesaria.

Art. 362. Los Profesores mencionados no podrán reclamar otros honorarios que los anteriormente fijados por virtud de este servicio, ni exigir que el Juez o Tribunal les facilite los medios materiales de laboratorio o reactivos, ni tampoco auxiliares o subalternos para llenar su cometido.

Cuando por falta de peritos, laboratorio o reactivos no sea posible practicar el análisis en la circunscripción de la Audiencia de lo criminal, se practicará en la capital de la provincia, y, en último extremo, en la del Reino.

Art. 363. Los Juzgados y Tribunales ordenarán la práctica de los análisis químicos únicamente en los casos en que se consideren absolutamente indispensables para la necesaria investigación judicial y la recta administración de justicia.

Art. 364. En los delitos de robo, hurto, estafa y en cualquier otro en que deba hacerse constar la preexistencia de las cosas robadas, hurtadas o estafadas, si no hubiese testigos presenciales del hecho, se recibirá información sobre los antecedentes del que se presentare como agraviado, y sobre todas las circunstancias que ofrecieron indicios de hallarse éste poseyendo aquéllas al tiempo en que resulte cometido el delito.

Art. 365. Cuando para la calificación del delito o de sus circunstancias fuere necesario estimar el valor de la cosa que hubiese sido su objeto o el importe del perjuicio causado o que hubiere podido causarse, el Juez oirá sobre ello al dueño o perjudicado, y acordará después el reconocimiento pericial en la forma determinada en el capítulo 7.º de este mismo título. El Juez facilitará a los peritos nombrados las cosas y elementos directos de apreciación sobre que hubiere de recaer el informe, y si no estuvieren a su disposición, les suministrará los datos oportunos que se pudieran reunir, previniéndoles en tal caso que hagan la tasación y regulación de perjuicios de un modo prudente, con arreglo a los datos suministrados.

Art. 366. Las diligencias prevenidas en este capítulo y en el anterior se practicarán con preferencia a las demás del sumario, no suspendiéndose su ejecución sino para asegurar la persona de presunto culpable, o para dar el auxilio necesario a los agraviados por el delito.

Art. 367. En ningún caso se admitirán, durante el sumario, reclamaciones ni tercerías que tengan por objeto la devolución de los efectos que constituyen el cuerpo del delito, cualquiera que sea su clase y la persona que los reclame.

### CAPÍTULO III.—*De la identidad del delincuente y de sus circunstancias personales*

Art. 368. Cuantos dirijan cargo a determinada persona deberá reconocerla judicialmente, si el Juez instructor, los acusadores o el mismo inculpado conceptúan fundamentalmente precisa la diligencia para la identifi-

(1) Idem, íd.

cación de este último con relación a los designantes, a fin de que no ofrezca duda quién es la persona a que aquéllos se refieren.

Art. 369. La diligencia de reconocimiento se practicará poniendo a la vista del que hubiere de verificarlo la persona que haya de ser reconocida, haciéndola comparecer en unión con otras de circunstancias exteriores semejantes. A presencia de todas ellas, o desde un punto en que no pudiere ser visto, según al Juez pareciere más conveniente, el que deba practicar el reconocimiento manifestará si se encuentra en la rueda o grupo la persona a quien hubiese hecho referencia en sus declaraciones, designándola, en caso afirmativo, clara y determinadamente.

En la diligencia que se extienda se harán constar todas las circunstancias del acto, así como los nombres de todos los que hubiesen formado la rueda o grupo.

Art. 370. Cuando fueren varios los que hubieren de reconocer a una persona, la diligencia expresada en el artículo anterior deberá practicarse separadamente con cada uno de ellos, sin que puedan comunicarse entre sí hasta que se haya efectuado el último reconocimiento.

Cuando fueren varios los que hubieren de ser reconocidos por una misma persona, podrá hacerse el reconocimiento de todos en un solo acto.

Art. 371. El que detuviere o prendiere a algún presunto culpable tomará las precauciones necesarias para que el detenido o preso no haga en su persona o traje alteración alguna que pueda dificultar su reconocimiento por quien corresponda.

Art. 372. Análogas precauciones deberán tomar los Alcaides de las cárceles y los Jefes de los depósitos de detenidos; y si en los establecimientos de su cargo hubiere traje reglamentario, conservarán cuidadosamente el que lleven los presos detenidos al ingresar en el establecimiento, a fin de que puedan vestirlo cuantas veces fuere conveniente para diligencia de reconocimiento.

Art. 373. Si se originase alguna duda sobre la identidad del procesado, se procurará acreditar ésta por cuantos medios fueren conducentes al objeto.

Art. 374. El Juez hará constar, con la minuciosidad posible, las señas personales del procesado, a fin de que la diligencia pueda servir de prueba de su identidad (1).

Art. 375. Para acreditar la edad del procesado, y comprobar la identidad de su persona, se traerá al sumario certificación de su inscripción de nacimiento en el Registro civil o de su partida de bautismo, si no estuviere inscripto en el Registro.

En todo caso, cuando no fuere posible averiguar el Registro civil o parroquia en que deba constar el nacimiento o el bautismo del procesado, o no existiesen su inscripción y partida, y cuando por manifestar el procesado haber nacido en punto lejano, hubiere necesidad de emplear mucho tiempo en traer a la causa la certificación oportuna, no se detendrá el sumario, y se suplirá el documento del artículo anterior por informe que acerca de

---

(1) Los Jueces de instrucción al recibir la indagatoria al procesado harán constar con asistencia del Médico forense u otro facultativo en su defecto, el nombre y apellidos del procesado, de su padre, madre y mujer; la naturaleza, vecindad, profesión, delito, reincidencias, estatura, peso, dimensión de las manos y pies, color de las pupilas y pelo, cicatrices y color del rostro. (Real Orden de 5 de noviembre de 1892.)

la edad del procesado, y previo examen físico, dieren los Médicos forenses o los nombrados por el Juez.

Art. 376. Cuando no ofreciere duda la identidad del procesado, y conocidamente tuviese la edad que el Código penal requiere para poderle exigir la responsabilidad criminal en toda su extensión, podrá prescindirse de la justificación expresada en el artículo anterior, si su práctica ofreciese alguna dificultad u ocasionase dilaciones extraordinarias.

En las actuaciones sucesivas y durante el juicio, el procesado será designado con el nombre con que fuere conocido o con el que él mismo dijere tener.

Art. 377. Si el Juez instructor lo conceptuase conveniente, podrá pedir informes sobre la moralidad del procesado a los Alcaldes de barrio a los correspondientes funcionarios de la policía del pueblo o pueblos en que hubiese residido.

Estos informes serán fundados, y si no fuere posible fundarlos, se manifestará la causa que lo impidiere.

Los que los dieren no contraerán responsabilidad alguna sino en caso de malicia probada.

Art. 378. Podrá además el Juez recibir declaración acerca de la conducta del procesado a todas las personas que por el conocimiento que tuvieren de éste puedan ilustrarle sobre ello.

Art. 379. Se traerán a la causa los antecedentes penales del procesado, pidiendo los anteriores a la creación del Registro central de penados de 2 de octubre de 1878 a los Juzgados donde se presuma que puedan en su caso constar, y los posteriores, exclusivamente al Ministerio de Gracia y Justicia.

El Jefe del Registro en el Ministerio está obligado a dar los antecedentes que se le reclamen, o certificación negativa en su caso, en el improrrogable término de tres días, a contar desde aquel en que se reciba la petición, justificando, si así lo hiciere, la causa legítima que lo hubiese impedido.

En los Juzgados se atenderá también preferentemente al cumplimiento de este servicio, debiendo ser corregidos disciplinariamente los funcionarios que lo posterguen (1).

Art. 380. Si el procesado fuere mayor de nueve años y menor de quince, el Juez recibirá información acerca del criterio del mismo, y especialmente de su aptitud para apreciar la criminalidad del hecho que hubiese dado motivo a la causa (2).

En esta información serán oídas las personas que puedan deponer con acierto por sus circunstancias personales y por las relaciones que hayan tenido con el procesado antes y después de haberse ejecutado el hecho. En su defecto se nombrarán dos Profesores de instrucción primaria para que, en unión del Médico forense o del que haga sus veces, examinen al procesado y emitan su dictamen.

---

(1) Véase la circular de 9 de enero de 1902, dictando instrucciones a los Jueces para el mejor servicio del Registro central de penados y rebeldes.

(2) Debe tenerse en cuenta la Jurisdicción de los Tribunales Titulares de Menores, que sustrae del ámbito de la Jurisdicción penal ordinaria las acciones u omisiones realizadas antes de cumplir los dieciséis años, conforme al artículo 8, 2.º, del Código penal.

Art. 381. Si el juez advierte en el procesado indicios de enajenación mental, le someterá inmediatamente a la observación de los Médicos forenses en el establecimiento en que estuviese preso, o en otro público si fuere más a propósito o estuviese en libertad.

Los Médicos darán en tal caso su informe del modo expresado en el capítulo 7.º de este título.

Art. 382. Sin perjuicio de lo dispuesto en el artículo anterior, el Juez recibirá información acerca de la enajenación mental del procesado en la forma prevenida en el artículo 380.

Art. 383. Si la demencia sobreviniera después de cometido el delito, concluso que sea el sumario se mandará archivar la causa por el Tribunal competente hasta que el procesado recobre la salud, disponiéndose además respecto de éste lo que el Código penal prescribe para los que ejecutan el hecho en estado de demencia.

Si hubiese algún otro procesado por razón del mismo delito que no se encontrase en el caso del anterior, continuará la causa solamente en cuanto al mismo.

Art. 384. Desde que resultare del sumario algún indicio racional de criminalidad contra determinada persona, se dictará auto declarándola procesada y mandando que se entiendan con ella las diligencias en la forma y del modo dispuesto en este título y en los demás de esta ley.

El procesado podrá, desde el momento de serlo, aconsejarse de Letrado, mientras no estuviere incomunicado, y valerse de él, bien para instar la pronta terminación del sumario, bien para solicitar la práctica de diligencias que le interesan y para formular pretensiones que afecten a su situación. En el primer caso podrá recurrir en queja a la Audiencia, y en los otros apelar para ante la misma si el Juez instructor no accediese a sus deseos.

Estas apelaciones no serán admisibles más que en un solo efecto.

Para cumplir lo determinado en este artículo, el Juez instructor dispondrá que el procesado menor de edad sea habilitado de Procurador y Abogado, a no ser que él mismo, o su representante legal, designen personas que merezcan su confianza para dicha representación y defensa.

Contra los autos que dicten los Jueces de instrucción, decretando el procesamiento de alguna persona, podrá utilizarse, por la representación de ésta, recurso de reforma dentro de los tres días siguientes al de haberle sido notificada la resolución; y contra los autos denegatorios de la reforma podrá ser interpuesto recurso de apelación en un efecto dentro de los cinco días siguientes al de la notificación del auto denegatorio a la representación recurrente. También podrá ser interpuesto el recurso de apelación en un efecto subsidiariamente con el de reforma, en cuyo caso, el Juez instructor declarará admitido aquél al denegar éste. Si se diera lugar a la reforma, quedando sin efecto los procesamientos antes acordados, se estará a lo preceptuado en el párrafo siguiente, en cuanto a la reproducción de la solicitud de procesamiento ante la Audiencia.

Contra los autos denegatorios de procesamiento, sólo se concederá a quien haya solicitado éstos el recurso de reforma, utilizando dentro de los tres días siguientes al de la notificación. Contra los autos denegatorios de la reforma así pretendida, no se podrá utilizar recurso de apelación ni ningún otro recurso; pero podrá reproducirse ante la Audiencia correspondiente la petición de procesamiento formulada por la parte a quien le haya sido denegada, cuando personada ante dichos Tribunales, si hace uso de tal derecho, evacue el traslado a que se refiere el artículo 627 de esta misma Ley, precisamente dentro del término por el cual le haya sido conferido dicho traslado. El Tribunal, en tales casos, al dictar el auto que ordena el artículo 630, resolverá fundadamente lo que proceda; y sin que pueda dejar al criterio del instructor la resolución, cuando estime procedentes las declaraciones de procesamiento solicitadas, mandará al Juez instructor que las haga. Los procesados a quienes estas resoluciones del instructor se refieran podrán utilizar directamente el recurso de apelación en un efecto, sin necesidad de que utilicen previamente el de reforma.

Cuando la resolución del recurso de reforma interpuesto contra un auto denegatorio de procesamiento sea favorable al recurrente y, por tanto, se acuerde el procesamiento primeramente solicitado contra la resolución en que así se declara, podrán las representaciones de los procesados a quienes afecte utilizar los mismos recursos de reforma y apelación otorgados a los procesados directamente en este mismo artículo (1).

---

(1) Los tres últimos párrafos de este artículo fueron adicionados por el Real Decreto-Ley de 14 de diciembre de 1925.

Por Real Orden Circular de 5 de septiembre de 1906 se dispuso la motivación de los autos en que se acuerde o deniegue el procesamiento en los siguientes términos:

"1.º Que, como terminantemente previene el artículo 141 de la Ley de Enjuiciamiento criminal, los autos declarando el procesamiento, dejándole sin efecto o no accediendo a tal declaración, que los Jueces hubieren de acordar en las causas criminales, expresen por medio de resultandos y considerandos los razonamientos de hecho y fundamentos de derecho inductivos en cada caso de la criminalidad presunta del inculpado en el delito motivo del proceso, y que justifiquen la procedencia de declaración tan trascendente para la honra del ciudadano, quien tiene indiscutible derecho a encontrar en los Tribunales de Justicia refugio y seguro amparo contra las malevolencias de la pasión unas veces, y otras, acaso, contra las exaltaciones circunstanciales de las arterias e insidias de las luchas políticas.

2.º Que no pudiendo quedar a merced de una resolución judicial, injusta por lo inmotivada, el respeto a la integridad de los derechos constitucionales que el procesamiento interdice y suspende, cuide V. I. de prevenir a los Jueces del territorio de su jurisdicción que a declaración de tanta gravedad, así como a las resoluciones que la modifiquen o denieguen, preceda siempre un razonamiento detenido, expuesto en la forma rituaria que la Ley Procesal ordena; razonamiento que, dentro de la natural discreción impuesta a los funcionarios judiciales para no quebrantar el sigilo sumarial, permita no sólo abonar la justicia del acuerdo, sino la posibilidad de parte del agraciado *(sic)* de ejercitar debidamente los recursos de reforma y apelación contra una resolución que estima lesiva a su derecho.

3.º Que procediendo contra tales autos el recurso de apelación en un solo efecto, y siendo indiscutible que para la viabilidad del recurso, aparte de la motivación de la resolución apelada, se requiere el testimonio escrito de aquellos particulares del sumario en los cuales el Juez creyó encontrar los hechos inductivos de criminalidad presunta, ordene V. I. que, dentro de los límites discrecionales prevenidos por el artículo 225 de la Ley de Enjuiciamiento criminal, sean tales testimonios lo suficientemente explícitos y bastantes a la discusión que en el Tribunal Superior habrá de preceder a la confirmación o revocación del auto apelado; y

## CAPÍTULO IV.—*De las declaraciones de los procesados*

Art. 385. El Juez, de oficio, o a instancia del Ministerio fiscal o de querellante particular, hará que los procesados presten cuantas declaraciones considere convenientes para la averiguación de los hechos, sin que ni el acusador privado ni el actor civil puedan estar presentes al interrogatorio, cuando así lo disponga el Juez instructor.

Art. 386. Si el procesado estuviere detenido, se le recibirá la primera declaración dentro del término de veinticuatro horas.

Este plazo podrá prorrogarse por otras cuarenta y ocho si mediare causa grave, la cual se expresará en la providencia en que se acordase la prórroga.

Art. 387. No se exigirá juramento a los procesados, exhortándoles solamente a decir verdad y advirtiéndoles el Juez de instrucción que deben responder de una manera precisa, clara y conforme a la verdad, a las preguntas que les fueren hechas.

Art. 388. En la primera declaración será preguntado el procesado por su nombre, apellidos paterno y materno, apodo, si lo tuviere, edad, naturaleza, vecindad, estado, profesión, arte, oficio o modo de vivir, si tiene hijos, si fue procesado anteriormente, por qué delito, ante qué Juez o Tribunal, qué pena se le impuso, si la cumplió, si sabe leer y escribir y si conoce el motivo por que se le ha procesado.

Art. 389. Las preguntas que se le hagan en todas las declaraciones que hubiere de prestar se dirigirán a la averiguación de los hechos y a la participación en ellos del procesado y de las demás personas que hubieren contribuido a ejecutarlos o encubrirlos.

Las preguntas serán directas, sin que por ningún concepto puedan hacérsele de un modo capcioso o sugestivo.

Tampoco se podrá emplear con el procesado género alguno de coacción o amenaza.

Art. 390. Las relaciones que hagan los procesados o respuestas que den serán orales. Sin embargo, el Juez de instrucción, teniendo siempre en cuenta las circunstancias de aquéllos y la naturaleza de la causa, podrá permitirles que redacten a su presencia una contestación escrita sobre puntos difíciles de explicar, o que también consulten a su presencia apuntes y notas.

Art. 391. Se pondrá de manifiesto al procesado todos los objetos que

---

4.º Que dado el innegable celo de V. I., y a fin de que la Administración de Justicia aparezca en el ejercicio del Ministerio penal rodeada de aquellos saludables prestigios que le son debidos, espera confiadamente el Ministro que suscribe habrá de coadyuvar al cumplimiento de la presente soberana disposición haciendo que los Tribunales de ese territorio, tanto cuando de modo general conozcan en el trámite procesal correspondiente de los procesos, como cuando en virtud de los recursos de apelación o queja vengan requeridos a resolver, usen de las facultades disciplinarias, si lo que no es de creer, fuesen necesarias, y que les están otorgadas por el artículo 258 de la vigente Ley de Enjuiciamiento criminal".

Véase la Real Orden de 13 de marzo de 1895, que se recoge en la parte III de este volumen.

Véase procesamiento eclesiástico. Concordato con la Santa Sede, art. XVI, número 18 de L. C.

constituyan el cuerpo del delito o los que el Juez considere conveniente a fin de que los reconozca.

Se le interrogará sobre la procedencia de dichos objetos, su destino y la razón de haberlos encontrado en su poder, y, en general, será siempre interrogado sobre cualquiera otra circunstancia que conduzca al esclarecimiento de la verdad.

El Juez podrá ordenar al procesado, pero sin emplear ningún género de coacción, que escriba a su presencia algunas palabras o frases, cuando esta medida considere útil para desvanecer las dudas que surjan sobre la legitimidad de un escrito que se le atribuya.

Art. 392. Cuando el procesado rehúse contestar, o se finja loco, sordo o mudo, el Juez instructor le advertirá que, no obstante su silencio y su simulada enfermedad, se continuará la instrucción del proceso.

De estas circunstancias se tomará razón por el Secretario, y el Juez instructor procederá a investigar la verdad de la enfermedad que aparente el procesado, observando a este efecto lo dispuesto en los respectivos artículos de los capítulos 2.º y 7.º de este mismo título.

Art. 393. Cuando el examen del procesado se prolongue mucho tiempo, o el número de preguntas que se le hayan hecho sea tan considerable que hubiese perdido la serenidad de juicio necesaria para contestar a lo demás que deba preguntársele, se suspenderá el examen, concediendo al procesado el tiempo necesario para descansar y recuperar la calma. Siempre se hará constar en la declaración misma el tiempo que se haya invertido en el interrogatorio.

Art. 394. El Juez que infringiere lo dispuesto en el artículo anterior y en el 389 será corregido disciplinariamente, a no ser que incurriere en mayor responsabilidad.

Art. 395. El procesado no podrá, a pretexto de incompetencia del Juez, excusarse de contestar a las preguntas que le dirijan, si bien podrá protestar la incompetencia, consignándose así en los autos.

Art. 396. Se permitirá al procesado manifestar cuanto tenga por conveniente para su exculpación o para la aplicación de los hechos, evacuándose con urgencia las citas que hiciere y las demás diligencias que propusiere, si el Juez las estima conducentes para la comprobación de sus manifestaciones.

En ningún caso podrán hacerse al procesado cargos ni reconvenciones, ni se le leerá parte alguna del sumario más que sus declaraciones anteriores si lo pidiere, a no ser que el Juez hubiese autorizado la publicidad de aquél en todo o en parte.

Art. 397. El procesado podrá dictar por sí mismo las declaraciones. Si no lo hiciere, lo hará el Juez, procurando, en cuanto fuere posible, consignar las mismas palabras de que aquél se hubiese valido.

Art. 398. Si el procesado no supiere el idioma español o fuere sordomudo, se observará lo dispuesto en los artículos 440, 441 y 442.

Art. 399. Cuando el Juez considere conveniente el examen del procesado en el lugar de los hechos acerca de los cuales deba ser examinado o ante las personas o cosas con ellos relacionadas, se observará lo dispuesto en el artículo 438.

Art. 400. El procesado podrá declarar cuantas veces quisiere, y el

Juez le recibirá inmediatamente la declaración si tuviere relación con la causa.

Art. 401. En la declaración se consignarán íntegramente las preguntas y las contestaciones.

Art. 402. El procesado podrá leer la declaración, y el Juez le enterará de que le asiste este derecho.

Si no usare de él, la leerá el Secretario a su presencia.

Art. 403. Se observará lo dispuesto en el artículo 450 respecto a tachaduras o enmiendas.

Art. 404. La diligencia se firmará por todos los que hubiesen intervenido en el acto y se autorizará por el Secretario.

Art. 405. Si en las declaraciones posteriores se pusiere el procesado en contradicción con sus declaraciones primeras o retractare sus confesiones anteriores, deberá ser interrogado sobre el móvil de sus contradicciones y sobre las causas de su retractación.

Art. 406. La confesión del procesado no dispensará al Juez de instrucción de practicar todas las diligencias necesarias, a fin de adquirir el convencimiento de la verdad, de la confesión y de la existencia del delito.

Con este objeto, el Juez instructor interrogará al procesado confeso para que explique todas las circunstancias del delito y cuanto pueda contribuir a comprobar su confesión, si fue autor o cómplice y si conoce a algunas personas que fueren testigos o tuvieren conocimiento del hecho.

Art. 407. Respecto a la incomunicación de los procesados, se observará lo dispuesto en los artículos 506 al 511.

Art. 408. No se leerán al procesado los fundamentos del auto de incomunicación cuando le fuere notificado, ni se le dará copia de ellos.

Art. 409. Para recibir declaraciones al procesado de menor edad no habrá necesidad de nombrarle curador.

## Capítulo V.—*De las declaraciones de los testigos*

Art. 410. Todos los que residan en territorio español, nacionales o extranjeros, que no estén impedidos, tendrán obligación de concurrir al llamamiento judicial para declarar cuanto supieren sobre lo que les fuere preguntado, si para ello se les cita con las formalidades prescritas en la ley.

Art. 411. Se exceptúan de lo dispuesto en el artículo anterior el Rey, su Consorte, el Príncipe heredero y el Regente del Reino.

Art. 412. Estarán exentos también de concurrir al llamamiento del Juez, pero no de declarar:

1.º Las demás personas Reales.

2.º Los Ministros de la Corona.

3.º Los Presidentes del Senado y del Congreso de los Diputados.

4.º El Presidente del Consejo de Estado.

5.º Las Autoridades judiciales de categoría superior a la del que recibiere la declaración.

6.º El Gobernador civil y Delegado de Hacienda de la provincia, el Capitán general del distrito y el Gobernador militar en cuyo territorio se hubiere de recibir la declaración.

7.º Los Embajadores y demás Representantes diplomáticos acreditados cerca del Gobierno.

8.º Los Capitanes generales del Ejército y Armada.

9.º Los Arzobispos y Obispos.

Art. 413. Cuando fuere necesaria o conveniente la declaración de alguna de las personas designadas en el artículo anterior, el Juez pasará a su domicilio o residencia oficial, previo aviso, señalándole día y hora.

Art. 414. La resistencia de cualquiera de las personas mencionadas en el artículo 412 a recibir en su domicilio o residencia oficial al Juez, o a declarar cuanto supieren sobre lo que les fuere preguntado respecto a los hechos del sumario, se pondrá en conocimiento del Tribunal Supremo para los efectos que procedan.

Se exceptúan de lo dispuesto en el párrafo anterior las personas mencionadas en el número 7.º de dicho artículo. Si incurrieren éstas en la resistencia expresada, el Juez lo comunicará inmediatamente al Ministro de Gracia y Justicia (1), remitiendo testimonio instructivo, y se abstendrá de todo procedimiento respecto a ellas hasta que el Ministro le comunique la Real Orden que sobre el caso se dictare.

Art. 415. Las personas comprendidas en los números 2.º, 3.º, 4.º, 5.º, 6.º, 8.º y 9.º del artículo 412 podrán informar por escrito sobre los hechos de que tengan conocimiento por razón de sus cargos.

De la misma manera podrán informar los funcionarios del orden judicial o Ministerio fiscal que se encuentren en este caso.

Serán invitados a prestar su declaración por escrito las personas comprendidas en el número 7.º, remitiéndose al efecto al Ministerio de Gracia y Justicia (2), con atenta comunicación para el de Estado, un interrogatorio que comprenda todos los extremos a que deban contestar, a fin de que puedan hacerlo por la vía diplomática.

Art. 416. Están dispensados de la obligación de declarar:

1.º Los parientes del procesado en línea directa ascendente o descendente, su cónyuge, sus hermanos consanguíneos o uterinos y los laterales consanguíneos hasta el segundo grado civil, así como los parientes naturales a que se refiere el número 3.º del artículo 261.

El Juez instructor advertirá al testigo que se halle comprendido en el párrafo anterior, que no tiene obligación de declarar en contra del procesado; pero que puede hacer las manifestaciones que considere oportunas, consignándose la contestación que diere a esta advertencia.

2.º El Abogado del procesado respecto a los hechos que éste le hubiese confiado en calidad de defensor.

Si alguno de los testigos se encontrase en las relaciones indicadas en los párrafos precedentes con uno o varios de los procesados, estará obligado a declarar respecto a los demás, a no ser que su declaración pudiera comprometer a su pariente o defendido.

Art. 417. No podrán ser obligados a declarar como testigos:

1.º Los eclesiásticos y ministros de los cultos disidentes sobre los hechos que le fueren revelados en el ejercicio de las funciones de su ministerio.

---

(1) Hoy Ministro de Justicia.
(2) Idem, íd.

2.º Los funcionarios públicos, tanto civiles como militares de cualquiera clase que sean, cuando no pudieren declarar sin violar el secreto que, por razón de sus cargos, estuviesen obligados a guardar, y cuando, procediendo en virtud de obediencia debida, no fueren autorizados por su superior jerárquico para prestar la declaración que se les pida.

3.º Los incapacitados física o moralmente.

Art. 418. Ningún testigo podrá ser obligado a declarar acerca de una pregunta cuya contestación pueda perjudicar material o moralmente y de una manera directa e importante, ya a la persona ya a la fortuna de alguno de los parientes a que se refiere el artículo 416.

Se exceptúa el caso en que el delito revista suma gravedad por atentar a la seguridad del Estado, a la traquilidad pública, o a la sagrada persona del Rey o de su sucesor.

Art. 419. Si el testigo estuviese físicamente impedido de acudir al llamamiento judicial, el Juez instructor que hubiere de recibirle la declaración se constituirá en su domicilio, siempre que el interrogatorio no haya de poner en peligro la vida del enfermo.

Art. 420. El que sin estar impedido no concurriere al primer llamamiento judicial, excepto las personas mencionadas en el artículo 412, o se resistiere a declarar lo que supiese acerca de los hechos sobre que fuere preguntado, a no estar comprendido en las exenciones de los artículos anteriores, incurrirá en la multa de 25 a 250 pesetas (1), y si persistiere en su resistencia, será conducido en el primer caso a la presencia del Juez instructor por los dependientes de la Autoridad, y procesado por el delito de denegación de auxilio que respecto de los testigos y peritos define el Código penal, y en el segundo caso será también procesado por el de desobediencia grave a la Autoridad.

La multa será impuesta en el acto de notarse o cometerse la falta.

Art. 421. El Juez de instrucción, o municipal, en su caso, hará concurrir a su presencia y examinará a los testigos citados en la denuncia o en la querella, o en cualquiera otras declaraciones o diligencias, y a todos los demás que supieren hechos o circunstancias o poseyeren datos convenientes para la comprobación o averiguación del delito y del delincuente.

Se procurará, no obstante, omitir la evacuación de citas impertinentes o inútiles.

Art. 422. Si el testigo residiere fuera del partido o término municipal del Juez que instruyese el sumario, éste se abstendrá de mandarle comparecer a su presencia, a no ser que lo considere absolutamente necesario para la comprobación del delito o para el reconocimiento de la persona del delincuente, ordenándolo en este caso por auto motivado.

También deberá evitar la comparecencia de los empleados de vigilancia pública que tengan su residencia en punto distinto de la capital del Juzgado, de los jefes de estación, maquinistas, fogoneros, conductores, telegrafistas, factores, recaudadores, guardaagujas u otros agentes que desempeñen funciones análogas, a los cuales citará por conducto de sus jefes inmediatos cuando sea absolutamente indispensable su comparecencia.

Art. 423. En el caso de la regla general comprendida en el párrafo primero del artículo anterior, así como en el del segundo, cuando la urgencia de

---

(1) La cuantía fue fijada por Ley de 14 de abril de 1955.

la declaración fuese tal que no permitiera la dilación consiguiente a la citación del testigo por conducto de sus ejefes inmediatos, y el empleado de que se trate no pudiera abandonar el servicio que presta sin grave peligro o extorsión para el público, el Juez instructor de la causa comisionará para recibir la declaración al que lo fuera del término municipal o del partido en que se hallare el testigo.

Art. 424. Si el testigo residiere en el extranjero, se dirigirá suplicatorio por la vía diplomática y por conducto del Ministerio de Gracia y Justicia (1) al Juez extranjero competente para recibir la declaración. El suplicatorio debe contener los antecedentes necesarios e indicar las preguntas que se han de hacer al testigo, sin perjuicio de que dicho Juez las amplíe según le sugieran su discreción y prudencia.

Si la comparecencia del testigo ante el Juez instructor o Tribunal fuere indispensable y no se presentara voluntariamente, se pondrá en conocimiento del Ministerio de Gracia y Justicia para que adopte la solución que estime oportuna.

Art. 425. Si la persona llamada a declarar ejerce funciones o cargo público, se dará aviso, al mismo tiempo que se practique la citación, a su superior inmediato, para que le nombre sustituto durante su ausencia, si lo exigiere así el interés o la seguridad pública.

Art. 426. Los testigos serán citados en la forma establecida en el título 7.º del libro primero de este Código.

Art. 427. Cuando el testigo no hubiere de comparecer ante el Juez instructor para prestar la declaración, se harán constar en el suplicatorio, exhorto o mandamiento que se expida las circunstancias precisas para la designación del testigo y las preguntas a que deba contestar, sin perjuicio de las que el Juez o Tribunal que le recibiere la declaración considere conveniente hacerle para el mayor esclarecimiento de los hechos.

Art. 428. El Secretario del Juez comisionado que haya de autorizar la declaración expedirá la cédula prevenida en el artículo 175, con todas las circunstancias expresadas en el mismo, y la de haberse de recibir la declaración en virtud de suplicatorio, exhorto o mandamiento.

Art. 429. Los testigos que dependan de la jurisdicción militar podrán, según el Juez de instrucción lo estime oportuno, ser examinados por el mismo con los demás testigos, o por el Juez militar competente. En el primer caso, el Juez de instrucción deberá mandar que la citación hecha al testigo se ponga en conocimiento del Jefe del Cuerpo a que perteneciese. En el segundo caso, se observará lo dispuesto en los dos artículos anteriores.

Si algún testigo dependiente de la jurisdicción militar rehusare comparecer ante el Juez de instrucción o se negare a prestar juramento o a contestar al interrogatorio que se le hiciere, el Juez de instrucción se dirigirá al superior del testigo desobediente, cuyo superior, además de corregir al testigo, de lo cual dará inmediato conocimiento al Juez instructor, le hará comparecer ante éste para declarar.

Art. 430. Los testigos podrán ser citados personalmente donde fueren habidos.

Cuando sea urgente el examen de un testigo, podrá citársele verbalmente para que comparezca en el acto sin esperar, a la expedición de la cédula

---

(1) Hoy Ministerio de Justicia.

prescrita en el artículo 175, haciendo constar, sin embargo, en los autos el motivo de la urgencia.

También podrá, en igual caso constituirse el Juez instructor en el domicilio de un testigo o en el lugar en que se encuentre para recibirle declaración.

Art. 431. El Juez instructor podrá habilitar a los Agentes de policía para practicar las diligencias de citación verbal o escrita si lo considera conveniente.

Art. 432. Si el testigo no tuviere domicilio conocido o se ignorase su paradero, el Juez instructor ordenará lo conveniente a los funcionarios de policía, u oficiará a la Autoridad administrativa a quien corresponda para que lo averigüen y le den parte del resultado dentro del plazo que les hubiere fijado. Transcurrido este plazo sin haber averiguado el paradero del testigo, se publicará la cédula de citación en el periódico oficial del pueblo de la residencia del Juez, y en su defecto en cualquier otro que allí se publique.

Se insertará también la cédula, si el Juez lo estima conveniente, en los periódicos oficiales o particulares de la capital de la provincia y del lugar donde se presuma hallarse el testigo, y en la *Gaceta de Madrid.*

En estos casos se unirá a los autos un ejemplar de cada periódico en que se hubiere publicado la citación.

Art. 433. Al presentarse a declarar los testigos entregarán al Secretario la copia de la cédula de citación.

Los testigos púberes prestarán juramento de decir todo lo que supieren respecto a lo que les fuere preguntado.

El Juez instructor, antes de recibir al testigo púber el juramento y de interrogar al impúber, les instruirá de la obligación que tienen de ser veraces, y, en su caso, de las penas con que el Código castiga el delito de falso testimonio en causa criminal.

Art. 434. El juramento se prestará en nombre de Dios (1).

Los testigos prestarán el juramento con arreglo a su religión.

Art. 435. Los testigos declararán secreta y separadamente a presencia del Juez instructor y del Secretario. Si lo hicieren en otra forma, salvo los casos especiales señalados en esta ley, será corregido disciplinariamente el Juez instructor, a no ser que incurra en responsabilidad criminal por la falta.

Art. 436. El testigo manifestará primeramente su nombre, apellidos paterno y materno, edad, estado y profesión, si conoce no al procesado y

---

(1) Ha sido doctrina del Tribunal Supremo que el juramento en nombre de Dios no podía sustituirse con otra fórmula, no obstante alegar el testigo su falta de creencias religiosas; y el testigo que se negaba a jurar bajo aquella fórmula precisa, incurría en las penas del artículo 266 del Código penal (sentencias de 17 de abril de 1890 y 31 de octubre de 1890).

La Fiscalía del Tribunal Supremo, en circular de 19 de julio de 1892, reiteró la observancia de tal doctrina.

Pero con posterioridad se ha publicado la Ley de 24 de noviembre de 1910, disponiendo que en todos los casos en que las leyes exijan la prestación de juramento, a excepción de la jura de banderas del Ejército, sometida a las Ordenanzas del mismo, podrá el requerido, si aquélla no es conforme a su conciencia, prometer por su honor, surtiendo esta promesa los mismos efectos que el juramento.

a las demás partes, y si tiene con ellos parentesco, amistad o relaciones de cualquiera otra clase, si ha estado procesado y la pena que se le impuso.

El Juez dejará al testigo narrar sin interrupción los hechos sobre los cuales declare, y solamente le exigirá las explicaciones complementarias que sean conducentes a desvanecer los conceptos oscuros o contradictorios. Después le dirigirá las preguntas que estime oportunas para el esclarecimiento de los hechos.

Art. 437. Los testigos declararán de viva voz, sin que les sea permitido leer declaración ni respuesta alguna que lleven escrita.

Podrán, sin embargo, consultar algún apunte o memoria que contenga datos difíciles de recordar.

El testigo podrá dictar las contestaciones por sí mismo.

Art. 438. El Juez instructor podrá mandar que se conduzca al testigo al lugar en que hubieren ocurrido los hechos, y examinarle allí o poner en su presencia los objetos sobre que hubiere de versar la declaración.

En este último caso, podrá el Juez instructor poner a presencia del testigo dichos objetos, solos o mezclados con otros semejantes, adoptando además todas las medidas que su prudencia le sugiera para la mayor exactitud de la declaración.

Art. 439. No se harán al testigo preguntas capciosas ni sugestivas, ni se empleará coacción, engaño, promesa ni artificio alguno para obligarle o introducirle a declarar en determinado sentido.

Art. 440. Si el testigo, no entendiere o no hablara el idioma español, se nombrará un intérprete, que prestará a su presencia juramento de conducirse bien y fielmente en el desempeño de su cargo.

Por este medio se harán al testigo las preguntas y se recibirán sus contestaciones, que éste podrá dictar por su conducto.

En este caso, la declaración deberá consignarse en el proceso en el idioma empleado por el testigo y traducido a continuación al español.

Art. 441. El intérprete será elegido entre los que tengan título de tales, si los hubiere en el pueblo. En su defecto, será nombrado un maestro del correspondiente idioma, y si tampoco le hubiere, cualquiera otra persona que lo sepa.

Si ni aun de esta manera pudiera obtenerse la traducción, y las revelaciones que se esperasen del testigo fueren importantes, se redactará el pliego de preguntas que hayan de dirigírsele, y se remitirá a la oficina de Interpretación de Lenguas del Ministerio del Estado (1), para que, con preferencia a todo otro trabajo, sean traducidas al idioma que hable el testigo.

El interrogatorio ya traducido se entregará al testigo para que a presencia del Juez se entere de su contenido y redacte por escrito en su idioma las oportunas contestaciones, las cuales se remitirán del mismo modo que las preguntas a la Interpretación de Lenguas.

Estas diligencias las practicarán los Jueces con la mayor actividad.

Art. 442. Si el testigo fuere sordomudo y supiere leer, se le harán por escrito las preguntas. Si supiere escribir, contestará por escrito. Y si no supiere lo uno ni lo otro, se nombrará un intérprete, por cuyo conducto se le harán las preguntas y se recibirán sus contestaciones.

---

(1) Hoy de Asuntos Exteriores.

Será nombrado intérprete un maestro titular de sordomudos si lo hubiere en el pueblo, y en su defecto, cualquiera que supiere comunicarse con el testigo.

El nombrado prestará juramento (1) a presencia del sordomudo antes de comenzar a desempeñar el cargo.

Art. 443. El testigo podrá leer por sí mismo la diligencia de su declaración; si no pudiere, por hallarse en alguno de los casos comprendidos en los artículos 440 y 442, se la leerá el intérprete, y en los demás casos el Secretario.

El Juez advertirá siempre a los interesados el derecho que tienen de leer por sí mismos sus declaraciones.

Art. 444. Estas serán firmadas por el Juez y por todos los que en ellas hubieren intervenido si supieren y pudieren hacerlo, autorizándolas el Secretario.

Art. 445. No se consignarán en los autos las declaraciones de los testigos que, según el Juez, fuesen manifiestamente inconducentes para la comprobación de los hechos objeto del sumario. Tampoco se consignarán en cada declaración las manifestaciones del testigo que se hallen en el mismo caso; pero se consignará siempre todo lo que pueda servir así de cargo como de descargo.

En el primer caso se hará expresión por medio de diligencia de la comparecencia del testigo y del motivo de no escribirse su declaración.

Art. 446. Terminada la declaración, el Juez instructor hará saber al testigo la obligación de comparecer para declarar de nuevo ante el Tribunal competente cuando se le cite para ello, así como la de poner en conocimiento de dicho Juez instructor los cambios de domicilio que hiciere hasta ser citado para el juicio oral; bajo apercibimiento, si no lo cumple, de ser castigado con una multa de 25 a 250 pesetas, a no ser que incurriere en responsabilidad criminal por la falta (2).

Estas prevenciones se harán constar al final de la misma diligencia de declaración.

Art. 447. El Juez de instrucción, al remitir el sumario al Tribunal competente, pondrá en su conocimiento los cambios de domicilio que los testigos le hubiesen participado.

Lo mismo hará respecto de los que lo participen después que hubiese remitido el sumario hasta la terminación de la causa.

Art. 448. Si el testigo manifestare, al hacerle la prevención referida en el artículo 446, la imposibilidad de concurrir por haber de ausentarse de la Península, y también en el caso en que hubiere motivo racionalmente bastante para temer su muerte o incapacidad física o intelectual antes de la apertura del juicio oral, el Juez instructor hará saber al reo que nombre Abogado en el término de veinticuatro horas, si aún no le tuviere, o de lo contrario que se le nombrará de oficio, para que le aconseje en el acto de recibir la declaración del testigo. Transcurrido dicho término, el Juez recibirá juramento (3) y volverá a examinar a éste a presencia del procesado

---

(1) O prometerá por su honor, según la mentada Ley de 24 de noviembre de 1910.

(2) La cuantía fue fijada por Ley de 14 de abril de 1955.

(3) Si la prestación del juramento no es conforme a la conciencia del testi-

y de su Abogado defensor, y a presencia asimismo del Fiscal y del querellante, si quieren asistir al acto, permitiendo a éstos hacerle cuantas preguntas tengan por conveniente, excepto las que el Juez desestime como manifiestamente impertinentes.

En la diligencia se consignarán las contestaciones a estas preguntas, y será firmada por todos los asistentes.

Art. 449. En caso de inminente peligro de muerte del testigo, se procederá con toda urgencia a recibirle declaración en la forma expresada en el artículo anterior, aunque el procesado no pudiese ser asistido de Letrado.

Art. 450. No se harán tachaduras, enmiendas ni entrerrenglonaduras en las diligencias del sumario. A su final se consignarán las equivocaciones que se hubieren cometido.

## CAPÍTULO VI.—*Del careo de los testigos y procesados*

Art. 451. Cuando los testigos o los procesados entre sí o aquéllos con éstos discordaren acerca de algún hecho o de alguna circunstancia que interese en el sumario, podrá el Juez celebrar careo entre los que estuvieren discordes, sin que esta diligencia deba tener lugar, por regla general, más que entre dos personas a la vez.

Art. 452. El careo se verificará ante el Juez, leyendo el Secretario a los procesados o testigos entre quienes tenga lugar el acto, las declaraciones que hubiesen prestado, y preguntando primero a los testigos, después de recordarles su juramento (1) y las penas del falso testimonio, si se ratifican en ella o tienen alguna variación que hacer.

El Juez manifestará en seguida las contradicciones que resulten en dichas declaraciones, e invitará a los careados para que se pongan de acuerdo entre sí.

Art. 453. El Secretario dará fe de todo lo que ocurriere en el acto de careo y de las preguntas, contestaciones y reconvenciones que mutuamente se hicieren los careados, así como de lo que se observare en su actitud durante el acto; y firmará la diligencia con todos los concurrentes, expresando, si alguno no lo hiciere, la razón que para ello alegue.

Art. 454. El Juez no permitirá que los careados se insulten o amenacen.

Art. 455. No se practicarán careos sino cuando no fuere conocido otro modo de comprobar la existencia del delito o la culpabilidad de alguno de los procesados.

## CAPÍTULO VII.—*Del informe pericial*

Art. 456. El Juez acordará el informe pericial cuando para conocer o apreciar un hecho o circunstancia importante en el sumario, fuesen necesarios o convenientes conocimientos científicos o artísticos.

---

go, podrá éste prometer por su honor, según la ya citada Ley de 24 de noviembre de 1910.

(1) O promesa por su honor.

Art. 457. Los peritos pueden ser o no titulares.

Son peritos titulares los que tienen título oficial de una ciencia o arte cuyo ejercicio esté reglamentado por la Administración.

Son peritos no titulares los que, careciendo de título oficial, tienen, sin embargo, conocimiento o práctica especiales en alguna ciencia o arte.

Art. 458. El Juez se valdrá se peritos titulares con preferencia a los que no tuviesen título.

Art. 459. Todo reconocimiento pericial se hará por dos peritos.

Se exceptúa el caso en que no hubiese más de uno en el lugar y no fuere posible esperar la llegada de otro sin graves inconvenientes para el curso del sumario.

Art. 460. El nombramiento se hará saber a los peritos por medio de oficio, que le será entregado por alguacil o portero del Juzgado, con las formalidades prevenidas para la citación de los testigos, reemplazándose de célula original, para los efectos del artículo 175, por un atestado que extenderá el alguacil o portero encargado de la entrega.

Art. 461. Si la urgencia del caso lo exige, podrá hacerse el llamamiento verbalmente de orden del Juez, haciéndolo constar así en los autos; pero extendiendo siempre el atestado prevenido en el artículo anterior el encargado del cumplimiento de la orden de llamamiento.

Art. 462. Nadie podrá negarse a acudir al llamamiento del Juez para desempeñar un servicio pericial, si no estuviese legítimamente impedido.

En este caso deberá ponerlo en conocimiento del Juez en el acto de recibir el nombramiento para que se provea a lo que haya lugar.

Art. 463. El perito que sin alegar excusa fundada deje de acudir al llamamiento del Juez o se niegue a prestar el informe, incurrirá en las responsabilidades señaladas para los testigos en el artículo 420.

Art. 464. No podrán prestar informe pericial acerca del delito, cualquiera que sea la persona ofendida, los que según el artículo 416 no están obligados a declarar como testigos.

El perito que hallándose comprendido en alguno de los casos de dicho artículo, preste el informe sin poner antes esta circunstancia en conocimiento del Juez que le hubiese nombrado, incurrirá en la multa de 25 a 250 pesetas (1), a no ser que el hecho diere lugar a responsabilidad criminal.

Art. 465. Los que presten informe como peritos en virtud de orden judicial tendrán derecho a reclamar los honorarios o indemnizaciones que sean justos, si no tuvieren en concepto de tales peritos retribución fija satisfecha por el Estado, por la Provincia o por el Municipio.

Art. 466. Hecho el nombramiento de peritos, se notificará inmediatamente, así al actor particular si lo hubiere, como al precesado si estuviere a disposición del Juez o se encontrare en el mismo lugar de la instrucción, o su representante si lo tuviere.

Art. 467. Si el reconocimiento e informe periciales pudieran tener lugar de nuevo en el juicio oral, los peritos nombrados no podrán ser recusados por las partes.

Si no pudiera reproducirse en el juicio oral, habrá lugar a la recusación.

Art. 468. Son causa de recusación de los peritos:

1.ª El parentesco de consanguinidad o de afinidad dentro del cuarto grado con el querellante o con el reo.

---

(1) La cuantía de la multa fue señalada por Ley de 14 de abril de 1955.

2.ª El interés directo o indirecto en la causa o en otra semejante.

3.ª La amistad íntima o enemistad manifiesta.

Art. 469. El actor o el procesado que intente recusar al perito o peritos nombrados por el Juez, deberá hacerlo por escrito antes de empezar la diligencia pericial, expresando la causa de la recusación y la prueba testifical que ofrezca y acompañando la documental o designando el lugar en que ésta se halle si no la tuviere a su disposición.

Para la presentación de este escrito no estará obligado a valerse del Procurador.

Art. 470. El Juez, sin levantar la mano, examinará los documentos que produzca el recusante y oirá a los testigos que presente en el acto, resolviendo lo que estime justo respecto de la acusación.

Si hubiere lugar a ello, suspenderá el acto pericial por el tiempo estrictamente necesario para nombrar el perito que haya de sustituir al acusado, hacérselo saber y constituirse el nombrado en el lugar correspondiente.

Si no la admitiere, se procederá como si no se hubiese usado de la facultad de recusar.

Cuando el recusante no produjese los documentos, pero designaren el archivo o lugar en que se encuentren, el Juez instructor los reclamará y examinará, una vez recibidos, sin detener por esto el curso de las actuaciones; y si de ellos resultase justificada la causa de recusación, anulará el informe pericial que se hubiere dado, mandando que se practique de nuevo esta diligencia.

Art. 471. En el caso del párrafo segundo del artículo 467, el querellante tendrá derecho a nombrar a su costa un perito que intervenga en el acto pericial.

El mismo derecho tendrá el procesado.

Si los querellantes o los procesados fuesen varios, se pondrán respectivamente de acuerdo entre sí para hacer el nombramiento.

Estos peritos deberán ser titulares, a no ser que no los hubiere de esta clase en el partido o demarcación, en cuyo caso podrán ser nombrados sin título.

Si la práctica de la diligencia pericial no admitiere espera, se procederá, como las circunstancias lo permitan, para que el actor y el procesado puedan intervenir en ella.

Art. 472. Si las partes hicieren uso de la facultad que se les concede en el artículo anterior, manifestarán al Juez el nombre del perito, y ofrecerán, al hacer esta manifestación, los comprobantes de tener la cualidad de tal perito la persona designada.

En ningún caso podrán hacer uso de dicha facultad después de empezada la operación de reconocimiento.

Art. 473. El Juez resolverá sobre la admisión de dichos peritos en la forma determinada en el artículo 470 para las recusaciones.

Art. 474. Antes de darse principio al acto pericial, todos los peritos, así los nombrados por el Juez como los que lo hubiesen sido por las partes, prestarán juramento (1), conforme al artículo 434 de proceder bien y fielmente en sus operaciones y de no proponerse otro fin más que el de descubrir y declarar la verdad.

---

(1) O prometerán por su honor. (Ley citada de 24 de noviembre de 1910.)

Art. 475. El Juez manifestará clara y determinadamente a los peritos el objeto de su informe.

Art. 476. Al acto pericial podrán concurrir, en el caso del párrafo segundo del artículo 467, el querellante, si lo hubiere, con su representación y el procesado con la suya, aun cuando estuviere preso, en cuyo caso adoptará el Juez las precauciones oportunas.

Art. 477. El acto pericial será presidido por el Juez instructor, o, en virtud de su delegación, por el Juez municipal. Podrá también delegar, en el caso del artículo 353, en un funcionario de policía judicial.

Asistirá siempre el Secretario que actúe en la causa.

Art. 478. El informe pericial comprenderá, si fuere posible:

1.º Descripción de la persona o cosa que sea objeto del mismo, en el estado o del modo en que se halle.

El Secretario extenderá esta descripción, dictándola los peritos y suscribiéndola todos los concurrentes.

2.º Relación detallada de todas las operaciones practicadas por los peritos y de su resultado, extendida y autorizada en la misma forma que la anterior.

3.º Las conclusiones que en vista de tales datos formulen los peritos conforme a los principios y reglas de su ciencia o arte.

Art. 479. Si los peritos tuvieron necesidad de destruir o alterar los objetos que analicen, deberá conservarse, a ser posible, parte de ellos en poder del Juez, para que en caso necesario pueda hacerse nuevo análisis.

Art. 480. Las partes que asistieren a las operaciones o reconocimientos podrán someter a los peritos las observaciones que estimen convenientes, haciéndose constar en la diligencia.

Art. 481. Hecho el reconocimiento, podrán los peritos, si lo pidieren, retirarse por el tiempo absolutamente preciso al sitio que el Juez les señale para deliberar y redactar las conclusiones.

Art. 482. Si los peritos necesitaren descanso, el Juez o el funcionario que le represente podrá concederles para ello el tiempo necesario.

También podrá suspender la diligencia hasta otra hora u otro día cuando lo exigiere su naturaleza.

En este caso, el Juez o quien le represente adoptará las precauciones convenientes para evitar cualquiera alteración en la materia de la diligencia pericial.

Art. 483. El Juez podrá, por su propia iniciativa o por reclamación de las partes presentes o de sus defensores, hacer a los peritos, cuando produzcan sus conclusiones, las preguntas que estime pertinentes y pedirles las aclaraciones necesarias.

Las contestaciones de los peritos se considerarán como parte de su informe.

Art. 484. Si los peritos estuvieren discordes y su número fuere par, nombrará otro el Juez.

Con intervención del nuevamente nombrado, se repetirán, si fuere posible, las operaciones que hubiesen practicado aquéllos, y se ejecutarán las demás que parecieren oportunas.

Si no fuere posible la repetición de las operaciones ni la práctica de otras nuevas, la intervención del perito últimamente nombrado se limitará a deliberar con los demás, con vista de las diligencias de reconocimiento practicadas, y a formular luego con quien estuviere conforme, o separadamente si no lo estuviera con ninguno, sus conclusiones motivadas.

Art. 485. El Juez facilitará a los peritos los medios materiales necesarios para practicar la diligencia que les encomiende, reclamándolos de la Administración pública, o dirigiendo a la Autoridad correspondiente un aviso previo si existieren preparados para tal objeto, salvo lo dispuesto especialmente en el artículo 362.

... ... ... ... ... ... ... ... ... ... ... ... ... ... ... ... ... ... ... ... ... ... ... ...

## TITULO VIII.—De la entrada y registro en lugar cerrado, del de libros y papeles, y de la detención y apertura de la correspondencia escrita y telegráfica

Art. 545. Nadie podrá entrar en el domicilio de un español o extranjero residente en España sin su consentimiento, excepto en los casos y en la forma expresamente previstos en las leyes.

Art. 546. El Juez o el Tribunal que conociere de la causa podrá decretar la entrada y registro, de día o de noche, en todos los edificios y lugares públicos, sea cualquiera el territorio en que radiquen, cuando hubiere indicios de encontrarse allí el procesado o efectos, o instrumentos del delito, o libros, papeles u otros objetos que puedan servir para su descubrimiento y comprobación.

Art. 547. Se reputarán edificios o lugares públicos para la observancia de lo dispuesto en este capítulo:

1.° Los que estuvieren destinados a cualquier servicio oficial, militar o civil del Estado, de la Provincia o del Municipio, aunque habiten allí los encargados de dicho servicio o los de la conservación y custodia del edificio o lugar.

2.° Los que estuvieren destinados a cualquier establecimiento de reunión o recreo, fueren o no lícitos.

3.° Cualesquiera otros edificios o lugares cerrados que no constituyeren domicilio de un particular, con arreglo a lo dispuesto en el artículo 554.

4.° Los buques del Estado.

Art. 548. El Juez necesitará para la entrada y registro en el Palacio de cualquiera de los Cuerpos Colegisladores la autorización del Presidente respectivo.

Art. 549. Para la entrada y registro en los templos y demás lugares religiosos bastará pasar recado de atención a las personas a cuyo cargo estuvieren.

Art. 550. Podrá asimismo el Juez instructor ordenar en los casos indicados en el artículo 546 la entrada y registro de día o de noche, si la urgencia lo hiciera necesario, en cualquier edificio o lugar cerrado o parte de él que constituye domicilio de cualquier expañol o extranjero residente en España, pero precediendo siempre el consentimiento del interesado, conforme se previene en el artículo 6.° de la Constitución, o a falta de consentimiento, en virtud de auto motivado, que se notificará a la persona interesada inmediatamente, a lo más tarde dentro de las veinticuatro horas de haberse dictado (1).

---

(1) La referencia está hecha a la Constitución de la Monarquía Española de 30 de junio de 1876.

Art. 551. Se entenderá que presta su consentimiento aquel que, requerido por quien hubiere de efectuar la entrada y registro para que los permita, ejecuta por su parte los actos necesarios que de él dependan para que puedan tener efecto, sin invocar la inviolabilidad que reconoce al domicilio el artículo 6.º de la Constitución del Estado (1).

Art. 552. Al practicar los registros deberán evitarse las inspecciones inútiles, procurando no perjudicar ni importunar al interesado más que lo necesario, y se adoptarán todo género de precauciones para no comprometer la reputación, respetando sus secretos si no interesaren a la instrucción.

Art. 553. Los agentes de policía podrán asimismo proceder de propia autoridad al registro en un lugar habitado cuando haya mandamiento de prisión contra una persona y traten de llevar a efecto su captura, cuando un individuo sea sorprendido en flagrante delito, o cuando un delincuente, inmediatamente perseguido por los agentes de la Autoridad, se oculte o refugie en alguna casa.

Art. 554. Se reputan domicilio, para los efectos de los artículos anteriores:

1.º Los Palacios Reales, estén o no habitados por el Monarca al tiempo de la entrada a registro.

2.º El edificio o lugar cerrado, o la parte de él destinada principalmente a la habitación de cualquier español o extranjero residente en España y de su familia.

3.º Los buques nacionales mercantes.

Art. 555. Para registrar en el Palacio en que se halle residiendo el Monarca solicitará el Juez Real licencia por conducto del Mayordomo Mayor de S. M.

Art. 556. En los Sitios Reales en que no se hallare el Monarca al tiempo del registro, será necesaria la licencia del Jefe o empleado del servicio de S. M. que tuviese a su cargo la custodia del edificio, o la del que haga sus veces cuando se solicitare si estuviera ausente.

Art. 557. Las tabernas, casas de comidas, posadas y fondas no se reputarán como domicilio de los que se encuentren o residan en ellas accidentalmente o temporalmente; y lo serán tan sólo de los taberneros, hosteleros, posaderos y fondistas que se hallen a su frente y habiten allí con sus familias, en la parte del edificio a este servicio destinada.

Art. 558. El auto de entrada y registro en el domicilio de un particular será siempre fundado, y el Juez expresará en él concretamente el edificio o lugar cerrado en que haya de verificarse, si tendrá lugar tan sólo de día y la Autoridad o funcionario que los haya de practicar.

Art. 559. Para la entrada y registro en los edificios destinados a la habitación u oficina de los representantes de naciones extranjeras acreditadas cerca del Gobierno de España, les pedirá su venia el Juez por medio de atento oficio, en que les rogará que contesten en el término de doce horas.

Art. 560. Si transcurriere este término sin haberlo hecho, o si el representante extranjero denegare la venia, el Juez lo comunicará inmediatamente al Ministro de Gracia y Justicia, y empleando para ello el telégrafo, si le hubiere. Entre tanto el Ministro no le comunique su resolución, se abstendrá de entrar y registrar en el edificio; pero adoptará las medidas de vigilancia a que se refiere el artículo 567.

---

(1) Idem, íd.

Art. 561. Tampoco podrá entrar y registrar en los buques mercantes extranjeros sin la autorización del Capitán, o si éste la denegare, sin la del Cónsul de su nación.

En los buques extranjeros de guerra, la falta de autorización del Comandante se suplirá por la del Embajador o Ministro de la nación a que pertenezcan.

Art. 562. Se podrá entrar en las habitaciones de los Cónsules extranjeros y en sus oficinas, pasándoles previamente recado de atención y observando las formalidades prescritas en la Constitución del Estado y en las leyes.

Art. 563. Si el edificio o lugar cerrado estuviese en el territorio propio del Juez instructor, podrá encomendar la entrada y registro al Juez municipal del territorio en que el edificio o lugar cerrado radiquen o cualquier Autoridad o agente de policía judicial. Si el que lo hubiese ordenado fuere el Juez municipal, podrá encomendarlo también a dicha Autoridad o agentes de policía judicial.

Cuando el edificio o lugar cerrado estuviere fuera del territorio del Juez, encomendará éste la práctica de las operaciones al Juez de su propia categoría del territorio en que aquéllos radiquen, el cual, a su vez, podrá encomendarlas a las Autoridades o agentes de policía judicial.

Art. 564. Si se tratare de un edificio o lugar público comprendido en los números 1.º y 3.º del artículo 547, el Juez oficiará a la Autoridad o Jefe de que aquéllos dependen en la misma población.

Si éste no contestare en el término que se le fije en el oficio, se notificará el auto en que se disponga la entrada y registro al encargado de la conservación o custodia del edificio o lugar en que se hubiere de entrar y registrar.

Si se tratare de buques del Estado, las comunicaciones se dirigirán a los Comandantes respectivos.

Art. 565. Cuando el edificio o lugar fueron de los comprendidos en el número 2.º del artículo 547, la notificación se hará a la persona que se halle al frente del establecimiento de reunión o recreo, o a quien haga sus veces, si aquél estuviese ausente.

Art. 566. Si la entrada y registro se hubieren de hacer en el domicilio de un particular, se notificará el auto a éste; y si no fuera habido a la primera diligencia en su busca, a su encargado.

Si no fuere tampoco habido el encargado, se hará la notificación a cualquiera otra persona mayor de edad que se hallare en el domicilio, prefiriendo para esto a los individuos de la familia del interesado.

Si no se halla nadie, se hará constar por diligencia, que se extenderá con asistencia de dos vecinos, los cuales deberán firmarla.

Art. 567. Desde el momento en que el Juez acuerde la entrada y registro en cualquier edificio o lugar cerrado, adoptará las medidas de vigilancia convenientes para evitar la fuga del procesado o la sustracción de los instrumentos, efectos del delito, libros, papeles o cualesquiera otras cosas que hayan de ser objeto del registro.

Art. 568. Practicadas las diligencias que se establece en los artículos anteriores, se procederá a la entrada y registro, empleando para ello, si fuere necesario, el auxilio de la fuerza.

Art. 569. El registro se hará a presencia del interesado o de la persona que legítimamente le represente.

Si aquél no fuere habido o no quisiere concurrir ni nombrar representante, se practicará a presencia de un individuo de su familia mayor de edad.

Si no le hubiere, se hará a presencia de dos testigos, vecinos del mismo pueblo.

El registro se practicará siempre a presencia del Secretario y dos testigos, sin contar los de que habla el párrafo anterior, extendiéndose acta, que firmarán todos los concurrentes.

La resistencia del interesado, de su representante, de los individuos de la familia y de los testigos a presenciar el registro, produciría la responsabilidad declarada en el Código penal a los reos del delito de desobediencia grave a la Autoridad, sin perjuicio de que la diligencia se practique.

Si no se encontrasen las personas u objetos que se busquen ni apareciesen indicios sospechosos, se expedirá una certificación del acta a la parte interesada, si la reclamare.

Art. 570. Cuando el registro se practique en el domicilio de un particular y expire el día sin haberse terminado, el que lo haga requerirá al interesado o a su representante, si estuviere presente, para que permita la continuación durante la noche. Si se opusiere, se suspenderá la diligencia, salvo lo dispuesto en los artículos 546 y 550, cerrando y sellando el local o los muebles en que hubiere de continuarse, en cuanto esta precaución se considere necesaria para evitar la fuga de la persona o la sustración de las cosas que se buscaren.

Prevendrá asimismo el que practique el registro a los que se hallen en el edificio o lugar de la diligencia que no levanten los sellos, ni violenten las cerraduras, ni permitan que lo hagan otras personas, bajo la responsabilidad establecida en el Código penal.

Art. 571. El registro no se suspenderá sino por el tiempo en que no fuere posible continuarle, y se adoptarán durante la suspensión, las medidas de vigilancia a que se refiere el artículo 567.

Art. 572. En la diligencia de entrada y registro en lugar cerrado se expresarán los nombres del Juez, o de su delegado, que la practique y demás personas que intervengan, los incidentes ocurridos, la hora en que se hubiese principiado y concluido la diligencia y la relación del registro por el orden en que se haga, así como los resultados obtenidos.

Art. 573. No se ordenará el registrado de los libros y papeles de contabilidad del procesado o de otra persona sino cuando hubiere indicios graves de que esta diligencia resultará el descubrimiento o la comprobación de algún hecho o circunstancia importante en la causa.

Art. 574. El Juez recogerá los instrumentos y efectos del delito, y podrá recoger también los libros, papeles o cualesquiera otras cosas que se hubiesen encontrado, si esto fuere necesario para el resultado del sumario.

Los libros y papeles que se recojan serán foliados, sellados y rubricados en todas sus hojas por el Juez, por el Secretario, por el interesado, o los que hagan sus veces, y por las demás personas que hayan asistido al registro.

Art. 575. Todos están obligados a exhibir los objetos y papeles que se sospeche puedan tener relación con la causa.

Si el que los retenga se negase a su exhibición, será corregido con multa de 125 a 500 pesetas; y cuando insistiera en su negativa, y si el objeto o papel fueren de importancia y la índole del delito lo aconseje, será procesado como autor de desobediencia a la Autoridad, salvo si mereciera la calificación legal de encubridor o receptador (1).

Art. 576. Será aplicable al registro de papeles y efectos lo establecido en los artículos 552 y 569.

Art. 577. Si para determinar sobre la necesidad de recoger las cosas que se hubiesen encontrado en el registro fuere necesario algún reconocimiento pericial, se acordará en el acto por el Juez en la forma establecida en el capítulo 7.º del título 5.º

Art. 578. Si el libro que haya de ser objeto del registro fuere el protocolo de un Notario, se procederá con arreglo a lo dispuesto en la ley del Notariado.

Si se tratare de un libro del Registro de la Propiedad, se estará a lo ordenado en la ley Hipotecaria.

Si se tratare de un libro del Registro civil o mercantil, se estará a lo que se disponga en la ley y reglamentos relativos a estos servicios.

Art. 379. Podrá el Juez acordar la detención de la correspondencia privada, postal y telegráfica que el procesado remitiere o recibiese y su apertura y examen, si hubiere indicios de obtener por estos medios el descubrimiento o la comprobación de algún hecho o circunstancia importante de la causa.

Art. 580. Es aplicable a la detención de la correspondencia lo dispuesto en los artículos 563 y 564.

Podrá también encomendarse la práctica de esta operación al Administrador de Correos y Telégrafos o Jefe de la oficina en que la correspondencia deba hallarse.

Art. 581. El empleado que haga la detención remitirá inmediatamente la correspondencia detenida al Juez instructor de la causa.

Art. 582. Podrá asimismo el Juez ordenar que por cualquiera Administración de Telégrafos se faciliten copias de los telegramas por ella transmitidos, si pudieran contribuir al esclarecimiento de los hechos de la causa.

Art. 583. El auto motivado acordando la detención y registro de la correspondencia o la entrega de copias de telegramas transmitidos determinará la correspondencia que haya de ser tenida o registrada, o los telegramas cuyas copias hayan de ser entregadas, por medio de designación de las personas a cuyo nombre se hubieren expedido o por otras circunstancias igualmente concretas.

Art. 584. Para la apertura y registro de la correspondencia postal será citado el interesado.

Este o la persona que designe podrá presenciar la operación.

Art. 585. Si el procesado estuviere en rebeldía, o si citado para la apertura, no quisiere presenciarla ni nombrar otra persona para que lo haga en su nombre, el Juez instructor procederá, sin embargo, a la apertura de dicha correspondencia.

Art. 586. La operación se practicará abriendo el Juez por sí mismo la correspondencia, y después de leerla para sí, apartará la que haga referencia a los hechos de la causa y cuya conservación considere necesaria.

Los sobres y hojas de esta correspondencia, después de haber tomado el mismo Juez las notas necesarias para otras diligencias de investigación

---

(1) Redactado conforme a la Ley de 14 de abril de 1955.

a la que la correspondencia diere motivo, se rubricarán por todos los asistentes y se sellarán con el sello del Juzgado, encerrándolo todo después en otro sobre, al que se pondrá el rótulo necesario, conservándolo el Juez en su poder durante el sumario, bajo su responsabilidad.

Este pliego podrá abrirse cuantas veces el Juez lo considere preciso, citando previamente al interesado.

Art. 587. La correspondencia que no se relacione con la causa será entregada en el acto al procesado o a su representante.

Si aquél estuviere en rebeldía, se entregará cerrada a un individuo de su familia, mayor de edad.

Si no fuere conocido ningún pariente del procesado, se conservará dicho pliego cerrado en poder del Juez hasta que haya persona a quien entregarlo, según lo dispuesto en este artículo.

Art. 588. La apertura de la correspondencia se hará constar por diligencia en la que se referirá cuanto en aquélla hubiese ocurrido.

Esta diligencia será firmada por el Juez instructor, el Secretario y demás asistentes.

... ... ... ... ... ... ... ... ... ... ... ... ... ... ... ... ... ... ... ... ... ... ...

## LIBRO III.—Del juicio oral

### TITULO PRIMERO.—De la calificación del delito

Art. 649. Cuando se mande abrir el juicio oral, se comunicará la causa al Fiscal, o al acusador privado si versa sobre delito que no pueda ser perseguido de oficio, para que en el término de cinco días califiquen por escrito los hechos.

Dictada que sea esta resolución, serán públicos todos los actos del proceso.

Art. 650. El escrito de calificación se limitará a determinar en conclusiones precisas y numeradas:

1.º Los hechos punibles que resulten del sumario.

2.º La calificación legal de los mismos hechos, determinando el delito que constituyan.

3.º La participación que en ellos hubieren tenido el procesado o procesados, si fueren varios.

4.º Los hechos que resulten del sumario y que constituyan circunstancias atenuantes o agravantes del delito o eximentes de responsabilidad criminal.

5.º Las penas en que hayan incurrido el procesado o procesados, si fueren varios, por razón de su respectiva participación en el delito.

El acusador privado, en su caso, y el Ministerio fiscal, cuando sostenga la acción civil, expresarán además:

1.º La cantidad en que aprecien los daños y perjuicios causados por el delito o la cosa que haya de ser restituida.

2.º La persona o personas que aparezcan responsables de los daños y perjuicios o de restitución de la cosa, y el hecho en virtud del cual hubieren contraído esta responsabilidad.

Art. 651. Devuelta la causa por el Fiscal, se pasará por igual término y con el mismo objeto al acusador particular, si lo hubiere, quien presentará el escrito de calificación, firmado por su Abogado y Procurador en la forma anteriormente indicada.

Si hubiere actor civil, se le pasará la causa en cuanto sea devuelta por el Fiscal o acusador particular, para que a su vez, en un término igual al fijado en los artículos anteriores, y con idéntica formalidad, presente conclusiones numeradas acerca de los dos últimos puntos del artículo precedente.

Art. 652. Seguidamente se comunicará la causa a los procesados y a las terceras personas civilmente responsables para que en igual término y por su orden manifiesten también por conclusiones numeradas y correlativas a las de la calificación que a ellos se refiera, si están o no conformes con cada una, o en otro caso consignen los puntos de divergencia.

Se les habilitará al efecto de Abogado y Procurador si no los tuvieren.

Art. 653. Las partes podrán presentar sobre cada uno de los puntos que han de ser objeto de la calificación dos o más conclusiones en forma alternativa, para que si no resultare del juicio la procedencia de la primera, pueda estimarse cualquiera de las demás en la sentencia.

Art. 654. El Tribunal, al mandar que se entregue la causa a las partes en cumplimiento de lo dispuesto en los artículos anteriores, dispondrá lo que considere conveniente para que éstas puedan examinar la correspondencia, libros, papeles y demás piezas de convicción, sin peligro de alteración en su estado.

Art. 655. Si la pena pedida por las partes acusadoras fuese de carácter correccional (1), al evacuar la representación del procesado el traslado de calificación podrá manifestar su conformidad absoluta con aquella que más gravemente hubiere calificado, si hubiere más de una, y con la pena que se le pida, expresándose además por el Letrado defensor si, esto no obstante, conceptúa necesaria la continuación del juicio.

Si no la conceptúa necesaria, el Tribunal, previa ratificación del procesado, dictará sin más trámites la sentencia que proceda, según la calificación mutuamente aceptada, sin que pueda imponer pena mayor que la solicitada.

Si ésta no fuese la procedente, según dicha calificación, sino otra mayor, acordará el Tribunal la continuación del juicio.

También continuará el juicio si fuesen varios los procesados y no todos manifestasen igual conformidad.

Cuando el procesado o procesados disintiesen únicamente respecto de la responsabilidad civil, se limitará a la prueba y discusión de los puntos relativos a dicha responsabilidad.

Art. 656. El Ministerio fiscal y las partes manifestarán en sus respectivos escritos de calificación las pruebas de que intenten valerse, presentando lista de peritos y testigos que hayan de declarar a su instancia.

En las listas de peritos y testigos se expresarán sus nombres y apellidos,

---

(1) La referencia a pena correccional debe entenderse hecha a las que figuran en la escala de penas del artículo 27 del Código penal hasta las de presidio y prisión menores.

el apodo, si por él fueren conocidos, y su domicilio, o residencia, manifestando, además, la parte que los presentes si los peritos y testigos han de ser citados judicialmente o si se encarga de hacerles concurrir.

Art. 657. Cada parte presentará tantas copias de las listas de peritos y testigos cuantas sean las demás personadas en la causa, a cada una de las cuales se entregará una de dichas copias en el mismo en que fueren presentadas.

Las listas originales se unirán a la causa.

Podrán pedir, además, las partes que se practiquen desde luego aquellas diligencias de prueba que por cualquier causa fuera de temer que no se puedan practicar en el juicio oral, o que pudieran motivar su suspensión.

Art. 658. Presentados los escritos de calificación, o recogida la causa de poder de quien la tuviera después de transcurrido el término señalado en el artículo 649, el Tribunal dictará auto declarando hecha la calificación y mandando que se pase aquélla al ponente, por término de tercer día, para el examen de las pruebas propuestas.

Art. 659. Devuelta que sea la causa por el ponente, el Tribunal examinará las pruebas propuestas, e inmediatamente dictará auto, admitiendo las que considere pertinentes y rechazando las demás.

Para rechazar las propuestas por el acusador privado habrá de ser oído el Fiscal si interviniere en la causa.

Contra la parte del auto admitiendo las pruebas o mandando practicar la que se hallare en el caso del párrafo tercero del artículo 657 no procederá recurso alguno.

Contra la en que fuere rechazada o denegada la práctica de las diligencias de prueba podrá interponerse en su día el recurso de casación, si se prepara oportunamente con la correspondiente protesta.

En el mismo auto señalará el Tribunal el día en que deban comenzar las sesiones del juicio oral, teniendo en consideración la prioridad de otras causas y el tiempo que fuere preciso para las citaciones y comparecencias de peritos y testigos.

Art. 660. El Tribunal mandará expedir los exhortos o mandamientos necesarios para la citación de los peritos y testigos que la parte hubiese designado con este objeto.

Los exhortos o mandamientos serán remitidos de oficio para su cumplimiento, a no ser que la parte pida que se lo entreguen.

En este caso, se señalará un plazo dentro del cual habrá de devolverlos cumplimentados.

Art. 661. Las citaciones de peritos y testigos se practicarán en la forma establecida en el título 7.º del libro 1.º

Los peritos y testigos citados que no comparezcan, sin causa legítima que se lo impida, incurrirán en la multa señalada en el número 5.º del artículo 175.

Si vueltos a citar dejaren también de comparecer, serán procesados por el delito de denegación de auxilio que define el Código respecto de los peritos testigos.

Art. 662. Las partes podrán recusar a los peritos expresados en las listas por cualquiera de las causas mencionadas en el artículo 468.

La recusación se hará dentro de los tres días siguientes al de la entrega al recusante de la lista que contenga el nombre del recusado.

Alegada la recusación, se dará traslado del escrito por igual término a la parte que intente valerse del perito recusado.

Transcurrido el término y devueltos o recogidos los autos, se recibirán a prueba por seis días, durante los cuales cada una de las partes practicará la que le convenga.

Transcurrido el término de prueba, se señalará día para la vista, a la que podrán asistir las partes y sus defensores, y dentro del término legal el Tribunal resolverá el incidente.

Contra el auto no se dará recurso alguno.

Art. 663. El perito que no sea recusado en el término fijado en el artículo anterior no podrá serlo después, a no ser que incurriera con posterioridad en alguna de las causas de recusación.

Art. 664. El Tribunal dispondrá también que los procesados que se hallen presos sean inmediatamente conducidos a la cárcel de la población en que haya de continuarse el juicio, citándoles para el mismo, así como a los que estuvieren en libertad provisional para que se presenten el día que el Tribunal señale, y mandará igualmente notificar el auto a los fiadores o dueños de los bienes dados en fianza, expediéndose para todo ello los exhortos y mandamientos necesarios.

La falta de la citación expresada en el párrafo anterior será motivo de casación, si la parte que no hubiere sido citada no comparece en el juicio.

Art. 665. Cuando presentados los escritos de calificación y examinadas las pruebas propuestas, entendiere el Presidente de la Audiencia o Sala de lo criminal que procede constituir una sección de determinada localidad para la celebración del juicio, lo acordará así, poniéndolo en conocimiento del Ministerio de Gracia y Justicia (1).

... ... ... ... ... ... ... ... ... ... ... ... ... ... ... ... ... ... ... ... ... ... ... ...

## TITULO III.—De la celebración del juicio oral

### Capítulo primero.—*De la publicidad de los debates*

Art. 680. Los debates del juicio oral serán públicos, bajo pena de nulidad.

Podrá, no obstante, el Presidente mandar que las sesiones se celebren a puerta cerrada cuando así lo exijan razones de moralidad o de orden público, o el respeto debido a la persona ofendida por el delito o a la familia.

Para adoptar esta resolución, el Presidente, ya de oficio, ya a petición de los acusadores, consultará al Tribunal, el cual deliberará en secreto, consignando su acuerdo en auto motivado, contra el que no se dará recurso alguno.

Art. 681. Después de la lectura de esta decisión, todos los concurrentes despejarán el local.

Se exceptúan las personas lesionadas por el delito, los procesados, el acusador privado, el actor civil, y los respectivos defensores.

Art. 682. El secreto de los debates podrá acordado antes de comenzar el juicio o en cualquier estado del mismo.

---

(1) Hoy de Justicia.

## CAPÍTULO II.—*De las facultades del Presidente del Tribunal*

Art. 683. El Presidente dirigirá los debates, cuidando de impedir las discusiones impertinentes y que no conduzcan al esclarecimiento de la verdad, sin coartar por esto a los defensores la libertad necesaria para la defensa.

Art. 684. El Presidente tendrá todas las facilidades necesarias para conservar o restablecer el orden en las sesiones y mantener el respeto debido al Tribunal y a los demás poderes públicos, pudiendo corregir en el acto con multa de 25 a 500 pesetas (1) las infracciones que no constituyan delito, o que no tengan señalada en la ley una corrección especial.

El Presidente llamará al orden a todas las personas que lo alteren, y podrá hacerlas salir del local si lo considerare oportuno, sin perjuicio de la multa a que se refiere el artículo anterior (2).

Podrá también acordar que se detenga en el acto a cualquiera que delinquiere durante la sesión, poniéndole a disposición del Juzgado competente.

Todos los concurrentes al juicio oral, cualquiera que sea la clase a que pertenezcan, sin excluir a los militares, quedan sometidos a la jurisdicción disciplinaria del Presidente. Si turbaren el orden con un acto que constituya delito, serán expulsados del local y entregados a la Autoridad competente.

Art. 685. Toda persona interrogada o que dirija la palabra al Tribunal deberá hablar de pie.

Se exceptúan el Ministerio fiscal, los defensores de las partes y las personas a quienes el Presidente dispense de esta obligación por razones especiales.

Art. 686. Se prohíben las muestras de aprobación o desaprobación.

Art. 687. Cuando el acusado altere el orden con una conducta inconveniente y persista en ella a pesar de las advertencias del Presidente y del apercibimiento de hacerle abandonar el local, el Tribunal podrá decidir que sea expulsado cierto tiempo o por toda la duración de las sesiones, continuando éstas en su ausencia.

## CAPÍTULO III.—*Del modo de practicar las pruebas durante el juicio oral*

### SECCIÓN PRIMERA.—*De la confesión de los procesados y personas civilmente responsables*

Art. 688. En el día señalado para dar principio a las sesiones se colocarán en el local del Tribunal las piezas de convicción que se hubieren recogido, y el Presidente, en el momento oportuno, declarará abierta la sesión.

Si la causa que haya de verse fuere por delito para cuyo castigo se

---

(1) Esta cifra fue fijada por Ley de 14 de abril de 1955.

(2) La expresión "artículo anterior", debe entenderse como "párrafo anterior".

pida la imposición de pena correccional (1), preguntará el Presidente a cada uno de los acusados si se confiesa reo del delito que se le haya imputado en el escrito de calificación, y responsable civilmente a la restitución de la cosa o al pago de la cantidad fijada en dicho escrito por razón de daños y perjuicios.

Art. 689. Si en la causa hubiere, además de la calificación fiscal, otra del querellante particular o diversas calificaciones de querellantes de esta clase, se preguntará al procesado si se confiesa reo del delito según la calificación más grave, y civilmente responsable por la cantidad mayor que se hubiese fijado.

Art. 690. Si fueren más de uno los delitos imputados al procesado en el escrito de calificación, se le harán las mismas preguntas respecto de cada cual.

Art. 691. Si los procesados fueren varios, se preguntará a cada uno sobre la participación que se le haya atribuido.

Art. 692. Imputándose en la calificación responsabilidad civil a cualquiera otra persona, comparecerá también ante el Tribunal, y declarará si se conforma con las conclusiones de la calificación que le interesen.

Art. 693. El Presidente hará las preguntas mencionadas en los artículos anteriores con toda la claridad y precisión, exigiendo contestación categórica.

Art. 694. Si en la causa no hubiere más que un procesado y contestare afirmativamente, el Presidente del Tribunal preguntará al defensor si considera necesaria la continuación del juicio oral. Si éste contestara negativamente el Tribunal procederá a dictar sentencia en los términos expresados en el artículo 655.

Art. 695. Si confesare su responsabilidad criminal, pero no la civil, o aun aceptando ésta no se conformare con la cantidad fijada en la calificación, el Tribunal mandará que continúe el juicio.

Pero en este último caso, la discusión y la producción de pruebas se concretarán al extremo relativo a la responsabilidad civil que el procesado no hubiese admitido de conformidad con las conclusiones de la calificación.

Terminado el acto, el Tribunal dictará sentencia.

Art. 696. Si el procesado no se confesare culpable del delito que le fuere atribuido en la calificación, o su defensor considerase necesaria la continuación del juicio, se procederá a la celebración de éste.

Art. 697. Cuando fueren varios los procesados en una misma causa, se procederá conforme a lo dispuesto en el artículo 694, si todos se confiesan reos del delito o delitos que les hayan sido atribuidos en los escritos de calificación, y reconocen la participación que en las conclusiones se les hayan señalado, a no ser que sus defensores consideren necesaria la continuación del juicio.

Si cualquiera de los procesados no se confiesa reo del delito que se le haya imputado en la calificación, o su defensor considera necesaria la continuación del juicio, se procederá con arreglo a lo dispuesto en el artículo anterior.

Si el disentimiento fuere tan sólo respecto de la responsabilidad civil,

---

(1) Véase nota al artículo 655.

continuará el juicio en la forma y para los efectos determinados en el artículo 695.

Art. 698. Se continuará también el juicio cuando el procesado o procesados no quieran responder a las preguntas que les hiciere el Presidente.

Art. 699. De igual modo se procederá si en el sumario no hubiese sido posible hacer constar la existencia del cuerpo del delito cuando, de haberse éste cometido, no puede menos de existir aquél, aunque hayan prestado su conformidad el procesado o procesados y sus defensores.

Art. 700. Cuando el procesado o procesados hayan confesado su responsabilidad de acuerdo con las conclusiones de la calificación, y sus defensores no consideren necesaria la continuación del juicio, pero la persona a quien sólo se hubiese atribuido responsabilidad civil no haya comparecido ante el Tribunal, o en su declaración no se conformase con las declaraciones del escrito de calificación a ella referentes, se procederá con arreglo a lo dispuesto en el artículo 694.

Si habiendo comparecido, se negase a contestar a las preguntas del Presidente, le apercibirá éste con declararle confeso.

Si persistiere en su negativa, se le declarará confeso, y la causa se fallará de conformidad con lo dispuesto en el artículo 694.

Lo mismo se hará cuando el procesado, después de haber confesado su responsabilidad criminal, se negare a contestar sobre la civil.

### SECCIÓN SEGUNDA.—*Del examen de los testigos*

Art. 701. Cuando el juicio deba continuar, ya por falta de conformidad de los acusados con la acusación, ya por tratarse de delito para cuyo castigo se haya pedido pena aflictiva, se procederá del modo siguiente:

El Secretario dará cuenta del hecho que haya motivado la formación del sumario, y del día en que éste se comenzó a instruir, expresando además, si el procesado está en prisión o en libertad provisional con o sin fianza.

Leerá los escritos de calificación y las listas de peritos y testigos que se hubieren presentado oportunamente, haciendo relación de las demás pruebas propuestas y admitidas.

Acto continuo se pasará a la práctica las diligencias de prueba y al examen de los testigos, empezando por la que hubiere ofrecido el Ministerio fiscal, continuando con la propuesta por los demás actores, y por último con la de los procesados.

Las pruebas de cada parte se practicarán según el orden con que hayan sido propuestas en el escrito correspondiente. Los testigos serán examinados también por el orden con que figuren sus nombres en las listas.

El Presidente, sin embargo, podrá alterar este orden a instancia de parte, y aun de oficio, cuando así lo considere conveniente para el mayor esclarecimiento de los hechos o para el más seguro descubrimiento de la verdad.

Art. 702. Todos los que, con arreglo a lo dispuesto en los artículos 410 y 412 inclusive, están obligados a declarar, lo harán concurriendo ante el Tribunal, sin otra excepción que la de las personas mencionadas en los números 1.º, 7.º y 9.º del 412, las cuales podrán declarar por escrito.

Art. 703. Sin embargo, lo dispuesto en el artículo anterior, si las personas mencionadas en los números 2.º, 3.º, 4.º, 5.º, 6.º y 8.º del artículo 412 hubieren tenido conocimiento por razón de su cargo de los hechos de que se trate, podrán consignarlo por medio de informe escrito, de que se dará lectura inmediatamente antes de proceder al examen de los demás testigos.

Lo propio harán los funcionarios del orden judicial o del Ministerio fiscal que se encuentren en igual caso.

Art. 704. Los testigos que hayan de declarar en el juicio oral permanecerán, hasta que sean llamados a prestar sus declaraciones, en un local a propósito, sin comunicación con los que ya hubiesen declarado ni con otra persona.

Art. 705. El Presidente mandará que entren a declarar uno a uno por el orden mencionado en el artículo 701.

Art. 706. Hallándose presente el testigo mayor de catorce años ante el Tribunal, el Presidente le recibirá juramento en la forma establecida en el artículo 434 (1).

Art. 707. Todos los testigos que no se hallen privados del uso de su razón están obligados a declarar lo que supieren sobre lo que les fuere preguntado, con excepción de las personas expresadas en los artículos 416, 417 y 418 en sus respectivos casos.

Art. 708. El Presidente preguntará al testigo acerca de las circunstancias expresadas en el primer párrafo del artículo 436, después de lo cual la parte que le haya presentado podrá hacerle las preguntas que tenga por conveniente. Las demás partes podrán dirigirle también las preguntas que consideren oportunas y fueren pertinentes en vista de sus contestaciones.

El Presidente, por sí o a excitación de cualquiera de los miembros del Tribunal, podrá dirigir a los testigos las preguntas que estime convenientes para depurar los hechos sobre lo que declaren.

Art. 709. El Presidente no permitirá que el testigo conteste a preguntas o repreguntas capciosas, sugestivas o impertinentes.

Contra la resolución que sobre este extremo adopte podrá interponerse en su día el recurso de casación, si se hiciere en el acto la correspondiente protesta.

En este caso, el Secretario consignará a la letra en el acta la pregunta o repregunta a que el Presidente haya prohibido contestar.

Art. 710. Los testigos expresarán la razón de su dicho, y si fuere de referencia, precisarán el origen de la noticia, designando con su nombre y apellido, o con las señas con que fuere conocida, a la persona que se la hubiere comunicado.

Art. 711. Los testigos sordomudos o que no conozcan el idioma español, serán examinados del modo prescrito en los artículos 440, párrafo primero del 441 y 442.

Art. 712. Podrán las partes pedir que el testigo reconozca los instrumentos o efectos del delito o cualquiera otra pieza de convicción.

Art. 713. En los careos del testigo con los procesados o de los testigos entre sí no permitirá el Presidente que medien insultos ni amenazas,

---

(1) Si el juramento no es conforme a la conciencia del testigo, puede éste prometer por su honor, según la citada Ley de 24 de noviembre de 1910.

limitándose la diligencia a dirigirse a los careados los cargos y a hacerse las observaciones que creyeren convenientes para ponerse de acuerdo y llegar a descubrir la verdad.

Art. 714. Cuando la declaración del testigo en el juicio oral no sea conforme en lo sustancial con la prestada en el sumario, podrá pedirse la lectura de ésta, por cualquiera de las partes.

Después de leída, el Presidente, invitará al testigo a que explique la diferencia o contradicción que entre sus declaraciones se observe.

Art. 715. Siempre que los testigos que hayan declarado en el sumario comparezcan a declarar también sobre los mismos hechos en el juicio oral, sólo habrá lugar a mandar proceder contra ellos como presuntos autores del delito de falso testimonio, cuando éste sea dado en dicho juicio.

Fuera del caso previsto en el párrafo anterior, en los demás podrá exigirse a los testigos la responsabilidad en que incurran, con arreglo a las disposiciones del Código penal.

Art. 716. El testigo que se niegue a declarar incurrirá en la multa de 100 a 1.000 pesetas (1), que se le impondrá en el acto.

Si a pesar de esto persiste en su negativa, se procederá contra él como autor del delito de desobediencia grave a la Autoridad.

Art. 717. Las declaraciones de las Autoridades y funcionarios de policía judicial tendrán valor de declaraciones testificales apreciables, como éstas, según las reglas del criterio racional.

Art. 718. Cuando el testigo no hubiere comparecido por imposibilidad y el Tribunal considere de importancia su declaración para el éxito del juicio, el Presidente designará a uno de los individuos del mismo para que, constituyéndose en la residencia del testigo, si la tuviere en el lugar del juicio, puedan las partes hacerle las preguntas que considere oportunas.

El Secretario extenderá diligencia haciendo constar las preguntas y repreguntas que se hayan hecho al testigo, las contestaciones de éste y los incidentes que hubieren ocurrido en el acto.

Art. 719. Si el testigo imposibilitado de concurrir a la sesión no residiere en el punto en que la misma se celebre, se librará exhorto o mandamiento para que sea examinado ante el Juez correspondiente, con sujeción a las prescripciones contenidas en esta sección.

Cuando la parte o las partes prefieran que en el exhorto o mandamiento se consignen por escrito las preguntas o repreguntas, el Presidente accederá a ello si no fueren capciosas, sugestivas o impertinentes.

Art. 720. Lo dispuesto en los artículos anteriores tendrá también aplicación al caso en que el Tribunal ordene que el testigo declare o practique cualquier reconocimiento en un lugar determinado, fuera de aquel en que se celebre la audiencia.

Art. 721. Cuando se desestime cualquiera pregunta por capciosa, sugestiva o impertinente, en los casos de los tres artículos anteriores podrá prepararse el recurso de casación del modo prescrito en el artículo 709.

Art. 722. Los testigos que comparezcan a declarar ante el Tribunal tendrán derecho a una indemnización, si la reclamaren.

El Tribunal la fijará teniendo en cuenta únicamente los gastos del via-

---

(1) La cuantía de la multa se fijó por Ley de 14 de abril de 1955.

je y el importe de los jornales perdidos por el testigo con motivo de su comparecencia para declarar.

### SECCIÓN TERCERA.—*Del informe pericial*

Art. 723. Los peritos podrán ser recusados por las causas y en las formas prescritas en los artículos 468, 469 y 470.

La sustanciación de los incidentes de recusación tendrá lugar precisamente en el tiempo que media desde la admisión de las pruebas propuestas por las partes hasta la apertura de las sesiones.

Art. 724. Los peritos que no hayan sido recusados serán examinados juntos cuando deban declarar sobre unos mismos hechos, y contestarán a las preguntas y repreguntas que las partes les dirijan.

Art. 725. Si para contestarlas considerasen necesaria la práctica de cualquier reconocimiento, harán éste, acto continuo, en el local de la misma Audiencia, si fuere posible.

En otro caso se suspenderá la sesión por el tiempo necesario, a no ser que puedan continuar practicándose otras diligencias de prueba entre tanto que los peritos verifican el reconocimiento.

### SECCIÓN CUARTA.—*De la prueba documental y de la inspección ocular*

Art. 726. El Tribunal examinará por sí mismo los libros, documentos, papeles y demás piezas de convicción que pueden contribuir al esclarecimiento de los hechos o a la más segura investigación de la verdad.

Art. 727. Para la prueba de inspección ocular que no se haya practicado antes de la apertura de las sesiones, si el lugar que debe ser inspeccionado se hallase en la capital, se constituirá en él el Tribunal, con las partes, y el Secretario extenderá diligencia expresiva del lugar o cosa inspeccionada, haciendo constar en ella las observaciones de las partes y demás incidentes que ocurran.

Si el lugar estuviere fuera de la capital, se constituirá en él con las partes del individuo del Tribunal que el Presidente designe, practicándose las diligencias en la forma establecida en el párrafo anterior.

En todo lo demás se estará, en cuanto fuere necesario, a lo dispuesto en el título 5.°, capítulo 1.° del libro 2.°

### SECCIÓN QUINTA.—*Disposiciones comunes a las cuatro secciones anteriores*

Art. 728. No podrán practicarse otras diligencias de prueba que las propuestas por las partes, ni ser examinados otros testigos que los comprendidos en las listas presentadas.

Art. 729. Se exceptúan de lo dispuesto en el artículo anterior:

1.° Los careos de los testigos entre sí o con los procesados o entre éstos, que el Presidente acuerde de oficio, o a propuesta de cualquiera de las partes.

2.° Las diligencias de prueba no propuestas por ninguna de las partes que el Tribunal considere necesarias para la comprobación de cualquiera de los hechos que hayan sido objeto de los escritos de calificación.

3.º Las diligencias de prueba de cualquier clase que en el acto ofrezcan las partes para acreditar alguna circunstancia que pueda influir en el valor probatorio de la declaración de un testigo, si el Tribunal las considera admisibles.

Art. 730. Podrán también leerse, a instancia de cualquiera de las partes, las diligencias practicadas en el sumario que, por causas independientes de la voluntad de aquéllas, no puedan ser reproducidas en el juicio oral.

Art. 731. El Tribunal adoptará las disposiciones convenientes para evitar que los procesados que se hallen en libertad provisional se ausenten o dejen de comparecer a las sesiones desde que éstas den principio hasta que se pronuncie la sentencia.

## CAPÍTULO IV.—*De la acusación, de la defensa y de la sentencia*

Art. 732. Practicadas las diligencias de la prueba, las partes podrán modificar las conclusiones de los escritos de calificación.

En este caso formularán por escrito las nuevas conclusiones y las entregarán al Presidente del Tribunal.

Las conclusiones podrán formularse en forma alternativa, según lo dispuesto en el artículo 653.

Art. 733. Si juzgando por el resultado de las pruebas, entendiere el Tribunal que el hecho justiciable ha sido calificado con manifiesto error, podrá el Presidente emplear la siguiente fórmula:

*Sin que sea visto prejuzgar el fallo definitivo sobre las conclusiones de la acusación y la defensa, el Tribunal desea que el Fiscal y los defensores del procesado* (o los defensores de las partes, cuando fueren varias) *le ilustren acerca de si el hecho justiciable constituye el delito de ... o si existe la circunstancia eximente de responsabilidad a que se refiere el número ... del artículo ... del Código penal.*

Esta facultad excepcional, de que el Tribunal usará con moderación, no se extiende a las causas por delitos que sólo pueden perseguirse a instancia de parte, ni tampoco es aplicable a los errores que hayan podido cometerse en los secritos de calificación, así respecto a la apreciación de las circunstancias atenuantes y agravantes como en cuanto a la participación de cada uno de los procesados en la ejecución del delito público que era materia del juicio.

Si el Fiscal o cualquiera de los defensores de las partes indicaren que no están suficientemente preparadas para discutir la cuestión propuesta por el Presidente, se suspenderá la sesión hasta el siguiente día.

Art. 734. Llegado el momento de informar, el Presidente concederá la palabra al Fiscal, si fuere parte en la causa, y después al defensor del acusador particular, si la hubiese.

En sus informes expondrán éstos los hechos que consideren probados en el juicio, su calificación legal, la participación que en ellos hayan tenido los procesados y la responsabilidad civil que hayan contraído los mismos u otras personas, así como las cosas que sean su objeto, o la cantidad en que deban ser reguladas cuando los informantes, o sus representados, ejerciten también la acción civil.

Art. 735. El Presidente concederá después la palabra al defensor del actor civil, si lo hubiere, quien limitará su informe a los puntos concernientes a la responsabilidad civil.

Art. 736. En seguida dará la palabra a los defensores de los procesados, y después de ellos, a los de las personas civilmente responsables, si no se defendieren bajo una sola representación con aquéllos.

Art. 737. Los informes de los defensores de las partes se acomodarán a las conclusiones que definitivamente hayan formulado, y, en su caso, a la propuesta por el Presidente del Tribunal, con arreglo a lo dispuesto en el artículo 733.

Art. 738. Después de estos informes, sólo será permitido a las partes la rectificación de hechos y conceptos.

Art. 739. Terminadas la acusación y la defensa, el Presidente preguntará a los procesados si tiene algo que manifestar al Tribunal.

Al que contestare afirmativamente le será concedida la palabra.

El Presidente cuidará de que los procesados, al usarla, no ofendan la moral ni falten al respeto debido al Tribunal ni a las consideraciones a todas las personas, y que se ciñan a lo que sea pertinente, retirándoles la palabra en caso necesario.

Art. 740. Después de hablar los defensores de las partes y los procesados, en su caso, el Presidente declarará concluso el juicio para sentencia.

Art. 741. El Tribunal, apreciando según su conciencia las pruebas practicadas en el juicio, las razones expuestas por la acusación y la defensa y lo manifestado por los mismos procesados, dictará sentencia dentro del término fijado en esta ley.

Siempre que el Tribunal haga uso del libre arbitrio que para la calificición del delito o para la imposición de la pena le otorga el Código penal, deberá consignar si ha tomado en consideración los elementos de juicio que el precepto aplicable de aquél obligue a tener en cuenta (1).

Art. 742. En la sentencia se resolverán todas las cuestiones que hayan sido objeto del juicio, condenando o absolviendo a los procesados, no sólo por el delito principal y sus conexos, sino también por las faltas incidentales de que se haya conocido en la causa, sin que pueda el Tribunal emplear en este estado la fórmula del sobreseimiento respecto de los acusados a quienes crea que no debe condenar.

También se resolverán en la sentencia todas las cuestiones referentes a la responsabilidad civil que hayan sido objeto del juicio.

Lo dispuesto en el párrafo quinto del artículo 635 sobre el destino de las piezas de convicción que entrañen, por su naturaleza, algún peligro grave para los intereses que en el mismo se expresan, será aplicable a las sentencias absolutorias (2).

Art. 743. El Secretario del Tribunal extenderá acta de cada sesión que

---

(1) Adicionado el último párrafo por Real Decreto-Ley de 8 de septiembre de 1928. Ahora bien, dicho Real Decreto está reducido a simple precepto reglamentario por Decreto de 31 de mayo de 1931, y, por otra parte, el expresado párrafo se dictó como complemento del Código penal de 1928, hoy derogado.

(2) Este último párrafo ha sido adicionado por Ley 3/1967, de 8 de abril.

se celebre, y en ella hará constar sucintamente cuanto importante hubiere ocurrido.

Al terminar la sesión se leerá el acta, haciéndose en ella las rectificaciones que las partes reclamen, si el Tribunal en el acto las estima procedentes.

Las actas se firmarán por el Presidente e individuos del Tribunal, por el Fiscal y por los defensores de las partes.

## CAPÍTULO V.—*De la suspensión del juicio oral*

Art. 744. Abierto el juicio oral, continuará durante todas las sesiones consecutivas que sean necesarias hasta su conclusión.

Art. 745. No obstante lo dispuesto en el artículo anterior, el Presidente del Tribunal podrá suspender la apertura de las sesiones cuando las partes, por motivos independientes de su voluntad, no tuvieren preparadas las pruebas ofrecidas en sus respectivos escritos.

Art. 746. Procederá además la suspensión del juicio oral en los casos siguientes:

1.º Cuando el Tribunal tuviere que resolver durante los debates alguna cuestión incidental que por cualquier causa fundada no pueda decidirse en el acto.

2.º Cuando, con arreglo a este Código, el Tribunal, o alguno de sus individuos tuviere que practicar alguna diligencia fuera del lugar de las sesiones y no pudiere verificarse en el tiempo intermedio entre una y otra sesión.

3.º Cuando no comparezcan los testigos de cargo y de descargo ofrecidos por las partes y el Tribunal considere necesaria la declaración de los mismos.

Podrá, sin embargo, el Tribunal acordar en este caso la continuación del juicio y la práctica de las demás pruebas; y después que se hayan hecho, suspenderlo hasta que comparezcan los testigos ausentes.

Si la no comparecencia del testigo fuere por el motivo expuesto en el artículo 718, se procederá como se determina en el mismo y en los dos siguientes.

4.º Cuando algún individuo del Tribunal o el defensor de cualquiera de las partes enfermare repentinamente, hasta el punto de que no pueda continuar tomando parte en el juicio, ni pueda ser reemplazado el último sin grave inconveniente para la defensa del interesado.

Lo dispuesto en este número respecto a los defensores de las partes se entiende aplicable al Fiscal.

5.º Cuando uno de los procesados se halle en el caso del número anterior, en términos de que no pueda estar presente en el juicio.

La suspensión no se acordará por esta causa sino después de haber oído a los facultativos nombrados de oficio para el reconocimiento del enfermo.

6.º Cuando revelaciones o retractaciones inesperadas produzcan alteraciones sustanciales en los juicios, haciendo necesarios nuevos elementos de prueba o alguna sumaria instrucción suplementaria.

No se suspenderá el juicio por enfermedad o incomparecencia de alguno de los procesados citados personalmente, siempre que el Tribunal estimare, con audiencia de las partes y haciendo constar en el acta del juicio las razones de la decisión, que existen elementos suficientes para juzgarles con independencia (1).

Art. 747. En los casos 1.º, 2.º, 4.º y 5.º del artículo anterior, el Tribunal podrá decretar de oficio la suspensión. En los demás casos la decretará, siendo procedente, a instancia de parte.

Art. 748. En los autos de suspensión que se dicten se fijará el tiempo de la suspensión, si fuere posible, y se determinará lo que corresponda para la continuación del juicio.

Contra estos actos no se dará recurso alguno.

Art. 749. Cuando por razón de los casos previstos en los números 4.º y 5.º del artículo 746 haya de prolongarse indefinidamente la suspensión del juicio, por un tiempo demasiado largo, se declarará sin efecto la parte del juicio celebrado, y se citará a nuevo juicio para cuando desaparezca la causa de la suspensión o puedan ser reemplazadas las personas reemplazables.

Lo mismo podrá acordar el Tribunal en el caso del número 6.º, si la preparación de los elementos de prueba o la sumaria instrucción suplementaria exigiere algún tiempo (2).

... ... ... ... ... ... ... ... ... ... ... ... ... ... ... ... ... ... ... ... ... ... ...

## LIBRO VI.—Del procedimiento para el juicio sobre faltas

... ... ... ... ... ... ... ... ... ... ... ... ... ... ... ... ... ... ... ... ... ... ...

### TITULO PRIMERO.—Del juicio sobre faltas en primera instancia

Art. 962. Luego que el Juez municipal tenga la noticia de haberse cometido alguna de las faltas previstas en el libro 3.º del Código penal que pueda perseguirse de oficio, mandará convocar a juicio verbal al Fiscal municipal, al querellante, si lo hubiere al presunto culpable y a los testigos que puedan dar razón de los hechos, señalando día y hora para la celebración del juicio (3).

Art. 963. Del mismo modo dispondrá la celebración del juicio verbal, pero sin convocar al Fiscal municipal, cuando la falta sólo pueda perseguirse a instancia de parte legítima y ésta solicite la reprensión.

Art. 964. El juicio deberá celebrarse en el local del Juzgado municipal dentro de los tres días siguientes al de la fecha del en que tuviera noticia el Juez de haberse cometido la falta.

El Juez municipal podrá, sin embargo, de oficio o a instancia de parte, señalar un día más lejano para la celebración del juicio, cuando haya para ello causa bastante, que hará constar en el expediente.

---

(1) Adicionado este párrafo por Ley de 26 de mayo de 1978.

(2) En "el procedimiento de urgencia" para determinados delitos (tít. III del lib. IV) se contienen algunas modificaciones de los medios comunes y ordinarios (véanse arts. 785, 786, etc.).

(3) Téngase hoy presente el Decreto de 21 de noviembre de 1952 sobre normas aplicables a la Justicia Municipal.

Cuando algún testigo importante o una de las partes que resida dentro del término municipal estuvieren físicamente impedidos de concurrir al local del Juzgado, podrá también el Juez disponer la celebración del juicio en el punto que considere conveniente, fundando su resolución.

Art. 965. A la citación que se haga a los presuntos culpables acompañará copia de la querella, si se hubiese presentado, y en dicha citación se expresará que el citado debe acudir al juicio con las pruebas que tenga. Siempre deberán transcurrir, cuando menos, veinticuatro horas entre el acto de la citación del presunto culpable y el de la celebración del juicio, si el citado reside dentro del término municipal, y un día más por cada 20 kilómetros de distancia, si residiere fuera de él.

Art. 966. Cuando los citados como partes y los testigos no comparezcan ni aleguen justa causa para dejar de hacerlo, podrán ser multados en la cantidad que determine el Juez municipal hasta el máximum de 100 pesetas (1).

En la misma multa incurrirán los peritos que no acudan al llamamiento del Juez municipal.

Art. 967. A los testigos y a los presuntos culpables que residan fuera del territorio municipal, se les recibirá declaración por medio de exhorto, con citación del querellante particular, si lo hubiere, y en presencia del Ministerio fiscal, si la falta pudiere perseguirse de oficio.

Dichas declaraciones se recibirán y redactarán con las formalidades establecidas respectivamente en la presente ley.

Art. 968. En el caso de que por motivo justo no pueda celebrarse el juicio verbal en el día señalado, o de que no pueda concluirse en un solo acto, el Juez municipal señalará el día más inmediato posible para su celebración o continuación, haciéndolo saber a los interesados.

Art. 969. El juicio público será, dando principio por la lectura de la querella, si la hubiere, siguiendo a esto el examen de los testigos convocados, y practicándose las demás pruebas que propongan el querellante, denunciador y Fiscal municipal, si asistiere, siempre que el Juez las considere admisibles. Seguidamente se oirá al acusado, se examinarán los testigos que presente en su descargo, y se practicarán las demás pruebas que ofrezca y fueren pertinentes, observándose las prescripciones de esta ley en cuanto sean aplicables. Acto continuo expondrán de palabra las partes lo que crean conveniente en apoyo de sus respectivas pretensiones, hablando primero el Ministerio fiscal, si asistiere; después el querellante particular, y, por último, el acusado.

El Fiscal municipal asistirá a los juicios sobre faltas, siempre que a ellos sea citado, con arreglo al artículo 962.

Art. 970. Si el presunto culpable de una falta reside fuera del término municipal, no tendrá obligación de concurrir al acto del juicio, y podrá dirigir al Juez municipal escrito alegando lo que estime conveniente en su defensa, y apoderar persona que presente en aquel acto las pruebas de descargo que tuviere.

Art. 971. La ausencia del acusado no suspenderá la celebración ni la resolución del juicio, siempre que conste habérsele citado con las formalidades prescritas en esta ley, y con los requisitos del artículo 965, a no ser

(1) Cifra señalada por la Ley de 14 de abril de 1955.

que el Juez municipal, de oficio o a instancia de parte crea necesaria la declaración de aquél.

Art. 972. De cada juicio se extenderá un acta diaria, expresando clara y sucintamente lo actuado, la cual se firmará por todos los concurrentes al mismo que puedan hacerlo, a cuyo efecto deberá el Juez municipal adoptar las disposiciones necesarias para que no se ausenten hasta que dicha acta esté extendida.

Art. 973. El Juez, en el acto de finalizar el juicio, y, a no ser posible, dentro de los tres días siguientes, dictará sentencia apreciando según su conciencia, las pruebas practicadas, las razones expuestas por el Fiscal y por las demás partes o sus defensores y lo manifestado por los propios acusados, y siempre que haga uso del libre arbitrio que para la calificación de la falta o para la imposición de la pena le otorga el Código penal, deberá expresar si ha tomado en consideración los elementos de juicio que el precepto aplicable de aquél obligue a tener en cuenta.

En la misma sentencia resolverá sobre la acción civil por los hechos constitutivos de falta, extendiéndose la competencia de los órganos de la Justicia Municipal al total resarcimiento con el contenido que previene el artículo 101 del Código penal, cualquiera que fuere su cuantía (1).

Art. 974. La sentencia se llevará a efecto inmediatamente de transcurrido el término fijado en el párrafo cuarto del artículo 212, si no hubiere apelado ninguna de las partes.

Si en la sentencia se hubiere condenado al pago de la responsabilidad civil, sin fijar su importe en cantidad líquida, se estará a lo que dispone el artículo 984 de esta Ley (2).

Art. 975. Si se hubiere apelado, se admitirá en ambos efectos el recurso para ante el Juez de instrucción a que corresponda el Juzgado municipal, haciéndose constar la interposición del recurso por diligencia que extenderá el Secretario municipal, y firmará el apelante, y si no supiere, un testigo a su ruego.

Art. 976. Admitida que sea la apelación, se remitirán los autos originales por el Juez municipal al de instrucción, haciéndose saber la remisión, y emplazándose al Fiscal municipal, si hubiere sido parte en el juicio, y a los demás interesados, para que, en el término de cinco días, acudan a usar de su derecho ante el Juez de instrucción.

## TITULO II.—Del juicio sobre faltas en segunda instancia

Art. 977. Recibidas las diligencias por el Juez de instrucción y transcurrido que sea el término del emplazamiento, si el apelante se hubiere personado, señalará el día para la vista, mandando que se pongan de manifiesto a las partes en la Secretaría por el término de cuarenta y ocho horas. Si el apelante no se hubiese personado en el término del emplazamiento, el Juez declarará desierto el recurso y devolverá los autos al Juez municipal a costa de aquél.

En esta segunda instancia intervendrá, en representación del Ministerio

(1) Redactado conforme a la Ley de 8 de abril de 1967.
(2) Idem, íd.

Fiscal municipal en quien delegue el Fiscal de la respectiva Audiencia. Podrá también llevar su representación cualquiera de los auxiliares del Ministerio fiscal de la misma Audiencia, designado por el Fiscal, cuando el Juzgado de instrucción resida en la misma población que la Audiencia.

Art. 978. La vista será pública y comenzará por la lectura de los autos remitidos. Se oirá en seguida al Fiscal, cuya asistencia será precisa si la falta fuere de las que deben perseguirse de oficio, y a los interesados o a sus legítimos representantes, si concurrieren, y acto continuo se dictará sentencia, la cual se notificará a dicho Fiscal y a los interesados presentes.

Art. 979. No se admitirá en la segunda instancia otra prueba que la que habiendo sido propuesta en la primera, no hubiere podido practicarse por causa ajena a la voluntad del que la hubiese propuesto.

Art. 980. Para hacer la prueba a que se refiere el artículo anterior podrá concederse un término que no pase de diez días, expidiéndose para que tenga lugar los mandamientos o exhortos que fueren necesarios.

Art. 931. Contra la sentencia que se dicte en segunda instancia no habrá lugar a recurso alguno.

El Juez de instrucción mandará devolver al Juez municipal los autos originales, acompañándolos con certificación de la sentencia dictada para que éste proceda a su ejecución (1).

Art. 982. Los Jueces municipales reunirán todas las actuaciones de cada juicio y las coleccionarán a fin de año, formando con ellas los tomos necesarios, que después de convenientemente encuadernados se conservarán en el archivo del Juzgado.

---

(1) Redactado conforme a la Ley de 16 de julio de 1940.

# INDICE

## DE LAS MATERIAS CONTENIDAS EN ESTA OBRA



## PARTE PRIMERA

### De la prueba en materia criminal en general y de su diversa organización

SEGÚN QUE LA SENTENCIA PERTENECE A JUECES PROPIAMENTE DICHOS (JUECES DE DERECHO) O JURADOS

## PARTE SEGUNDA

### De la prueba por medio de la comprobación judicial

(EXPERIENCIA PERSONAL Y VISITA LOCAL)

## PARTE TERCERA

### De la prueba pericial



## PARTE CUARTA

### De la confesión del acusado

## PARTE QUINTA

### De la prueba testimonial



## PARTE SEXTA

### De la prueba por documentos y piezas de convicción



## PARTE SEPTIMA

### De la prueba por el concurso de circunstancias